Gabriele Junkers

**Klinische Psychologie und
Psychosomatik des Alterns**

Klinische Psychologie und Psychosomatik des Alterns

Gabriele Junkers

Geleitwort von R.-M. Schütz

Mit 43 Abbildungen

Schattauer
Stuttgart
New York

Dipl.-Psych. Dr. Gabriele Junkers
Konsul-Mosle-Weg 18
28359 Bremen

Die Deutsche Bibliothek - CIP-Einheitsaufnahme

Junkers, Gabriele:
Klinische Psychologie und Psychosomatik des Alterns
Gabriele Junkers. Geleitw. von R.-M. Schütz. -
Stuttgart ; New York:
Schattauer, 1995
  ISBN 3-7945-1701-6

In diesem Buch sind die Stichwörter, die zugleich eingetragene Warenzeichen sind, als solche nicht besonders kenntlich gemacht. Es kann also aus der Bezeichnung der Ware mit dem für diese eingetragenen Warenzeichen nicht geschlossen werden, daß die Bezeichnung ein freier Warenname ist.
Hinsichtlich der in diesem Buch angegebenen Dosierungen von Medikamenten usw. wurde die größtmögliche Sorgfalt beachtet.
Gleichwohl werden die Leser aufgefordert, die entsprechenden Prospekte der Hersteller zur Kontrolle heranzuziehen.
Das Werk ist urheberrechtlich geschützt. Alle Rechte, insbesondere das Recht des Nachdrucks, der Wiedergabe in jeder Form und der Übersetzung in andere Sprachen, behalten sich Urheber und Verlag vor.
Kein Teil des Werkes darf in irgendeiner Form ohne schriftliche Genehmigung des Verlags reproduziert werden. Das gilt insbesondere für Vervielfältigungen, Übersetzungen, Mikroverfilmungen und die Einspeicherung, Nutzung und Verwertung in elektronischen Systemen.

© 1995 by F. K. Schattauer Verlagsgesellschaft mbH,
Lenzhalde 3, 70192 Stuttgart, Germany
Printed in Germany
Umschlaggestaltung: B. Burkart
Satz: TechnoScript, Bremen
Gedruckt auf chlor- und säurefrei gebleichtem Papier.

ISBN 3-7945-1701-6

Geleitwort

> „Zu jeder Seele gehört eine andere Welt"
> (Nietzsche: Also sprach Zarathustra)

Die zunehmende Zahl älterer Menschen stellt unsere Gesellschaft vor vielfältige neue Probleme. Dabei wird nicht nur die Frage nach der sozialen Sicherheit eine wichtige Rolle spielen. Besondere Anforderungen ergeben sich vor allem daraus, daß die zunehmende Lebenserwartung eine Zunahme der Krankheitsanfälligkeit bedingt und – als Folge der alternsabhängigen Abnahme aller Funktionsreserven – daraus veränderte Betreuungsnotwendigkeiten resultieren.

Die Gerontologie sucht nach ganzheitlichen Lösungsansätzen für diese Probleme. Aber allzu leicht wird dieses Bemühen so ausgelegt, daß nach Strategien Ausschau gehalten wird, die möglichst viele Bedarfe gleichzeitig abdecken. Dies birgt die Gefahr, die hohe psychische Individualität im Alter zu übersehen - gefördert auch durch den immer ähnlicher werdenden Phänotypus älterer Menschen. Ganzheitlichkeit als Handlungsleitlinie im medizinisch-psychologischen Bereich bezieht sich aber auf eine Sicht des jeweils einzelnen mit seinen körperlichen, psychischen und sozialen Gegebenheiten und der Berücksichtigung seines subjektiven Lebensentwurfes, „so und nicht anders gelebt zu haben und dementsprechend auch weiterleben zu wollen". Darum gibt es kein Recht, ihm objektiv vielleicht „bessere", aber für ihn fremde Lebensnormen überzustülpen.

Insbesondere zwischen dem Bedarf an psychologischer Hilfe und den spezifischen therapeutischen Angeboten – psychisches Kranksein ist eine der häufigsten chronischen Behinderungen im Alter – klafft noch eine große Lücke: Gründ hierfür könnten z.B. sowohl mangelndes Wissen sein als auch ungenügender Wissenstransfer: In Deutschland existiert bisher noch kein Buch über die klinische Psychologie des Alterns.

Daher ist es der Autorin dieser Monographie zu danken, daß sie den sicher nicht leichten Versuch gewagt hat, die Ergebnisse ihrer langjährigen klinischen Arbeit mit Älteren, die sie allerdings kontinuierlich mit wissenschaftlicher Reflektion verknüpft hat, zu einer Synopse zu verarbeiten, um einen eigenen ganzheitlichen gerontologischen Ansatz zu finden.

Dieser stützt sich einerseits auf ihre psychotherapeutischen Erfahrungen, die die verschiedenen therapeutischen Schulen integrieren (Verhaltenstherapie, Gesprächspsychotherapie und schließlich die Psychoanalyse), andererseits auf ihre gerontopsychiatrische klinische Tätigkeit als langjährige Leiterin einer speziellen Rehabilitationseinrichtung für psychisch erkrankte alte Menschen, die sie als Psychologin innehatte. Es ist ihr ferner gelungen, das bisher vereinzelt verfügbare, aber nicht zusammengefaßte Wissen sowie die persönlichen klinischen Erfahrungen überzeugend miteinander zu verbinden.

Daß dieses Buch schwerpunktmäßig auf dem theoretischen Hintergrund der Psychoanalyse geschrieben ist, ist für die wissenschaftliche Gerontologie ungewöhnlich. Obgleich mir diese Sichtweise wenig vertraut ist, habe ich dieses Buch nicht nur mit großem Gewinn gelesen, sondern es hat mich auch argumentativ überzeugt.

Die häufigen Verweise auf medizinische Aspekte ergeben sich für mich logisch aus der spezifischen Auffassung psychosomatischer Zusammenhänge im Alter, nämlich aus dem Wissen um die mit zunehmendem Alter immer enger werdenden Wechselwirkungen zwischen körperlichen und seelischen Prozessen. Dieses könnte den flüchtigen Leser zu der Annahme verführen, die Autorin halte ein Plädoyer für das defizitäre Altern. Das wäre jedoch ein profundes Mißverständnis. Sie möchte vielmehr für diejenigen Älteren, die nicht sagen können „Ich altere gern", sondern die am Altern und seinen Begleiterscheinungen leiden und Behandlungswünsche an Helfer richten, realistische Zielsetzungen aufzeigen, die im Sinne der eingangs genannten Synopse sowohl dem Patienten helfen als auch die Chance eröffnen, der Gefahr eines Burn-out-Syndroms auf Seiten der Helfer entgegenzuwirken. Ein ausgewogenes Verhältnis zwischen dem Aktzeptieren von Defiziten einerseits sowie einer Einbeziehung von verbliebenen Kompetenzen andererseits ist ihr in diesem, durch persönliche Erfahrungen getragenen, aber theoretisch umfangreich belegten Buch – so meine ich – überzeugend gelungen.

Diese Monographie ist aus der Praxis für die Praxis geschrieben. Ihre Kapitel sind in sich abgeschlossen, enthalten aber stets die erforderlichen Querverweise. Dehalb ist es gleichermaßen als umfassende Erstinformation wie auch als

Nachschlagewerk hervorragens geeignet. Es wendet sich an Psychologen, Ärzte, Soziologen, Sozialpädagogen, Pädagogen, Seelsorger, Pflegepersonal, Altenpfleger sowie Ausbilder in der Altenpflege u.v.m.

Die psychotherapeutische Basis, die praxisnahe Ausrichtung am Bedarf des gerontopsychiatrischen Bereiches, das mit hohem Stellenwert mit einbezogene subjektive Erleben durch den Patienten, auf der anderen Seite die klare Intention der Autorin, keine Rezepte zu vermitteln, sondern eine stringent durchgehaltene Sichtweise einer klinischen Psychologie des Alterns verfügbar zu machen, geben der Darstellung ein sehr persönliches, unverwechselbares Gepräge. Dieses Buch mag zum Widerspruch reizen, sollte aber auch zu Diskussionen und weiterem intensiven Befassen mit den angerissenen Problematiken anregen. Das wäre der schönste Erfolg und deshalb der Autorin von Herzen zu wünschen, denn „etwas bleibt nicht mehr fremd, wenn ich weiß, warum es so ist und das Phänomen damit besser verstehen kann" (Junkers).

R. M. Schütz

Einleitung

Das **Altern ist ein schwieriges Geschäft** (Goethe). Seit der Antike finden sich positive und negative Bewertungen des Alters einschließlich der Frage, ob Alternsprozesse beeinflußbar, aufhaltbar seien oder nicht. Neu ist, daß die Altersphase heute eine längere Zeitdauer einnimmt und diese in der Regel durch den Fortfall einer gewohnten strukturierenden Kraft wie der Berufstätigkeit gekennzeichnet ist. Dies stellt den alternden Menschen vor andere Aufgaben, als er sie aus früheren Zeiten seines Lebens gewohnt ist. Der einzelne ist neben den gesellschaftlichen Angeboten für diese Lebensphase mehr auf die Ressourcen seiner Persönlichkeit angewiesen, um aus diesem Lebensabschnitt etwas Gutes für sich zu machen.

Durch die **Zunahme der durchschnittlichen Lebenserwartung** und die damit ständig im Anwachsen begriffene Zahl älterer Menschen ist die Bedeutung von Alternsprozessen mehr und mehr in den Brennpunkt des allgemeinen Laien-, Politik- sowie Forschungsinteresses geraten. In Deutschland beträgt der Anteil der über 65jährigen gegenwärtig etwa 15% und wird bis zum Jahr 2000 auf 20% ansteigen. Diese Entwicklung wirft für die verschiedensten Versorgungsaufgaben Probleme auf, auf die wir schlecht vorbereitet sind.

Mit zunehmendem Lebensalter steigt nicht nur die statistische Wahrscheinlichkeit, **krank** zu werden, sondern auch die Möglichkeit, gleichzeitig an mehreren Krankheiten und damit auch an psychischen Störungen zu leiden. **Psychisches Kranksein** ist zu einer der verbreitetsten chronischen Behinderungen im Alter geworden. Gegenwärtig ist jeder dritte Patient, der in eine Psychiatrische Klinik eingewiesen wird, älter als 65 Jahre. Auch der Anteil der über 65jährigen in den Inneren Kliniken sowie in den allgemeinärztlichen Praxen ist enorm gestiegen. Die Wechselwirkungen zwischen körperlichen und seelischen Prozessen sind bisher nur wenig erforscht worden, erfordern aber eine besondere Berücksichtigung im helfenden Umgang mit alten Menschen.

Damit deutet sich an, daß viele **Helfer** in die medizinische und psychosoziale Versorgung älterer Menschen einbezogen sind, **ohne** jedoch über **spezifische Kenntnisse** der Probleme

Älterer zu verfügen. Insbesondere mangelt es zwischen den jüngeren Helfern und älteren Patienten häufig an einem Verständniszugang zu der Andersartigkeit des Erlebens und Verhaltens im Alter.

Lange sind die Schwierigkeiten Älterer einseitig biologisch und damit meist defizitorientiert verstanden worden: Man hatte angenommen, daß Betreuung und Bewahrung anstelle von Prävention, Therapie und Rehabilitation indiziert seien. In den vergangenen 20 Jahren wurde jedoch zunehmend gefordert, bei der Behandlung von Krankheiten im Alter die Verknüpfung von und Wechselwirkungen zwischen psychischen, sozialen und körperlichen Anteilen stärker zu berücksichtigen. So entsteht eine intensivierte Forderung nach **multiprofessioneller Zusammenarbeit**.

Die psychogerontologische Forschung hat ihren Forschungsschwerpunkt dementsprechend auf Arbeiten gelegt, die sich gegen ein defizitäres, abbaudominiertes Bild vom alten Menschen richten. In Quer- und Längsschnittuntersuchungen wurde vornehmlich das „gesunde", „erfolgreiche" oder durch „Kompetenz" gekennzeichnete Altern zum Forschungsgegenstand. Die Probleme von Krankheit, Behinderung und psychischem Leiden wurden teilweise ausgeblendet bzw. verleugnet, oder es entwickelte sich eine Überzeugung, jeden als negativ empfundenen Zustand in Alter zum besseren hin beeinflussen zu können.

Verschiedene **psychotherapeutische Schulen** haben sich zwar mit Altersproblemen befaßt und konnten die erfolgreiche Anwendung ihrer Behandlungsmethode bei Älteren aufzeigen; ein Austausch über die eigene theoretische Grundüberzeugung hinaus hat jedoch bisher kaum stattgefunden.

Versteht man die „Anwendung der Erkenntnisse, Techniken und Methoden der psychologischen Grundlagenfächer und ihrer Nachbardisziplinen ... im breiten klinischen Feld" (Schraml 1970, S.21) als das, was die **Aufgaben der Klinischen Psychologie** kennzeichnet, so muß man sagen, daß explizit klinisch-psychologische Probleme alter Menschen bisher vernachlässigt wurden. Im deutschsprachigen Raum gibt es keine umfassende Darstellung der klinisch-psychologischen Probleme des Alterns, wie sie etwa im anglo-amerikanischen Raum vorliegen (Gentry, 1977; Storandt, Siegler und Elias, 1978; Lewinson und Terry, 1983).

Die **spezielle Aufgabe** dieser Klinischen Psychologie des Alterns sehe ich darin, die bereits vorhandenen vielfältigen Forschungsergebnisse der differentiellen Alternspsychologie bzw. Psychogerontologie zu sichten und sie im Hinblick auf eine klinische Handlungsrelevanz und Praxisorientierung zu integrieren.

Einleitung

Dieses Buch verzichtet auf eine umfassende Wiedergabe der bisher vorliegenden Einzelbefunde. Der Schwerpunkt wird vielmehr auf die integrative Sichtweise und das bedeutet hier die **subjektive Sicht des alten Menschen** gelegt. Sie basiert einerseits auf einer Lebenslauf- bzw. biographischen Orientierung, andererseits auf einer subjektiv-erlebnisorientierten Einstellung. Dabei soll die Vielfalt möglicher Kompetenzen, Störungen und Behinderungen durch die Brille der psychologischen Bedeutung, die sie im Erleben des Älteren hat, betrachtet werden. Ich vertrete die Überzeugung, daß es gerade dieser Zusammenhalt der erlebenden Persönlichkeit ist, der durch die biologischen und psychologischen Veränderungen mit zunehmendem Alter so sehr gefährdet ist.

Dieses Buch entstand aus:
- eigener klinisch-psychologischer Erfahrung im Bereich der gerontopsychiatrischen Behandlung im stationären, teilstationären und ambulanten Arbeitsfeld,
- aus psychotherapeutischer Arbeit auf verhaltenstherapeutischem, gesprächspsychotherapeutischem und jetzt vor allem auf psychoanalytischem Hintergrund,
- der Fort- und Weiterbildungstätigkeit für helfende Berufe, insbesondere jener, die mit alten Menschen arbeiten,
- sowie der Supervisionstätigkeit und Institutionsberatung in Einrichtungen für alte Menschen.

Der theoretische Blickwinkel ist im wesentlichen ein psychoanalytisch orientierter, psychodynamischer und ein der verstehenden Psychopathologie verbundener.

Dieses praxis- und anwendungsorientierte Buch wendet sich nicht nur an Psychologen, sondern auch an Mitglieder anderer Berufsgruppen, die die psychologische und helfende Tätigkeit mit alten Menschen in der Praxis verschiedenster Arbeitsfelder reflektieren wollen.

Ohne die umfangreichen inhaltlichen Anregungen, die kompetente Unterstützung sowie die Bereitschaft zu eingehender kritischer Diskussion vieler Fachkollegen wäre dieses Buch nicht zustandegekommen. Ihnen allen, aber insbesondere Frau Dr. Beate Rönnecke möchte ich für Ihre kollegiale Hilfe danken.

Bremen, Dezember 1994   Gabriele Junkers

Inhaltsverzeichnis

Kapitel 1
Einführung in die Problematik der Klinischen Alternspsychologie 1
  1.1 Demographische Veränderungen und Zahlen zur Morbidität 1
  1.2 Die Uhr des Alterns: chronologisches, biologisches, soziales,
      epochales und subjektives Altern 7
  1.3 Altern als entwicklungspsychologischer Prozeß 9
  1.4 Bewertungen von Alternsvorgängen 11
  1.5 Die Gleichheit und die Vielfalt des Alterns 14
  1.6 Zur Abgrenzung von Normalität: Gesundheit und Krankheit im Alter 15
  1.7 Klinisch-psychologische Hilfestellungen für alte Menschen 17

Kapitel 2
Psychologie des Alterns: Ausgewählte Aspekte 21
  2.1 Persönlichkeitspsychologische Aspekte 24
    2.1.1 Was ist Persönlichkeit? 24
    2.1.2 Die Entwicklung zur Persönlichkeit 27
    2.1.3 Der Lebenslauf und seine Entwicklungsaufgaben 40
    2.1.4 Zeiterleben, Endlichkeit und Lebensrückblick 60
    2.1.5 Sterben und Tod 64
  2.2 Allgemeinpsychologische Befunde 66
    2.2.1 Was versteht man unter „allgemeinpsychologischen Befunden"? 66
    2.2.2 Wahrnehmung und Sinnesleistung: das Band zur Realität 66
    2.2.3 Höhere Wahrnehmungsleistungen 70
    2.2.4 Sensorische und motorische Geschwindigkeit 72
    2.2.5 Psychomotorik 73
    2.2.6 Gedächtnis und Wissen 73
    2.2.7 Denken und Problemlösen 77
    2.2.8 Sprache und Sprachleistung 78
    2.2.9 Das Lernen 81
    2.2.10 Gefühl und Motivation 83
    2.2.11 Handeln und Handlung 86
    2.2.12 Intelligenz- und Leistungsveränderungen 87
  2.3 Sozialpsychologische Aspekte 90
    2.3.1 Alter und gesellschaftlicher Wandel 90
    2.3.2 Kontaktverhalten im Alter 91
    2.3.3 Die Wohnsituation und ihre Veränderung 102
    2.3.4 Soziale Schicht und Benachteiligung 103

Inhaltsverzeichnis

    2.3.5 Berufstätigkeit: Fortführung, Veränderung und Berufsaufgabe 104
    2.3.6 Geschlechtsspezifische Unterschiede: zur differentiellen Psychologie
         der alten Frau 106

Kapitel 3
Medizinische Aspekte des Alterns 115
  3.1 Geriatrie: Einleitung und Begriffsbestimmung 116
    3.1.1 Biologisches Altern 117
    3.1.2 Krankheit im Alter 121
    3.1.3 Multimorbidität im Alter 124
    3.1.4 Der Krankheitsbegriff der gesetzlichen Krankenversicherung und
         Pflegebedürftigkeit 126
    3.1.5 Gesundheit im Alter 127
    3.1.6 Alterskrankheiten 132
    3.1.7 Operative Eingriffe 143
    3.1.8 Schlafstörungen 144
    3.1.9 Schmerzsyndrome 145
    3.1.10 Funktionelle Syndrome 146
    3.1.11 Psychosomatik 148
  3.2 Gerontopsychiatrie 151
    3.2.1 Einleitung und Begriffsklärung 151
    3.2.2 Gerontopsychiatrische Diagnostik und Klassifikation 152
    3.2.3 Epidemiologie 153
  3.3 Gerontopsychiatrische Krankheitsbilder 155
    3.3.1 Das depressive Syndrom 156
    3.3.2. Das suizidale Syndrom 166
    3.3.3 Paranoide und paranoid-halluzinatorische Syndrome 175
    3.3.4 Das hirnorganische Syndrom und dementielle Prozesse 182
    3.3.5 Sucht im Alter: Alkoholabhängigkeit, Medikamentenabhängigkeit
         und -mißbrauch 193
    3.3.6 Persönlichkeitsstörungen und Charakterneurosen 196
    3.3.7 Neurosen, psychogene Reaktionen, reaktive Entwicklungen
         und Borderlinestörungen 200
  3.4 Chronisch psychisch Kranke im Alter 206
    3.4.1 Die Schizophrenie im Alter 206
    3.4.2 Manisch-depressive Erkrankungen 208
  3.5 Neurologie 207
    3.5.1 Das Parkinson-Syndrom 209
    3.5.2 Die Multiple Sklerose 212
    3.5.3 Das Korsakow-Syndrom 213
    3.5.4 Das apoplektische Syndrom: Der Schlaganfall 213
    3.5.5 Epilepsien 215

Kapitel 4
Diagnostik 218
  4.1 Medizinische Diagnostik 220
  4.2 Psychodiagnostik 222
    4.2.1 Die informelle Diagnostik: Das Erstinterview 226
    4.2.2 Die biographische Anamnese 227
    4.2.3 Die Fremdanamnese 229
  4.3 Psychometrische Diagnostik 230

4.3.1 Leistungsdiagnostik 232
4.3.2 Persönlichkeitsdiagnostik 238
4.4 Klassifikation und Dokumentation: AGP, ICD, DSM 240
4.4.1 Gerontopsychiatrische Klassifikation: Das AGP 240
4.4.2 Das ICD 241
4.4.3 Das DSM III 241

Kapitel 5
Therapieformen 242
5.0 Einleitung 242
5.1 Psychotherapie im engeren Sinne: Verschiedene
    therapeutische Konzeptionen 247
    5.1.1 Verhaltenstherapie 250
    5.1.2 Humanistische Behandlungsansätze 261
    5.1.3 Psychoanalyse 268
    5.1.4 Psychotherapie in Gruppen 291
5.2 Psychotherapie im weiteren Sinne: Übende, erlebnisaktivierende
    und soziotherapeutische Verfahren 296
    5.2.1 Interventionsgerontologie 296
5.3 Milieutherapie und therapeutische Haltung 310
    5.3.1 Milieutherapie 310
    5.3.2 Validation 312
5.4 Pharmakotherapie und spezielle Probleme der medikamentösen
    Behandlung 313
    5.4.1 Das Für und Wider 313
    5.4.2 Psychopharmaka 315
    5.4.3 Verbesserung der Compliance 316
5.5 Prävention, Rehabilitation und Lebensqualität 319
    5.5.1 Prävention und Geroprophylaxe 319
    5.5.2 Rehabilitation 320
    5.5.3 Lebensqualität 326

Kapitel 6
**Der Zugang zu auffälligem Problemverhalten, insbesondere bei dementiell
veränderten alten Menschen** 327
6.1 Verwirrtheit 331
6.2 Angst 342
6.3 Passives und regressives Verhalten 347
6.4 Aggressives Verhalten 348
6.5 Wahn, Halluzinationen, Verkennungen und Verdächtigungen ... 352
6.6 Sammeln und Zwänge 356
6.7 Verweigerungsverhalten 357
6.8 Exzessives Rufen und Schreien 359
6.9 Weglaufen, Hinterherlaufen, Unruhe und „Wandern" 360
6.10 Inkontinenz 361
6.11 Hospitalismus 362

Kapitel 7
Organisation von Therapie und Betreuung in Institutionen 364
7.1 Überlegungen zur Organisation helfender Arbeit für alte Menschen 364
7.2 Konzepterstellung und Organisationsentwicklung 370

7.3 Organisationsberatung 375
7.4 Führungsprobleme 378
7.5 Die Mitarbeiter 380
7.6 Die Arbeit im multiprofessionellen Team 384
    7.6.1 Spezielle Probleme in dieser Art der Arbeit, sowie Strategien
          der Verarbeitung 386
    7.6.2 Die Besonderheiten der Helfer in der Pflege und Betreuung 388
7.7 Ausgebrannt: Das burn-out-Phänomen 388
7.8 Supervision und Balintgruppenarbeit 391

Kapitel 8
Gesundheitsversorgung im Alter 399
    8.1 Gesundheitsverhalten im Alter 401
        8.1.1 Hilfesuch- und Krankheitsverhalten 404
        8.1.2 Compliance 407
    8.2 Die geriatrische Versorgung 408
        8.2.1 Der alte Mensch in der ärztlichen Praxis 410
        8.2.2 Die geriatrische Tagesklinik 412
        8.2.3 Der alte Mensch im Krankenhaus 413
    8.3 Die psychiatrische Versorgung alter Menschen 415
        8.3.1 Der alte Mensch in der Psychiatrischen Praxis 416
        8.3.2 Sozialpsychiatrische Dienste und Institutsambulanzen 417
        8.3.3 Die gerontopsychiatrische Tagesklinik 418
        8.3.4 Der alte Patient in der psychiatrischen Klinik 420
    8.4 Die psychologische Versorgung alter Menschen 422
        8.4.1. Bestandsaufnahme 422
        8.4.2 Mögliche Tätigkeitsfelder für Psychologen 424
        8.4.3 Hindernisse in der Arbeit von Psychologen mit alten Menschen 426
    8.5 Die Vernetzung 429

Kapitel 9
Versorgung in offener, halbstationärer und stationärer Altenhilfe 431
    9.1 Möglichkeiten und Grenzen der ambulanten Behandlung 432
        9.1.1 Beratungsstelle für alte Menschen 434
        9.1.2 Die Sozialstation 435
        9.1.3 Die häusliche Pflegesituation: Probleme, Entlastung und Beratung
            von Angehörigen 435
    9.2 Teilstationäre Angebote 437
        9.2.1 Tagespflege (Tagesstätte, Tagesheim etc.) 437
    9.3 Stationäre Altenhilfe 438
        9.3.1 Subjektive Belastungen der Heimübersiedlung 442
        9.3.2 Gerontopsychiatrische Stationen im Pflegeheim 442
    9.4 Ausblick 446

Literaturverzeichnis 449

Stichwortverzeichnis 469

Kapitel 1
Einführung in die Problematik der Klinischen Alternspsychologie

I.	Einführung in die Problematik der Klinischen Alternspsychologie
1.1	Demographische Veränderungen und Zahlen zur Morbidität
1.2	Die Uhr des Alterns: chronologisches, biologisches, soziales, epochales und subjektives Altern
1.3	Altern als entwicklungspsychologischer Prozeß
1.4	Bewertungen von Alternsvorgängen
1.5	Die Gleichheit und die Vielfalt des Alterns
1.6	Zur Abgrenzung von Normalität: Gesundheit und Krankheit
1.7	Klinisch-psychologische Hilfestellungen für alte Menschen

1.1 Demographische Veränderungen und Zahlen zur Morbidität

Die Aufgabe, sich mit den Problemen alter Menschen zu beschäftigen, ist relativ jung. Sie ergibt sich durch die erreichte Lebensverlängerung sowie die frühe Zeit des Austrittes aus dem aktiven Erwerbsleben. Um das Ausmaß und die Bedeutung des psychologischen Arbeitsgebietes aufzuzeigen, stelle ich einige Zahlen über die veränderte Größe verschiedener Gruppen alter Menschen voran.

Als biologische Entwicklung stellt das Altern zwar eine Konstante dar; im Sinne des letzten und gleichzeitig erwerbsfreien Lebensabschnittes ist es aber ein Ergebnis der ökonomischen, sozialen und demographischen Entwicklungen der jüngsten Vergangenheit. Der Beginn der Ausgrenzung einer Lebensphase aus der Erwerbstätigkeit liegt mit der Einführung der Pensionsversicherung erst 100 Jahre zurück. Seither gilt auch die statistische Konvention, einen Menschen jenseits der 65 als alt zu bezeichnen.

Auf die **explosive Entwicklung der Anzahl alter Menschen** in Deutschland wurde bereits verwiesen: 1989 leben im vereinten Deutschland 16,1 Millionen über 60jährige; jeder fünfte gehört dieser Altersgruppe an, jeder dritte von ihnen ist älter als 75 Jahre. Die über 60jährigen stellen also einen Anteil von 20% an der Gesamtbevölkerung. In den Städten

2 1. Einführung in die Problematik der Klinischen Alternspsychologie

leben z.T. bis zu 25% über 65jährige. Zwei Drittel von ihnen sind Frauen. Die Verschiebung des Altersaufbaus der Bevölkerung bedeutet, daß immer mehr alte Menschen immer weniger jungen Menschen gegenüberstehen. Die folgenden Abbildungen verdeutlichen die Veränderungen des Altersaufbaues und zeigen, daß die „Vergreisung" zukünftig von der Jugend kaum noch zu tragen sein wird und uns dementsprechend auch vor psychologische Probleme der Interaktion zwischen den Generationen sowie Probleme der Versorgung der Älteren durch die Jüngeren stellen wird.

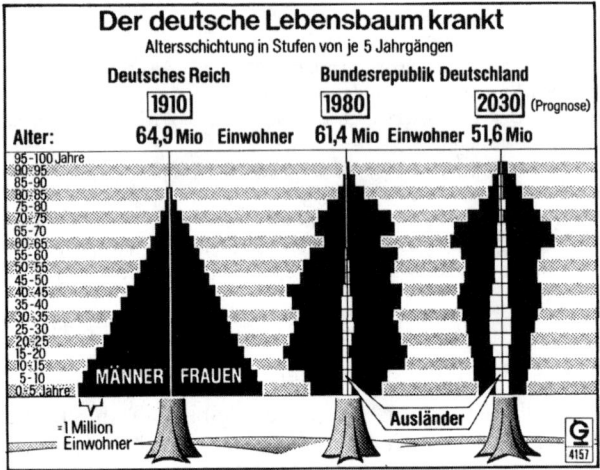

Abb. 1.1. Der Deutsche Lebensbaum krankt. (Franke, 1985; S. 8)

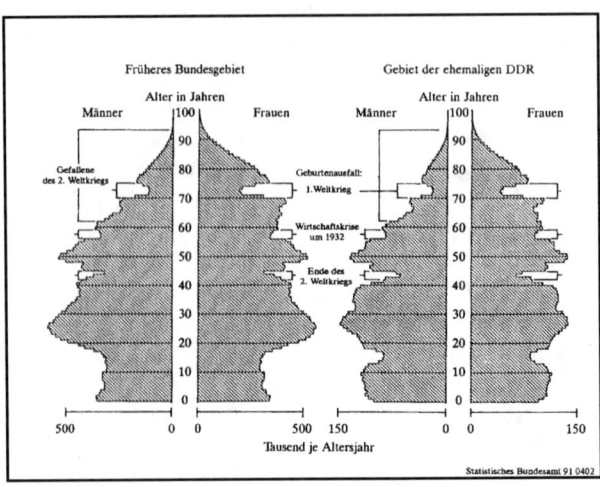

Abb. 1.2. Altersaufbau der Bevölkerung in den beiden Teilen Deutschlands Ende 1989. (Im Blickpunkt: Ältere Menschen, S. 19)

1.1 Demographische Veränderungen

Die **Verlängerung** der durchschnittlichen **Lebenserwartung** ist zum Teil ein Ergebnis des medizinischen Fortschrittes und daraus erwachsener präventiver Maßnahmen, aber auch eine Folge der Verbesserung der Lebensbedingungen allgemein. Nicht allein die Behandlung des Alterskranken, sondern die Behandlung und Heilung von Menschen jedes Lebensalters einschließlich der Reduzierung der Säuglingssterblichkeit ist für die Verlängerung des durchschnittlichen Lebensalters verantwortlich zu machen. Die Lebenserwartung eines Menschen hat sich in den letzten 100 Jahren für die Menschen in der früheren BRD mehr als verdoppelt. Sie ist für die auf dem Gebiet der ehemaligen DDR lebenden Bevölkerung langsamer vorangeschritten.

Hohe Altenquoten sind für uns etwas Neues, sie beschränken sich jedoch im wesentlichen auf die hochindustrialisierten Länder, insbesondere die nord- und westeuropäischen Länder; sie weisen den höchsten Altenanteil auf.

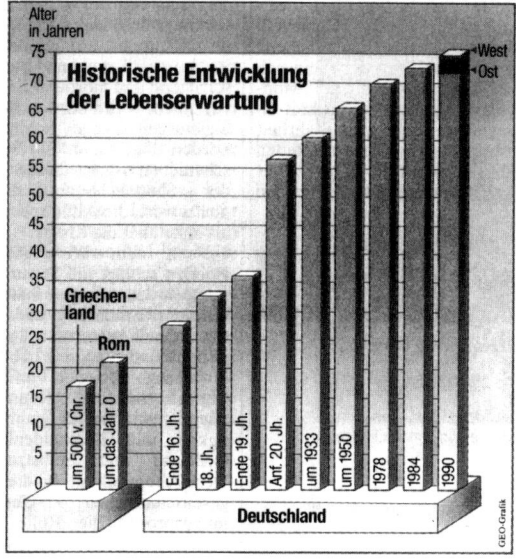

Abb. 1.3. Historische Entwicklung der Lebenserwartung (GEO-Wissen, 1/1991; S. 31.)

Das Altern und der Umgang damit ist gegenwärtig zu einem Frauenproblem geworden. Die Lebenserwartung älterer Frauen übersteigt deutlich die gleichaltriger Männer: Für die Männer stieg sie von 37 auf 72 Jahre: Ein heute 60jähriger Mann kann mit 16 weiteren Lebensjahren rechnen. Während die Frauen vor hundert Jahren im Durchschnitt 40 Jahre alt wurden, stieg ihre Lebenserwartung auf heute 78 Jahre: Eine 60jährige Frau kann heute auf weitere 20 Jahren zählen. Bis zum Jahr 2030 wird der hohe Anteil der Frauen jedoch zurückgehen: Der Anteil der älteren Frauen wird „nur" um 2,6 Mio anwachsen, die Zahl der alten Männer jedoch auf 3,8 Mio (Rückert, 1993).

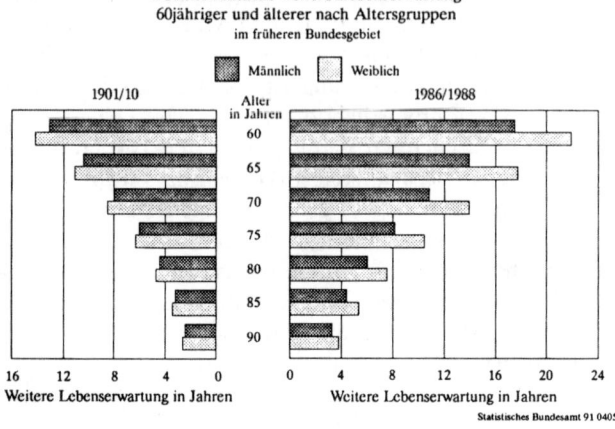

Abb. 1.4. Durchschnittliche weitere Lebenserwartung 60jähriger und älterer nach Altersgruppen. (Im Blickpunkt: Ältere Menschen, S. 26.)

Das durchschnittliche **Sterbealter** lag 1986/88 für Männer bei 72,2 und für die Frauen bei 78,7 Jahren. Über die Hälfte der Frauen stirbt vor dem Alter von 80 Jahren.

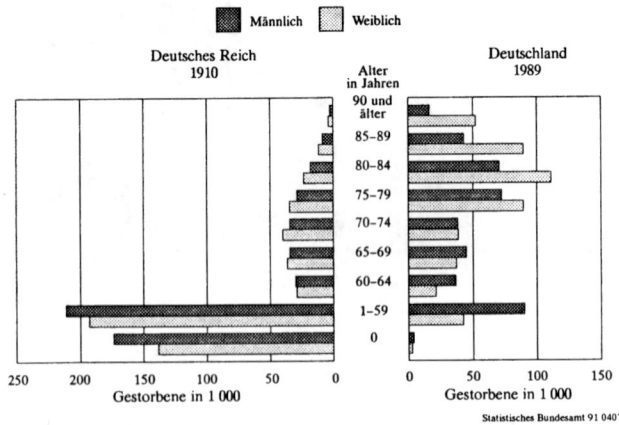

Abb. 1.5. Gestorben nach Altersgruppen. (Im Blickpunkt: Ältere Menschen, S. 29.)

Es wird immer mehr Hochbetagte geben. Der Anteil der Hochaltrigen (über 75 Jahre) erhöht sich bei der beschriebenen Entwicklung überproportional: Er hat in der Zeit von 1910 bis 1989 von 1,3 auf 7,4% zugenommen. Im Jahr 2000 wird es 1 Million über 90jährige geben. Gegenwärtig leben in Deutschland etwa 3500 Hundertjährige; im Jahr 2000 werden es Hochrechnungen zufolge etwa viermal so viele sein.

1.1 Demographische Veränderungen

Von den Hochaltrigen wird die Gruppe der über 100jährigen besonders stark wachsen, die Gruppe der 95-100jährigen wird wiederum stärker zunehmen als die der 90-95jährigen.

Die Bevölkerungsgruppe der älteren Menschen unterscheidet sich in bezug auf ihre **Lebensumstände** erheblich von der Gesamtbevölkerung. Jeder dritte Haushalt ist ein Altenhaushalt. Mit steigendem Lebensalter steigt auch der Anteil der **Alleinlebenden**. Fast die Hälfte aller alleinlebenden Menschen in der BRD (= 48,2%) ist 65 Jahre oder älter. 71,2% von ihnen sind Frauen, von denen wiederum mehr als 2/3 älter als 65 Jahre sind.

Die älteren Männer sind in der Mehrzahl verheiratet, die älteren Frauen meist verwitwet. Während rund 82% der über 60jährigen Männer noch **verheiratet** sind, ist es nur ein Drittel der älteren Frauen. Von den über 65jährigen sind 55% der Frauen, aber nur 18% der Männer **verwitwet**. Der Anteil der Verwitweten an der Gesamtbevölkerung insgesamt liegt bei 9%. Der größte Anteil der Verwitweten ist unter den 60-90jährigen zu finden.

Nur sehr wenige Ältere heiraten: 7% der Ehen werden jenseits des 40. Lebensjahres geschlossen. Nichteheliche Lebensgemeinschaften kommen dagegen häufiger vor. Ökonomische Gesichtspunkte spielen dabei häufig eine ausschlaggebende Rolle. **Scheidungen** bei langjährig Verheirateten sind keine Seltenheit: 8% aller Ehescheidungen wurden nach 26jähriger und längerer Ehe ausgesprochen. Die Gruppe der **Ledigen** wird vorwiegend durch die Frauen gestellt: Während der Anteil der ledigen Männer jenseits des 65. Lebensjahres bei 4,3% liegt, beträgt er bei den Frauen immerhin 11%.

Mit zunehmendem Alter steigt die Krankheitshäufigkeit Die folgende Abbildung gibt einen Überblick über die Anfälligkeit für Krankheiten im Lebenslauf:

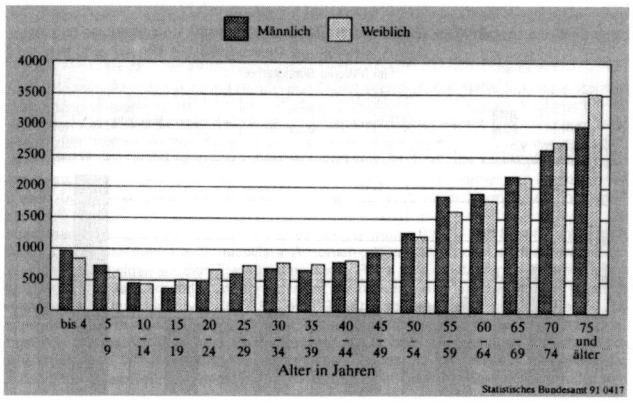

Abb.1.6. Kranke 1989 nach Altersgruppen. (Im Blickpunkt: Ältere Menschen, S. 71)

Ab dem 40. Lebensjahr kommt es mit zunehmendem Alter zu einem Anstieg des Erkrankungsrisikos. Besonders häufig und lang werden Frauen ab dem 65. Lebensjahr krank. Der Anteil der Kranken in Gemeinschaftsunterkünften ist verständlicherweise mit 56% besonders hoch.

Als **schwerbehindert** gelten solche Personen, bei denen der Behinderungsgrad 50% übersteigt: durch einen regelwidrigen körperlichen und/oder geistig-seelischen Zustand sind schwere Funktionseinbußen zu verzeichnen. Mehr als die Hälfte der Schwerbehinderten sind älter als 60 Jahre, bei den Frauen sind es sogar 68%.

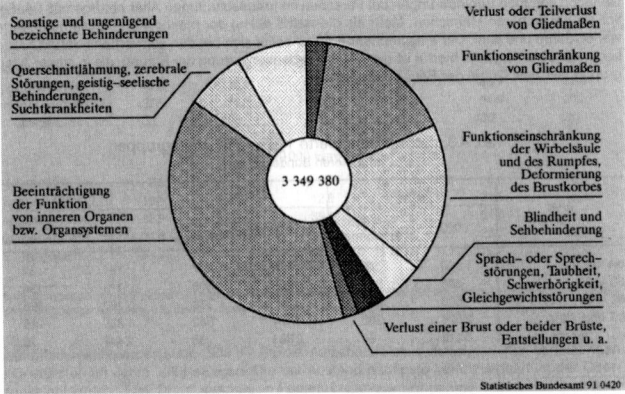

Abb. 1.7. Schwerbehinderte 60jährige und ältere 1989 nach Art ihrer schwersten Behinderung. (Im Blickpunkt: Ältere Menschen, S. 78.)

Knapp 3% der älteren Bevölkerung lebt in Alten- und Pflegeheimen; 78% von ihnen sind Frauen. 1989 gab es in Deutschland 8558 Einrichtungen für ältere Menschen mit 695446 Pflegeplätzen. Für 5,9% der Bundesbürger, die 1989 65 Jahre oder älter waren, standen damit Plätze in Alteneinrichtungen zur Verfügung.

1988 betrug das durchschnittliche Eintrittsalter in ein Alten- oder Pflegeheim (Bayrisches Landesamt für Statistik und Datenverarbeitung) ca. 80 Jahre: **So lange es geht, sind Ältere bestrebt, ihre Selbständigkeit aufrecht zu erhalten.**

Die wahrscheinliche **weitere Entwicklung** der Zahl älterer Menschen im Bundesgebiet hängt von der Stärke der Geburtsjahrgänge der ins Alter Aufrückenden und der Entwicklung der Sterblichkeit im Alter ab. Ein Rechenmodell des statistischen Bundesamtes ergibt eine zu erwartende Zunahme der Lebenserwartung bis zum Jahr 2000 um $1^{1}/_{2}$ Jahre. Ein Anwachsen der Zahl alter Menschen ist auch durch die Zunahme ausländischer Mitbürger zu erwarten; diese Gruppe wird für die Altersversorgung ein spezielles Problem ergeben. Die Gruppe der über 80jährigen wird bis zum Jahr 2010 um 40% zunehmen; in dieser Gruppe findet sich auch der höchste Anteil an Pflegebedürftigen.

„Wenn irgendwo auf der Erde die Rede von einer **ergrauten Gesellschaft** zutreffend ist, dann für das gegenwärtige und weit mehr noch für das zukünftige Deutschland" (1. Teilbericht der Sachverständigenkommission zur Erstellung des 1. Altenberichts der Bundesregierung 1991).

Bei diesen ausgewählten statistischen Angaben über ältere Menschen in Deutschland dürfen wir nicht außer acht lassen, daß es sich um statistische Durchschnittswerte handelt, die lediglich Anhaltspunkte liefern. Es gibt alte Menschen, die ihr Alter und ihren Ruhestand genießen und als „neue Alte" vielfältigen Aktivitäten nachgehen. Andererseits ist jedoch die statistische Wahrscheinlichkeit, an Einschränkungen, Behinderungen und Krankheiten zu leiden, nie so groß wie im Alter.

1.2 Die Uhr des Alterns: chronologisches, biologisches, soziales, epochales und subjektives Altern

Für den Alternsprozeß im Sinne des Vergehens von Zeit gibt es verschiedene „Maßeinheiten" (Betrachtungsweisen). Am geläufigsten ist uns die Bestimmung des Alters durch die Anzahl der gelebten Jahre in Form des sogenannten chronologischen oder **kalendarischen Alters**. Es ist zur Grundlage für bestimmte gesellschaftlich relevante rechtliche Einteilungen des Lebens geworden. Der Definition der Weltgesundheitsorganisation (WHO) folgend spricht man je nach dem erreichten chronologischen Alter vom alternden (50-60 Jahre), vom älteren (61-75 Jahre), vom alten (76-90 Jahre) und sehr alten Menschen (91-100 Jahre), sowie den Langlebigen.

Das Alter, gemessen an der **biologischen Uhr bzw. Norm**, setzt bereits mit der vollständigen Entwicklung des Organismus ein und wird nach der statistischen Wahrscheinlichkeit der Alterung bestimmter biologischer bzw. organischer Befunde gekennzeichnet; es ist zu einem wesentlichen Teil genetisch festgelegt (Kap. 2). Das kalendarische wie auch das biologische Alter sind dazu angetan, unsere Erwartungen zu strukturieren. Z.B. sagt man, daß ein Mensch im Verhältnis zu seinem kalendarischen Alter biologisch noch sehr rüstig oder aber bereits vorgealtert sei.

Kulturelle und gesellschaftliche Einflüsse auf den Alternsprozeß werden im Begriff des **epochalen Alterns** berücksichtigt: Jeder Mensch erlebt sein Leben in einer bestimmten gesellschaftlich, kulturell und politisch determinierten Ära, die seine Form des Lebens wesentlich beeinflußt. Generationskonflikte kommen z.T. dadurch zustande, daß bestimmte Inhalte des Lebens durch gesellschaftliche Veränderungen andere Formen annehmen. Das Gefühl, eine gleiche Epoche erlebt zu haben, wird im Alter als etwas Verbindendes erlebt; über gemeinsam Erlebtes, über Entbehrungen und Notzeiten (z.B. Kriegserlebnisse) und deren Bewältigung miteinander sprechen zu können, kann dem Gefühl der Einsamkeit entgegen wirken.

Das **soziologisch** zu bestimmende **Alter** befaßt sich mit dem veränderten Status, Rollen und Positionen im Verhältnis zum mittleren Lebensalter. „Der Begriff des sozialen Alters entspringt einer „relativen" Definition, nämlich dem Vergleich mit den jeweils älteren und den jeweils jüngeren Altersgruppen, wobei den entsprechenden positiven und negativen Haltungen in diesen Vergleichsprozessen entscheidende Bedeutung zukommt" (Rosenmayr, 1978).

Rollen im Familienleben und im sozialen Leben (z.B. Vereinszugehörigkeiten) ändern sich mit zunehmendem chronologischen Alter. Mit jeder dieser Veränderungen ist ein notwendiger Abschied, eine Um- und Neuorientierung verbunden. Von vielen wird das Ausscheiden aus dem Berufsleben als eine der einschneidendsten Veränderungen und oft als der Beginn des eigentlichen Alters angesehen: So lange ein Mensch berufstätig ist, hat er das Gefühl, das Alter liegt noch vor ihm.

Das **psychologisch** bestimmte **Altern** geht von dem subjektiven Altersempfinden aus: Wann fühle ich mich alt? Jeder kennt aus eigener Introspektion Einschnitte der Veränderung des subjektiven Alternsempfindens. In einer Untersuchung von Havighurst und Albrecht (1953) fühlen sich z.B. 65-69jährige dem mittleren Alter zugehörig oder sogar noch als jung; diejenigen, die sich jenseits des 80. Lebensjahres befinden, bezeichnen sich jedoch alle als alt oder dem fortgeschrittenen Alter zugehörig. Jyrkilä (1960) sieht aufgrund seiner Untersuchungen die Selbsteinstufung hinsichtlich des Begriffes „alt" in Abhängigkeit von Veränderungen der Lebenssituation: „Alt zu sein wird desto eher akzeptiert, je mehr Veränderungen gegenüber früheren Lebensabschnitten mit zunehmendem Alter eingetreten sind. Es wird noch einmal deutlich, daß wir dem Begriff des Altseins nur durch eine komplexe Betrachtung gerecht werden können." Müdigkeit, Mattigkeit, Krankheit und Behinderung sind besonders förderlich für die Selbsteinschätzung (aber auch Fremdeinschätzung) „alt". Das psychologische Alter ist wesentlich eine Sache der Persönlichkeit: es lassen sich Verbindungen ziehen, wie ein Mensch früh in seinem Leben mit Anforderungen der Um- und Neuorientierung sowie mit Verlusten umging und seiner psychologischen Art und Weise, seinem individuellen Alternsprozeß zu begegenen.

1.3 Altern als entwicklungspsychologischer Prozeß

Zu Beginn der systematischen Alternsforschung betrachtete man „das Alter" als einen vom gesamten Leben losgelösten, eigenständigen Lebensabschnitt. Die Umbenennung von Max Bürger (1939) von der Alters- in eine Alter-**n**-sforschung wird als Beginn einer entwicklungsorientierten, dynamischen Betrachtung des **Alterns als Prozeß** angesehen. Dies entspricht gleichzeitig einem allgemeinen Trend der psychologischen Wissenschaft, sich von einer statischen Typologisierung ab- und einer dynamischen Interpretation der Persönlichkeit zuzuwenden. (Heiss, 1949; Thomae, 1968a).

Die Auffassung vom **Lebenslauf** eines Menschen hat sich damit verändert: Das Alter wird als **etwas Gewordenes** verstanden, das sich auf verschiedene Weise erfassen läßt: **Objektiv** in Form von **Lebenslauf** und **Biographie**, orientiert an verschiedenen Konzepten wie etwa der Geschichte der Bewältigung von Entwicklungsaufgaben, der Geschichte des Innehabens verschiedener sozialer **Rollen** oder der **Krankheitsgeschichte, subjektiv** in Form der **Erlebensgeschichte**. Während einige Autoren (z.B. Flavell, 1970) vertreten, daß gegenüber den biologischen Wachstumsprozessen, die im Kindes-und Jugendalter vorherrschen, Entwicklungsprozesse im Erwachsenenalter und im Alter zurücktreten, sind andere Autoren überzeugt, daß Entwicklung über die gesamte Lebensspanne hinweg möglich ist. Baltes & Goulet (1970) sprechen von der „Plastizität von Alternsvorgängen". Thomae vertritt, daß während des gesamten Lebens sowohl Veränderungen wie Konstanz beobachtet werden können. Auch wenn Unterschiede hinsichtlich der interindividuellen Variabilität bestehen, würden diese jedoch nicht rechtfertigen, Lebensphasen „mit" von Lebensphasen „ohne" Entwicklung zu unterscheiden. Er ist überzeugt, daß es in jeder Lebensphase Kontinuität interindividueller Unterschiede wie auch ein beträchtliches Ausmaß an interindividueller Variabilität bezüglich des Zeitpunktes der Art und Richtung von Veränderungen gibt (Thomae, 1978).

Die Gliederung des Lebenslaufes nach Stufen und Phasen war von der Annahme getragen, daß in einem nicht kontinuierlich verlaufenden Entwicklungsprozeß in verschiedenen Abständen immer wieder Krisenzeiten auftreten können. Der Eintritt in jede neue Altersstufe wird als „innere Wende" oder „Neugeburt" gesehen. (Die Gepflogenheit, einen „runden" Geburtstag besonders zu feiern, ist als Beispiel für diese Auffassung zu verstehen). In der Kunst gibt es immer wieder Darstellungen des Lebenslaufes, die sich erstaunlich ähneln und dabei eine allgemeine Überzeugung der Menschen im Bild ausdrücken: Die folgende Abb. 1.8 zeigt „Die Lebenstreppe" von Pieter J. Post.

Abb. 1.8. Die Lebenstreppe. (Franke, 1985; S. 8)

Wie hier wird in vielen ähnlichen Darstellungen angenommen, daß es einen Höhepunkt im Leben eines Menschen gibt, auf den ein Abstieg folgt. Der Greis wird schließlich auf etwa gleicher Höhe wie das Kleinkind dargestellt. Obgleich die moderne gerontologische Forschung angetreten ist zu widerlegen, daß Altern mit einem „Wenigerwerden" verbunden ist, finden sich andererseits auch viele neuere Forschungsergebnisse, die das Einsetzen einer Leistungseinbuße und die Zunahme von Krankheitsepisoden etwa ab dem 45. Lebensjahr bestätigen.

Ähnlich wie in der Psychologie des Jugendalters wird heute mehr und mehr auf allgemeine Aussagen über den Verlauf eines Entwicklungsprozesses verzichtet; man erkundet die **Bedingungen verschiedener Alternsformen** einschließlich der Möglichkeiten ihrer Vorhersage und Beeinflussung. Das Konzept der Entwicklungsaufgaben sieht diese als Produkt individueller Leistungsmöglichkeit, gesellschaftlicher Vorgaben und eigener Leistungsfähigkeit. Auf die **epigenetische Entwicklungstheorie** von Erikson (1977) und ihre Ausarbeitung im Hinblick auf das Alter von Havighurst (1963) wird im Kap. 2 näher eingegangen. Wissenschaftliche Untersuchungen der Bedingungen subjektiven Alterserlebens sind jedoch bis heute nur spärlich zu finden.

Wenn oben von der dynamischen Orientierung der Alternsforschung die Rede war, so ist diese zu unterscheiden von einer psychodynamischen Sicht im Sinne der Psychoanalyse: diese impliziert sowohl die Entwicklungsorientierung als auch die Vorannahme unbewußter seelischer Prozesse (Kap. 2). Dieses Buch ist von der Überzeugung getragen, daß die Frage nach den **Bewältigungsmöglichkeiten von Veränderungen** der wesentliche Gegenstand einer klinischen Psychologie des Alterns ist. Es geht dabei um die verschiedenen Möglichkeiten nicht erfolgreicher Bewältigung von Veränderungsprozessen, denen das Individuum über seine Lebenszeit hinweg ausgesetzt ist und die schließlich in Krankheit münden. Der psychoanalytische Blickwinkel wird hier im Vordergrund stehen und dazu beitragen, **(psychische) Krankheit im Alter** als ein **Ergebnis des gesamten Lebenslaufes** zu verstehen.

1.4 Bewertungen von Alternsvorgängen

Das Altern hat, unabhängig von der Lebenserwartung und vom individuellen Alter, in der Menschheitsgeschichte, die wir durch Überlieferung bis zur Antike zurückverfolgen können, fortlaufend sowohl positive wie negative **Bewertungen** erfahren. Darin schlägt sich die individuell unterschiedliche Erlebnisweise des Älterwerdens eines Menschen nieder, auf die persönliche Alternsvorbilder wie auch die individuell verschiedenen Bewältigungsmöglichkeiten von Alternserlebnissen einen Einfluß haben.

Diejenigen, die positive Aspekte des Alterns hervorheben, wie etwa Hippokrates (460-377 v. Chr.) oder Platon (427-247 v. Chr.), unterstreichen den Zusammenhang zwischen Lebenslauf, Lebensführung und Altern: Für das psychische wie physische Wohlbefinden seien Erleben und Verhalten aus dem gesamten Lebenslauf von Bedeutung. Insofern sollte – so Platon – das Leben seit Kindheit und Jugend auf Pflichterfüllung und Rechtschaffenheit hin ausgerichtet sein.

In östlichen Ländern, wie etwa China, ist Alter etwas von hohem Ansehen: „yi-shou", die Hundertjährigen sind auch „yan-nian", die Verehrungswürdigen. Ihre Präsenz in China wird als Glücksfall empfunden: Das Erreichen des Alters gilt als Segen, den Nachgeborenen wird das Schicksal wohlgesinnt sein. Der oder die Älteste genießt eine besondere Behandlung, Aufmerksamkeit und Respekt, sowohl in der eigenen Familie wie auch in der großen Gemeinschaft. Dennoch sagt der chinesische Dichter Ts'ai Yang-Shu: „Die Schönheit fürchtet die Zeit, die verrinnt".

In der europäischen Literatur, die am ehesten den gegenwärtigen Zeitgeist widerspiegelt, finden wir vorwiegend negative Bewertungen des Alterns: **Alt sein ist**, im Gegensatz zu dem Erwachsenwerden eines Kindes, **nicht schön**, nicht erwünscht. Es ist etwas, das man nicht wahrhaben will, verdrängen oder es lieber an anderen abhandeln möchte („Hast Du gesehen, wie alt sie geworden ist?"). So sagt Christopher Isherwood: „Käme das Alter zur Tür dort herein, man würde sich umdrehen und davonrennen. Aber es schleicht so freundlich heran". Thomas Bernhard schreibt in „Der Untergeher": „Wir machen uns gemein, wenn wir die 50 überschreiten und weiterleben, weiterexistieren". Lord Byron mit 26 Jahren: „Es gibt nur ein Unglück im Leben, das nicht wiedergutzumachen ist, und das ist, nicht mehr 25 Jahre alt zu sein". Ingeborg Bachmann sieht in dem „dreißigsten Jahr" den „Sturz ins Bodenlose". Die neueste Unterscheidung in bivis (bis vierzig Jährige) und uhus (unter hundert Jährige) führt diese alte Tradition zeitgemäß fort.

Von Alternspsychologie und -Soziologie wird dieses negative Altersbild, wie es sich auch in der Presse und Werbung, allerdings weniger akzentuiert im Fernsehen zeigt, kritisiert. Demgegenüber werden die sogen. „neuen Alten" als aktiv interessiert, dem Leben zugewandt und unternehmungslustig dargestellt. Neueste Befragungen (zit. nach dem 1. Teilbericht der Sachverständigenkommission zur Erstellung des 1.Altenberichtes der Bundesregierung, 1991) bestätigen eine verstärkte Immobilität der Vorstellung von alten Menschen gegenüber Jungen. Man spricht vom **Fremdbild** oder generalisierten Altersbild der alten Menschen: Sie lieben das Althergebrachte; sie bleiben abends meistens zu Hause; sie verbringen ihren Urlaub am liebsten in Deutschland. Die Vorstellung von Altersschwäche wird an Intoleranz und dem Nachlassen geistiger Kräfte festgemacht. Allerdings werden positiv ihr großes Interesse am Weltgeschehen, ihr Sinn für ein gepflegtes Äußeres sowie Reiselust hervorgehoben. Dieses generalisierte Altersbild wirkt sich auch auf das individualisierte Altersbild aus, vermischt sich aber mit persönlichen, bewußten und unbewußten Annahmen und Erfahrungen über das Altern, das dann zum persönlichen Altern werden soll oder geworden ist. Je negativer das Alter von einer Person bewertet wird, desto schwerer wird sie auch damit zurecht kommen.

Es ist jedoch nicht das Alter selbst, das wir fürchten, sondern wir fürchten die mit ihm verbundenen körperlichen, seelischen und sozialen Veränderungen. Als schwierig empfunden werden in der Regel nicht die positiv erlebten Veränderungen (Zuwachserlebnisse), sondern solche mit negativem Vorzeichen.

An erster Stelle stehen die möglichen **Verlusterlebnisse**, die sich mit zunehmendem Alter häufen. Altwerden bedeutet z.B.

- Verlust von Schönheit
- Verlust von Gesundheit
- Verlust von körperlicher Funktionstüchtigkeit
- Verlust einer langen Zukunft (Kürze der verbleibenden Zeit)
- Verlust der Möglichkeit, die Vielfalt und Zahl dessen, was man alles schaffen könnte, in die Zukunft zu projizieren
- Verlust von Wahlmöglichkeiten für Ziele, Handlungen, Lebensformen etc.

- Verlust der Lebenssicherheit (Nahen des Todes)
- Verlust von Freunden und Verwandten

Etwas Geliebtes und Bedeutsames zu verlieren ist im (Er-)Leben eines Menschen diejenige Veränderung, die das seelische Gleichgewicht am meisten gefährdet bzw. stabile Bewältigungsmöglichkeiten erfordert.

Das Allensbacher Demoskopische Institut beschreibt die **Persönlichkeitsstärke** als wesentliche Determinante des Alternsvorganges. Gewonnen aus 10 Aussagen in bezug auf den Selbstwert, nimmt die Persönlichkeitsstärke zwischen dem 14. und 29. Lebensjahr langsam zu, erreicht ihren Höchstwert zwischen dem 30. und 60. Lebensjahr und nimmt danach wieder ab.

Über die Bewältigung von Alterserlebnissen entscheiden auch Fähigkeiten, die dem Bereich „Persönlichkeit" zuzuordnen sind:

- Die Fähigkeit, Verluste und psychischen Schmerz zu ertragen, d.h. trauern zu können
- Die Fähigkeit, mit Frustrationen umzugehen
- Die Fähigkeit, mit Rivalität und Neid umzugehen
- Das Angewiesensein auf einen bestimmten Aktionsradius
- Das Angewiesensein auf die Intaktheit des Körpers und seiner Funktionen
- Das Vorbild vom Altwerden, das ein Mensch in seiner Familie und seiner Zeit erlebt hat.

Die vielfältigen Veränderungen der heutigen Lebensführung bringen es mit sich, daß Schmerz, Kummer, Leiden, sich Abfinden mit etwas Unwiederbringlichem kaum mehr erträglich erscheinen. Überspitzt könnte man sagen, das Problem des Alterns gibt es nur, weil wir hoffen, dadurch den Schmerz des Altwerdens tilgen und gefahrlos machen zu können. „Um sich den Schmerz des Abschiednehmens zu ersparen, müßte man sich unempfindlich machen ..., sich hüten, sich auf etwas einzulassen ... etwas wichtig zu nehmen .... Ein Altern, das weder heroisch noch verzweifelt noch ein Problem wäre, hätte also der Trauer und der Neugier, dem Schmerz und der Zuversicht, dem Abschied und dem Aufbruch Raum zu geben. Es hätte seine Ambivalenzen zu bewahren. Nur in diesem Zwiespalt ist Altwerden ein Lebensprozeß, der an der Fülle des Lebens teilhat, oder umgekehrt, in dem das Leben zu seiner Fülle kommt ... Eine selbstverständliche Natürlichkeit des Älterwerdens scheint verloren: entweder man purzelt hinein – unreflektiert – und gerät in das Netz der Versorgung; oder man sorgt vor, sieht es als besondere Fähigkeit an, die zu Konkurrenz Anlaß gibt, daß man so überaus ‚kompetent' sich dem Alter stelle" (Gronemeyer, 1988).

Schließlich ist das Altern in der Regel durch ein „Nicht-Erwerbsleben" gekennzeichnet: Eine vertraute Struktur, ein Inhalt und „Sinn", meist auch Kontakt mit anderen Menschen – all das fällt weg und der Mensch ist sehr viel mehr auf die Ressourcen seiner Persönlichkeit angewiesen. Die verbreitete Idee von einem totalen Neubeginn entpuppt sich häufig als Illusion. Je mehr es gelingt, das eigene Leben als „eine runde Sache", als **mein** Leben anzuerkennen, desto eher können auch die mit dem Alter einhergehenden Veränderungen bewältigt werden.

1.5 Die Gleichheit und die Vielfalt des Alterns

Körperliches Altern verläuft nach einem vorgegebenen Programm ab: Gesicht und Körper verwittern, die Haut wird schlaffer und faltig, die Haare grau, der Gang gebückt, die Schritte kleiner, die Bewegungen langsamer. Insofern ist der Effekt des Alterns auf den Phänotypus, also **äußerlich**, ein nivellierender, gleichmachender. „Wackelig auf den Beinen" sein, das ist für die Jugend ein abstrakter Begriff, der aber mit der Zeit real wird (Ustinov, 1993).

Da dem jungen Menschen das Altsein aus eigener Erfahrung nicht einfühlbar ist, verstärkt das biologisch bedingte „einander ähnlich werden" die Tendenz, verallgemeinernd von **den** Alten zu sprechen. Andererseits ist jedoch die Einzigartigkeit und die **Individualität** des Erlebens und Verhaltens nie so groß wie im Alter.

Aus der Perspektive eines 20jährigen unterscheidet sich ein alter Mensch zunächst kaum von einem anderen, und das beginnt eigentlich schon mit 30 Jahren. Aus der Sicht eines 60jährigen macht es einen großen Unterschied, ob jemand 50 oder 75 Jahre alt ist. Nicht nur, daß ein 66jähriger wie ein 50jähriger aussehen kann oder ein 60jähriger wie ein 80jähriger. Ebenso kann sich die Erlebniswelt eines 60jährigen sehr wesentlich von der Erlebniswelt eines 70, 80 oder 90jährigen unterscheiden. Ein 60jähriger kann „älter" als ein 80jähriger wirken, wenn er durch eine dementielle Erkrankung verändert ist und entwicklungsmäßig eher dem Leistungs- und Erlebnisprofil eines jüngeren Menschen oder sogar Kindes gleicht. Das Komplizierte an der Wahrnehmung eines Dementen ist dann, daß er **gleichzeitig** der erwachsene Herr X ist, aber ebenso im nächsten Moment wie das Kind X erleben und sich verhalten kann.

1.6 Zur Abgrenzung von Normalität: Gesundheit und Krankheit im Alter

Seit der Antike gibt es bereits Versuche, **Krankheit** zu bestimmen (Galen). Eine allgemein akzeptierte Definition gibt es jedoch bis heute nicht, und das gilt in besonderer Weise auch für psychische Krankheit. Notwendig ist eine solche Definition für die gesellschaftliche Aufgabe der Krankenversorgung: Man wird „krank geschrieben", wenn der Arzt eine Störung feststellt, die nach seinen Kriterien die „normale" Teilhabe am Arbeitsleben be- oder verhindert.

Gesundheit zu definieren wirft noch schwierigere Probleme auf: Es gibt keinen speziellen Gesundheitsbegriff. Gesundheit bezeichnet einen allgemeinen Zustand des „Normalen" oder „nicht Abweichens". Krankheiten sind demnach „Abweichungen von einem ‚Normalzustand Gesundsein', auf die durch die Verwendung des labels ‚krank' ... eine bestimmte Sichtweise, nämlich das Krankheitsparadigma, angewendet wird" (Baumann und Perez, 1990). Die WHO definiert: „**Gesundheit** ist ein Zustand vollständigen körperlichen, geistigen und sozialen Wohlbefindens und nicht nur Abwesenheit von Krankheit und Gebrechen". Parsons (1967) hebt in seiner Defintion die „optimale Leistungsfähigkeit" hervor. Menninger (1946) nennt als einen wichtigen Aspekt von Gesundheit die Zufriedenheit (Kap. 2.1.7). Zu den Grundrechten eines Menschen gehört das jeweils für ihn erreichbare Höchstmaß an Gesundheit. Es wird deutlich, daß in diese Definitionsversuche Bewertungen eingehen, die kulturell, sozial und individuell determiniert und deshalb nicht konstant sind.

Im Alter werden die o.g. Kriterien noch fragwürdiger. Die Abgrenzung des normalen Erlebens und Befindens vom Pathologischen wird insbesondere dort schwierig, wo kein qualitativer Sprung im Sinne eines Krankheitseinbruches besteht, sondern sich das Pathologische aus einer kontinuierlichen Entwicklung im Sinne eines schleichenden Veränderungsprozesses hinsichtlich Intensität und Dauer ergibt.

Der Begriff „Krankheit" dient insofern als Denkmodell, um Auffälligkeiten und unverständliche Veränderungen beim Menschen zu erfassen bzw. zu beschreiben. Das medizinische Denkmodell zur Erforschung derartiger abweichender Phänomene wird als **Krankheitsparadigma** bezeichnet. Das bedeutet, daß Abweichungen im Erleben und Verhalten auf eine Störung im Sinne eines Defekts, der auch unbekannt sein kann, zurückzuführen sind. Dieser in der Person gelegene Defekt bildet die eigentliche Krankheit und wird als auf eine oder mehrere Ursachen zurückführbar gedacht. Maher (1966) faßt zusammen: „(abweichendes) Verhalten wird **pathologisch** genannt und auf der Grundlage von **Symptomen** klassifiziert, wobei die Klassifikation **Diagnose** heißt. Verfahren zur Änderung von Verhalten werden **Therapie** genannt und bei Patienten in psychiatrischen **Kliniken** angewandt. Wenn das abweichende Verhalten aufhört, wird der Patient als **geheilt** beschrieben" (S. 22).

Ein verbreiteter Einwand gegen das Krankheitsparadigma besteht darin, daß es bei der Untersuchung des abnormen Verhaltens eines Individuums kein absolutes Mittel gibt, die Existenz einer Krankheit zu verifizieren. Sasz (1960) kritisiert besonders an diesem Paradigma die Abhängigkeit der notwendigen Bewertungen von Kultur und Gesellschaft. Insbesondere bei psychischen Krankheiten ist unser Wissen über Ursachen sehr begrenzt. Auch wenn z.B. heute gesichert ist, daß die progressive Paralyse keine psychisch bedingte Störung, sondern die Spätform einer Infektionskrankheit ist, müssen wir anerkennen, daß sich trotz gleicher Ursache die Äußerungsformen von Patient zu Patient deutlich unterscheiden.

Die Beurteilung und Bewertung von **Gesundheit und Krankheit im Alter** stellen sich noch weitaus komplizierter dar. Auch wenn Altern nicht immer automatisch mit Krankheit verbunden sein muß, bedeutet das Älterwerden doch **immer** eine Veränderung der körperlichen Funktionstüchtigkeit und allgemeinen Leistungsfähigkeit.

Biologisch gesehen verläuft das Altern nach einer inneren „biologischen Uhr", die genetisch verankert ist und die Lebensdauer der Zelle und damit des Organismus begrenzt (Kap 3.1). Veränderungen der somatischen Grundausstattung finden mit dem Älterwerden eines jeden Menschen statt; hinzu tritt das statistische Risiko, mit zunehmendem Alter krank zu werden und darüber hinaus gleichzeitig an mehreren Krankheiten zu leiden (Multimorbidität). Diese Fakten stellen erhebliche Anforderungen an die somatische wie psychische Adaptationsfähigkeit, um ein zur Norm gewordenes Ausmaß an Funktionstüchtigkeit aufrecht zu erhalten. Deshalb spielt die individuelle psychische Bewältigungsstruktur eines Menschen nicht nur für das Umgehen mit seelischen und sozialen Konflikten eine Rolle; ganz wesentlich entscheidet sie auch über die Art, wie ein Mensch mit körperlichen Funktionseinbußen, d.h. der Abnahme seiner Leistungsfähigkeit und körperlicher Krankheit fertig wird und damit leben kann. Die klinische Erfahrung aus Psychotherapie und Klinischer Gerontopsychiatrie hat mich bewogen, deshalb die subjektive Sicht sowie die individuelle Bedeutungsanalyse von Erleben und Verhalten in den Mittelpunkt zu stellen. (Kap. 2)

Weder der Annahme von P. Baltes und M. Baltes (1990),

die das geistige und körperliche Gesundsein alter Menschen als das Normale im Alter ansehen, noch der Überzeugung von Kruse (1989), daß die meisten alten Menschen im Alter gesund seien, kann ich mich aufgrund meiner Erfahrungen anschließen. Ich bin der Auffassung, daß die Nichtinanspruchnahme von ärztlichen Hilfeleistungen nicht automatisch mit der Abwesenheit von Beschwerden gleichgesetzt werden darf. Wir haben zu akzeptieren, daß das häufige über Krankheiten und ihre Behandlungsmöglichkeiten sprechen zu wollen die Bedürfnislage widerspiegelt: Alte Menschen möchten sich in diesen körperlichen Problemen aussprechen und verstanden wissen. Spricht man von Gesundheit im Alter, handelt es sich meist um eine „relative Gesundheit" (Kap. 3). Das bedeutet, daß ein bestimmtes Maß an Beschwerden durch die Bewertung: „für mich normal" nicht als behandlungsbedürftig eingestuft wird.

1.7 Klinisch-psychologische Hilfestellungen für alte Menschen

„Klinische Psychologie" definiert Schraml (1970) als „Anwendung der Erkenntnisse, Techniken und Methoden der psychologischen Grundlagenfächer und ihrer Nachbardisziplinen... im breiten klinischen Feld". Perez & Baumann (1990) sehen sie als „.. diejenige Teildisziplin der Psychologie, die sich mit psychischen Störungen und den psychischen Aspekten somatischer Störungen befaßt".

Als Klinische Psychologie des Alterns bezeichne ich diejenige Teildisziplin der Alternspsychologie, die sich zum Ziel setzt, die Erkenntnisse der psychogerontologischen Forschung und ihrer Nachbardisziplinen auf die subjektiven und objektiven psychischen Störungen einschließlich ihrer körperlichen Dimension anzuwenden. Über die klinisch-psychologische Behandlung älterer Menschen liegen einerseits nur sehr verstreut wissenschaftliche Erkenntnisse vor, andererseits sind die Ziele gegenüber dem Erwachsenenalter z. T. verändert.

Folgende Unterschiede lassen sich benennen:

1. Störungen und Krankheitsbilder sind **weniger klar abgegrenzt** und können deshalb nur bedingt übergreifenden Ordnungsgesichtspunkten zugeordnet werden.

2. Diagnostik und Therapie von Störungen bzw. Krankheitsbildern – auch im ärztlichen Feld – haben allgemeinpsychologische Altersveränderungen in ihrer Arbeit zu berücksichtigen: Verminderte Aufmerksamkeitsleistung, veränderte Gedächtnisleistung, verschlechtertes Hörvermögen etc. sind **entscheidende Faktoren**, derer man sich vergewissern muß, bevor man mit einem alten Menschen diagnostischen oder therapeutischen Kontakt aufnimmt.

3. Therapeutisches Handeln kann sich – weniger als im

Erwachsenenalter üblich – allein auf Sprache stützen: Die **Beeinflussung der Umgebung, des Milieus** und der **Handlungsgewohnheiten** gehören dazu.

4. Die **Bedrohung** im Alter betrifft nicht nur **Verlusterlebnisse**, sondern auch **Fragmentierungen**, d.h. den Verlust des ganzheitlichen Erlebens von Kontinuität (wie z.B. bei der Demenz).

5. Die **Gesunderhaltung** ist eine relative; Aufhalten und Linderung wird ein häufigeres Ziel sein als Heilen.

6. Die Bedrohung durch **chronische Behinderung** ist ständig präsent und realistisch: Bei einem Krankheitseinbruch droht ständig die Frage „Wird das noch wieder?" Die Aktivierung von Bewältigungsressourcen steht dabei im Mittelpunkt der Arbeit.

7. Testpsychologische **Persönlichkeitsdiagnostik** ist vorwiegend von akademischem, kaum von praktischem Interesse.

8. Die **Funktions- und Leistungsdiagnostik** ist für die Erstellung eines Leistungsprofils für die Beratung hinsichtlich Anspruchsniveau, verfügbaren Ressourcen, Beeinflussungs- bzw. Behandlungsmöglichkeiten und Beratung der Umwelt sinnvoll.

9. Hilfen für alte Menschen sind mehr als für Jüngere **institutionell organisiert**. In der Regel geht der alte Mensch außer zum niedergelassenen Arzt nicht zu einem Psychotherapeuten; die hier aufgezeigten therapeutischen Maßnahmen finden fast ausschließlich in Beratungsstellen, Kliniken, Ambulanzen etc. statt.

10. Es besteht ein Mißverhältnis zwischen dem, was für das Alter von der Wissenschaft als brauchbar und veränderbar aufgezeigt wurde und dem, was in der Praxis umsetzbar ist.

11. Das tatsächlich realisierte Hilfesuchverhalten (Arztbesuch, Klinikeinweisung) muß für (Gesundheits-) Aufklärung genutzt werden, um das Gesundheitsverhalten zu stärken, das Hilfesuchverhalten in realistische Bahnen zu lenken und auf Hilfsangebote aufmerksam zu machen: Die Gesundheitserhaltung bildet die wesentliche Grundlage für psychisches Wohlbefinden.

12. Der **Lebenslauf** als Niederschlag der Persönlichkeitsstruktur liefert wesentliche diagnostische Hinweise: er gibt uns die durch die in ihm zu findende Psycho-Logik eine Orientierung zur Auswahl der richtigen Therapie- und Pflegeziele.

13. Die **Einfühlung,** die für die psychologische Arbeit eine Grundvoraussetzung ist, ist durch die Andersartigkeit der Erfahrungen und der Erlebniswelt des älteren Menschen er-

schwert („Wackelig auf den Beinen, chronischen Schmerzen ausgesetzt zu sein, nicht mehr das vertraute Gefühl in den Fingerspitzen zu haben" sind für die meisten jungen Menschen abstrakte Begriffe, an die sie nicht spontan denken, wenn sie sie nicht sehen oder erleben können.)

Es besteht eine große Diskrepanz zwischen dem Bedürfnis nach klinisch-psychologischer Behandlung und Betreuung alter Menschen und der Anzahl klinisch arbeitender Psychologen in der Altenhilfe. Es sind einerseits kaum Stellen für dieses Arbeitsfeld eingerichtet worden, andererseits zeigen nur wenige Psychologen für dieses Spezialgebiet Interesse. Schließlich existieren erst seit Ende der 80er Jahre die ersten Lehrstühle für Psychogerontologie in Heidelberg und Erlangen. Einer eigenen Umfrage zufolge waren 1980 in 143 geriatrischen und gerontopsychiatrischen Einrichtungen in der früheren BRD lediglich 5 Psychologen überwiegend mit den Problemen älterer Menschen befaßt (Junkers und Rönnecke, 1981).

Gleichzeitig nehmen viel weniger alte Menschen psychiatrische und psychologische Hilfe in Anspruch als es epidemiologischen Untersuchungen zufolge notwendig wäre. Die am ehesten anerkannte und gefragte Aufgabe ist die der psychologischen Diagnostik (Kap. 4).

Es gibt kaum Psychotherapeuten, die mit älteren Menschen arbeiten: Eine Befragung von niedergelassenen klinischen Psychologen ergibt, daß zwar 21,8% der Befragten mit 41-60jährigen arbeite, jedoch nur 1,8% mit über 60jährigen. (Wasilewski und Funk, 1989). Auch die Kassenfinanzierung der Psychotherapie alter Menschen stößt häufig auf Grenzen: es erscheint vielen Gutachtern fraglich, ob eine behandlungsbedürftige Krankheit im kassenärztlichen Sinne vorliegt und wenn ja, ob die Prognose als genügend günstig angesehen werden kann, um eine Finanzierung zu befürworten. Da ältere Menschen mit der Berentung fast immer eine Einbuße in ihren gewohnten finanziellen Verhältnissen erleiden, ist die Eigenfinanzierung in der Regel nicht möglich. Über Psychologen als Supervisoren in gerontologischen Tätigkeitsbereichen liegen m.W. keine Zahlen vor.

Die Probleme der Älteren sind besonders vielgestaltig; d.h. die Behandler sind vor die Notwendigkeit der Kooperation verschiedener Berufsgruppen gestellt. Dem steht entgegen, daß Ältere gern nur **einen** Bezugshelfer haben; damit ist die Grundlage für erschwerte Kooperationsverhältnisse geschaffen. Zusätzlich stellen sich die verbreiteten Vorurteile zwischen Medizinern und Psychologen oft einer dem Patienten zugute kommenden Kooperation entgegen.

Je nach seiner Orientierung möchte der klinische Psychologe helfen, problematisches Verhalten alter Menschen durch gezielte Interventionen zu ändern, oder zumindest störendes bzw. unverständliches Verhalten als psycho-logisch entziffern zu helfen, um auf der Ebene der subjektiven Bedeutung einen therapeutischen Zugang zu dem Problemverhalten zu bekommen.

Mögliche Tätigkeitsfelder für Klinische Psychologen in der Arbeit mit alten Menschen werden in Kap. 8 beschrieben.

Während die alternspsychologische Forschung bemüht ist, das Bild vom ausschließlich defizitären Altern abzubauen, ist die Perspektive der klinischen Alternspsychologie gerade auf die Dimension der Störung, und zwar der Störung der Bewältigung von Alternsvorgängen gerichtet. Dieses Buch bedeutet keineswegs ein Plädoyer für die Sichtweise des Alterns als defizitären Prozeß, vielmehr hat es die Gruppe älterer Menschen im Blickfeld, die nicht sagen können „Ich altere gern", die durch Veränderungen des Alterns körperlich und seelisch leiden und an die professionellen Helfer einen Behandlungswunsch richten.

Kapitel 2
Psychologie des Alterns: Ausgewählte Aspekte

2.	Psychologie des Alterns: Ausgewählte Aspekte
2.1	Persönlichkeitspsychologische Aspekte
2.1.1	Was ist Persönlichkeit?
2.1.2	Die Entwicklung zur Persönlichkeit
2.1.3	Der Lebenslauf und seine Entwicklungsaufgaben
2.1.4	Zeiterleben, Endlichkeit und Lebensrückblick
2.1.5	Sterben und Tod
2.2	Allgemeinpsychologische Befunde
2.2.1	Was versteht man unter „allgemeinpsychologischen Befunden"?
2.2.2	Wahrnehmung und Sinnesleistung: Das Band zur Realität
2.2.3	Höhere Wahrnehmungsleistungen
2.2.4	Die sensorische und motorische Geschwindigkeit
2.2.5	Psychomotorik
2.2.6	Gedächtnis und Wissen
2.2.7	Denken und Problemlösen
2.2.8	Sprache und Sprachleistung im Alter
2.2.9	Lernen
2.2.10	Emotion und Motivation
2.2.11	Handeln und Handlung
2.2.12	Intelligenz- und Leistungsveränderungen
2.2.13	Intellektuelle Leistungsfähigkeit und Gesundheitszustand
2.3	Sozialpsychologische Aspekte des Alterns
2.3.1	Alter und gesellschaftlicher Wandel
2.3.2	Kontaktverhalten im Alter
2.3.3	Die Wohnsituation und ihre Veränderungen
2.3.4	Soziale Schicht und Benachteiligung
2.3.5	Berufstätigkeit: Fortführung, Veränderung und Berufsaufgabe
2.3.6	Zur differentiellen Psychologie der Frau

Aus der psychologischen und alternspsychologischen Forschung möchte ich im folgenden diejenigen Aspekte und Befunde auswählen, die mir für die Praxis der klinischen Alternspsychologie nutzbringend erscheinen. Gegenstand sind die objektiven und subjektiven Aspekte des Erlebens und Verhaltens in Abhängigkeit von den Veränderungen des Alterns.

2. Psychologie des Alterns: Ausgewählte Aspekte

Die **allgemeine Psychologie** liefert vielfältige Befunde zu den psychologischen Gesetzmäßigkeiten z.B. von Wahrnehmung, Lernen, Gedächtnis etc..

Die **Sozialpsychologie** betrachtet das Individuum unter dem Gesichtspunkt von Erleben und Verhalten in seiner realen, sozialen Umgebung.

Die **Entwicklungspsychologie** eröffnet die Dimension von Konstanz und Veränderungen der Persönlichkeit über eine Zeitspanne hinweg.

Die **Differentielle** bzw. **Persönlichkeitspsychologie** zeigt zahlreiche Unterschiede zwischen einzelnen Menschen und Menschengruppen auf und macht uns auf das hohe Maß an Individualität von Entwicklungsprozessen aufmerksam. Die Beschreibung der Persönlichkeit des alten Menschen ist im Schnittpunkt zwischen Entwicklungs- und Persönlichkeitspsychologie angesiedelt. Beide Aspekte werden im folgenden Kapitel zusammengefaßt. Ich verstehe Persönlichkeit als einen gewordenen psychischen Organismus, der die verschiedensten Grundfunktionen zu einer ganzheitlich integrierten „guten Gestalt", dem individuell Besonderen, zusammenfügt.

Die wissenschaftliche Erforschung des Alterns ist mit verschiedenen psychologischen Problemen konfrontiert, vor allem methodischen Schwierigkeiten. Als traditionelle Untersuchungsmethoden von Altersunterschieden stehen zur Verfügung:

a. **Querschnittsuntersuchungen**: Hier werden Stichproben von Individuen aus verschiedenen Altersgruppen mit demselben oder vergleichbaren Meßinstrument zu einem bestimmten Zeitpunkt jeweils **einmal** untersucht. Unterschiede zwischen den einzelnen gemessenen Werten werden dann auf das Alter zurückgeführt: Z.B. die Untersuchung einer Gruppe von 60jährigen im Vergleich zu einer Gruppe von 70jährigen im Hinblick auf ein bestimmtes Merkmal, wie z.B. Depressivität. Ein Vorteil dieser Untersuchungsmethode liegt in der schnellen Durchführbarkeit; ein Nachteil darin, daß das hohe Ausmaß der Variabilität von Alternsprozessen darin nicht erfaßt werden kann: Die Gefahr ist, Unterschiede zwischen verschiedenen Kohorten als Veränderungen aufgrund von Entwicklungsprozessen fehlzuinterpretieren.

b. **Längsschnittuntersuchungen**: Hier wird eine Stichprobe von Individuen zu verschiedenen aufeinanderfolgenden Zeitpunkten mit demselben oder mehreren vergleichbaren Meßinstrumenten mehrmals untersucht. Die Unterschiede zwischen den zu den einzelnen Zeitpunkten gemessenen Werten werden auf die unterschiedlichen Abschnitte in der Alternsentwicklung zurückgeführt. Ein Vorteil liegt z.B. darin, daß hier der „natürliche" Weg des Alternsprozesses forschend begleitet wird; ein Nachteil liegt in dem hohen Zeitaufwand für die Untersuchungen.

Die **persönlichkeitspsychologischen Betrachtungen** stehen am Beginn dieses Kapitels, weil ich ihnen eine zentral integrierende Funktion zuspreche. Am Schluß vieler Forschungsberichte (Sozialepidemiologie, Gerontopsychiatrie) finden sich Bemerkungen wie: „Letztlich scheint dies eine Frage der Persönlichkeit zu sein ...". Derartige Überzeugungen führten dann jedoch nicht zu weiteren Konsequenzen in der Forschung.

Aus vorliegenden Querschnittsuntersuchungen werden einige ausgewählte Ergebnisse dargestellt, die über Veränderungen der geistigen Leistungsfähigkeit mit zunehmendem Lebensalter Aufschluß geben. Hinsichtlich der Untersuchungs-resultate aus Längsschnittuntersuchungen beziehe ich mich im wesentlichen auf Befunde der Bonner psychogerontologischen Forschung (BOLSA), die vor allem mit den Namen Thomae und Lehr verknüpft sind. Hauptsächliches Anliegen dieser Studie ist der Nachweis, daß der Alternsprozeß nicht primär defizitär erfolgen muß, daß es verschiedene Alternsstile gibt und das Altern primär eine Sache der subjektiven Einschätzung ist.

Ich bin davon überzeugt, daß die vielfältigen und komplexen Betrachtungen zur Klinischen Psychologie des Alterns nur dann für eine Umsetzung in hilfreiches Handeln nützlich sind, wenn ein Persönlichkeitsmodell zur Verfügung steht, das ein ganzheitliches Verstehen des lebensgeschichtlichen „So-Geworden-Seins" ermöglicht. Diese Form des Verstehens stellt ein Ordnungsschema dar, daß für den Handelnden subjektiv Entlastung oder gar – wie Flammer (1988) sagt – beglückendes Verstehen vermittelt. Theorien eröffnen auch den Blick für Vermutungen und darüber hinaus die Entdeckung neuer Zusammenhänge. Derartige Modelle werden als Theorie oder Paradigma bezeichnet. Unter **Theorie** versteht man ein durch das Denken gewonnenes System der Verbindungen von Tatsachen zu einem widerspruchslosen Zusammenhang von Gründen und Folgen (Dorsch, 1982). Sie dienen der ordnenden Beschreibung und Erklärung von Erscheinungen und Beobachtungen. Es sind Systeme von Aussagen, die die Realität strukturieren helfen und kommunizierbar sind und deshalb auch der verbesserten zwischenmenschlichen Verständigung von Helfern dienen.

Als **Paradigma** bezeichnen wir nach Kuhn (1972) eine Schule bzw. Vorgehensweise mit gemeinsamen Begriffen, Fragestellungen, Kontrollen und nicht hinterfragten Postulaten (Behauptungen). Nach meiner Überzeugung bietet das psychoanalytische Paradigma im Sinne eines Persönlichkeits- und Entwicklungsmodells neben dem lerntheoretischen Paradigma den umfassendsten Verständniszugang, um alte Menschen in ihren persönlichen Problemen zu verstehen und ihnen demzufolge therapeutische Hilfe zuteil werden zu lassen.

2.1 Persönlichkeitspsychologische Aspekte

2.1.1 Was ist Persönlichkeit?

Das **Einzigartige, Besondere** und **Überdauernde** der menschlichen psychischen Struktur bezeichnen wir als die **Persönlichkeit** oder den Charakter. „Die Gesamtheit der stabilen und konsistenten psychischen Eigenschaften eines Individuums, mit denen es sich mit der Welt seiner Triebe und Emotionen einerseits und der seiner psychosozialen Gegebenheiten andererseits auseinandersetzt", bezeichnet die Psychoanalyse als Charakter (Hoffmann, 1979).

Durch ihre „charakteristischen" Eigenheiten bzw. Eigenschaften unterscheiden sich die einzelnen Menschen bis ins hohe Alter voneinander: Die Individualität eines Menschen ist sogar nie so groß wie im Alter (Differentielle Psychologie). Den in der Psychoanalyse und Romanliteratur vorwiegend benutzten Begriff „Charakter" und den von der Psychologie bevorzugten Begriff der „Persönlichkeit" verwenden wir im folgenden synonym.

Menschen ändern sich auch im Vergleich mit sich selbst: So treten Charakterzüge eines Menschen im Alter oft schärfer hervor als in jüngeren Lebensjahren (Überspitzung von Persönlichkeitseigenarten: Der Sparsame wird im Alter geizig). Goethe sagte: „Der Charakter bildet sich im Sturm der Zeit". Die Persönlichkeit ist als ein Ergebnis bzw. eine Art Niederschlag von Entwicklungsprozessen zu verstehen. Grundlegende typische Persönlichkeitsmerkmale bleiben über den Lebenslauf hinweg konstant. Körperliche und geistige Abbauprozesse haben auf die persönlichen Eigenschaften eines Menschen kaum einen nivellierenden Einfluß: Ein Kind, das auf dem Schulhof immer einsam und kontaktscheu in der Ecke stand, wird im Altenheim nicht zu den kontaktfreudigsten Bewohnern gehören.

Die **Persönlichkeit** bildet sich seit der Geburt in der Auseinandersetzung mit der den Menschen umgebenden Umwelt. Äußere Lebensbedingungen haben auf die Persönlichkeitsentwicklung ebenso einen Einfluß wie auch die frühe mitmenschliche Umwelt, zunächst die Kommunikation mit einer frühen Beziehungsperson, meist der Mutter. **Interaktionsstile**, zuerst vorsprachlicher Art, bilden die Basis der Persönlichkeitsentwicklung. (Kap. 2.1.2). Diese werden wesentlich von **Wünschen** und **Versagungen** geprägt. Insofern beinhaltet die Persönlichkeit eines Menschen gewissermaßen die Geschichte der individuellen Angst- und Konfliktbewältigung. Sie enthält damit eine Art geronnene Abwehr- bzw. Bewältigungsgeschichte. Es sind also die Abwehr- bzw. Bewältigungsmaßnahmen, die einer Person im Laufe des Lebens eine jeweils individuelle Prägung verleihen. Die Entwicklung der Persönlichkeit stellt daher immer einen progressiven **Anpassungsversuch an Herausforderungen des Entwicklungsprozesses** dar. Mit anderen Worten: immer dann, wenn das seelische Gleichgewicht ins Wanken zu geraten droht, taucht Angst auf; um sie möglichst gering zu halten oder zu vermeiden, müssen neue Anpassungen geleistet werden. Die Persönlichkeitsstruktur hilft der Person, besonders in schwierigen Lagen, nicht so schnell das psychische Gleichgewicht zu verlieren.

Die Persönlichkeit gibt es nicht, sondern wir machen uns immer ein Bild von ihr. Ebenso gibt es keine allgemeingültige wissenschaftliche Definition von „Persönlichkeit"; wie sie definiert wird, hängt von dem theoretischen Denkgebäude ab. Persönlichkeitsmodelle, die Beobachtungen über Menschen in schlüssige Zusammenhänge bringen wollen, sind immer einem bestimmten Theoriegebäude verpflichtet. So ist z.B. die erklärende Psychologie bemüht, Erklärungen abzugeben und damit über die reine Beschreibung von Phänomenen hinauszugehen. Die verstehende Psychologie strebt an, menschliche Handlungsweisen über ein einfühlendes Erfassen in ihren Motiven zu verstehen und in dem Begreifen von Zusammenhängen eine Evidenz zu finden. Es gibt kein Modell, das eine umfassende „Wahrheit" liefern kann, jedes besitzt seine eigene Wahrheit. Dementsprechend werden bei den verschiedenen Bemühungen, Persönlichkeit zu **definieren**, ganz unterschiedliche Aspekte in den Vordergrund gestellt. So gibt es Sammeldefinitionen, die eine Aufzählung der individuellen Charakteristika in den Mittelpunkt rücken, und ordnungsstiftende Definitionen, nach denen die Persönlichkeit als organisierter Aufbau verstanden wird. Es gibt solche, die das Einzigartige und Individuelle eines Menschen als seine Persönlichkeit ansehen, und weitere, die in der Persönlichkeit den wesentlichen Kern eines Menschen suchen.

Darüber hinaus verfügt jeder Mensch über ein **Laienmodell** der Persönlichkeit, das ihm in der Regel nicht bewußt und deshalb nicht beschreibbar ist, jedoch das Erleben, Handeln und Verhalten wesentlich beeinflußt. Ob das Erleben und Verhalten eines anderen als richtig oder falsch, gesund oder krank, sympathisch oder unsympathisch eingestuft wird, darüber entscheidet dieser innere Maßstab wesentlich mit. Von diesem Laienmodell abzusehen und sich ein theoretisches Denkgebäude zu eigen zu machen, ist eine schwierige und viel Übung erfordernde Aufgabe.

Die **Persönlichkeitspsychologie des Alterns** wurde in der bisherigen psychogerontologischen Forschung wenig behandelt, obgleich in der Literatur dazu viele Beiträge zu finden sind (z.B. Molière „Der Geizige"). Untersucht wurden – wenn überhaupt – einzelne Aspekte bzw. Konstrukte, wie z.B. Eigenschaften in einem Persönlichkeitsmodell (z.B. Guilford, 1964), wie sie sich aufgrund von besonderen Untersuchungsmethoden (z.B. Fragebogen, Projektive Tests etc.) in Abhängigkeit vom Alter generell oder in verschiedenen Gruppen von alten Menschen unterschiedlich konstellieren.

Um psychologische Aspekte im Alter untersuchen zu können, hat sich die psychologische Wissenschaft auf die Erforschung psychischer **Einzelfunktionen** beschränkt. Am ehesten lassen sich so psychische Grundfunktionen wie Wahrnehmung, Denken, Lernen und Gedächtnis, Handlung usw. untersuchen, um gewisse altersabhängige Besonderheiten herauszuarbeiten. Die **Allgemeine Psychologie** (Kap. 2.2.) beschäftigt sich mit der Sammlung derartiger spezifischer Informationsbruchstücke und verfolgt das Ziel, Gesetzmäßigkeiten zu erforschen. Die Ergebnisse können in die **Angewandte Psychologie** einfließen.

Thomae (1971) hat dem subjektiven Blickwinkel die wesentliche Bedeutung für seine Kognitive Theorie des Alterns zuerkannt: Er stellt heraus, daß allein die Art und Weise, wie eine Situation vom Individuum **erlebt** wird, die Intensität, Form und Richtung seines Verhaltens beinflußt. Die **subjektive Sicht** stellt die wesentliche Leitlinie für therapeutisches Handeln dar. Leider besitzt die Theorie von Thomae wenig Erklärungswert, basiert auf keiner Entwicklungstheorie und besitzt keine praktische Relevanz im Sinne einer Technik der Therapie.

Wie bereits dargelegt, ziehe ich das psychoanalytische Persönlichkeits- und Entwicklungsmodell als theoretische Grundlage vor, da es in umfassenderer Weise in der Lage ist, die Besonderheiten des Erlebens und Verhaltens aus subjektiver Sicht, einschließlich sogenannter krankhafter Verhaltensweisen, in einen ganzheitlichen Verständniszusammenhang zu stellen. Die psychoanalytische Auffassung bietet eine Hilfe, die **Persönlichkeit als einen psychischen Organismus** zu verstehen, der diese oben angeführten Grundfunktionen zu einer ganzheitlich integrierten „guten Gestalt" zusammenfügt und uns zu der immer wieder geforderten ganzheitlichen Sicht des alten Menschen führen kann.

2.1.2 Die Entwicklung zur Persönlichkeit

Unter Entwicklungspsychologie wurde bis in die 60er Jahre allein die Kinder- und Jugendpsychologie verstanden. Heute fassen wir darunter das gesamte psychologische Entwicklungsgeschehen, das Erleben und Verhalten von der **Geburt bis hin zum Tode**, zusammen. Als komplexer Prozeß wird der Entwicklungsprozeß im wesentlichen unter biologischen, soziologischen und psychologischen Gesichtspunkten untersucht.

Der Entwicklungsbegriff legt die Betonung auf die fortschreitende Auseinandersetzung zwischen der Entfaltung von keimhaft Angelegtem und der Einwirkung der Umwelt darauf wie auch der daraus sich ergebenden Wechselwirkung (Oerter, 1968). Als Prozeß beinhaltet er eine **fortschreitende Differenzierung** (Ausgestaltung von Teilfunktionen aus diffuseren Ganzheiten) und gleichzeitig eine **Zentralisierung** (Zusammenfassung von Teilfunktionen in Richtung auf ein Ziel). Oerter (1978) hebt hervor, daß der Entwicklungsbegriff nicht nur Differenzierung bedeute, sondern auch **Kanalisierung und Verfestigung**: „Je älter ein Mensch wird, ... desto mehr erscheint sein Leben von der Vergangenheit her determiniert". Eine allgemeingültige, vollständige Theorie der lebenslangen Entwicklung gibt es nicht. „Sie muß sich auf Einzeltheorien und Modelle der gesamten Psychologie stützen und somit versuchen, eine theoretische Dachkonstruktion der Psychologie überhaupt zu bilden".

Thomae (1959) sieht Entwicklung als eine Reihe von miteinander zusammenhängenden Veränderungen (des Erlebens und Verhaltens), die bestimmten Orten des zeitlichen Kontinuums eines individuellen Lebenslaufes zuzuordnen sind. Die Einheit, in der sich diese Entwicklung verfolgen läßt, ist bei Thomae der **Lebenslauf**. Wie auch Oerter betont er, daß man darauf angewiesen sei, Versatzstücke aus verschiedenen Disziplinen und Theorien zusammenzusetzen, um sich ein Gesamtbild vorstellen zu können.

Die Grundpfeiler des **psychoanalytischen Paradigmas** in der Entwicklungspsychologie ergeben sich aus folgenden Annahmen:
- Die wesentlichen psychischen Vorgänge, die unser Verhalten beeinflussen, sind **unbewußt**.
- Psychische Probleme und psychische Krankheit während des Lebenslaufes fußen letztlich auf **frühkindlichen Konflikten**.
- Aufgrund früh angelegter Persönlichkeitsstrukturen werden bestimmte Erlebens-und Verhaltensmuster in ähnlicher Weise immer **wiederholt** (Freud, 1920).

Die Psychoanalyse ist gleichzeitig eine **genetische Persönlichkeitstheorie** und eine **dynamische Entwicklungspsychologie** und seit ihren Anfängen auch als **Sozialisationstheorie** zu verstehen. Sie macht zwischen normalen und neurotischen Entwicklungsprozessen keinen strukturellen Unterschied. Die psychoanalytische Technik ist letztlich ein biographisches, also am Lebenslauf orientiertes Verfahren. Ähnlich wie der Entwicklungspsychologie wurde der Psychoanalyse der Vorwurf gemacht, den Entwicklungsbegriff auf Kindheit, Jugend und eventuell noch Adoleszenz zu beschränken. Dies gilt heute als überholt. Inzwischen gibt es eine ganze Reihe von erweiterten Sichtweisen. So sehen etwa Erikson (1966) und Lidz (1970) aufbauend auf Freud, die Phasen des Lebenszyklus als bestimmte Zeitabschnitte an, in denen jedem Individuum spezifische intrapsychische Konflikte begegnen, die mehr oder weniger erfolgreich gemeistert werden können. Ob und wie diese bewältigt werden können, hängt aber auch von den frühkindlich entwickelten Ressourcen ab. So sehe ich z.B. die Möglichkeit, überhaupt aus Erfahrungen lernen zu können, als eine sehr früh im Leben erworbene an (Bion, 1990).

Unter dem **lerntheoretischen Paradigma** ist, allgemein ausgedrückt, zu verstehen, daß ein Verhalten sich im Laufe der Entwicklung durch äußere Gegebenheiten ausbildet und durch äußere Beeinflussung der Veränderung zugänglich ist. Verschiedene **Lerngesetze** ergeben die Basis für die Voraussage und Kontrolle menschlichen Verhaltens. Das gebräuchlichste in diesem Zusammenhang ist das „operante Paradigma".

Eine neuere Richtung der lerntheoretisch fundierten Entwicklungspsychologie ist die „life-span-developmental-psychology" (Baltes und Schaie, 1973). Sie wendet sich gegen eine restriktiv biologistische Entwicklungskonzeption und sieht die primäre Aufgabe einer Entwicklungspsychologie der Lebensspanne in der Entwicklung adäquater Forschungsmethodologien. Baltes und Mitarbeiter haben das folgende Ordnungsschema für biographisches Material entwickelt, das die Dreiteilung in altersbezogene, geschichtsbezogene und nicht-normative Variablen vorsieht.

2.1 Persönlichkeitspsychologische Aspekte

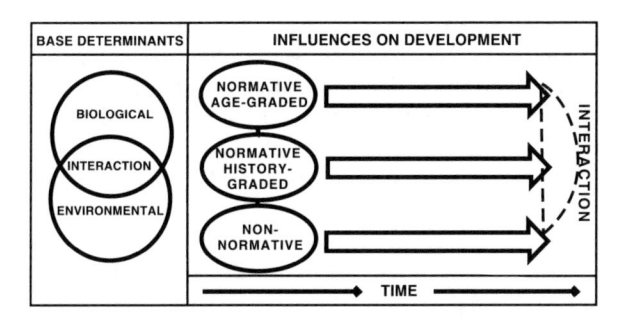

BASE DETERMINANTS	INFLUENCES ON DEVELOPMENT
BIOLOGICAL / INTERACTION / ENVIRONMENTAL	NORMATIVE AGE-GRADED / NORMATIVE HISTORY-GRADED / NON-NORMATIVE → INTERACTION
	TIME →

Abb. 2.1 Die drei wesentlichen Einflüsse auf die lebenslange Entwicklung. (Baltes, Reese und Lipsitt, 1980; S. 65)

Unter **ontogenetischen** Einflüssen auf die Biographie fassen Baltes et al. die biologischen oder umweltbezogenen Informationen zusammen, die in engem Zusammenhang mit dem chronologischen Alter stehen (age graded). Als **evolutionäre** Einflüsse bezeichnen sie allgemeine Ereignisse oder ganze Ereignisabfolgen, die eine bestimmte kulturelle Einheit in bezug auf den biosozialen Wandel betreffen und sich z.B. in Kohorteneffekten niederschlagen. Als **individuelle, nicht normative** Einflüsse schließlich verstehen sie diejenigen biologischen und umweltbezogenen Determinanten, die in ihrem Effekt für die individuelle Lebensgeschichte zwar bedeutungsvoll, aber nicht normativ sind, denn sie betreffen nicht jeden. Einzelne Ereignisse oder ganze Ereignisabfolgen in Zusammenhang mit der beruflichen Karriere (Arbeitslosigkeit), dem Familienleben (Scheidung, Tod eines wichtigen Partners) oder dem Gesundheitszustand (schwere Krankheit) sind Beispiele dafür (Baltes, Cornelius und Nesselroade, 1978).

Indem sie auf Bühler (1933), Hofstätter (1938), v. Bracken (1952) etc. verweist, kritisiert Lehr das Anliegen der „life-span-developmental-psychology" als „alten Wein in neuen Flaschen", da die ursprünglichen Wegbereiter dabei in Vergessenheit geraten würden.

In verschiedensten Wissenschaftszweigen (Germanistik, Geschichtswissenschaft, Soziologie etc.) können wir in den 70er Jahren einen enormen Zuwachs des Interesses an der Lebenslaufforschung beobachten. Die gemeinsame Idee ist die Abwendung von einer in Einzelheiten zergliedernden Forschung mit dem Ziel einer größtmöglichen Genauigkeit der Erfassung zugunsten eines integrativen Ansatzes, der dem Grundprinzip der Gestaltpsychologie entspricht: „Das Ganze ist mehr als die Summe seiner Teile".

Um einen älteren Menschen und seine Eigenarten verstehen zu können, benötigen wir ein Konzept davon, wie man sich psychische Entwicklung vorstellen kann. Im folgenden

Die frühkindliche Entwicklung: die psychische Geburt des Menschen

möchte ich eine kurze Skizze über die frühe psychische Entwicklung eines Menschen entwerfen. Sie basiert wesentlich auf den Annahmen der Psychoanalyse Freuds sowie ihrer Weiterentwicklung durch Melanie Klein. Aufgrund ihrer psychotherapeutischen Arbeit mit sehr kleinen Kindern hat sie uns ein Bild von der Entwicklung des Seelenlebens aus frühester Zeit entworfen.

Einige Grundbegriffe seien erläuternd vorausgeschickt.

1. Die Psychoanalyse wird von Freud als die „Wissenschaft von den unbewußten seelischen Vorgängen" (GW 14, S. 300) vorgestellt. Er nimmt an, daß wesentliche Teile des menschlichen Seelenlebens und Verhaltens **unbewußt** sind. Jede gemachte Erfahrung eines Menschen findet ihren Niederschlag in seiner Persönlichkeit; nur zu einem kleinen Teil in seiner bewußten Erinnerung, zu einem weitaus größeren Teil in den sog. unbewußten Anteilen der Persönlichkeit. Dies ist als notwendige Anpassungs- oder Abwehrleistung zu verstehen: Würden wir zu jeder Zeit alles erinnern, wären wir überflutet und unfähig, in der uns vertrauten bewußten Form zu erleben und zu handeln. Fehlleistungen wie Versprecher und Fehlhandlungen, Träume, freie Einfälle werden als mögliche Wege („Königsweg") zum Unbewußten eines Menschen angesehen. Auch die Gedankenproduktionen eines verwirrten alten Menschen können uns einen Verständniszugang zu den unbewußten Anteilen seiner Persönlichkeit eröffnen.

2. Im psychischen Geschehen gibt es nichts Zufälliges: Jedes Erleben und Verhalten ist nur als Ergebnis von vorausgegangenen Ereignissen – innerhalb oder außerhalb des seelischen Bereichs – vorstellbar. Das bedeutet auch, daß jedes aktuelle Erleben neben erwachsenen Anteilen des Erlebens immer in Begriffen des „wie damals" empfunden wird. Jedes Erleben ist durch dasjenige von früher, insbesondere der frühen Kindheit mitbestimmt (Lehre vom **psychischen Determinismus**).

3. Jeder seelische Vorgang dient der **Aufrechterhaltung** eines **psychischen Gleichgewichtes**. Jede psychische Krankheit ist demzufolge als bestmögliche Anpassung zur Wiedererlangung eines solchen Gleichgewichtszustandes zu verstehen. Auch psychische Krankheit im Alter ist deshalb nicht als defizitärer Vorgang, sondern als ein Bewältigungsversuch, mit veränderten Bedingungen fertig zu werden, zu verstehen.

4. Eine weitere Grundannahme ist, daß sich der Mensch unter Berücksichtigung von Reifungsprozessen im wesentlichen in der **Interaktion**, d.h. im Kontakt und Austausch mit der ihn früh umgebenden Umwelt entwickelt. Grundlegende

Objektbeziehungsmuster werden in der frühen Kindheit erworben. Als **Objekte** werden in der Psychoanalyse alle gefühlsmäßig wichtigen Personen für einen Menschen bezeichnet. Die frühen Objektbeziehungen, d.h. die frühesten zwischenmenschlichen Beziehungen im Leben eines Menschen, in der Regel zur Mutter, bilden die Basis der Persönlichkeitsentwicklung und des individuellen Kommunikationsstiles. Art und Qualität der **internalisierten (durch Internalisierung und Identifizierung zustandegekommenen) Objektbeziehungen** entscheiden über Art, Flexibilität und Qualität des heranreifenden Ichs und damit auch über die Wurzeln von psychischer Gesundheit und Krankheit: Je mehr eine psychische Struktur fähig ist, einen Austausch zwischen Innen- und Außenwelt zu bewältigen, desto mehr können die grundlegenden Beziehungsmuster durch spätere Erfahrungen modifiziert werden. Je weniger flexibel eine psychische Struktur ist, desto mehr ist sie auf die Wiederholung der von früher festgefügten Beziehungserfahrungen determiniert. Internalisierungen und Identifizierungen entwickeln sich desto starrer, je mehr das heranwachsende Kind einen starren, mit Liebesentzug strafenden Erziehungsstil erfahren hat. Eine entspannte, offene Einstellung zum Kind ermöglicht diesem, eher zwischen verschiedenen Identifizierungsmöglichkeiten wählen zu können, und gibt damit seiner Persönlichkeitsentwicklung sehr viel mehr Freiraum. Auch die Beziehungsstrukturen alter Menschen, ganz besonders aber der Verwirrten, spiegeln Züge der frühen Beziehungsmuster wieder.

5. Diese frühen Interaktionsprozesse hinterlassen einen Niederschlag, den wir **Selbst- und Objektrepräsentanzen** (d.h. ein inneres Bild, was ich von mir oder auch Teilen von mir oder anderen Menschen oder Teilen von anderen Menschen habe) nennen. Die Qualität der frühen Objektbeziehungen entscheidet darüber, ob gute Objekte internalisiert werden können. So ist es individuell unterschiedlich, ob mir zu dem Begriff „Mutter" eine böse, ständig kritisierende, meine Freiheit nur einschränkende Vorstellung oder eine liebevoll unterstützende, ermutigende Seite einfällt. Internalisierungen von überwiegend guten Objekten bilden die Basis für die Entwicklung eines integrativen Ichs.

Als **Ich** wird in der Psychoanalyse eine Struktur angenommen, die zwischen den unbewußten Wünschen (Es), den Gewissensstrukturen (Über-Ich) und den Forderungen der Objekte und der Umwelt vermittelt und die Anpassungleistung vollbringt. Das Ich leistet die Unterscheidung zwischen Ich und Nicht-Ich. Freud räumt den Wahrnehmungsfunktionen eine fundamentale Rolle bei diesen Leistungen ein (1923).

Die Funktionstüchtigkeit des Ichs hängt von der somatischen Intaktheit ab und ist durch Schwächung und Störung der Gesundheit unmittelbar beeinflußbar.

Als **Selbst** möchte ich hier vereinfachend das Bild bezeichnen, das ein Mensch von sich selbst hat. Umfassender steht es für den Ausdruck, daß das erlebende Subjekt sich seiner selbst bewußt ist und gleichzeitig für sich selbst zum Objekt wird.

In der Weiterentwicklung der Freudschen Psychoanalyse wird angenommen, daß sich in Analogie zur äußeren, realen Welt eine **innere**, subjektive **Welt** von Teilobjekten, Objekten und Selbstrepräsentanzen entwickelt. Die innere Welt eines Menschen ist kein direktes Abbild seiner äußeren Realität; die Veränderungen im inneren Abbild kommen durch die gefühlshaften Einflüsse, **wie** ein Mensch etwas erlebt, zustande.

Ob ein kleines Kind die innere Erwartung, d.h. ein Abbild (unbewußte Phantasie) von einer bösen Umwelt hat, weil es immer dann, wenn es Hunger hat, keine Nahrung bekommt, oder ob es Vertrauen, und damit Zutrauen hat, daß die Nahrung schon kommen wird, hängt nicht immer nur von der realen Mutter und ihrer Fähigkeit ab, das Kind zum rechten Zeitpunkt zu füttern, sondern auch davon, wie das Kind die Mutter subjektiv erlebt.

Der **Austausch** zwischen Außen und Innen (nicht nur Nahrung, sondern auch Eindrücke), die reale Situation wie der entsprechende Niederschlag in der inneren Welt ist entscheidend für die Frage, wie sich flexible oder starre Strukturen der Persönlichkeit entwickeln können. Je größer die Angstfreiheit des Säuglings durch eine ihm angepaßte Dosierung von Versagungen in der Interaktion ist, desto flexiblere und differenziertere Strukturen können sich entwickeln. Diese sind die Grundlage für einen späteren Austausch zwischen Innen und Außen und bieten damit die Möglichkeit, daß Interaktionen im Erwachsenenleben Veränderungen bewirken können und damit weitere Entwicklungsschritte möglich machen. Die Art der vielfältigen „inneren Rezeptoren" für gemachte Erfahrungen ist entscheidend dafür, ob und wie die Realitätsbewältigung gelingt.

6. Die Psychoanalyse gewann ihre Einsichten über den Zusammenhang zwischen den Problemen der Erwachsenen und ihrer spezifischen Kindheitsentwicklung auf retrospektivem Wege. Gelang es, unter den spezifischen Behandlungsbedingungen das Vorherrschen der reinen Logik und Intellektualität etwas einzudämmen, so kam das Phänomen der **Übertragung** zustande. Das bedeutet, daß ein Mensch durch die Art und Weise der Gestaltung seines Kontaktes (Objekt-

beziehungsmuster) dazu neigt, frühe, z.T. sehr frühe Erlebens- und Verhaltensweisen, geprägt durch seine Wünsche und Gefühle in der Interaktion, zu reproduzieren. Während in der Therapie das Erleben einer abhängigen Beziehung das Auftauchen kindlicher, durch den erwachsenen Teil weniger kontrollierter Gefühle hervortreten läßt, können wir die gleiche Tendenz bei alten Menschen beobachten, wenn sie sich aufgrund von funktionellen Einschränkungen und Ängsten mehr und mehr abhängig fühlen. Das Gefühl, mit dem ein Therapeut die Übertragung erkennt, nennt man **Gegenübertragungsgefühl**.

So ist etwa das Gefühl, das der eine Altenheimbewohner ausstrahlt, wenn man den Impuls spürt, ihn sogleich in den Arm nehmen zu wollen, ein Gegenübertragungsgefühl, das Hinweise auf sein Anlehnungsbedürfnis enthält. Ein anderer alter Mensch läßt uns dagegen spüren, ihm nur nicht zu nahe zu kommen, und vermittelt uns über das Gegenübertragungsgefühl, wie stark sein Bedürfnis nach Autonomie und Unabhängigkeit ist.

Für das Seelenleben bedeutet die Geburt eines Menschen, aus einem Zustand völliger Versorgung, d.h. immer das zu bekommen, was in diesem Moment gerade dem Bedürfnis entspricht und keinerlei Mangel zu erleben, jetzt in einen Zustand zu geraten, der vielfältige Anpassungsleistungen erforderlich macht: Zwischen das Auftauchen eines Bedürfnisses und seine Befriedigung tritt jetzt das Gefühl von Unlust und Nicht-Befriedigung, das wir auch Angst und Unbehagen nennen können. Denn die Hilflosigkeit des Säuglings, seine völlige Abhängigkeit von Versorgung, macht die Befriedigung von Bedürfnissen (z.B. Hunger) tatsächlich zu einer Frage über Leben oder Tod. Der Säugling muß lernen, aktiv zu werden, z.B. zu schreien, wenn er etwas möchte. Er kann sich noch nicht sprachlich verständigen und ist deshalb von einer Mutter abhängig, die diese averbalen Äußerungen des Kindes fühlen und verstehen kann.

Es ist anzunehmen, daß die Nicht-Befriedigung seiner Wünsche wie ein Angriff von außen erlebt wird, von der „bösen" Umgebung, denn er ist ja noch nicht fähig, die Mutter als ganze Person, wie ein Erwachsener wahrzunehmen. Die Bezugsperson bzw. Mutter wird als **„gut"** erlebt, wenn das aktuelle Bedürfnis von ihr erfaßt und „gestillt" wird; sie wird als **„böse"** erlebt, wenn keine „passende" Reaktion auf die Bedürfnislage des kleinen Kindes erfolgt.

In den frühesten Entwicklungsstadien werden Liebe und Verstehen durch die Art des fürsorgenden Umganges der Mutter mit dem Kind ausgedrückt. Die ersten **Befriedi-**

Die frühe seelische Entwicklung

gungserlebnisse (vorsprachlicher Art) bilden die Basis für alle späteren angenehmen, guten Gefühle, also von Befriedigung sowie von Liebe und Zuneigung. Dem Empfinden des Kindes und späteren Erwachsenen, **sich verstanden zu fühlen,** liegen diese Erlebnisse aus der Beziehung zur Mutter zugrunde. Unbehagen, Frustration und Schmerz werden dagegen wie ein Angriff von außen, als „böser Verfolger" erlebt und gehen mit in das Bild von der Mutter (Objektrepräsentanz) ein. Denn in den ersten Lebensmonaten reprä-sentiert sie die gesamte Erfahrungswelt des Kindes. Da es durch die Konfrontation mit der Realität im Gegensatz zur inneren Wunschwelt kein Lebewesen ohne Frustrationen oder Enttäuschungserlebnisse gibt, müssen wir davon ausgehen, daß jeder Mensch auch Verfolgungsängste (M. Klein) und destruktive Impulse in sich trägt. Destruktive Impulse variieren von Mensch zu Mensch, je nachdem, inwieweit eine Anpassung zwischen innerer, biologischer Realität, äußerer Situation und der vermittelnden Fürsorge gelungen ist.

Die **Nahrungsaufnahme**, die Fütterung und die **Ausscheidung** (vgl. unten: „orale" und „anale Phase") sind diejenigen Momente, die am meisten mit der Interaktion mit einem frühen Objekt zusammenfallen und insofern auch als etwas erlebt oder erinnert werden, was wesentliche Tönungen der individuellen Beziehungsgestaltung enthält. Die Entsprechun-gen dazu im Seelenleben sind die **Introjektion** (Hereinnehmen) und **Projektion** (Herausverlagerung): Sie sind einige der frühesten Aktivitäten des Ichs. Durch die Introjektion wird die äußere Welt nicht nur als äußerlich erlebt, sondern auch in die seelische Innenwelt übernommen. Die gleichzeitig verlaufende Projektion ist z.B. auch dafür verantwortlich, daß ein Kind die Fähigkeit entwickelt, den Menschen um es herum verschiedenste Gefühle, insbesondere Liebe und Haß zuzuschreiben: Sie bildet also die Grundlage für Einfühlungsfähigkeit.

Introjektion und Projektion sind keineswegs nur kindliche Prozesse: Sie sind Teil der kindlichen unbewußten Phantasien, aus denen sich die innere Welt des Erwachsenen entwickelt, die eben nur zu einem geringen Teil eine unverfälschte Reflektion der äußeren Welt darstellt.

Ich nehme an, daß jeder **innere Antrieb** durch eine **unbewußte Phantasie** repräsentiert ist: So kann z.B. Hunger eine Zeitlang mit der Halluzination der Brust „gestillt" werden.

Ist das kleine Kind hungrig, oder fühlt es sich vernachlässigt, so führt die Frustration des Kindes zu der Phantasie, daß die Milch und damit die Befriedigung **willentlich von ihm ferngehalten** wird. Es ist, als ob die Mutter etwas besitzt, was das Kind gern haben möchte, was sie ihm aber vorenthält. Derartige Neidgefühle stören die Beziehung zur Mutter wie auch später zu anderen Menschen erheblich. Mit dieser Einstellung kann nichts wirklich genossen werden, denn das Genießen ist an Anerkennung, etwas Gutes bekommen zu haben und Gefühle von Dankbarkeit gebunden. Kann ein Kind nicht das Gefühl haben, etwas Gutes bekommen zu haben, so wird es seine Anklagen auf die Mitmenschen projizieren. Diese Projektion wird jedoch in den anderen Menschen wiederum Feindseligkeit erwecken und es kommt zu einem circulus vitiosus.

In jeder menschlichen Entwicklung sind bestimmte Entwicklungsaufgaben zu bewältigen; einige Entwicklungsaufgaben werden besser bewältigt als andere; als Fixierungsstellen bezeichnet man solche Punkte in der seelischen Entwicklung, die aufgrund von nicht bewältigten Konflikten oder Traumata eine bestimmte seelische Konstellation festhalten; bei schwerwiegenden Störungen kann es zur Ausbildung psychischer Krankheit kommen, bei leichteren entwickelt sich das, was wir Persönlichkeit oder Charakter nennen. Das bedeutet auch, daß jeder Mensch nur in einer bestimmten Weise, nämlich seinem Charakter entsprechend, psychisch krank wird.

Freud unterscheidet folgende Entwicklungsphasen: 1. oral, 2. anal, 3. phallisch, 4. genital, 5. Latenz, 6. Adoleszenz, 7. Erwachsenenalter. Insbesondere die ersten 4 Phasen enthalten Konzeptionen und Begriffe, die für das Verständnis von pathologischen Entwicklungen im Alter hilfreich sein können. Diesbezüglich ausgewählte Aspekte sollen nun kurz dargestellt werden.

In der **oralen Phase** der Entwicklung ist die Wahrnehmung des Säuglings wesentlich durch die Erforschung und libidinöse Besetzung des Mundes gekennzeichnet. Er ist von seiner sozialen Umwelt **vollkommen abhängig**. Die gesamte Erwartungshaltung ist durch passive Wünsche und solche nach Versorgung garantierender Abhängigkeit geprägt. Frustrationen in den grundlegenden Abhängigkeitsbedürfnissen können später zu den sogenannten „frühen Störungen" führen. Andererseits müssen wir sagen, daß Menschen mit einer „Schwachstelle" aus dieser Zeit im späteren Leben und insbesondere dann im Alter sehr große Schwierigkeiten im Zusammenhang mit Abhängigkeitsgefühlen bekommen können. Die Angst vor dem Verlust der versorgenden Person selbst oder ihrer Zuneigung stellt einen weiteren Hintergrund für neurotische Störungen dar. Soziale Beziehungen können bei Fixierungen (Kap. 5.1.3) in dieser Phase der Entwicklung wesentlich durch die Ängste vor dem Verlassenwerden beeinflußt sein. Frühe Identifizierungen dieser Zeit bilden das Kernstück des sich lebenslang entwickelnden Gefühls der **Identität**. Die Art der Bemutterung, die ein Säugling erfährt, schlägt sich sowohl im Körperbild wie auch in einem frühen Selbstbild nieder.

Die **anale Phase** können wir zeitlich mit dem Kleinkindalter gleichsetzen. Das erste wichtige Thema dieser Entwicklungsphase ist die Bewältigung der Anforderungen aus der Umwelt, die Vermittlung zwischen Innen und Außen. Hier liegen die Wurzeln der Realitätswahrnehmung. Mit der Möglichkeit der Beherrschung des Körperschließmuskels erlangt das Kind psychisch die Möglichkeit der Verweigerung, des ersten „Nein". Jetzt wird die Entscheidung über Loslassen oder Festhalten möglich wie auch die Entwicklung von autonomen Bedürfnissen. Individuation und Separation sind ebenfalls wichtige Grundthematiken dieser Entwicklungsperiode. Infolgedessen verändert und entwickelt sich das Erleben des Ichs entscheidend und damit auch das Selbstbild. Erstmals kann das Kind etwas vollbringen, was die Umwelt als Leistung anerkennt. Während die aggressiven Bedürfnisse in der oralen Phase durch den einverleibenden Modus geprägt sind, ist in der analen Phase die Äußerung von Aggression assoziativ mit der Stuhlentleerung oder Zurückhaltung verknüpft. So sind z.B. bei inkontinenten alten Menschen, in deren Persönlichkeitsentwicklung, Anpassung und Autonomie eine wichtige Rolle spielten, oft quälende Schamgefühle über die nicht kontrollierbaren Darmentleerungen zu beobachten: Sie erleben dies wie einen bösen Angriff, den sie nicht so gemeint haben, der aber schwere Schuldgefühle bereiten kann.

Vereinfachend fassen wir hier die **phallische Phase** und die **ödipale Phase** zusammen. Bei den phallischen Bedürfnissen geht es um das Gefühl, etwas vorzeigen zu können. Diese Phase leitet hinsichtlich des Objektes das Interesse am Gegengeschlechtlichen ein, und gleichzeitig beginnt auch das aggressive Rivalisieren mit dem Gleichgeschlechtlichen. Die Grundthematik des sogenannten **Ödipuskomplexes** ist die, daß das Kind beide Eltern liebt und von beiden geliebt werden möchte. Die Zuwendung zum gegengeschlechtlichen Elternteil ruft Ängste hervor, weil damit automatisch die Vorstellung verbunden ist, sich deshalb von dem gleichgeschlechtlichen Elternteil bedroht zu fühlen. Diese Ängste vor Angriffen und Beschädigungen werden in dem Begriff „Kastrationsangst" zusammengefaßt. Sie ist an den Verlust des Penis gebunden, meint aber im übertragenen, symbolischen Sinn die Angst vor dem Verlust des wichtigsten Besitzes, also auch der körperlichen Integrität, des Ansehens und der Werte, die dem eigenen Selbst zugemessen werden. Eine erfolgreiche Entwicklung beinhaltet die Fähigkeit zur Triangulierung und Identifikation mit dem einen Elternteil bei gleichzeitiger Akzeptanz des anderen. Das Gelingen dieser Entwicklung ist entscheidend für die Möglichkeit, reife, erwachsene Objektbeziehungen – unabhängig vom Geschlecht – einzugehen.

Frau A., eine 57jährige Frau wird mit agitiert-depressiven Symptomen zur stationären psychiatrischen Behandlung eingewiesen. Sie fühlt sich erschöpft und überfordert, nachdem das langjährige Ziel, das eigene Haus von außen mit Klinkern zu verblenden, erreicht worden war. Die verschiedenen medikamentösen Behandlungsversuche schlagen nicht an. In einem Familiengespräch mit der 78jährigen Mutter und dem Ehemann wurde deutlich, daß die Mutter der Patienten meist nachts im Ehebett zwischen den Ehepartnern schläft. Die Patientin traute sich nicht, dies der Mutter zu verwehren. Nachdem der Konflikt ausführlich durchgesprochen werden konnte, zeigte sich eine deutliche Linderung der depressiven Beschwerden.

Frau B., eine ebenfalls 57jährige Patientin, wurde zur Behandlung eines leichten Verwirrtheitszustandes, vermutlich im Rahmen einer präsenilen Demenz eingewiesen. An ihrem Arbeitsplatz in einer Fabrik kam es immer wieder zu Mißgeschicken und Fehlern, so daß sie vorzeitig berentet worden war. Der Anlaß zur Einweisung war, daß sie am Fenster ihrer Wohnung, die sie gemeinsam mit ihrem alten Vater bewohnte, stand und immer Feuerwehrautos mit voller Sirene zu hören und sehen meinte. Nachdem bearbeitet werden konnte, daß sie unter großer Angst litt, wegen Inzest beschuldigt zu werden, da sie nach dem Tod ihrer Mutter das Ehebett mit dem Vater teilte, erschien die Patientin deutlich geordneter, lediglich noch leicht vergeßlich.

Es wurde gezeigt, daß die psychische Entwicklung eines Menschen in der Freudschen Konzeption eng an das körperliche Wachstum (Reifung), an die Integration von libidinösen und aggressiven Triebwünschen und an die Entwicklung im Bereich der Objektbeziehungen gebunden ist.

Verlust- und Versagenserlebnisse gelten als die großen Prüfsteine der frühen Kindheitsentwicklung; sie bleiben es auch für das **Alter**n als einen Lebensabschnitt, der in besonderer Weise herausfordert, mit verschiedensten Verlusterlebnissen fertig werden zu müssen. Diese wiederum können zu einem Wiederaufleben von Konfliktmustern aus den frühen Entwicklungsphasen führen. Unter Belastungen und Krankheit kann es demzufolge auch im Alter zu regressiven Entwicklungen kommen. Art und Ausgestaltung dieser Bewegungen hängen von frühen infantilen Fixierungen bzw. Konflikten ab. Ferenczi (1921) stellt vergleichend fest, daß der Mensch beim Altwerden kaum weniger Klippen zu umschiffen hat, um nicht psychisch zu erkranken, als beim Übergang vom Kindesalter in die sexuelle Reife. Im Verhältnis zu den Kindern und der jüngeren Generation allgemein kommt es im Alter zu einer **Umkehrung der ödipalen Situation**. Das bedeutet etwa, daß die schwächer und bedürftiger werdende Mutter verstärkt in ihrer Tochter eine Person mit mütterlichen Qualitäten sucht. Konnte sich die Tochter als eigenständiger Mensch entwickeln, wird sie in der Lage sein, diese Entwicklungsaufgabe zu bewältigen und nun den fürsorgenden Part für die Mutter übernehmen können. Muß sie aber an der Phantasie von der mächtigen Mutter festhalten und deren inzwischen eingetretene Schwächung verleugnen, wird sie diese Aufgabe (mit Schuldgefühlen) von sich weisen. Bei dieser Konstellation werden die Betreuer im Heim häufig aufgrund projizierter eigener Schuldgefühle der schlechten Fürsorge angeklagt.

Die Entwicklung der Beziehung zum eigenen Körper

Die Frage nach dem psychologischen Altern ist zum Teil eine Frage nach der Beziehung zum eigenen Körper. Diese kann aus psychodynamischem Blickwinkel als Ausdruck einer besonderen Form des Kontaktes verstanden werden, nämlich als Möglichkeiten des Kontaktes mit sich selbst. Freud sagte 1923: „Der eigene Körper ... wird wie ein anderes Objekt gesehen ..." Im Erleben wird er wie ein anderer Mensch wahrgenommen, ihm werden gewährende (lustbringende) und versagende (unlustbringende) Qualitäten zugeschrieben.

In jüngeren Lebensjahren wird der eigene Körper vom Ich kaum ständig bewußt wahrgenommen; er ist in einer Art stiller Präsenz vorhanden wie ein unauffälliger Begleiter (Hirsch, 1989). Erst in bestimmten, gegenüber dem sogen. Normalen veränderten Zuständen wie etwa Schmerz, Einschränkung oder Behinderung wird dem Körper eine größere Aufmerksamkeit entgegengebracht. Gerade in dieser Negativerfahrung wird er dann als etwas vom erlebenden Ich Getrenntes wahrgenommen. Ähnlich erlebt ein kleines Kind die verstehende und fürsorgliche Präsenz der Mutter als das „Eigentliche, Richtige und Gute" und die versagende oder gar für die Befriedigung der Wünsche nicht vorhandene Mutter als die Böse. So ist vorstellbar, daß in einem Menschen, der seinen Körper auf negative Weise spürt, alte Erfahrungen aus früher Kindheit in bezug auf „böse Objekte" wiederbelebt werden können.

Freud sagt: „Das Ich ist zunächst ein Körperliches" und weist damit darauf hin, wie sich frühe Kontakterfahrungen an den Umgang mit dem Körper knüpfen. Der Niederschlag dieser Erfahrungen führt dann zu Entwicklung einer seelischen Innenwelt. Hat ein Kind nun vorwiegend enttäuschende Erfahrungen mit anderen Menschen internalisiert, können diese auch bei körperlichen Störungen reaktiviert werden und sich damit einer positiven Behandlungsmotivation entgegenstellen. So wird verständlich, wie manche älteren Menschen mürrisch und gereizt werden; denn sie erleben den nicht mehr richtig funktionierenden oder gar schmerzenden Körper als etwas („Jemanden"), das (der) ihnen ständig Böses anhaben will. Es kann sogar soweit kommen, daß unbewußt die Pflegeperson als diejenige erlebt und behandelt wird, von der das Böse ausgeht (d.h. die die Schmerzen im Inneren verursacht).

Der Körper kann im Sinne der frühkindlichen Entwicklung auch als **Übergangsobjekt** verstanden werden. Er hilft dann, die „relative" Abwesenheit der Mutter zu ertragen, indem er im seelischen Erleben an ihre Stelle tritt, und trägt dazu bei, regressive Zustände oder Angst, die Kontrolle über die Realität zu verlieren, zu bewältigen (Gaddini und Gaddini, 1970). Vorläufer von Übergangsobjekten sind solche, die das Kind tatsächlich vorfindet, wie z.B. Teile des Körpers der Mutter, ihr Haar, ihre Hand. (Als Variante aus dem normalen Leben kennen wir das z.B. bei Streß, wenn einige Menschen dazu neigen, sich etwas Gutes tun zu wollen, etwa ein warmes Bad zu nehmen und den eigenen Körper zu pflegen: Hier tritt ein Teil der Persönlichkeit als fürsorglich handelnd einem anderen Teil, der pflege bedarf, gegenüber). Ein älterer Mensch mit dieser Grundeinstellung wird bemüht sein, den schmerzenden und leidenden Körper besonders gut zu versorgen und so eine gute Motivation für die ärztliche Kooperation mitbringen.

Steht der **schmerzende Körper** im Mittelpunkt der Klage ohne nachweisbaren medizinischen Befund, so kann er im Sinne einer psychosomatischen Auswirkung zur Festschreibung und Kontrollierbarkeit eines bösen Teils des Selbstes dienen (Hypochondrie). Die so auf den Körper gebündelte Aufmerksamkeit schützt – vergleichbar einer „fixen Idee" – vor Desintegrationsängsten. Im **hypochondrischen Wahn** erscheint schließlich der Körper als einziges Objekt des Ichs (das vom Seelenleben total Besitz ergreift).

In der Hypochondrie stellt der Körper ein Objekt dar, in dem alle Identitätsängste, d.h. Todesängste, gebunden sind. Der Kranke ist so nie allein und trägt den Körper wie eine Mutter bei sich. Der Leib wird als „Partner" mißbraucht (Blankenburg, 1983).

Selbstbeschädigungen wie Kopfschlagen oder vorhandene Wunden nicht heilen lassen, können als Mittel zur Rückversicherung der Körpergrenzen verstanden werden: Wenn es mir weh tut, weiß ich jedenfalls, wo ich aufhöre und die Umwelt bzw. das Nicht-Ich anfängt. Auch **körperliche Aktivität**, die Lust an der Mobilität kann Ersatz für ein gutes Mutterobjekt bedeuten. Wird diese Mobilität künstlich (etwa durch Krankheit) eingeschränkt, kann die dafür anfällige Seele von psychotischen Ängsten überflutet werden und es kann zu Reaktionen kommen, die das „übliche" (= erwartete) Maß übersteigen. Auf jeden Fall ist mit der Erfahrung der abnehmenden Vitalität verbunden, daß der Körper nicht mehr den gleichen Raum vermittelt.

Auch wenn der Grad der psychischen Belastungen durch unterschiedliche Funktionseinbußen und Krankheiten individuell sehr verschieden ist, entscheidet doch im Wesentlichen die früh entwickelte Stabilität der Persönlichkeitsstruktur, insbesondere aber ihre Bewältigungsstruktur über die Art und Weise, Erfolg und Mißerfolg, wie mit den Einschränkungen und Belastungen umgegangen wird.

2.1.3 Der Lebenslauf und seine Entwicklungsaufgaben

Als **Lebenslauf** bezeichnen wir den individuellen, einmaligen, unaufhebbaren Lebens- und Entwicklungsgang eines Menschen von der Geburt bis zum Tode. Er ist durch Veränderungen gekennzeichnet, deshalb auch immer wieder mit den psychischen Phänomenen von Neubeginn und Abschied verknüpft. In verschiedenen Kulturen und zu verschiedenen Zeiten finden sich auffallend übereinstimmende generalisierende Darstellungen des Lebenslaufes. Abb. 1.9 zeigte bereits eine der verschiedenen Lebenslauftreppen, denen gemeinsam ist, daß das mittlere Lebensalter als höchste Stufe, gewissermaßen als Erfüllungsperiode dargestellt wird. Abb. 2.2 zeigt, wie durch die verlängerte Lebenserwartung der Lebenslaufabschnitt sich etwa verdoppelt hat. **Lebensgeschichte** bezeichnet den Lebenslauf, der in Form einer Geschichte von einem Endpunkt aus als Vergangenheit rekonstruiert und erzählt wird. Unter **Biographie** fassen wir das zusammen, was von einer bestimmten lebengeschichtlichen Situation aus die zeitliche Struktur des Lebenslaufes thematisiert (Kohli, 1978).

In der Anthropologie und Philosophie ist das Bedürfnis, den menschlichen Lebenslauf zu gliedern und in Periodizitäten zu erfassen, weit zurückzuverfolgen. Unsere Sprache drückt die zur Selbstverständlichkeit gewordene Gliederung des Lebenslaufes in Lebensabschnitte wie Säugling, Kleinkind, Kindheit, Pubertät und Jugend, Erwachsenenalter, Greisenalter aus. Als gliedernde Gesichtspunkte dienen vornehmlich die Zahl, das chronologische Alter und biologische Veränderungen. So wurde angenommen, daß der Mensch in 3-, 4-, 7- oder 14- Jahresperioden eine völlige Umwandlung erfahre, die – durch körperlich-biologische Gegebenheiten ausgelöst – auch den seelisch-geistigen Zustand beeinflusse. Die Vorstellung der Gliederung des Lebenslaufes nach **Stufen** und **Phasen** ist seit den 30er Jahren besonders verbreitet.

2.1 Persönlichkeitspsychologische Aspekte 41

Während die Psychoanalyse Freuds die Entwicklung im Erwachsenenalter vernachlässigte, formulierte Erikson (1966) seine **epigenetische Entwicklungstheorie** der Persönlichkeit. Da er stärker als Freud den Aspekt der Interaktion bei den Objektbeziehungen hervorhebt, wird er als der Begründer einer **psycho-sozialen Entwicklungstheorie** angesehen. In seinem **Stufenmodell** mißt er den Übergangsphasen eine konsolidierende Bedeutung bei. Er nimmt an, daß sich das Leben nach der Geburt gemäß einem Grundplan entfaltet, nach dem sich komplexe Funktionen entwickeln und konsolidieren, worauf dann die nächste Entwicklungsphase erst aufbauen kann. Er sieht eine Analogie zum vorgeburtlichen Leben, wo gewisse Bereiche des sich entwickelnden Organismus ihre Momente maximaler Aktivität aufweisen, dann etabliert sind und schließlich ruhig bleiben, während andere Organsysteme dann die Entwicklungsenergie in Anspruch nehmen.

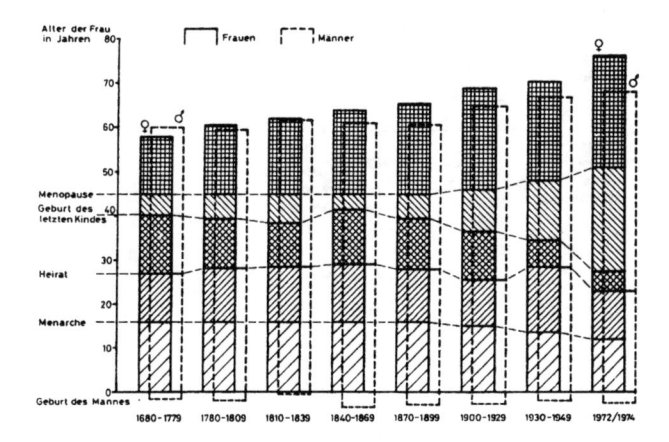

Abb. 2.2. Veränderungen des Lebenszyklus seit 1860. (Radebold, 1992; S. 58)

Erikson nimmt an, daß das Individuum in jedem Stadium seiner Entwicklung eine Auseinandersetzung zwischen psychodynamischer Strebung und sozialer Bindung zu leisten und damit jeweils spezifische psychosoziale Krisen zu lösen hat. Über den gesamten Lebenszyklus verteilt treten phasenspezifische Probleme auf, die rechtzeitig gemeistert sein wollen; wird dies versäumt, kann es zu einem psychischen Defekt kommen. Das Persönlichkeitswachstum eines Menschen bis ins hohe Alter versucht er durch die Annahme eines in acht Stufen gegliederten Lebenszyklus zu veranschaulichen:

2. Psychologie des Alterns

Abb. 2.3. Die Phasen des menschlichen Lebensalters, (Franke, 1985; S.2)

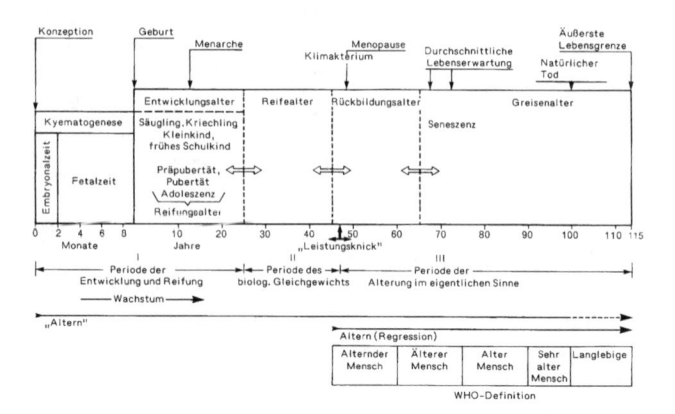

Abb. 2.4. Modellbiographie einer Familie (Radebold, 1992; S.59)

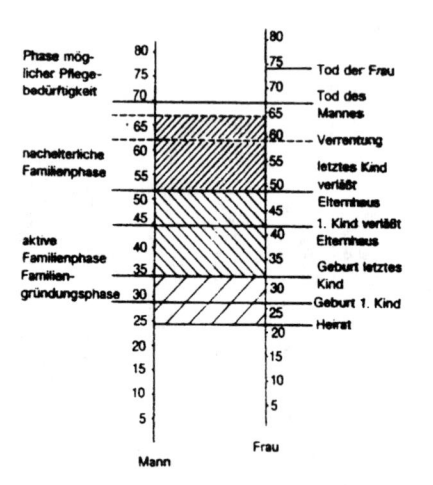

Den Ich-Funktionen weist er in diesem Entwicklungsgang eine aktive Rolle zu. Die **Ich-Integrität** sieht ERIKSON als die abschließende Synthese aller Teile. Zufriedenheit kann dann erreicht werden, wenn die vorangegangenen psychosozialen Krisen erfolgreich bearbeitet wurden. Darüberhinaus muß akzeptiert und anerkannt werden, daß man zu einer bestimmten Zeit in eine bestimmte Familie hineingeboren ist und seine Fähigkeiten innerhalb der gegebenen Möglichkeiten entwickelt und nutzt. Die Anerkennung, ein Glied in der Kette zu sein, hängt eng mit der Fähigkeit zu dem Gefühl zusammen, etwas bekommen zu haben. Mißlingt dieses Annehmen, folgt eine narzißtische, meist depressive Entwicklung. Daraus resultiert eine Wert- und Bedeutungslosigkeit des eigenen Lebens. Der Tod erscheint als das sinnlose Ende eines sinnlosen Lebens. Er kann nicht mehr als unabänderliches Schicksal genommen werden, sondern er wird über alle Maßen gefürchtet.

Abb. 2.5. Phasenspezifische psychosoziale Krisen im Lebenszyklus. (Erikson, 1977; S. 150/151)

	1	2	3	4	5	6	7	8
I Säuglingsalter	Urvertrauen gg. Mißtrauen				Unipolarität gg. vorzeitige Selbstdifferenzierung			
II Kleinkindalter		Autonomie gg. Scham und Zweifel			Bipolarität gg. Autismus			
III Spielalter			Initiative gg. Schuldgefühl		Spiel-Identifikation gg. (ödipale) Phantasie-Identitäten			
IV Schulalter				Werksinn gg. Minderwertigkeitsgefühl	Arbeitsidentifikation gg. Identitätssperre			
V Adoleszenz	Zeitperspektive gg. Zeitdiffusion	Selbstgewißheit gg. peinliche Identitätsbewußtheit	Experimentieren mit Rollen gg. negative Identitätswahl	Zutrauen zur eigenen Leistung gg. Arbeitslähmung	Identität gg. Identitätsdiffusion	Sexuelle Identität gg. bisexuelle Diffusion	Führungspolarisierung gg. Autoritätsdiffusion	Ideologische Polarisierung gg. Diffusion der Ideale
VI Frühes Erwachsenenalter					Solidarität gg. soziale Isolierung	Intimität gg. Isolierung		
VII Erwachsenenalter							Generativität gg. Selbstabsorption	
VIII Reifes Erwachsenenalter								Integrität gg. Lebens-Ekel

Die von ihm angegebenen konstruktiven Lösungen der Lebenskrisen beruhen auf einer wichtigen Voraussetzung, die längst nicht immer erfüllt ist: eine positive Bewältigung aller altersspezifischen psychosozialen Lebenskrisen kann nur dann gelingen, wenn die früheren Krisen wenigstens „einigermaßen gut" überwunden werden konnten. Er nimmt an, daß ein alter Mensch die Verzweiflung am Alter, am körperlichen Abbau und den bevorstehenden Tod nur bewältigen kann, wenn er in der Lage ist, sein bisheriges Leben bewußt zu akzeptieren. Dieses Annehmenkönnen bezieht sich sowohl auf die negativen wie die positiven Aspekte. In diesem Prozeß finden sich auch die von Pongratz (1961) als typisch für das Alter benannten Bilanz-, Torschluß- und Leitwertkrisen. Auch hier geht es um die Frage des „noch nicht Ermöglichten" oder des „Nicht mehr Möglichen". Erikson und Pongratz stimmen darin überein, daß beide in der erfolgreichen Bearbeitung der Krisen die wesentliche Voraussetzung für eine Ich-Identität und damit letztlich für eine stabile persönliche Integration sehen. Nicht ausreichend, nicht befriedigend oder defizitär gelöste Entwicklungsaufgaben während der Kindheit und Jugend ermöglichen keine grundsätzliche Stabilität für die weitere Entwicklung, so daß es zur Ausbildung psychischer Störungen kommen kann.

Havighurst (1961) arbeitet in Anlehnung an die epigenetische Theorie von Erikson seine Theorie der **Entwicklungsaufgaben** („developmental tasks") aus. Im Unterschied zu Erikson geht er nicht von tiefen- bzw. individualpsychologischen Momenten aus, sondern zieht eine sozialpsychologische Sichtweise vor. Jede Entwicklungsanforderung entspringt seiner Ansicht nach aus 3 Quellen:

1. aus der biologischen Reifung bzw. der physiologisch-körperlichen Situation

2. aus den kulturellen Normen und den Erwartungen einer Gesellschaft und

3. aus den individuellen, persönlichkeitsspezifischen Erwartungen.

Er begreift **Entwicklung** als eine **Folge typischer Auseinandersetzungen mit Entwicklungsaufgaben**. Diese sind primär als ein Rollenwechsel konzipiert, der positiv oder negativ erlebt werden kann. „Jede menschliche Entwicklung wird dadurch in Gang gebracht und ständig weiter gefördert, daß sich das Individuum in jedem Lebensalter mit ganz spezifischen Lebenssituationen auseinanderzusetzen hat. Durch diese Auseinandersetzung kommt es zur Veränderung der Erlebnis- und Verhaltensweisen und damit zur Entwicklung" (Havighurst, zit.nach Thomae, 1975).

Havighurst weist darauf hin, daß seiner Ansicht nach die Entwicklungsaufgaben oder sogenannte kritische Lebensereignisse (er trennt hier nicht klar) sowohl im Hinblick auf das Erleben wie auch auf die Formen der Auseinandersetzung biographisch verankert (Vergangenheitsaspekt) sind. Daneben spielen situative Gegebenheiten (Gegenwartsaspekt) und schließlich auch die individuelle Zukunftsausrichtung und Wertorientierung eine große Rolle. Im Laufe seiner Entwicklung bildet das Individuum so Fertigkeiten aus, denen eine Reihe von Kompetenzen entspricht. Während Lehr es für sinnvoll erachtet, mit einem derartigen Verständnis von Entwicklung die Entwicklungspsychologie als Lebenslaufpsychologie zu begreifen, hebt Olbrich (1982) hervor, daß die Schwäche dieses Konzeptes im Mangel an einer Konzeption innerpsychischer Prozesse besteht.

Der Beginn der soziologischen Betrachtungen des Lebenslaufes ist mit Namen wie Elder (1975) verbunden. Dieser ist überzeugt, daß die Sozialisation in der Kindheit den Lebenslauf wesentlich bestimme. Soziologisch gesehen ist der Lebenslauf durch die Aufeinanderfolge von verschiedenen **Rollen** geprägt. Die individuellen Abweichungen von der Normalbiographie führen zu dem Problem der Rollenübernahme: Insofern könnte man die Sozialisation in der Kindheit für die Fähigkeit zur Rollenübernahme verantwortlich machen. Riley (1969) betont, daß der Lebenslauf nicht nur Anpassung im Sinne von Sozialisation bedeute, sondern gleichzeitig ein Verlernen im Sinne von Desozialisation erfordere. Sie ist überzeugt, daß dies desto besser gelingt, je erfolgreicher die vorhergehenden Rollenübernahmen erfolgt sind.

Die große Popularität, der sich die Biographieforschung in den verschiedenen Wissenschaftszweigen gegenwärtig erfreut, zeigt, wie groß das Bedürfnis nach einer ganzheitlichen und die Subjektivität in den Mittelpunkt rückenden Sichtweise ist.

Als **Lebensplan** bezeichnen wir den zielausgerichteten Vorentwurf eines Lebens, eine das Verhalten steuernde Idee, der ein Mensch sich unbewußt oder bewußt verschrieben hat. Jedem Menschen wird, meist mehr implizit als explizit, ein Lebensplan mit auf den Weg gegeben: „Er /sie soll es einmal besser haben, soll Vaters Geschäft übernehmen, soll..". Meist sind es die Eltern, die für ihr Kind bereits einen mehr oder weniger bewußten Lebensplan haben. Diese Pläne können mit Lebensrealitäten verknüpft sein, etwa mit dem Wunsch der Übernahme des väterlichen Geschäftes durch den Sohn. Oder aber die Mutter wünscht der Tochter eine andere Zukunft als sie selbst sie hatte und sieht für die Tochter vor, daß sie einen Beruf ergreifen soll. Die Lebenspläne können aber auch um Lebensqualitäten wie sorglos, zufrieden und glücklich sein kreisen, die dem Kind mit „in die Wiege gelegt werden sollen".

Die Erwartung der Eltern bleibt nicht ohne Auswirkung auf die Kinder. Teile davon werden bewußt oder unbewußt übernommen, andere verworfen, oder es soll nun gerade ganz anders werden, als vorgesehen. Ähnliches gilt für die vorgegebene Entwicklung wie auch für die von der Gesellschaft an das Individuum herangetragene Norm in den verschiedenen Lebensabschnitten. Die Entwicklung eigener, individueller **Lebensziele** ist nicht ohne Trennung von den elterlichen oder sozialen Vorstellungen denkbar (Individuation). Die Realisierung dieser Ziele ist nicht nur von den Möglichkeiten des jeweiligen Individuums, sondern auch von den durch die Lebensrealität vorgegebenen Bedingungen (gesellschaftlicher, politischer, ökologischer Art etc.) abhängig.

Lebensplanung und Lebensziele, erfolgreiches Altern und Lebenszufriedenheit

Im Alter nimmt die Möglichkeit, zukunftsorientierte Pläne schmieden zu können, ab: es ist nicht mehr möglich, die Phantasien über die potentielle Realisierung verschiedenster Pläne in die Zukunft zu projizieren; die real begrenzte Lebenszeit läßt dies nicht mehr zu. Die Zukunftsorientierung früherer Jahre wendet sich jetzt z.T. in einen Rückblick: Was habe ich aus meinem Leben, das nun unabänderliche Realität geworden ist, gemacht? Wie sehe ich mein Leben im Verhältnis zu meinen ursprünglichen Zielen? Damit stellt sich die Frage, ob das, was ich im Verlauf meines Lebens inzwischen realisieren konnte, von mir bejaht werden kann oder zum Gefühl des Versagens führt. T.S. Eliot (1966) läßt Sir Claude sagen: „Wer nicht hart genug ist, dem Leben seine Bedingungen aufzuprägen, der muß die Bedingungen hinnehmen, die es ihm bietet."

Je zufriedener ein Mensch mit dem bisher gelebten Leben ist, desto eher kann er noch Pläne für die Alternsphase entwickeln. Entscheidend ist, herauszufinden, was „meine Bedingungen" sind – anders ausgedrückt: Wie kann ich das, wie und was ich lebe, als mein Eigenes akzeptieren? Entweder als etwas, was ich angestrebt und erreicht habe, oder aber als etwas, dem ich mich beugen muß, weil es unabänderliche Realität ist.

Rosenmayr (1983) formuliert seine eigenen Vorstellungen vom Lebensziel folgendermaßen: Die Suche danach, wie man Verantwortung leben könne, ohne sich darin selbst zu verleugnen oder seine tiefsten Bedürfnisse zu mißachten, dem Tod gegenüber offener und freier zu werden, die eigene Endlichkeit anzunehmen und Ahnung, Hoffnung wie auch Zweifel über die Erlösbarkeit zuzulassen.

Die „späte Freiheit" als „ein Stück bewußt gelebten Lebens" verlangt den Mut zu sich selbst (Rosenmayr, 1983; S. 175). Das Bewußtsein des Werdenkönnens gehört zu den wichtigen Zielen, erfordert jedoch den Mut zum Loslassen. Er beklagt in seinen Ausführungen in diesem Zusammenhang ebenfalls die Theorieferne der empirischen Alternsforschung. Mehr Aufschluß zu diesem Thema verspricht er sich von einer Verbindung dieser Frage mit therapeutischen Konzeptionen.

Die Lebensziele: „Geliebtwerden, andere brauchen, für sie Zeit haben und Abschied nehmen können", die ich in einer Anthologie fand, deuten auf die Fähigkeiten als Folge einer „reifen" psychischen Entwicklung: Abhängigkeit ertragen zu können, einen Selbstwert in den Augen anderer empfinden zu können und schließlich das Sich-Trennen-Können.

Havighurst (1963) formuliert seine Theorie des **„erfolgreichen Alterns"** in der Auseinandersetzung mit der Aktivitäts-

und Disengagementtheorie. Er sieht erfolgreiches Altern durch erfolgreiche Anpassung gewährleistet. Diese sei am ehesten zu erreichen, wenn die Persönlichkeit „stark" und „flexibel" ist, die Umgebung unterstützend wirkt und der Gesundheitszustand gut ist. Er nennt komprimiert folgende Dimensionen, in denen Anpassung stattfindet:

1. Persönlichkeit,
2. soziale Interaktion,
3. Normen und Erwartungen der Umgebung,
4. ökonomische Sicherheit,
5. Gesundheit und Energie,
6. Unterstützung durch die Umwelt.

Auf der Suche nach einem Maß für das „erfolgreiche Altern" wählt er – geprägt durch die humanistisch-positivistische Sicht der frühen 60er Jahre – die **subjektive Bilanz** in Form von Glücklichsein und Zufriedenheit. Er definiert „erfolgreiches Altern" als „**Zufriedenheit mit dem gegenwärtigen und vergangenen Leben**". Er sieht Zufriedenheit mit dem Leben bei dem einen Menschen geknüpft an die Möglichkeit aktiv zu sein, bei dem anderen verbunden mit dem Vorgang des Rückzuges (Disengagement als Abschwächung der Bande, die ein Individuum an seine Umgebung bindet). Insbesondere kritisiert er, daß die Lebensgeschichte der einzelnen Individuen nicht in die Betrachtung mit einbezogen wird. Die Zufriedenheit verbindet er mit der Möglichkeit einer Fortführung eines jeweils **persönlichen Stils**. Er weist jedoch darauf hin, daß bisher keine Studie all diese verschiedenen Dimensionen erfassen kann. Man wisse insbesondere recht wenig über die individuellen psychologischen Prozesse des Überganges vom mittleren Erwachsenenalter zum Alter.

Suizid und depressive Reaktionen müssen in diesem Konzept als Extremvarianten nicht gelungener Anpassung verstanden werden.

Im folgenden soll der Begriff „**Zufriedenheit**" etwas näher beleuchtet werden. Dieser Begriff aus dem Alltagsleben wird in keinem psychologischen oder psychoanalytischen Nachschlagewerk behandelt. Er stellt aber in der psychotherapeutischen Praxis und in der psychosozialen Betreuungsarbeit einen wichtigen impliziten Maßstab der vermeintlichen Wirksamkeit der behandelnden und betreuenden Arbeit dar.

Zufriedenheit erleben zu können ist eng an die Fähigkeit gebunden, Befriedigung erleben zu können. In der Entwicklung ist der Vorläufer dieses psychischen Zustandes an die körperliche Befriedigung des Gesättigtwerdens gebunden. Ein satter Säugling sieht „zufrieden" aus. In der psychischen Entwicklung gehört weiterhin das Anerkennenkönnen, etwas Gutes bekommen (oder später geleistet) zu haben, dazu

(Kap. 2.1.2). Wie beschrieben, können Neidgefühle, aber auch übermäßig strenge Gewissensanteile (Über-Ich) diese Erlebnisqualität stören oder gar verhindern. Viele Menschen konnten in ihrem Leben diese Fähigkeit nicht entwickeln, und wirken deshalb immer unzufrieden, ständig auf der Suche nach dem „Eigentlichen", oder immer nörglerisch und unzufrieden mit dem, was aus der Perspektive von außen empfunden wird, als könne es zufrieden machen (gute finanzielle Verhältnisse, erreichte Positionen etc.). Hier wird darauf hingewiesen, da das „Zufriedenstellen" oder „Befriedigen" der zu betreuenden alten Menschen meist das unbewußt leitende Ziel des hilfreichen Umganges der Betreuer oder Therapeuten darstellt, und zwar desto ausgeprägter, je geringer der Ausbildungsstand (Professionalisierung).

Die Zufriedenheit mit dem gegenwärtigen und vergangenen Leben (**Lebenszufriedenheit**) ist inzwischen zu einem wichtigen Konzept in der gerontologischen Forschung geworden. Lebenszufriedenheit, Wohlbefinden, Glücklichsein und Sorglosigkeit sind Bezeichnungen für einen subjektiv bewerteten Allgemeinzustand. Mit Hilfe dieses Konstruktes aus der Alltagssprache wird angestrebt, die subjektive Bilanz einer Lebenssituation zu untersuchen. Havighurst, Neugarten und Tobin (1968) definieren „erfolgreiches Altern" durch die Zufriedenheit, mit der vergangenes Leben und die gegenwärtige Lebenssituation erlebt werden.

Das Gemeinsame der an diesem Konstrukt interessierten Forschungsansätze ist, Lebenszufriedenheit als einen anzustrebenden **Gleichgewichtszustand** aufzufassen. In der Lebenszufriedenheit sieht Havighurst (1961) den besten Indikator für die Anpassung zwischen individuellen Bedürfnissen und Erwartungen einerseits und der sozialen und biographischen Situation andererseits.

Die Autoren nehmen an, daß zu Beginn des Prozesses ein relativ stabilisierter Zustand der Lebenssituation anzusetzen sei. Mit dem Übergang in den Ruhestand (orientiert an der männlichen Normalbiographie) und den vielfältigen Veränderungen, die in diesem Alter auftreten, stellen sich nach dieser Auffassung mehr oder minder dauernde Veränderungen der Lebenssituation des Älteren ein, die in der Lage sind, psychisches und physisches Ungleichgewicht zu verursachen. Als normale Reaktion des Individuums wird die Regulierung dieses Ungleichgewichtes im Sinne einer psychischen Anpassung angenommen, deren Resultat mit dem Maß „Lebenszufriedenheit" beschrieben wird (Neugarten et al., 1961). Dieses erlaubt eine Erfassung der globalen subjektiven Einschätzung und Bewertung der aktuellen und vergangenen Lebenssituation. Havighurst (1963) zeigt auf, daß

2.1 Persönlichkeitspsychologische Aspekte 49

beide Maße positiv miteinander korrelieren, jedoch nicht so hoch, daß für individuell zufriedenstellende, aber von der Norm abweichende Verhaltensmuster kein Raum mehr bliebe. Das Konstrukt steht einerseits in Zusammenhang mit dem Konzept des gut angepaßten, „well adjusted" älteren Menschen (Neugarten et al., 1961) und zwar sowohl hinsichtlich der sozial-normativen Anpassung als auch hinsichtlich der individuell-emotionalen Anpassung. Andererseits wird das Konzept von denjenigen Forschern bevorzugt, die dem individuellen Erleben und den subjektiven Bewertungen eine besondere Bedeutung beimessen. Wie Thomae betont auch Munnichs (1964), daß nicht die objektive Situation des älteren Menschen von Einfluß auf sein Lebensgefühl ist, sondern die subjektive Bewertung und Deutung.

Inzwischen sind eine ganze Reihe von Korrelaten beschrieben worden, die im Sinne der erfolgreichen Anpassung definiert werden. Sowohl der objektive **Gesundheitszustand** wie auch die subjektive Gesundheitseinschätzung korrelieren positiv mit der Lebenszufriedenheit; körperliche Behinderung steht in negativem Zusammenhang mit Lebenszufriedenheit. Die meisten positiven Korrelationen finden sich unter den **soziologischen Variablen**: Bessere Bildung, eigener Hausbesitz, die Erhaltung zahlreicher Sozialkontakte, dabei insbesondere die informellen Kontakte mit Freunden, nicht mit Nachbarn oder Verwandten, stehen in engem positiven Zusammenhang mit der Lebenszufriedenheit (Kutner, 1956; Maddox, 1965).

Bei verstärkter Deprivation, dem Gefühl von eigener Unzulänglichkeit bei Männern und erfahrener Zurückweisung bei Frauen zeigt sich ein deutlich niedrigerer Wert der Lebenszufriedenheit. Wiendieck (1973) weist darauf hin, daß "weniger die objektive Situation – sei es nun Krankheit, soziale Isolation, Verwitwung oder Pensionierung – als vielmehr die subjektive negative Bewertung und insbesondere die negativen Zukunftserwartungen mit dem Vorhandensein ernsthafter Suizidgedanken korrelieren".

Das, was Havighurst mit der Entwicklung eines **persönlichen Stils** meint, möchte ich hier unter dem Begriff **Identität** näher beleuchten.

In Kap. 2.1.2 wurde beschrieben, daß in das Bild vom anderen in erster Linie das der primären Bezugspersonen aufgenommen (introjiziert) und im Seelenleben (der inneren Welt) verankert wird. In der Regel sind uns diese ursprünglich fremden Persönlichkeitsanteile, die wir im Laufe unserer Entwicklung in uns aufnehmen, nicht bewußt. Sie wurden zu Teilen des Bildes, das wir von uns selbst haben. Wir haben uns in unserer Entwicklung mit etwas identisch gemacht:

Identifizierungen sind die zentralen Bestandteile, aus denen sich ein psychisches Gefühl von Selbst oder **Identität** herausbildet. In der Identitätsentwicklung, zu der auch die Herausbildung seelischer Teilstrukturen wie das Ich und das Über-Ich gehören, entscheiden Art und Qualität der Identifizierungsangebote und des Umfeldes, in dem Identifizierungen stattfinden können, über die Art und Qualität des heranreifenden Ichs und damit auch über psychische Gesundheit und Krankheit. Für mich bedeutet **Identität** das ungebrochene Gefühl eines Menschen, er selbst zu sein und sein zu dürfen. Jede psychisch krankhafte Veränderung geht mit einer Störung des Identitätsgefühls einher; viele Menschen leben jedoch mit einem sehr anfälligen und unsicheren Gefühl von sich selbst, ohne damit je um therapeutische Hilfe nachzusuchen. Je geringer das Gefühl von sich selbst, einer **eigenen Identität**, desto schwieriger der Lebensrückblick und das Gefühl, mit dem gelebten Leben zufrieden sein zu können. Der zufriedene Lebensrückblick, der vermitteln kann, etwas geschaffen zu haben, Konflikte und Probleme auf die individuell beste Weise gelöst zu haben, hilft, loslassen und damit auch sterben zu können. Das „Leben in der Vergangenheit" kann als eine wichtige Bewältigungsform angesehen werden, mit dem beschwerlichen „Hier und Jetzt" umzugehen.

Kritische Lebensereignisse und Krisen

Als kritische Lebensereignisse werden solche bezeichnet, die meist unerwartet, d.h. weder individuell geplant noch von der Position im Lebenslauf her erwartbar in ein Leben treffen. Dieser Konflikt zwischen Individuum und Umwelt ist immer von „emotionaler nicht-Gleichgültigkeit" (Fillipp, 1981) und fordert deshalb der Person erhebliche Umorientierungen in ihrem Fühlen, Denken und Handeln, in ihren Überzeugungen und Verpflichtungen ab. Wichtig ist, daß den kritischen Lebensereignissen nicht a priori eine pathogene Wirkung inhärent ist, sondern sie auch als Voraussetzung für entwicklungsmäßigen Wandel und persönliches Wachstum dienen.

Es werden positive (z. B. Geburt eines Enkelkindes) und negative Lebensereignisse (z. B. Krankheiten, operative Eingriffe) und normative sowie nicht-normative (z. B. Kriegserlebnisse) unterschieden. Es kann weiter unterschieden werden nach der Voraussehbarkeit oder der Unvorhersehbarkeit, nach der Tragweite der Folgen und nach den daraus folgenden Veränderungen in Erleben, Verhalten und in den Wertsetzungen. Die subjektive Ereigniswahrnehmung ist meiner Ansicht nach für die Qualität und den Wirkungsgrad von Lebensereignissen entscheidend.

Eine ganze Reihe verschiedener Forschungsperspektiven hat als Hintergrund für die Untersuchung dieses Themas ge-

2.1 Persönlichkeitspsychologische Aspekte

dient, insbesondere die **Streßforschung** (Selye, 1956; Lazarus, 1981). Das Streßkonzept von Selye wird hier herangezogen, um die Anforderungen der erforderlichen Neuorganisation als besonders streßreich zu definieren (stressful life events). Er versteht von daher das Altern nicht als einen mit der Zeit parallel verlaufenden Prozeß, sondern als das Resultat der Summe erlebter Streßsituationen, die vom Organismus nicht völlig ausgeglichen werden konnten. In seiner „Aufbrauchtheorie" mißt er früheren Streßexpositionen die primäre, der Zeit dagegen eine sekundäre Rolle zu. Die direkte Folge dieser kumulativen Exposition ist die Reduzierung der Adaptationsfähigkeit bzw. der Reserven für eine Auseinandersetzung mit Streß. Krankheit, körperliche wie psychische, insbesondere aber chronifizierende Verläufe gehören zu den tiefgreifendsten Lebensereignissen des Erwachsenenalters. Von einer ganz anderen Forschungsseite wird hier noch einmal aufgegriffen: Altern ist eine Frage der Anpassungsfähigkeit und der Bewältigungsmöglichkeiten, von denen wir annehmen, daß die Grundsteine dazu wesentlich in frühen Entwicklungsabschnitten gelegt werden.

Aus **entwicklungspsychologischer Perspektive** eignet sich das Konzept der kritischen Lebensereignisse als organisierendes Erklärungsprinzip für den ontogenetischen Wandel über die Lebensspanne hinweg. Kritische Lebensereignisse werden in diesem Bereich etwa seit Mitte der 70er Jahre untersucht (Baltes, 1979). Bisher sind unseres Wissens nach kaum Ergebnisse bekannt, die klinische Handlungsrelevanz besäßen.

Die **Kritik** der behavioristisch-entwicklungspsychologisch ausgerichteten Forschung an der „kritischen Lebensereignisforschung" richtet sich gegen den „retrospektiven Zugang", die Subjektivität und Selektivität des erinnerten Materials einschließlich der damit verbundenen Gewichtung. „In retrospektiven Berichten manifestiert sich also **lediglich** die Art und Weise, wie die bisherige Lebensgeschichte kognitiv repräsentiert und dem Subjekt phänomenal-erlebnismäßig gegeben ist. Sie sind also eher subjektive Rekonstruktionen denn objektive Abbilder faktischer Gegebenheiten" (Fillipp, 1981, S.12). Fillipp kritisiert darüberhinaus, daß dort die Person lediglich als „passives Opfer" betrachtet werde und dementsprechend unberücksichtigt bleibe, in welchem Ausmaß die Person selbst an der Gestaltung von Lebenssituationen beteiligt sei.

Persönlichkeits- und ökopsychologische Ansätze wie solche einer Sozialisationstheorie konvergieren in der Frage nach adaptativen Prozessen. Lazarus und Cohen (1976) halten dagegen die „daily hazzles" (tägliche Unannehmlichkeiten) für bedeutsamer, denen sie hinsichtlich des erlebten Stresses die größere Bedeutung beimessen.

Ich möchte im folgenden einige Befunde aus der Forschung zu kritischen Lebensereignissen zusammentragen, die für die klinische Psychologie des Alterns von Interesse sind: Frauen werden häufiger mit kritischen Lebensereignissen konfrontiert als Männer (Lowenthal et al., 1975). Personen mit hoher Toleranz für Veränderungen (mit hoher Variationsmotivation bzw. Neugierkennwerten) erleben die mit einem Lebensereignis einhergehenden Veränderungen weniger belastend als Personen mit niedriger Veränderungstoleranz. Ereignisbezogenes Wissen scheint sich positiv auf Bewältigungsmöglichkeiten auszuwirken. „Selbstgefühl" als psychische Ressource gehört nach Meinung vieler Autoren zu den einen Bewältigungsprozeß erleichternden Faktoren (Pearlin & Schooler, 1978). Angehörige der sozialen Unterschicht sind stärker durch kritische Lebensereignisse belastet als andere (Dohrenwend, 1973). Zugehörigkeit zu einer sozialen Minderheit mit geringer Populationsdichte wie auch Statusinkonsistenz erschweren eine angemessene Bewältigung (Rabkin und Streuning, 1976). Je größer die Anzahl der Freunde, desto geringer die Belastung durch kritische Lebensereignisse (Miller, Ingham und Davidson, 1976).

Unter dem Begriff **„midlife-crisis"** wird die Annahme ausgeführt, daß es aufgrund vielfältiger zusammentreffender Umstrukturierungsanforderungen in der Lebensmitte eine Zeit gebe, die besonders krisenanfällig sei. Um diese These kommt es zu heftigen Kontroversen.

Lehr (1978) weist diese These entschieden zurück; sie beanstandet, daß die bestehenden Ansätze zu „Krisen der Lebensmitte" immer noch zu sehr an einer biologischen Denkweise orientiert sind. Sie kritisiert z.B. Margarete Mitscherlich, die annimmt, daß es bei den Mittvierzigern zu einer Art Bilanzdenken im Sinne von: Das kann doch nicht alles gewesen sein, kommt. Deswegen, so meint sie, wollen die Männer ihre schal gewordenen oder gefährdeten Erfolge in Partnerbeziehungen durch neue Erfolge ersetzen. Lehr wirft ihr vor, daß sie die midlife-crisis zu vereinfachend als eine Männerangelegenheit auffasse.

Die Menopause der Frau ist zu einer ebenso heiß umstrittenen Angelegenheit geworden: ist dies ein rein sozialpsychologisches Phänomen, das ein bestimmtes Rollenverhalten nahezulegen scheint? Oder kommt es tatsächlich zu erheblichen, biologisch begründeten Veränderungen mit z.T. schwerwiegenden psychischen Auswirkungen? Als gesichert scheint, daß diese Entwicklungsabläufe individuell sehr unterschiedlich verlaufen. (Kap. 2.3.6)

2.1 Persönlichkeitspsychologische Aspekte

Verstehen wir die Entwicklung im Lebenslauf (einschließlich der Bewältigung von Entwicklungsaufgaben sowie kritischen Lebensereignissen) im wesentlichen als **Anpassungsvorgang**, so nehmen wir damit ständige Interaktionen zwischen Innen und Außen wie auch innerhalb der Person an, nämlich zwischen kognitiven, wertbezogenen, sozialbezogenen, affektiven und motivationalen Aspekten der Person in Form von adaptativen Interaktionsprozessen. Der entscheidende Anteil des Entwicklungsgeschehens wird hier auf die **innere Ebene der Verarbeitung** verlagert.

Inzwischen sind verschiedene Modelle vorgelegt worden, die den Komplex der Umgangsweisen mit Lebenssituationen zu erfassen suchen. Der Begriff **coping** wird allgemein mit Bewältigung und Auseinandersetzung übersetzt. Er wird gelegentlich als Unterbegriff der Adaptation verstanden und im engeren Sinne für die vorwiegend kognitiven Strategien der Auseinandersetzung mit Stressoren und belastenden Situationen benutzt.

Fillipp und Klauer (1988) definieren **Bewältigung** unter Berücksichtigung verschiedener Konzeptualisierungsansätze wie folgt: „Bewältigung steht als summarisches Konzept für alle Verhaltensweisen, die im Umfeld von raumzeitlich umgrenzten Belastungssistuationen die je individuelle Auseinandersetzung mit diesen Situationen markieren. Belastungssituationen sind solche, in denen die Handlungsfähigkeit einer Person bedroht ist bzw. deren Verlust antizipiert oder als bereits eingetreten erlebt wird. Verlust oder Bedrohung der Handlungsfähigkeit werden als Folge von Eingriffen in das Person-Umwelt-Passungsgefüge verstanden, die eine Restrukturierung dieses Gefüges erfordern".

Gegenstand der Coping-Forschung ist, auf welche Weise ein Mensch Lebensereignissen begegnet und sie bewältigt. Gemeint sind sowohl kritische Lebensereignisse im Sinne von „Stressoren", wie auch Alltagsprobleme („daily hazzles"). In welchem Ausmaß ein Ereignis als belastend angesehen wird, hängt weitgehend von der Frage der individuellen Bewältigungsmöglichkeiten bzw. -strategien („copingstyle") ab. Unterschiedliche Belastungen können vom Individuum in gleicher Weise als belastend empfunden werden wie umgekehrt objektiv Gleiches subjektiv unterschiedlich bedeutsam erlebt werden kann. Die Bewältigung einer Krise wird um so schwieriger, je mehr zusätzliche Anforderungen gleichzeitig an die Umstellungsfähigkeit und Bewältigungsmöglichkeit eines Menschen gestellt werden.

„Der Copingprozeß muß als komplexes, multikausal determiniertes Geschehen verstanden werden, das auf einer oder mehreren Reaktionsebenen abläuft und die Ausschal-

Der Umgang mit Lebenssituationen: Anpassung, Bewältigung und Abwehr

2. Psychologie des Alterns

tung oder Reduktion der belastenden Bedingungen zum Ziel hat" (Prystav, 1981). Er ist als Anpassungs-, Regulations- und Problemlösungsprozeß aufzufassen.

Norma Haan (1977) legt ein weiter ausgearbeitetes und hoch differenziertes Konzept vor. In ihrem dreiteiligen System von Ich-Funktionen unterscheidet sie Coping-, Abwehr- und Fragmentierungsprozesse. Während sie Copingprozesse als zielgerichtet und flexibel versteht, sieht sie Abwehrprozesse durch Zwanghaftigkeit und Rigidität gekennzeichnet. Als Fragmentierungsprozesse bezeichnet sie die „eigentlich pathologischen"; sie umfassen automatisierte, ritualisierte und irrationale Prozesse. Die folgende Abbildung verdeutlicht schematisch das Modell von Haan einschließlich der Auseinandersetzung mit normativen und nicht normativen Entwicklungsanforderungen.

Abb. 2.6. Personenspezifische Bewältigungsprozesse des Copings bei „normativen Anforderungen". (Olbrich, 1981; S. 134.)

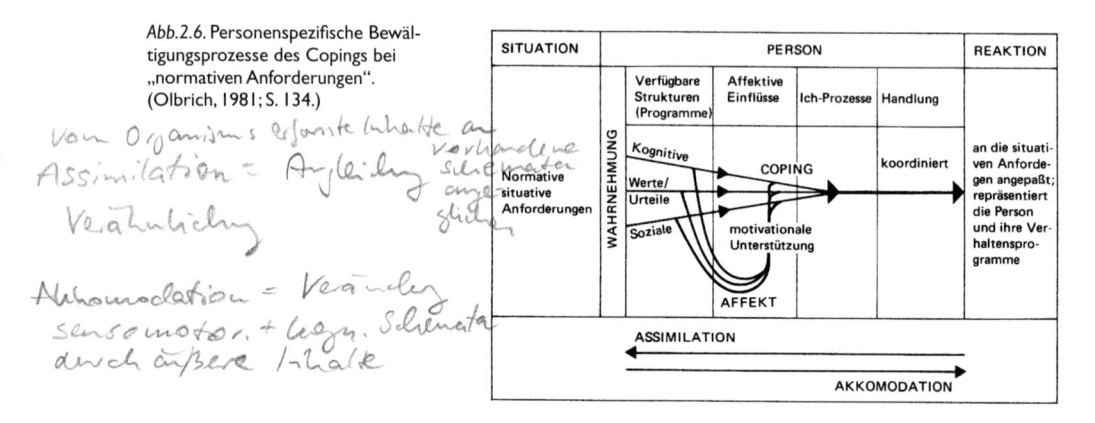

Abb. 2.7. Personenspezifische Prozesse der Abwehr bei „non-normativen" Anforderungen. (Olbrich, 1981; S. 135.)

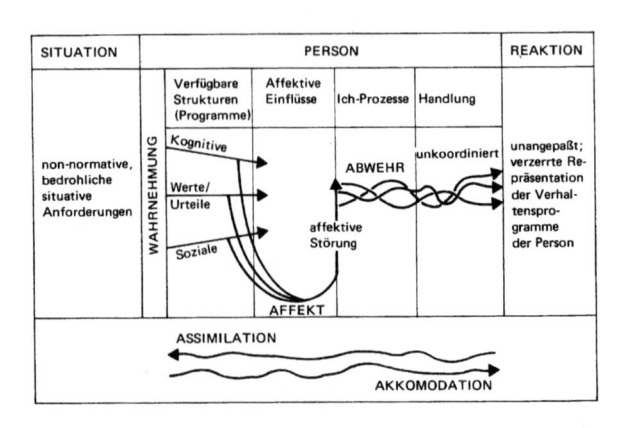

Der Begriff **Abwehr** wird in der Psychoanalyse anders als eben dargestellt verwandt: Freud versucht, psychische

Krankheiten durch ihre spezifischen Abwehrmechanismen zu charakterisieren. Anna Freud (1963) gibt eine Übersicht über die verschiedenen Abwehrmechanismen: Verdrängung, Regression, Reaktionsbildung, Isolierung, Ungeschehenmachen, Projektion und Introjektion, Wendung gegen die eigene Person, Verkehrung ins Gegenteil und Sublimierung. Es wird angenommen, daß auch die Abwehrmechanismen einer Entwicklung unterliegen und daß genetisch frühere Abwehrformen wie z.B. Introjektion und Projektion (Kap. 2.1.2) von späteren wie etwa der Sublimierung zu unterscheiden sind. Ich habe bereits darauf hingewiesen, daß jede Persönlichkeitsstruktur bzw. jeder Charakter über eine je individuelle, spezifische Struktur der Abwehr verfügt und auch darauf, daß ein Kontinuum zwischen Persönlichkeit und Krankheit anzunehmen ist. Dementsprechend wird das Vorherrschen primitiver Abwehrformen früh gestörten Patienten, das Dominieren reiferer Abwehr späteren Störungen zugeschrieben.

Ich möchte hier näher auf das Phänomen der **Regression** eingehen, ohne es allerdings psychoanalytisch bis in die Tiefe erläutern zu wollen. (Kap. 5.1.3) In der früheren psychoanalytischen Literatur zum Altern werden Regressionsvorgänge als charakteristische Begleiterscheinungen des Alterns diskutiert. Parallel dazu wird eine Triebinvolution i.S. eines regressiven Prozesses angenommen. Radebold hebt hervor, daß man anstelle einer Gleichsetzung von Altern und Regression besser von zahlreichen verschiedenen **Regressionserscheinungen** sprechen sollte. Er unterschied drei Arten der Regression (1973; 1979):

1. Regression als **Adaptation im Dienste des Ichs**: Durch regressive Anpassungsschritte an die veränderten Bedingungen kann das Ich versuchen, seine bedrohte Autonomie und Stabilität zurückzugewinnen. Auch im Bereich der Objektbeziehungen kann das Festhalten an sicherheitsgebenden Objektbeziehungen zur Stabilität des Ich beitragen (anklammerndes Verhalten bei Krankheit). Aus klinischem Blickwinkel wäre etwa an einen Patienten nach einem Schlaganfall zu denken, der für kurze Zeit stark regredieren kann, bei dem sich aber diese regressiven Schritte nach einer Erholungsphase völlig wieder zurückbilden können.

2. Regression als **pathologischer Prozeß**: Die Regression als Abwehrschritt gerät gewissermaßen außer Kontrolle, denn sie dient nicht mehr der abgewogenen Anpassung, sondern führt in den Bereich des Pathologischen (Depression, Verwirrtheit, psychotische Episoden). Der Rückschritt zu genetisch früheren Entwicklungsstufen geht mit entsprechenden Veränderungen der Ich-Funktionen einher (z.B. ver-

stärktes Festhalten an Gewohntem, Ritualisierung des Lebensbereiches).

3. **final gerichtete** Regression: Unter dem Einfluß nicht verkraftbarer Belastungen kann die pathologische Regression ein tödliches Ausmaß annehmen oder in schwersten Zusammenbrüchen enden.

So etwa berichten Mitarbeiter aus einem Pflegeheim von Frau C., die nach dem Tod ihres einzigen Sohnes über ein schweres hirnorganisches Psychosyndrom in einen säuglingshaft regredierten Zustand geriet, der medizinisch als Krankheitsvorgang nicht mehr erklärbar schien.

Eng verknüpft mit der Frage nach der Regression ist die Frage nach der **Regression der Abwehrmechanismen**. Das Festhalten an bestimmten Persönlichkeitseigenarten (Überspitzung der Charakterzüge) wurde bereits als regressiver, aber auch als stabilisierender Prozeß beschrieben. Wir können aber auch ein vermehrtes Auftreten genetisch früherer Abwehrmechanismen wie z.B. der Projektion beobachten: Paranoide Symptome und Wahnbilder wie auch psychopathologische Eigenheiten bei verwirrten und dementiell veränderten alten Menschen bedienen sich der Projektion.

In der psychoanalytischen Theorie wird angenommen, daß die Regression immer auch mit einer „Triebentmischung" verbunden ist. Dies könnte das unvermittelte Auftauchen von sehr gefühlvoll liebevollen Regungen neben aggressiven und feindseligen Impulsen erklären helfen (Affektinkontinenz).

Shakespeare bezeichnet das Alter als 2. Kindheit, der Volksmund sagt: Der Alte wird zum Kind. Vielfach wird versucht, von der beschriebenen Regression Prozesse abzugrenzen, die mehr den systematisch fortschreitenden, umgekehrt verlaufenden Reifungsprozessen der frühen Kindheit entsprechen, z.B. bei der Alterspsychose, der senilen Demenz oder anderen hirnorganischen Prozessen. Nach Linden (1963) durchläuft der alternde Mensch seine Reifungsphasen in umgekehrter Richtung; er beschreibt diesen Prozeß als „Rezession".

Ältere Patienten mit einem dementiellen Prozeß (Kap. 3.3.4 und Kap. 6) zeigen fast immer derartige als regressiv einzustufende Phänomene. Hier greift das psychologische Konzept „Regression" mit dem biologischen ineinander, ohne daß wir bis heute genaueres über den Zusammen-hang und das Wechselspiel zwischen beiden wüßten.

Jüngst haben die Psychoanalytiker Sandler und Sandler (1993) ihre Überlegungen zur anti-regressiven Funktion des Ichs ausgeführt. Sie verstehen darunter eine Funktion des Ichs, dem Rückwärtssog, die „frühere Vorwärtsentwicklung rückgängig zu machen" (A. Freud, 1963), entgegenzustehen, und damit die Grenze zwischen Bewußtem und Unbewußtem aufrechtzuerhalten. Es wäre diesem Gedankengang folgend anzunehmen, daß mit zunehmendem Alter, insbesondere aber bei dementiellen Prozessen und Verwirrtheitszuständen, diese Funktion des Ichs gestört oder außer Kraft gesetzt ist.

Die Zunahme des Interesses am Essen sticht bei vielen alten Menschen ins Auge. Alte Leute begeben sich verstärkt in Abhängigkeiten, weil sie mit ihren psychischen (und körperlichen) Mitteln die Realität nicht mehr allein bewältigen können (öffentliche Verkehrsmittel benutzen, Geldgeschäfte abwickeln). Alte hinfällige Menschen scheinen in einem noch regressiveren symbiotischen Stadium ihre Ich-Autonomie nur noch mit Hilfe der Identifizierung mit den pflegenden Personen zu erreichen (Hilfs-Ich). Auch dies ist als regressiver Schritt interpretierbar. Das wachsende Interesse an allen mit der Verdauung verbundenen Vorgängen kann als Hinweis auf regressive orale und anale Schritte angesehen werden; ebenso deutet die Verstärkung von Geiz und Sammelleidenschaft auf die erneut vermehrte Besetzung analer Bestrebungen hin.

Thomae entwickelte aus der Analyse von Lebenslaufschilderungen (1953) mit Hilfe der biographischen Methode das Konzept der „Daseinstechniken". Er versteht darunter „chronisch gewordene Aktionssysteme", die der Persönlichkeit in der Konfrontation mit Erlebnissen die Deutung, Verarbeitung und Bewältigung ermöglichen. Sie sind weniger alters- als persönlichkeitsabhängig. Je nach subjektivem Erleben lassen sich unterschiedliche Formen der Auseinandersetzung des Individuums mit der Umwelt beobachten.

Er unterscheidet fünf Techniken:

Leistungsbezogene Techniken: Weniger der Erfolg als das intensive Bemühen um die Erreichung eines Zieles ist von Bedeutung. Bei erhöhter Anstrengungsbereitschaft und verstärkter Kräftemobilisierung wird versucht, die Umwelt durch verstärkten Leistungseinsatz zu beeinflussen.

Anpassungstechniken: Sie dienen im Gegensatz zu den leistungsbezogenen Techniken dazu, ein Ziel mit weniger Energieaufwand zu erreichen. Das eigene Verhalten wird so verändert, daß es mit den Anforderungen der Umwelt in Einklang steht.

Aggressive Techniken: Mit Hilfe direkter oder indirekter Schädigungen werden eigene Bedürfnisse oder Standpunkte auf Kosten der Umwelt durchgesetzt.

Defensive Techniken: Es handelt sich um Abwehrmaßnahmen gegen etwas Drohendes, das anders nicht zu bewältigen ist. Vorwiegend Regression und Verdrängung kommen zum Tragen.

Evasive Techniken: Damit werden Verhaltensweisen des Rückzugs aus dem Spannungsfeld bezeichnet, wobei der Problemcharakter der Situation durchaus erkannt wird.

Wie erfolgreich der Einsatz einer bestimmten Bewältigungstechnik in einer gegebenen problematischen Lebenssituation ist, hängt nach der Vorgabe per definitionem von folgenden Faktoren ab:
- dem subjektiv empfundenen Ausmaß der Belastung
- der Vorbedingung für den Einsatz bestimmter Techniken
- der erfolgreichen Adaptationsleistung.

Ein Lebensereignis kann sowohl einen Zusammenbruch bewirken als auch zur Mobilisierung neuer Kräfte und Aktivitäten führen.

Thomae (1974) beschreibt seine Auffassung der Krisenbewältigung folgendermaßen: Krisen bedrohen zunächst das Ich-Gefühl. „Ich" steht bei ihm für ein individuelles Erlebniskontinuum. Danach werden künftige Situationen antizipiert. Diese Antizipation wird jedoch als sehr ungewiß erlebt, und es wird deshalb versucht, eine Deutung des Konfliktes in personaler, sozialer und normativer Hinsicht vorzunehmen. Die Interaktion kognitiver und motivationaler Prozesse kann danach zu einer konsistenten Deutung der Situation führen und damit zu einer Lösung des Konfliktes.

An Hand des Materials der BOLSA identifiziert Schmidt-Scherzer (1983) auf statistischem Wege zwei Formen der Daseinsbewältigung, die er nun „Coping" nennt:

Coping 1: aktive Auseinandersetzung und sachliche Leistung, die eine aktive Beeinflussung der als belastend erlebten Situation implizieren, spiegeln einen auf aktive Überwindung ausgerichteten Coping-Stil wider.

Coping 2: eine eher resignierende Haltung, aus der Hilfe durch andere gewünscht wird, läßt einen eher passiven, von der Situation weg orientierten Stil erkennen. Dieser Stil ist durch Intelligenz und Gesundheit negativ determiniert: Hohe Intelligenzwerte stehen sowohl in Zusammenhang mit niedrigerer erlebter Belastung als auch mit geringerer passiver Tendenz. Ein schlechter Gesundheitszustand geht einher mit passiven Tendenzen und erlebter Belastung. Es handelt sich dabei nicht um alternative Verhaltensstile: Obgleich man sich aktiv auseinandersetzen will, fühlt man sich dennoch ratlos. In jedem Fall erforderte die Akzeptanz von Einbußen Kompromißbereitschaft, die wiederum flexible Ich-Funktionen voraussetzt: Sie selektieren vor allem den Indikationsbereich von therapeutischen Interventionen.

Auf den Begriff der **Kompetenz** wird in der psychogerontologischen Literatur immer wieder zurückgegriffen. Mit White (1960) wird darunter die Entwicklung jener Fähigkeiten einer Person verstanden, die es ihr ermöglichen, diejenigen Transaktionen mit ihrer Umwelt durchzuführen, die sie selbst erhalten, sie wachsen und sich weiterentwickeln lassen. Er meint damit also nicht Einzelkompetenzen, sondern das immer effektiver werdende Programm, das eine aktive Gestaltung des eigenen Handelns erlaubt (Olbrich, 1982).

Die Entwicklung von Kompetenz beim Kind kann man sich wie einen spiralförmig fortschreitenden Entwicklungsprozeß vorstellen, bei dem ständige Interaktionen zwischen Eltern und Kind ablaufen, und dabei dem jeweiligen körperlichen Entwicklungsstand Rechnung tragen (z.B. die Wahrnehmung, wann ein Kind so weit ist, eine bestimmte motorische Handlung erstmals ausführen zu können).

Dem Gesichtspunkt der vorausgesetzten Funktionsreifung für die Kompetenz beim Kind entspricht die Berücksichtigung von Funktionseinbußen beim älter werdenden Menschen. Dies ist meiner Ansicht nach in der Literatur bisher nicht berücksichtigt worden. Bisher wurde fast ausschließlich auf das fortschreitende Wachstum von Kompetenz verwiesen. So etwa auch die Beschreibung der Kompetenzsteigerung von Frauen in Kriegs- und Notzeiten (Lehr, 1978). Kruse (1989) unterscheidet vier Dimensionen der Kompetenz im Alter:

1. Aus **differentiellem** Blickwinkel weist er auf die Notwendigkeit hin, die Vielfalt der einzelnen Persönlichkeitsbereiche zu erfassen.

2. Unter dem **dynamischen** Aspekt stellt er in den Vordergrund, daß verschiedene Funktionsbereiche kontinuierlichen Veränderungen unterliegen; dabei sind sowohl Rück- wie Vorwärtsentwicklungen möglich.

3. Aus **sozialpsychologischer** Sicht stellt Kompetenz für ihn ein Resultat eines gelungenen Wechselwirkungsprozesses zwischen dem Individuum und seinem Umfeld dar. Die Kompetenz wird danach wesentlich von Möglichkeiten und Bereitschaften des sozialen Umfeldes mitbestimmt.

4. Die Kompetenz ist schließlich auch als ein **ökologisches** Konstrukt anzusehen, da zahlreiche Faktoren der Umwelt die Kompetenz fördernd oder hemmend beeinflussen können.

Er weist darauf hin, daß ein differenzierter Gebrauch des „Kompetenz"-Begriffes eng mit einer differenzierten Analyse einzelner Funktionsbereiche verknüpft sei und vor dem verbreiteten Phänomen schützt, älteren Menschen aufgrund

Persönlichkeitsentwicklung als Erwerb persönlicher Kompetenz bestimmter Beeinträchtigungen eine Gesamtkompetenz abzusprechen.

Konstanz und Veränderungen der Lebenssituation

Bisher gibt es nur wenige gerontologische Arbeiten, die sich mit dem Zusammenhang zwischen Veränderungen der Kontinuität im Lebenslauf, der Konsistenz im Lebensstil und dem sog. „erfolgreichen Altern" beschäftigen. Das Thema umschließt sowohl soziologische wie auch psychologische Aspekte. Ich möchte hier nur auf einige Aspekte hinweisen. Maddox (1970, S. 329) sieht die Fortführung einer bestimmten Form des sozialen Kontaktes mit der Umgebung als Grundlage für die Kontinuität eines Gefühls von Lebenszufriedenheit an. Er sieht seine diesbezügliche Hypothese durch sozialpsychologische Forschungsergebnisse bestätigt.

Soziologen untersuchen die „geographische Mobilität" oder „Wanderung". Eine Umfrage unter Wohnortwechslern ergibt, daß 3/4 mit dieser Veränderung eine Erhöhung der Wohnzufriedenheit verbinden (Kaufmann, 1976). Psychologisch gesehen ist damit nicht nur die Bewältigung eines Verlassens, sondern auch die des sich neu Einrichtens verbunden.

Für die meisten älteren Menschen, die die Wohnumgebung oder den Wohnort wechseln, ist dies jedoch nicht mehr mit einer Verbesserung verbunden. Im Gegenteil: die Umsiedlung in ein Altenheim kann z.B. eine Veränderung der Gruppenidentität in negativer Richtung bedeuten.

Da die Frage nach der Ortsidentität entscheidend die Frage nach der psychologischen Identitätsvorstellung berührt, müssen wir folgern, daß es dadurch im Alter vermehrt zu Verunsicherung, Ängstlichkeit und Depression kommen kann (z.B. Fried, 1963). „Zwangsumsiedlungen" wie sie etwa auch durch Kriegswirren gegeben sind, sind als ein drastischer Eingriff in die personale Kontinuität des Individuums aufzufassen. Sie stellen in jedem Lebensabschnitt erhebliche Anforderungen an die Bewältigungsmöglichkeiten eines Menschen.

2.1.4 Zeiterleben, Endlichkeit und Lebensrückblick

Das Phänomen Altern wird durch das Vergehen von Zeit konstituiert. Wir unterscheiden **objektiv** gemessene Zeit, z. B. durch die Uhr und den Kalender, von **subjektiv** erlebter Zeit. Ordnung und Richtung sind wesentliche Bestandteile des Zeitbegriffes: das Vergehen von Zeit ist richtungsgebunden und nicht umkehrbar. Bei soziologischen und psychologischen Prozessen wird von uns ein Nullpunkt gesetzt (wie etwa die Geburt), da es hier – anders als in der Naturwissenschaft – keinen absoluten Nullpunkt gibt.

Die menschliche Wahrnehmung der Zeit basiert auf dem

2.1 Persönlichkeitspsychologische Aspekte

Gedächtnis. Seine Aktivität läuft im täglichen Leben meist unbewußt und automatisch ab. Individuelle wie altersbezogene Unterschiede des Gedächtnisses spielen dabei eine Rolle. So wird aufgrund allgemeinpsychologischer Befunde versucht, den Eindruck schnelleren Passierens physikalischer Zeit im Alter auf eine gröbere Rasterung des Erlebens von Zeit zurückzuführen: Die Zeit wird gewissermaßen mit größeren Erlebniseinheiten durchschritten.

Wir erleben nicht die Zeit selbst, sondern Ereignisse und die durch sie bedingten aufeinanderfolgenden Veränderungen. Wir nehmen ein Ereignis wahr, dann ein zweites und vergleichen das zweite mit dem Gedächtnisbild des ersten. Diese Erlebnisfragmente werden mit Hilfe der Gedächtnisaktivität miteinander zu einer Ganzheit verbunden. Zeit ist also die Abstraktion von unmittelbarer Erfahrung und das Begreifen von Veränderungen liegt vor der Zeit. Es wird so verständlich, daß der Begriff Zeit eng mit dem der **Periodizitäten** verknüpft ist. Tag und Nacht, Winter und Sommer sind durch die Natur vorgegebene Verlaufsgliederungen der Zeit. Der Beginn menschlichen Erlebens ist durch die Periodizität von Hunger und Sättigung, Wachen und Schlafen geprägt.

Riegel (1978) suchte einen Weg, psychologische Zeit methodisch zu erfassen. Er untersucht mit Hilfe der retrospektiven Methode die Stetigkeit des Flusses psychologischer Zeit. Versuchspersonen (Studenten) sollten so viele Personen nennen, wie sie in einer festgesetzten Zeitspanne erinnern konnten. Die Ergebnisse zeigen, daß sich diese jungen Probanden sehr viel häufiger an Personen erinnern, denen sie in den letzten Jahren begegnet sind, als an solche aus früheren Jahren. Darüberhinaus erinnern sie fast ebenso häufig Personen, die sie in den ersten Lebensjahren getroffen haben, und zwar häufiger als jene aus den Jahren dazwischen.

Mit zunehmendem Lebensalter steigen sowohl die Mobilitätsrate wie auch die ökologische Expansion eines Menschen. Jedes Ereignis oder jede Person, die in das wachsende „Repertoire" eines in Interaktion begriffenen Individuums aufgenommen wird, ist deshalb wahrscheinlicher dem Vergessen unterworfen als Eindrücke über früher getroffene Personen: Je später im Leben ein (mitmenschliches) Erlebnis stattfindet, desto größer ist die Vergessensrate; das in der Wachstumsperiode zuletzt Gelernte/Erlebte wird als erstes vergessen; **Kindheitserfahrungen werden am besten behalten**, Erlebnisse aus dem Erwachsenenalter am schlechtesten. Welford erklärt dieses Phänomen mit der hohen Bedeutungshaftigkeit und Strukturierung (Kap.2.2.7)

Riegel vergleicht Probanden aus drei verschiedenen Generationen miteinander. Nimmt man die Anzahl der pro chronologischer Zeit in Erinnerung gerufenen Personen als Index für die Intensität des Zeiterlebens, dann zeigt sich, daß die psychologische Zeit für die jüngeren und mittleren Testpersonen desto schneller fließt, je näher der Testzeitpunkt der in Erinnerung gerufenen Periode liegt. Je weiter die Versuchspersonen in ihrer Erinnerung zurückgehen, desto öfter scheinen Ereignisse und Personen verblaßt zu sein. Die ältesten der untersuchten Personen leben dagegen am intensivsten mit ihrer intermediären und weiteren Vergangenheit. So gesehen ist der erlebte Lebenslauf eines Menschen, auf den zurückgeblickt werden kann, immer wieder in Abhängigkeit von der vorangangenen Zeit ein anderer. Das Individuum ändert sich in einer sich wandelnden Welt, die es selbst schafft und durch die es gleichzeitig geschaffen wird. In der Zeitperspektive des Kindes überwiegt das Heute und Jetzt, beim Jugendlichen hat die Zukunft ein Übergewicht. Beim Erwachsenen kehrt sich dieses Verhältnis tendenziell um. Im Alter gewinnt die Vergangenheitsperspektive entscheidend an Bedeutung. Ein Individuum hat nicht nur eine Geschichte, sondern gestaltet auch seine Geschichte vermittels der Gedächtnisaktivität.

In psychoanalytischer Betrachtung wird die **Zeit** als eine **synthetisierende Kraft** im Seelenleben verstanden, die durch die Verschränkung von Vergangenheit, Gegenwart und Zukunft konstituiert wird. Denn mehr als in anderen psychologischen Forschungsrichtungen wird in der Psychoanalyse der Mensch als geschichtliches Wesen betrachtet, der eine Entwicklung vom Einfachen zum komplex Organisierten durchläuft. Die Art und Weise, wie ein Mensch mit seiner Geschichtlichkeit umgeht bzw. umgehen kann, bestimmt sein Seelenleben.

Der Psychoanalytiker Loewald vertritt einen Zeitbegriff, der sich aus Wechselwirkungen und -beziehungen zwischen drei zeitlichen Modi psychischer Aktivität ergibt, nämlich aus der Beziehung zwischen Vergangenheit, Gegenwart und Zukunft. Im Seelenleben ist die Zeit in erster Linie eine verknüpfende Aktivität, die Gegenwart, Vergangenheit und Zukunft vereint und in einen Gesamtzusammenhang verwebt. Die Modifizierung des Vergangenen durch die Gegenwart verändert nicht, „was in der Vergangenheit objektiv geschehen ist"; sie wandelt jedoch das Verständnis von Vergangenem, das der Patient als seine Lebensgeschichte in sich trägt (Loewald, 1972; S. 1059). Die Zukunft ist irrealer, sie ist den Wünschen und Ängsten leichter zugänglich als die Gegenwart.

Wie können wir die „Verzerrungen" verstehen und erklären, die aus der objektiven Zeit eine subjektiv erlebte machen?

Die Ausbildung eines Selbstes oder einer **Identität** ist nicht vorstellbar ohne den zeitlichen Begriff der „Objektkonstanz", in dem die Verknüpfung von Vergangenheit, Gegenwart und Zukunft hergestellt wird. Winnicott (1973) hat auf die Funktion des Spiels bei der Entwicklung der Geschichtlichkeit hingewiesen. Schacht (1978) nimmt auf ihn bezug und arbeitet heraus, wie wesentlich für die Entdeckung der Geschichtlichkeit die Mitteilung der gemeinsamen Erinnerungen zwischen Mutter und Kind ist: Das Gefühl der Geschichtlichkeit setze ein **geteiltes Erinnern** voraus. Erikson (1966) sieht das Spiel des Kindes als „die infantile Form menschlicher Fähigkeit, Modellsituationen zu schaffen, um darin Erfahrungen zu verarbeiten und die Realität durch Planung und Experiment zu beherrschen".

Piaget (1955) unterscheidet zwischen einer elementaren Form der zeitlichen Organisation, die sich bereits im Stadium der sensomotorischen Intelligenz findet, und einer begrifflichen Form der zeitlichen Organisation, die erst mit dem Erwerb der **Sprache** weit genug entwickelt ist, um sie zu abstraktem, begrifflichen Denken zu nutzen. Dann kann das Kind Zeitverläufe gedanklich umkehren und hört auf, an die erlebte Richtung der Ereignisse gebunden zu sein. Während sprachloses Denken durch primitiven Realismus gekennzeichnet ist, macht eine begrifflich-abstrakte Auffassung des Geschehens eine Zeitperspektive möglich, in der alte Verbindungen aufgelöst und neue geschaffen werden können. Künftiges kann neu erlebt werden, ohne daß es in der Widerholung aufgeht. Insofern ist der sprachlichen Symbolisierung von Erlebnissen eine wichtige Bedeutung zuzuschreiben. In verschiedenen sozialpsychologischen Untersuchungen wird die Problematik des „deferred gratification pattern" in Abhängigkeit von der typischen Sozialisation der Unterschicht untersucht. Denk- und Sprachentwicklung setzen die Fähigkeit zum Aufschieben voraus und wirken auch auf sie zurück. **Aufschiebendes Verhalten** (Delay-Capacity) verlangt eine über den gegenwärtigen Moment hinausgreifende Zeitperspektive und wird psychoanalytisch als eine Ich-Leistung bezeichnet. So sehen einige Forscher (z.B. LeSHAN, 1952) verschiedene soziale Schichten durch ihre Art der zeitlichen Zielorientierung gekennzeichnet. Danach ist die Unterschicht durch kurze Sequenzen der Spannung und Entspannung sowie durch eine relativ kurze Zeitperspektive markiert. Die oberen Schichten dagegen haben zeitlich eine weiter ausgreifende Orientierung (z.B. sehen sie sich mehr im Sinne einer Generationsfolge). Unterschichtangehörige seien durch mangelnde Planungsbereitschaft, geringen Planungshorizont, niedrige Leistungsmotivation, Fatalismus, und durch Routine gekenzeichnet. Havighurst (1961) faßt zusammen: „Die Mittelschicht ist zukunftsorientiert. Die typische Unterschicht-Persönlichkeit ist stärker gegenwartsorientiert."

2.1.5 Sterben und Tod

Wir möchten alle alt werden, aber nicht alt sein. Die Endlichkeit hat eine ganz andere Erlebnisgestalt als das Erleben der letzten Tage oder der letzten Momente vor der Sterben. Durch Erlebnisse, die einen Menschen zu Beginn seines Lebens mit der Relativität seines Daseins vertraut machen, kann die Thematik der Endlichkeit schon früh während des Lebens vorbereitet sein. Hier verweist Munnichs (1973) auf das, was Loch bezugnehmend auf Melanie Klein als „Bewältigung der depressiven Position" beschreibt, die er für ein „erfolgreiches Altwerden" als Voraussetzung sieht. Das impliziert, so führt Munnichs aus, daß ein Mensch einen Blick bekommt für die Beschränktheit der eigenen Einsicht und Unerfüllbarkeit all seiner Wünsche, sowie die Unmöglichkeit der Synthese all der verschiedenen Wünsche. Ein älterer Mann sagte einmal: „Man kann nur zufrieden alt werden, wenn man bereit ist, den Ehrgeiz aufzugeben".

Tod und **Sterben** gelten in unserer heutigen Gesellschaft allgemein als zu verdrängende Themen; sie ängstigen und werden nach Möglichkeit vermieden. Das Sterben findet meist nicht mehr in der Familie statt, sondern im Krankenhaus oder im Altenheim. Die individuelle Bedeutung des Todes für den einzelnen Menschen, die Einstellungen ihm gegenüber sowie die Bewältigungsformen in der Auseinandersetzung mit dem Tod sind dagegen höchst verschieden. Die Thanatologie als multidisziplinäre Wissenschaft hat sich zum Ziel gesetzt, diese Fragen zu untersuchen.

Aus psychoanalytischem Blickwinkel gesehen ist der Tod im Unbewußten nicht vorstellbar; er nimmt die Qualität der am schlimmsten vorstellbaren Erlebnisse an: es geht letztlich um die Trennung von all dem, was für die „lebenswichtigen" Beziehungen zu anderen Menschen steht. Einige Menschen haben sich mit der Endlichkeit des Daseins versöhnt und sehen den Tod vergleichbar der Endlichkeit als etwas Gegebenes. Andere haben panische Angst, auf all das, was leben bedeuten kann, zu verzichten, und deshalb sehr große Angst vor dem „nicht mehr Sein". Zu meiner Überraschung mußte ich feststellen, daß alte Menschen, die wegen psychischer Probleme Hilfe suchen, fast nie von sich aus Angst vor dem Tod äußern. In ihrer Vorstellung ist das Schlimmste und Ängstigendste die Angst vor Schmerzen und vor dem „nicht mehr Können", vor allem aber vor der Abhängigkeit von der Hilfe anderer.

Für die meisten alten Menschen kommt die Konfrontation mit dem Sterben nicht plötzlich, sondern kündigt sich durch chronische Krankheit und oft langes, schmerzhaftes Leiden an. Häufig wird der Tod dann vom Betroffenen als „Erlösung" empfunden, die sogar herbeigesehnt werden kann. Symbole in Träumen, Tagträumen, Halluzinationen oder Bildern können den bevorstehenden Tod ankündigen: Der schwarze Mann kommt, ein Flugzeug steht bereit zum Abflug etc. Spricht der Betroffene selbst darüber, der Helfer aber fühlt sich durch dieses Thema geängstigt und er lenkt ab, so kann sich der alte Mensch dadurch u.U. sehr alleingelassen fühlen. Auch wenn die Erwartung des Todes zu einem Begleiter geworden ist, kommt das Sterben für die Betreuer und Angehörigen häufig überraschend.

Für sie stellen Tod und Sterben ein besonderes Problem dar. Eine typische Abwehrform ist die, für den jeweils anderen die Wahrscheinlichkeit oder die Gewißheit des bevorstehendes Todes zu verleugnen. Eine wichtige Aufgabe der Helfer alter Menschen besteht darin, selbst eine Einstellung zum Tod zu gewinnen, die das Loslassen und die Bereitschaft, sich in diese zum Leben gehörende Tatsache zu fügen, ermöglicht. Nur dann können sie „modellhaft" dem sterbenden alten Menschen zeigen, wie er mit seiner eigenen, meist nicht ausgesprochenen Frage: „Wie werde ich sterben" leben kann. Der Wunsch, zu sterben, ist keinesfalls immer als „Schwarzmalerei" oder Suizidalität aufzufassen, sondern auch als berechtigter Wunsch, „endlich Ruhe haben zu wollen".

In meiner langen Supervisionstätigkeit in Altenheimen, wo häufig das Bedürfnis bestand, über das Sterben und den Tod eines Bewohners zu sprechen, gewann ich den Eindruck, daß die Tatsache, **wie** ein Mensch stirbt, sehr eng an seine Persönlichkeitseigenart gebunden ist. Derjenige Bewohner, der den Helfern immer Schuldgefühle bereitete, daß sie nicht genügend für ihn tun würden, hinterläßt auch nach seinem Tod heftige Gefühle im Team: „Haben wir auch alles Nötige getan, hätten wir den Tod nicht doch noch verhindern können?". Eine anderere Bewohnerin, die ruhig und zurückgezogen, nie auffällig im Heim lebte, stirbt so, daß das Team sagen kann: „So ist es gut, es ist in Ordnung, daß sie jetzt gestorben ist" und dann auch die Bewohnerin auf gute Weise vergessen kann.

2.2 Allgemeinpsychologische Befunde

2.2.1 Was versteht man unter „allgemeinpsychologischen Befunden"?

Die allgemeine Psychologie wird als Grundwissenschaft verstanden, die sich z.B. im Unterschied zur Persönlichkeitspsychologie mit der Erforschung allgemeiner Gesetzmäßigkeiten befaßt (Arnold, Eysenck, Meili, 1976; S.64). Die Erkenntnisse der allgemeinen Psychologie gehören zum Kernbestand psychologischen Wissens, auf die eine angewandte Psychologie aufbauen kann. Es ist zu kritisieren, daß eine Fülle von Einzelaspekten wie z.B. Wahrnehmung, Denken, Lernen, Motivation etc. untersucht werden, ohne daß diese jedoch in einen theoretischen Zusammenhang eingefügt werden.

Ich habe hier die Persönlichkeitspsychologie vorangestellt, da sie eine Möglichkeit zur Integration von Einzelbefunden bietet. Historisch gesehen standen die Untersuchungen zur Allgemeinen Psychologie am Anfang der psychologischen Wissenschaft. Dies gilt auch für die Allgemeine Psychologie des Alterns.

Psychologische Untersuchungen zu Veränderungen in Abhängigkeit vom zunehmenden Lebensalter setzen an der **Leistungsfähigkeit** an und damit an der allgemeinpsychologischen Frage nach Gesetzmäßigkeiten ihrer altersabhängigen Veränderung. Riegel (1967) konnte mit Hilfe einer faktorenanalytischen Untersuchung von Forschungsarbeiten aufzeigen, daß der Forschungsschwerpunkt für psychogerontologische Fragen jeweils in einer gewissen zeitlichen Verzögerung aus dem Schwerpunkt der Psychologischen Forschung allgemein hervorging.

Bereits Quetelet (1835) sah als eines der Hauptprobleme der Alternspsychologie das Fehlen eines allgemeinverbindlichen Konzeptes an, mit dessen Hilfe Verbindungen zwischen biologischen, sozialen und psychischen Gegebenheiten untersucht werden können. Inzwischen wurde eine Fülle von Einzelergebnissen beschrieben; es fehlt jedoch weiterhin an einer ganzheitlichen theoriegeleiteten Forschung.

Im folgenden werden ausgewählte Einzelbefunde dargestellt, um sie auf ihre Relevanz für das Klinische Handeln hin zu untersuchen.

2.2.2 Wahrnehmung und Sinnesleistung: das Band zur Realität

Die Wahrnehmungspsychologie erforscht Prozesse und Ergebnisse der Reizverarbeitung im Organismus. Die Wahrnehmung ist eine Grundvoraussetzung des Menschen, um sich sowohl in der (mitmenschlichen) Umgebung, wie auch hinsichtlich der eigenen Person über körpereigene innere Wahrnehmung orientieren zu können. Alle Inhalte menschlicher Erkenntnis wurzeln direkt oder indirekt in der sinnlichen Erfahrung. Die Wahrnehmung bildet also die Grundlage für alle anderen psychischen Funktionen wie das

2.2 Allgemeinpsychologische Befunde

Denken, das Fühlen und Handeln. Andererseits beeinflussen Erfahrungen, Gedächtnis, Lernen, Gestimmtheit und Befindlichkeit die Wahrnehmung und entfalten als Gesamtheit ihre Wirkung auf Erkennungs-, Entscheidungs- und Handlungsvorgänge.

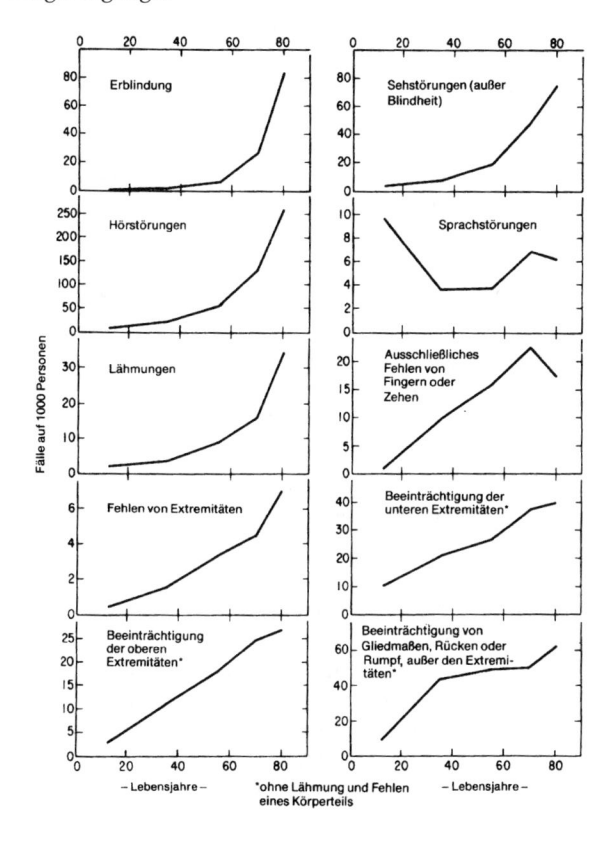

Abb. 2.8. Überblick über die verschiedenen sensomotorischen Beeinträchtigungen in Abhängigkeit vom Alter.

Als Wahrnehmung bezeichnen wir **die Gesamtheit der Prozesse, durch die auf der Grundlage von Informationen über den Zustand des Bereiches Person-Umwelt ein Abbild Person-Umwelt** aufgebaut und laufend aktualisiert wird. Oder anders ausgedrückt: Unter Wahrnehmung verstehen wir im täglichen Leben einen Vorgang bzw. Zustand, durch den bzw. in dem wir zu der uns umgebenden Wirklichkeit unmittelbar in Kontakt stehen. Die Wahrnehmung garantiert uns die **Verbindung** zur Realität. Kommt es zu Störungen der Sinnesorgane selbst oder der für sie notwendigen höheren Verarbeitungsleistungen, so ist auch der Kontakt zur Realität und damit das Realitätsdenken gefährdet. Infolgedessen kann die psychische Innenwelt und die Phantasiewelt die Oberhand gewinnen und so die psychische Gesundheit gestört sein. Experimente zur Sinnesdeprivation beschreiben eindrücklich die Bedeutung der intakten Wahrnehmung für die Persönlichkeit. Für altersbedingte Sinnesveränderungen wird ein kritisches Alter ab ca. 70 Jahren angenommen.

„Man hat über die altersbedingten Änderungen der Sinnesfunktionen bereits umfangreiche Informationen ... trotzdem ist der größte Teil der Daten in bezug auf ein **einzelnes System** erhoben worden, **nicht aber im Hinblick auf die Wechselbeziehung** zwischen sensorischen Wahrnehmungen, die den typischen Hintergrund des Verhaltens ausmachen" (Birren, 1964). Birren verweist ebenfalls indirekt auf die **wichtige Rolle der Persönlichkeit** für die Strukturierung und Ausdifferenzierung der Wahrnehmung.

Das Sehen

Die Entwicklung der Sehschärfe während der ersten sechs Lebensjahre hängt von Ergebnissen visueller Erfahrungen und der Art und Weise der Interaktionen ab, die die visuellen Prozesse begleiten. Deshalb bilden sich schon früh individuell unterschiedliche Muster der Sehfähigkeit und -eigenart heraus. Die Sehfähigkeit ist bei kleinen Kindern gering und verbessert sich dann bis in das junge Erwachsenenalter.

Zu den im Alter zunehmend bedeutsamen Alternsveränderungen der Sehfähigkeit gehört die der **Dunkeladaptation**. Der Pupillendurchmesser kann sich verkleinern, so daß die Lichtmenge, die das Auge erreicht, geringer wird: Ältere Menschen brauchen intensivere Lichtquellen, um ihre volle Sehfähigkeit nutzen zu können, und sie benötigen beim Übergang von einem hellen in einen dunklen Raum deutlich mehr Zeit, um sich zurechtfinden zu können. So ergibt sich z. B. ein höheres Risiko zum Hinfallen.

Probleme des Sehens können auf ganz verschiedene körperliche Ursachen zurückzuführen sein, wie etwa degenerative, vaskuläre, metabolische oder endokrine Veränderungen. Das Starrerwerden der Linse und des beteiligten Muskelsystems bedingt eine Abnahme der Sehschärfe (Alterssichtigkeit). Diese wird individuell sehr unterschiedlich erlebt: ob ein Mensch ängstlich wird, seinen Aktionsradius einschränkt, depressiv wird, „weil es nicht mehr geht", oder mürrisch und gereizt, weil er sich mit der störenden Veränderung nicht abfinden kann – dies ist eine Frage der Persönlichkeitsstruktur. Psychopathologisch kann bei starker Beeinträchtigung der Sehfähigkeit z. B. das Bild einer Pseudodemenz entstehen, die durch eine Staroperation behoben werden kann (Fall Kap. 3.1.6).

Das Hören

Grillparzer hat das Ohr als „Auge des Gemüts" bezeichnet.

Gehör vermittelt über Sprache und Musik Zugang zur Kultur, die den Menschen vom Tier unterscheidet. Taube Menschen leben im Zustand der sozialen Isolation (niederdeutsch bedeutet taub = doof).

Alte Menschen sind Hörverlusten besonders in den höheren Frequenzbereichen unterworfen. Meist bemerken sie selbst diese Veränderungen zunächst nicht, da sich die sprachliche Kommunikation auf die mittleren Frequenzbereiche beschränkt. **Höreinbußen** sind meist sehr viel **schwerer zu verarbeiten** als Einbußen der Sehfähigkeit; aber auch dies kann sich individuell sehr verschieden auswirken.

Wahrnehmungsakzentuierung (Hervorhebung einer Wahrnehmung, z.B. durch Motivationslage: Der Schwerhörige versteht immer genau das, was er nicht hören soll) wie auch **Wahrnehmungsabwehr** (ein unbewußtes Nicht-wahrnehmen-wollen) spielen beim Hören eine stärkere Rolle als beim Sehen. Bei entsprechender Ausgangspersönlichkeit kann eine starke Einbuße der Hörfähigkeit mit zu der Entwicklung eines Paranoids beitragen (auch dann, wenn etwa die eingeschränkte Hörfähigkeit lediglich auf die Bildung eines „Ohrpfropfes" zurückzuführen ist.) Das Nachfragen ist für den Schwerhörigen genauso unangenehm wie für den Gesprächspartner.

Die Anpassung eines Hörgerätes trifft bei einigen alten Menschen auf psychischen Widerstand, weil z.B. die psychische Abwehr dominiert („Ich will nichts hören – sonst ist mein psychisches Gleichgewicht gestört"). Oder das Training im Umgang mit dem Hörapparat wird als zu schwierig empfunden, die genaue Einstellung gelingt nicht, Hintergrundsgeräusche werden enorm verstärkt und deshalb störend wahrgenommen oder Nebengeräusche des Gerätes selbst stören die Wahrnehmung. Nur eine Anpassung eines Hörgerätes, die diese Faktoren berücksichtigt, garantiert eine optimale Nutzung.

Von welchem Niveau an eine Beeinträchtigung des Hörens zum sozialen Handicap wird, ist ungewiß und hängt vom intellektuellen Niveau, den Hörgewohnheiten und der Persönlichkeit ab. Kant schrieb über den Schwerhörigen: „Er ist also selbst inmitten der Gesellschaft zur Einsamkeit verdammt". Psychopathologisch kann bei der Schwerhörigkeit eigenbrötlerisches und egozentrisches Verhalten verstärkt und Kontaktstörungen und sogar dementielle und paranoide Entwicklungen dadurch begünstigt werden.

Zu Sinnesveränderungen des Riechens und Schmeckens liegen nur wenige Untersuchungen vor. Die meisten Forscher nehmen an, daß die Sensibilität für Geruch und Geschmack

Das Riechen und Schmecken

aufgrund der Degeneration der entsprechenden Nerven mit dem Alter abnimmt. Dies bestätigte jüngst eine amerikanische Untersuchung: „Junge Menschen haben einen „besseren Riecher" als alte, und Frauen „stinkt es" mehr als Männern" (Ship et al., 1993). Erhebliche Änderungen der Geschmacksempfindlichkeit treten meist erst nach dem 70. Lebensjahr auf. In seltenen Fällen können Veränderungen des Riechens zentral bedingt sein, so z.B. auch bei sogen. Uncinatus-Attacken (Form epileptischer Anfälle mit Geruchs- und Geschmackshalluzinationen). Differentialdiagnostisch müssen sie auch bei der Diagnose eines Paranoids in Erwägung gezogen werden. Möglicherweise kann ein tatsächlicher Außenreiz für eine paranoide Verarbeitung Anlaß geben.

Eine Patientin, Frau D., wird mit der Diagnose „Vergiftungswahn" in die psychiatrische Klinik eingewiesen. Sie hat die Vorstellung, daß jemand sie vergiften will. Die Fenster ihrer Wohnung seien neu gestrichen, seither wisse sie von diesem Ansinnen gegen sie. Erst durch einen Hausbesuch kann herausgefunden werden, daß die frische Farbe in der Tat einen quälend beißenden Geruch hinterlassen hat.

Oberflächen- und Tiefensensibilität

Speziell vibratorische Sensibilität und Wahrnehmungssensibilität für Wärme werden in der Literatur als altersabhängig vermindert beschrieben. Botwinick (1973) gibt zu bedenken, daß es sich auch um einen Effekt der Vorsicht im Umgang mit den Testapparaten handeln könnte. Manche Frauen berichten von subjektiv sehr störenden Veränderungen der Sensibilität. Die Schwelle für die Tastempfindlichkeit wird etwa ab dem 50. Lebensjahr erhöht, d.h. die Tastwahrnehmung wird ungenauer.

Alle Sinnesorgane haben außerdem eine allgemein **aktivierende Funktion** über die Formatio Reticularis. Zu ihr gelangen Informationen von allen sensorischen Nerven auf dem Weg zum Kortex. Dieses Geschehen hat einen Einfluß auf die Regulation des Aktivitätsniveaus des Nervensystems.

Psychoanalytisch werden die Sinneswahrnehmungen als Ich-Funktionen beschrieben. Um mit der Umwelt in Kontakt treten zu können, sind funktionierende Sinnesorgane notwendig. Je mehr deren Funktionstüchtigkeit generell eingeschränkt ist und nicht durch andere Sinnesleistungen kompensiert wird, desto mehr lebt der Betroffene in einer eigenen, abgeschlossenen Welt, die von inneren Bildern, Erinnerungen, Wünschen und Befriedigungen bestimmt ist.

2.2.3 Höhere Wahrnehmungsleistungen

Altersveränderungen **komplexer** Wahrnehmungsvorgänge sind nur selten in systematischer Weise untersucht worden. Dieser Mangel spiegelt zum einen die Schwierigkeiten der allgemeinen Psychologie wieder, systematische Interpretationen einer Mannigfaltigkeit von Einzelvorgängen zu erzielen. Zum anderen weist er auf methodische Schwierigkeiten hin, anatomische und physiologische mit psychologischen Fragen zu koppeln.

Als Aufmerksamkeit bezeichnen wir die gerichtete Bewußtseinshaltung, durch die ein Beobachtungsobjekt wahrgenommen wird. Sie ermöglicht eine selektive Ausgliederung von Wahrnehmungs- und Bewußtseinsinhalten und ist die Voraussetzung von Lern- und Gedächtnisleistungen. Es gibt nur wenige Untersuchungen zur Entwicklung der Aufmerksamkeitsleistung im Alter. Die Problematik der Untersuchungsanordnung beiseite lassend, möchte ich hier nur auf einige Befunde hinweisen, die für unser Thema interessieren:

Aufmerksamkeit und Konzentration

Die Hörleistung ist desto schlechter, je stärker die **Hintergrundsgeräusche** sind. Informationen werden desto besser erkannt, je mehr sie sich von einem Reizhintergrund abheben (Velden, 1982). In einem Kartensortierversuch ist das Auffinden bestimmter Zielkarten mit zunehmender Anzahl erschwert. Je höher die Anzahl nicht zu beachtender Reize bei einer Aufmerksamkeitsleistung ist, desto schlechter das Ergebnis in Abhängigkeit vom Alter (Rabbitt, 1965).

Ein neu erbautes Altenheim wurde so geplant, daß der Flur sich zu einem großen Gemeinschaftsbereich öffnet. Die leitende Idee dabei war, Durchlässigkeit, Einblick und Dazugehörigkeit zu vermitteln. Akustisch entwickelte sich hier jedoch ein permanenter Geräuschpegel, der die Bewohner in ihrer Hörfähigkeit wie auch ihrer Konzentration störte.

Mehrere Untersuchungsresultate stimmen darin überein, daß der **Bekanntheitsgrad** von Informationen einen wesentlichen, modifizierenden Einfluß in Abhängigkeit vom Alter hat: Alte Probanden können ebenso gute Leistungen erbringen, wenn es um das Auffinden von bekannten, sich nicht verändernden Reizen geht. Unbekannte und vom Vertrauten abweichende Zielreize führen jedoch zu der bekannten Altersdifferenz (Plude und Hoyer, 1980).

Altersunterschiede bei den Sinnes- und Wahrnehmungsleistungen werden für die älteren Leute häufig mit größerer Vorsicht und Ängstlichkeit sowie dem Wunsch nach Aussagesicherheit erklärt. Derartige Leistungsdefizite sind durch längeres Training und geeignete Versuchs- und Arbeitsbedingungen auszugleichen. Welford (1959) sieht in einem erschwerten Wechsel der Aufmerksamkeit zwischen der Aufnahme und dem Abruf von Informationen die Reduzierung geistiger Leistungsfähigkeit im Alter begründet.

2. Psychologie des Alterns

Informationsangebot

Eine zur gleichen Zeit vorgegebene Vielzahl von Informationen benachteiligt Ältere stärker als Jüngere. Bei mehrdeutigen Information, also sehr ähnlichen Reizen, die jeweils spezifische Reaktionen verlangen, nimmt die Reaktionszeit zu. Während Botwinick, Robbin und Brinley (1960) derartige Ergebnisse mit einem größeren Sicherheitsbedürfnis zu deuten versuchen und die Verlangsamung mit größeren Vorsichtsmaßnahmen erklären, finden Botwinick und Birren (1963), daß auch bei Experimenten ohne Entscheidungsaufgabe die Älteren auffallend verzögert abschneiden.

Aufgabenkomplexität

Mit zunehmendem Komplexitätsgrad der Aufgaben steigen bei Älteren sowohl die zur Bewältigung benötigte Zeit wie auch die Anzahl der Fehler stark an. (Dies zeigt sich auch bei Sortieraufgaben: Die benötigte Zeit für die Sortierungen erhöht sich sprunghaft, wenn 4 anstatt von 2 Symbolen verwendet werden.) Mit zunehmender Komplexität der Struktur einer Tätigkeit, d.h. mit zunehmender Komplexität der Informationsverarbeitung, wird die Leistung jedoch desto stabiler, je mehr Zeit zur Verfügung steht. Die „Rapportschwelle" ist bei Älteren höher und starrer als bei Jüngeren. Auch die Art der Darbietung und Ansprache modifiziert bei Älteren die Ergebnisse: Formulierungen in persönlicher Form, die mit einem „Ich"-Satz beginnen, werden leichter verstanden als allgemeine Formulierungen.

2.2.4 Sensorische und motorische Geschwindigkeit

Die Reaktionsgeschwindigkeit ist seit langem als eine der grundlegendsten Leistungen in der Psychogerontologie angesehen worden; sie schließt Wahrnehmungs- und motorische Komponenten ein. Eliminiert man z.B. bei Intelligenztests den Zeitfaktor, so ergeben sich gleich gute oder sogar teilweise bessere Ergebnisse als bei jungen Probanden. Erst im höheren Alter erstreckt sich der Abbau auf das Leistungsvermögen selbst.

Die **prämotorische Reaktionszeit** (Zeit vom Erscheinen eines Signals bis zum Beginn der dadurch ausgelösten Bewegung) verlängert sich mit dem Alter, die **motorische Reaktionszeit** (oder Bewegungszeit oder Motilität = Zeit vom Beginn der Bewegung bis zum Ende der Bewegung) scheint nicht in dem gleichen Maße altersanfällig zu sein (Lehr, 1984). Ältere Menschen brauchen also mehr Zeit, um sich einen Überblick über eine gegebene Situation zu verschaffen. Sie brauchen auch längere Anlaufzeiten, um ein optimales Leistungsverhalten zu erbringen. Gerade aus der mannigfaltigen Verschachtelung und der Einbettung einfacher Reaktionen in komplexe Handlungsabläufe mögen dem alternden Menschen Schwierigkeiten entstehen, die er trotz gut erhaltener einfacher Reaktionsfähigkeit nicht zu meistern vermag. Ist der Überblick einmal gegeben, erfolgt die Reaktion mit der gleichen Schnelligkeit wie bei jüngeren Probanden. Struktur und Übersichtlichkeit steigern also die Leistungsfähigkeit. Dies belegen auch Untersuchungen bezüglich der Aufgabenschwierigkeit. So gesehen verschiebt sich der alterskritische Aspekt von der Peripherie des reagierenden Organismus zu den zentralen Stellen.

Als Motorik wird die Gesamtheit der Funktionen menschlicher Bewegung bezeichnet. Die Begriffe „Psychomotorik" und „Sensomotorik" werden weitgehend synonym verwendet. Psychomotorik wird auch als Sammelbegriff verwandt, der auf das Zusammenspiel verschiedener Funktionsbereiche von der Sensorik über zentrale höhere Verarbeitung hin zur Motorik abzielt, die je nach Aufgabenart unterschiedlich stark gefordert werden. Der Schwerpunkt kann, je nach Aufgabenstellung unterschiedlich, bei sensorischen, kognitiven Prozessen, motorischen oder auch motivationalen Prozessen liegen, wenn komplizierte Bewegungsabfolgen gefordert werden. Pawlik (1968) unterteilt in:

2.2.5 Psychomotorik

1. Koordination
2. Zielverhalten (Aiming)
3. Handgelenk-Finger-Geschwindigkeit
4. Handgeschicklichkeit
5. Fingerfertigkeit
6. Reaktionsgeschwindigkeit
7. Belastbarkeit.

Die Untersuchungen motorischer und sensorischer Leistungen können nicht streng voneinander getrennt werden. Die Ausübung der ersteren wird stets durch Wahrnehmungen eingeleitet und kontrolliert. Eine generelle Altersbedingtheit der Veränderungen der psychomotorischen Leistungsfähigkeit läßt sich nicht nachweisen; verschiedene Faktoren wirken modifizierend (Lehr, 1984).

Besäßen wir kein Gedächtnis, wäre in jedem Moment alles neu. Wir verfügten über keinerlei Bedeutungen. Wahrnehmung, Denken, Lernen und Verstehen wären ohne unser Gedächtnis nicht möglich. Die Fähigkeit des Menschen, Wissen über sich und seine Umwelt zu erwerben und zu behalten ist grundlegend für das Entscheiden und Handeln.

2.2.6 Gedächtnis und Wissen

Ein Drei-Speicher-Modell des menschlichen Gedächtnisses dient als Grundlage für wissenschaftliche Untersuchungen: Entsprechend den Unterschieden in Behaltensdauer, Behaltensumfang und Verarbeitungsprozessen kann man die folgenden Gedächtnisbereiche unterscheiden: Das sensorische Gedächtnis, den Kurzzeitspeicher und den Langzeitspeicher.

Reize, die auf unsere Sinnesorgane einwirken, werden zunächst nur sehr kurz in den entsprechenden Registern, die vermutlich nur eine geringe Speicherkapazität haben, festgehalten. Der **Kurzzeitspeicher** verfügt nur über eine kurze Behaltensdauer von bis zu einer Minute. Das Erinnern und Wiederholen ist ein zentraler Prozeß, um Informationen im Kurzzeitgedächtnis zu sichern und einen Übergang in das Langzeitgedächtnis zu ermöglichen. Das sog. **Langzeitgedächtnis** gilt dem oben gezeigten Modell zufolge als lebenslanger Speicher von unbegrenztem Umfang.

Gedächtnisspanne

Die Gedächtnisspanne ist eine Funktion des Kurzzeitgedächtnisses, und wir bezeichnen damit die Anzahl an Merkeinheiten, die gleichzeitig aufgenommen und kurzfristig behalten werden können. Untersuchungen zwischen 15 und 94 Jahren zeigen, daß die Merkfähigkeit im Alter im Durchschnitt um 4–28% nachläßt und daß der Merkumfang visuell aufgenommener Einheiten einer besonders deutlichen Altersabhängigkeit unterliegt (Taub, 1972). Eine reduzierte Gedächtnisspanne wirkt sich auf jede Form der Verständigung im menschlichen Alltag aus.

Verarbeitungsgeschwindigkeit

Wir können davon ausgehen, daß im Alter sowohl Prozesse der Aufnahme und des Suchens wie auch der Antwortausführungen und des Abrufens verlangsamt sind. Während eine biologisch Betrachtung die Ursache in der Verlangsamung der neuronalen Prozesse annimmt, versuchen psychologische Erklärungsversuche eine generelle Verlangsamung menschlicher Aktivität in den Vordergrund stellen. Salthouse (1980), der z. B. die zuletzt genannte Ansicht vertritt, folgert daraus, daß eine Verbesserung durch Übung nur durch eine temporeduzierte Aktivität möglich ist.

Enkodierungsprozesse

Als Enkodierungsprozeß wird die Umformung in subjektive Einheiten beschrieben, die im Gedächtnis stattfindet und die Behaltensleistung entscheidend mitbeeinflußt. Jede aufzunehmende Information wird in eine vorhandene Struktur eingebettet und in Einheiten dieser Struktur gespeichert. Einige Autoren versuchen nachzuweisen, daß Ältere einfachere semantische Enkodierungen als Jüngere zeigen. Dadurch, daß Ältere mit bestimmten Wortlisten weniger Attribute verknüpfen, können sie weniger für sich ordnen und erzielen so eine geringere Behaltensleistung. Überall dort, wo das Tempo der Enkodierung eine Rolle spielt, lassen sich weiterhin Altersunterschiede nachweisen. Gedächtnisstützen sind insofern erfolgreich, als sie nur wenig zusätzliche „kognitive Anstrengung" erforderlich machen oder auch Strukturierungshilfen beinhalten.

Man geht davon aus, daß in unserem Gedächtnis Inhalte gespeichert sein können, ohne daß ein Abruf oder eine Wiedergabe möglich ist. Eine geringere Erinnerungsleistung kann bei der Vorgabe von Fragen gegenüber Auswahlantworten aufgezeigt werden (Warrington und Sanders, 1971). Es wird gefolgert, daß Ältere besondere Schwierigkeiten bei der **freien Wiedergabe** von Gedächtnisinhalten haben, obwohl sie im Gedächtnis abgespeichert sind. Die Sicherheit des Informationsabrufes kann durch visuelle Vorstellungsbilder beim Erwerb von Lerninhalten erhöht werden.

Abruf von Gedächtnisinhalten

Sowohl hinsichtlich des Kurzzeit- wie des Langzeitgedächtnisses sind Ältere Jüngeren unterlegen. Ein Teil der Information, die langfristig gespeichert werden soll, überlebt den kurzfristigen Speichervorgang gar nicht erst. Das bekannte Phänomen, daß Gedächtnisinhalte aus Kindheit, Jugend und früher Erwachsenenzeit besonders gut behalten werden, wird mit der hohen Bedeutungshaltigkeit (**„Ich"-Nähe**) und **Strukturierung** (= Verknüpfung mit anderen lebensgeschichtlich wichtigen Ereignissen) erklärt. Darüber hinaus nimmt man an, daß es sich um häufig „überlernte" Inhalte handelt. Ein besseres Erinnern weiter zurückliegender Lerninhalte ist demnach an die unterschiedlichen Erwerbsgegebenheiten geknüpft, und wird nicht als ein Faktum des Vergessens verstanden. Die allgemeinpsychologische Forschung sieht das Lernen und Behalten nicht in Zusammenhang mit der emotionalen Bedeutung, die der Lerninhalt für den alten Menschen besitzt. Ich gehe davon aus, daß es die Subjektivität der Erinnerungen an Kindheit und Jugend einem allgemeinpsychologisch-objektivierenden Forschungsansatz schwer macht, sie mit Hilfe vergleichender Untersuchungen zu erforschen.

Kurzzeit- und Langzeitdächtnis

Ältere erinnern weniger Worte von Wortlisten als Jüngere. Der markanteste Leistungsabfall tritt während der ersten 90-180 Sek. auf, insbesondere bei den ältesten Probanden. Wiederholte Reizdarbietungen sind deshalb in der Praxis notwendig.

Lernen ist auf keinen Entwicklungsabschnitt des Menschen beschränkt. Es zeigen sich jedoch bestimmte **qualitative Umstrukturierungen** des Lernprozesses. Mit zunehmendem Alter kommen der Art der Darbietung des zu lernenden Materials wie auch der Motivation für die Lernaufgabe eine wachsende Bedeutung zu; „die Mechanismen des Lernens bleiben (jedoch) relativ gleich" (Löwe, 1970).

Ältere sind Jüngeren beim Erlernen von sinnlosem Material unterlegen, aber gleich gut oder sogar überlegen, wenn es um das Aneignen von sinnvollem Material geht. Am eindeutigsten ist das Lerndefizit, wenn Beziehungen zwischen vorher unverbundenen Elementen hergestellt werden sollen, z.B. bei Paar-Assoziations-Lernaufgaben. Bei hohem Assoziationswert (Gold-Silber) zeigt sich kein Leistungsabfall gegenüber einem geringen Assoziationswert (Mond-Tisch). Die Befunde von Korchin und Basowitz (1957) bestätigen dies.

Abb. 2.9. Durchschnittliche Anzahl der richtigen Assoziationen. (Korchin und Basowitz 1957, nach Lehr 1984; S. 90.)

	Wortassoziationen	sinnlose Gleichungen	falsche Gleichungen
Jüngere	44,19	25,00	24,81
Ältere	30,38	7,43	7,19

Hulicka und Grossmann (1967) weisen nach, daß dieser Leistungsabfall mit dem Alter auf eine „Codierungsschwäche" zurückzuführen sei, also auf die Ungeübtheit, einzelne Gedächtnisinhalte zu verschlüsseln und zu registrieren. Macht man die älteren Probanden auf Gedächtnisstützen aufmerksam, so nivellieren sich die Unterschiede oft sogar ganz. Craik (1968), der ähnliche Experimente durchführte, stellte fest, daß die Schwäche des Kurzzeitgedächtnisses mit zunehmendem Alter auf einer gewissen Unfähigkeit beruhe, das Aufgenommene in übersichtliche Einheiten zu gliedern bzw. zu integrieren.

Wir wissen bis heute wenig über **Motivations- und Einstellungseinflüsse** auf die Lernleistung in Abhängigkeit vom Alter. Thorndike vermutet bereits 1928, daß die mangelhafte Lernleistung Älterer eventuell von einer mangelnden Lerneinstellung (geringer Wunsch und wenig Interesse, sich Neues anzueignen) herrühre. Die von Ruch (1934) untersuchte Interferenzinterpretation besagt, daß die Lernaufgabe desto besser bewältigt wird, je weniger das zu lernende Material mit sprachlichen und intellektuellen Gewohnheiten in Konflikt steht.

Die Inhalte des **Langzeitgedächtnisses** sind passiv, d.h. sie bedürfen einer Aktivierung, um aufgerufen werden zu können. Diese Aktivierung kann entweder von außen (Sinnesreize: z.B. ein Paket Kaffee der Firma Linde) oder von Innen (plötzlicher Einfall) geschehen. Die Aktivierung dauert nur kurz an, kann aber bei intakten intellektuellen Funktionen durch gezielte Aufmerksamkeitsleistung wirksam gehalten werden. Die früh im Leben gelernten Gedächtnisinhalte bleiben am ehesten abrufbar (Kindheits- und Jugenderinnerungen). Die Abbildung von Inhalten kann auf verschiedene Weisen entsprechend den verschiedenen Sinnesleistungen geschehen: visuell, akustisch, olfaktorisch etc., aber auch in Abhängigkeit von der Abfolge des Lernens (Assoziation).

Die Begriffe Langzeitgedächtnis und **Kurzzeitgedächtnis** beziehen sich auf die gleichen Inhalte, jedoch auf verschiedene Zustände dieser Inhalte. Mit Hilfe des Kurzzeitgedächtnisses aufgenommene Inhalte können zu Inhalten des Langzeitgedächtnisses werden. Voraussetzungen sind eine intakte Aufmerksamkeitleistung, Kodierungsleistung und Wiederholungsleistung.

Als **Erinnern** wird die Suche von Gedächtnisinhalten für gerade aktuelle Ziele bezeichnet. **Wiedererkennen** ist die Beurteilung von Sachverhalten als „bekannt". Beide Vorgänge sind abhängig von Suchreizen und Kontextinformationen und basieren auf der Aktivierung von Gedächtnisinhalten. **Vergessen** ist das Unvermögen, diese Inhalte zu behalten.

Einige Autoren (z.B. Hulicka, 1967) erklären das Vergessen bei Älteren mit einer retroaktiven Hemmung, die dadurch zustandekommt, daß das am Ende einer Lernsituation dargebotene Material einen deutlich behaltensmindernden Effekt auf die vorher angeeigneten Inhalte ausübt. Andere Autoren (z.B. Kriauciunas, 1968) sehen vor allem in veränderten Erwerbs- und Enkodierungsprozessen eine wesentliche Ursache für die verminderte Behaltensleistung. Schließlich wird auch die Annahme eines „Zerfalls" von Gedächtnisspuren diskutiert. Die Ergebnisse zur wissenschaftlich-psychologischen Untersuchung des Vergessens in Abhängigkeit vom Alter sind also nicht einheitlich.

2.2.7 Denken und Problemlösen

Das Denken gehört zu den häufig gebrauchten Begriffen der Alltagssprache. Theoretisch ist es jedoch sehr schwer zu erfassen: Unterschiedlich komplexe Vorannahmen sind dazu notwendig. Nach der Theorie der kognitiven Entwicklung von Piaget (1969) werden zwei Grundprozesse der Anpassung an neue Situationen unterschieden: die **Assimilation** ist jeder Versuch der Umweltbewältigung durch Anwendung von Handlungsschemata, die sich früher schon einmal als erfolgreich erwiesen haben. Als **Akkommodation** bezeichnet er die Entwicklung neuer Handlungseinheiten zur Bewältigung von Situationen. Bei dementiell veränderten alten Menschen müssen wir davon ausgehen, daß die Akkommodation nicht mehr möglich ist und auch die Assimilation aufgrund des eingeschränkten Zugrifffes nur noch teilweise funktioniert.

Flavell (1970) setzt dieser „von innen kommenden" Theorie eine von außen kommende entgegen. Sein Grundgedanke lautet, daß die veränderte Bedeutung der Umwelt von Älteren veränderte kognitive Aktivitäten hervorruft.

Freud bezeichnete Denken als „inneres Probehandeln": Der Gedächtnisinhalt liefert Schemata für die Identifizierung von Situationen und Schemata für die Steuerung von Handlungen. Für ein inneres Probehandeln muß:

- ein Gedächtnis als Materialbasis für Handlungseinheiten zur Verfügung stehen
- die Gedächtnisschemata müssen von der Außenwelt abkoppelbar sein, d.h. es muß eine Trennung von „Innen-Außen" möglich sein
- es muß ein Steuerungssystem vorhanden sein, das die Vorgänge im Gedächtnis leitet. Bestandteile können folgende Funktionen sein: Zergliedern eines Sachverhaltes, Erfassung von Eigenschaften eines Sachverhaltes, Vergleichen, Ordnen, Abstrahieren, Verallgemeinern, Klassifizieren, Konkretisieren etc.
- Das Steuerungssystem muß über Protokolleinheiten verfügen, die Tätigkeiten aufzeichnen und zur weiteren Analyse zur Verfügung stellen. Eine im Alter reduzierte Fähigkeit zum Problemlösen kann auch auf der Unfähigkeit beruhen, Problemsituationen adäquat zu analysieren. Je größer außerdem der Anteil des Gedächtnisses bei der Problemlösungsaufgabe, desto deutlicher zeigt sich ein Altersdefizit. Die enorme Störbarkeit geistiger Leistungsfähigkeit aufgrund körperlicher Beeinträchtigungen wird in Kap. 3.3.4 dargestellt.

2.2.8 Sprache und Sprachleistung

Die Sprache ist Vermittlerin zwischen Individuum und Umwelt sowie auch zwischen dem direkten eigenen Erleben und der Selbstwahrnehmung und der Selbstreflektion. Die Sprache ist das wichtigste zwischenmenschliche wie aber auch intrapsychische Kommunikationsmittel. Sprachproduktion wie auch Sprachrezeption gehören dazu. Psychologische und medizinische Diagnostik und Behandlung setzen wesentlich die Fähigkeit zur sprachlichen Äußerung voraus. Ich beschränke mich hier auf einige ausgewählte Aspekte.

Generell werden Sprachleistungen aufgrund psychogerontologischer Untersuchungen zu den **altersstabilen Leistungen** gezählt. Der geringe Abbau sprachlicher Leistungen in Abhängigkeit vom Alter wird dadurch erklärt, daß es durch den zwangsläufigen und fortgesetzten Kommunikationsprozeß zu einer in starkem Maße „überlernten" und redundanten Informationsspeicherung kommt.

Sprache und Sprechen ist etwas **früh** im Leben **Erworbe-**

nes, entwickelt sich **persönlichkeitsspezifisch** im Sinne verschiedener Sprachstile und wird sozialpsychologisch, z.B. durch Faktoren wie die Sozialschicht geprägt und beeinflußt. Die sprachliche Ausdrucksfähigkeit unterliegt einem entscheidenden Übungseinfluß. Kontaktfähigkeit wie auch **Kontaktverhalten** werden wesentlich durch sprachliche Leistungsfähigkeit mitgeprägt. Sie dient außerdem als Vehikel für die Denkfähigkeit. Ein Teil des Sprechaktes ist auf der Ebene der motorischen Stimmqualität zu lokalisieren: Sprechtempo, Stimmlage, Artikulation.

Neben diesem Ausdrucks- und Kommunikationsaspekt fließen in die Sprachleistung kognitive und – in psychoanalytischer Terminologie ausgedrückt – Aspekte der Symbolisierung mit ein. Die Sprache wird als Ausdifferenzierung und innere Symbolisierungsmöglichkeit der Bewältigung der äußeren Realität wie auch der vorsprachlichen Kommunikation mit ersten Beziehungspersonen verstanden.

Mit jeder sprachlichen Leistung sind kognitive Komponenten verbunden. Individuell unterschiedliche, altersbedingte zerebrale Veränderungen können zu einer Veränderung der sprachlichen Leistungsfähigkeit im Alter führen. Es wird diskutiert, daß die zunehmende „Sprachlosigkeit" im Alter auf eine Überforderung in verschiedenen Kommunikationssituationen, und dort wieder – wie beschrieben – auf die reduzierte Gedächtnisspanne zurückzuführen ist.

Dys- und aphasische Probleme können ebensogut Auslöser für ein verändertes Sprachverhalten sein wie eine schlecht sitzende Zahnprothese oder eine zunehmende allgemeine Inaktivität. Verändertes Sprachverhalten im Alter kann also sehr verschiedene Ursachen haben; dabei muß man die Vielschichtigkeit der Wechselwirkungen berücksichtigen wie z.B.: somatische, zerebrale, neurologische Einflüsse auf das Sprachverhalten:

- persönlichkeitsspezifische Aspekte
- sozialpsychologische und lebensgeschichtliche Aspekte
- Gedächtnis- und Erinnerungsfähigkeit
- Kontaktfähigkeit
- Einfluß psychischer Krankheit auf die Sprache (z.B. Sprachlosigkeit bei Depressionen)

Im Rahmen einer generellen Ausdrucksreduzierung mit zunehmendem Lebensalter nimmt auch das sprachliche Spontanverhalten ab. Wenn wir bei den Veränderungen der Sinnesleistungen von einer Lockerung des Bandes zur Realität gesprochen haben, kann andererseits die Stärkung des Sprachverhaltens, die das Innen mit dem Außen verbindet, die Persönlichkeit über die Stärkung der Symbolisierungsprozesse stabilisieren.

Für die Praxis bedeutet dies, daß im therapeutischen Gespräch einfach strukturierte Sätze zu bilden und seelische Verfassungen in Worte zu fassen sowie Emotionen zu benennen sind.

Störungen des kommunikativen Gebrauchs der Sprache, die unterschiedliche Ursachen haben können, bezeichnet man allgemein als **Aphasie**. Man unterscheidet die **motorische**, die **sensorische, die amnestische** und die **globale Aphasie**. Vorab müssen wir uns verdeutlichen, daß die Sprechmotorik ein sehr feiner Indikator motorischer Störungen ist: Etwa 100 Muskeln sind am Sprechen beteiligt. Jeder Muskel enthält etwa 100 motorische Einheiten. Pro Sekunde müssen etwa beim Sprechakt 14 000 neuromuskuläre Ereignisse koordiniert werden. Jede auf die Motorik irgendwie einwirkende Kraft wirkt sich also auch auf den Sprechakt aus. (Poeck, 1990) D.h. zur Diagnostik von Störungen im Alter ist die Sprache ein besonders zu beachtendes Phänomen; um zu einer Beurteilung zu kommen, ist es nötig, den alten Menschen zur spontanen Produktion von möglichst viel Sprache zu bewegen.

Bei der **motorischen Aphasie** (Broca-Aphasie) ist die spontane Sprachproduktion vermindert und schwer verständlich. Die Wörter werden verändert oder entstellt, sodaß der aphasisch Kranke kaum in der Lage ist, sich sprachlich mitzuteilen. Das Sprachverständnis ist dagegen weniger betroffen. Insofern kann er einem Gespräch folgen. Oft ist mit der Sprachstörung eine Schreibstörung verbunden.

Bei der **sensorischen Aphasie** (Wernicke-Aphasie) ist die spontane Sprachproduktion gesteigert und der Kranke wirkt auf seine Umgebung oft verwirrt. Wortentstellungen sind hier weniger ausgeprägt als bei der motorischen Aphasie. Vor allem aber ist sein Sprachverständnis gestört. Automatisierte Wortfolgen wie Floskeln, Sprichwörter, Flüche gelingen noch am ehesten.

Bei der **amnestischen Aphasie** kann der Patient selbst sprechen, er versteht auch alles, was ihm gesagt wird, aber es fallen ihm plötzlich die zum Sprechen notwendigen Begriffe und Worte nicht ein: Die Sprachlosigkeit entsteht durch den Wortschatzverlust als Folge einer Gedächtnisstörung.

Die **globale Aphasie** stellt eine Kombination aus motorischer und sensorischer Aphasie dar.

Diffuse aphasische Störungen kommen im Rahmen verschiedenster hirnorganisch bedingter Störungen und dementieller Prozesse vor. (Kap. 3.3.4) Der Umgang mit alten Menschen, für die dieses hauptsächliche Werkzeug der Kommunikation eingeschränkt oder nicht mehr verfügbar ist, ist sehr mühevoll und erfordert besondere Geduld und Einfühlung.

Um die Komplexität der kognitiven Leistungen, die beim Lernvorgang beteiligt sind, zu verdeutlichen, werden mit Welford (1959) 6 Phasen des Lernvorganges unterschieden:

2.2.9 Das Lernen

- Wahrnehmen und Begreifen des Lernmaterials.
- Kurzfristiges Speichern des wahrgenommenen Materials als Voraussetzung für eine daraufffolgende Selektion desjenigen Materials, das langfristig gespeichert werden soll.
- Langfristiges Speichern auf Grund biochemischer, struktureller Veränderungen.
- Erfassen einer Situation, die die Nutzbarmachung bestimmter, gespeicherter Informationen verlangt.
- Erinnern des entprechenden Materials.
- Anpassung und Verändern des erinnerten Materials an die neue Aufgabensituation.

Das Lernen des Lernens hängt im besonderen Maße von individuellen Lerngewohnheiten ab. Man kann jedoch nachweisen, daß **Strukturierung immer eine Lernhilfe** bedeutet. Bei alten Menschen können insbesondere bekannte Orte aus der Wohnumgebung als „Eselsbrücken" dienen, wenn sie mit den eigentlichen Lerninhalten in der Lernphase verknüpft werden und in der Abrufphase gleichzeitig als Abrufhilfe zur Verfügung stehen (Robertson-Tscharbo et al., 1976).

Mit Lehr möchte ich die vielfältigen Ergebnisse der Untersuchungen zum Thema „Lernen im Alter" wie folgt zusammenfassen:

1. Bei sinnvollem Material – d.h. beim Einsichtigwerden des Sinnzusammenhanges – sind die Lernleistungen Älterer denen von Jüngeren vergleichbar. Ältere lernen jedoch bei sinnlosem Material schlechter.

2. Werden entsprechende Lerntechniken vermittelt, können Ältere Lerndefizite (die aufgrund einer „Codierungsschwäche" zustandekommen) gegenüber Jüngeren ausgleichen.

3. Ältere brauchen Zeit zum Lernen: kann der Zeitdruck eliminiert werden, nivellieren sich Altersunterschiede. Zu schnell dargebotener Lernstoff behindert Ältere mehr als Jüngere.

4. Ältere und Jüngere profitieren gleichermaßen von Aufgabenwiederholungen. Jüngere gehen dabei jedoch von einer höheren Ausgangsbasis aus; deshalb sind für Ältere mehr Wiederholungen notwendig, um die gleiche Lernleistung zu erreichen.

5. Unsicherheit verringert die Lernleistung Älterer, sie steht der Reproduktion von bereits Gelerntem im Wege.

6. Ältere lernen leichter, wenn der Lehrstoff übersichtlich gegliedert ist, d.h. wenn er von geringem Komplexitätsgrad ist.

7. Der Lernprozeß bei Älteren ist störanfälliger: Pausen während der Übungsphase führen zu einer Verschlechterung bei Älteren, jedoch zu einer Verbesserung der Lernleistung bei Jüngeren.

8. Lernen im Ganzen begünstigt Ältere; Lernen in Teilen begünstigt Jüngere.

9. Die Ausgangsbegabung scheint von größerer Bedeutung als der Altersfaktor.

10. Dem „Übungsfaktor", dem Ausmaß des Trainings während des ganzen Erwachsenenalters kommt eine entscheidende Bedeutung zu.

11. Wie mehrfach erwähnt, ist für die Lernleistung der Gesundheitsfaktor von entscheidender Bedeutung.

12. Motivationale Faktoren, wie z.B. die innere Bereitschaft, einen dargebotenen Stoff aufzunehmen und zu behalten, erwiesen sich von sehr großem Einfluß.

Jede therapeutische Situation (Kap. 5., 8. und 9.) erfordert Lernen im Sinne einer Um- und Neuorientierung: Insofern sind die o.g. Hinweise auch in der therapeutischen Situation zu nutzen, um einen dem Alter angepaßten optimalen Lernerfolg erzielen zu können.

Das klassische und operante Konditionieren

Von den verschiedenen Lerntheorien, die jeweils nur bestimmte Formen des Lernens abdecken, wird dem klassischen wie dem operanten Lernen wegen der Komplexität dieser Theorien eine besondere Bedeutung zugemessen. Als **klassisches Konditionieren** wird die Verknüpfung eines natürlichen Reflexes (UCR) mit einem neutralen Reiz (UCS) verstanden (respondentes Lernen). Die unkonditionierte Verhaltensreaktion wird in der Regel durch die dem Organismus eigene physiologische Grundausstattung determiniert. Die Annahme, daß die klassische Konditionierung **das** Modell für Lernprozesse autonom-physiologischer Vorgänge darstellt, gilt inzwischen als überholt.

Pawlow (1926) beobachtete bei seinen Tierexperimenten, daß ältere Versuchstiere schwerer zu konditionieren sind, bzw. eine längere Lernzeit benötigen und mit zunehmendem Alter eine Reduktion der Spontanaktivität aufweisen (Cautela, 1969). Man nimmt an, daß sich mit zunehmendem Alter die natürlichen Reflexe abschwächen. Physiologen weisen hier auf die bereits zitierten biologischen Veränderungen im Zentralnervensystem hin.

Der Begriff des **operanten Konditionierens** ist vor allem mit dem Werk Skinners (1938) verknüpft. Er arbeitet heraus, daß die Häufigkeit, mit der ein bestimmtes Verhalten auftritt, von den Umweltkonsequenzen abhängig ist, die auf dieses Verhalten folgen. Die Konsequenzen der Umwelt werden dabei als verstärkende Reize bezeichnet: Folgt auf ein Verhalten ein positiver oder negativer Verstärker (Beendigung eines aversiven Reizes), so erhöht sich die zukünftige Auftretenswahrscheinlichkeit; folgen aversive Reize (wie z.B. Bestrafung) verringert sich die Auftretenswahrscheinlichkeit. Die Wirksamkeit der Verstärkung oder Bestrafung hängt neben motivationalen Aspekten und der subjektiven Valenz der verstärkenden Reize vor allem von der zeitlich-räumlichen Beziehung zwischen der Verhaltensreaktion und den verstärkenden bzw. bestrafenden Konsequenzen ab.

Die Prämissen der **Verhaltensplastizität** (da alles Verhalten gelernt ist, ist es auch der Veränderung zugänglich) und der **dynamischen Interdependenz** (Verhalten kann nur im Zusammenhang mit den Bedingungen der Umwelt erklärt und verändert werden) bilden also den gemeinsamen Hintergrund für die Entstehung sowie die Veränderung von Verhalten im Rahmen des operanten Ansatzes.

Dem operanten Paradigma wird im Rahmen der Entwicklungspsychologie, insbesondere für das Gebiet der lebenslauforientierten Forschung (Life-span-developmental-Psychology) eine besondere Bedeutung zugeschrieben (z.B. Baltes und Barton, 1979; Baltes und Lerner, 1980; Lerner, 1984). Baltes versteht es als dasjenige Bezugssystem, das im Sinne einer ökologischen Perspektive die systematische Analyse von Verhaltens- und Umweltsystem ermöglicht. Er sieht im operanten Paradigma sowohl einen Erklärungsrahmen für die Varianz von Verhaltensprozessen über den Lebenslauf hinweg, wie auch die Möglichkeit der Integration von Beschreibung, Erklärung und Intervention.

Gefühle oder **Emotionen** sind synonym benutzte Begriffe, die sehr schwer zu definieren sind und in der allgemeinen Psychologie als ursprünglich gegebene, selbstständige seelische Prozesse verstanden werden, die nicht aus anderen seelischen oder körperlichen Prozessen abgeleitet werden können. In den Gefühlen manifestieren sich persönliche Bewertungen des individuellen Menschen zu den Inhalten seines Erlebens (Wahrnehmungen, Vorstellungen, Gedanken etc.), die sich meist durch eine lustvolle oder unlustvolle Tönung unterscheiden. Gefühle geben den Dingen und Menschen um uns herum die Bedeutung für die innere Bedürfnislage. Sie bilden gewissermaßen eine Schnittstelle zwischen

2.2.10 Gefühl und Motivation

der Umwelt und dem Organismus: sie vermitteln zwischen den sich ändernden Umweltsituationen und dem Individuum. Man unterscheidet z.B. Freude, Ärger, Scham, Ekel etc. oder versucht, sie zu umschreiben (Dorsch, 1982). Gefühle dienen zur Bewertung der Bedeutung einer Situation im Hinblick auf Bedürfnisse, Pläne oder Bevorzugungen eines Organismus; sie spielen deshalb bei Lernprozessen eine wichtige und modifizierende Rolle. Die emotionale Erregung hat außerdem motivationale Auswirkungen: Gefühle bereiten unsere Handlungen vor und steuern sie. Sowohl in der allgemeinen Psychologie wie in der Psychoanalyse werden zwei Komponenten des Gefühls unterschieden: die Kraft (Trieb) und der Sinn (Inhalt, Repräsentanz). Man nimmt an, daß angeborene Auslösemechanismen für Emotionen existieren, diese aber in wesentlichen Sozialisationseinflüssen unterlegen sind. Menschen unterscheiden sich durch ihre Gefühlsansprechbarkeit, ihre Gefühlserregbarkeit und das Ausmaß, in dem sie durch ihre Gefühle bestimmt sind.

Obgleich der Begriff **Affekt** sehr unterschiedlich gebraucht wird, versteht man meist darunter ein intensives, kurz andauerndes Gefühl. Jede gefühlshafte Regung wird im weitesten Sinne als **affektiver Prozeß** bezeichnet. Die äußeren Begleiterscheinungen bestehen oft in starken (mimischen, gestischen oder verhaltensmäßigen) Ausdrucksbewegungen. Bei einem Affekt tritt meist zu einer spezifischen Vorstellung eine physiologische Komponente (Erröten, Herzklopfen etc.) hinzu. **Stimmungen** stellen den Hintergrund von längerer Dauer für ein aktuelles Gefühl dar.

Es gibt verschiedene allgemeinpsychologische Gefühlstheorien (z.B. James-Lange, Lersch).

In der Psychoanalyse Freuds werden Affekte als ein Mittel verstanden, sich mitzuteilen, sowohl zwischenmenschlich wie auch innerseelisch gegenüber sich selbst. Als Grundlage, auf die weitere Affekte aufbauen, werden zunächst zwei Qualitäten, nämlich Lust und Unlust, unterschieden. Fenichel (1953) beschreibt ein frühes Entwicklungsstadium, indem das Ich schwach ist und der Affekt vorherrscht. Mit der Erstarkung des Ichs lernt das Kind in einem weiteren Stadium, die Affekte zu zähmen und sie zu nutzen.

Der Psychoanalytiker Schafer (1982) versteht ein Gefühl als eine **unbewußte Situationsdeutung**. Es sind solche Situationen gemeint, wo ein Mensch mit anderen Menschen zusammen ist bzw. auf sie oder aber auf sich selbst reagiert. Gefühle spiegeln – so verstanden – einen Entwicklungs- und Lernprozeß von Interaktionen wider. Bei einem Mangel an „emotionaler" Fütterung kommt es zu schwerwiegenden Entwicklungs- und damit affektiven Störungen. Freud sieht in der Entwicklung des „seelischen Apparates", insbesondere aber durch das Ich die Möglichkeit der „Bändigung" archaischer Triebimpulse, durch die dann erst ihre Anpassung an die Realität geleistet werden kann.

In dem Maße, in dem der psychische Apparat bzw. das Ich durch Abbauprozesse in Mitleidenschaft gezogen wird, kann es wieder zum Durchbruch heftiger und archaischer Triebimpulse kommen; auch die Verbindung zwischen Gefühlen erscheint weniger intakt (Affektinkontinenz). Die Entwicklung von zunächst unspezifischen Emotionszuständen in Richtung auf Entfaltung und Differenzierung wird auch von der allgemeinen Psychologie vertreten.

Entwicklungspsychologisch folgt der Affektausdruck einerseits einem biologischen Reifungsplan, andererseits ist er gleichzeitig an die gefühlshafte Interaktion mit einer frühen Bezugsperson gebunden: Der Säugling benötigt, damit noch unspezifische affektive Erregungszustände eine eindeutige Signalfunktion bekommen, eine empathische Affektabstimmung der elterlichen Bezugsperson. Von Geburt an existieren – der neueren Säuglingsforschung folgend – Ekel, Überraschung und Interesse; etwa ab der 4.–6. Lebenswoche tritt Freude, aber auch der Affektausdruck von Schmerz dazu. Ab dem 3.–4. Lebensmonat werden Traurigkeit, Ärger und Wut beobachtbar.

Im Laufe des biologischen Alternsprozesses kann es aufgrund hirnorganisch bedingter Veränderungen zu einer Verminderung der Steuerungsfähigkeit von Affekten kommen. Bei dementiellen Prozessen wird häufig ein Verlust differenzierterer Gefühle beobachtet, etwa in umgekehrter Abfolge der eben skizzierten Entwicklung. Die Dimension Lust-Unlust bleibt am längsten erhalten. Auf die Affekte Angst und Aggression wird in Kap. 6 weiter eingegangen.

Als **Scham** verstehen wir eine Furcht vor dem Erleben des Bloßgestelltseins, des sich Schuldigfühlens oder Versagthabens im Sinne der Sorge um die soziale Einschätzung. Scham bremst allzu extravertiertes Verhalten (Schamlosigkeit). Im Verhalten ist die Scham kaum beobachtbar. Scham wirkt als „Wächterin der Privatheit", die auch die inneren Gefühle von Identität und Integrität schützt. Die möglichen Einbußen des Gefühls von Integrität und Identität durch die Begleitumstände des Alterns können Scham als Ursache von zunächst nicht verständlichem Verhalten plausibler erscheinen lassen (Kap.6). Je unsicherer die Persönlichkeit, desto mehr Scham kann auftreten über das „alte Aussehen", Krankheit und Behinderung sowie Verluste.

Neid drückt das Gefühl aus, etwas gern haben zu wollen, was der andere hat bzw. besitzt. Er muß nicht notwendiger-

2. Psychologie des Alterns

weise durch Handlungen, wie dem anderen etwas wegnehmen wollen, deutlich werden; die Vorannahme, der andere habe etwas, an dem ich nicht teilhabe, kann zu ablehnendem, abwertendem und aggressivem Sozialverhalten führen. Ältere beneiden oft Jüngere um das, was sie aufgrund des „Alterns" glauben verloren zu haben.

Eifersucht wird häufig mit Neid verwechselt. Sie setzt ein Dreiecksverhältnis und darin auch Rivalität voraus: Es besteht der Wunsch, die Zuneigung haben zu wollen, von der geglaubt wird, der beneidete andere bekäme sie. Gefühle von Eifersucht sind häufig die Ursache für Konflikte zwischen Patienten/Bewohnern und Betreuern.

Die Frage nach dem „Warum" unseres Handelns wird von der Motivationspsychologie untersucht, und zwar im Hinblick auf Richtung und Intensität. **Motivation** ist eng an Emotionen gebunden. Hunger und Durst gelten als die basalen Motive zur Selbsterhaltung. Erst wenn sie befriedigt sind, können höhere Motive (Maslow, dt. 1973) auftauchen. Die Bevorzugung bestimmter Motive sowie der Umgang mit ihnen hat einen entscheidenden Einfluß auf das, was wir als die Persönlichkeit eines Menschen bezeichnen.

Abb. 2.10. Maslows Hierarchie der Bedürfnisse. (Todt et al., 1977).

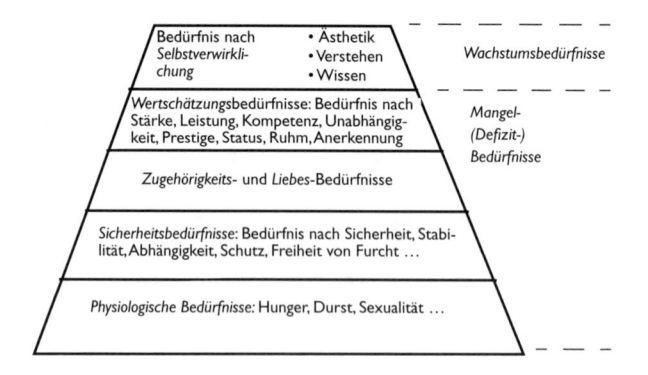

Bedürfnis nach *Selbstverwirklichung*	• Ästhetik • Verstehen • Wissen	*Wachstumsbedürfnisse*
Wertschätzungsbedürfnisse: Bedürfnis nach Stärke, Leistung, Kompetenz, Unabhängigkeit, Prestige, Status, Ruhm, Anerkennung		*Mangel-(Defizit-)Bedürfnisse*
Zugehörigkeits- und Liebes-Bedürfnisse		
Sicherheitsbedürfnisse: Bedürfnis nach Sicherheit, Stabilität, Abhängigkeit, Schutz, Freiheit von Furcht …		
Physiologische Bedürfnisse: Hunger, Durst, Sexualität …		

Wie in der Psychologie generell ist der Bereich der Motivation im Vergleich mit z.B. intellektuellen Aspekten im Alter sehr wenig untersucht worden. Im Kontext des „Defizit-Modells" wird diskutiert, daß etwa ein Nachlassen des allgemeinen Engagements im Alter typisch sei; Thomae kritisiert diese Annahme aufgrund von Ergebnissen der BOLSA. In bezug auf klinische Gruppen ist davon auszugehen, daß sich bei ihnen eine Reduktion des allgemeinen Aktionsradius sowie eine leibnähere Gestaltung der Motive finden läßt.

2.2.11 Handeln und Handlung

Als **Handlung** wird eine zeitlich in sich geschlossene, auf ein Ziel gerichtete sowie inhaltlich und zeitlich gegliederte

Tätigkeit bezeichnet (Hacker, 1988). Eine Handlung ist außerdem durch ein **Ziel** bestimmt, das die mit einem **Motiv** verknüpfte Vorwegnahme des Ergebnisses einer Handlung enthält. Diese Zielorientierung unterscheidet die Handlung von einer einfachen (ungezielten) Bewegung. Um ein Ziel zu haben, sind kognitive Prozesse notwendig: Um ein Ziel für eine Handlung haben zu können, muß ein innerer, tätigkeitsleitender Plan, wie auch eine vorherige innere Erfahrungs- bzw. Gedächtnisspur abrufbar sein, wodurch erst eine vorwegnehmende Zielplanung möglich werden kann. Während die allgemeine Psychologie in diesem Zusammenhang nur von bewußten Zielen spricht, möchte ich davon ausgehen, daß ebenso unbewußte Ziele Handlungen leiten können.

Das Ergebnis einer Handlung ist in einem Rückkoppelungsvorgang mit dem ursprünglichen Plan zu vergleichen.

Aus drei Richtungen ist schließlich mit Störmöglichkeiten für den Handlungsvollzug zu rechnen:

1. die biologisch-neurologische Funktionstüchtigkeit für kognitive Prozesse
2. die veränderten Umwelterfordernisse, die eine Neu- bzw. Umdefinition von handlungsleitenden Vorstellungen erforderlich machen (Adaptation) sowie
3. veränderte motivationale Bedingungen.

Die kognitive Handlungsvorbereitung kann bei einem geübten Handlungsablauf unter gleichbleibenden Bedingungen verkürzt werden. Bei langer Übung können motorische Handlungsabläufe „extrapyramidal", d.h. automatisiert werden (vgl. sensomotorische Regulationsebene der individuellen Handlung; Volpert, 1974). Eine derartige Automatisierung entlastet von zerebralen Arbeitsanforderungen. **Gewohnheiten** können wir als angelernte, gebahnte, dem bedingten Reflex vergleichbare, relativ automatisierte Reaktionsabläufe ansehen. Sie sind durch einen mit zunehmender Wiederholung geringer werdenden zerebralen Arbeitsaufwand gekennzeichnet. Ein wesentlicher Teil der Alltagsbewältigung ist durch Gewohnheiten bestimmt. Ich meine, daß das Nachlassen der Adaptationsfähigkeit, der Flexibilität und Lernfähigkeit durch die Aktivierung von früher im Leben ausgebildeten Gewohnheiten z.T. kompensiert und so zu einer wichtigen Stütze für alte Menschen werden kann.

Die Veränderungen der geistigen Leistungsfähigkeit sind im Rahmen psychologischer Alternsforschung am häufigsten untersucht worden. Dies ergibt sich sowohl aus Fragestellungen der Praxis, wie aus der zur Verfügung stehenden Methodik: Die **Leistungsfähigkeit** scheint der Messung eher zugänglich als persönlichkeitspsychologische Aspekte. Das

2.2.12 Intelligenz- und Leistungsveränderungen

Leistungsversagen: „Ich kann nicht mehr", gehört zu den häufigsten Klagen älterer Menschen. Dies bedeutet genauer: „Ich leide unter dem Gefühl, nicht mehr das leisten zu können, was ich früher leisten konnte". Die folgenden ausgewählten Befunde der allgemeinpsychologischen Alternsforschung werden referiert, weil sie für die Berücksichtigung in der klinischen Praxis bedeutsam sind.

Das Defizit-Modell

Erste Gruppentestergebnisse zur Messung der allgemeinen Intelligenz und geistigen Leistungsfähigkeit bei älteren Menschen wiesen eine ausgeprägte Verringerung der Leistungswerte in Abhängigkeit vom Alter auf. Man schloß daraus, daß das Nachlassen geistiger Leistungsfähigkeit für das Altern etwas Typisches zu sein schien und formulierte das „Defizit-Modell". Geht man von der Annahme einer allgemeinen Intelligenz aus, zu deren Messung ein einheitlicher Aufgabentypus verwandt wird, ergeben sich die Veränderungen im Sinne eines Abfalls geistiger Leistungfähigkeit in Abhängigkeit vom Alter, wie auf der folgenden Abbildung.

Dieses Defizit-Modell versteht das Altern als einen Prozeß des Abbaus und des Verlustes. Mit der Erarbeitung eines neuen Intelligenzkonzeptes durch Wechsler (Wechsler-Bellevue Intelligenztest, 1944), der die Intelligenz als eine aus Einzelfunktionen „zusammengesetzte Fähigkeit" begreift, rückte man von dem Konzept der „globalen Intelligenz" ab (funktionale Einheit voneinander relativ unabhängiger „Primärfunktionen"; Groffman, 1964). Methodisch ist damit die Erstellung eines Gesamttestwertes aus verschiedenen Untertestergebnisssen verbunden, die jeweils verschiedene Aspekte der Intelligenz zu erfassen beabsichtigen. Seither werden **altersstabile** und **alterslabile** Aspekte der Intelligenz unterschieden. Mit zunehmendem Alter kommt es zu einer **Umstrukturierung der Intelligenz.**

Berücksichtigt man verschiedene Faktoren (Geschwindigkeit, Ausgangsbegabung, Schulbildung, berufliches Training, stimulierende Umgebung, Gesundheitszustand, biographische Momente und motivationale Bedingungen), „so erscheint die Altersvariable nur als eine unter vielen anderen Determinanten der geistigen Leistungsfähigkeit im höheren Alter" (Lehr, 1984; S.84). Die Veränderungen der Untertestergebnisse in Abhängigkeit vom Lebensalter sind der folgenden Abbildung zu entnehmen.

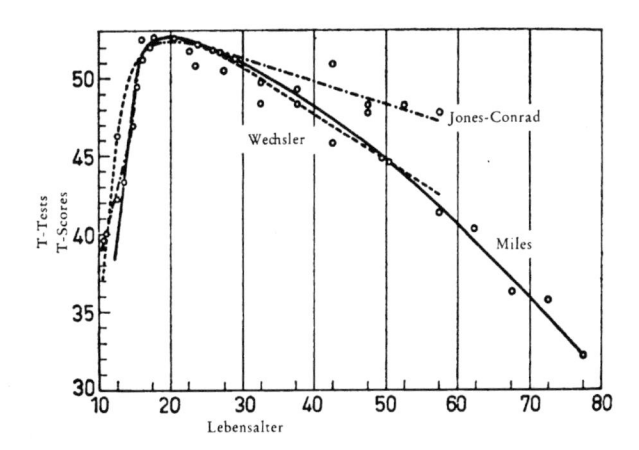

Abb. 2.11. Durchschnittsleistungen bei drei amerikanischen Intelligenztests in Beziehung zum Lebensalter. (LEHR 1984, S.53)

Horn und Cattell (1966) präzisieren die hier gefundenen Unterschiede mit ihrer Differenzierung zwischen „fluid" und „crystallized intelligence". Während die „fluid intelligence" mit zunehmendem Alter abnimmt (Fähigkeiten wie Flüssigkeit der Umstellung, Wendigkeit, Kombinationsfähigkeit, Orientierung in neuen Situationen usw.), bleibt die „crystallized intelligence" nicht nur erhalten, sondern nimmt oft noch mit zunehmendem Alter zu (z.B. Erfahrungswissen, Wortschatz usw.).

Wie bereits aufgeführt, weist auch die psychogerontologische Forschung den allgemeinen Gesundheitszustand als die fundamentale Voraussetzung für die Entfaltung der jeweils individuellen Leistungsfähigkeit aus. In der „Bethesda-Altersstudie" (Birren, 1963) wird die geistige Leistungsfähigkeit in Abhängigkeit vom Gesundheitszustand untersucht. Es werden zwei Gruppen unterschieden: Männer mit optimalem Gesundheitszustand (N = 27) und Männer mit beeinträchtigtem Gesundheitszustand (N = 20). Bei den Ergebnissen des Wechsler-Intelligenz-Tests sind die gesunden Männer deutlich überlegen. Auffällige Unterschiede ergeben sich für „Allgemeines Verständnis" und „Gemeinsamkeiten finden" sowie den „Mosaiktest". Klonoff und Kennedy (1966) bezeichnen die **Gesundheit** als **den leistungsbestimmenden Faktor.**

Intellektuelle Leistungsfähigkeit und Gesundheitszustand

2. Psychologie des Alterns

Abb. 2.12. Vergleich der Scores der Untertests beim WAIS bei drei Gruppen: 1. ältere, völlig gesunde männliche Personen, Durchschnittsalter 71 Jahre. 2. ältere Männer mit leichten Krankheitsanzeichen, Durchschnittsalter 73 Jahre. 3. Standardisierungsgruppe von Wechsler, 25-35 Jahre. (Lehr, 1984; S.77)

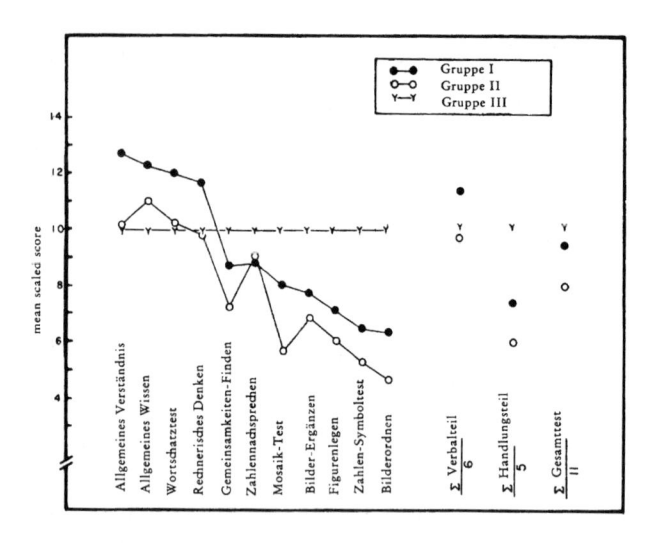

Spieth (1965) untersucht „gesunde" und „gesunde und arbeitsfähige Personen, die aber an Herzkranzgefäßstörungen und Hypertonie leiden" und stellt fest, daß die 2. Gruppe bei verschiedenen Leistungs- und Reaktionstests der ersteren unterlegen ist.

Im Gegenzug gegen die Defizithypothese wird argumentiert: Altern kann, muß aber nicht Beeinträchtigung des gesundheitlichen Wohlbefindens bedeuten. Die Problematik derartiger Forschungsanliegen ist in der Schwierigkeit zu suchen, die komplizierte Mehrdimensionalität zu berücksichtigen. Auf diese Weise wird offensichtlich, daß viele Befunde der Altersforschung deshalb nur mit Vorsicht generalisiert werden dürfen. Riegel (1969) zeigt auf, daß der durchschnittliche Leistungsabfall erst während der letzten fünf Lebensjahre der untersuchten Probanden auftritt: **zu einem erheblichen Leistungsabfall kommt es also erst kurz vor dem Tod.**

2.3 Sozialpsychologische Aspekte

2.3.1 Alter und gesellschaftlicher Wandel

Altern aus sozialpsychologischem Blickwinkel betrachtet psychische Sachverhalte als Wirkungen sozialer Bedingungen und Beziehungen. Die Sozialpsychologie betrachtet die zwischenmenschlichen Beziehungen als Grundlage für umfassendere soziale Strukturen, wie z. B. die sozialen Rollen und Gruppenprozesse (Heinz, 1982). Vielfach werden heute zur Erklärung der Probleme alter Menschen die vielfältigen Veränderungen in der gesellschaftlichen Situation herangezogen. Vornehmlich ist damit die Reduktion von der Groß- auf die Kleinfamilie gemeint, aber auch die mit fortschreitender technologischer Entwicklung verbundene Entwertung von Wissen und Erfahrung. Die wissenschaftlichen Meinungen über den Stellenwert dieser Veränderungen gehen auseinander: einige beklagen den Verlust der Lebensform einer vorindustriellen Gesellschaft; andere (z.B. Rosenmayr, 1983; S. 108) lehnen diese Überlegungen als eine sozial-romantische Verklärung ab.

Vergleicht man industrielle mit nicht-industriellen Gesellschaften, so kann man feststellen, daß sich die Situation alter Menschen in dem Maße verbessert, in dem
- alte Menschen Privateigentum besitzen bzw. kontrollieren
- alte Menschen über Erfahrungen verfügen, die sie in die Gesellschaft einbringen können
- die Gesellschaft traditionsorientiert ist
- der Verwandschaft eine besondere Bedeutung zukommt
- die Bevölkerung in kleinen stabilen Gemeinden lebt
- Armut und Kampf ums Überleben vorherrscht
- gegenseitige Hilfe die Gesellschaft bestimmt (Rosow, 1962, zit. nach Thews, 1979).

Alt zu werden war in den traditionellen Agrargesellschaften nur wenigen Menschen beschieden. Die Alten blieben meist in die hauswirtschaftlich organisierten Produktions- und Lebensgemeinschaften integriert und wurden damit nicht zu einer gesellschaftlichen Problemgruppe. In einer Gesellschaft, die Arbeit und Leistung hoch bewertet, ist Alter schon immer mit vielfältigem Verlusterleben verbunden gewesen. Damals manifestierte sich das soziale Abgleiten bildhaft in der strengen Wohn-, Sitz- und Schlafordnung der agraren Hausgemeinschaft (z.B. Altenteil). Für den vorindustriellen Lohnarbeiter sind Alter und Armut tatsächlich synonyme Begriffe; Kinder sind die einzige Möglichkeit der sozialen Sicherung. Mit zunehmender Industrialisierung kam es in der Altersphase vermehrt zur Isolation der alten Menschen, insbesondere der alten Frauen; dies ist historisch betrachtet ein neues Phänomen.

Kontaktverhalten, Kontaktbedürfnis und Kontaktfähigkeit gehören zu denjenigen Faktoren, die – so hat die gerontologische Forschung nachgewiesen – einen wesentlichen Einfluß auf psychisches Wohlbefinden und Zufriedenheit im Alter ausüben. Während die sozialpsychologische Perspektive eher die Manifestationen von Kontaktverhalten unter den verschiedensten Bedingungen untersucht, zielt die persönlichkeitspsychologische Perspektive mehr auf die innerpsychischen und entwicklungs- wie sozialisationspsychologischen Voraussetzungen, um Kontakte überhaupt knüpfen und aufrechterhalten zu können.

2.3.2 Kontaktverhalten im Alter

In den 60er Jahren war man bemüht, allgemein aussagekräftige Befunde für das Alter zu erheben. Die Ergebnisse schlugen sich in folgenden Formulierungen nieder.

Disengagement-Theorie

Die „Disengagement-Theorie" und die „Aktivitätstheorie" versuchen beide das Kontaktbedürfnis älterer Menschen allgemein und typisierend zu erfassen. Diese sogenannten Theorien werden hier beschrieben, da sie zu den ersten sozialpsychologischen Alternstheorien gehören. Aufgrund der Ergebnisse aus der „Kansas City Study of Adult Life" (1955-1962) formulieren Cumming und Henry 1961 die **„Disengagement-Theorie"** (disengagement = Loslösung, sich zurückziehen), die zunächst auf der allgemeinen Beobachtung fußt, daß mit zunehmendem Alter ein Rückzug aus den Rollen und Aktivitäten der mittleren Erwachsenenjahre einhergeht. Sie unterstellen daher den älteren Menschen das Bedürfnis, ihre Kontakte reduzieren zu wollen und auch mit dieser Tendenz zur Isolierung zufrieden zu sein. Der „Disengagement-Prozeß" sei „ein unvermeidlicher Prozeß, in dem viele der Beziehungen zwischen einer Person und anderen Mitgliedern der Gesellschaft gelöst werden, und in dem die verbleibenden Beziehungen qualitative Veränderungen erfahren". (Damianopoulos, 1961, zit. nach Lehr, 1972). Dieser Prozeß beginnt, wenn das Individuum sich der Abnahme seiner Fähigkeiten und des nahenden Todes bewußt wird. Er verläuft jedoch individuell sehr verschieden. Es kommt zu Spannungen, wenn das individuelle Bedürfnis nach Rückzug und die gesellschaftlichen Erwartungen nicht übereinstimmen. Die Reduzierung sozialer Kontakte und die Verminderung von Interaktionen bedeuten für den alten Menschen eine zunehmende Freiheit und damit auch eine Entwicklung. Diese Theorie ist vielfältig modifiziert und sehr kontrovers diskutiert worden (Maddox und Eisdorfer, 1968).

Einen Verdienst dieser Theorie sieht Lehr darin, daß sozialpsychologische Aspekte in den Vordergrund gerontologischer Forschung gerückt sind und zur Diskussion herausforderten. Später haben verschiedene Autoren, wie z.B. Henry 1964 mit seiner „theory of intrinsic disengagement" Modifikationen dieser Theorie vorgestellt. Er betont die „endogene Bedingtheit" der Abnahme der Rollenaktivität zugunsten eines intensiveren Beschäftigung mit sich selbst.

Wieder andere Autoren (Havighurst, 1963; Havighurst, Neugarten und Tobin, 1964) heben stärker die individuellen Komponenten hervor, wie z.B. Zufriedenheit mit dem vergangenen Leben und der gegenwärtigen Lebenssituation, die sie für ein „erfolgreiches Altern" verantwortlich machen. Sie finden etwa, daß Menschen, die im Alter passive Verhaltensweisen und einen häuslich zentrierten Lebensstil pflegen, zufriedener sind, wenn ihnen ein gewisser Rückzug aus den Sozialkontakten möglich ist.

Ferner wird das Konzept des „teilweisen Rückzugs" von Havighurst angeführt, um die Beobachtung zu umschreiben, daß eine Reduzierung sozialer Aktivität in einem Bereich mit einer Zunahme von sozialer Aktivität in einem anderen Bereich einhergehen kann. So interpretiert Dreher (1970) in Teilergebnissen der Bonner gerontologischen Längsschnittstudie (BOLSA) den Rückzug im Sinne eines „vorübergehenden Disengagements" als eine mögliche Reaktionsform auf Belastungssituationen.

In der „Aktivitätstheorie" vertritt Tartler (1961) die Annahme, daß nur derjenige Mensch glücklich und zufrieden sein kann, der aktiv ist, etwas leisten kann und von anderen Menschen „gebraucht" wird. Die Verwirklichung der Rollen eines Menschen geschieht im Kontakt mit anderen. Es wird angenommen, daß der Rollenträger diese Aktivität wie auch den Kontakt als befriedigend erlebt. Diese Befriedigungsmöglichkeit wird durch die verschiedenen Einschränkungen des Alternsprozesses, aber auch durch gesellschaftliche Vorgaben eingeengt. Insofern spricht Tartler sowohl von einem Rollen- wie von einem Funktionsverlust, wobei das Zusammentreffen mit einer Krise in der Selbstbewertung verbunden ist. Einige Autoren halten diese Theorie für vielversprechend (z.B. Havighurst, Neugarten, Munnichs).

Beide dargestellten Theorien entspringen dem typisierenden Anliegen der Forschung der 60er Jahre. Der Erklärungsversuch, Formen des Aktivitäts- und Kontaktbedürfnisses in ein vom chronologischen Alter abhängiges Gefüge zu pressen, wird durch weitere Forschungen im Sinne der differentiellen und prozeßorientierten gerontologischen Erweiterungen überholt. Der gegenwärtige Trend liegt mehr in einem individuellen und differentiellen Vorgehen. Lehr ist wie auch Maddox davon überzeugt, daß derjenige am zufriedensten sein kann, der in der Lage ist, sein Leben fortzuführen, wie er es in den mittleren Jahren geführt hat, sofern er damals damit zufrieden sein konnte.

Unter dem Begriff des „**sozialen Netzwerkes**" fasse ich verschiedene Forschungsansätze der 60er Jahre (z.B. Adams, 1967; Barnes, 1969) zusammen. Kahn (1979) sieht das Geben und Nehmen in der gegenseitigen sozialen Unterstützung als das Wesentliche an und erweitert damit einen usprünglich rein rollentheoretischen Ansatz. In der „attachment theory" von Bowlby (1969, 1975, 1980) wird in der primären gefühlsmäßigen Bindung eines Menschen in seiner Kindheit der Prototyp seiner sozialen Beziehungen gesehen.

Deprivationen in der frühen Kindheit können demnach zu Fehlentwicklungen wie etwa zur Bindungsunfähigkeit führen. Dies kann ein erhöhtes Risiko für psychiatrische Erkrankungen und auch für soziale Isolierung nach sich ziehen. Soziologische Kritik (Sosna, 1982) richtet sich gegen die einseitig erfaßte „dyadische Beziehung" (Bowlby). Meine Kritik bezieht sich darauf, daß hier zu sehr die Realität im Sinne objektiv erfaßbarer Deprivation als entscheidend angesehen wird und die subjektive innere Realität (Kap.2.1) unberücksichtigt bleibt. Inzwischen ist nachgewiesen worden, daß soziale Unterstützung die Menschen vor pathologischen Effekten vieler streßvoller Lebenssituationen und Veränderungen abschirmen kann (Cobb, 1979).

Weitere sozialpsychologische Befunde zum **Kontaktverhalten** älterer Menschen zeigen, daß Menschen, die immer schon viele Freunde und Bekannte hatten, auch im Alter noch zahlreiche außerfamiliäre Kontakte pflegen. Diejenigen dagegen, die in ihrem Kontaktverhalten fast ausschließlich auf die Familie ausgerichtet waren, neigen dazu, im Alter über fehlende familiäre Kontakte zu klagen (Thomae und Lehr, 1968). Das Ausmaß an sozialer Teilhabe wie auch das Ausmaß an Zufriedenheit in den einzelnen Rollen wird durch eine Vielzahl von biographischen und geschlechtsspezifischen Momenten bestimmt und ist keinesfalls als nur altersspezifisch zu sehen (z.B. Lehr und Rudinger, 1970). Es zeichnet sich folgender Geschlechtsunterschied ab: Während bei Frauen die Zentrierung auf die Familie andere Kontakte auszuschließen scheint, sieht es aus, als ermöglichen enge Familienbeziehungen den Männern erst andere Kontakte.

Bei niederem Sozialstatus zeigen ältere Menschen einen stärkeren Familienzusammenhalt und verstärkten Wunsch nach Kontakten zu den Kindern. Bei höherem sozialen Status finden sich mehr außerfamiliäre Kontakte (z.B. Rosenmayr und Köckeis, 1965). Die Ergebnisse der BOLSA bestätigen diese Befunde.

Eigene Befunde bei einer Gruppe von erstmals mit dem Älterwerden psychisch krank gewordenen und inzwischen behandelten Patienten zeigen keine Unterschiede des Kontaktverhaltens in Abhängigkeit vom Lebensalter. Mit einem sehr engen korrelativen Zusammenhang zwischen der Einschätzung des Kontaktverhaltens der eigenen Mutter und dem eigenen realisierten Kontaktverhalten konnte meine Hypothese Bestätigung finden, daß Kontaktbereitschaft und -verhalten bereits sehr früh im Leben tradiert wird. Um einen Kontakt aufnehmen zu können, muß eine zielgerichtete Motivation und Vorstellung von dem zu Erwartenden vorhanden sein. Insofern messe ich der „innerpsychischen Kontaktbereitschaft" eine vorbereitende Rolle für das tatsächliche Kontaktverhalten zu (Junkers, 1991).

Aufgrund der verlängerten Lebenserwartung könnte man vermehrt Partnerbeziehungen und Ehen wie auch neue Partnerbeziehungen im Alter erwarten. Denn diese Beziehungen stellen einerseits eine wichtige Sicherung und Stützung dar, wie z.B. durch das Nicht-allein-Sein, das Sich-gegenseitig-helfen-Können, gemeinsam Aufgaben meistern können, das Teilen gemeinsamer Erinnerungen wie auch das gemeinsame Erleben. Auf der anderen Seite sind die Partnerbeziehungen im Alter auch zunehmenden Belastungen ausgesetzt, die potentiell zu Krisen führen können: z.B. Pensionierung, schwere Krankheit oder Persönlichkeitsveränderungen des Partners, Überforderung in der Pflege des Partners, große Altersunterschiede, normative Erwartungen, Trennungen, Gewalt, Auszug der Kinder, sexuelle Probleme in der Ehe, unterschiedliche Einstellungen sowie körperliche Verfassung und Lebensumstände. Schließlich tauchen auch Schwierigkeiten aufgrund unterschiedlicher Erwartungen an den Partner für die Zeit nach der Pensionierung auf. Eheliche Zufriedenheit wirkt sich auch auf die Beziehungen zu den Kindern aus: bei harmonischen Ehen wünschen sich die Frauen mehr Distanz zu den erwachsenen Kindern, bei gestörten Ehebeziehungen kommt den Beziehungen zu den Kindern eine größere Bedeutung zu. Hierbei spielen auch schichtspezifische Unterschiede eine differenzierende Rolle. Busse und Eisdorfer (1970) fassen aufgrund der Duke-Längsschnittuntersuchung zusammen: Bei den meisten Frauen, die im Alter glücklich sind, sind die Ehemänner älter; die weniger glücklichen Frauen weisen durchschnittlich einen höheren IQ auf und zeigen weitaus häufiger psychoneurotische Symptome als die glücklichen Frauen.

Von 1968 bis 1987 haben Ein-Personen-Haushalte um 94%, Zwei-Personen-Haushalte dagegen nur um knapp 8% zugenommen, so ergibt die Studie „Ältere Menschen in Schleswig-Holstein" (Schütz und Tews, 1991). Die Frauen, so bestätigt sich auch in dieser Untersuchung, kommen sehr viel besser mit dem Alleinleben zurecht als die alten Männer. Auch wenn bei 78% als Ursache die Verwitwung angegeben wird, lebte doch „immer schon" eine Minorität von 7-12% allein und bejaht diese Lebensform auch. Der Frage, ob man sich vorstellen könne, wieder mit jemandem zusammenzuleben, wird von nur 6% klar zugestimmt und von immerhin 80% eindeutig verneint! (Aussagen darüber waren in dieser Studie nur von Frauen möglich).

„Sexualität als ein aus Bewertungen, Aspirationen und

Partnerbeziehungen im Alter

Verhalten oder Aktivitäten zusammengesetzter Komplex bildet sich als solcher im Alter nicht zurück." Sexualität im Alter spiegelt sich in unverändertem Maße in Phantasien und Träumen, zeigt sich in Vorstellungen und Handlungen (Rosenmayr, 1978, bezugnehmend auf Radebold, 1986, Lehr, 1991, Tews,1979). Sie ist stark abhängig von der sexuellen Einstellung während des früheren Lebens, den sich in der Partnerschaft bildenden Normen und Erwartungen, dem aktuellen Gesundheitszustand sowie von aktuell verordneten und eingenommenen Medikamenten. Entscheidend für eine befriedigende Alterssexualität ist die Qualität der Partnerbeziehung. Rosenmayr ist überzeugt, daß das höhere Alter, was die sexuellen Biographien anlangt, eine viel bewegtere Phase ist, als allgemein angenommen wird.

Die überwiegende Zahl der Studien über Sexualität im Alter bezieht sich vornehmlich auf sexuelle Einzelhandlungen sowie auf die Koitusfrequenz. Der sozialpsychologische Kontext wie aber auch die weibliche Alterssexualität sind bisher kaum untersucht worden.

Verwandtschafts- und Familienbeziehungen

Familien- und Verwandschaftsbeziehungen unterliegen einer Veränderung: Der Strukturwandel des Alters schlägt sich in starkem Maße im Strukturwandel familiärer Verhältnisse und Beziehungen im Alter nieder. Während das Zusammenleben mit den Kindern heute eher selten geworden ist (wenn, dann schon immer), haben die Beziehungen zu den Kindern qualitativ wie quantitativ für beide Seiten eine große Bedeutung. Mehr als ein Drittel der befragten alten Menschen haben täglich Kontakt zu den Kindern, ein weiteres Drittel wenigstens wöchentlich.

Die heute Alten zeichnen sich durch frühe und hohe Heiratsquoten und eine lange Ehedauer bei vergleichsweise geringen Scheidungsquoten aus. Durch frühe Geburten ergibt sich eine Verlängerung der „nachfamiliären Lebensphase". Da die Zahl der Kinder bei den nachwachsenden Generationen geringer wird, die Zahl der Groß- und Urgroßeltern steigt, bei den Jüngeren Scheidungsquoten und Singularisierung zunehmen, kommt es zu einer horizontalen Verengung: Die Beziehungen unter den Älteren und Alten selbst werden damit wichtiger (Schütz und Tews, 1991).

„**Intimität auf Distanz**" (Tartler, 1961) oder „Innere Nähe bei äußerer Distanz" stehen für die veränderte Form des familiären Zusammenlebens, bei der es für die ältere Generation wünschenswert ist, daß die Kinder zwar in erreichbarer Nähe, aber nicht im gleichen Haushalt wohnen. Sie möchten sich ihre Unabhängigkeit so lange wie möglich erhalten. Konflikte zwischen Eltern und Kindern entstehen am ehesten, wenn die gemeinsame Wohnsituation aufrechterhalten wird und die Alten von den Jungen ökonomisch abhängig sind oder umgekehrt.

Die Frauen scheinen die treibenden Kräfte zu sein, Familienkontakte zu initiieren und aufrecht zu erhalten. Rosenmayr (1966) findet, daß bei 84% der befragten alten Menschen Hilfe von den Kindern erwartet wird. Der Kontakt zu den Kindern ist intensiviert, wenn die Zahl der Kinder klein ist, was als These vom „Binnenausgleich" gekennzeichnet wird. Die Beziehungen zu Töchtern sind intensiver als die zu Söhnen. Ältere Menschen, die nur Söhne haben, kommen häufig besser mit den Schwiegertöchtern zurecht als Eltern von Söhnen und Töchtern. Schwiegertöchter werden gern in ihrer Tochterrolle angenommen, wenn sie keine Eltern mehr haben. Alte Menschen ohne Kinder sehen ihre Geschwister häufiger als diejenigen, die sowohl Kinder als auch Geschwister haben.

Die Verwandschafts- und familiären Kontakte sind stark durch die Frage nach **Hilfsmöglichkeiten** geprägt. Insbesondere bei Krankheit oder Hilfsbedürftigkeit hoffen die meisten Menschen auf die Unterstützung durch Familienangehörige oder Verwandte. Die Schleswig-Holstein-Studie zeigt, daß 19% der befragten alten Menschen von Kindern und Enkeln Hilfe erfahren. Den größten Anteil von Hilfen im Haushalt leisten mit 41% bezahlte Haushaltshilfen. Die Hauptlast der familiären Versorgung, Betreuung und Pflege liegt bei den Frauen (Töchtern und Schwiegertöchtern). Liegt Hilfs- und Pflegebedürftigkeit vor, so wird sie in der Regel von ihnen geleistet. Dies hat Bruder (Kap 9.1) auf eindrucksvolle Weise untersucht und aufgezeigt.

Das Älterwerden ist durch Verlusterlebnisse geprägt. Für den weiteren Lebensweg ist es entscheidend, wie es gelingt, sich mit diesen Verlusten auseinanderzusetzen (Kap. 2.1.4.). Im folgenden werden einige der typischen Verlusterlebnisse, die mit steigendem Lebensalter auftreten können, aufgezeigt.

Verlusterlebnisse und isolierende Lebensereignisse

Als „empty-nest-reaction" wird beschrieben, daß die Entwicklungsaufgabe, das Aus-dem-Haus-gehen der Kinder bewältigen zu müssen, für die Ehepartner, aber insbesondere für die Frau und Mutter ein belastendes Lebensereignis sein kann. Je schwieriger die Ehe, je enger die Beziehung der Ehefrau zu den Kindern und je wichtiger ihre Bestätigung in der Rolle als Mutter, desto schwerwiegender wird dieses Verlusterlebnis für sie zu verkraften sein. Psychoanalytisch verstanden entspricht der „empty-nest-reaction" einer „empty-self-reaction": Das eigene Selbst wird als öd und leer emp-

Die Kinder gehen aus dem Haus

funden. Die Art der Beziehung zwischen der Mutter und den aus dem Haus gehenden Kindern sowie die Teilhabe, die die Kinder ihren Müttern an ihrem Leben gewähren können, beeinflußt wesentlich die Bewältigung dieser Veränderung. Gleichzeitig ist die Bewältigung der Trennung auch Ausdruck der Persönlichkeit beider Beteiligten sowie der langjährig entwickelten Beziehung zwischen ihnen.

Verlust der alten Eltern

In der Generationsfolge haben die jungen Älteren Eltern, die – 20-30 Jahre älter – gebrechlich werden und der nachfolgenden Generation damit vor Augen führen, daß ihr Leben endlich ist. Viele Erwachsene möchten gern an dem Bild festhalten, daß Eltern mit all den ihnen zugedachten Attributen „Eltern" bleiben: stark, bestimmend, Schutz oder Hilfe gebend etc. Insbesondere bei schwierigen Eltern-Kind-Beziehungen fällt es beiden Teilen schwer, die notwendige „Beziehungsumkehr" als Entwicklungsaufgabe zu akzeptieren: Die Kinder haben eher die fürsorgliche Rolle zu übernehmen, die Eltern haben mit zunehmender Gebrechlichkeit an die Kinder eher Erwartungen, wie sie sie früher an ihre eigenen Eltern hatten. Auf die veränderten Übertragungsverhältnisse wurde bereits eingegangen.

Es scheint außerdem ein Zusammenhang zwischen der Einstellung gegenüber dem eigenen „Alter" und der Einstellung und Wahrnehmung der alten Eltern (oder vergleichbar wichtigen Beziehungspersonen) durch die an der Schwelle zum Alter stehenden Kinder zu bestehen: Ihre Hinfälligkeit und Pflegebedürftigkeit erweckt Angst vor möglichen ähnlichen Erfahrungen. Gelegentlich wird der Verlust der Mutter bzw. des Vaters in der Weise verarbeitet, daß die Verbindung durch eine Überzeugung aufrecht erhalten wird, wie etwa: „Ich sterbe ebenso wie mein Vater mit 65 Jahren an einem Herzinfarkt".

In Kap. 9.1.3 werden die Belastungen der „jüngeren" alten Menschen durch die mögliche Pflegebedürftigkeit der älteren Generation dargestellt.

Partnerverlust: Verwitwung

Der Verlust des Ehepartners ist eine der bedeutendsten Krisensituationen im Alter. Dabei ist die Asymmetrie zwischen den Geschlechtern besonders auffällig: Mit zunehmendem Lebensalter sind es vor allem die Frauen, die verwitwet sind.

Männer haben generell eine größere Wiederverheiratungschance als Frauen; die geschiedenen Frauen gehen eher wieder eine Ehe ein als die Verwitweten. Für die Männer ist die Bewältigung des Haushaltes das Hauptproblem; bei den Frauen steht die Reduktion des Einkommens im Vordergrund, meist gefolgt von der Notwendigkeit, die Wohnung gegen eine kleinere zu tauschen. Der Tod des Ehemannes hat desto schwerwiegendere Folgen, je mehr die Frauenrolle durch die Partnerbeziehung beeinflußt gewesen ist, je vielfältiger sich der Einfluß des Mannes im Verhalten der Frau niedergeschlagen und je mehr die Rolle des Mannes auch die der Frau bestimmt hat.

Geschlecht	insgesamt	60 u. älter	65 u. älter	75 u. älter
Männer	2,7%	15,0%	17,7%	31,4%
Frauen	14,4%	51,9%	56,5%	70,0%

Abb. 2.13. Verwitwung im Alter nach Geschlecht und Altersgruppe. (HINSCHÜTZER & MOMBER 1984, S.27)

Frauen und Männer bewältigen Verwitwung desto schlechter, je mehr sie ihr Leben nach traditionellen Rollenerwartungen eingerichtet haben. Das erste Trauerjahr wird generell als die kritischste Zeit angesehen. Hier entscheidet es sich, ob nach einer „normalen" Trauerzeit das Leben unter veränderten Bedingungen dennoch individuell zufriedenstellend weitergelebt werden kann oder ob es möglicherweise zu einer pathologischen Entwicklung kommt. (Kap. 3.3.1). In den ersten Monaten nach dem Verlust des Ehepartners kommt es zu einer dramatischen Häufung von Aufnahmen in ein psychiatrisches Krankenhaus (Stein & Susser, 1970). Autoren wie Ball (1977) oder Parkes (1974) stellen eine bis zu 7fache Erhöhung der Sterblichkeit im ersten Jahr nach der Verwitwung fest. Erschwerend tritt die mit steigendem Lebensalter erhöhte Wahrscheinlichkeit hinzu, daß Freunde, Bekannte, Nachbarn und ehemalige Kollegen schwer erkranken oder sterben. Es ist die Potenzierung der Verluste, die deren Bewältigung so schwer macht.

Alleinleben ist nicht automatisch mit Isolation und Einsamkeitserleben gleichzusetzen. So können isoliert lebende Menschen wenig Kontakte haben, müssen aber nicht darunter leiden. Einige Autoren (z.B. Tunstall, 1966) vertreten die Meinung, daß diejenigen, die allein leben, auch ein erhöhtes Risiko haben, isoliert zu werden. Andere Autoren können jedoch nachweisen (z.B. Nielsen, 1962; Kay et al., 1964; Sosna, 1982), daß die Prävalenz psychischer Störungen nicht mit dem Alleinleben und dem Familienstand verbunden ist.

Ältere Alleinstehende befinden sich in schlechterer gesundheitlicher Verfassung; sie werden nicht nur häufiger hospitalisiert und sind in Pflegeeinrichtungen zahlenmäßig überrepräsentiert, sondern sie sterben auch früher als es ihrer durchschnittlichen Lebenserwartung entspräche (Krauss, 1974).

Alleinleben, Isolation und Einsamkeit

Während mit **Isolation** die objektiven Gegebenheiten einer sozialen Situation gemeint sind, genauer der Mangel an sozialer Interaktion, wird der Begriff der **Einsamkeit** vom subjektiven Erleben her definiert. Nach Lehr ist die Einsamkeit eher eine Funktion der Erwartung, die sich auf unerfüllte Kontaktwünsche bezieht.

Personen gelten als **isoliert**, wenn sie nicht ein Minimum oder nur wenige Kontakte aufweisen. Munnichs (1964) will Isolation nicht als einen Zustand, sondern als einen Prozeß verstanden wissen. Das Problem liegt darin, daß die Grenzen, von denen aus man eine Person als isoliert bezeichnet, willkürlich gesetzt werden.

Townsend und Mitarbeiter (1968) unterscheiden verschiedene Aspekte der Isolation:

- Isolation zu Mitgliedern der eigenen Generation
- Isolation zu jüngeren Menschen
- Isolation im Vergleich zu vorausgegangenen Generationen
- Isolation im Vergleich zu den Sozialkontakten früher im Leben.
-

Um das Ausmaß von Isolation zu erfassen, gehen auch diese Autoren von der Annahme aus, daß ältere Leute über die Woche einen Routineverlauf der Kontakte aufzuweisen haben (vgl. Townsend & Tunstall, 1968). Zur Erfassung der verschiedenartigen Kontakte wird ein Punktesystem erarbeitet, das – darüber sind sich die Autoren einig – z.T. willkürlich und grob erscheinen muß.

Extrem **isoliert** ist selten jemand; häufiger gibt es solche Menschen, die sagen, sie seien oft allein. Isoliert sind eher die Ledigen, Geschiedenen und Verwitweten. Townsend und Tunstall bringen die Isolierung mit folgenden Variablen in Verbindung:

- höheres Durchschnittsalter der Isolierten
- damit verbundene schlechtere Gesundheit
- lediger oder verwitweter Familienstand
- fehlende Kinder oder Verwandte, die in der Nähe leben
- Erzwungenes Disengagement führt bei Männern eher zu Isolation als bei Frauen.

Je geringer das familiäre Netz bei Älteren, desto eher leben sie allein. Zu Unrecht wird Alleinleben häufig als erste Form der Isolation mit Kontaktlosigkeit gleichgesetzt. Zwar besteht eine hochsignifikante Korrelation zwischen Alleinleben und Isolation; das heißt aber nicht, daß man die Alleinlebenden automatisch den Isolierten zurechnen darf.

Während Blume (1970) einen Zusammenhang zwischen Kontakthäufigkeit, Schulbildung und Schicht findet, kann

Tunstall keine Zusammenhänge zur sozialen Schicht aufzeigen. Blume faßt zusammen: je höher das Einkommen, desto seltener wird Vereinsamung als Problem benannt; je höher die Schulbildung, desto seltener wird angegeben, unter Einsamkeit zu leiden; dies gilt insbesondere für Frauen. Andererseits dominieren unter den Einsamen die Frauen.

Je weniger Sozialkontakte Ältere haben, desto weniger Hilfe und Unterstützung können sie erwarten. Dies führt über das Einsamkeitserleben zu verstärktem Risiko, psychisch krank zu werden. Bei funktionellen psychischen Störungen weisen Kay und Mitarbeiter (1964) einen Zusammenhang mit sozialer Isolation nach. Sie nehmen an, daß es die Kumulation von bestimmten Persönlichkeitsmerkmalen einerseits mit Ereignissen und Erlebnissen der mittleren Lebensjahre andererseits ist, die die Bewältigung der mit dem Alter einhergehenden Anforderungen so sehr erschweren. Nielsen (1962) berichtet, daß die Prävalenz psychischer Störungen bei über 65jährigen nicht mit dem Familienstand und dem Alleinleben verbunden ist. Allerdings ist bei den Ledigen und den Verwitweten eine Tendenz zu höheren Erkrankungsraten aufzuzeigen als bei Verheirateten. Bergman und Syme (1979) weisen darauf hin, daß sich die soziale Isolation bei alten Altersgruppen als wichtigste Mortalitätsdeterminante herausstellt.

Sosna (1982) faßt zusammen, daß die verschiedenen Untersuchungen insgesamt eine positive, wenn auch milde, Beziehung zwischen psychiatrischer Prävalenz und sozialer Isolation aufzeigen.

Verwitwete ältere Menschen fühlen sich eher allein als diejenigen, die nie verheiratet waren. Ältere, die gerade eben einen Menschen verloren haben, fühlen sich eher allein als diejenigen, die schon vor längerer Zeit den Partner verloren haben. In verschiedenen europäischen Ländern stimmen Befragungen älterer Menschen dahingehend überein, daß der Prozentsatz derer, die sich einsam fühlen, 10% nicht übersteigt. Allerdings sind es wieder meist die Alleinstehenden, die sich einsam fühlen, insbesondere die verwitweten Frauen. Je länger allerdings der Zeitpunkt der Verwitwung zurückliegt, desto geringer ist der Anteil derer, die über Vereinsamung klagen.

Überraschenderweise fühlen sich eher diejenigen einsamer, die mit Kindern zusammenwohnen, als die, welche allein leben. Vereinsamte klagen eher über ein schlechtes Verhältnis zu den Kindern und äußern den Wunsch, allein zu leben. Je besser dagegen das Verhältnis zu den Kindern ist, desto weniger wird über Einsamkeit geklagt. Lehr (1972, S. 245) schlußfolgert: „Von diesen Ergebnissen ausgehend könnte eine Therapie der Einsamkeit auf dem Wege der Veränderung der Erwartungshaltung im Hinblick auf Sozialkontakte erfolgversprechend sein". Ich bezweifle jedoch, daß sich eine so grundlegende Persönlichkeitsvariable auf so einfachem Wege verändern läßt.

Vereinsamte haben einen signifikant schlechteren Gesundheitszustand, sind häufiger bettlägerig und gehen oft zum Arzt. Der Familienstand hat auf diese Befunde keinen Einfluß. Tunstall (1966) wirft die Frage auf, ob Vereinsamung als Reaktion auf den Gesundheitszustand interpretiert werden kann, da dieser ja die Qualität der sozialen Beziehungen verändere. Kay et al. (1964b) finden signifikant mehr Klagen über Einsamkeitserleben bei funktionell psychisch kranken alten Menschen vor als bei den Gesunden.

Sosna faßt im oben geäußerten Sinn zusammen: „Man kann also annehmen, daß Mangel an Sozialkontakt im Alter häufig ein Ausdruck einer Form der Anpassung ist, die wesentlich mit Persönlichkeitsfaktoren zusammenhängt". Psychische Erkrankung im Alter muß dann als Ergebnis der individuellen Persönlichkeit und des Lebensstiles angesehen werden.

2.3.3 Die Wohnsituation und ihre Veränderung

Bei den älteren Menschen überwiegen Ein- und Zwei-Personen-Haushalte. Mit zunehmendem Lebensalter kommt der Wohnung und ihrer Umgebung eine wachsende Bedeutung zu: Die Verringerung der Mobilität und Flexibilität verstärken das Bedürfnis nach Gleichbleibendem. Psychisch bedeutet Wohnung das Zuhause, das Gleichbleibende, Persönliche, das Sicherheit und Kontinuität vermittelt und nach außen hin als Träger von Identität verstanden werden kann. So wird verständlich, daß die drohende Wohnungsveränderung durch z.B. Kündigung oder Umsiedlung in ein Heim eine schwere Erschütterung des psychischen Gleichgewichtes bedeuten kann. Das Verbleiben in der alten, vertrauten Umgebung ist deshalb ein wichtiges erklärtes Ziel gerontologischer Intervention und gerontopsychiatrischer Rehabilitation.

Andererseits ist gerade mit zunehmendem Lebensalter der Verbleib im vertrauten häuslichen Rahmen ohne entsprechende Vorsorge gefährdet: So kann etwa der Verlust der Werkswohnung drohen, eine Verkleinerung der Wohnung durch den Auszug der Kinder notwendig sein oder sich ein Umzug ins Altenheim als unumgänglich erweisen. Ist ein Wechsel in eine andere Wohnung unvermeidbar, sollte dieser sehr sorgfältig und langfristig vorbereitet werden, denn plötzliche Veränderungen stellen einen möglichen Auslöser für eine pathologische Entwicklung dar.

Die geschlechtsspezifische Altersverteilung hat auch Auswirkungen auf die Wohnsituation: Von den über 75jährigen Frauen leben 8% in Heimen, aber nur 4,1% der Männer (Mikrozensus 1974, zit. nach Tews, 1979).

In ländlichen Gebieten ist die Wahrscheinlichkeit für Ältere größer, in Mehrpersonenhaushalten leben zu können.

Die soziale Schicht ist im Rahmen der Sozialepidemiologie als eine wesentliche Grundvariable psychischer Erkrankung beschrieben worden. Es wird angenommen, daß Angehörige der unteren sozialen Schichten einer größeren Zahl von Streßfaktoren ausgesetzt sind als Mitglieder höherer sozialer Klassen. Bei ihnen wird eine stärkere Vulnerabilität gegenüber Umweltbelastungen und Lebensveränderungen vermutet.

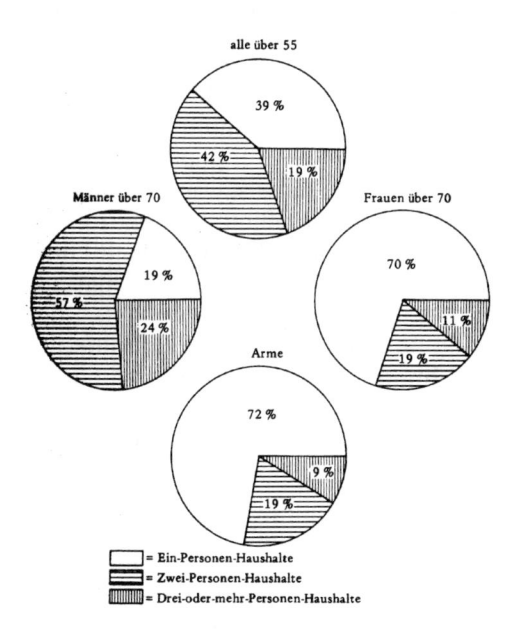

2.3.4 Soziale Schicht und Benachteiligung

Abb. 2.14. Haushaltsstruktur alter Menschen nach Geschlecht, Alter und Armut. (Rosenmayr & Rosenmayr 1978, s. 255)

Soziologische Analysen verdeutlichen, daß die Wahrscheinlichkeit mit zunehmendem Alter steigt, unter sozialen Benachteiligungen zu leiden. Je niedriger die Ausgangslage, um so größer die Wahrscheinlichkeit, einen sozioökonomischen Verlust akzeptieren zu müssen. Rosenmayr (1978, S. 241): „Es gibt keine Bevölkerungsgruppe außer den Alten, die ... systematisch und immer einen massiven Einkommensverlust hinnehmen und auch psychisch verkraften muß." Er sieht auch den Gesundheitszustand in niederen sozioökonomischen Schichten als wesentlich durch die sozioökonomische Situation mitbedingt an. Die Möglichkeit zur sozialen Teilhabe durch Fernsehen, Zeitungen und Bücher ist bei ihnen eingeschränkt. Rosenmayr spricht von einem „kumulativen Benachteiligungsrisiko der alten Frauen": Dies gilt insbesondere für die über 65jährigen Alleinstehenden und Alleinlebenden.

Die vorstehende Abbildung verdeutlicht den Zusammenhang zwischen Geschlecht, Lebensform, Alter und Armut. Dabei sind insbesondere die alten alleinstehenden Frauen durch eine schlechte ökonomische Lebensqualität ausgezeichnet.

2.3.5 Berufstätigkeit: Fortführung, Veränderung und Berufsaufgabe

Das Ausscheiden aus dem Arbeitsleben wird meist mit dem Beginn des Alters gleichgesetzt. Während dieses Problem direkt bisher vorwiegend die Männer betraf, stellt sich jetzt auch zunehmend mehr das Problem für die berufstätige Frau. Neben dem Verlust der gewohnten sozialen Beziehungen zu Kollegen am Arbeitsplatz geht damit eine Verminderung der finanziellen Bezüge einher. Viele erleben die Berufsaufgabe auch als kränkenden Statusverlust: Wer bin ich jetzt noch? Stauder hat dies bereits 1955 eindrucksvoll als „Pensionierungsbankrott" beschrieben. Die Berufsaufgabe bringt es außerdem mit sich, die gewohnte Tagesstruktur zu verlassen, und dies trifft auch für die bisher zu Hause tätige Hausfrau zu: Durch den Ehemann, der nun den ganzen Tag zu Hause ist, erlebt sie ihren Alltag als verändert, z.T. sogar gestört. So hat sich vielleicht eine Ehefrau immer darauf gefreut, ihren Mann nach der Pensionierung „für sich" zu haben; er aber zieht sich, statt wie früher zur Arbeit, nun auf die Parzelle zurück. Lang gehegte Pläne, dann endlich dies oder jenes machen zu können, werden z.B. durch Krankheit durchkreuzt.

Der zeitliche Beginn der Ausgrenzung eines Lebensabschnittes ohne Erwerb liegt mit der Einführung der Pensionsversicherung gerade hundert Jahre zurück. Einerseits ermöglicht ein mehr oder weniger festgelegtes Rentenalter eine durchdachte Vorwegnahme dieses Lebensabschnittes. Die Menschen unterscheiden sich dahingehend, inwieweit sie diesen Freiraum zur Planung nutzen bzw. nutzen können. Hier haben neben individuellen, persönlichkeitsbedingten Merkmalen Schichtzugehörigkeit und Intelligenz einen Einfluß.

Bei nachlassender Leistungsfähigkeit, die der Betreffende subjektiv gern verleugnen möchte, kann es zu schweren Kränkungen durch Versetzungen auf Arbeitsplätze kommen, deren Ansehen deutlich geringer ist. Andererseits hat auch das unerwartete Ausscheiden aus dem Beruf durch Entlassung, den Eintritt in den vorzeitigen Ruhestand oder durch eine Krankheit mit verbleibender Behinderung zugenommen. Untersuchungen zeigen, daß zu Beginn des 6. Lebensjahrzehntes die Berufsaufgabe, besonders die von Männern, am stärksten herbeigesehnt wird (Kuhlen, 1963). Droht jedoch die Pensionierung Realität zu werden, tritt die Angst vor der Berufsaufgabe stärker in den Vordergrund. Die subjektive Zufriedenheit mit der derzeitigen Berufstätigkeit bestimmt weitgehend die Einstellung zur Berufsaufgabe: Während Unzufriedenheit bei den 50- bis 55jährigen den Wunsch nach Aufgabe der Berufstätigkeit verstärkt, verhält es sich bei den über 60jährigen anders: Je unzufriedener sie mit ihrer beruflichen Entwicklung sind, desto negativer stehen sie der Berufsaufgabe gegenüber (Lehr und Dreher, 1968).

Direkt nach dem Eintritt in die Pensionierung gibt es unterschiedliche Reaktionen: Einige schätzen die neue Situation äußerst negativ ein, und bekommen erst nach einigen Jahren eine positive Einstellung dazu (Lehr und Dreher); andere freuen sich schon lange auf die viele freie Zeit und sind enttäuscht, wenn sich ihre zahlreichen Erwartungen nicht erfüllen. Diejenigen, die freiwilligen Einfluß auf den Zeitpunkt der Berufsaufgabe ausüben können, zeigen eine deutlich bessere Anpassung an die Pensionierung (Reichard et al., 1962).

Nur wenige Autoren haben bisher untersucht, welche Auswirkungen die Pensionierung auf die Partnerschaft und vor allem auf die psychische Situation der Frau eines frisch in den Ruhestand getretenen Ehemannes hat. Kerckhoff (1966) weist darauf hin, daß Frauen von niederem sozialen Status eher Anpassungsschwierigkeiten an die neue Situation zeigen. Auch Lipman (1964) beobachtete, daß bei den Angehörigen niederer sozialer Schichten die Pensionierung des Ehemannes häufig zu Krisen im partnerschaftlichen Bereich führt.

Die Erwerbsbeteiligung Älterer zeigt in den letzten Jahren charakteristische Entwicklungen auf: Zwischen dem 45. und 60. Lebensjahr sinkt die Erwerbstätigkeit der Männer leicht (Frühinvalidität), bei den Frauen stärker. Die Erwerbsbeteiligung der ledigen Frauen nähert sich denen der Männer an. Durchschnittlich verfügt eine alte Frau über 700 DM Rente. Während Frauen häufiger zwei Renten als Männer beziehen, liegen immerhin fast 15% der über 65jährigen Frauen bei einem Nettoeinkommen unter 400 DM. Von den über 65jährigen bestreiten 87% der Männer und 68% der Frauen ihren Lebensunterhalt aus Rente bzw. Pension.

Beruf: Hausfrau

Der Beruf „Hausfrau" ist kaum wissenschaftlich untersucht worden. Uns sind keine Ergebnisse zur veränderten Berufssituation von Hausfrauen im Alter bekannt. Für diesen Beruf existieren weder Ausbildung und Aufstieg noch Bezahlung und Pensionierung im üblichen Sinne. Mit dem Älterwerden verändern sich jedoch die Aufgaben der Hausfrau: Üblicherweise wird der Haushalt kleiner, und das Aufgabenfeld muß neu bestimmt werden. Einige Frauen erleben dies als Entlastung, andere als Verlust: z.B. als Verlust einer Bestätigungs- oder Kontrollmöglichkeit oder als fortwährende schmerzliche Erinnerung daran, daß die Kinder aus dem Hause gegangen sind. Die nachlassenden Kräfte machen eine Umstellung der zur Routine gewordenen Haushaltsführung erforderlich.

Schließlich ist bisher nicht untersucht worden, welche Auswirkungen die Pensionierung bzw. Berentung des Ehemannes auf das Erleben der den Haushalt führenden Frau hat: Sie kann sich darauf freuen, endlich mehr Zeit für ein gemeinsames Leben in der Freizeit zu haben; sie kann erwarten, daß er ihr hilft. Sie kann aber auch ängstlich der Tatsache entgegensehen, daß er nun den ganzen Tag über zu Hause sein wird und sie sich dadurch in ihrem Handlungsspielraum möglicherweise beeinträchtigt fühlt.

2.3.6 Geschlechtsspezifische Unterschiede: zur differentiellen Psychologie der alten Frau

Altern wurde lange Zeit von der Forschung als geschlechtsunspezifischer Vorgang betrachtet; die Leitlinie war die männliche Normalbiographie und die Pensionierung dominierte lange als eines der wesentlichen gerontologischen Themen. Es galt die Überzeugung, daß sich das Altern für Frauen weniger problematisch gestalte, da die weibliche Biographie keine krisenbergenden Einschnitte wie die Pensionierung enthalte. In den 60er Jahren wurde nur in 14% der Studien die Befunde nach dem Geschlecht getrennt; in den 70er Jahren werden es bereits 43% (Abrahams, J.B. et al., 1975). Erst etwa 10 Jahre später, nachdem der Anspruch einer differentiellen Gerontologie formuliert worden ist, beginnt sich ein Forschungsinteresse an den spezifischen Altersformen der Frau zu entwickeln. Etwa seit Mitte der 70er Jahre beschäftigen sich Untersuchungen damit, die Vorurteile über die „alten Frauen" zu widerlegen (Lehr, 1978). Lehr weist darauf hin, daß das Älterwerden für eine Frau schwieriger ist als für einen Mann: „**Frau-Sein und Alt-Sein bedeutet in unserer Gesellschaft eine Kumulation von sozialen Benachteiligungen**". Rosenmayr (1978) weist darauf hin, daß die ökonomisch schlecht gestellte alleinlebende alte Frau von niederem Sozialstatus die größte Risikogruppe darstellt. Dabei ist jedoch mit Pross (1978) zu berücksichtigen: „So wenig wie Männer bilden Frauen ein homogenes Kollektiv. Sie differerieren nach Persönlichkeitsstrukturen ebenso wie hinsichtlich der handlungslenkenden Sozialmerkmale, etwa Schichtzugehörigkeit, Familienstand, Bildung und Ausbildung, Beruf, Konfession". Lehr (1978) sieht die soziale Benachteiligung bestimmter Gruppen von älteren Frauen als die Folge eines lebenslangen Prozesses an: „Die Benachteiligung ist von Kindheit an vorprogrammiert".

Obgleich es also **die** alte Frau nicht gibt – dies wird u.a. ausführlich durch die Ergebnisse der BOLSA belegt – gibt es sie doch in dem Bild, das sich die Gesellschaft von ihr macht. Die Tatsache, daß jedem Menschen auf die Frage, wodurch sich eine alte Frau in unserer Gesellschaft auszeichne, etwas einfällt, ist der Ausdruck eines gesellschaftlichen Bildes oder Stereotyps. Sogenannte typische Veränderungen werden darin relativ starr und meist auch negativ getönt erfaßt. Zwischen einem Stereotyp (dem generalisierten Altersbild) und einem Selbstbild (dem personalisierten Altersbild) besteht eine Wechselwirkung (McTavish, 1971).

Das **generalisierte Altersbild der Frau** deutet auf eine erhebliche Ambivalenz gegenüber Frauen im Alter hin. Das negative Bild sieht sie als unheilbringend, aggressiv, lächerlich, als einfältig, inkompetent und hilfsbedürftig. Häufig werden alte Frauen als klatschsüchtig, zänkisch, hypochondrisch und krankheitsorient und weder entwicklungs- noch erlebnisfähig dargestellt. Im **Märchen** tritt uns die alte Frau z.B. als Hexe und Giftmischerin entgegen. Auch in **Witzen** spiegelt sich das negative Altersbild der Frau (z.B. häßliche alte Jungfer, geiles Wesen, das noch etwas nachholen will) wieder. Simone de Beauvoir (1977) hat eindrucksvoll aufgezeigt, wie in der **Dichtung** das Bild der abgewerteten Frau vorherrscht. In **Jugendbüchern** wird die Frau als „unterentwickeltes Wesen" geschildert und in die häusliche Sphäre verbannt (Peterson, 1976). In **Schulbüchern** wird sie häufig als hilfsbedürftig und abhängig, mit eingeschränktem Interessenradius beschrieben. Das **Fernsehen** vermittelt das Bild von der armen, einsamen Frau, die von den Kindern verlassen, durch Abbau und Verlust körperlicher und geistiger Fähigkeiten gekennzeichnet ist und zumeist im Altersheim lebt (85% anstelle der tatsächlichen 3%).

Ein **positives Bild** der alten Frau stellt etwa das Bild einer freundlichen, nicht fordernden Großmutter dar, die z.B. liebevoll, großzügig und gütig die Enkel hütet. Die Vorstellung von einer vollgültigen Frau hört meist mit dem Austritt aus dem gebärfähigen Alter auf. Bis dahin wird die Mutterrolle glorifiziert. Danach gilt sie als alt und hat ausgedient (de Beauvoir, 1977). Allerdings fällt auf, daß in manchen primitiven Gesellschaften nach dem Eintritt in die Menopause für die ältere Frau ein Zuwachs an Ansehen und Freiheit beginnt. Sie wird dann nicht mehr als „geschlechtlich" wahrgenommen und kann dann sogar Privilegien genießen, von denen sie vorher ausgeschlossen war: „Sie kann nun an Tänzen teilnehmen, trinken, rauchen, sich neben Männer setzen" (de Beauvoir, S. 72). Zwar sind im generalisierten Altersbild auch vereinzelt positive Züge enthalten, aber die Wahrnehmung hängt stark von der mit dem Selbstbild verknüpften Selektion ab.

Untersuchungen zum **personalisierten Altersbild** der Frau zeigen, daß Frauen negativere Erwartungen bezüglich ihres eigenen Alterns haben, den Beginn des Alternsprozesses früher ansetzen als Männer und ihre Situation oft subjektiv negativer erleben, als sie objektiv ist. (Tuckman und Lorge, 1955; McTavish, 1971). Ältere Frauen übernehmen in besonderer Weise die Vorstellung von der Einschränkung des Interessenradius, der das Bild des alten Menschen allgemein kennzeichnet. Die Bedeutung, die ein alter Mensch für einen jüngeren im Sinne eines Vorbildes vom Alter haben kann (z.B. Großeltern), wird nach meiner Ansicht in der Literatur vernachlässigt. Pessimistischere Erwartungen finden sich vor allem bei Frauen mit niederer Schulbildung, bei Nicht-Berufstätigen und Alleinlebenden. Verheiratete haben ein positiveres Altersbild als Alleinstehende; Berufstätige sind angesehener als nicht Berufstätige. Die ausgewählten Bewertungsaspekte hängen stark vom Selbstbild ab, das schon früh im Leben entwickelt ist. Ein Mensch mit positivem Selbstbild sieht auch das Alter optimistischer und umgekehrt.

Die sozialpsychologische Forschung weist auf den Zusammenhang bzw. die Wechselwirkung zwischen einem Stereotyp (= generalisiertem Altersbild) und dem Selbstbild (= dem personalisierten Altersbild; McTavish, 1971) hin: Das Bild, das eine Frau von ihrem eigenen Älterwerden hat, wird – wenn auch in unterschiedlichem Maße – durch das entsprechende gesellschaftliche Stereotyp mit beeinflußt. Die Erwartungshaltung, mit der man einer Sache begegnet, beeinflußt entscheidend das Erleben einer Situation wie auch die Anpassung an sie. Über den Mechanismus der selektiven Wahrnehmung kann es zur sich selbst erfüllenden Prophezeiung kommen.

Seit der Jahrhundertwende hat sich die **Rolle der Frau** in Richtung auf eine zunehmende Selbständigkeit verändert. Dieses neue Rollenverständnis trifft jedoch nicht für alle Bevölkerungsgruppen zu. Die Dominanz der traditionellen Frauen- und Mutterrolle (Die drei K: „Kinder, Küche, Kirche") findet sich vor allem bei niederen sozialen Schichten, bei der ländlichen Bevölkerung, der Mehrkinderfamilie und den Älteren. Untersuchungen zur abgewerteten traditionellen Frauenrolle werden bisher zugunsten der Forschungen über das Schicksal berufstätiger Frauen vernachlässigt. Es spricht jedoch eine Menge dafür, daß gerade diese Gruppe ein besonderes psychisches Erkrankungsrisiko aufweist. Frauen von höherem Sozialstatus dagegen, mit früherer Berufstätigkeit und weniger (nicht mehr als zwei) Kindern scheinen mit größerer Wahrscheinlichkeit Aussicht auf ein erfolgreiches Altern zu haben.

Epochale Ereignisse, wie z.B. Kriege, die die Frauen in ihrer Selbstständigkeit mehr fordern, wirken sich ebenfalls modifizierend auf das Rollenverständnis aus. Lehr (1978) zeigt anhand spezieller Ergebnisse über Frauen aus der BOLSA auf, daß die zwischen 1895 und 1900 Geborenen, die den 1. Weltkrieg als 14-19jährige erlebten, weit emanzipierter wirken als die heute 62-72jährigen: Diese gehören eher zur „Problemgruppe der alten Menschen". Diejenigen, die den 2. Weltkrieg als 14-16jährige miterlebten, wirken dagegen wieder selbstständiger und durchsetzungsfähiger; für sie war das Ergreifen eines Berufes selbstverständlicher.

Hinsichtlich Kompetenz und **Leistungsfähigkeit** älterer Frauen kann aufgezeigt werden, daß nicht ihre Kompetenz generell eingeschränkt ist, sondern eher die der „Nur"-Hausfrauen, die nicht so vielfältig von der Umwelt gefordert worden sind. Daraus ergeben sich besondere Probleme für die verwitweten „Nur"-Hausfrauen. In der BOLSA zeigten sich bei der Untersuchung mit dem Hamburg Wechsler Intelligenztest für Erwachsene geschlechtsspezifische Differenzen: Die Frauen erreichen gegenüber den Männern eine verminderte intellektuelle Leistungsfähigkeit. Spezifische Sozialisationseffekte, die ein Leben lang Verstärkung erfahren haben, werden von den Autoren dafür verantwortlich gemacht. Am Mehrfachreaktionsgerät erzielen die Frauen gegenüber den Männern ebenfalls deutlich schlechtere Ergebnisse. Diejenigen Frauen, die irgendwann einmal berufstätig waren, schneiden jedoch deutlich besser ab.

Wechseljahre und Menopause stellen die meisten Frauen vor körperliche und psychische Probleme. Es handelt sich um eine Lebenphase, in der es zu einer Kumulation psychischer Krisen und einem verstärkten Risiko für psychische Erkrankungen kommen kann.

Der Begriff **Menopause** wird häufig mit Klimakterium gleichgesetzt, sollte aber reserviert bleiben für das Aufhören der Menstruation. Der Begriff der **Wechseljahre** beinhaltet im deutschen Sprachgebrauch mehr einen medizinischen Aspekt.

Zwei wesentliche Entwicklungsaufgaben der Frau sind durch die **körperlichen Entwicklungen** vorgegeben: Der Eintritt in die Gebärfähigkeit mit der ersten Menstruation und das Ausbleiben der Regel mit dem Eintritt in die Menopause. Prill (1978) weist aus medizinischer Sicht darauf hin, daß es aus morphologischen oder endokrinologischen Ergebnissen nicht möglich sei, Voraussagen zu spezifischen weiblichen Altersvorgängen zu machen.

Schlechte Arbeitsbedingungen wie auch seelische Probleme stehen mit ausgeprägten klimakterischen Beschwerden in Zusammenhang. Im Beruf oder Haushalt möchten Frauen die gleiche Leistung wie vor 20 Jahren erbringen und geraten damit gegenüber ihren eigenen Ansprüchen in Schwierigkeiten. Prill beobachtet, daß eheliche Konfliktsituationen sich eher zusammen mit funktionellen Herzkreislaufsymptomen oder vegetativen Erscheinungen als mit klimakterischen Beschwerden manifestieren. Er meint „daß starke klimakterische Symptome eher mit diesen sozialpsychologischen Schwierigkeiten einhergehen, wobei die Kausalität nicht geklärt werden kann". „Es gibt keine „Torschlußpanik aus heiterem Himmel", wenn man die Biographie dieser Frauen in die ätiologische Betrachtung mit einbezieht. Die klimakterische Frau erlebt die Menopause auf dem Hintergrund ihrer eigenen Lebensgeschichte ..." Für den psychischen Bereich werden besondere Reizbarkeit und Nervosität sowie eine Anfälligkeit für depressive Verstimmungen beschrieben. Lange Zeit sah man diese Veränderungen allein als Auswirkungen des veränderten Hormonhaushaltes an. In letzter Zeit häufen sich Äußerungen, die die Veränderungen des Klimakteriums als Auswirkungen eines psychosozialen Phänomens verstehen.

So beschreibt Lehr unabhängig vom Bezug zur somatischen Seite eine sozialpsychologische „Interpretation der Wechseljahre". Anhand der Befunde der BOLSA zeigt sie auf, daß es im 5. Lebensjahrzehnt zu einer „**Konfliktkumulation**" kommt, die sie einem ersten Anschwellen von Konflikten im Alter zwischen 15-19 Jahren gegenüberstellt. Die Frau befindet sich durch den Rollenwandel, der z. T. gegensätzliche Rollenanforderungen mit sich bringt, in einer „Verunsicherung der zwischen menschlichen Bezüge" (ähnlich der „Status-Unsicherheit" und „Status-Ungewißheit" in der Pubertät). Sie verweist darauf, daß sich im Material der BOLSA gehäuft gegensätzliche Verhaltensanforderungen als Konfliktquellen nachweisen lassen.

In einer besonders pessimistischen Zukunftseinstellung bei Frauen im 5. Lebensjahrzehnt finden diese Probleme bereits ihre Vorwegnahme, die wiederum negativer ist, als sie sich im tatsächlichen Erleben später konkretisiert. Ebenso zeigen die Untersuchungen von Neugarten (1963), daß jüngere Frauen (unter 45 Jahre) die Menopause als stark einschneidendes Ereignis mit stark negativer Tönung erwarten. Die Einstellung der 50jährigen, die diese konkrete Erfahrung gemacht haben, ist dann weitaus positiver. Die befragten Frauen in der Untersuchung von Neugarten stuften sich selbst durchweg als „besser" (more favorable) ein als „die Frau in der Menopause". Neugarten interpretiert dies als eine Projektion, in der sich die Ambivalenz gegenüber der Menopause niederschlägt. Dieser Befund wird in Abhängigkeit von verschiedenen Faktoren (z.B. mit oder ohne Kinder, Menopause durch Hysterektomie etc.) variieren. Frauen mit niedrigem Ausbildungsstatus scheinen deutlich ängstlicher zu reagieren.

Aus **psychoanalytischer Sicht** wurde das Klimakterium nur wenig untersucht. Freud (1933) bezeichnete die psychosexuelle Entwicklung der Frau als einen noch unerforschten Bereich („... in die entsprechenden Vorgänge beim kleinen Mädchen fehlt uns die Einsicht"). Nach ihm haben sich vor allem Psychoanalytikerinnen mit der weiblichen, aber fast ausschließlich mit der frühkindlichen Sexualentwicklung beschäftigt. Den Vorgängen in der Pubertät, insbesondere aber dem Klimakterium als biologisch determinierte wichtige Lebens- und Entwicklungsaufgabe der Frau, wandten sich bisher Deutsch, Fessler und Benedek zu. Die Autorinnen stimmen in der Auffassung überein, daß der Eintritt in die Menopause psychodynamisch die Konfrontation mit der „Kastration als Tatsache" wiederbelebe. Wenn das kleine Mädchen die schmerzliche Erfahrung macht, daß ihm „etwas fehlt" (der Penis), was es schließlich durch den Wunsch nach einem Kind ersetzen kann, so ist diese zukünftige „Erlösung" von der biologischen Voraussetzung der Menstruation abhängig. Erlischt diese Vorbedingung zur Fortpflanzung, so wird die Bewältigung dieser Krise entscheidend von dem Entwicklungsstand der Persönlichkeit abhängen. Deutsch (1944) beschreibt, wie kränkend es ist, im Klimakterium auf all das zu verzichten, was das Mädchen in der Pubertät bekommen hat. Wenn Freud die Pubertät als 2. Ausgabe der „infantilen Periode" bezeichnet, nimmt Deutsch darauf Bezug, und nennt das Klimakterium die 3. Ausgabe. Die möglicherweise nie ganz gemeisterte Beziehung zu den Eltern wird nun durch die Konfrontation mit den eigenen heranwachsenden Kindern neu belebt. Typische pubertäre Phantasien in all ihren Variationen enthalten die Beziehung zum Vater, Realisierungen oder Negationen. Das jetzige „zu spät" hat den gleichen Effekt wie das „zu früh" in der Kindheit und Pubertät. Deutsch betont, daß nicht allein die Wiederholung der Situation in der Pubertät bestimmend sei, sondern daß neurotische Bilder i.S. von Charakterzügen jetzt intensiviert werden. So kann z.B. eine pubertäre zwangsneurotische Disposition die Ausbildung spezifischer Abwehrformen mit sich bringen, ohne daß man vom Ausbruch einer Neurose sprechen kann. Eine solche „symptomlose Neurose" kann dann die Phase des Klimakteriums entscheidend prägen (Deutsch, 1944). Sie gibt damit indirekt eine Antwort auf die Frage, warum es möglich ist, erst spät im Leben erstmals psychisch krank zu werden: Diese Frauen vermeiden mit Hilfe von Sublimierungen eine pathologische Lösung ihrer Konflike in der Pubertät; im Klimakterium werden sie jedoch krank, weil sie nicht mehr in der Lage sind, ihre weiblichen Wünsche zu befriedigen. Ihrer Ansicht nach geht jede Frau während des Klimakteriums durch eine kürzere oder längere Phase der Depression. Sie unterscheidet zwischen den aktiven Frauen, die dieses biologische Stadium verneinen und den passiven, die es übermäßig betonen.

Eine positive Bewältigung dieser kritischen Phase sieht sie außerdem dann, wenn es gelingt, „lang begrabene Interessen", die in den „Konflikten der Pubertät untergegangen sind", wiederzubeleben. „Alternde Frauen müssen den Status Quo akzeptieren; sie tuen gut daran, ihre positiven Lebenswerte auf das zu bauen, was noch möglich ist". Deutsch bleibt trotz ihrer differenzierten Darstellungen sehr auf der beschreibenden Ebene. Das Aufflackern der sexuellen Wünsche, die Übertreibungen und Verleugnungen in der Abwehr sowie die Idealisierungen früher sexueller Erfahrung stellt sie zu sehr in den Mittelpunkt.

Die Arbeit von Benedek (1950) scheint dagegen in ihrer Differenziertheit umfassendere Einsichten zu geben. Sie kritisiert Deutsch als „zu statisch". Benedek geht zunächst der Frage nach, ob es gerechtfertigt sei, das Klimakterium als eine Entwicklungsphase zu bezeichnen und kommt zu dem Schluß, daß es sich dabei psychodynamisch gesehen um eine progressive Anpassung an einen regressiven biologischen Prozeß („Rückbildungsalter") handelt. Sie sieht in der besonderen weiblichen psychosexuellen Entwicklung eine Chance der Vorbereitung auf diese Zeit der Umstellung gegeben und unterscheidet sich von anderen in einer positiv getönteren Auffassung über die Entwicklung in diesem Lebensabschnitt.

Die menschliche Geschichte ist durch die Vergangenheit determiniert und damit sind auch die Äußerungsformen des Klimakteriums von der vorausgegangenen Geschichte des Individuums abhängig. Von ganz besonderer Bedeutung ist für die Entwicklung der Frau die Mutter. „Die Vergangenheit lebt in der Mutter fort, deren Persönlichkeit sich in der Tochter fortsetzt". (vgl. dazu Freud, der auf die Wichtigkeit der Erziehung im Zusammenhang mit der geschlechtsspezifischen Einstellung der Tochter hinweist, die diese meist bewußt oder unbewußt mittels identifikatorischer Prozesse von der Mutter übernimmt). Wir wissen, daß während der präödipalen Phase und danach ein komplizierter Identifikationsprozeß mit der Mutter stattfindet. Bei dieser komplexen Aufgabe werden Freude und Schmerz, „die weibliche Rolle zu akzeptieren", durch die Vorgeschichte mitgeprägt. Schmerz ist ein integrativer Teil der psychosexuellen Entwicklung. Er kann erotisiert sein durch die normalen libidinösen Prozesse oder übertrieben im Sinne eines sekundären Masochismus. Der erste „Test" für diese Entwicklung ist die Pubertät. Menstruation als schmerzhafte, blutige, schmutzige Angelegenheit ist in allen Kulturen mit mystischer Angst umgeben, eine Einstellung, die das kleine Mädchen auch über die Mutter lernt. Gleichzeitig signalisiert der Eintritt der Menses ein Organ, dessen das Mädchen sich vorher nicht bewußt war. Benedek hält es für normal, daß das kleine Mädchen auf das erste Auftreten der Menstruation mit Auflehnung reagiert. Sie entwickelt, wie sie den Zusammenhang zwischen somatischen Veränderungen während des Zyklus und dem psychischen Befinden während des Zyklus versteht. Sie wendet sich gegen eine einseitige somatopsychische Auffassung, wie auch eine umgekehrte einseitige Kausalität. „Hormone ... kreieren nicht die Persönlichkeit ... aber sie stimulieren und entwickeln die spezifischen emotionalen Bedürfnisse, die daran beteiligt sind, spezifische emotionale Spannungen entstehen zu lassen".

Hormontherapie bewirkt bei den meisten Frauen eine Erleichterung, löst jedoch ohne adäquate Therapie nicht die emotionalen Probleme. Psychodynamisch ausgedrückt kann die Frau die auftretenden Konflikte nicht mehr in üblicher Weise in Übereinstimmung mit ihrem Ich-Ideal bewältigen: Ihr Selbst ist verletzt. Die Anpassung an Frustrationen ist immer notwendig, geht aber üblicherweise auf Kosten einer gesteigerten narzißtischen Abwehr, und man muß annehmen, daß dieser narzißtische Panzer bei einer Überbeanspruchung durch die internen und externen Frustrationen des Klimakteriums zusammenbrechen kann. Psychiatrische Störungen während des Klimakteriums sind durch eine lebenslange, individuell charakteristische Art und Weise, mit Spannungen umzugehen, determiniert. Die Pathologie, die sich während des Klimakteriums manifestiert, besteht schon vorher. Das Klimakterium mit seinen Begleiterscheinungen vermindert die integrativen Fähigkeiten der Persönlichkeit.

Denjenigen Frauen, deren Persönlichkeit durch narzißtische Abwehr erschöpft ist, steht nicht die Möglichkeit offen, postklimakterische Entwicklungsschritte zu tun, wie sie auch von Deutsch beschrieben wurden.

In diesen Überlegungen findet sich die These der Benachteiligung der Frauen aus einem ganz anderem Blickwinkel, aber ebenfalls zurückgreifend auf die Kindheit erklärt. Der „Pensionierungsbankrott der Frau" teilt sich insofern in mehrere Abschnitte auf, die miteinander in Wechselwirkung stehen und kumulativ wirken können: Durch den Eintritt in die Menopause sind auf biologischer Ebene Verluste vorgegeben. Verluste auf sozialer Ebene sind z.B. Aufgabe von Erfolg und Teilhabe am Arbeitsleben durch die Pensionierung des Ehemannes bei einer narzißtischen Identifizierung mit ihm oder das Aus-dem-Haus-Gehen der Kinder (narzißtische Gratifikation, Belastungen) u.a.m. Innerpsychisch gesehen können die Über-Ich-Anforderungen aufgrund des Nachlassens körperlicher Kräfte nicht mehr wie früher befriedigt werden.

Kapitel 3
Medizinische Aspekte des Alterns

3.	Medizinische Aspekte des Alterns
3.1	Geriatrie: Einleitung und Begriffsbestimmung
3.1.1	Biologisches Altern
3.1.2	Krankheit im Alter
3.1.3	Multimorbidität im Alter
3.1.4	Der Krankheitsbegriff der gesetzlichen Krankenversicherung und Pflegebedürftigkeit
3.1.5	Gesundheit im Alter
3.1.6	Alterskrankheiten
3.1.7	Operative Eingriffe
3.1.8	Schlafstörungen
3.1.9	Schmerzsyndrome
3.1.10	Funktionelle Syndrome
3.1.11	Psychosomatik
3.2	Gerontopsychiatrie
3.2.1	Einleitung und Begriffsklärung
3.2.2	Gerontopsychiatrische Diagnostik und Klassifikation
3.2.3	Epidemiologie
3.3	Gerontopsychiatrische Krankheitsbilder
3.3.1	Das depressive Syndrom
3.3.2.	Das suizidale Syndrom
3.3.3	Paranoide und paranoid-halluzinatorische Syndrome
3.3.4	Das hirnorganische Syndrom und dementielle Prozesse
3.3.5	Sucht im Alter: Alkoholabhängigkeit, Medikamentenabhängigkeit und -mißbrauch
3.3.6	Persönlichkeitsstörungen und Charakterneurosen
3.3.7	Neurosen, psychogene Reaktionen, reaktive Entwicklungen und Borderlinestörungen
3.4	Chronisch psychisch Kranke im Alter
3.4.1	Die Schizophrenie im Alter
3.4.2	Manisch-depressive Erkrankungen
3.5	Neurologie
3.5.1	Das Parkinson-Syndrom
3.5.2	Die Multiple Sklerose
3.5.3	Das Korsakow-Syndrom
3.5.4	Das apoplektische Syndrom: Der Schlaganfall
3.5.5	Epilepsien

3.1 Geriatrie: Einleitung und Begriffsbestimmung

Das Alter ist mit **somatischen Veränderungen** und häufig mit **körperlicher Krankheit** und/oder Behinderung verbunden. Es besteht die Gefahr, die körperlichen Beschwerden alter Menschen in ihrer weitreichenden Bedeutung für das Erleben und Verhalten entweder zu **unterschätzen** oder auch zu **überschätzten** (sowohl durch den Arzt und andere Helfer, wie durch den Patienten selbst und durch seine Umgebung). Dies geschieht im Gegenzug gegen das lang vorherrschende defizitäre Bild vom Altern, das durch biologischen Abbau und soziale Ausgrenzung geprägt war. Heute wird das Alter eher als ein rosiger, durch die Fortschritte der Medizin dazugeschenkter Lebensabschnitt gesehen, in dem Einschränkungen, Leiden und Krankheit kaum noch einen Platz haben. Vielmehr werden psychische Probleme in den Mittelpunkt gerückt. Andererseits gibt es psychische Störungen, bei denen ein immenser Aufwand an somatischer Diagnostik fehlinvestiert wird. Die differentielle Diagnostik von Störungen, Behinderungen und Krankheiten stellt eine äußerst komplexe, schwierige und zeitaufwendige Aufgabe dar.

Beginnende körperliche Krankheiten machen sich oftmals zunächst psychisch bemerkbar. Andererseits wird ebenso häufig vernachlässigt, psychische Störungen körperlich zu hinterfragen. Wir wissen schließlich auch, daß die seelische Verfassung einen wesentlichen Einfluß auf das körperliche Funktionieren ausüben kann. Die Psychosomatik hat für einige typische Körperstörungen dazu disponierende psychische Konstellationen beschrieben.

Die medizinische Lehre von Diagnostik und Behandlung von Krankheiten im Alter wird als **Geriatrie** bezeichnet. Diese Spezialisierung und Identitätsbildung des „Geriaters" wird gefordert, weil
- altersbedingte Faktoren das Wissen vieler medizinischer Fachgebiete modifizieren
- die spezielle Bedingung der Multimorbidität (= das gleichzeitige Auftreten von mehreren Krankheiten) berücksichtigt werden muß
- unter vorsorgeorientiertem Gesichtspunkt Risikopatienten herausgefunden werden müssen
- eine mögliche altersbedingte geistige Einschränkung eine spezielle Form des Umgangs mit dem Kranken notwendig macht
- eine besondere Berücksichtigung der rechtlichen Schutzbedürftigkeit erforderlich werden kann
- das Spannungsfeld körperlicher und psychischer Veränderung berücksichtigt werden muß
- medizinische Maßnahmen u.U. anders gewichtet werden müssen als in jüngeren Jahren

- geriatrische Medizin wesentlich rehabilitativ orientiert ist, aber gleichzeitig das hohe Risiko der Chronifizierung und Todesnähe zu berücksichtigen hat
- geriatrische Medizin in besonderer Weise mit anderen Berufsgruppen zu kooperieren hat (nach Bruder et al., 1991).

Die zentraleuropäische Arbeitsgemeinschaft deutschsprachiger gerontologischer/geriatrischer Gesellschaften hat 1990 die Frage „Was ist ein geriatrischer Patient" mit folgender Definition beantwortet: „Ein geriatrischer Patient ist

- ein biologisch älterer Patient
- der durch altersbedingte Funktionseinschränkungen bei Erkrankungen akut gefährdet ist
- der zur Multimorbidität neigt
- bei dem besonderer Handlungsbedarf rehabilitativ, somatopsychisch und psychosozial besteht".

Als **Frühgeriatrie** wird neuerdings der Zweig der Medizin abgegrenzt, der sich mit vorzeitigen Alterserscheinungen, insbesondere den verschiedenen Formen zerebrovaskulärer Insuffizienzen und den dazu disponierenden Risikofaktoren befaßt. Zielgruppe sind Patienten unter 65 Jahren (ab ca. 35 Jahren), die zumeist noch im Arbeitsleben stehen. Die Frühgeriatrie ist vorsorgeorientiert; ihre Aufgabe ist die präventive Behandlung.

In diesem Kapitel wird der Blick auf körperliche Krankheiten gelenkt. Es soll damit auf die vielfältigen Interaktionsprozesse zwischen organischem/biologischem Altern und psychischem Befinden, Erleben und Verhalten aufmerksam gemacht werden, indem einige Krankheiten in ihrer Symptomatik dargestellt und durch Fallbeispiele ergänzend illustriert werden.

3.1.1 Biologisches Altern

Das maximal erreichbare Alter eines Menschen ist durch biologische Gegebenheiten begrenzt. Das höchste objektiv belegte Alter eines Menschen beträgt 113 Jahre. Zur Erklärung biologischen Alterns wurden verschiedenste Theorien aufgestellt (Curtis, 1968). Im Zentrum der heute diskutierten Theorien stehen **genetische Theorien**. Man nimmt an, daß sich Alterungsprozesse wesentlich an den Desoxyribonukleinsäuren (DNS) und an den Interzellularsubstanzen abspielen. Das **Altern der Zelle** wird gegenwärtig als biologischer Grundvorgang angesehen; ihr maximales Alter sowie die Abnahme ihrer selbsterhaltenden Fähigkeiten grenzt die Lebenslänge des Organismus ein. Sowohl genetische (erbliche) Festlegungen der Zellausstattung wie auch äußere (schädigende) Einflüsse können zu Fehlerhäufungen im DNS-Molekül führen und damit den biologischen Alternsvorgang entscheidend beeinflussen. Dadurch bedingte Störungen des Stoffwechsels können sich jedoch u.U. erst sehr langsam auswirken (Lang, 1983).

Aus biologischer Perspektive ist Altern als ein physiologischer Rückbildungsvorgang aufzufassen, bei dem eine Vielzahl von Organen und Geweben durch Involution (Rückbildung) und Atrophie (Schwund) irreversibel betroffen sind. Dadurch kommt es zu einer allgemeinen und fortschreitenden Abnahme der Anpassungsfähigkeit der homöostatischen Regelsysteme an sich verändernde Umweltbedingungen. Sie bedingen das eigentliche Phänomen körperlichen Alterns und damit auch eine abnehmende Leistungsfähigkeit wie ein erhöhtes Erkrankungsrisiko. So verfügt beispielsweise ein 80jähriger auf sein persönliches 30. Lebensjahr bezogen nur noch über die Hälfte der kardio-vaskulären Leistungsbreite. Die Filtrationsrate der Nieren ist bei ihm aufgrund der Reduktion der Durchblutung um 50% gesunken (Schütz, 1987). Man könnte aufgrund der veränderten physiologischen Bedingungen von einer „inneren Krankheitsdisposition" sprechen (Steinmann, 1980).

Die Organe eines Menschen altern unterschiedlich. Die folgende Abbildung vermittelt einen Eindruck über die mit zunehmendem Alter nachlassenden verschiedenen biologischen Funktionswerte. Sie zeigt, daß sich die Zusammensetzung des Körpers – bezogen auf Flüssigkeitskompartimente und Körperfett – mit dem Alter ändert.

Die individuelle biologische Ausstattung, die ein Mensch durch seine Erbanlagen mitbekommt, spielt also für Gesundheit und Krankheit im Leben und damit auch im Alter eine sehr wichtige Rolle. Dabei sind die vielfältigen interindividuellen Differenzen wie auch die Unterschiede hinsichtlich der Ausstattung und der Adaptationsfähigkeit der verschiedenen Organe zu berücksichtigen.

Alter und **Krankheit** sind nicht gleichzusetzen, sie sind zwei weitgehend **unabhängig** voneinander verlaufende Ereignisse. Die beschriebenen physiologischen Veränderungen können jedoch das Auftreten von Krankheiten begünstigen: Man stirbt nicht am Alter, sondern an einer Krankheit wie z.B. einer Lungenentzündung (Man stirbt nicht **an** Alzheimer, sondern **mit** der Alzheimer-Krankheit).

In den letzten Jahren wurde die Bedeutung von Hormonen und insbesondere die des **Immunsystems** für den Alterungsprozeß immer mehr erforscht. Unter Immunität versteht man die Fähigkeit des Organismus, sich gegen

3.1 Geriatrie: Einleitung und Begriffsbestimmung

körperfremde Substanzen, speziell gegen Krankheitserreger zu wehren. Dazu muß der Organismus zwischen körpereigenen und körperfremden Strukturen unterscheiden können. Neben einer angeborenen Immunität gibt es eine spezifische Immunität, die im Laufe des Lebens durch Auseinandersetzung mit bestimmten Antigenen erworben wird. Psychische Belastungen haben einen entscheidenden Einfluß auf die Empfänglichkeit und den Verlauf von Krankheiten (Hoffmann & Hochapfel, 1991). Mit zunehmendem Lebensalter einhergehende Aktivitätseinbußen der Immunabwehr betreffen vermutlich gleichermaßen die angeborene wie die spezifische Immunität der Persönlichkeit.

Gehirngewicht	56%
Gedächtnisleistung	herabgesetzt
Reaktionsgeschwindigkeit	verlangsamt
Zerebrale Zirkulation	80%
Regulationsgeschwindigkeit des Blut-pH	17%
Herzschlagvolumen in Ruhe	70%
Anzahl der Nierenglomeruli	56%
Glomeruläre Filtration	69%
Nieren-Plasmafluß	50%
Anzahl der Nervenfasern	63%
Nervenleitgeschwindigkeit	90%
Anzahl der Geschmacksknospen	35%
Maximale O_2-Aufnahme im Blut	40%
Maximale Ventilationsrate	53%
Maximaler Exspirationsstoß	43%
Vitalkapazität	56%
Nebennierenfunktion	Abnahme
Gonadenfunktion	Abnahme
Handmuskelkraft	55%
Maximale Dauerleistung	70%
Maximale kurzfristige Spitzenleistung	40%
Grundstoffwechsel	80%
Gesamtkörperwasser	82%
Körpergewicht (Mann)	88%

Abb. 3.1. Organfunktionen im 75. Lebensjahr (30. Lebensjahr = 100%, Schätzwerte). (Schütz 1987, S.156).

Zahlreiche Hinweise deuten darauf hin, daß in erster Linie der thymusabhängige Teil des Immunsystems während des Alternsprozesses betroffen ist. Die Thymusdrüse produziert verschiedene Hormone. Die Abnahme ihrer Konzentration beginnt etwa zwischen dem 25. und 30. Lebensjahr; im 60. Lebensjahr sind nur noch geringe Konzentrationen nachweisbar. Eine Thymektomie im Erwachsenenalter führt zum vorzeitigen Auftreten immunologischer Begleiterscheinungen des Alterns. Diese Veränderungen sind häufig nicht eklatant, werden aber für eine überdurchschnittlich häufige Krankheits- und Infektionsanfälligkeit verantwortlich gemacht. So findet sich etwa eine Tuberkulose bei über 70jährigen deutlich häufiger als bei unter 70jährigen. Lungenentzündungen, insbesondere durch Virusinfektionen sind ebenfalls im höheren Alter häufiger. Auch besteht zwischen dem Funktionszustand des Immunsystems und der Anfälligkeit für bestimmte maligne Tumoren eine nachweisbare Beziehung. Es wird sogar ein Zusammenhang zwischen dem Sterblichkeitsrisiko und der Konzentration von Autoantikörpern und anderen immunologischen Faktoren diskutiert. Aufgrund der veränderten Immunabwehr verlaufen die Krankheiten im Symptombild ärmer und tragen deshalb erheblich zu differentialdiagnostischen Schwierigkeiten bei.

Diese verschiedenartigen Funktionsänderungen können jedoch ein ganzes Altern lang klinisch stumm bleiben, solange sich nicht eine krankhafte oder krankmachende Störung dazugesellt. So kann man etwa beobachten, daß eine Grippe bei alten Menschen zunächst eine u. U. erschwerte Rekonvaleszenz zeigt, in der Folge aber neue Erkrankungen, z.B. auch psychische Störungen wie eine Depression nach sich ziehen kann. **Je besser akute Krankheiten in ihrer Ursache behandelt werden, desto wahrscheinlicher lassen sich Folgekrankheiten vermeiden.**

Das lange Zeit die Gerontologie beherrschende Bild von Abbau und Defizit scheint durch das Aufzeigen derartiger biologischen Veränderungen von neuem bestätigt. Dadurch soll jedoch keineswegs eine resignative Grundeinstellung festgeschrieben werden. Vielmehr möchte ich damit den Blick auf die vielfältigen psychischen Belastungen und Bedrohungen lenken, denen der ältere Mensch ausgesetzt ist. Würde ein 30jähriger an gleichzeitig mehreren Behinderungen und Krankheiten leiden, so kann er nicht anders reagieren, als wir es bei alten Menschen sehen.

Auf die Bedeutung der psychischen Verarbeitung der biologischen Vorgaben wurde bereits in Kap. 2 aufmerksam gemacht. Fest steht, daß die Entscheidung, wann eine Störung als behandlungsbedürftig interpretiert wird und daraufhin eine Behandlung eingeleitet werden kann, wesentlich von der Selbstwahrnehmung, der Sozialisation und vom Hilfesuchverhalten des Patienten abhängt. Das Hilfesuchverhalten seinerseits wird wesentlich durch die Toleranz eines Menschen gegenüber Störungen, seiner Wahrnehmungsfähigkeit von Veränderungen und schließlich durch sein vorsorgeorientiertes Denken beeinflußt und damit wesentlich durch seine Persönlichkeit bestimmt.

Im subjektiven Erleben kann es etwa nach einer Krankheit (z.B. fieberhafte Grippe) oder einer Operation (Narkose) zu einem „Befindlichkeitsknick" kommen: „Seit dem Zeitpunkt komme ich nicht wieder richtig auf die Beine, schaffe ich alles nicht mehr so wie früher, habe ich mich nie mehr richtig gesund gefühlt". Medizinisch gesehen kann **ein Mensch als so alt wie seine Anpassungsfähigkeit an die jeweilige Situation** bezeichnet werden.

Mit zunehmendem Alter steigt das Risiko, krank zu werden, an: Der Anteil der alten Menschen an der Bevölkerung im vereinten Deutschland beträgt 20%, 1990 waren es in der BRD 21%, in der früheren DDR 18% (Bericht der Sachverständigenkommission zur Erstellung des 1. Altenberichtes der Bundesregierung 1993). Unter den Kranken sind es immerhin 36%, die älter als 65 Jahre sind. Sie stellen damit mehr als 1/3 der kranken, d.h. der **behandlungsbedürftigen Bevölkerung** dar. Unter ihnen sind viermal so viele Frauen wie Männer.

3.1.2 Krankheit im Alter

Mit zunehmendem Alter steigt auch die **Behandlungsdauer**: Alte Menschen weisen im Verhältnis die längsten Krankenhausaufenthalte auf. Während die 15- bis 64jährigen durchschnittlich 8 Tage stationär behandelt werden, bleiben die 64- bis 74jährigen im Durchschnitt 50 Tage, die über 65jährigen 72 Tage (KDA-Gutachten über geriatrische Einrichtungen, Nr.1373). Diese hohe Verweildauer wurde durch die Expertise zum Altenbericht der Bundesregierung (IV) 1993 von Lang, Bahr und Arnold bestätigt: Die Verweildauer in geriatrischen bzw. gerontopsychiatrischen Einrichtungen wird mit einem Durchschnitt von 69 Tagen angegeben. In Kliniken mit vorwiegend Akutkranken verkürzt sich die Verweildauer auf 38 bis 61 Tage, in solchen mit vorwiegend chronisch Kranken verlängert sie sich auf 41 bis 170 Tage.

Der Anteil **chronisch Kranker** nimmt ab dem mittleren Lebensalter sprunghaft zu: Bei den 15jährigen betrug der Anteil an chronisch Kranken 14%, bei den 15- bis 40jährigen 34%, bei den 40- bis 65jährigen 71% und schließlich bei den über 65jährigen 89%.

Alte Frauen bzw. **Rentnerinnen** stellen den überwiegenden Anteil der im Krankenhaus behandelten alten Menschen dar und haben die höchste Verweildauer: 27 Tage durchschnittlich (Hinschützer & Momber, 1984; S.301).

Die Fortschritte der Medizin haben nicht nur zur Lebensverlängerung beigetragen, sondern vor allem dazu geführt, daß alte Menschen mit leichten und auch schweren körperlichen und geistigen Einschränkungen (mit chronischen Krankheiten und Behinderungen) weiterleben müssen.

Es werden große Anforderungen an die Bewältigungskompetenz eines alten Menschen gestellt: Noch vor etwa 20 Jahren waren Lungenentzündungen aufgrund von Bettlägerigkeit die häufigste Todesursache der meisten Menschen, die eine Oberschenkelhalsfraktur erlitten haben. Heute ist es möglich, selbst im höchsten Alter durch operative Eingriffe, d. h. mit einer Prothese weiterzuleben. Während man früher meist an einem Herzinfarkt starb, gilt es heute, mit den Verordnungen, Einschränkungen und ärztlichen Weisungen diszipliniert weiterzuleben. Die psychische Bewältigungsaufgabe hat sich insofern verändert: Nicht nur plötzlich eintretende Krisen müssen gemeistert werden, sondern vor allem die chronischen Einschränkungen müssen täglich bewältigend „gelebt" werden und stellen damit beträchtliche Anforderungen an die psychische Stabilität.

Folgende verschiedene Krankheitsgruppen werden im Alter unterschieden:

- **Körperliche Funktionseinschränkungen**: ihnen ist keinesfalls Krankheitswert im engeren Sinne beizumessen, ihr Auftreten wird aber mit steigendem Lebensalter wahrscheinlicher (z.B. Nachlassen der Sehkraft).
- **Krankheiten im Alter** sind solche, die im Alter ebenso wie in jüngeren Jahren auftreten können; durch das Alter und seine Begleiterscheinungen ergeben sich jedoch besondere diagnostische und therapeutische Bedingungen sowie daraus resultierende psychosoziale Konsequenzen. Es gibt Krankheiten, die der Differentialdiagnostik durch ihren atypischen Verlauf im Alter ein spezielles Wissen abverlangen (z.B. Blinddarmentzündung).
- **Krankheiten**, die einen Menschen mehr oder weniger schon sein Leben lang begleiten, werden auch als **alternde Krankheiten** bezeichnet (z.B. lang bestehender Rheumatismus oder „mein" Magen).
- **Chronifizierende Krankheiten** entwickeln sich langsam, zeigen einen schleichenden Verlauf und dauern lange an (z.B. Bronchialinfekte, offene Beine, etc.).
- **Primäre Alterskrankheiten** sind solche Krankheiten, die erstmals im Alter auftreten: ihre Ursachen sind neu auftretende, altersbedingte Organveränderungen (z.B. Altersdiabetes, Arteriosklerose).

Diese Unterscheidung spielt für den Arzt im Hinblick auf Prognose und Behandlungsplan eine wichtige Rolle. Für den

Patienten bedeuten die verschiedenen Krankheitsformen unterschiedliche Anforderungen an die jeweilige psychische Verarbeitungskapazität.

Um von Krankheit sprechen zu können (Lauter, 1972), muß erst ein bestimmter kritischer Schwellenwert überschritten sein. Bevor eine Krankheit als solche diagnostiziert werden kann, werden bereits subjektiv und meist unbewußt Symptome bemerkt, die über das Empfinden: „Ich kann nicht mehr so wie früher" z.B. als Versagen interpretiert werden. Lauter weist in diesem Zusammenhang auf die sogenannte „prämonitorische Funktion der Depression" hin: So kann eine depressive Symptomatik eine maligne Erkrankung ankündigen.

Funktionsminderungen können lange „stumm" verlaufen, weil sie im Sinne des Gleichgewichtes noch gerade kompensiert werden; häufig treten sie erst bei einem Krankheitsausbruch zu Tage. Ein „**maskierter Verlauf**" von Krankheiten, wie er im Alter häufiger anzutreffen ist, kann die ärztliche Diagnostik komplizieren:

- Es kann zu einer **Veränderung der Schmerzwahrnehmung** kommen. Die Schmerzintensität kann nachlassen oder Schmerzen können ohne nachweisbare Ursache auftreten, Qualität und Lokalisation können oft nicht genau beschrieben werden.
- Es kann zu einer **Veränderung der Temperaturregulation** kommen: In jüngeren Jahren gehen schwere Erkrankungen häufig mit hohem Fieber einher, im Alter dagegen können sie ohne Fieber ablaufen.

Kommt es aus unerfindlichen Gründen **akut** zu einer Verschlechterung des Gesundheitszustandes oder der Körperfunktionen, so bedarf dies der Diagnostik und ggf. Behandlung und darf nicht als Begleiterscheinung des Alterns interpretiert werden.

Objektiv gleiche Krankheiten können sowohl im Vergleich zwischen Jüngeren und Älteren, aber insbesondere auch **individuell** ganz verschiedene Auswirkungen haben. Je mehr z.B. eine Krankheit einen Lebensbereich trifft, der früher besonders bedeutsam für die subjektive Lebensqualität war, desto größer die Anforderung an die psychische Bewältigung. Jemand, der zum Erhalt seines psychischen Gleichgewichtes auf die motorische Abfuhr von Spannungen angewiesen ist – wozu sich etwa verschiedene Sportarten oder auch Hausarbeit anbieten – wird durch arthritische Beschwerden stärker behindert sein als jemand, der sich anderer Mittel bedient. Ist einem Menschen das Essen sehr wichtig, wird er durch diätetische Maßnahmen stärker eingeschränkt als jemand, für den das Essen kaum je mit Lust verbunden war. Schließlich ist die Frage, **in welche Lebenssituation** eine Krankheit trifft und welche Versorgungsmöglichkeiten existieren, sowie die Kumulierung derartiger Belastungen von Bedeutung. Dazu kommt, daß verschiedene Krankheiten sozial unterschiedlich akzeptiert werden: So gelten etwa ein Herzinfarkt oder ein Diabetes als sozial anerkannt. Eine schlecht sitzende Zahnprothese oder eine Geruchsbelästigung infolge von Inkontinenz können dagegen zur sozialen Ablehnung oder gar Isolation führen.

Das Symptom „Schlafstörungen" eignet sich schließlich besonders gut, um auf die vielfältigen Wechselwirkungen zwischen subjektiven (einschließlich der Persönlichkeit) und objektiven Momenten hinzuweisen.

Frau E., 75 Jahre alt, von gedrückter Stimmungslage, klagt über Schlafstörungen; diese wie auch die diagnostizierte leichte Depression werden vom Hausarzt behandelt. Sie hat mit ca. 69 Jahren eine Totaloperation gehabt. Sie ließ sich außerdem ihrer Krampfadern wegen operieren. Sie leidet an „offenen Beinen" und mußte sich einer Polypenentfernung im Darm unterziehen. Jetzt ist ein beginnender grauer Star diagnostiziert worden. Ihre Osteoporose wurde erst bekannt, als sie sich mit 70 Jahren durch einen Fahrradzusammenstoß einen Handbruch zuzog. Am Fußballen ist sie auch operiert worden. Sie leidet schließlich an einer leichten Schilddrüsenüberfunktion und einem leichten Diabetes. Sie macht kein Aufheben von ihren gesundheitlichen Störungen, lebt mit ihrem 77jährigen Mann zusammen. Sie kommt nicht auf den Gedanken, wegen ihrer psychischen Beschwerden Hilfe zu suchen.

3.1.3 Multimorbidität im Alter

Mit zunehmendem chronologischen Alter steigt die Wahrscheinlichkeit, **gleichzeitig** an mehreren Krankheiten und Behinderungen zu leiden. Dieses Phänomen wird als Multimorbidität bezeichnet. Es können voneinander unabhängige Krankheiten gleichzeitig auftreten, kausale Zusammenhänge zwischen den Störungen bestehen oder aber es kommt zu Wechselwirkungen: körperliche Krankheiten begünstigen psychische Beschwerden oder psychische Beschwerden verstärken die Wahrnehmung körperlicher Gebrechen. Je mehr Krankheiten gleichzeitig bestehen, desto höher die Anfälligkeit gegenüber akuten Krankheiten. Bei der medikamentösen Therapie ist die Gefahr von unerwünschten Neben- oder Wechselwirkungen zu berücksichtigen.

Auf der **objektiven Ebene des ärztlichen Befundes** stellt die Multimorbidität erhöhte Anforderungen an die ärztliche Diagnostik. Der Grundsatz medizinischer Diagnostik, möglichst alle beklagten Symptome in eine Krankheitseinheit einfügen zu können, ist bei älteren Patienten kaum mehr möglich. Verwirrend ist: was ist als Ausdruck von Altersvorgängen zu werten? Welche Krankheiten sind diagnostizierbar? Welche Symptome sind auf Wechselwirkungen zwischen Krankheitsprozessen und ihrer Behandlung zurückzuführen? Welche Symptome erfahren eine psychische Verstärkung oder Abschwächung? Welche körperlichen Symptome können Ausdruck einer psychischen Erkrankung sein?

Auf der **subjektiven Ebene** ist das Phänomen der Multimorbidität eine **spezifische Form der kumulativen Belastung** und stellt damit hohe Anforderungen an die psychischen Bewältigungsformen des alten Menschen. Das gleichzeitige Auftreten von mehreren Krankheiten bei schon vorhandenen Funktionseinbußen kann die Wahrscheinlichkeit erhöhen, daß die damit einhergehenden Belastungen nicht mehr verkraftet werden können und es zu einer psychischen Dekompensation kommt.

Andererseits kann wiederum psychische Überbelastung mit einhergehender Reduktion der Abwehrkräfte zu körperlichen Symptomen bzw. körperlichen Krankheiten führen oder deren Auftretenswahrscheinlichkeit erhöhen. Wie bereits erwähnt, äußern sich viele körperliche Krankheiten im Alter zunächst psychisch.

Alterspatienten, die wegen körperlicher Krankheiten hospitalisiert werden, leiden häufiger an seelischen Störungen als der Durchschnitt ihrer Altersgenossen. 4/5 der neu in einem psychiatrischen Krankenhaus aufgenommenen über 65jährigen leiden an körperlichen Krankheiten. Über eine kausale Beziehung ist zunächst noch keine Aussage zu machen. Für die **Betreuung und Behandlung** älterer Menschen durch nichtärztliches Personal bedeutet dies, daß dieses über medizinische Veränderungen im Alter und körperliche Krankheiten gut informiert sein muß und im Rahmen seiner Möglichkeiten für eine optimale Gesamtbehandlung Sorge zu tragen hat. Auf der **institutionellen Versorgungsebene** trägt die Multimorbidität zu einem erhöhten Fehlplazierungsrisiko bei, da unsere gesundheitlichen Versorgungseinrichtungen jeweils auf einen Behandlungsschwerpunkt ausgerichtet sind.

Die Abbildung 3.2 verdeutlicht den Zusamenhang zwischen der Anzahl der Diagnosen und dem Lebensalter: Während bis etwa zum 35. Lebensjahr nur eine Diagnose gestellt wird, sind es bei den über 70jährigen gleichzeitig bis zu 8 Diagnosen.

Abb. 3.2. Anzahl der Diagnosen in den einzelnen Altersstufen. (Kühn und Schirmeister, 1982;S.1219.

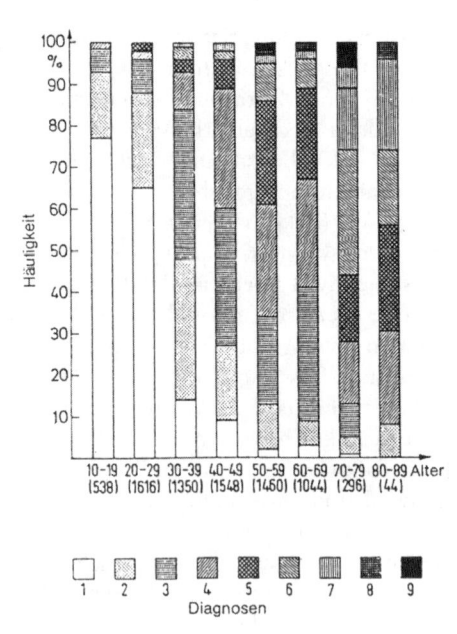

3.1.4 Der Krankheitsbegriff der gesetzlichen Krankenversicherung und Pflegebedürftigkeit

Der gesetzlichen Krankenversicherung zufolge spricht man von „Krankheit" wenn „ein regelwidriger Körper- und Geisteszustand der ärztliche(n) Behandlung bedarf oder zugleich oder ausschließlich Arbeitsunfähigkeit zur Folge hat" (Bieback, 1978); der Bundesgerichtshof definiert Krankheit als „jede Störung der normalen Beschaffenheit oder der normalen Tätigkeit des Körpers, die geheilt, d.h. beseitigt oder gelindert werden kann". In bezug auf alte Menschen sind folgende Kritikpunkte anzumerken:

Alte Menschen gehen in der Regel keiner beruflichen Tätigkeit mehr nach; ihre Arbeitsfähigkeit (Belastungsfähigkeit) bemißt sich an der Selbstversorgung und Fürsorge für das eigene Leben. Außerdem sind psychische Störungen bei dieser Definition nicht genügend berücksichtigt.

Die Rechtssprechung des Bundessozialgerichtes erweitert diese Definition in der Weise, „daß die Regelwidrigkeit nicht an der morphologischen Idealform, sondern am ‚Leitbild des **gesunden** Menschen' orientiert werden muß" (Bieback, 1978). Mit dieser Verschiebung vom Kausalitätsprinzip zu einem Finalitätsprinzip ist ein wesentlicher Bereich der Zwischenstadien von Gesundheit und Krankheit in die Leistungspflicht der Gesetzlichen Krankenversicherung (GKV) mit einbezogen.

Der Krankheitsbegriff besitzt also im Alter andere Dimensionen als im jüngeren Leben: Multimorbidität, protrahierte Krankheitsverläufe, längere Rekonvaleszenzen und psychosoziale Störungen führen zu anderen Versorgungsbedürfnissen als im Erwachsenen- und Jugendalter.

Der Begriff der **Pflegebedürftigkeit** ist in unserer Gesetzgebung nicht einheitlich definiert. Die Einigung besteht darin, Pflegebedürftigkeit als einen **Grad der Hilflosigkeit** eines Menschen zu beurteilen, **der so hoch ist, daß der Betreffende nicht ohne Wartung und Pflege sein kann** (Deutscher Bundestag, 1984, S.3;1. Teilbericht der Sachverständigenkommisssion, 1991). Pflegebedürftigkeit bedeutet derzeit in der Regel die Ausgrenzung aus Leistungsrechten der Krankenversicherungen. Das hat belastende finanzielle Auswirkungen, die das Risiko der Sozialhilfeabhängigkeit zur Folge haben. Außerhalb der deutschen Rechtstradition gibt es den Begriff der Pflegebedürftigkeit nicht.

In der früheren DDR gab es zwar den Begriff der Pflegebedürftigkeit; dort war er jedoch nicht mit der drohenden Ausgrenzung verbunden. Für die Gesundheitsversorgung waren Heimärzte zuständig, die auch für prophylaktische und rehabilitative Maßnahmen pflegebedürftiger Heimbewohner Sorge zu tragen hatten. In der häuslichen Versorgung bedeutet Pflegebedürftigkeit im wesentlichen Grundpflege. Im Krankenhaus spricht man von Pflegefall, wenn eine zielstrebige medizinische Heilbehandlung wegen unzureichender Erfolgsaussichten nicht mehr sinnvoll ist.

Pflegebedürftigkeit kann auch Folge einer natürlichen Abnutzung des Körpers sein, und die dadurch bedingte Leistungsminderung gilt als eine mögliche und meist irreversible Begleiterscheinung des hohen Alters. Nach dem Bericht der Bundesregierung zum Problem der Pflegebedürftigkeit liegt die Zahl der im Haushalt lebenden und auf Hilfe angewiesenen Personen bei 1,6 Millionen; 970000 pflegebedürftige Männer und Frauen leben in Heimen (KDA-Info, 1993). Während Pflegebedürftigkeit in jüngeren Lebensjahren zweifelsfrei als krankheitsverursacht angesehen wird, werden im Alter meist Altersgebrechen und Krankheiten für sie verantwortlich gemacht.

Hilfsbedürftigkeit tritt besonders häufig infolge chronischer Krankheit auf. Im höheren Lebensalter ist das Risiko, chronisch krank zu sein, wie bereits beschrieben, erheblich: 86% leiden an chronischen Krankheiten (Hinschützer und Momber, 1982). Insofern bedroht das Lebensrisiko der **Pflegebedürftigkeit** besonders ältere Menschen.

Die Beurteilung der Gesundheit im Alter ist nach den vorausgegangenen Hinweisen auf die vielfältigen biologischen und krankheitsbedingten Veränderungen kompliziert. Von ‚gesund' und ‚krank' im Sinne eines Entweder-Oder zu spre-

3.1.5 Gesundheit im Alter

3. Medizinische Aspekte des Alterns

chen ist nicht möglich, obgleich gerade im Laienverständnis vieler Menschen diese Vorstellung sehr verbreitet ist. Begriffe für das „Dazwischen" im Sinne einer „relativen Gesundheit" sind schwer zu finden. Goethe sagt: „Wenn der Mensch sein Physisches und Moralisches nur recht bedenkt, so findet er sich gewöhnlich krank". Der Vergleich mit dem, was „immer noch besser" sein könnte, findet über den gesamten Lebenslauf hin statt; im Alter finden sich jedoch aufgrund der vielfältigen Störungen häufiger reale Anknüpfungspunkte.

Wir können Gesundheit als einen multifaktoriell determinierten **Gleichgewichtszustand** auffassen, in dem das Gesundsein als ein Prozeß zu verstehen ist, in dem Anpassungsleistungen immer wieder neu zu vollziehen sind:

Abb. 3.3. Faktoren, die auf die Gesundheit des Menschen einen Einfluß haben. (Junkers,1987;S. 184)

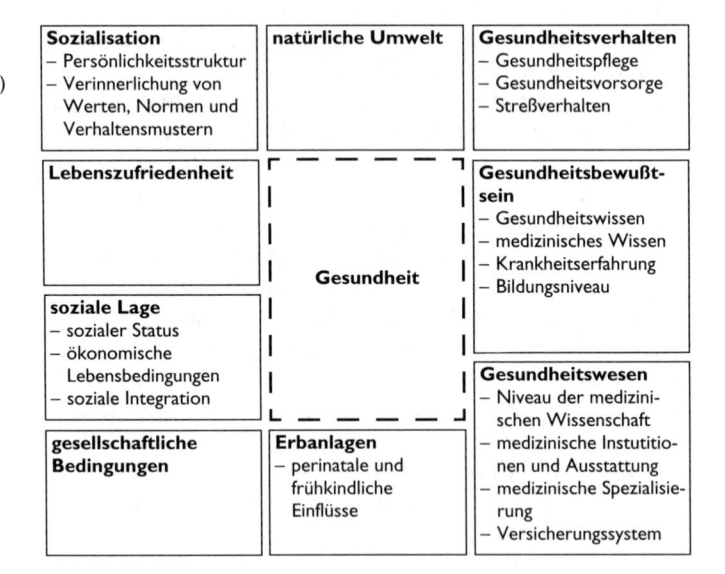

Sozialisation – Persönlichkeitsstruktur – Verinnerlichung von Werten, Normen und Verhaltensmustern	**natürliche Umwelt**	**Gesundheitsverhalten** – Gesundheitspflege – Gesundheitsvorsorge – Streßverhalten
Lebenszufriedenheit **soziale Lage** – sozialer Status – ökonomische Lebensbedingungen – soziale Integration	**Gesundheit**	**Gesundheitsbewußtsein** – Gesundheitswissen – medizinisches Wissen – Krankheitserfahrung – Bildungsniveau
gesellschaftliche Bedingungen	**Erbanlagen** – perinatale und frühkindliche Einflüsse	**Gesundheitswesen** – Niveau der medizinischen Wissenschaft – medizinische Institutionen und Ausstattung – medizinische Spezialisierung – Versicherungssystem

Gross (1980) betont bei seiner Definition von Gesundheit, daß hier es um dynamische und adaptative Aspekte in einem Gleichgewicht geht. Er hebt hervor, daß es sich bei der Gesundheit um ein Gleichgewicht von körperlicher Integrität, Adaptationsfähigkeit des Organismus und Wohlbefinden handelt. Altern kann nach dieser Gesundheitsdefinition als ein Prozeß aufgefaßt werden, der die Adaptationsfähigkeit verschiedener Regelkreise zu unterschiedlichen Zeitpunkten und in unterschiedlichem Maße einengt und auf diese Weise Risiken entstehen läßt, die die Erwartungswahrscheinlichkeit für bestimmte Krankheiten erhöhen.

Physische und psychische Gesundheit kann in keinem Lebensabschnitt klar getrennt werden; aber die Unterscheidung gestaltet sich mit zunehmendem Lebensalter immer schwieriger. Insofern hat die Adaptationsfähigkeit eine körperliche wie auch gleichzeitig eine seelische Dimension. Daraus ergibt sich, daß es bei Veränderungen **eines** Teiles in diesem Gleichgewicht zur Störung in dem Gesamtgefüge kommen kann.

Für die Erfassung und **Beurteilung** von Gesundheit stehen verschiedene Betrachtungsebenen zur Verfügung. Zunächst soll die **objektive** von der **subjektive** Ebene unterschieden werden:

Die **objektive** Beurteilung von Gesundheit orientiert sich an statistischen Normen von Gesundheit in Abhängigkeit vom chronologischen Alter. Sie ist üblicherweise für die Erstellung des ärztlich-medizinischen Befundes maßgeblich. Dieser umfaßt die ärztliche Untersuchung nach den für relevant erachteten Parametern (z.B. Blutbild, Urinstatus, EKG einschließlich ihrer altersspezifischen Veränderungen etc.). Die für das Krankenversicherungssystem (auch für Lebensversicherungen, Gerichte, etc.) entscheidende medizinische Beurteilung von Gesundheit stützt sich auf medizinische Befunde. Gleichzeitig werden auch die Befunde durch die Normvorgaben der Versicherungen beeinflußt (man wird z.B. aufgrund des medizinischen Befundes „gesund geschrieben"). Die **Vielfalt der möglichen Befunde** ist nie so groß wie im Alter: durch die Veränderungen, die durch die Verlängerung des Lebens mitbedingt sind, kommt es zu einer Veränderung der bisher angenommenen Normvorstellungen (ein 70jähriger kann von besserer Gesundheit und Leistungsfähigkeit sein als ein 50jähriger).

Einige Forscher sprechen von **relativer Gesundheit**, wenn sie „Gesundheit" abzüglich der Einschränkung durch eine oder mehrere chronische Behinderungen oder Krankheiten meinen. Dies ist nach meiner Meinung die eigentliche Norm im Alter. Viele ältere Menschen passen sich automatisch an ihre Einschränkungen und Behinderungen an, es kommt zu einer „Ich-Syntonisierung" der Beschwerden; d.h. durch die Adaptationsfähigkeit werden Behinderungen als „selbstverständlich" erlebt.

Andererseits gibt es ältere Menschen, die ihre Gesundheit anders einschätzen, als dies dem objektiven Gesundheitsstatus entsprechen würde, indem sie sich z.B. als anfälliger wahrnehmen, jedoch weniger häufig auf Symptome als jüngere Altersgruppen reagieren. Insofern gewinnt für sie die subjektive Dimension von Gesundheit eine wachsende Bedeutung.

Die **subjektive** Beurteilung von Gesundheit orientiert sich an dem vom Individuum erlebten körperlich-seelischen Allgemeinzustand und dem gewünschten Idealzustand, der sich

3. Medizinische Aspekte des Alterns

aufgrund der Gesundheitsvorgeschichte als individuelle Norm herausgebildet hat. Nietzsche sagt sinngemäß, daß es **die** Krankheit nicht gibt, sondern „nur meine und deine Krankheit", also nur eine subjektiv erlebte. Die subjektive Beurteilung der Gesundheit drückt sich in der Befindlichkeit aus. Die **Befindlichkeit** meint das grundlegende Sichbefinden, die zentrale, nicht in einzelne Gefühle oder Stimmungen differenzierte Gestimmtheit (Heidegger), durch die sich der Mensch in seinem Verhalten getragen und bestimmt erlebt, die aber von ihm nicht (willentlich) beherrschbar ist. Den Lust- und Unlustgefühlen, der emotionalen Getöntheit und den vitalen Leib- bzw. Körpergefühlen kommen bei der Einschätzung eine besondere Bedeutung zu (Peters, 1977).

Das subjektive Befinden bildet die Grundlage für **die Selbsteinschätzung des globalen Gesundheitszustandes**. Sie ist als eine bilanzierende Bewertung der gesamten Befindlichkeiten zu verstehen, ist also psychologischer Natur. Die psychogerontologische Alternsforschung (z.B. Lehr und Thomae, 1987) konnte zeigen, daß diese Betrachtungsweise für ältere Menschen eine weitaus größere Rolle spielt als die objektive. Schütz (1987) möchte entsprechend dieser Sichtweise die Ärzte dazu aufgefordert wissen, diejenigen, die sich krank fühlen, auch als krank zu betrachten, und ihre noch so unwahrscheinlich klingende Klage mit genügendem Ernst aufzunehmen. Die Wahrnehmung und Bewertung der eigenen Gesundheit, also die **subjektive Gesundheitseinschätzung**, beeinflußt wesentlich die Einstellung zur Zukunft (Abb. 3.4) wie auch das psychische Wohlbefinden; sie besitzt außerdem eine stärkere Vorhersagekraft sowohl für die Lebenszufriedenheit älterer Menschen (z.B. Cockerham et al., 1983) wie auch für das eigene Sterbedatum als der objektive Status.

Abb. 3.4. Zusammenhang zwischen einem guten Gesundheitszustand und einer positiven Zukunftseinstellung. (Lehr, 1984)

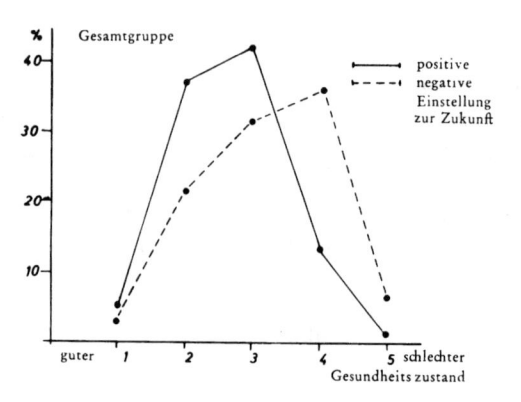

3.1 Geriatrie: Einleitung und Begriffsbestimmung

Eine schlechte Selbsteinschätzung der Gesundheit steht außerdem mit niedriger Selbstwerteinschätzung, gedrückter Stimmung und Unzufriedenheit mit dem bisherigen und gegenwärtigen Leben (Levkoff et al., 1987) in Zusammenhang.

Schlechte physische Gesundheit und chronische Behinderungen stellen andererseits einen der **hauptsächlichen Risikofaktoren** für seelische Störungen im höheren Lebensalter dar (MURPHY, 1983).

Abb. 3.5. Subjektiver und objektiver Gesundheitszustand im Lichte von Längsschnittstudien. (Lehr und Thomae, 1987)

Einschätzung	Gesamtgruppe	Männer			Frauen			Männer und Frauen	
		60 – 65 J.	70 – 75 J.	gesamt	60 – 65 J.	70 – 75 J.	gesamt	60 – 65 J.	70 – 75 J.
subjektiv schlechter	24,52	26,78	15,25	20,87	29,52	24,52	26,21	28,18	18,52
entsprechend dem Arzt	26,44	26,78	23,75	25,22	35,19	26,44	34,95	30,91	28,70
subjektiv besser	49,04	46,44	61,00	53,91	35,19	49,04	38,84	40,91	52,78
	100 %	100 %	100 %	100 %	100 %	100 %	100 %	100 %	100 %

	Gesamtstichprobe	Männer	Frauen
objektiv schlechter als Arzturteil	33,3 %	30 %	34,7 %
Übereinstimmung	39 %	30 %	42,3 %
subjektiv besser als Arzturteil	27,7 %	40 %	23 %

Trotz einer insgesamt abnehmenden Zufriedenheit, einhergehend mit dem subjektiven Gesundheitszustand bei steigendem Lebensalter, geben doch immerhin 50% der Männer und 48% der Frauen über 60 Jahre an, mit ihrer Gesundheit „eher zufrieden" zu sein (Möhlmann und Zollmann, 1989). Eine Umfrage von 1990 in den neuen Bundesländern ergibt, daß sich die Befragten zwar weniger gesund und leistungsfähig fühlten, jedoch eine relativ hohe Lebenszufriedenheit äußerten.

Die Einstellung zur eigenen Gesundheit und ihrer Erhaltung wird inzwischen als eine relativ konstante **Eigenschaft der Persönlichkeit** eines Menschen anerkannt. Der Umgang mit der persönlichen Gesundheit, ihre Förderung, ihre Erhaltung, und die Bereitschaft, dafür Kraft, Geld und Initiative einzusetzen ist weitaus mehr ein Ausdruck der individuellen Persönlichkeit und der sozialen Situation als der Ausdruck einer biologischen Ausstattung und eines naturwissenschaftlichen medizinischen Untersuchungsstatus. Im Laufe des Lebens bilden sich bei jedem Individuum folgende subjektiven Beurteilungsmaßstäbe der Gesundheit heraus:

Gesundheit als Persönlichkeitsmerkmal

- Die **Normvorstellung der Umwelt** hinsichtlich körperlicher Gesundheit, körperlicher Funktionstüchtigkeit und Leistungsfähigkeit, die im individuellen Sozialisationsprozeß ihren Niederschlag gefunden haben.
- Das Ausmaß an ungestörter **Funktionstüchtigkeit**, die ein Mensch **in seinem Leben erlebt** und damit für sich zum Maßstab gemacht hat.
- Die Toleranz oder **Wahrnehmungsschwelle** für Befindensstörungen oder -schwankungen im Sinne von Schmerzen, die ein Mensch im Laufe seines Lebens entwickelt hat.

Die Ergebnisse der Längsschnittstudie der Duke-Universität führten u. a. zur Unterscheidung von „Gesundheitsoptimisten" und „Gesundheitspessimisten": Die **Optimisten** sind im Durchschnitt älter, eher männlich, haben einen höheren Intelligenzquotienten, und vorwiegend Erfahrung mit nichtmanueller (geistiger) Beschäftigung, die sie auch im Alter fortführen können. Die Optimisten haben jedoch objektiv einen schlechteren Gesundheitszustand als die Pessimisten. Als mögliche Erklärung für die optimistische Verkennung des Gesundheitszustandes haben z. B. Cockerham, Sharp und Wilcox (1983) die Orientierung an Gleichaltrigen von schlechterem Gesundheitszustand angeführt („Gegenüber Frau X bin ich doch wirklich noch sehr fit!"). Die auf diese Weise erreichte reduzierte Erwartungshaltung an die Gesundheit kann jedoch auch zu einer Verleugnung von tatsächlich vorhandenen Symptomen führen.

Die **Pessimisten** der Duke-Studie sind jünger, eher weiblich, haben einen niedrigeren IQ und gehen meist einer manuellen Beschäftigung nach, die sie nach der Pensionierung bzw. Berentung nicht weiter fortführen können. Weitere Befunde zur pessimistischen Gesundheitseinschätzung werden dahingehend interpretiert, daß bei älteren Menschen seelische und soziale Belastungen mehr als in jüngeren Jahren mit einer negativen Einschätzung der Gesundheit korrelieren (Blazer und Houpt, 1979; Levkoff, Cleary und Wettle, 1987). So kann z.B. Einsamkeit zu mehr Selbstbeachtung (Mechanic, 1983) und nachfolgend zu mehr Angst führen, die wiederum eine ausgeprägte Beobachtung des eigenen Körpers und seiner Funktionen fördert.

3.1.6 Alterskrankheiten

Die körperliche Gesundheit stellt **die** basale Voraussetzung für psychische Gesundheit im Alter dar. In der Regel sind die nicht-medizinischen Hilfsberufe für die Wahrnehmung und Klassifikation von krankhaften Störungen nicht ausgebildet. Im Umgang mit alten Menschen gehört dieses Wissen jedoch zum unerläßlichen Grundlagenwissen. Ich möchte deshalb im folgenden eine kurze Übersicht über wichtige körperliche Krankheiten und ihre mögliche psychische Begleitsymptomatik geben.

Herz-Kreislauferkrankungen gehören zu den häufigsten und folgeträchtigsten gesundheitlichen Störungen im Alter: sie stehen zudem an erster Stelle der Todesursachen in der BRD. 35% der 60- bis 69jährigen geben in einer repräsentativen Befragung an, unter Herzkreislauferkrankungen zu leiden (Arnold & Lang, 1989a). Auch in der ehemaligen DDR wurden Herz-Kreislauferkrankungen als die häufigste stationäre Behandlungsursache registriert. Die altersbedingten Rückbildungsvorgänge bedingen eine nachlassende Anpassungsfähigkeit, die durch eine Abnahme des Schlagvolumens erkennbar wird. Körperliches Training kann der Veränderung nur bis zu einem gewissen Grad entgegenwirken. Die Minderung der Leistungsfähigkeit des Herzkreislaufsystems beträgt jährlich 1%, legt man für einen 30jährigen 100% zugrunde. Das bedeutet, daß ein 80jähriger nur noch über die Hälfte seiner Leistungsbreite mit 30 Jahren verfügt. So kann ein älterer Mann durchaus mit bestimmten körperlichen Leistungen eines Jüngeren mithalten; aber der Leistungsaufwand ist für den Kreislauf eines Älteren wesentlich größer; so bleibt z.B. ein erhöhter Puls nach Belastung wesentlich länger erhalten.

Das Herz-Kreislauf-System

Mit dem Älterwerden kann es zur **Herzinsuffizienz** (Pumpversagen des Herzmuskels), zu **Herzrhythmusstörungen** (Extrasystolen sind die häufigsten Rhythmusstörungen, sie treten ab dem 70. Lebensjahr fast regelmäßig auf) wie auch zur veränderten Blutdruckregulation kommen. Ein krankes Herz kann andererseits bei guter Behandlung viel länger durchhalten, als man gemeinhin annimmt.

Arteriosklerose bildet die Hauptursache von Frühinvalidität und frühem Tod. Bluthochdruck und Zigarettenkonsum zählen zu den Risikofaktoren. Typisch ist die jahrzehntelange symptomarme Entstehung der Arteriosklerose. Sie kann über die koronare Herzkrankheit zum Herzinfarkt führen. Menschen mit Angina pectoris haben ein 7 Mal höheres Risiko, einem Herzinfarkt zu erleiden, als Patienten ohne derartige Beschwerden.

Die **periphere Arteriosklerose** verursacht das sogenannte intermittierende Hinken nach Belastungen als Ausdruck einer Mangeldurchblutung aufgrund von Gefäßverengungen. Mit zunehmendem Alter kann es zu Verschlüssen im Bekken- und Oberschenkelbereich kommen.

3. Medizinische Aspekte des Alterns

Psychische Beschwerden, die Herz-Kreislauf-Krankheiten begleiten können

Müdigkeit, Konzentrationsmangel, Antriebs- und Initiativlosigkeit, Schlafstörungen, innere Unruhe, diffuse Angst oder bei Extrasystolen: Angst, das Herz bleibt stehen, depressive Verstimmungen, Gedächtnis- und Merkfähigkeitsstörungen.

Typische Herz-Kreislauf-Krankheiten:
1. Angina Pectoris
2. Herzinfarkt
3. Herzinsuffizienz
4. Herzrhythmusstörungen (Tachyarrhythmie, Bradyarrhythmie, absolute Arrhythmie)
5. Cor pulmonale
6. Hypertonie, Hochdruckkrisen
7. Hypotonie
8. Arteriosklerose
9. zerebrale Durchblutungsstörungen

Frau F., 61 Jahre alt, wird von der Aufnahme der psychiatrischen Klinik auf die im Hause befindliche gerontopsychiatrische Rehabilitationsstation (Zielgruppe: 50- bis 75jährige) geschickt. Sie hat den Tod ihres Ehemannes vor 5 Jahren gut verkraftet und lebte bisher zufrieden und engagiert mit der Tagesbetreuung ihrer Enkeltochter. Seit wenigen Monaten fühlt sie sich zunehmend lustlos, desinteressiert und freudlos. Alles fällt ihr schwer, sie kann sich zu nichts aufraffen. Sie leidet deshalb unter Versagensgefühlen und macht sich Vorwürfe, zu nichts nütze zu sein. Eine antidepressive Behandlung durch den Hausarzt brachte keine Besserung, so daß er sie zur stationären Behandlung in die Klinik einwies. Eine gründliche körperliche Untersuchung der Patientin ergab eine schwere Herzinsuffizienz. Kurze Zeit nach der Einleitung einer herzstützenden Behandlung (Digitalisierung) konnte die Patientin entlassen werden. Ihr Kommentar: „Ich habe das Gefühl, ich bin wieder ganz die alte".

Der Blutdruck

Nach der WHO-Definition gelten Blutdruckwerte bis 90 mm Hg (Diastole) und bis 160 mm Hg (Systole) als im Normbereich liegend.

50% der alten Menschen leiden an **Hypertonie** (Bluthochdruck). Die höchste Risikogruppe stellen Frauen über 60 Jahren dar. Bei über 70jährigen Patienten findet sich bei mehr als 50% eine Hypertonie. Die Zahl der Hypertoniker nimmt mit dem Alter zu, normalerweise bleibt der Blutdruck jedoch während des gesamten Lebens konstant. Schwindelgefühle, Ohrensausen, Flimmern vor den Augen, Sehstörungen und Nachlassen des Gedächtnisses sind erste Symptome von Gefäßkomplikationen des Gehirnkreislaufs, die als Folge der Hypertonie auftreten. Sie bedürfen einer sofortigen eingehenden Diagnostik, um das Entstehen von Funktionsausfällen – z. B. Schlaganfall – zu verhindern.

Der Bluthochdruck als psychosomatisches Symptom wird

im Zusammenhang mit einer „Fassadenstruktur" der Persönlichkeit beschrieben. Diese Menschen sind bemüht, sich gegen unangenehme Wahrnehmungen abzuschirmen und „störende" Gefühle auszufiltern bzw. zu unterdrücken, um als „nett" und angepaßt zu erscheinen. Es wird vermutet, daß diese Menschen besonders unter Konflikten zwischen aggressiven Tendenzen und der Abhängigkeit von inneren Objekten leiden (Uexküll, 1985). Es gilt als sicher, daß die Hypertonie nicht durch eine Ursache allein entsteht, sondern durch mehrere verursacht wird.

Psychisch leiden Menschen mit einem Hypertonus häufig unter dem Gefühl des Unter-Druck-Stehens, unter Reizbarkeit und agitiert depressiven Symptomen.
    Besonders schwierig zu behandeln und oft von quälenden Befindensstörungen begleitet ist der sog. **labile Hypertonus** (Schwankungen zwischen hohem und normalem Blutdruck). Oft sind depressive Symptome als Begleiterscheinungen zu beobachten, da auf kein Befinden „mehr Verlaß ist": Innere Unruhe, Agitiertheit und Angst wechseln sich ab mit Gefühlen von Mattigkeit, Müdigkeit und fehlender Vitalität. Auch eine vermehrte Unsicherheit im Straßenverkehr sowie eine erhöhte Sturzgefahr können damit in Zusammenhang gebracht werden.

Psychische Beschwerden

Das zentrale Problem der altersbedingten Veränderungen der Lunge ist verminderte Elastizität. Dies wirkt sich mit anderen Störungswerten negativ auf den Gasaustausch aus; eine verminderte Sauerstoffaufnahme kann resultieren. Körperliches Training kann dem gegensteuern.
    Atemwegserkrankungen nehmen mit dem Alter zu; Männer sind mit 8% der Fälle – bei ambulanten Arztkontakten – mehr betroffen als Frauen (4%). 13% der 60- bis 69jährigen leiden darunter (Arnold und Lang, 1989a). Eine abnehmende Erregbarkeit des Hustenreflexes kann dem Entstehen von pulmonalen Infekten Vorschub leisten.

Die Atemwege

Erschwertes Atmen bewirkt häufig Angst, die sekundär wiederum zu Verkrampfungen führt. Der häufig mit Lungenerkrankungen einhergehende ärztliche Rat, das Rauchen aufzugeben, wird nur von wenigen Patienten befolgt; eine latente Suizidalität kann sich u.U. dahinter verbergen. Aufgrund der verschlechterten Anpassungsreserven hat das Rauchen belastendere Folgen als in jüngeren Jahren.

Mögliche psychische Beschwerden

Im Alter kommt es zu einer Reduktion der Nierendurchblutung und damit zu einer abnehmenden Filtrationsrate, d.h.

Die Nierenfunktion, Wasser- und Elektrolythaushalt

die Ausscheidungsleistung nimmt ab. Eine Abnahme des Kaliums und Natriums kann durch die altersveränderte Nierenfunktion gefördert werden und sich wiederum schädlich auf Nierenfunktion und Herz-Kreislaufsystem auswirken.

Herzinsuffizienz, reduziertes Durstgefühl, Magen-Darm-Erkrankungen mit ungenügender täglicher Wasserzufuhr, Durchfall, Erbrechen und Abführmittelgebrauch können sich additiv störend auf den Wasser- und Elektrolythaushalt auswirken. Es kann dadurch einen Kreatinin- und Harnstoffanstieg wie auch eine Hyokaliämie aufgrund der gestörten Nierenfunktion zu Verwirrtheitszuständen kommen. Der alte Patient ist immer als latent ausgetrocknet zu betrachten; für eine regelmäßige und ausreichende Flüssigkeitszufuhr ist Sorge zu tragen.

Mögliche psychische Beschwerden aufgrund der Exsikkose

Infolge einer Exsikkose können Desinteresse, Apathie, depressive Verstimmungen und Stimmungslabilität, reizbare Leistungsschwäche, Merkstörungen, Dösigkeit am Tag, Verwirrtheit in der Nacht, Kopfschmerzen, schlechter Schlaf auftreten.

Häufig verlaufen **Harnwegsinfekte**, besonders bei Bettlägerigkeit, blande und bleiben unerkannt. Trotz guter Pflege kann es auch zu Pilzinfektionen kommen. Es ist unklar, ob derartige Veränderungen nicht wahrgenommen werden oder schwer mitzuteilen sind. Psychisch können sie sich nach eigener klinischer Erfahrung in Form von depressiven Verstimmungen und einem schwer kontrollierbaren Drang zum Weinen auswirken, die u.U. als Depression fehlbehandelt werden.

Die **Prostatahyperplasie** steigt in ihrer Häufigkeit mit dem Alter stark an. Sie wird im 5. Lebensjahrzehnt bei 55%, im 6. bei 73% und im 7. und 8. bei 95% der Männer gefunden (Sökeland, 1991). Die Vergrößerung der Vorsteherdrüse wird als „Altmännerkrankheit" bezeichnet. Intraprostatische Stoffwechselvorgänge werden für ihre Entstehung verantwortlich gemacht. Verschiedenartige Beschwerden beim Wasserlassen sowie Potenzprobleme können subjektiv als außerordentlich beeinträchtigend und quälend empfunden werden.

Inkontinenz kann körperlich (z.B. Dranginkontinenz bei Überlaufblase, zentral bedingt) wie auch umweltbedingt (schwere Erreichbarkeit der Toilette) begründet sein (vgl. Kap. 6). Psychische Probleme können sich über depressive Symptome im Sinne des Kontrollverlustes, der Scham und den möglichen Rückzug der Umwelt, bedingt durch Geruchsbelästigung ergeben.

Frau G. (62 Jahre) sucht um psychotherapeutische Hilfe nach, weil sie unter quälender Lebensangst leidet. An ihrem Äußeren fallen tiefe Ringe unter den Augen auf. Die ersten Gespräche vermitteln der Psychotherapeutin den Eindruck, daß Frau B. sehr leidet, daß aber die inhaltlich vorgebrachten Begründungen für ihr Leiden in keinem Verhältnis zu der Intensität ihres gezeigten depressiven Ausdrucksverhaltens stehen (Kraftlosigkeit, Tränenstrom ohne Ende). Die Psychotherapeutin bittet Frau G., sich von ihrem Hausarzt körperlich untersuchen zu lassen. Nach dessen unwilliger Zustimmung ergibt die Laboruntersuchung einen Harnwegsinfekt, der behandelt wird. In den anschließenden therapeutischen Sitzungen erscheint Frau G. verändert: Sie ist jetzt in der Lage, ihre Beschwerden umrissener und präziser zu schildern. Ihr Weinen läßt sich jetzt eindeutig mit aktueller gefühlsmäßiger Betroffenheit in der Sitzung in Zusammenhang bringen. Erst jetzt lassen sich die zugrundeliegende Trauer wie auch Enttäuschung und Ärger bearbeiten.

Erste Voraussetzung für eine ungestörte Verdauungstätigkeit ist eine intakte Kaufähigkeit. Eßstörungen, die wie Appetitlosigkeit anmuten, können aufgrund von Schluckstörungen und ungenügenden Kauanstrengungen auftreten. Die Bevorzugung ausschließlich weicher Nahrung, d. h. das Fehlen von Ballaststoffen, kann Verdauungsstörungen begünstigen. Medikamente, die Mundtrockenheit, also eine Speichelverminderung bewirken, können ebenfalls einen lähmenden negativen Einfluß auf die Verdauungstätigkeit ausüben. Resorptionsstörungen können sich entwickeln.

Obstipation und **Diarrhöe** sind häufige und sehr belastende Beschwerden im Alter. Mögliche Anlässe der Verstopfung (weniger als 3 Stuhlentleerungen pro Woche) sind: geringe Flüssigkeitszufuhr, wenig Nahrungsaufnahme, insbesondere wenig Ballaststoffe (z.B. Obst und Gemüse), wenig Bewegung und Bettlägerigkeit, regelmäßiger und großzügiger Gebrauch von Arzneimitteln (z.B. Psychopharmaka) und das Vorliegen eines depressiven Syndroms. Des weiteren können insbesondere Neuroleptika und Antidepressiva Obstipation verursachen. Als organische Ursachen können intestinale Tumoren, abdominelle Hernien, mesenteriale Thrombosen sowie proktologische Erkrankungen zu derartigen Symptomen führen. Weitere Erkrankungen, bei denen Obstipation als Begleiterscheinung auftritt, sind: Hypothyreose, Dehydrationszustände, Divertikulose und Divertikulitis, neurologische Erkrankungen wie Morbus Parkinson und Multiple Sklerose (MS).

Durchfall kann bei Älteren durch die Aufnahme verdorbener Nahrungsmittel (alles wird zu lang aufgehoben) oder eine chronische Bauchspeicheldrüsenerkrankung und Enterocolitis verursacht sein. Arzneimittel wie z.B. Herztabletten, Antibiotika, Zytostatika und Lithium können diese Symptomatik wie auch z.B. Magenschmerzen und Magen-

Der Gastrointestinaltrakt

schleimhautentzündungen ebenfalls auslösen. Des weiteren kommt Diarrhöe z.B. bei Hyperthyreose, Polyneuropathien und der Addisonschen Krankheit vor.

Mögliche psychische Beschwerden

Gereizte oder dysphorische Verstimmtheit, Apathie, Appetit- und Lustlosigkeit, Angst vor schweren Krankheiten.

Endokrinologie und Stoffwechselkrankheiten

Die **Hypothyreose** tritt bei etwa 2% der Alterspatienten auf; sie kommt bevorzugt bei Frauen vor.

Mögliche psychische Beschwerden

Müdigkeit, Denkschwierigkeiten, Leistungsminderung, Antriebsmangel, Verlangsamung, rasche Ermüdbarkeit, depressive Verstimmungen, Gliederschmerzen.

Diabetes mellitus (Altersdiabetes) tritt nach dem 45. Lebensjahr 10mal häufiger auf, bei Frauen später, dann jedoch häufiger als bei Männern. Übergewicht gehört zum bedeutensten Risikofaktor. Der Diabetes mellitus kann medikamentös gut behandelt werden. CremeriuS (1978) weist darauf hin, daß Menschen mit der Kombination von Übergewicht und Diabetes häufig in ihrem Leben dem Essen in süchtiger und zwanghafter Weise eine übermäßige Bedeutung eingeräumt haben, um einen frühkindlichen Mangel an Fürsorge und Zuwendung auf dieses Weise zu kompensieren zu versuchen.

Häufig werden diätetische Fehler gemacht, die u.U. einem selbstdestruktiven oder auch suizidalen Agieren entspringen. Diabeteskranke zeigen häufig depressive Symptome. Der Insulinmangel kann die Resorption von antidepressiven Medikamenten verzögern.

Gynäkologische Erkrankungen

Klimakterische Beschwerden sind keine Krankheiten, sondern Funktionsstörungen, die Krankheitswert bekommen können; sie können auch infolge einer Uterusexstirpation (mit oder ohne Entfernung der Eierstöcke) auftreten. Sie können u.U. erhebliche subjektive Beschwerden verursachen. Etwa die Hälfte der Frauen mit klimakterischen Beschwerden leiden unter der Symptomtrias „klimakterischer Beschwerden": Schweißausbrüche, „Wallungen" und Schwindel; Wallungen werden am häufigsten genannt. Beim Schwindel findet sich kein signifikanter Zusammenhang mit der Menopause. Keine, leichte und ausgeprägte Beschwerden dieser Art verteilen sich bei Frauen zwischen 45 und 55 Jahren im Verhältnis zu je einem Drittel. Solange die Funktionen der Eierstöcke intakt sind, bleiben Frauen von erhöhtem Cholesterinspiegel und hohem Blutdruck wie auch von Sklerose der Herzkranzgefäße weniger bedroht. Bei denjenigen Frauen, die an essentieller Hypertonie erkranken (zwei

Drittel aller Erkrankten), manifestiert sich diese Störung häufig zwischen dem 45. und 70. Lebensjahr, meist jedoch zu Beginn des Klimakteriums. Auch diabetische Stoffwechselerkrankungen zeigen um das Klimakterium einen Manifestationsgipfel. Erstmalige Erkrankungen der Schilddrüse treten etwa zu 1/3 mit dem Klimakterium gleichzeitig auf. Als wissenschaftlich gesichert gilt, daß es zu folgenden Störungen aufgrund der hormonellen Umstellung kommen kann:

- Schlafstörungen
- Osteoporose
- Hitzewallungen, Schweißausbrüche
- Depressive Verstimmungen
- Gewichtsprobleme
- Vitalitätsverlust und sozialer Rückzug
- Erhöhte Schmerzempfindlichkeit
- Herz-Kreislaufprobleme

Eine hormonelle Substitution wird nicht nur bei laborchemisch nachgewiesenen Störungen, sondern auch bei dem Vorliegen ausgeprägter subjektiver Beschwerden empfohlen. So sehen Endokrinologen eine hormonelle Substitution auch im (hohen) Alter als indiziert an, wenn z.B. eine Osteoporose besteht (Braendle, 1991).

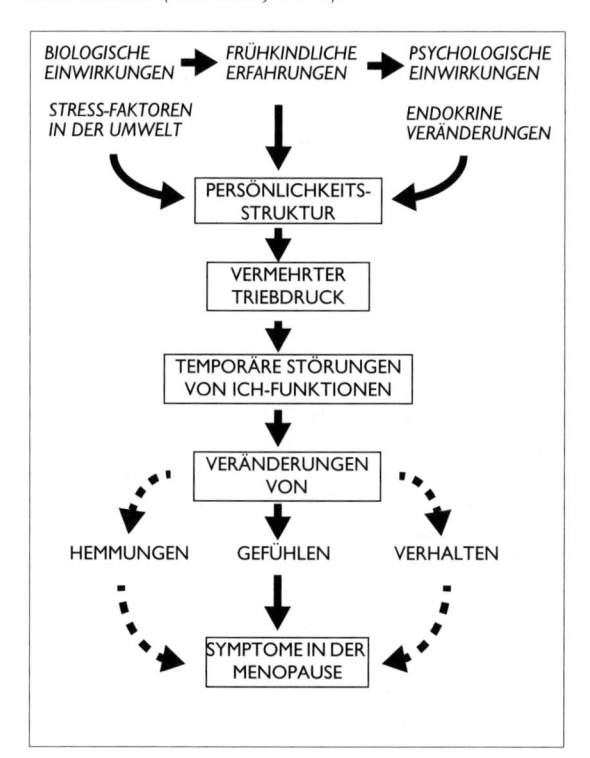

Abb. 3.6. Menopause.

3. Medizinische Aspekte des Alterns

Mögliche psychische Beschwerden

Depressive Verstimmungen, u.U. mitbedingt durch veränderte Körperwahrnehmungen, Reizbarkeit, Nervosität, Schlafstörungen, u.U. paranoide Ängste.

Maligne Erkrankungen im Alter

Auch wenn es für das höhere Lebensalter keine typischen Krebs-Erkrankungen gibt, ist das Risiko, im Alter an einer bösartigen Krankheit zu leiden, größer als in früheren Jahren. Wegen eines langsameren Tumorwachstums werden derartige Erkrankungen u.U. später entdeckt. Alterstypisch ist, wie Organismus und Psyche auf die Erkrankung und ihre Folgen reagieren, wie Behandlungen und ihre Nebenwirkungen vertragen werden, wie der Kranke selbst mit seiner Krankheit und wie die Umgebung damit umgeht. Der Spontanverlauf von Krebskrankheiten im Alter ist tendenziell prognostisch günstiger, weil die meisten Karzinom-Formen langsamer als in jüngeren Jahren fortschreiten. Bei der Wahl der Therapie ist abzuwägen, inwieweit eine radikaloperative und/oder zytostatische Therapie oder eine im wesentlichen symptomorientierte Therapie sinnvoller ist. Gegenüber einer schmerzlindernden Therapie mit Opiaten bestehen wegen der Befürchtung einer Suchtentwicklung meist große Vorbehalte; aufgrund klinischer Erfahrungen schätze ich diese Gefahr inzwischen jedoch weitaus geringer ein als die Belastungen durch das qualvolle subjektive Leid.

Ob palliative oder kurative Maßnahmen ergriffen werden, sollte von den Heilungschancen, der subjektiven Einstellung in bezug auf das zukünftige Leben und den Bedingungen subjektiven Wohlbefindens abhängig gemacht werden. Biographische Parameter der individuellen Krisenbewältigung sind bei der Behandlungsindikation zu berücksichtigen.

Mögliche psychische Beschwerden

Angst, depressive Symptome, sozialer Rückzug.

Die Sinnesorgane

Das **Hörvermögen** nimmt mit zunehmendem Alter ab. Die als Presbyakusis (Altersschwerhörigkeit) bezeichnete, langsam progredient auftretende Schwerhörigkeit jenseits des 60. Lebensjahres ist eine vom Innenohr und zentralen Hörorgan ausgehende Hörminderung, die vor allem die hohen Frequenzen betrifft. Darüber hinaus läßt die Trennschärfe für verschiedene Laute nach: Je höher der Geräuschpegel, desto schlechter die Hörfähigkeit. Es wird jedoch nicht jeder Mensch manifest schwerhörig: 41% der 60-69jährigen und 46% der 70-75jährigen klagen über Hörprobleme.

Bei entsprechender Persönlichkeitsstruktur verstärken Hörstörungen Mißtrauen gegenüber der Umgebung, depressive Verstimmungen sowie soziale Isolation. Ein Ohrpfropf kann eine Schwerhörigkeit vortäuschen, ist aber schnell durch einen Facharzt zu beseitigen.

Ohrgeräusche (Tinnitus) sind nur subjektiv wahrnehmbar und werden als äußerst störend, beängstigend und quälend empfunden, so daß es deshalb u.U. zu suizidalen Ideen kommen kann. Es gibt Möglichkeiten der Behandlung; manchmal kann eine durchblutungsfördernde Therapie des Gehirns Abhilfe schaffen; inzwischen haben sich vielerorts Selbsthilfegruppen gebildet.

Das **Sehvermögen** kann nicht nur durch die Alterssichtigkeit, sondern auch durch einen grauen (Katarakt = Linsentrübung, operativ gut behandelbar) und grünen Star (Glaukom = erhöhter Augeninnendruck) verändert werden. 5% der über 60jährigen und 10% der über 70jährigen sind im Durchschnitt von einem Glaukom betroffen.

Bevor sich jedoch ein alter Mensch zu einer Operation entschließt, kann es zu deutlichen psychischen Veränderungen kommen, die sogar eine Pseudodemenz vortäuschen. Außerdem kann es zu Mißtrauen, Feindseligkeit, Desinteresse kommen. Für die Betreuer sind Störungen des Sehvermögens sehr viel schlechter zu beobachten als die des Hörvermögens; visuelle Verkennungen können u.U. auch auf Sehstörungen zurückgeführt werden und müssen nicht gleich als psychiatrische Symptome verstanden werden.

Nach 3 Herzinfarkten im 5. Lebensjahrzehnt hat sich Herr H. entschlossen, sein Leben zu verändern. Er übersiedelt mit seiner Ehefrau nach Südfrankreich, wo sie in einem ländlichen Gebiet ein für sie sehr befriedigendes Leben führen. Mit den Jahren läßt die Sehkraft von Herrn H. rapide nach. Dem Außenstehenden erscheint der jetzt 77jährige Mann sehr verändert: er wirkt apathisch, teilnahmslos, tut nur das, was ritualisiert ist. Er ist extrem vergeßlich, perseverierend und bei seinen Erzählungen fast ausschließlich auf Kriegserlebnisse eingeschränkt. Seine weitere Lebensführung scheint ohne die Sehkraft für das notwendige Auto sehr gefährdet. Er entschließt sich zu einer Staroperation. Etwa 6 Monate später erscheint er psychisch völlig anders: Er nimmt wieder voller Interesse am Leben teil. Der alte Witz ist in seine Unterhaltung zurückgekehrt, er ist wieder charmant zu den Damen wie früher und schmiedet Umbaupläne für das liebgewonnene Haus.

Ein kaufähiges Gebiß ist Voraussetzung für eine ungestörte Ernährung. Der Verlust der eigenen Zähne stellt für fast alle Menschen eine erhebliche psychische Belastung dar, insbesondere dann, wenn der Zahnersatz nicht sitzt und Schmerzen verursacht. Aus einem nachlässigen Gebrauch des Zahnersatzes können Ernährungsstörungen resultieren. Psychische Ängste und Unsicherheit, auch eine depressive Symptomatik können sich in einem ständig als „nicht richtig empfundenen Biß" oder dem Nicht-Zurechtkommen mit einem neuen Gebiß ausdrücken. Eingriffe beim Zahnarzt können für den

Das Gebiß

Alterspatienten nicht nur psychisch eine erhebliche Belastung darstellen; Lokalanästhesien können u.U. bei geschwächtem Herzen tatsächlich gefährlich sein.

Frau I., 64 Jahre, wird nach langer erfolgloser ambulant psychiatrischer Behandlung in die Klinik eingewiesen. Ihre depressiven Ideen kreisen ausschließlich um ihr schlecht sitzendes Gebiß. Viele Zahnärzte haben vergeblich versucht, ihr zu helfen. Auch von der Klinik aus wird noch einmal eine spezielle Zahnbehandlung veranlaßt, doch ohne Erfolg: Die wahnhaft gewordene Idee war: Es ist etwas nicht richtig; hätte ich nur den richtigen Zahnarzt, wäre alles wieder in Ordnung zu bringen. Eine medikamentöse antidepressive Therapie, auch kombiniert mit neuroleptischer Therapie blieb ohne Erfolg. Während eines Wochenendurlaubes nahm sich diese Patientin das Leben.

Hier handelt es sich um eine offenbar therapieresistente Depression von psychotischem Ausmaß, deren „Wahninhalt" das Gebiß geworden war, vergleichbar einem hypochondrischen Wahn. Hier war nicht das Gebiß der Auslöser, sondern bot sich als Denkinhalt für den depressiven Wahn an.

Orthopädie (Störungen des Bewegungsapparates)

Der alte Mensch ist durch die abnehmende Elastizität und Leistungsfähigkeit der in den aktiven Bewegungsvorgang einbezogenen Organe der Gefahr zahlreicher Einschränkungen und krankhaften Veränderungen des Bewegungsapparates ausgesetzt. Durch degenerative Gelenkerkrankungen (Arthrose), Osteoporose, schwach gewordene Muskulatur und mangelnde Durchblutung ist das Skelett anfälliger geworden. Osteopathien, Arthropathien und Kombinationen von beiden sind bei vielen Älteren eine wichtige Teilkomponente regelmäßiger Multimorbidität. Daraus folgende Schmerzsyndrome beeinträchtigen erheblich die Lebensqualität. Im Jahr erleiden 600000 ältere Menschen (frühere BRD) einen Oberschenkelhalsbruch. Ca. 10% der 65- bis 74jährigen suchen jährlich ihren Arzt wegen Arthropathien auf, ca 6% wegen Rückenproblemen und sogen. Weichteilrheumatismus. Zu 18-28% wird der Zugang zu Erwerbs- und Berufsunfähigkeitsrenten über Erkrankungen des Bewegungsapparates hervorgerufen (Statistisches Jahrbuch, 1987). Erkrankungen des Bewegungsapparates, bedingt durch Verlust an Mobilität, können Auslöser für das Nachlassen sozialer Kontakte sein.

Primär kommt es bei Störungen der Gelenke und Gliedmaßen nicht zu psychischen Symptomen, sondern erst sekundär aufgrund von Schmerzen oder tatsächlich eingeschränkter Bewegungsfähigkeit, die dann aggressiv oder depressiv verarbeitet werden können.

Wird bei Suizidversuchen eine körperliche Störungen als

Grund angegeben, so stehen die Einschränkungen des Bewegungsapparates an erster Stelle.

Alte Menschen fallen häufiger hin, das hat zur Formulierung „**Fallsucht**" geführt. 30% der über 65jährigen fallen mindestens einmal im Jahr hin. Folgende Gründe lassen sich finden: Angstlösende Medikamente, Schlafmittel, Sehstörungen (z.B. neue Bifokalbrille), Dunkelheit, schlüpfriger Untergrund, Arthrose, zerebrale Fehlsteuerungen („falling attacks"), die nach dem Hinfallen das Wiederaufstehen unmöglich machen.

Die **Arthrose** beginnt unbemerkt und ist nicht heilbar. Jede Bewegung tut weh. Dabei ist wichtig, daß Bewegungen nicht vermieden werden, da es sonst zu einer Versteifung kommt: Schonung **und** Belastung sind ideal. Mögliche Maßnahmen sind: 1. Gewichtsreduktion, 2. Wenn indiziert, eine Operation und 3. Die Bearbeitung der psychischen Belastung durch die Einschränkung des Aktionsradius und die verstärkte Hilfsbedürftigkeit.

Von der **Gicht** sind vorwiegend Männer betroffen. Ein typischer Gichtanfall beginnt meist in der Nacht. Betroffen sind häufig die Großzehengelenke, Knie, Handgelenke und Ellenbogen. Die Ursache sind Harnsäureablagerungen. Sie wird als Wohlstandskrankheit bei entsprechender Disposition und Nahrungsgewohnheit (z.B. Alkohol) bezeichnet.

3.1.7 Operative Eingriffe

Allein das chronologische Alter gilt heute nicht mehr als Kontraindikation gegen operative Eingriffe. Ausschlaggebend sind: das biologische Alter, die Dringlichkeit eines Eingriffes sowie die mögliche Verbesserung der Lebensqualität. Die Entscheidung muß im individuellen Fall nach den verschiedenen Seiten hin abgewogen werden. Sie muß insbesondere die psychische Belastbarkeit eines alten Patienten berücksichtigen sowie seine Motivation und Fähigkeiten zur Kooperation im Rehabilitationsprozeß.

Dennoch besteht ein größeres Risiko bei einer Operation mit einer Narkose: es steigt mit der Multimorbidität sowie mit zerebraler Störanfälligkeit.

Während meiner klinischen Tätigkeit habe ich häufig depressive Versagenszustände in unmittelbarer Folge einer Operation (Narkose z.B. bei Gallensteinoperation) gesehen, die nach eingehender Untersuchung als depressive Antwort auf eine minimale zerebrale Schädigung unter der Anästhesie zu verstehen waren. Die Möglichkeit einer derartigen Störung wird von den meisten Anästhesisten abgelehnt.

Der Psychoanalytiker und Psychosomatiker Alexander Mitscherlich berichtet mit folgenden Worten von seiner Narkoseerfahrung (1983): „Nach einer besonders heftigen Schmerzattacke entschloß ich mich kurzfristig zur Operation. Ich machte vorher die Chirurgen und Anästhesisten auf meine zerebralen Altersbeschwerden aufmerksam und bat sie, mit dem Ablauf der Narkose darauf Rücksicht zu nehmen. Von einer besonderen Rücksicht kann aber offenbar keine Rede gewesen sein, denn die Reaktion auf die bei mir gewählte Vollnarkose war katastrophal. Ich war immer wieder verwirrt und von nicht zu unterdrückender Unruhe geplagt .... Die Folgen der Narkose und die anschließenden zahlreichen Beruhigungsspritzen hat mein nicht mehr junges Gehirn bis heute nicht überwunden. Es gab einen deutlich sichtbaren Bruch zwischen meinem Zustand, wie er vor und wie er nach der Narkose aussah. Seither habe ich mich oft gefragt, wie es wohl anderen Kranken in Krankenhäusern ergehen mag, wenn es schon mir geschehen mußte, als annähernd Gesunder dort eingeliefert und als schwer Kranker entlassen zu werden. Immerhin war ich Kollege und noch dazu ein relativ bekannter Mann. Wie mag es erst dem ‚unbekannten Mann von der Straße' ergehen, der keine Ahnung von Medizin und ärztlichem Vorgehen hat und sich deswegen auch kaum orientieren und wehren kann?"

3.1.8 Schlafstörungen

Es ist nachgewiesen, daß Schlafstörungen mit zunehmendem Alter häufiger beklagt werden: Bei über 65jährigen Menschen finden sich zu 60% Einschlafprobleme; 95% klagen über zu frühes Erwachen. (Hier kann es sich trotz der Klage um Normalbefunde handeln). Objektiv ist bei den alten Menschen der erholsame Tiefschlaf etwa um 45% reduziert. Des weiteren üben Faktoren wie die Gestaltung des Tagesablaufes, räumliche Veränderungen, Aktivität bzw. Inaktivität, Einsamkeit mit Reizentzug u.v.m. einen entscheidenden Einfluß aus. Schließlich können verschiedenste Erkrankungen in die Schlafregulation eingreifen wie z.B. kardiovaskuläre Störungen, Schmerzreaktionen, Niereninsuffizienz, Schilddrüsenerkrankungen. Bei dementiellen Prozessen können sehr einschneidende Schlafstörungen wie etwa die Umkehrung des Schlaf-Wach-Rhythmus auftreten. Bei psychischen Erkrankungen im Alter können Schlafstörungen auch ein wichtiges Symptom, etwa bei einer Depression sein. Bedenken wir, daß subjektives Befinden und persönliche Einstellungsmuster hauptsächlich dazu beitragen, ob derartige Veränderungen mit zunehmendem Alter als Störung oder Krankheit interpretiert oder als altersbedingte Veränderung toleriert werden, tritt die diagnostische Problematik dieses Symptomes besonders hervor.

60% der hausärztlich behandelten Alterspatienten leiden unter Schlafstörungen. Die möglichen Ursachen reichen von tatsächlich physiologisch bedingten Veränderungen des Schlaf-Wach-Rhythmus in Abhängigkeit vom Alter bis hin zur psychischen Erwartungshaltung und ungünstigem Schlafverhalten. Ich spreche mich damit entschieden gegen eine ausschließlich psychologische Interpretation von Schlafstörungen aus, wie sie z.B. Radebold vertritt (1992,

S.48). Normal ist, daß ältere Menschen später einschlafen und früher aufwachen, insgesamt auch weniger Schlaf bedürfen. Die Schlaftiefe ist geringer und dadurch störanfälliger. Ein häufig gestörter Schlaf wird subjektiv oft als Schlaflosigkeit interpretiert.

Die REM-Phasen (Traum-Schlaf-Phasen) gehen zurück. Die Harmonie zwischen den einzelnen Schlafphasen ist gestört und bewirkt ein Gefühl der Unausgeschlafenheit. Ältere verlieren ohne äußeren Zeitgeber schneller ihren Schlafrhythmus als Jüngere.

Bei hirnorganischbedingten Störungen kommt es erst bei schweren Fällen zu Schlafstörungen: z.B. zur Umkehrung des Schlaf-Wach-Rhythmus sowie zu nächtlichen Unruhezuständen. Herkömmliche Schlafmedikation kann hier zu paradoxen Reaktionen, meist aber zu unerwünschten Nebenwirkungen führen. Das nächtliche Pflegepersonal ist besonders in der psychologischen Führung dieser Patienten zu schulen. Bei der Frage, ob eine Depression oder ein dementieller Prozeß vorliegt, deutet das Ausbleiben von Schlafstörungen auf die letztere Diagnose.

Menopause: Treten Schlafstörungen in engem Zusammenhang zu klimakterischen Beschwerden auf, so sind diese meist gut im Rahmen einer Hormonsubstitution behandelbar.

Depressionen: Schlafstörungen sind ein Leitsymptom im Rahmen des depressiven Syndroms. Es kommen sowohl Ein- wie auch Durchschlafstörungen vor. Die höchste Suzidgefahr bei Depressiven liegt in den schlaflosen frühen Morgenstunden.

Folgende Hilfen bei Schlafstörungen im Alter können empfohlen werden:

Keine Mahlzeiten, kein Alkohol und Nikotin kurz vor dem Schlafengehen. Ein kühl temperiertes Schlafzimmer. Vermeidung von Tagesschlaf. Spätes Zubettgehen, bzw. erst dann, wenn sich wirklich Müdigkeit einstellt.

3.1.9 Schmerzsyndrome

Schmerzen haben generell eine wichtige Alarm- und damit Schutzfunktion für den Organismus. Wie die meisten Beschwerden, werden auch Schmerzsymptome im Alter diffuser: Die Schmerzintensität läßt insgesamt, vermutlich aufgrund der Abnahme peripherer Schmerzrezeptoren, nach. Einige Patienten interpretieren bestimmte Schmerzen selbst als „altersbedingt" und erwähnen sie gegenüber dem Arzt gar nicht. Andere werden bereits durch leichte Schmerzen sehr beunruhigt und sind enttäuscht, wenn der Arzt nichts „Angemessenes" findet. Intensive Schmerzklagen ohne organisches Substrat können auf eine Depression (larvierte

Depression) hinwiesen. Bevor diese Diagnose gestellt wird, bedarf es jedoch einer sehr gründlichen somatischen Abklärung. Wie beschrieben, können Krankheiten blande verlaufen, hier also möglicherweise mit weniger typischen Schmerzmustern, wie etwa bei einem Herzinfarkt oder einem akuten Oberbauch. Schließlich ist die Proportionalität zwischen Schmerzintensität und Schwere eines Krankheitsbildes weniger deutlich. Ebenso zeigt sich der Zusammenhang zwischen dem Ort der Erkrankung und dem des Schmerzempfindens diffuser.

3.1.10 Funktionelle Syndrome

Als „funktionelles Syndrom" wird „ein von Fall zu Fall nach Zusammensetzung und Intensität wechselndes Bild körperlicher Beschwerden ohne organisches Substrat" bezeichnet (Hoffmann & Hochapfel, 1991).

Die beklagten Körpersymptome reichen von „genau lokalisierbaren Symptomen wie Kopf-, Herz-, Magenschmerzen bis hin zu vagen Gefühlen eines Bedrücktseins oder Beeinträchtigtseins. Die Beschwerden gehen ohne feste Grenzen in rein seelisch empfundene Spannungszustände wie Angst, Unruhe oder Unlust über und sind besonders von den Konversionssymptomen schlecht abzugrenzen" (Hoffmann & Hochapfel, 1991). Die medizinische Behandlung alter Menschen wird den Arzt häufig mit unspezifischen Störungen konfrontieren, d.h. solchen, die nicht eindeutig einer bestimmten Krankheit zuzuordnen sind. So leiden Patienten z.B. unter Nachtschweiß, Schwindelgefühlen, brennenden Händen und Füßen, Druck auf dem Kopf (wie ein Hut), Druck auf der Brust, „Bleibeinen", geschwollenen Gliedern, Veränderungen der Tagesform, Tagesschwankungen der Befindlichkeit etc. Vielfach handelt es sich um Störungen, die nicht erfolgreich behandelbar sind.

Die entscheidende Frage ist, warum und wann solche Beschwerden mit einem Krankheitserleben gekoppelt werden. Dafür scheint die Intensität der Beschwerden keine Rolle zu spielen. Vielmehr scheinen einige Patienten sehr viel empfindlicher, z.B. im Hinblick auf Schmerzempfindungen (Schmerzschwelle) oder Störungen des Körperbildes (z.B. bei Ödembildungen). Insofern ist der Umgang mit diesen Störungen eine Frage der Bewältigungsmöglichkeit. Heuft beschreibt eine Patientengruppe, die dadurch charakterisiert ist, daß sie in einer Umstellungs- oder Verlustsituation psychische bzw. funktionelle Symptome entwickelt, die sich psychodynamisch entweder auf eine pathologische Trauerreaktion oder eine narzißtische Verletzung gründen. Diese Menschen stellen hinsichtlich ihrer sozialen Desintegration eine Risikogruppe dar. Eine weitere Gruppe ist nach seiner

Meinung durch eine Reaktivierung früherer Traumen während des Alternsprozesses charakterisiert. Nach meiner Einschätzung sind derartige Typisierungen zu grob, als daß sie für die Praxis hilfreich wären.

Die funktionellen Syndrome stellen zahlenmäßig eine sehr große Gruppe dar, die vielleicht sogar größer ist als alle übrigen Krankheitsgruppen zusammen. Man geht davon aus, daß bei praktischen Ärzten, bei Fachärzten sowie in Kliniken 40-50% aller Patienten unter funktionellen Beschwerden leiden (Uexküll, 1986). Die Untersuchung der Häufigkeit funktioneller Beschwerden und organischer bzw. degenerativer Beschwerden in verschiedenen Altersklassen ergibt, daß ab dem 60. Lebensjahr die Zahl der rein funktionellen Beschwerden stark abfällt, wogegen die degenerativen und organischen Störungen deutlich zunehmen. Es besteht die Hypothese, daß die Manifestation organischer Störungen die funktionellen Beschwerden überflüssig machen. Uexküll weist darauf hin, daß sich häufig nach einer zunächst als psychogen angenommenen Diagnose bei genauerer Untersuchung doch eine organische Erkrankung herausstellt. Ich schließe mich dieser Warnung mit Eindringlichkeit an: Aufgrund meiner klinischen Erfahrung mußte ich in der psychiatrischen Klinik und psychotherapeutischen Praxis nur allzu oft sehen, wie recht der Patient mit seiner somatisch beschriebenen Klage hatte und wie kränkend er das Unverständnis des Diagnostikers empfunden hat.

Epidemiologie

Viele somatische Veränderungen sind in ihrem spezifischen Ausdruck noch nicht erforscht: Es gibt Mißempfindungen; aber auch große Unterschiede der Wahrnehmungs- und Schmerzschwelle. Damit bietet sich ein reiches „körperliches Entgegenkommen", an das sich psychische Unlustempfindungen anheften können. Psychodynamisch lassen sich nach Uexküll keine einheitlichen Persönlichkeitsstrukturen und neurotischen Krankheitsbilder finden. Störungen in den zwischenmenschlichen Beziehungen, insbesondere aber die Unfähigkeit zu Anpassungsleistungen an psychosoziale Veränderungen sieht er dennoch als die wesentlichsten ätiologischen Faktoren an.

Ätiologie

Eine der wichtigsten Aufgaben des Arztes im Rahmen der Diagnostik sind die Vermeidung vorschneller Diagnosen, sowie das „Aushalten" von Unsicherheiten. Damit kann er auch dem Patienten ein tolerantes, Unsicherheit ertragendes Modell vermitteln. In der Praxis wird die Diagnose „funktionelles Syndrom" von Patienten häufig als Abwertung

Therapie und hilfreicher Umgang bei funktionellen Syndromen

empfunden (eingebildeter Kranker). Ich vertrete die Meinung, daß sich in der Geriatrie in den Beschwerden häufiger eine reale Störung zeigt, die aber nicht im Sinne einer Krankheit erfolgreich behandelbar ist. Hier geht es vielmehr darum, den Patienten die Zusammenhänge zwischen Störungen und Empfindungen zu erläutern. In erster Linie erscheint es wichtig, die Klagen des Patienten ernst zu nehmen und sie nicht als sog. Alterserscheinung abzutun. Es ist notwendig, die Klagen sowohl somatisch wie psychisch abzuklären. Hierzu ist ein besonderes Fingerspitzengefühl für den Diagnostiker und den Therapeuten erforderlich. Die Intensität der diagnostischen Untersuchungen muß hinsichtlich Belastung und sinnvoller Abklärung abgewogen werden. Häufig ergibt sich durch die biographische Erhellung der Persönlichkeitsstruktur eine erweiterte Sicht der medizinischen Krankheitsanamnese, die dann eine Zuordnung der unspezifischen Beschwerden ermöglicht.

Funktionelle Störungen im Sinne von krisenhaften Zuspitzungen sind nicht selten in einer kurzen Psychotherapie (25-50 Sitzungen; Kap. 5.1.3) gut behandelbar, und zwar nach meinen Erfahrungen mit einem Fokus auf der nicht bewältigten Trennungsproblematik.

3.1.11 Psychosomatik

Mit dem Prinzip der **Konversion** beschreibt Freud (1895) ein Denkmodell für die Umwandlung seelischer Konflikte in körperliche Phänomene (Konversionsneurose). Die Bezeichnung „**Ausdruckskrankheiten**" von Uexküll erweitert diese Auffassung. Sie greift die Überzeugung auf, daß ursprünglich seelische Konflikte, Wünsche und Ängste einen (sinnbildlichen) Ausdruck in der nicht mehr verständlichen Körpersprache finden.

Diese Kausalitätsvorstellung scheint für die Problematik von Alterspatienten zu einseitig. Es ist auch denkbar, daß eine körperliche Störung zuerst da ist und **sekundär** einen Bedeutungsgehalt, also einen Ausdruckscharakter verliehen bekommt (Engel & Schmale). Krauss (1974) stellt fest: „Die definitorische Abgrenzung der Psychosomatik, wie sie für seelische Störungen bei jüngeren Menschen gilt, ist bei Älteren nicht in demselben Maße möglich"; „Die Erstmanifestation einer „klassischen" psychosomatischen Störung jenseits des 65. Lebensjahres ist selten". Lebenslang vorhandene psychosomatische Reaktionsmuster können jedoch unter spezifischen Belastungen im Alter wieder aufleben.

Unter psychosomatischer Medizin verstehe ich allgemein diejenige Krankheitslehre, die psychischen Prozessen bei der Entstehung körperlichen Leidens eine wesentliche (kausale) Bedeutung beimißt.

Ich halte es für notwendig, eine Wechselwirkung anzunehmen zwischen körperlichen Vorgängen, psychischer Verarbeitung und Bedeutungsverleihung einerseits und psychischen Konflikten, Wünschen, Ängsten und ihrer Ausdrucksmöglichkeit in Form von körperlich festgeschriebenen Befindensstörungen andererseits.

Der Begriff „psychosomatische Krankheit" in der Gerontologie versucht zunächst einmal lediglich die quantitativ höhere Wahrscheinlichkeit des Zusammentreffens von körperlicher Krankheit und psychischer Belastung zu beschreiben. Von einer psychosomatischen Krankheit im engeren Sinne spricht man, wenn die wesentliche zugrundeliegende Ursache für eine körperliche Krankheit im Bereich des Psychischen zu suchen ist, und es im Alter erstmals zu der Ausgestaltung eines psychischen Konfliktes im körperlichen Bereich kommt. Dies trifft für die meisten älteren Menschen nicht zu. Radebold (1986) sieht als einen der wenigen gesicherten Befunde zu dieser Frage die Befunde von Miller (1955) an, daß nämlich im Gegensatz zu Jüngeren (Durchschnittsalter 45) die Älteren (Durchschnittsalter 63 Jahre) eine stärkere Neigung zur Somatisierung als zur psychischen Störung zeigen. Law und Steinberg (1961) berichten z.B. von nach dem 50. Lebensjahr erstmals aufgetretenen Colitis ulcerosa-Fällen. Ähnlich wie bei Jüngeren, so heben die Autoren hervor, gehen emotionale Streßsituationen der Erkrankung voraus; allerdings sei in dieser Altersgruppe vorwiegend das Rektum befallen; höhere Darmabschnitte blieben verschont. Bei nach dem 60. Lebensjahr erstmals aufgetretenen Ulcuserkrankungen ist dagegen fast ausschließlich die kraniale Hälfte des Magens befallen, einhergehend mit Schleimhautatrophie und Hyposekretion. Zusätzlich beobachten sie eine größere Neigung zur malignen Entartung.

Es ist zu diskutieren, ob sich psychosomatische Krankheiten im Alter auf andere Weise entwickeln, indem sie etwa eine relative Spezifizität vermissen lassen. So stellt das Altern für Groen (1982) ein Paradigma des psychosomatischen Prozesses dar, in welchem körperliche, psychische und soziale Aspekte untrennbar miteinander verbunden sind. Häufig steht beim Älteren eine vorbestehende Krankheit „zur Verfügung", deren sich der psychosomatische Mechanismus „bedienen" kann (Müller, 1967). Ernst (1959) weist darauf hin, daß psychosomatische Störungen im Alter an die Stelle von früheren und andersartigen neurotischen Erkrankungen treten können.

Frau J., eine elegant gekleidete Dame von 67 Jahren, sucht um psychotherapeutische Hilfe nach. Sie kommt auf Anraten ihres Hausarztes, der in der Behandlung ihrer anfallsartigen Erbrechenszustände nicht weiterkommt und diese schließlich als psychogen interpretiert. Sie hat sich vor 7 Jahren von ihrem Mann getrennt, berichtet über eine sehr unterdrückende und unbefriedigende Ehebeziehung, in der sie sich als Aschenputtel behandelt fühlte. Dennoch sei sie mit der Trennung nicht fertig geworden und habe dann mit dem Trinken angefangen. Eine Therapie habe man ihr wegen ihres Alters nicht bewilligt. Ihre Arbeitsstelle habe sie daraufhin verloren. Nur mit äußerster Anstrengung sei sie jetzt selbst vom Trinken losgekommen. Zusätzlich sorge sie sich um ihre alte Mutter im Heim, von der sie sich ihr Leben lang schlecht behandelt gefühlt habe.

In einigen Therapiesitzungen kann die Patientin über die schwierige Beziehung zu ihrer Mutter sprechen; sie ist in großer Angst, daß diese sterben könne. Deren Verlust könne sie nicht verkraften. Immer wieder sagt sie zwischen den Sitzungen Termine ab, weil sie im Bett läge und wegen des Erbrechens nicht aufstehen könne. Ich habe ein sehr ungutes Gefühl: Die berichteten psychischen Probleme sind mannigfach und deuten eindeutig auf eine neurotische Störung hin, sie scheint sehr zu leiden. Dennoch habe ich den Eindruck, es stimme gleichzeitig körperlich etwas nicht mit ihr. Nach einer längeren Unterbrechung werde ich von ihrem Hausarzt informiert, daß sie plötzlich, offenbar an einem nicht erkannten malignen Prozeß, gestorben sei.

Verbreiteter ist die Bedeutung **somato-psychischer** Einflüsse: Das gleichzeitige Auftreten einer oder mehrerer Krankheiten (Multimorbidität) und die damit verbundene psychische Belastung kann von älteren Menschen nicht mehr bewältigt werden, so daß es entweder zu einer Verschlechterung des körperlichen Zustandes kommt oder aber zu einer psychischen Dekompensation. Körperliche Veränderungen können beim älteren Menschen sehr große **Angst** mobilisieren. Einige Autoren (z.B. Hoffmann und Hochapfel, 1991; S.185) weisen darauf hin, daß funktionelle Syndrome (ein wechselndes Bild körperlicher Beschwerden ohne organisches Substrat) mit zunehmendem Alter seltener auftreten und jenseits des 65. Lebensjahres (Cremerius, 1968) fast völlig verschwinden. Die Autoren nehmen an, daß „reale" körperliche Störungen und Veränderungen die funktionellen Syndrome psychodynamisch überflüssig machen. Die angstvolle Beschäftigung mit der Versehrtheit des eigenen Körpers, häufig in der Form von **hypochondrischen Befürchtungen**, wird nach Busse (1961) in über 33% der über 60jährigen beobachtet. Eine Hinwendung zum eigenen Körper tritt besonders dann auf, wenn Beziehungen nach außen mißlingen. Patienten, die mit hypochondrischen Klagen den Arzt aufsuchen, fühlen sich häufig von Betreuungspersonen vernachlässigt.

Gathmann (1987) spricht neuerdings vom „**Psychosomatischen Reaktionsmuster**" beim Älteren. Er verwendet den Ausdruck psychosomatisch ähnlich wie wir, nämlich für:

1. zeitlebens bestehende psychosomatische Muster, zu denen additiv die spezifische Altersmorbidität hinzukommt

2. psychosomatische Muster in Form dysfunktioneller Störungen oder Organsubstratschädigungen als Reaktion auf die problematische Alterssituation

3. somato-psychische Muster als mißglückte Adaptation auf ein somatisches Geschehen hin, dessen Verlauf dadurch negativ beeinflußt wird, d.h.

a. alterspezifische Multimorbidität und Fehladaptation

b. chronifizierende Erkrankungen mit altersinduzierter Dekompensation und psychischer Fehladaptation.

Eine Analyse des Alters der Patienten der psychsomatischen Abteilung der Universitäts-Klinik Wien (Gathmann, 1987) ergibt: 13,4% sind über 55 Jahre. Es sind also weniger, als nach epidemiologischen Untersuchungen zu erwarten wären. Mit 13,9% sind unter ihnen mehr Männer im Vergleich zu den Frauen (13,1%), die ja in der Grundpopulation deutlich überwiegen. Bei den 60jährigen verdoppelt sich die Inanspruchnahme der Ambulanz durch die Frauen, die Männer weisen nur eine geringfügige Zunahme auf. Insgesamt haben 20% der 60jährigen (häufiger als die 20-40jährigen) psychosomatische Beschwerden. Die meisten Klagen bringen die um 50jährigen hervor. Die wahrscheinlichste Interpretation der Abnahme funktioneller Syndrome im Alter ist, daß Symptome organischer Krankheiten den **vor** dem Alter stärkeren subjektiven Krankheitswert funktioneller Beschwerden überdecken.

Diese älteren Patienten werden häufiger in der Ambulanz als stationär behandelt. Für sie werden gleichzeitig auch mehrere verschiedene Therapievorschläge als indiziert angesehen. Auffällig ist eine 2 1/2 fach größere Indikation einer medikamentösen Behandlung bei den älteren Patienten im Vergleich zur Gesamtambulanz. Gathmann betont die wichtige Bedeutung des vertrauensvollen Bezuges zu **einem** Behandler.

Die psychosomatische Medizin allgemein fordert eine ärztliche Grundeinstellung, bei der die Diagnostik und Therapie von Krankheiten seelische Faktoren mit zu berücktigen haben (Hoffmann und Hochapfel, 1991). Ich sehe diese ärztliche Haltung für die Geriatrie und ganz besonders für die Gerontopsychiatrie als unverzichtbar an.

Unter **Psychiatrie** wird die medizinische Lehre von den seelischen Krankheiten verstanden. Als **Gerontopsychiatrie** bezeichnet man die medizinische Lehre von den seelischen Krankheiten älterer Menschen. **Psychogeriatrie** ist ein Begriff, der sich von dem englischen Wort „psychogeriatrics" ableitet und meist gleichbedeutend mit Gerontopsychiatrie verwendet wird. Für eine **differentielle** Gerontologie

3.2 Gerontopsychiatrie

3.2.1 Einleitung und Begriffsklärung

und Gerontopsychiatrie ist es für die therapeutischen Konsequenzen von Bedeutung, zwischen **alt gewordenen** psychisch Kranken und denjenigen alten Menschen zu unterscheiden, die mit dem Prozeß des **Älterwerdens** erstmals **erkranken**.

3.2.2 Gerontopsychiatrische Diagnostik und Klassifikation

Verschiedene psychiatrische Schulen legen den Einteilungen psychiatrischer Krankheiten unterschiedliche Gesichtspunkte für ihre Krankheitskonzeptionen zugrunde. Die besondere Problematik bei diesen Einteilungsversuchen liegt darin, auf ideale Weise ursächliche, beschreibende, krankheitsverursachende und psychodynamische Kriterien in jeweils einem Begriff konzentrieren zu wollen.

Unter **gerontopsychiatrischer Klassifikation** wird die Zuordnung bestimmter Symptome (= Einzelerscheinungen) und Phänomene zu bestimmten definierten alterspsychiatrischen Krankheitsbildern verstanden. Sie spielt für die Klinische Psychologie des Alterns insofern eine wichtige Rolle, als sie die sprachliche Verständigungsebene zwischen Arzt, Psychologen und anderen für alte kranke Menschen Tätige bildet. Daraus ergibt sich die Notwendigkeit, über ein Grundlagenwissen hinsichtlich medizinischer Diagnosen zu verfügen, um sich mit den anderen Berufsgruppen verständigen zu können.

Die Zuordnung der vielfältigen **unspezifischen Beschwerden** zu bestimmten Diagnosen bereitet jedoch häufig besondere Schwierigkeiten. Dies gilt in besonderer Weise für **psychische** Krankheiten alter Menschen. Die meisten dieser Erkrankungen sind nicht auf **eine** Ursache zurückzuführen, sondern auf mehrere verursachende Faktoren, die in einem komplexen Beziehungsgefüge zusammentreffen müssen, um das entsprechende Krankheitsbild auszulösen. Diese Besonderheit der Altersmedizin und vor allem aber der Alterspsychiatrie bezeichnet man als **Unspezifität** von Krankheitsbildern im Alter.

Der medizinischen Tradition folgend werden Krankheitsbilder mit gleicher Ursache, gleichen Erscheinungen, Verläufen, Ausgängen und anatomischem Befund als **Krankheiten** bezeichnet. Im folgenden möchte ich mich dem Vorschlag von Österreich (1975) anschließen, der es vorzieht, von gerontopsychiatrischen **Syndromen** (= Gruppe von Symptomen, die in mehr oder weniger regelhafter oder gesetzmäßiger Verbindung miteinander auftreten) zu sprechen.

Um die Verständigung zu erleichtern, werden die gebräuchlichen psychiatrischen Klassifikationsschemata (DSM III R, ICD 9 und ICD 10) im Kap 4.4. kurz dargestellt. Im folgenden werde ich mich an den International

Code of Diagnosis (**ICD 9**) der WHO (1980) halten, da es noch heute in vielen Kliniken das gegenwärtig benutzte Dokumentationssystem ist. Es ermöglicht außerdem Angaben zum Vergleich von Verbreitung und Häufigkeit gerontopsychiatrischer Krankheiten, die bisher ebenfalls mit diesem Dokumentationssystem erfaßt worden sind.

Will man sich mit gerontopsychiatrischen Krankheitsbildern beschäftigen, interessiert die Frage, wie häufig sie auftreten, welche Vorsorge man für ihre Behandlungsmöglichkeiten im Versorgungssystem zu treffen hat usw. Die **psychiatrische bzw. gerontopsychiatrische Epidemiologie** beschäftigt sich mit den Bedingungen des Auftretens und dem Verlauf psychischer Störungen einschließlich des Wissens über Ursachen, Risiko- und Auslösefaktoren. Epidemiologische Erkenntnisse sollen einer bedarfsgerechten Planung gerontopsychiatrischer Einrichtungen und Dienste dienen.

Man fragt entweder nach der Häufigkeit des erstmaligen Auftretens einer Krankheit (**Inzidenz**). Sie gewinnt sowohl für die Analyse des **Versorgungsbedarfes** wie auch für die Untersuchungen der **Qualität** und **Effizienz** des vorhandenen **Versorgungsangebotes** besondere Bedeutung. Oder man möchte Aufschluß über die Art und Verbreitung psychischer Störungen (**Prävalenz**). Sie strebt sowohl Aussagen über die **Verteilung** einzelner Störungen in Bezug auf bestimmte Gruppen, Merkmale, Gegenden etc. wie auch Aussagen über **Verlauf** und **Dauer** von psychischen Alterserkrankungen an.

Von einem **Morbiditätsrisiko** als drittem epidemiologischem Index spricht man, wenn das hypothetische Risiko, mit dem ein Mensch während seines Lebens oder in einem bestimmten Lebensabschnitt erkranken wird, gemeint ist.

Epidemiologische Studien werden aus folgenden Gründen häufig kritisiert:
- Die Krankheitsorientierung (und nicht Gesundheitsorientierung): Eine psycho-sozial-genetische Betrachtung wird dadurch erschwert.
- Die Methodik: Die Vergleichbarkeit verschiedener Untersuchungen ist aufgrund unterschiedlicher Diagnostik und Klassifikation unzureichend. Nicht selten sind auch die Methoden der Erhebung zu kritisieren (etwa wegen zu grob angelegter Einteilungen, der Befunderhebungen durch Laien etc.)

Keupp (1972) faßt das Dilemma der Epidemiologie dahingehend zusammen, „daß zwar Aussagen über den Zusammenhang zwischen sozialstrukturellen und psychologischen Variablen gemacht werden müssen, gleichzeitig aber noch

3.2.3 Epidemiologie

keine theoretisch befriedigenden Vorstellungen über die Art des Zusammenhangs zugrunde gelegt werden können." Insofern belegen zwar empirische Befunde einen systematischen Zusammenhang zwischen soziokulturellen Faktoren und psychischen Erkrankungen, erlauben aber keine Schlüsse auf besondere ursächliche Verknüpfungen für die Entstehung psychischer Störungen, geschweige denn für die Erklärung der Entstehung bestimmter Störungen.

Im Rahmen der Epidemiologieforschung nehmen die **gerontopsychiatrischen Untersuchungen** einen verschwindend geringen Raum ein. Die Anzahl von Feldstudien ist äußerst begrenzt (Fichter und Weyerer, 1982). Für die ehemalige BRD sind die oberbayrische Feldstudie (Dilling, Weyerer und Castell, 1984) sowie die Mannheimer Studie (Cooper und Sosna, 1984) bedeutsam. Sie stimmen mit vorwiegend aus angelsächsischen und skandinavischen Ländern stammenden Untersuchungen darin überein, daß die **Prävalenz** psychiatrischer Störungen **mit zunehmendem Alter** stetig **ansteigt** (Gunner-svennson und Jensen, 1976). Die Prävalenz schwerer **psychischer Erkrankungen** liegt nach den Ergebnissen von Feldstudien in mehreren Ländern konstant bei 6–8%. In der ehemaligen BRD lebten 23% aller psychisch beeinträchtigten Älteren in Privathaushalten (Cooper, 1989). Etwa 15% der im Rahmen von Feldstudien erfaßten psychischen Störungen alter Menschen bedürfen der Diagnostik und Therapie. Bei etwa 1% der Erkrankten ist eine psychiatrische Klinikaufnahme notwendig. Bei den übrigen 14% könnte eine ambulante Behandlung ausreichend sein.

Der Untersuchung von Dilling und Weyerer folgend liegt die **Prävalenz**rate schwerer gerontopsychiatrischer Störungen bei über 65jährigen aufgrund der Psychiatereinschätzung insgesamt bei 18,6% (22,5% Frauen, 13,1% Männer). Für leichte Störungen konnte kein entsprechender Unterschied hinsichtlich der Geschlechter festgestellt werden (insgesamt: 13,7%; Männer 14,3%, Frauen 13,3%). Bei den über 75jährigen war die Prävalenzrate der Männer niedriger als in allen anderen Altersgruppen, für die Frauen dagegen sehr viel höher. Die Untersuchung von Weyerer et al. (1984) weist darauf hin, daß insbesondere die 45–60jährigen eine besondere Risikogruppe darstellen: Verglichen mit älteren und jüngeren Altersgruppen ist die Erkrankungsrate an psychoneurotischen und psychosomatischen Krankheiten mit 17% bei ihnen doppelt so hoch (gegenüber 8,8 bzw. 8,9%).

Hinsichtlich **geschlechtsspezifischer Unterschiede** findet sich bei Männern eine Häufung von organischen psychischen Erkrankungen, bei Frauen sind Psychoneurosen, endogene Psychosen und senile Prozesse häufiger (Kay et al.,

1964; Adelstein et al., 1968). Die **Inzidenz**raten liegen viel niedriger als die Prävalenzraten, da **alle** im höheren Lebensalter bestehenden psychischen Störungen im Rahmen von Feldstudien erfaßt werden. Hagnell (1970) ermittelte für die über 60jährigen eine doppelt so hohe Inzidenzrate wie für sämtliche anderen Altersgruppen zusammen.

Es wurde bereits herausgestellt, daß der **allgemeine Gesundheitszustand** alter Menschen die grundlegende Variable für psychisches Wohlbefinden im Alter ist. In verschiedenen Studien wurde übereinstimmend festgestellt, daß körperlich kranke alte Menschen weitaus häufiger an psychischen Störungen leiden als andere. Anders ausgedrückt: Psychisch kranke Ältere sind wesentlich häufiger körperlich krank als diejenigen, die als „psychisch gesund" eingestuft werden. In eine entsprechenden Untersuchung waren 29% innerhalb eines Jahres und 45% innerhalb von 5 Jahren vor Ausbruch der psychischen Krankheit körperlich schwer erkrankt (Lowenthal, 1964).

76% der in Psychiatrischen Landeskrankenhäusern und Heimen neu aufgenommenen über 65jährigen gerontopsychiatrischen Patienten leiden gleichzeitig an einer mittelgradigen oder schwereren körperlichen Krankheit, 30% sogar an zwei oder mehreren somatischen Krankheiten (Bergener et al., 1974). Insbesondere depressive Krankheitsbilder können im Alter durch somatische Erkrankungen ausgelöst werden und müssen demzufolge als Warnsignal, häufig für Krebserkrankungen, aber auch für dementielle Prozesse aufgefaßt werden („prämonitorische Depression" Lauter, 1973).

3.3 Gerontopsychiatrische Krankheitsbilder

Die im folgenden vorgestellten psychiatrischen Klassifikationen in verschiedene Krankheitsbilder bzw. Syndrome können nur eine grobe Verallgemeinerung darstellen. Die Individualität und damit die mögliche Vielfalt der Krankheitsausgestaltung ist kaum je so groß wie im Alter. Die bereits erwähnte Unspezifität psychischer Beschwerden kompliziert die Diagnostik erheblich. Den Regelfall in der Gerontopsychiatrie stellen deshalb die schwer klassifizierbaren Krankheitsbilder dar.

Ich vertrete die Überzeugung, daß psychische Krankheit im Alter ein Ergebnis des gesamten Lebenslaufes ist. Das bedeutet, daß die Charakterstruktur eines Menschen (prämorbide – vor der Erkrankung bestehende – psychische Struktur) der Art und Weise der Krankheitsentwicklung im Alter ihr wesentliches Gepräge verleiht. So wird z.B. ein immer schon mißtrauischer, kontaktscheuer Mensch kaum eine Depression mit klagend anklammernder Haltung ausbilden, sondern eher eine Depression entwickeln, in der das Mißtrauen ein hauptsächliches Symptom ist. Diese Leitlinie des Verständniszuganges ist gemeint, wenn im folgenden bei der Beschreibung eines psychiatrischen Krankheitsbildes auf die dazugehörige „prämorbide Charakterstruktur" verwiesen wird. Für die Diagnostik und Einschätzung psychischer Krankheiten im Alter spielt die Frage, wie ein Mensch früher gewesen ist, eine wichtige Rolle: Die krankhafte Veränderung paßt meist zu der früheren Persönlichkeit (der Sparsame wird geizig und entwickelt u.U. einen Wahn, bestohlen zu werden). Dieses Zusammenpassen ist u.U. so deutlich, daß die Angehörigen den eigentlich schon als krankhaft zu beurteilenden Prozeß noch sehr lange im Sinne der bekannten Persönlichkeitsstruktur als „normal" oder „so war er doch schon immer" (miß-)verstehen.

Kommt es zu einer Veränderung in eine von der früheren ganz abweichende Persönlichkeitseigenart, so muß man bei diagnostischen Überlegungen in der Regel eine „exogene" d. h. von außen kommende, bzw. körperlich verursachte Störung in Erwägung ziehen.

Psychische Störungen und Krankheiten manifestieren sich immer im Kontakt. Insofern ist auch der **Kontakt** zwischen Helfer und Patient/Bewohner die wesentliche Quelle für die Diagnostik. Je mehr Ausdrucks-Möglichkeiten – somatisch oder psychisch – im Kontakt entwickelt wurden oder noch verfügbar sind, desto günstiger die Prognose der Behandlung. Für das therapeutische Handeln steht dem Behandler bei der körperlichen Krankheit in der Regel ein intaktes Ich gegenüber, dem er erklären, mit dem er sich beraten und das er auch trösten kann. Die Behandlung körperlicher Krankheit wird für die Betreuer desto schwieriger, je mehr sich die Interaktion mit einem funktionstüchtigen seelischen Gegenüber einschränkt. So berichten sogar Betreuer aus Pflegeheimen, daß es eine völlig unproblematische Betreuung von dementen alten Menschen gibt, nämlich dann, wenn die Interaktion nicht durch „psychische Macken" überlagert wird.

3.3.1 Das depressive Syndrom

Die Depression ist ein außerordentlich vielgestaltiges Krankheitsbild. Bis heute liegt kein befriedigendes, einheitliches psychiatrisches Klassifikationsschema für depressive Störungen, insbesondere im Alter, vor. Der Vielfalt der Erscheinungsformen entsprechen die unterschiedlichen Annahmen über die verschiedenen möglichen Entstehungsbedingungen.

Im ICD 9 ist die Klassifikation depressiver Störungen auf 19 Kategorien erweitert worden. Sie werden unter den Oberbegriffen: Persönlichkeitsstörungen, Neurosen, psychogene Reaktionen, nicht organische Psychosen und den affektiven Psychosen benannt; die Involutionsdepression wird den affektiven Psychosen und damit den endogenen Erkrankungen zugerechnet.

Im Alter kompliziert sich die Klassifikation depressiver Störungen durch die multifaktorielle Genese und die verschiedenen möglichen Wechselwirkungen bei der Multimorbidität noch weitaus mehr als in jüngeren Lebensjahren. Deshalb läßt sich die Depression nicht als eigenständige Krankheitseinheit aufrechterhalten.

Als **depressives Syndrom** soll hier ein länger andauerndes **krankhaftes Traurigsein** (nach Österreich: länger als 3 Monate) im Sinne einer anhaltenden negativen Stimmungsveränderung von wechselnder Intensität verstanden werden. Der wesentliche Unterschied zur Trauer eines „Normalen" liegt in der Unfähigkeit, diesen Gemütszustand zu bewältigen sowie in der erschwerten oder nicht mehr möglichen Einfühlbarkeit durch die Mitmenschen. Das depressive Syndrom ist als unspezifische Antwort (Österreich, 1973) auf verschiedenste (seelisch, körperliche und umweltbedingte) krankheitsverursachende Einflüsse bei einer entsprechenden prämorbiden (vor Krankheitsausbruch bestehenden) Persönlichkeit zu betrachten.

Definition

Bei sehr alten und körperlich kranken Menschen gibt es Gemütszustände, bei denen wir besser von **Trauer** als von Depression sprechen: Ist z.B. jemand sehr krank, leidet an vielfältigen Einschränkungen und chronischen Schmerzen, so ist eine resignative Einstellung und sein Wunsch, endlich sterben zu können, einfühlbar. Derartige Trauerzustände werden von Helfern häufig verleugnet; die Diagnose „depressiv" erhält die Hoffnung, „noch etwas ändern zu können".

Ein depressives Syndrom kann auftreten:

- Als **psychisches Symptom einer** (bisher nicht erkannten) **körperlichen Krankheit** (im Sinne einer „prämonitorischen Depression", Lauter, 1973) im Anfangsstadium einer bösartigen Erkrankung oder als psychische Reaktion auf die unterschwellig wahrgenommene Einschränkung der Vitalität und Leistungsfähigkeit aufgrund einer nicht identifizierten körperlichen Krankheit (z.B. einer Infektion).
- Im Vorfeld eines dementiellen Prozesses (als psychische Reaktion auf die unbewußte Wahrnehmung des Versagens einzelner Körperfunktionen; schleichender Beginn).
- Als **Reaktion auf verschiedenste Verlusterlebnisse.** Sie bilden den Ausgangspunkt depressiver Entwicklungen.

- Als **neurotische Depression** im Sinne einer Antwort der Persönlichkeit auf die Kränkungen und Verlusterlebnisse, die mit dem Alternsprozeß einhergehen können (schleichender Beginn) und der Unfähigkeit, Einschränkungen durch mehrere gleichzeitig auftretende körperliche Erkrankungen verarbeiten zu können.
- Als **depressive Psychose** (affektive Psychose). Auch hier finden wir häufig belastende Erlebnisse im Vorfeld; diese vermögen aber meist die Schwere der Erkrankung als Auslöser nicht erklären.
- Als „**Involutionsdepression**" infolge hormoneller Umstellung bei der Frau (infolge des Klimakteriums oder künstlich – durch Uterusextirpation – eingeleiteter Menopause).
- Als **Nebenwirkung** bei der pharmakotherapeutischen Behandlung (z. B. bei Herzmedikamenten).

Eine differentialdiagnostische Abklärung kann nicht ohne biografische Kenntnisse erfolgen.

Symptomatik

Die Phänomene des depressiven Syndroms können in sehr verschiedener Ausprägung auftreten. Mit zunehmendem Alter tendieren depressive Symptome dazu, weniger kraß hervorzutreten und blasser zu verlaufen. Der individuelle Leidensdruck kann sehr verschieden sein.

Die **Grundsymptome des depressiven Syndroms** sind:

- **Gefühlsstörungen**: die Unfähigkeit, sich zu freuen, Freud- und Hoffnungslosigkeit, innere Leere oder Gefühllosigkeit, traurige Verstimmung, gedrückte und pessimistische Stimmungslage, Schuldgefühle, vermindertes Selbstwertgefühl, keine Perspektive sehen, sich schutzlos und überflüssig fühlen.
- **Antrieb**shemmungen oder auch –steigerungen: Verminderung des Antriebs, der Energie und Tatkraft, Verlangsamung oder Gefühl der inneren Unruhe und Getriebenheit und ruheloses Umherlaufen (agitierte Depression).
- **Angst**: Angst vor der Zukunft, Angst, mit zukünftigen Anforderungen nicht mehr fertig werden zu können, Angst, auf die Straße zu gehen, Angst, nichts mehr leisten zu können etc.
- **Denkstörungen**: Interesselosigkeit, Ratlosigkeit, Grübelsucht, Entschlußunfähigkeit, Schuld- und Insuffizienzgefühle, Denkhemmung und Konzentrationsstörungen können den Anschein von Verwirrtheit (und sogar Demenz) erwecken. Depressive Wahnbildungen sind möglich (z.B. Versündigungs- und Verarmungswahn).

- **Vitalitäts**verlust und Körpersymptome: Mattigkeit, Spannungen, Appetitlosigkeit, Obstipation, Gewichtsverlust, Schweregefühl des Körpers, Druck in Brust und Herzgegend, Unruhe im abdominellen Bereich, Kopfschmerzen und vasomotorisch-vegetative Beschwerden, Schweißausbrüche und Schwitzen, Herzbeschwerden, Schwindel, Atemnot, Tagesschwankungen (schwere depressive Verstimmung am Morgen, deutliche Besserung gegen Abend).
- **Schlafstörungen**: Sie prägen meist das Initialbild eines depressiven Syndroms: Es gibt quälende Einschlafstörungen, Durchschlafstörungen, Erwachen am frühen Morgen mit quälenden Gedanken, Panikzuständen, somatischen Symptomen wie Würgen oder Erbrechen, Unfähigkeit zu träumen oder Alpträumen.
- **Potenz-** und **Libidoverlust**
- **Isolation**: Der Depressive nimmt immer weniger Kontakt zu anderen Menschen auf und wirkt unerreichbar.
- **Suizidalität**: Latente oder manifeste Suizidalität.

Das depressive Syndrom gehört zu den häufigsten psychischen Krankheiten der 2. Lebenshälfte. Angaben zur Häufigkeit depressiver Erkrankungen im Alter sind sehr unterschiedlich und reichen von 5% bis 44% (Primrose, 1962; Zung et al., 1973). Die Unterschiedlichkeit dieser epidemiologischen Befunde ist wesentlich auf methodische Mängel und insbesondere klassifikatorische Unklarheiten zurückzuführen.

Ich beschränke mich hier auf Ergebnisse zur Häufigkeit des erstmaligen Auftretens (Inzidenz): Dilling et al. (1984) zeigen auf, daß die depressiven Syndrome (affektiven Psychosen) in der Altersbevölkerung zunächst kontinuierlich bis auf 3,4% ansteigen. Jenseits der 65 Jahre kommt es jedoch zu einer Abnahme der Neuerkrankungsrate. Ebenso zeigen Sörensen und Strömgren (1961), daß die meisten Untersuchungsbefunde hinsichtlich der Abnahme depressiver Neurosen mit zunehmendem Alter übereinstimmen. Die größte Häufung liegt zwischen dem 40. und dem 55. Lebensjahr. Blazer und Williams (1980) zeigen, daß etwa bei der Hälfte der Depressiven eine körperliche Krankheit vorlag. Inzidenzzahlen zu milderen Depressionen sind nicht verfügbar (Gertz, 1989).

Bis zu 40% depressive Symptome finden sich unter den institutionalisierten alten Menschen. Hochbetagte zeigen insgesamt weniger depressive Störungen; wenn sie jedoch auftreten, reagieren die alten Depressiven häufiger mit körperbezogenen Störungen und bringen weniger typisch depressive Klagen z.B. über ihre Nutzlosigkeit vor. Zu etwa 1/

Epidemiologie

3 geht die depressive Symptomatik dabei mit einem dementiellen Syndrom einher. Im Vordergrund stehen dann mehr die Störungen der Vitalität, weniger die des Gefühls und des Gewissens.

Ätiologie

Verschiedene Formen der Depression werden nach ihren Ursachen unterschieden (modifiziert nach Lauter und Zimmer, 1984 und Bergener, 1986):

- **Organische** (oder auch exogene, symptomatische, somatogene) **Depression**: Als solche werden diejenigen Störungen genannt, bei denen das depressive Syndrom Ausdruck einer Hirnkrankheit oder einer anderen körperlichen Krankheit ist.
- **Endogene** (oder auch psychotische) **Depression**: Als Ursache wird ein innerer Vorgang oder eine Kraft angenommen, die nicht näher zu bezeichnen oder zu lokalisieren wäre. Manche Autoren verstehen das Gegensatzpaar endogen – exogen als auflösbar in der Art der Schwere der Depression.
- **neurotische, reaktive** (psychogene) **Depression**: Als Ursache werden hier einschneidende Veränderungen der Lebenssituation oder des Erlebens bei charakterlich besonders disponierten Menschen gesehen.
- Als **larviert** oder auch hypochondrisch wird eine Form der Depression bezeichnet, bei der fast ausschließlich körperbezogene Beschwerden das Bild der Klagen prägen, ohne daß für diese eine körperliche Ursache gefunden werden könnte.
- Der Begriff der **Involutionsdepression** geht klassifikatorisch in den Bereich der endogenen Depression ein. Es gilt heute als wissenschaftlich bestätigt, daß depressive Syndrome (einschließlich schwerer Suizidalität) bei Frauen im Rahmen von hormonellen Umstellungsprozessen ausgelöst werden können und deshalb zunächst hormoneller Substitutionsbehandlung bedürfen.

Die psychiatrische Auffassung versteht also depressive Syndrome entweder durch endogene, körperliche, hormonelle Veränderungen oder durch soziale Bedingungen (erzwungene Isolation, Verlust von wichtigen Bezugspersonen – besonders in der frühen Kindheit) determiniert. Bei körperlicher Disposition können soziale Faktoren zu Mitauslösern werden; ebenso können bei bestimmten gefährdenden sozialen Bedingungen körperliche Veränderungen zu Mitauslösern werden.

3.3 Gerontopsychiatrische Krankheitsbilder

Ein um Verstehen bemühter psychodynamischer Zugang sieht die Persönlichkeitsstruktur („prämorbide Persönlichkeit") und die im Alter sich manifestierende psychische Erkrankung als ein Kontinuum.

Ausgeprägter als in jüngeren Lebensjahren trägt die Erkrankung den Stempel des persönlichen Stils. Die Persönlichkeitseigenart ist als Niederschlag der lebenslangen Bewältigungsgeschichte im Zusammenwirken von anlagemäßig Vorgegebenem, der sozialen Lebenssituation, wie auch den somatischen, gesellschaftlichen und sozialisatorischen Bedingungen zu verstehen. Diese individuelle Besonderheit schlägt sich auch in dem Bild nieder, das ein Mensch von sich hat, dem Selbstbild, das nicht identisch ist mit der objektiven Wahrnehmung seiner Persönlichkeit. Ich verstehe die Altersdepression als ein Ergebnis des gesamten Lebenslaufes.

Menschen mit einer depressiven Persönlichkeitsstruktur sind eher stille, zurückhaltende Menschen, meist von gedrückter Stimmung, mit Neigung zu Schuldgefühlen und negativer Gefühlsbetonung aller Lebenserfahrungen, d.h. von pessimistischer Grundeinstellung. Es gibt sowohl äußerlich gelassen und ausgeglichen wirkende wie auch mürrische, nörglerische depressive Menschen. Viele von ihnen sind sehr fleißig, ohne viel Aufhebens davon zu machen. Konflikte in zwischenmenschlichen Beziehungen geben häufig Anlaß zu krisenhaften Zuspitzungen bzw. krankhaften Dekompensationen. Es besteht häufig große Angst vor Veränderungen und Neuem.

Depressiv strukturierte Persönlichkeiten sind schon immer in ihrem Leben besonders abhängig von Liebes- und Zuneigungsbeweisen ihrer Umwelt gewesen. Sie verfügen meist über eine geringe Frustrationstoleranz gegenüber den Versagungen des täglichen Lebens (das macht sie im Alter besonders verletzbar gegenüber den vielfältigen Kränkungen und Verlusterlebnissen). Ihre unbewußte Einstellung ist: Der andere soll geben, was zu fehlen scheint. Gleichzeitig waren sie in ihrem Leben häufig bedacht, den Überblick nicht zu verlieren und ihre Aktivitäten in geordneten Bahnen zu halten.

Es lassen sich zwei Tönungen unterscheiden: Eine, die gegenüber ihren nächsten Mitmenschen durch ein abhängiges, anklammerndes und u.U. forderndes Verhalten gekennzeichnet ist; die andere ist eher geprägt durch strenge Gewissensbildung und ein pedantisches, skrupulöses und gewissenhaftes Verhalten. Nach eigenen klinischen Erfahrungen neigen zum letzteren häufig die ältesten Töchter, zum ersteren eher die jüngsten.

Psychodynamik und Persönlichkeitsstruktur

Ein Großteil der psychischen Aktivität des Depressiven richtet sich also auf die Sicherung gegenüber möglichen – tatsächlichen oder unbewußt phantasierten – Verlusten. Das Alter ist in der Tat eine schwere Kränkung für die unbewußten Größenphantasien, die als Schutz gegen die unerträglichen Gefühle von Kleinheit und Abhängigkeit früh im Leben ausgebildet worden sind. Der ausgeprägten Gewissensbildung und dem damit verbundenen hohen Ideal kann der Alternde wegen der altersbedingten Einschränkungen nicht mehr standhalten: Es kommt zu übertriebenen Selbstvorwürfen („Ich habe aber auch alles falsch gemacht in meinem Leben; es geschieht mir Recht, wenn ich jetzt krank bin, das ist die gerechte Strafe").

Therapie und Umgang mit dem Depressiven

Psychiatrische Behandlung: Für eine psychiatrische Diagnostik steht das von Wächtler und Lauter (1981) entwickelte Explorationsschema zur Verfügung.

Explorationsschema nach Wächtler und Lauter:
- Können Sie sich noch freuen? (Depressive Verstimmung)
- Fällt es Ihnen schwer, Entscheidungen zu treffen? (Entschlußlosigkeit)
- Haben Sie noch Interesse an früheren Steckenpferde? (Antriebsarmut)
- Neigen Sie in letzter Zeit vermehrt zum Grübeln? (depressive Denkinhalte)
- Plagt Sie das Gefühl, Ihr Leben sei sinnlos geworden? (Suizidgedanken)
- Fühlen Sie sich müde, schwunglos? (Vitalsätsverlust)
- Wie steht es mit Ihrem Schlaf? (Schlafstörungen)
- Spüren Sie irgendwelche Schmerzen, einen Druck auf der Brust, haben Sie noch andere körperliche Beschwerden? (Vitalstörungen und somatische Symptome)
- Haben Sie weniger Appetit, an Gewicht verloren? (Appetitverlust)
- Haben Sie Schwierigkeiten in sexueller Hinsicht? (Nachlassen von Libido und Potenz).
- Haben Sie Tagesschwankungen?(schwere Depression am Morgen, Erleichterung bis zum Verschwinden der depressiven Gefühle am Abend): Ist ihre Stimmung den ganzen Tag über gleich oder gibt es da auffallende Unterschiede?

Je ausgeprägter die Tagesschwankungen, desto eher liegt eine neurotische oder endogene Depression vor; je besser das Befinden am Morgen ist und verstärkt Erschöpfung gegen Abend, desto eher muß an eine körperliche (Mit-)Ursache der Depression gedacht werden.

Je nach Schweregrad, Ausprägung und Ausgangspersönlichkeit kann ein depressives Syndrom ambulant, teilstationär oder stationär behandelt werden (Kap. 8). Eine fachärztliche Abklärung ist dringend zu raten. Die Momentaufnahme einer kurzen Arztkonsultation kann die Diagnostik u.U. fehlleiten. Klinische Erfahrung im Sinne der Kenntnis von Krankheitsverläufen sowie ein psychodynamisch orientierter Verständniszugang vermindern diese Gefahr.

Eine ausgiebige Diagnostik und Behandlung von möglichen ursächlichen körperlichen Krankheiten, wie z.B. Hypothyreose, Vitamin-B12-Mangel, Insulinmangel, Herzinsuffizienz, beginnende maligne Erkrankung, dementieller Prozeß etc. muß die psychiatrische Diagnostik ergänzen.

Pharmakologische Behandlung: antidepressive oder neuroleptische Therapie. Die Medikamentenauswahl richtet sich nach der speziellen individuellen Färbung der Depression: Stehen z.B. Unruhezustände und Agitiertheit im Vordergrund, oder kommt es sogar zur Ausbildung eines depressiven Wahns? (Kap. 5.4).

Elektro-Krampf-Therapie-Behandlungen (EKT) sollten bei schweren oder sog. therapieresistenten Depressionen in Erwägung gezogen und nicht von vornherein pauschal abgelehnt werden. Es gibt tatsächlich Patienten, die – so habe ich es miterlebt – nur nach dieser Behandlung eine Erleichterung ihrer quälenden Gefühlsstörungen verspüren. Es kann sogar Ausdruck eines aggressiven Ausagierens der Gegenübertragung sein, wenn der Patient sich diese Behandlung wünscht und sie ihm, „weil man das Beste für ihn wünscht", vom behandelnden Arzt vorenthalten wird.

Schlafentzugstherapie ist ein häufig erfolgreiches Behandlungsverfahren, daß jedoch nur stationär durchgeführt werden sollte. Lichttherapie wird nur von wenigen Ärzten durchgeführt.

Entgegen einer lang vertretenen Lehrmeinung sind ältere Menschen mit tiefenpsychologisch fundierten psychotherapeutischen Maßnahmen erfolgreich zu behandeln und haben auch bei entsprechender Begründung kassenrechtlichen Anspruch auf Psychotherapie (Kap. 5.2). Im **Umgang** mit depressiven Patienten unterliegt man speziellen Problemen. Der Depressive erweckt in seinem Gegenüber zunächst verstärkte Zuwendung (man möchte ihn trösten, ihn von der Unsinnigkeit seiner depressiven Gedankeninhalte überzeugen, ihn auffordern, sich zu freuen etc.). Nach einer so intensivierten Zuwendung schlägt die Stimmung des Gegenübers meist ins Gegenteil um: Der Depressive macht einen mit seinen negativen Äußerungen ärgerlich und wütend, man möchte seine Gegenwart meiden.

So legt er auch nahe, den Gegenpart zu seiner passiv-depressiven Haltung zu übernehmen und verführt den Arzt/Betreuer zu aggressiven Reaktionen: „Nun reißen Sie sich mal zusammen!" Hier übernimmt das Gegenüber automatisch den abgespaltenen aggressiven Teil des Patienten. Gleichzeitig wird die Tendenz, den (positiven) Gegenpol zu übernehmen, durch die individuell verschiedene Fähigkeit des Betreuers bestimmt, selbst depressive und hoffnungslose Gefühle ertragen zu können: Je mehr er sich selbst unbewußt dagegen schützen möchte, desto mehr wird er zu demjenigen, der die depressiven Gefühle „ausreden" möchte („Das wird schon wieder! Lassen Sie doch nicht so den Kopf hängen, schauen Sie doch mal, was für einen schönen Tag wir heute haben! Freuen Sie sich denn gar nicht, daß Ihre Kinder heute zu Besuch kommen?") Derartige Reaktionen sind unbedingt zu vermeiden; sie sind nicht nur nicht hilfreich, sondern vermitteln dem Depressiven Unverständnis, Distanz und Einsamkeit.

Es kann **hilfreich** sein, einfach zuzuhören und die Ausweglosigkeit, die sich dem Helfer vermittelt, auszuhalten. Ein wieder anderer Zugang ist, die Zwiespältigkeit aufzugreifen: „Sie möchten einerseits ... aber andererseits ...". So vermeidet man einseitige Ratschläge, die in der Regel doch wieder wie ein Bumerang zurückkommen: „Aber das geht doch auch nicht!" Häufig manövriert sich der Betreuer in weitere Schwierigkeiten, wenn er sich auf eine Diskussion über den vermeintlichen Grund der Depression einläßt. Am deutlichsten wird dies beim Verarmungs- oder Versündigungswahn: Einer derartigen Überzeugung ist mit rationalen Argumenten nicht beizukommen. Hilfreich kann sein, sich in die Gefühlswelt des Kranken hineinzuversetzen und den so erfaßten Gefühlszustand zu verbalisieren: „Sie müssen sich sehr verzweifelt fühlen, wenn Sie im Augenblick so gar keinen Ausweg sehen". Es kann zu Konflikten im Betreuerteam kommen, wenn ein Betreuer unreflektiert den großen Verwöhnungswünschen des Patienten nachgibt, sich selbst damit zum „Guten" machen möchte, so daß die „bösen" Anteile auf den Kollegen projiziert werden (Kap. 7).

Weitere **Hilfen** für den Depressiven sind:
- Dem Patienten erklären, daß die Depression eine Krankheit ist. Man bewirkt damit eine Entlastung von Schuldgefühlen, die wie in einem circulus vitiosus das depressive Erleben immer mehr verstärken.
- Darüber sind vor allem auch die Angehörigen zu informieren, die meist in der Depression etwas Mutwilliges oder eine Verweigerung sehen („das wollte er schon immer nicht") und nicht eine psychische Krankheit.

- Information über die Behandlung geben (warum, was, mit welchem Ziel, in welchen zu erwartenden Zeiträumen zu tun ist)
- Offene Aussprache über Suizidideen ermöglichen (Andeutungen wie: „Manchmal denke ich an das Schlimmste!" nicht einfach unbesprochen stehen lassen. Man kann z.B. sagen: „Manchmal wissen Sie keinen anderen Ausweg als sich das Leben nehmen zu wollen".)
- Gefühlsinhalte ansprechen (nicht argumentieren, z.B. daß die Sorge, kein Geld mehr zu haben, unsinnig sei, sondern z.B. „Sie sind verzweifelt und sehen im Augenblick nur noch schwarz!")
- Als Helfer sich auch mal erlauben, ein heftiges Wort zu sprechen (als Ventil für die in der Gegenübertragung ausgelöste Wut; dies vermindert u.U. auch die Schuldgefühle auf Seiten des Patienten).

Fehler im Umgang mit Depressiven (nach Kielholz, 1986): Man sollte nicht:

- auffordern, sich zusammenzureißen und aktiv zu sein
- einreden, in fröhliche Gesellschaft zu gehen
- in die Ferien oder in einen Kuraufenthalt schicken
- lebenswichtige Entscheidungen treffen lassen
- zur früh aktivieren, durch Physio- und Ergotherapie
- Suizidimpulse tabuisieren
- behaupten, es gehe schon besser
- sagen, es sei nur das Alter, andere müssen auch damit fertigwerden.

Frau M., 59 Jahre, klagt in einer psychosomatischen Ambulanz über die Probleme in ihrer Familie, weint völlig verzweifelt und äußert Suizidabsichten. Das in der Psychologin entstehende Gefühl ist, daß es um etwas höchst Dringliches und Gefährliches geht. Diese Wahrnehmung empfindet die Therapeutin als verwirrend, weil psychodiagnostisch nicht klar zuzuordnen. Es dominiert lediglich der Impuls: „Ich muß sofort etwas unternehmen, um diese Frau zu schützen" und sie meldet sie auf der psychiatrischen Akutstation an. Gleichzeitig erscheint ihr diese Reaktion „unverhältnismäßig" in bezug auf die beklagten Umstände. Sie teilt diese verschiedenen Überlegungen dem Stationsarzt mit der Bitte mit, die Frau auch körperlich genau zu untersuchen. Es stellt sich bald heraus, daß sie an einem inoperablen Tumor im Bauchraum leidet.

Frau K., 58 Jahre, sucht um psychotherapeutische Hilfe nach, weil sie unter innerer Unruhe, Angstzuständen und schweren depressiven Verstimmungen leidet. „Ich fühle mich wie ein Häufchen Elend, wie ein Vogel, der aus dem Nest gefallen ist." Seit ihr Ehemann vor 4 Jahren plötzlich an einem Herzinfarkt verstarb, und 2 Jahre darauf ihre Mutter nach einem Schlaganfall in ein Pflegeheim verlegt wurde, hatte sie sich mühselig „berappelt", als sie selbst einen Herzinfarkt bekam. Seither kommt sie trotz guter medizinischer Rehabilitation nicht mehr mit ihrem Leben klar.

Das Zusammentreffen verschiedener schwerer Belastungen führt in diesem Fall zu einer nicht mehr zu bewältigenden psychischen Situation. Verlassenheitsgefühle gegenüber dem Ehemann, der „alles" für sie tat und deshalb ihre Unselbstständigkeit förderte, Gewissensbisse und Selbstvorwürfe, die Mutter nicht selbst zu pflegen, treffen zusammen mit einer Einbuße der körperlichen Vitalität nach dem eigenen Herzinfarkt. Gegenstand der zweijährigen Psychotherapie (2 Sitzungen wöchentlich im Sitzen) war das Bemühen um Verständnis der Bedeutung der Identifikation der Patientin mit ihrem Ehemann in der gleichen Krankheit (Herzinfarkt), die Bearbeitung der exzessiven Schuldgefühle, in der Fürsorge für die Mutter zu versagen, und der Verlust gewisser körperlicher Vitalität und Spannkraft, den sie selbst in masochistischer Weise als „gerechte Strafe" verstanden hatte. Die Patientin konnte nach der Behandlung wieder eine Teilzeitarbeit in Form leichter Bürotätigkeit aufnehmen, sich besser gegen die Ansprüche ihrer erwachsenen Töchter abgrenzen und fühlte sich gegenüber gelegentlichen Stimmungsschwankungen gefestigter, weil nicht mehr so „schnell aus der Bahn zu werfen".

3.3.2. Das suizidale Syndrom

Definition

Als **Suizidalität** bzw. als suizidales Syndrom wird der (ausgesprochene oder unausgesprochene) Wunsch bezeichnet, sich das Leben zu nehmen bzw. sich zu töten. Suizidale Gedanken allein können u.U. das Leben eines Menschen begleiten, ohne daß es zu einem akuten Impuls zur Selbsttötung kommen muß. Von suizidalem Verhalten spricht man dann, wenn ein alter Mensch durch sein Verhalten Signale setzt, daß er am Leben nicht mehr teilhaben möchte oder wissentlich selbstschädigendes Verhalten ausübt, wie etwa das fortwährende Verletzen diätetischer Regeln bei einem schweren Diabetes. Als suizidale Handlung bezeichnet man die Durchführung des Suizids. In der Regel verübt nur derjenige einen Suizidversuch, der schon irgendwann einmal etwas darüber verlauten ließ.

Der Impuls zur Selbsttötung kann aus verschiedenen Überzeugungen erwachsen: Er ist z.B. als augenblickliche, subjektive Bilanz der individuellen Lebenssituation zu verstehen und kann das Gefühl der Sinnlosigkeit des eigenen Lebens beinhalten. Oder er entspringt der Sicherheit, eine gegebene Belastungs-, Konflikt- oder Schmerzsituation nicht mehr aushalten zu wollen/ zu können. In einem depressiven Wahn kann die unbeeinflußbare Überzeugung entstehen, das

Leben beenden zu müssen, da jemand dies z.B. befiehlt (akustische Halluzinationen). In dem Impuls zur Selbsttötung kann auch der unbewußte Wunsch, einer verstorbenen Person nahe zu sein (folgen zu wollen), verborgen sein. Auch die Unaushaltbarkeit der Vorstellung, mit einer bevorstehenden Einweisung in ein Heim zu einer unzumutbaren finanziellen Belastung für die Kinder zu werden oder auf die vertraute, selbstbestimmte Umgebung verzichten zu müssen, kann Anlaß für ein derartiges Motiv werden.

Der Wunsch, sich das Leben zu nehmen, kann nie, einmalig, gelegentlich oder häufig geäußert werden. Der Selbsttötungswunsch entspringt meist einer als ausweglos empfundenen, verzweifelten Stimmungslage und ist **immer** (unabhängig von der Art der Äußerung) als Notsignal zu verstehen. **Impulshafte** suizidale Handlungen können im Rahmen einer psychotischen Erlebnisweise aufgrund von befehlenden Stimmen ausgeführt werden. Lange bestehende und immer **wiederholte Äußerungen** („Es hat doch alles keinen Sinn mehr! Ich möchte allem ein Ende machen! Ich geh ins Wasser! Ich hänge mich auf!") deuten auf die Unfähigkeit hin, mit der inneren Not psychisch fertig zu werden. Von **latenter Suizidalität** wird gesprochen, wenn Suizidgedanken (bewußt oder unbewußt) empfunden, jedoch nicht deutlich geäußert werden.

Als **indirekte Suizidalität** wird ein Verhalten bezeichnet, das in verdeckter Form selbstschädigendes Verhalten beinhaltet oder durch das suizidale Impulse auf symbolhafte Weise geäußert werden (z.B. die stumme Weigerung, bestimmte Fürsorge für sich zu treffen, Diät einzuhalten (z.B. bei Diabetes) oder Medikamente zu verweigern, „aus Versehen" zu viel einzunehmen).

Symptomatik

Generell nimmt das Risiko eines „erfolgreichen" Suizids mit zunehmendem Alter zu. Die Alterssuizide (über 60 Jahre) stellen fast ein Viertel aller Selbstmorde (Dankwarth und Püschel, 1991). Über die Häufigkeit von Alterssuiziden können jedoch nur vage Angaben gemacht werden, da es hinsichtlich der Feststellung der Todesursache eine große Dunkelziffer gibt. So wird häufig als Todesursache die vorbestehende Krankheit genannt und nicht die (u.U. schwer zu erkennende) suizidale Handlung, z.B. durch Fehlmedikation. Andererseits imponiert häufig ein Suizid (-versuch) als Bilanz, ohne daß berücksichtigt werden kann, welche aktuellen Befindlichkeiten und Beschwerden bei einer bestehenden grundlegenden Problematik den letzten Ausschlag für eine solche Handlung gegeben haben. Das

Epidemiologie

168 3. Medizinische Aspekte des Alterns

Zusammentreffen von mehreren Belastungen erhöht ein Suizidrisiko erheblich.

Zu einem ersten abrupten Anstieg von Suizidhandlungen kommt es in der Altersgruppe der 51- bis 55jährigen. Im Jahr 1986 lag die Suizidrate der 65- bis 75jährigen bei 31%, für die 75 Jahre alten und älteren Personen sogar bei 40%, bezogen auf die Gesamtheit der Angehörigen der gleichen Altersgruppe („Statistisches Jahrbuch 1988 für die Bundesrepublik Deutschland"), so daß von einem Altersgipfel bei den über 70jährigen gesprochen wird (Wellhöfer, 1981).

Die verbreitete Annahme, daß Suizide aufgrund von Lebensbilanzüberlegungen im Alter häufiger sind, trifft nicht zu.

Abb. 3.7. Entwicklung der Suizidrate im höheren Lebensalter. (Lungershausen, 1989;S. 278)

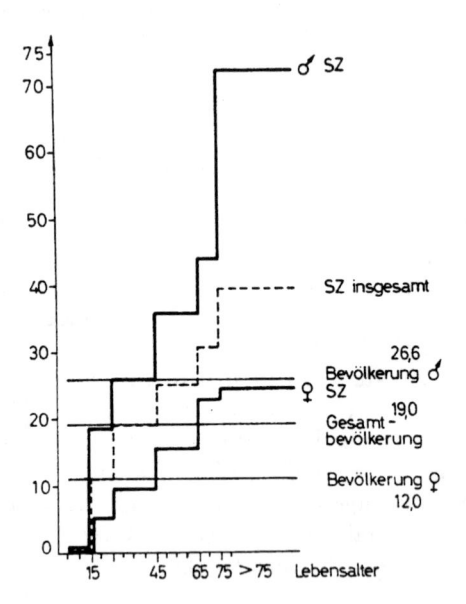

Es bestehen bedeutsame Unterschiede hinsichtlich des **Geschlechts**. Die alten **Männer** sind besonders suizidgefährdet. Die Rate der gelungenen Suizide liegt bei den Männern 2-4mal höher als bei den Frauen. Dieses Verhältnis nimmt mit zunehmendem Alter noch weiter zu (Schmidtke und Weinaker, 1991). Während bei den 65- bis 69jährigen die Relation der männlichen zu den weiblichen Opfern 4:1 beträgt, wird für die über 85jährigen die Relation 12:1 gefunden: Nach dem 60. bzw. 65. Lebensjahr nimmt nämlich die Suizidgefährdung bei den Frauen wieder ab.

Die **Suizidmethoden** unterscheiden sich alters- und geschlechtsspezifisch. Je älter, desto mehr wächst die Ernsthaftigkeit bzw. Entschlossenheit zu sterben („Sterbewille"); dies wird aus den mit zunehmendem Alter häufigeren aggressiven Suizidmethoden geschlossen. Ab 85 Jahren stellen die „harten" Methoden (z.B. Erhängen) 60-70% der Suizidfälle. Vergiftungen folgen an zweiter Stelle. Bei den Männern überwiegen generell aggressive Methoden wie Selbsttötung durch Erhängen, Erdrosseln, Ersticken etc. (Weiss, 1968). Das höchste Suizidrisiko bei Depressiven besteht in der Nacht, insbesondere am frühen Morgen (zwischen 4 und 6 Uhr morgens).

Bei den **Frauen** kommen aggressive Methoden wie auch Vergiftungen ebenfalls vor und machen insgesamt 70% aller Suizidfälle aus. Familiäre Bindungen und verläßliche Einbindungen in ein soziales Netz werden als mildernd für das Risiko angesehen.

Körperliche Erkrankung: Den Ergebnissen von Summa (1986) zufolge sind die mit zunehmendem Alter vermehrt auftretenden körperlichen Krankheiten wesentlich am Auftauchen suizidaler Gedanken beteiligt. In 25-45% ist **körperliche Krankheit** die Ursache für den Suizidversuch. Das bedeutet, daß ein alter Mensch glaubt, mit einer gegebenen Krankheit bzw. den durch sie verursachten Schmerzen und Einschränkungen des Lebensraumes nicht mehr leben zu können. Dies ist vorwiegend bei **chronisch schmerzhaften Erkrankungen** des **Bewegungsapparates** der Fall. Weitaus seltener kommt es bei unmittelbar lebensbedrohlichen Krankheiten wie schwerster Herz- oder Lungenerkrankung, wie auch Sklerose, Herzinsuffizienz, Hypertonie oder Diabetes und auch malignen Erkrankungen zu suizidalen Absichten (u.U. sind diese Kranken aufgrund ihrer körperlich-psychischen Verfassung gar nicht mehr zu einem gezielten suizidalen Akt in der Lage).

Ätiologie

	Suizidversuche		Suizidale Gedanken	
	Männer	Frauen	Männer	Frauen
Krankheit als Suizidmotiv	40,1	42,2	64,3	70,1
Krankheit als *alleiniges* Suizidmotiv	30,2	18,4	88,3	50,7
Krankheit als *ein* Motiv *unter anderen*	69,8	81,6	11,7	49,3

Abb.3.8. Krankheit als Suizidmotiv (in%). (Summa, 1986;S.545)

	Patienten mit Suizidversuch in %	Patienten mit suizidalen Gedanken in %
Arthrosen	33	63
Endogene Psychosen	27	8
Karzinome	17	12
Arteriosklerose	11	13

Abb.3.9. Krankheiten als Motiv für Suizid und suizidale Gedanken. (Summa, 1986)

Summa (1986) fand, daß Krankheit allein selten als alleiniges Suizidmotiv genannt wurde (männlich: 30%; weiblich: 18%); viel häufiger war die subjektiv empfundene **Häufung von Belastungen** ausschlaggebend.

Neuere **endokrinologische** Forschung lenkt die Aufmerksamkeit auf die Zusammenhänge von hormoneller Umstellung, depressiven Verstimmungen und Suizidalität.

Psychische Erkrankung: Den meisten Suizidhandlungen geht eine depressive Erkrankung voraus. 0,5% aller älteren depressiv erkrankten Patienten, die von einem Arzt gesehen werden, verüben Suizid. Meist handelt es sich um Menschen, die vor ihrem 45. Lebensjahr nie an Depressionen gelitten haben. Ca. 90% der über 65jährigen Menschen, die einen Suizid begangen haben, waren an einem depressiven Syndrom erkrankt (Kanowski, 1980).

Entgegen der naheliegenden Erwartung stand die Ausführung des Suizids nicht mit der Schwere der psychischen Erkrankung in Zusammenhang. Vielmehr waren es wiederum hinzutretende schwere körperliche Erkrankungen, die den Ausschlag zur Suizidhandlung gaben. Aufgrund seiner Untersuchungen weist Böcker (1975) darauf hin, daß 55% derjenigen, die Suizid verübten, ein psychoorganisches Durchgangssyndrom hatten, 10% eine endogene Depression, 15% Sucht und 20% reaktive Störungen.

Suizidversuche oder Suizide aufgrund von Wahnvorstellungen kündigen sich meist nicht vorher durch entsprechende Äußerungen oder depressiv-suzidales Verhalten an. Häufig erscheint die seelische Verfassung einem Außenstehenden nicht suizidal.

Frau L. gibt in nach außen guter Stimmung an, sie wolle bei dem schönen Wetter von der psychiatrischen Station aus einen kleinen Spaziergang machen. Sie wird eine halbe Stunde später mit schwersten Knochenbrüchen auf die chirurgische Akutstation eingeliefert, nachdem sie sich direkt vor dem Krankenhaus vor einen fahrenden Bus geworfen hat.

Einen merkwürdigen oder abstrusen Anstrich erhält ein Suizidversuch durch Wahnvorstellungen und mögliche zugrundeliegende psychotische Veränderungen des Denkens. So trinkt etwa Frau N. eine Flasche Pril, um „nun endlich von innen auch mal ganz sauber zu werden, weil sie sich so böse und schlimm fühlt".

3.3 Gerontopsychiatrische Krankheitsbilder

psychische Krankheit / Störung	Suizidrate in %*	
	Männer	Frauen
Zyklothymie, mono- oder bipolar	11	10
Alkoholismus	7,3	5,4
abnorme Reaktionen, Entwicklungen Neurosen, Psychopathien	6,8	5,4
hirnorganische Psychosen	schwach erhöht	
Schizophrenien	schwach erhöht	
Oligophrenien	schwach erhöht	
* Suizidrate der Normalbevölkerung (beide Geschlechter): ca. 0,02%		

Abb. 3.10. Suizidraten bei psychischen Krankheiten und Störungen von Patienten in der zweiten Lebenshälfte. (Radebold und Schlesinger, 1982).

Infolge **hirnorganischer Funktionseinbußen** kann es aber auch zu Unfällen und Intoxikationen (Vergiftungen) kommen, die primär als Suizidversuch imponieren, jedoch als Unfall entlarvt werden müssen. z.b. trinkt herr l., ein 78-jähriger bewohner eines pflegeheimes, alles, was ihm in die quere kommt; darunter kann dann auch einmal ein giftiges putzmittel sein. Da die Suizidalität im Alter so häufig ist, kann auf diese Weise eine dementielle Erkrankung psychologisierend verkannt werden. Auch werden Todesfälle als Suizid verkannt, die eigentlich einen Unfall auf dem Hintergrund einer dementiellen Entwicklung darstellen.

Als **soziale Ursachen** nennt Böhm et al. (1983) z.B. eine mißglückte Anpassung an das Alter sowie zwischenmenschliche Konflikte, Konflikte mit Kindern und Enkeln, Wohnungswechsel, Probleme im Heim, mit der persönlichen und materiellen Versorgung, Generationsprobleme, Milieuwechsel, akute oder chronische Krankheiten, Vereinsamung, Ehestreitigkeiten, Tod des Partners, Auseinandersetzung mit Freunden. Ich würde diese Beispiele nicht primär als sozial einordnen. Nach meiner Erfahrung kranken Menschen „am Alter", die aufgrund ihrer psychischen Situation die das Alter begleitenden Belastungen nicht verkraften können. Die entscheidende Frage ist die nach den verfügbaren Bewältigungsmöglichkeiten und dem Ausmaß der Belastungen (Intensität oder Quantität) sowie deren angemessene Einschätzung durch die Behandler.

Neben den sozialen Ursachen werden für die Ausführung des Suizides der aktuellen **Lebenssituation** wie auch der (prämorbiden) **Persönlichkeits**struktur eine bedeutsame Rolle zugemessen.

Isolation und **Einsamkeit** als Hintergrund der Suizidhandlung variieren bei den verschiedenen Autoren zwischen 20 und 60%. Summa zeigt, daß bei denjenigen, die Krankheit als Suizidmotiv angeben, seelische Probleme eine ausschlaggebende Rolle spielen. Gefühle von Einsamkeit und Nutzlosigkeit bestimmen letzten Endes die suizidale Handlung. Etwa kurz vor der Tat erzwungene Isolation oder nicht mehr bewältigbare Konfliktsituationen können den letzten Ausschlag zur Ausführung des Suizids geben. Häufig erfolgt er auch dann, wenn ein Wechsel des Milieus und/oder der behandelnden Instanzen oder Personen stattfindet, wie beispielsweise der Wechsel einer wichtigen Betreuungs- und Bezugsperson, die Entlassung aus einer psychiatrischen Klinik oder die Einweisung in eine Institution.

Es konnte gezeigt werden, daß es jedoch meist nicht **die objektive Isolation** ist, sondern die **subjektiv empfundene Einsamkeit**, die über eine solche Verzweiflungstat entscheidet. Belastungen können weit besser ertragen werden, wenn Anteilnahme und Verständnis erfolgreich vermittelt werden können. Die Fähigkeit, überhaupt eine Vorstellung von möglichen Kontakten in sich selbst verfügbar zu wissen, ist jedoch **eine** wesentliche Komponente der Persönlichkeit, die als Voraussetzung für eine reale Kontaktaufnahme notwendig ist. Insofern ist die Einsamkeit des Suizidanten eine innere, subjektive und nicht eine objektiv determinierte.

Wichtiges Unterscheidungskriterium ist die **Einfühlbarkeit** der Suizidalität: Alterskranke, die an einem Paranoid (Wahn) leiden, begehen ihren Suizid (-versuch) häufig völlig abrupt, ohne vorherige Anzeichen. Meist sind es dann plötzliche Eingebungen und Überzeugungen, die von der Umgebung nicht wahrgenommen und eingefühlt werden können, die den Anstoß geben. Psychotische Erlebnisweisen im Rahmen einer hirnorganischen Veränderung führen häufig zu einem indirekt suizidalen Verhalten (z.B. Weglaufen und sich auf den Friedhof legen).

Besonders diejenigen Menschen, die eine geringe Umstellungsfähigkeit aufweisen, d.h. Einstellungen, Ziele und Rollen zu verändern, haben ein erhöhtes Risiko, an eine suizidale Lösung ihres Konfliktes zu denken (Breed und Hoffine, 1979).

Häufig können Ältere mit ihrem subjektiv festgestellten zerebralen Abbau nur depressiv und suizidal verarbeitend umgehen; von außen betrachtet aber kann als Erklärung ein ganz anderer Grund angenommen werden.

Psychodynamik und Persönlichkeitsstruktur

Ich fasse die idealtypische Persönlichkeitsschilderung des Suizidanten mit einer depressiv-narzißtischen Persönlichkeitsstruktur (nach Henseler, 1980) zusammen: Der Suizidant ist in seinem Selbsterleben stark verunsichert. Innere und äußere Realität sind nicht scharf getrennt. Er kann meist mit seinen Aggressionen nicht angemessen umgehen, überschätzt die

Wirkung aggressiver Äußerungen, verübelt sich, solche Regungen bei sich zu spüren und wendet diese dann gegen sich selbst. Die Suizidregung ist immer auch Ausdruck von Schwierigkeiten in den Beziehungen zu anderen Menschen; häufig sind seine Kontakte zu anderen Menschen oberflächlich und krisenanfällig. Dabei sehnt er sich gleichzeitig nach emotional tragfähigen und zuverlässigen Beziehungen. Gelingt es ihm, Beziehungen aufzubauen, werden diese oft lebensnotwendig. Dies macht verständlicher, warum diese Bindungen einerseits so sehr vor Aggressionen geschützt werden müssen und warum der Verlust andererseits wie die totale Vernichtung der Lebensgrundlage erlebt wird.

Beim Suizid wird versucht, die Todesangst dadurch zu lösen, daß der Tod verfügbar gemacht werden soll, d.h. er aktiv kontrolliert wird, um ihn nicht passiv erleiden zu müssen. Nach psychoanalytischer Überzeugung existiert im Unbewußten keine Vorstellung vom Tod und vom Totsein. Vielmehr wird der Tod gleichgesetzt mit der individuell schlimmsten (phantasierten oder bereits erlebten) Vorstellung im psychischen Leben eines Menschen: Es geht um die Phantasie z.B. von schlimmster Hilflosigkeit, von absoluter Verlassenheit etc. Für manch einen Depressiven besteht auch die Phantasie, im Totsein endlich vor unerträglichen und nicht realisierbaren Forderungen des Gewissens Ruhe zu finden.

Ein anderes Suizidmotiv kann die Phantasie sein, einem geliebten verstorbenen Menschen auf diese Weise endlich wieder näher sein zu können. Hilfreich ist die Annahme, daß das Ziel meist nicht das Sterben oder das sich Töten direkt ist, sondern das Ende des Fühlens unerträglicher Stimmungen: Ich möchte sterben, weil ich glaube, die depressiven Gefühle, Überforderungsgefühle, Verletzungsgefühle nicht mehr aushalten zu können, und wenn ich tot bin, muß ich nicht mehr fühlen.

Zunächst ist die körperliche Gesundheit zu prüfen, bevor die – häufig naheliegenden – sozialen und psychologischen Gründe für suizidale Ideen verantwortlich gemacht werden. Häufig kann – wie beschrieben – die depressiv-suizidale Verstimmung auf eine nicht erkannte körperliche Krankheit zurückgeführt werden. Bei mehr als 1/3 der Suizidopfer über 60 Jahre ließ sich eine schwere körperliche Krankheit nachweisen, die schmerz- oder angsterregend gewirkt haben muß, und dies gilt wiederum besonders für die Männer. Die Wahrnehmung des Leistungsversagens wird hier nicht als Fehlfunktion des Körpers im Sinne einer möglichen Krankheit, sondern auf der psychischen Ebene als Versagen und dementsprechend narzißtische Kränkung verarbeitet.

Therapie und Umgang mit dem Suizidalen

Hinweise auf suizidale Gedanken und insbesondere Suiziddrohungen müssen sehr ernst genommen werden.

Im Vorfeld suizidaler Handlungen wird von etwa 30 bis 50% der Hausarzt aufgesucht; Das Erkennen der Suizidalität wird jedoch dadurch erschwert, daß der Kranke meist unspezifische Klagen vorbringt, wie z.B. ein allgemeines Krankheitsgefühl, nachlassende geistige Fähigkeiten, depressive Verstimmungen. Zudem erschwert meist die Gegenübertragung, man solle nicht an das Tabu der suizidalen Gedanken rühren, die Möglichkeit, aktiv und direkt diese Befürchtungen anzusprechen.

In den meisten Fällen geht von dem Kranken etwas aus, was uns nahelegt, über die beängstigenden suizidalen Absichten nicht zu sprechen (häufig werden nur diffuse Andeutungen gemacht: „Ich habe Angst, ich könnte was Schlimmes tun!"). Dieses Nicht-Sprechen verstärkt jedoch den suizidalen Druck. So kann man etwa behutsam versuchen zu fragen: „Sie haben Angst, mit mir über Ihren Wunsch, Ihrem Leben ein Ende zu machen, zu sprechen". Bei anderen Kranken steht der aggressive Druck im Vordergrund und erfordert eine andere Reaktion wie z.B. „Sie sehen im Augenblick keine andere Lösung, Sie fühlen sich gezwungen, sich umzubringen, sich zu ermorden". Um eine psychotherapeutische Behandlung einzuleiten, ist ein verbalisierbarer Leidensdruck sowie die Bereitschaft, über suizidale Gedanken sowie die dazugehörige depressive Symptomatik zu sprechen, notwendig.

Ein Betreuer einer Tagesklinik: „Ich möchte Frau I. schütteln, sie soll endlich was sagen, sie soll endlich mit mir reden; stattdessen macht sie immer wieder durch kleine Handlungen auf ihren Todeswunsch aufmerksam, z.B. indem sie in der Beschäftigungstherapie mit der Schere auf ihrer Haut rumritzt und mich daraufhin fragend, aber ratlos anblickt". Der Impuls, diese Frau zu schütteln, kann als Ausdruck des lähmenden Gefühls verstanden werden, unter dem diese Frau angesichts ihrer scheinbar aussichtslosen Lage leidet, und der Impuls des Betreuers mag den Wunsch der Patientin enthalten, jemand möge diese Lähmung durchbrechen. Die scheinbare Lösung der Ambivalenz, zu Hause nicht mehr zurechtzukommen und die Möglichkeit einer Heimeinweisung total abzulehnen, liegt in dem Versuch, die passive Hilflosigkeit, unter der sie leidet (eingewiesen zu werden), in einen aktiven Tötungsversuch umzufunktionieren.

Andererseits fühlt man sich häufig sprachlos, weil einem das Leben desjenigen, der suizidale Gedanken äußert, in der Tat auch wenig lebenswert und sehr beschwerlich erscheint. Hier ist es wichtig, dies auch mitzuteilen, nicht als Ermunterung, sondern als Vertreter der äußeren Realität, durch die dann vermittelt werden kann, daß es tatsächlich schwer ist, das Schicksal zu ertragen, und daß man als Betreuer auch Ehrfurcht davor habe, **wie** der alte Menschen seine Krankheit trägt.

Von einer Endsiebzigerin mit depressivem Versagenszustand, Frau L., die wegen Verwahrlosungstendenzen in die Psychiatrische Klinik eingewiesen wird, wird erst nach einiger Zeit der Behandlung durch Zufall bekannt, daß sie vor ihrer Einweisung ihre beiden geliebten Katzen ertränkt hat. Erst nachdem diese Symbolhandlung, die an die Stelle eigener Selbsttötungswünsche tritt, erkannt und eine entsprechende antidepressive Therapie eingeleitet wird, geht es der Frau langsam besser.

Frau M., 64 Jahre, wird mit der Diagnose „Involutionsdepression" in der psychiatrischen Klinik mit Medikamenten antidepressiv behandelt. Das Behandlungsteam ist über die spontane Besserung von Frau erfreut und stimmt ihrem Wunsch nach einer Beurlaubung über das Wochenende nach Hause zu. In der ersten Nacht geht sie am frühen Morgen unbemerkt auf den Dachboden und erhängt sich. Es ist anzunehmen, daß sich der Antrieb unter antidepressiver Medikation schneller gebessert hat als die Stimmung, so daß diese Oberhand über das Handeln gewinnen konnte (Kap. 5.4). Die Beurlaubung stellt also in diesem Fall einen Behandlungsfehler dar.

Ein „erfolgreicher" Suizid stellt für den Behandler bzw. das behandelnde Team eine sehr große Belastung dar. Fragen wie: Was haben wir übersehen? Was haben wir falsch gemacht? Hat irgend jemand doch versteckt suizidale Hinweise beobachtet? beschäftigen und beunruhigen die Betreuer nachträglich sehr stark. Es ist sehr wichtig für die Psychohygiene des Teams, sich für die Bearbeitung derartiger Gefühle in der Gruppe genügend Raum zu lassen. Außerdem sind die Angehörigen zu informieren, ihre Schuldzuweisungen zum Team auszuhalten und ihre Wut und Trauer zu begleiten.

Auf einer gerontopsychiatrischen Rehabilitationsstation konnte als Gegenübertragungsreaktion im Team beobachtet werden, daß diejenigen Patienten besonders gefährdet erscheinen, bei denen die Behandler selbst keine Hoffnung mehr oder keine Idee für einen neuen Behandlungsansatz hatten. Das schlug sich z.B. darin nieder, daß bei einer Kurvenvisite das Krankenblatt schulterzuckend überschlagen wurde.

3.3.3 Paranoide und paranoid-halluzinatorische Syndrome

Definition

Das **paranoide Syndrom** dient als Sammelbezeichnung für seelische Erkrankungsformen, bei denen halluzinatorische und Wahnphänomene im Vordergrund stehen. Es kann sich dabei um ausgearbeitete Wahngebäude, um Wahnideen oder um paranoide Reaktionen handeln. Das paranoide Syndrom wird den Psychosen zugerechnet. Als **Altersparanoid** bezeichnet man die isoliert auftretende Wahnsymptomatik ohne hinzutretende psychische Symptome (wie etwa bei der Schizophrenie). Paranoide Erscheinungen können auch bei depressiven Syndromen im Alter, bei altgewordenen schizophrenen Patienten und bei hirnorganisch bedingten Störungen auftreten.

Die Erläuterung einiger Grundbegriffe soll zum besseren Verständnis vorangestellt werden: Als **Paranoia** wird eine Geisteskrankheit mit einem systematisierten Wahn bezeichnet (d.h. ein einheitliches Erklärungsgebäude liegt allen Wahrnehmungen, ihren wahnhaften Interpretationen und Umdeutungen zugrunde).

Der Begriff **Paranoid** wird überall dort angewandt, wo ein Wahn auftritt. Als Substantiv wird der Begriff für eine isoliert auftretende Wahnsymptomatik, d.h. ohne weiter psychische Symptomatik verwandt (z.B. Altersparanoid).

Ein **Wahn** ist eine krankhafte (objektiv falsche) Überzeugung, die nicht korrigierbar ist (Wahngewißheit). Psychoanalytisch verstanden steht der Wahn in enger Beziehung zur Psychodynamik der Wünsche, dem Charakter und der Biographie des Kranken. Man kann zwischen einfachen Wahnideen oder -vorstellungen und komplexen Wahngebilden unterscheiden. Meist ensteht ein Wahn nicht abrupt, sondern er entwickelt sich langsam. Zunächst kommt es zu einer inneren Unsicherheit oder Ratlosigkeit. Dann zu **Verkennungen** oder **Umdeutungen**: Etwas real Vorhandenem wird eine überwertige Bedeutung zugeschrieben („Dieser Mann geht da, weil mir damit etwas besonderes gezeigt werden soll"). Eine **Wahnidee** ist die kleinste geistige Einheit des Wahns.

Verkennungen werden in der Regel durch eine Wahrnehmung angestoßen, die ein bestimmtes inneres Bild oder eine Erinnerung aktiviert. Bezüglich dieser kommt es nun zu einem Irrtum in der Zeit: u.U. wird etwas für ein aktuelles Erlebnis gehalten, was früher einmal stattgefunden hat („Dieser Stuhl soll für meine Tochter frei bleiben, die heute nachmittag zu Besuch kommt" – obgleich diese Tochter bereits Jahre zuvor gestorben ist). Oder aber ein Erlebnis bildet nur den Aufhänger für eine Umdeutung gemäß der unbewußten Wunschwelt.

Von einer **Halluzination** spricht man erst dann, wenn etwas wahrgenommen wird (gesehen, gehört, gerochen etc.), was objektiv nicht vorhanden ist.

Verkennungen, Umdeutungen und Halluzination bekommen im Rahmen von dementiellen Prozessen einen anderen Stellenwert als bei schizophrenen Psychosen. Durch weniger verläßlich arbeitende Sinnesorgane (z.B. Schwerhörigkeit) und Einbußen der intellektuellen Leistungsfähigkeit, die meist auch die gesamte Orientierungsfähigkeit in Mitleidenschaft zieht, wird das Überhandnehmen der inneren Welt und die projektive Verkennung der Außenwelt in Form von Wahnwahrnehmungen begünstigt.

Bei einem Delir kann es zu Halluzinationen und wahnhaften Verkennungen kommen, in der Regel jedoch nicht zu einem Wahngebäude. Als Delir bezeichnet man eine reversible Psychose mit getrübtem Bewußtsein, Desorientierung über Ort und Zeit, illusionären oder wahnhaften Verkennungen der Umgebung, akustischen oder optischen Halluzinationen. Eine typische Motorik begleitet sie häufig: Nesteln an Kleidung und Bettdecke, Flockenlesen, Fädenziehen etc. Es tritt als arteriosklerotisches Delir besonders nachts oder auch tagsüber vorübergehend auf. Es muß dabei immer auch an körperliche Intoxikationen (z.B. Urämie, Medikamentenintoxikation oder Entzugserscheinungen von abhängig machenden Substanzen wie z. B. Tranquilizer, Alkohol, etc.) gedacht werden.

Hinsichtlich des **Altersparanoids** gibt es erhebliche diagnostische und terminologische Divergenzen.

Ich schließe mich Österreich (1975; 1981) wie auch Janzarik (1973) an, die beide von „Paranoiden Syndromen" sprechen und diese Störungen nicht unter den Begriff der Schizophrenien (wie z.B. Scharfetter, 1976; 1986: Spätschizophrenien vom paranoiden Typ) subsumieren.

Typisch für paranoide Syndrome sind monosymptomatische Wahnbildung und das Fehlen weiterer psychotischer Symptome (Kap.3.5). Die Gesamtpersönlichkeit erscheint dabei intakt. Die psychodynamische Grundlage bildet der Mechanismus der Projektion. Sinneseinschränkungen im Alter können Wahnbildungen begünstigen (z.B. der Schwerhörige, der glaubt, daß die anderen schlecht über ihn reden). Die Übergänge zwischen noch Normalem und Pathologischem sind fließend. Das wesentliche Charakteristikum ist die Unbeeinflußbarkeit durch rationale Argumentation und Logik.

Symptomatik

Die meisten paranoiden Störungen haben negative Vorstellungen oder Beeinträchtigungen zum Gegenstand; einige seien aufgezählt:

- **Verfolgungswahn** wird entwickelt von Menschen, die immer schon mißtrauisch waren im Kontakt zu anderen Menschen.
- **Depressiver Wahn** beinhaltet die unverrückbare Überzeugung von einem nahe bevorstehenden oder schon einge-

tretenen Unglück. Dazu kann auch der Versündigungswahn oder der
- **Verarmungswahn** gezählt werden, unter dem Menschen leiden, die immer schon sparsam waren; häufig tritt er bei depressiver Persönlichkeitsstruktur als Wahn im Rahmen einer Depression von psychotischem Ausmaß auf. Seltener kommt es vor, daß ein Wahn einem Bestrafungsbedürfnis entspringt.
- **Hypochondrischer Wahn** bedeutet eine Belegung des Körpers und seiner Funktionen mit übergroßer Bedeutung; (u.U. im Rahmen einer Depression als schuldhaft erlebter Suizidwunsch).
- Der **Liebeswahn** ist relativ selten: Bedeutungs- und Umdeutungsprozesse herrschen vor.
- Als **biographisch determinierte wahnhafte Überzeugung** möchte ich das Phänomen bezeichnen, daß es im Rahmen eines dementiellen Syndroms zu nicht korrigierbaren Überzeugungen und Halluzinationen kommen kann, die sich aus der Lebensgeschichte erklären und verstehen lassen. So ist etwa die ständige Tendenz einer Altenheimbewohnerin zum Fortlaufen erst dann verstehbar, wenn ihre Überzeugung bekannt wird, daß sie unbedingt „um drei Uhr nach Hause müsse, da ihr Mann dann von der Arbeit komme, und sie Schläge erwarte, wenn sie dann nicht daheim sei".

Psychodynamik und Persönlichkeitsstruktur

Die paranoide Persönlichkeit ist durch ein starkes Mißtrauen gegenüber anderen Menschen, Angst vor emotionaler Nähe und Abhängigkeit und z.T. durch Beziehungserlebnisse meist negativer, selten positiver Art, gekennzeichnet. Derart strukturierte Menschen haben die Neigung, die verschiedensten Vorgänge auf sich zu beziehen, und zwar in negativer Weise „..das zeigt doch, daß alle etwas gegen mich haben..". Außerdem fällt es diesen Menschen meist schwer, sich mit den negativ und störend empfundenen Realitäten des Lebens zu arrangieren bzw. sie anzuerkennen. Eine Neigung, die Wahrnehmungen in Richtung auf die eigene Wunschwelt zu verändern, läßt sich häufig in der Lebensgeschichte zurückverfolgen.

Der Wahn hat die Funktion, ein psychisches Gleichgewicht zu wahren, das ohne dessen Haltefunktion entgleisen würde. Die Starrheit der Überzeugung entspricht so der Intensität der Angst vor dem Wegfall dieser Sicherheit.

In der Regel hat die Thematik eine Wurzel in der Persönlichkeitsentwicklung des Kranken (vgl. Persönlichkeitsstruktur): Wahnkrank wird in der Regel nur derjenige, der immer schon Schwierigkeiten hatte, die Realitäten des Lebens als solche anzuerkennen, der meist ein mißtrauischer und wenig kontaktfreudiger Mensch war und sich häufig vom Leben schlecht behandelt fühlte. Dies gilt für alle Formen der wahnhaft erlebten Beeinträchtigungen, die im Alter überwiegen.

Anders z.B. beim Verliebtheitswahn: Hier bezieht sich die Verleugnung und unrealistische Wahrnehmung auf eine zwischenmenschliche Beziehung, und wir sehen daran deutlicher, daß der Wahn als ein Ersatz für eine Beziehung zu einem anderen Menschen in der Phantasie dient: zu einem bösen, verdammten oder einem guten, idealisierten Menschen.

Im Rahmen seiner epidemiologischen Studie fand Krauss (1977) 0,9% paranoide Syndrome in der Altersbevölkerung. Bei einer Feldstudie (N = 997) fanden Christenson und Blazer (1984) daß 4% der Untersuchten unter einem Verfolgungwahn litten. Bei 78% von ihnen waren Sehstörungen, bei 58% Hörstörungen zu beobachten (Im Vergleich zu 51% bzw. 36,6% in der Normalbevölkerung). Diese Probanden zeigten nicht nur überproportional häufig Zeichen intellektueller Beeinträchtigung, sondern auch solche durch körperliche Krankheiten. Nur 2% der Personen ohne hirnorganische Leistungsstörung wiesen einen Verfolgungswahn im Vergleich zu 58% mit derartigen Störungen auf.

Epidemiologie

Krauss (1989) weist darauf hin, daß paranoide Syndrome im Alter oft vieldeutig und Ausdruck einer multifaktoriell bedingten, nosologisch nicht einheitlichen Störung sind.

Eine **organisch** bedingte Reduzierung der Wahrnehmungs- und/oder Orientierungsfähigkeit wie etwa Höreinbußen bzw. -verlust, Einbußen des Sehvermögens sowie der Auffassungs- und Gedächtnisleistung im Rahmen eines dementiellen Prozesses begünstigen die Entwicklung eines paranoiden Syndroms. Zusätzlich können **soziale** und **psychologische Veränderungen** Verunsicherung und Angst verstärken, die wiederum das Entstehen von Mißtrauen und Wahn begünstigen. So kann es etwa zu einer paranoiden Reaktion nach einer Heimeinweisung kommen.

Ätiologische Überlegungen

Die differentialdiagnostische Abgrenzug zwischen dem depressiven Syndrom und dem paranoiden wird dann schwierig, wenn die Wahnthematik durch einen depressiven Wahninhalt dominiert wird: z.B. den Schuld- oder Versündigungswahn, der wahnhaften Überzeugung, alles falsch gemacht zu haben im Leben, sich deshalb mit Schuldvorwürfen zu überhäufen oder von der eigenen Versündigung überzeugt zu sein.

Differentialdiagnostik

Neben den Wahnideen treten im Unterschied zu paranoiden Störungen bei Jüngeren häufig Gedächtnisstörungen auf, d.h. es kommt zu einer Überschneidung mit einem (beginnenden) dementiellen Prozeß. Die durch ihn entstandenen Ausfälle bilden häufig auch begünstigende Bedingungen für eine Wahnentwicklung: Für diese Erkrankten ist es zunächst befremdlich, persönliche Dinge nicht mehr wiederfinden zu können; für sie selbst wird es jedoch „plausibel", wenn ein Einbrecher phantasiert wird, der die verlegten Dinge entwendet hat. Das Wahngebäude stellt häufig ein so stringentes Erklärungsmodell dar, daß erst nach dem Abklingen einer akuten Phase die dahinterliegenden Gedächtnisstörungen deutlicher in den Vordergrund treten können. Man könnte den Wahn auch als Kitt für die ins Wanken gekommenen Mauern ansehen.

Infolge der – fast immer – notwendigen neuroleptischen Behandlung kann es zu einem akuten Zusammenbruch der körperlichen und geistigen Funktionstüchtigkeit kommen, der dem Laien erscheinen mag, als habe die helfende Institution den Betroffenen „erst richtig krank gemacht". Bezeichnenderweise ergeben sich daraus häufig Anschuldigungen der vorher behandelnden Instanz oder Familie gegenüber Klinik oder Heim. Eindrucksvoll wird daran deutlich, wie mächtig die „stützende" Wirkung eines Wahngebildes sein kann.

Es gibt auch Psychosen mit akut-erregter Verwirrtheit, die schwer von deliranten Bildern abzugrenzen sind. Die Frage, ob es sich dann um Psychosen im Rahmen hirnorganischer Abbauprozesse handelt, muß oft unbeantwortet bleiben. Das Charakteristische bei diesen Bildern ist, daß mehr eine Wahnstimmung auf dem Boden einer Ratlosigkeit im Vordergrund steht und es meist nicht zu einer richtig ausgestalteten Wahnbildung kommt. D.h. Verdächtigungen, momentane Überzeugungen, Halluzinationen können ohne ein sie verbindendes thematisches Gesamtgerüst nebeneinander bestehen.

Verkennungen und Halluzinationen kommen meist eher bei organischen Psychosen vor, ohne daß es zu einem richtig organisierten Wahn kommt. Huschende Figuren werden wahrgenommen, oder eine als immer anwesend empfundene Person. Manchmal sind es auch bereits verstorbene Angehörige, oder anderswo lebende Kinder, die als im Raum anwesend erlebt werden. Je mehr eine Demenz fortgeschritten ist, desto einfacher strukturiert ist meist der Wahn. („Vorsicht, setzen Sie sich doch bitte auf den anderen Stuhl, da sitzt doch Dora!")

Hier tritt sehr viel deutlicher der **Wunscherfüllungscharakter** zu Tage: Der Betreffende wünscht sich die Anwesenheit einer für ihn wichtigen Person; gleichzeitig ist die intellektuelle Kontrollfunktion und Realitätsprüfung durch zerebrale Störungen so herabgesetzt, daß dem Überhandnehmen der inneren Wunschwelt und ihrer Ausdehnung in die äußere Umgebung keine Grenzen mehr gesetzt werden. Janzarik (1973) beschreibt in Abgrenzung zu alt gewordenen Schizophrenen und der Altersschizophrenie das „Kontaktmangelparanoid" als paranoides Syndrom jenseits des 60. Lebensjahres mit chronischer Verlaufsform. Er beobachtet, daß fast ausschließlich Frauen betroffen sind, deren Lebenssituation durch Vereinsamung bestimmt ist. Paranoide Psychosen können Vorläufer oder Begleiter eines psychoorganischen Syndroms (Kap. 3.3.4) sein.

Der **therapeutische Umgang** mit dem paranoiden alten Menschen ist schwierig, weil man mit psycho-logischen Mitteln kaum etwas zur Besserung der Störung beitragen kann. In der Regel sind die Kranken so wenig zugänglich für die ihrer Überzeugung nicht entsprechenden Worte, daß eine medikamentöse Behandlung mit Neuroleptika, u.U. sogar mit Sedativa unumgänglich ist.

Therapie und Umgang mit dem Paranoiden

Im Umgang mit einem paranoiden alten Menschen sollte man sich nicht verleiten lassen, rational zu argumentieren oder gar die wahnhaften Überzeugungen ausreden zu wollen, da man sonst Gefahr läuft, sich in das Wahngebäude mit einbeziehen zu lassen (Man wird dann auch zu einem Verfolger oder Einbrecher). Damit ist verbunden, daß man nichts mehr erfährt und sich die Isolation des Patienten noch verstärkt.

Wichtig ist es, die emotionale Belastung, Angst und Unruhe, unter der man als ein so Verfolgter leidet, anzusprechen. Die Forderung, wie etwa Jovic (1988) sie aufstellt, eine tragfähige Beziehung herzustellen, genügt nicht. Nur derjenige wird als „gutes" Gegenüber anerkannt, der sich nicht zu sehr gegen die Überzeugung des Betroffenen stellt. Das beinhaltet u.U. auch, den Kranken nicht um jeden Preis von der „Wahrheit" überzeugen zu wollen, ja u.U. sogar zeitweilig mit in den Wahn einzusteigen.

Frau P. leidet an einem dementiellen Syndrom und ist im Pflegeheim überzeugt, daß sie wegen all der vielen Tiere im Zimmer die Tür nicht erreichen kann. Die Betreuerin redet ihr ihre Überzeugung nicht aus. „Sehen Sie, Frau W., nun sagen wir einfach den Tieren, sie sollen uns da heute einmal vorbeilassen, sonst können wir sie ja nicht füttern", und Frau P. läßt sich ohne Probleme aus dem Zimmer begleiten.

Auch die Empfehlung, Kontakte zu fördern, sehe ich als nur begrenzt hilfreich an, wenn nicht gleichzeitig versucht wird, die Kontakte zu wichtigen Beziehungspersonen in der eigenen Lebensgeschichte wieder aufleben zu lassen. Etwa indem man danach fragt und zur Erzählung von Episoden und Erinnerungen ermuntert.

Im Umgang ist es hilfreich, den gefühlshaften Inhalt aufzugreifen (z.B.: „Diese Belastungen auszuhalten kostet Sie viel Kraft!"). Je nach noch vorhandenem Realitätskontakt des Kranken kann man eine Korrektur für die eigene Sichtweise einbringen, wie z.B.: „Ich habe diese Verfolger noch nicht gesehen" (Kap. 6.5).

Die gesamte Haltung der Bewohnerin Frau N. ist durch Mißtrauen geprägt; sie wirkt in ihrem Verhalten eher abstrus als wahnhaft verändert. Sie berichtet über beunruhigende körperliche Erlebnisse, z.B. habe sie ein großes schwarzes Loch im Bauch. Sie legt sich Lappen in die Scheide, weil sie angeblich keinen passenden Schlüpfer hat, sie vermutet, sie seien gestohlen. Sie geht nicht in ihr Bett, „weil da Männer drin sind". Keiner weiß so recht, wie sie die Nacht verbringt, wohl meist im Sessel. Sobald jemand etwas von ihr will, hat sie eine Ausrede, die wie ein Wahn aussieht: Den Kaffee kann ich nicht trinken, weil der vergiftet ist. Ist keine Person in der Nähe oder am folgenden Tag trinkt sie den Kaffee. Sie wäscht sich nicht und trinkt nicht genügend. Sie möchte wieder bei ihrem Mädchennamen genannt werden, weil sie mit ihrem Mann nichts mehr zu tun haben will.

Für das Team ist es sehr schwierig, in der Betreuung dieser Bewohnerin ein Gleichgewicht zwischen Distanz und Nähe herzustellen: der Bewohnerin ist einerseits ihr Willen gemäß ihrer eigenen – noch so abwegigen – Überzeugung zu lassen, andererseits sind ihr dann wieder Grenzen zu setzen. Hier stellt sich weniger die Frage, wie man mit einer derartigen Patientin umgeht, sondern vielmehr, wie belastbar ein Team ist, auf welcher Ebene es sich über ethische Fragen auseinandersetzen und welche Toleranz es gemeinsam aufbringen kann. Gerade bei derartigen Problemen im Umgang mit Bewohnern wird die Dringlichkeit nach Fallsupervision sehr offensichtlich, um die zugrundeliegende Persönlichkeitsdynamik besser verstehen zu können (Kap.7.8).

3.3.4 Das hirnorganische Syndrom und dementielle Prozesse

Das Gehirn als Teil des alternden Körpers

Von den verschiedenen körperlichen Funktionen, die der Beobachtung nicht direkt zugänglich sind, können wir uns von der **hirnorganischen Funktionstüchtigkeit** am schwersten eine Vorstellung machen. Deshalb sollen einige Hinweise auf die Komplexität des Problems aufgezeigt werden.

Mit zunehmendem Lebensalter unterliegt das menschliche Gehirn, wenn auch individuell sehr unterschiedlich, verschiedensten Veränderungen. Eine Vielzahl biologischer Parameter und die sich aus ihnen ergebenden Indikatoren für die hirnorganische Funktionstüchtigkeit unterliegen einer

3.3 Gerontopsychiatrische Krankheitsbilder

Abnahme oder einem Verlust. Während z.B. die Abnahme des Hirngewichtes für pathologische Befunde kaum eine Rolle spielt, hat sich die Zahl der funktionstüchtigen Umschaltstellen der nervösen Erregung (Synapsen) als entscheidend herausgestellt. Vom 30. bis 90. Lebensjahr nehmen die **Neuronen** (Nerveneinheit von Ganglienzelle mit Neurit und Dendrit) um 30% ab; das macht umgerechnet einen Tagesverlust von 160000 aus (Hoyer, 1979).

Das Gehirn verfügt nicht wie andere Organe über bestimmte Polster, die in Belastungssituationen herangezogen werden, um Mangelerscheinungen kompensieren zu können. Sind bestimmte Körperfunktionen gestört, durch die das Gehirn versorgt wird, ergeben sich indirekt umgehend zerebrale Auswirkungen dieses Mangels. Außerdem verbraucht das Gehirn im Verhältnis zu anderen Organen einen übermäßig großen Anteil z.B. an Sauerstoff, Glukose etc. Im Alter ist aber der Sauerstoffverbrauch um ca 8%, die Glukoseaufnahme um etwa 1/4 reduziert. Zusätzlich nimmt die Anfälligkeit für z.B. Sauerstoffverlust mit steigendem Lebensalter zu, z.B. die Anfälligkeit gegenüber Narkosezwischenfällen.

Die folgende Abbildung soll dies verdeutlichen:

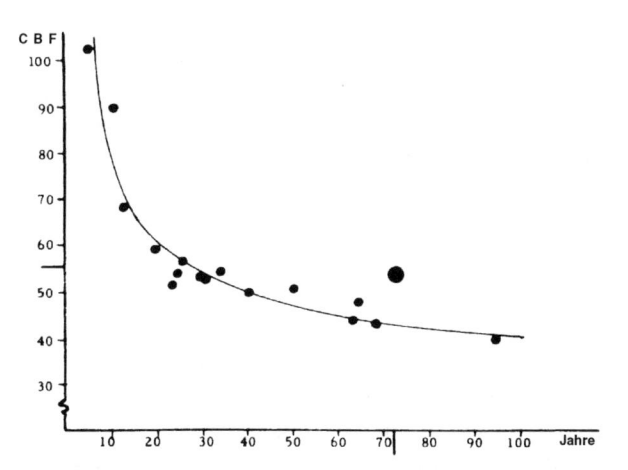

Abb. 3.11. Veränderungen der Hirndurchblutungsgröße mit fortschreitendem Alter. (Hoyer, 1981; S.63)

Der **allgemeine Gesundheitszustand** spielt für die Funktionstüchtigkeit des Gehirns eine entscheidende Rolle. Da die Wahrscheinlichkeit, an körperlichen Funktionseinbußen zu leiden, mit zunehmendem Alter ansteigt, steigt auch die Wahrscheinlichkeit der Anfälligkeit des Gehirns für Störungen, die wiederum weitere Störungen nach sich ziehen können. Störungen der Leistungsfähigkeit sind meistens ein Ergebnis der Bilanz verschiedenster Störungen.

Die **Noxenunspezifität hirnorganischer Störungen** stellt

eine Besonderheit dar. Das bedeutet, daß unterschiedliche Störungen (stoffwechselbedingt, kardial bzw. kreislaufbedingt, morphologisch nachweisbar und verschieden lokalisiert) sich im Verhalten und Erleben des Betroffenen nicht auf entsprechend unterschiedliche Weise manifestieren: Gleiche pathomorphologische Schäden können verschiedene Störungsbilder verursachen, und verschiedene morphologische Störungen können sich in vergleichbarem Erleben und Verhalten niederschlagen.

Definition der hirnorganischen Störungen

Unter **hirnorganischen Störungen** werden allgemein solche Ausfälle des Gehirns zusammengefaßt, bei denen eine oder mehrere Funktionseinschränkungen eines Menschen ursächlich mit körperlichen (hirnlokalen (z.B. Ischämie, Infarkt) oder stoffwechselbedingten (Urämie)) Veränderungen in Zusammenhang zu bringen sind.

Als **dementielle Prozesse** bezeichnet man irreversible Abbauerscheinungen der Intelligenzfunktionen. Sie werden üblicherweise in leichte, mittlere und schwere Störungen eingeteilt.

Als **Pseudodemenz** wird ein Krankheitsbild umschrieben, daß im Verhalten des Kranken wie eine Demenz wirkt, sich aber als reversibel erweist und meist durch schwere Depression verursacht ist.

Vorzeitige Versagenszustände sind Krankheitsbilder von unter 65jährigen, die durch ein starkes Leistungsversagen, subjektiv und objektiv, sowie typische, meist psychische Symptome gekennzeichnet sind.

Symptomatik

Das hirnorganische Syndrom und dementielle Prozesse zeichnen sich durch eine große Variationsbreite psychopathologischer Erscheinungen aus. In der Regel ist der Hausarzt die Anlaufstelle für subjektiv oder objektiv nicht mehr tolerable Störungen; ihm obliegt zunächst die schwierige Aufgabe der Differentialdiagnose (Kap 8.2.1).

Mögliche Symptome des hirnorganischen Syndroms:

Intellektuelle Störungen umfassen z.B. Störungen des **Denkens** (z.B. Weitschweifigkeit), der **Merkfähigkeit** bzw. des Gedächtnisses (Vergeßlichkeit), **Orientierungs**störungen (z.B. Verwirrtheit, Verlust des Zeitgitters), Störungen der **Aufmerksamkeit** und des **Auffassungs**vermögens, Nachlassen der **Konzentration** und der Ausdauer, Störung des Kritik- und Urteilsvermögens, mangelnde oder fehlende Selbstkritik, Interesselosigkeit an der eigenen Person und dem Geschehen in der Umwelt, Verlust von Phantasie und gezielter Produktivität, Erinnerungsverfälschungen etc.

Das **Kernsyndrom** bildet immer die **Amnesie**. Organische

Halluzinosen und organische Wahnsyndrome können das Bild ergänzen.

Affektive Störungen betreffen z.B. emotionale Labilität (Weinen liegt nahe bei Lachen), Reizbarkeit und mürrisches Verhalten, Impulsivität, starke und rasche Stimmungsschwankungen, Abstumpfung, kritiklose Euphorie, Distanz- und Taktlosigkeit etc. Depressive und paranoide Symptome können ebenfalls auftreten.

Psychomotorische Störungen: Es kann zur Antriebssteigerung und Getriebenheit oder stumpfen Apathie kommen. Der Gang kann kraftlos, die Bewegungen ungenau vergröbert wirken.

Körperliche Beschwerden: Rasche Ermüdbarkeit, Vitalitätsminderung, Störung des Schlaf- und Wachrhythmus, Kopfschmerzen, Kopfdruck (z.B. „wie eine Kappe auf dem Kopf"), vielfältige körperliche, schwer einzuordnende Schmerzwahrnehmungen, veränderte Körpergefühle („Bleibeine", „Stein auf der Brust").

Epidemiologie

In der alten BRD leben im Jahr 1991 zwischen 790 000 und 1,1 Millionen Personen, die an einer dementiellen Erkrankung – gleich welchen Schweregrades – leiden. Die Zahl der Erkrankten hat sich seit 1950 verdoppelt.

5–7% der Bundesbürger ab 65 Jahren leiden an mittleren bis schweren dementiellen Prozessen; die Häufigkeit steigt mit zunehmendem Lebensalter stetig an; bei den Männern zeichnet sich ein etwas früherer Beginn ab, als bei den Frauen. Eine ausschließlich schwere Demenz zeigt eine Prävalenz von 1-2%. Über die Häufigkeit von leichten dementiellen Störungen und vorzeitigen Versagenszuständen sind wegen der diagnostischen Probleme schwer Angaben zu finden.

Dementielle Prozesse

Die Beschreibung, Erfassung und Klassifizierung hirnorganischer Störungen bereitet deshalb besondere Schwierigkeiten, weil sich aus unterschiedlichen Blickwinkeln unterschiedliche Betrachtungsweisen ergeben. Aus einer psychiatrisch-neurologischen Sicht ergeben sich andere Konsequenzen als aus einer verhaltensorientierten oder erlebnispsychologischen Sicht. An dieser Stelle werden deshalb die psychiatrischen Krankheitsbilder beschrieben. In Kap.6. gehe ich auf mögliches Problemverhalten gesondert ein. Nach meiner Erfahrung ist die psychiatrische Differentialdiagnose hirnorganischer Störungen im Heimbereich weniger wichtig und brauchbar, weil sich aus ihr kaum therapeutische Konsequenzen ergeben. Vielmehr Bedeutung messe ich stattdessen der Wahrnehmungsschulung und der Ausbildung im biographisch orientierten Denken zu.

Das dementielle Syndrom

Unter den verschiedenen hirnorganisch bedingten Krankheiten wird die **Demenz** heute geradezu als die Alterskrankheit schlechthin bezeichnet. Im klinischen Sprachgebrauch wird darunter ein im späteren Leben durch organische Hirnkrankheit erworbener, mehr oder weniger ausgeprägter **Intelligenzmangel** (irreversibler Natur) verstanden. D.h. die Fähigkeit, sich wirkungsvoll mit der Umwelt auseinandersetzen zu können, ist in Teilbereichen eingeschränkt oder gar völlig verloren gegangen. Von *der* Demenz zu sprechen, ist nach Poeck (1990) eine unzulässige Vereinfachung. Da die vielfältigen ätiologischen Bedingungen jedoch für die psychologische Behandlung und Betreuung von geringerer Bedeutung sind, verwende ich den Begriff im folgenden weiter. Die Krankheit verläuft progredient. Sie steigt mit zunehmendem Alter exponentiell an. 20-24 % der 80- bis 90ährigen sind an ihr erkrankt

In nosologischer Hinsicht werden verschiedene Demenzerkrankungen unterschieden. Die wichtigsten sind:
- **degenerative Demenz** (z.B. Demenz vom Alzheimer-Typ, benannt nach Alois Alzheimer, der sie 1907 erstmals beschrieb.)
- **vaskuläre Demenz** (z.B. Multi-Infarkt-Demenz)
- **Morbus Pick**
- **vorzeitige Versagenszustände und beginnende dementielle Prozesse**

Demenz vom Alzheimer-Typ

Die **Demenz vom Alzheimer-Typ (DAT)** ist die häufigste. Die Prävalenz der DAT beträgt zwischen dem 65. und 74. Lebensjahr 2% und steigt bei den über 85jährigen auf 15%. Sie tritt vornehmlich bei Frauen auf. Der überwiegende Teil der Patienten mit einer Alzheimer-Demenz lebt allein (40%), 25% leben in einer Wohngemeinschaft mit jüngeren Menschen, 23% leben im Heim und 11% leben mit einem älteren Partner zusammen (Ladurner, 1989). Die DAT entwickelt sich meist schleichend.

Symptomatik

Von Beginn an dominieren Störungen der **intellektuellen Fähigkeiten** wie insbesondere der **Merkfähigkeit** und des Kurzzeitgedächtnisses. Gegenstände werden verlegt, die Haustür wird nicht verschlossen. Helfen zunächst noch Aufzeichnungen, werden diese bald auch nicht mehr gefunden. Zu Beginn kann die Symptomatik erheblichen Schwankungen unterworfen sein; die Störungen sind außerdem stark von der Persönlichkeit des Patienten wie auch von aktuellen körperlichen Befindensschwankungen abhängig. In einem fortgeschrittenen Stadium kann auch das Langzeitgedächtnis betroffen sein.

Orientierungsstörungen gehören meist zu den Frühsymptomen und entwickeln sich auf dem Boden der Merkfähigkeitseinbußen (Kap. 6). Je geringer die Störung, desto wechselhafter die Ausprägung. Je stärker die Störung, desto gleichbleibender die Ausprägung. Ermüdbarkeit und Konzentrationsverlust treten am Anfang schon bei geringsten Belastungen auf. Man spricht dann vom Psychasthenischen Syndrom.

Formale **Denkstörungen** sind solche, bei denen sich der Denkablauf verlangsamt und schwerfällig wird und/oder eingeengt ist (Umstellungsschwierigkeiten von einem Thema zum anderen, Weitschweifigkeit, Unfähigkeit, komplexe Zusammenhänge zu erfassen, Wesentliches von Unwesentlichem zu unterscheiden und damit eingeschränkte Fähigkeit des Verstehens und Interpretierens).

Das Interessenfeld engt sich ein, das Kritikvermögen läßt nach; nur Gewohnheiten bleiben meist stabil. Der Bezug zur Gegenwart geht verloren. An dieser Krankheit leidende Menschen finden sich in ihrer gewohnten Umgebung nicht mehr zurecht, über lange Zeit automatisierte Bewegungsabläufe und Gewohnheiten werden brüchig; Frauen, die immer Hausfrauen waren, können z.B. nicht mehr fehlerlos kochen; ihnen geschehen infolge der gestörten visuomotorischen Koordinationsfähigkeit und/oder zentraler Störungen des Handlungsentwurfes zunehmend mehr Mißgeschicke. Typisch sind weiterhin die Störungen der Verbindung stiftenden Funktionen: Wahrnehmungen können zwar aufgenommen oder Daten und Begebenheiten erinnert werden, aber sie können nicht mehr in einen gestalthaften Zusammenhang oder in die richtige Reihenfolge geordnet werden. Der Psychiater spricht dann von **Zeitgitterstörungen**, wenn diese Koordinationsleistung in bezug auf die Zeit versagt.

Die **affektive** Seite der Persönlichkeit bleibt bei der DAT meist noch länger erhalten. In Abhängigkeit von der Persönlichkeitsstruktur kann eine gute Fassade die massiven Einbußen dahinter verdecken. Jedoch können indirekte Hinweise auftreten: lang gepflegte Liebhabereien werden aufgegeben (z.B. Handarbeiten). Unvermutet können aggressive Reaktionen auftreten, wenn z.B. der Kranke realisiert, daß er einer Unterhaltungsrunde nicht mehr folgen kann. Vornehmlich betreffen Störungen der **Affektivität** die Affektsteuerung, so daß es zu Affektlabilität (starkes Schwanken der Gefühlsäußerungen von einem Moment zum anderen) und der Unfähigkeit, Affekte unterdrücken zu können, kommen kann. Gerade Kranke, die kaum mehr verstehen, was um sie herum passiert, sind für Gefühlsäußerungen sehr empfänglich.

Sprachstörungen beginnen häufig damit, daß es große Mühe bereitet, die richtigen Worte zu finden und Gegenstände korrekt zu benennen. Die Wendigkeit des sprachlichen Ausdrucks geht verloren. Geläufige Redewendungen bleiben meist noch lang erhalten. Hört man genau hin, merkt man, daß vorwiegend Floskeln verwendet werden. Sie erwecken den Eindruck einer gut funktionierenden Persönlichkeit. Erst bei näherem Nachfragen wird deutlich, daß das Gedächtnis versagt. („Wie alt sind Sie?" „Raten Sie doch mal." Kap. 2.2.7) Außerdem können Einschränkungen der **Handlungsabläufe** auftreten, zunächst die von komplexen Tätigkeiten, später auch einfache Handlungen betreffend. Durch die Unfähigkeit, räumliche Beziehungen richtig wahrzunehmen, kommt es zu gravierenden Störungen z.T. einfachster Alltagshandlungen wie etwa der Fähigkeit zum Anziehen. Als krankheitstypisch wird angesehen, daß das Repertoire sozialer Verhaltensweisen meist relativ lang erhalten bleibt.

Die Einsicht des Patienten in Art und Schwere der Erkrankung ist sehr verschieden und führt zu entsprechenden psychischen Reaktionen. Oft nehmen Patienten zu Beginn ihrer Erkrankung die Veränderungen ihrer Affektsteuerung wahr und schämen sich dieser Veränderung. Solche Symptome bleiben in der Familie zunächst häufig unbemerkt; die Kranken selbst bagatellisieren und verleugnen z.T. sogar offenkundige Störungen. Demzufolge engt sich der Interessenshorizont ein und das Aktivitätsniveau sinkt.

Morphologisch zeichnet sich die DAT durch ausgeprägte Frontal- und Temporallappenatrophie aus. Bei insgesamt fortschreitendem Krankheitsverlauf sind erhebliche Schwankungen im Ausprägungsgrad der Symptome bei einzelnen Erkrankten zu beobachten. Gravierende Veränderungen können von einer Stunde zur anderen eintreten und werden häufig als vom Willen abhängig mißinterpretiert („Der kann das, aber jetzt will er nur nicht!"). Kein Symptom der Demenz vom Alzheimertyp ist spezifisch. Die Variabilität betrifft Art und Intensität wie auch die Reihenfolge des Auftretens, letztlich ist die DAT eine Ausschlußdiagnose. Je früher die Krankheit beginnt, desto heftiger der Verlauf. In Abb. 3.12. werden einige Kriterien für die Diagnostik der DAT wiedergegeben.

Abb. 3.12. Kriterien für die klinische Diagnose der Alzheimererkrankung. (nach Ladurner in Platt, S. 218).

I. Wahrscheinliche Erkrankung
  1. Diagnose der Demenz mit Hilfe von neuropsychologischen Verfahren (z.B. Minimal Mental SE)
  2. Defizit in zwei oder mehr kognitiven Bereichen
  3. Progressive Verschlechterung des Gedächtnisses und anderer kognitiver Funktionen

3.3 Gerontopsychiatrische Krankheitsbilder

4. Keine Bewußtseinsstörungen
5. Beginn zwischen 40 und 90
6. Fehlen anderer Erkrankungen oder Hirnerkrankungen, die für die Demenz verantwortlich sein könnten.

II. Die Diagnose wird unterstützt durch
1. Progressive Verschlechterung bestimmter kognitiver Funktionen wie Sprache (Aphasie) Geschicklichkeit (Apraxie) und Perzeption (Agnosie)
2. Gestörte Verhaltensmuster des Tagesablaufes und des Verhaltens an sich.
3. Familienanamnese von Morbus Alzheimer
4. Laboruntersuchungen
normale Lumbalpunktion
normales EEG – unspezifische Veränderungen
Atrophie im CT mit progressivem Verlauf

III. Andere klinische Gesichtspunkte, die mit der Diagnose Alzheimer konform gehen
1. Plateaus im Krankheitsverlauf
2. Assoziierte Symptome wie: Depression, Schlafstörungen, Inkontinenz, Illusionen, Halluzinationen, Ausbrüche, Sexualstörungen, Gewichtsverlust
3. CT kann normal für das Alter sein

IV. Symptome, die eine Alzheimer'sche Erkrankung unwahrscheinlich machen
1. plötzlicher, apoplektischer Beginn
2. fokale neurologische Ausfälle wie Hemiparese, Gesichtsfeldausfälle, frühes Auftreten einer Ataxie, Anfälle oder Gangstörungen sehr früh im Krankheitsverlauf

V. Klinische Diagnose einer Alzheimerschen Erkrankung kann gestellt werden bei
1. Vorliegen einer Demenz
2. Fehlen neurologischer, psychiatrischer oder allgemeiner Erkrankungen, die die Demenz verursachen könnten.

Die vaskuläre Demenz bei subkortikaler arteriosklerotischer Enzephalopathie (SAE) wird fälschlicherweise auch als Multiinfarktsyndrom bezeichnet.

Zerebrovaskuläre Störungen beruhen auf Mikrozirkulationsstörungen vielfältiger Ätiologie; ihre häufigste Grundlage bildet die Arteriosklerose (Veränderungen der Gefäßinnenwand). die folgenden Risikofaktoren sind wesentlich an ihrem Zustandekommen beteiligt: Bluthochdruck, Diabetes, Hyperlipidämie sowie Nikotinabusus. Bei Menschen mit chronischem arteriellen Bluthochdruck und bei zerebraler Ischämie (Blutleere infolge mangelnder Blutzufuhr) sind die regulatorischen Mechanismen gegenüber Gesunden verändert; Blutviskosität und Energiestoffwechsel sind weitere Einflußgrößen, die über das Risiko eines Gefäßverschlusses oder einer Thrombose und damit auch eines Hirninfarktes entscheiden.

Demenz vom vaskulären Typ (DVT): Die Multi-Infarkt-Demenz (MID)

Bei häufig sich wiederholenden Versorgungsdefiziten einzelner Hirngefäße kann sich eine **vaskuläre Demenz** entwickeln. Sie beginnt meist abrupt und ist im weiteren durch einen wechselhaften Verlauf bei insgesamt schrittweiser Verschlechterung gekennzeichnet. Bei relativ gut erhaltener Persönlichkeit kann es zu depressiven Verstimmungen sowie emotionaler Inkontinenz, zu vielfältigen somatischen Begleitsymptomen und nächtlichen Verwirrtheitszuständen kommen. Sie tritt häufiger bei Männern auf. Kognitive Defizite werden nicht notwendig zum typischen Ablauf gezählt. Im Vordergrund stehen eher neurologische Herdsymptome (d.h. Symptome, die abgegrenzten Arealen mit Blutungen oder Minderdurchblutung zuzuordnen sind).

Aus dem Beschriebenen ergibt sich, daß hier erhebliche differentialdiagnostische Probleme auftreten können.

Vorzeitige Versagenszustände und präsenile Demenz

Bei den vorzeitigen Versagenszuständen stellt sich die Frage, ob das Alter bei dem einen früher, dem anderen später seine Spuren hinterläßt oder noch normale Alternsvorgänge klar von „pathologischen" Entwicklungen abgrenzbar sind. Einige Psychiater nehmen krankhafte Abbauprozesse des Gehirns statt einer „normalen senilen Hirninvolution" an (z.B. Poeck, 1990; S.350), wenn tatsächlich eine fortschreitende Entwicklung nachweisbar ist. Andere Autoren nehmen einen fließenden Übergang zwischen Phänomenen des „normalen" und „krankhaften" Alterns an.

Die **Schwellentheorie** besagt, daß klinisch psychopathologische Zustandsbilder erst dann sichtbar werden, wenn die Intensität der krankhaften Symptome eine bestimmte kritische Schwelle (also auch die der subjektiven Kompensierbarkeit, s.u.) überschritten hat.

Österreich (1983) nimmt zu der schwierigen Frage der Unterscheidung vom „normalen" und „pathologischen" geistig-seelischen Altern folgendermaßen Stellung: Einen älteren Menschen, „der sich weitgehend unauffällig verhält, weitgehend frei von Beschwerden ist, vorhandene leichte Einbußen toleriert oder zu kompensieren vermag, zufrieden und angepaßt an die sozialen Gegebenheiten sowie angstfrei ist und der sich in seinem Befinden und Verhalten dem Zustand der Mehrheit der Gleichaltrigen nähert", sieht er als geistig und seelisch normal an. „Zuspitzung" oder „Abschwächung" schon früher vorhandener Persönlichkeitsmerkmale rechnet er des weiteren dem „Normalen" hinzu. Er räumt ein, daß ihm die Einordnung des „Nachlassens von Merkfähigkeit mit vermehrter Erschöpfbarkeit, Toleranzminderung, Vitalitätsverlust" schwer falle. Er bezieht sich in seinen Aussagen auf psychologische Untersuchungen und erachtet als nachgewiesen, daß bis ins 7. Lebensjahrzehnt kaum meßbare Veränderungen eintreten.

Jüngste Untersuchungen (Bohl und Trabel, 1992) weisen allerdings darauf hin, daß Alternsveränderungen des Gehirns wesentlich früher beginnen, als bisher angenommen wurde. Bereits 7% der unter 45jährigen zeigen entsprechende Amyloid-Plaques im Gehirn.

Der Begriff „Präsenile Demenz" ist von Binswanger (1892) geprägt worden; man spricht deshalb auch vom **Morbus Binswanger**. Er bezeichnet damit dementielle Prozesse, deren Auftreten zeitlich im Präsenium und Involutionsalter oder noch früher anzusetzen sind. In der überwiegenden Zahl der Fälle geht es dabei um Erkrankungen vom Typ Alzheimer, die lediglich früher beginnen.

Hirndurchblutungs- und Hirnstoffwechselstörungen werden im Sinne der **Frühgeriatrie** mit zu den vorzeitigen Versagenszuständen gerechnet. Zerebrovasculäre Insuffizienzen treten zunehmend früher im Leben, etwa ab dem 35. Lebensjahr, auf. Im bisher üblichen Rahmen psychiatrischer Klassifikation fanden sie keine Berücksichtigung, werden aber neuerdings im Rahmen frühgeriatrischer Forschung (Fischer und Lehrl, 1979, 1982) zu einem wichtigen Thema. Hinsichtlich der Genese wird hier den gesundheitlichen **Risikofaktoren** eine besondere Bedeutung zugeschrieben (s.o.) Die wichtigsten **Symptome der Versagenszustände**, die in ganz unterschiedlicher Konstellation auftreten können, äußern sich zunächst **psychisch** und werden entscheidend durch die Persönlichkeitstruktur geformt. Sie bereiten deshalb große differentialdiagnostische Schwierigkeiten. Möglicherweise wird so ein sich in der Entwicklung erst herausstellender hirnorganischer Versagenszustand zunächst als affektive Störung im psychiatrischen Sinne fehldiagnostiziert und fälschlicherweise neuroleptisch oder antidepressiv behandelt. Die vielfach umstrittene durchblutungsfördernde Therapie zeigt bei diesen Patienten zu Beginn häufig sehr gute Erfolge.

Ein **asthenisches Syndrom** (Kraftlosigkeit) bildet den Kern des Beschwerdekomplexes: Verringerte objektive und subjektive Belastbarkeit, rasche Ermüdbarkeit, vielfältige vegetative Symptome, nicht lokalisierbare körperliche Beschwerden, Konzentrationsschwäche, Zurückgezogenheit, Interesselosigkeit, dysphorische Gereiztheit, Lärmempfindlichkeit und vieles mehr kann im Sinne einer vermehrten Dekompensationsneigung und Vulnerabilität Hinweis auf eine herabgesetzte Toleranzschwelle geben. Im Hinblick auf mögliche therapeutische Konsequenzen ist bemerkenswert, daß zwei Drittel aller zerebralen Insuffizienzen sich klinisch durch **psychische Symptome** äußern.

3. Medizinische Aspekte des Alterns

Morbus Pick

Zu Beginn ist die **Pick'sche** Erkrankung (benannt nach Arnold Pick) durch ein dementielles Zustandsbild mit Aspontaneität, geistiger Einengung, Verlangsamung und Perseverationsneigung charakterisiert. Erste Anzeichen im 4.-5. Lebensjahrzehnt führen zu Persönlichkeitsveränderungen, vor allem im Sozialverhalten. Merkfähigkeitsstörungen stehen am Anfang im Vordergrund; später treten noch andere intellektuelle Störungen hinzu. In der weiteren Entwicklung spielen dann Veränderungen der Persönlichkeit eine größere Rolle als Veränderungen der Leistungsfähigkeit, vor allem fehlende Impulskontrolle, triebhafte Durchbrüche sowie nicht mehr funktionierende affektive Steuerung. Es kommt zu Enthemmung, Taktverlust und einem Fehlen feiner Empfindungsfähigkeit. Aphasische Störungen können dazutreten. Klinische Verlaufsbeobachtungen deuten darauf hin, daß es etwa sieben Jahre nach dem ersten Auftreten von Symptomen zu einem weitgehenden körperlichen und geistigen Verfall kommen kann.

Die Picksche Erkrankung ist wesentlich seltener als die DAT. Ein hereditärer Faktor wird vermutet. Das Erkrankungsalter liegt zwischen dem 4. und 6. Lebensjahrzehnt.

Pseudodemenz

Als **Pseudodemenz** wird von einigen Psychiatern ein Krankheitsbild beschrieben, das wie ein dementieller Prozeß imponiert, sich jedoch im Behandlungsverlauf als reversibel erweist; diese Reversibilität gilt dann als das einzige Erkennungsmerkmal (Kiloh, 1962). So sprechen Maddan et al. (1952) von „depressiver Pseudodemenz" und Post (1975) von „transient cognitive impairment". Die Symptomatik ist jener der Demenz sehr ähnlich: Es kommt zu typischen Klagen über Auffassungs-, Konzentrations-, Gedächtnis-, Merkfähigkeitsstörungen wie auch gelegentlich zu Orientierungs- und Zeitgitterstörungen. Es wird vermutet, daß der vom Depressiven beklagte Gedächtnisverlust eher auf eine beeinträchtigten Engrammbildung, als auf eine Störung der Engrammspeicherung zurückzuführen ist (Böning, 1992).

Nach eigenen Erfahrungen mit stationärer Diagnostik und Behandlung derartiger Störungen ist die Diagnostik im lebenspraktischen Raum am ehesten zu einer Differenzierung geeignet. Bei Patienten mit einer schweren depressiven Störung erscheint die Hemmung durch eine entsprechend stimulierende Umgebung durchbrechbar. Bei tatsächlich zugrundeliegenden dementiellen Veränderungen ist dies nicht der Fall: Die Patienten wirken nicht gehemmt, handeln, jedoch mit falschem Ergebnis. Meine Beobachtungen entsprechen dem von Nietsch (1989) mitgeteilten Befund.

Zur Differentialdiagnose: Depression versus Demenz	
Depression Vorgeschichte und Verlauf:	Demenz
Psychische Beschwerden (depressive Symptome) oder Erkrankungen in der Vorgeschichte	unauffällige psych. bei Anamnese, längere Krankheitsdauer; MID schubweiser Verlauf
Kurze Dauer der Symptome, rasche Verschlimmerung	
Beschwerden: Pat. klagt ausführlich über Gedächtnis- und Leistungsverlust; Leidensdruck; Aufmerksamkeit und Konzentration gut erhalten. Lang- und Kurzzeitgedächtnis gleich betroffen.	Kaum Klagen über Gedächtnisstörungen; spürbarer Versuch, Ausfälle zu überspielen; Aufmerksamkeit und Konzentration gestört. Kurzzeitgedächtnis stärker betroffen.
Verhalten in Leistungssituationen: Pat. scheut bereits vor leichten Aufgaben zurück	Pat. gibt sich Mühe, verfehlt aber Aufgabe. Wirkt affektiv labil, evtl. oberflächlich.
Bei Fragen häufig: „Hab ich vergessen."	Um Antwort bemüht, liegt aber häufig daneben.
Leistungsfähigkeit schwankt bei gleicher Aufgabe erheblich.	Gleichmäßig eingeschränkte Leistungsfähigkeit.

Für den praktisch-therapeutischen Umgang spielt die Diagnose kaum eine Rolle. Wesentlicher ist die genaue Erfassung von Symptomen, Defiziten und Kompetenzen.

Therapie und Umgang mit dem hirnorganisch Kranken

Gefühle sind der Träger der Kommunikation: sie bleiben bis zum Endstadium erhalten. Rationales Argumentieren ist zu vermeiden, vielmehr ist die Gefühlsebene anzusprechen.

Einmal erzielte Trainingseffekte sind nicht von Dauer; sie müssen immer wieder neu trainiert werden.

Die körperliche, vor allem aber geistige und psychische Belastung durch die Betreuung eines Dementen ist sehr groß, für Betreuer wie Angehörige. Beide laufen ständig Gefahr, sich zu überfordern. Eine realistische Einschätzung der Situation lindert Ohnmacht und reduziert Hoffnung und Mitgefühl auf ein angemessenes Ausmaß.

Eine einfache Regel ist, feste, möglichst schon lang bestehende Gewohnheiten zu fördern.

Es finden sich nur wenige Arbeiten über Abhängigkeitskrankheiten im Alter; auch in der neueren geriatrischen und gerontopsychiatrischen Literatur wird dieses Problem kaum behandelt (z.B. Psychiatrie der Gegenwart, Bd. 8, Alterspsychiatrie). Die folgenden Mitteilungen beschränken sich auf die Abhängigkeit von Alkohol und Medikamenten.

3.3.5 Sucht im Alter: Alkoholabhängigkeit, Medikamentenabhängigkeit und -mißbrauch

Als **Sucht** wird ein Phänomen zwischen lustvollem Drang und qualvollem Zwang bezeichnet, wobei drei charakteristische Merkmale zu nennen sind:

Definition

1. ein unbezwingbares Verlangen, das Mittel zu nehmen und es sich unter allen Umständen zu beschaffen, 2. eine Tendenz, die Dosen zu steigern, 3. eine psychische und u.U. auch körperliche Abhängigkeit von der Wirkung des Medikamentes.

Als **Mißbrauch** bezeichnen wir einen über das gewöhnliche Maß hinausgehenden Gebrauch des Mittels. Die Folge körperlicher Abhängigkeit sind Entzugssymptome (bis zum Delir).

Symptomatik

Eine besondere Stellung nimmt der Medikamentenmißbrauch oder die Medikamentenabhängigkeit ein, da sie in der Regel durch Verordnung induziert ist.

Daß ein Älterer auf „sein Mittel schwört" ist nur verständlich, wenn es ihm Leiden vermindert hat. Andererseits ist dem behandelnden Arzt in zwei Richtungen Vorsicht geboten:

Wichtig ist, die Indikation jeweils im Hinblick auf die gesamte Lebenslage eines alten Menschen hin zu prüfen: Eine schwer körperlich kranke Frau, die sekundär psychisch in massive Unruhezustände geraten ist, vor einer Abhängigkeit von einem anxiolytischen Medikament bewahren zu wollen, ist häufiger ein schwererer Eingriff in die Privatsphäre als ihr für die noch zu erwartenden 5–10 Jahre eine Erleichterung zu verschaffen.

Der Alkoholismus im Alter ist oft weniger offenkundig: Der süchtige alte Mensch lebt vorwiegend in Einsamkeit oder im Heim. Die Abhängigkeit bei Älteren hat meist eine längere Vorgeschichte. Nur etwa ein Drittel der Kranken werden im Alter erst abhängig und dadurch auffällig. Ein weiteres Drittel gerät durch die körperlich bedingte Toleranzminderung in Schwierigkeiten. Das letzte Drittel beinhaltet Personen, die abstinent geworden sind, im Alter aber rückfällig wurden. In der Altersgruppe zwischen 40 und 60 verursacht der Alkohol schwerwiegende sozialmedizinische Probleme.

Epidemiologie

Bei älteren und alten Abhängigkeitskranken ist mit einer hohen Dunkelziffer zu rechnen, die in Ergänzung zu den bereits genannten epidemiologischen Methodenproblemen keine aussagekräftigen Daten bereitstellen. Nach einer psychiatrisch–epidemiologischen Felderhebung im Landkreis Traunstein (zit. nach Soeder, 1984) wurden 0,7% der über 65jährigen als behandlungsbedürftige Alkoholiker eingestuft. Nach Solms und de Bus (1975) nimmt die Häufigkeit des Alkoholismus mit dem Alter ab. Anderseits kann das Problem des Alkoholismus besonders stark in Heimen

3.3 Gerontopsychiatrische Krankheitsbilder

auftreten: Graux (1969) fand bei 41% der Männer und 12% der Frauen in Heimen einen chronischen Alkoholismus.

Zu Arzneimittelabhängigkeit liegen uns keine Daten vor. In den entsprechenden Fachkliniken sind die über 65jährigen entweder nicht oder nur zu einem verschwindend geringen Anteil zu finden.

Der Sucht liegt keine einheitliche Persönlichkeitsstruktur zugrunde; sie kann im Rahmen verschiedener Konstellationen auftreten. Menschen mit sog. frühen Störungen, die selbst kein deutliches Leidensgefühl haben und deren Verhalten u.U. dem Bereich der Persönlichkeitstörungen zuzuordnen ist, können zusätzlich eine Suchtproblematik entwickeln. Häufig kann man jedoch im Umgang feststellen, daß gleichzeitig auch ein süchtiges Verhalten nach anderen Menschen besteht: ein stark appellatives Verhalten wechselt sich ab mit der Zurückweisung von angebotener Hilfe als Ausdruck masochistischer oder destruktiver Tendenzen.

Psychodynamik

Im Alter haben wir es dann bei chronischem Alkoholismus mit einer Residualsymptomatik (Korsakow) zu tun. Denjenigen, die neu ein Suchtverhalten entwickeln, könnte eher die Bevorzugung einer oralen Befriedigungsmöglichkeit bei geringer Frustrationstoleranz zuzuschreiben sein. Dies kann im Rahmen verschiedenster Persönlichkeitsstrukturen vorkommen. Am häufigsten sind: Sucht bei Vereinsamung und vorbestehender Kontaktscheu (-störung), Sucht bei chronischen Schmerzzuständen, seltener kommt süchtiges Verhalten bei paranoiden Spannungszuständen vor. Gelegentlich kann man beobachten, daß den Problemen des Klimakteriums und der beginnenden Menopause über psychische Auswirkungen mit einer verstärkten Abhängigkeitsproblematik begegnet wird. In der Regel dient das Suchtmittel dazu, unerträgliche Gefühle, meist solche der Depression, der inneren Leere – auch bei Verlusterlebnissen – oder aggressiv-destruktive Spannungen zu mildern bzw. zu betäuben.

Einerseits bedarf es eines behutsamen Umganges mit denjenigen Medikamenten, von denen die Tendenz zur Abhängigkeit bekannt ist. Andererseits sind manche Ärzte besonders „moralisch", wenn sie einem Leidenden die Verabreichung eines gewünschten Mittels abschlagen, z. B. einem Krebskranken im Endstadium das Morphium.

Die therapeutische Prognose wird im Alter günstiger eingeschätzt (Solms und de Bus, 1975). Im Heim steht die Frage der Toleranz gegenüber lebenslangen Gewohnheiten („Ein

Behandlung und Umgang mit dem Süchtigen

Schlückchen am Abend") derjenigen einer strikten Führung des Hauses gegenüber: Entscheidend ist die Zusammensetzung der Patienten, die Toleranz des Teams und der Mitpatienten sowie der Leitung. In der ambulanten Situation ist der Haus- und Facharzt aufgerufen, die dem Suchtverhalten möglichen zugrundeliegenden Probleme anzugehen bzw. für psychotherapeutische Hilfe zu sorgen.

Die 64jährige Frau O., von gepflegter Erscheinung, sucht, vermittelt über die psychosomatische Ambulanz eines Krankenhauses, psychotherapeutische Hilfe auf. Sie berichtet, daß sie aus Kummer in ihrer Ehe, bis ihr Mann sich schließlich wegen einer anderen Frau von ihr getrennt habe, an den Alkohol geraten sei; damals sei sie Ende 50 gewesen. Weil ihr sehr an ihrem Arbeitsplatz gelegen war, bemühte sie sich um einen Entzug, der ihr wegen ihres Alters von der Krankenkasse nur unter Schwierigkeiten gewährt worden war. Jetzt leidet sie an Magenbeschwerden und häufigem anfallsweisem Erbrechen, für das sich keine somatische Ursache finden läßt. Ihre außerordentlich differenzierte Art sich auszudrücken sowie ein deutliches subjektives Leiden erwecken im Therapeuten einen prognostisch günstigen Eindruck. Sie berichtet, daß sie unehelich geboren in einem sehr gestörten Verhältnis mit ihrer Mutter lebte, aus dem heraus ihre Ehe eine Erlösung schien. Aufgrund der Vorgeschichte erschien es verständlich, daß sie mit ihrem Ehemann in eine masochistische Beziehung geriet, andererseits ihrem narzißtischen Bedürfnis an ihrem Arbeitsplatz Ausdruck verleihen konnte. Auch nach der Trennung litt sie weiter unter dem Verhältnis zu ihrer alten Mutter, die nun im Heim lebte und ihre Tochter mit dem Vorwurf der mangelnden Fürsorge traktierte.

Es kam jedoch keine längere Behandlung zustande, weil die Patientin mit ihren Magenbeschwerden agierte, jeden neu vereinbarten Termin wieder kurzfristig oder gar nicht absagte. Hier ist es schwer, aber notwendig, zu akzeptieren, daß es der Persönlichkeitstruktur mancher Menschen entspricht, daß sie sich selbst keine Hilfe zuteil werden lassen können und im Spannungsfeld zwischen Appell und Verweigerung verharren müssen.

3.3.6 Persönlichkeitsstörungen und Charakterneurosen

Persönlichkeitsstörungen und Charakterneurosen werden in der gerontopsychiatrischen Literatur fast immer entweder unter den Neurosen oder Persönlichkeitsstörungen zusammengefaßt. Hier besteht eine noch größere klassifikatorische Unsicherheit und Unklarheit als bei den klassischen gerontopsychiatrischen Krankheitsbildern. Das erklärt auch, weshalb die wenigen verfügbaren Zahlen zur Häufigkeit des Vorkommens sehr verschieden und wenig verläßlich sind. Andererseits entsteht in der Praxis der Eindruck, daß es gerade die Persönlichkeitsstörungen und Charakterneurosen sind, die sowohl in der ambulanten wie stationären psychiatrischen Behandlung wie auch in der Betreuung im Heim den

Helfern die größten Probleme bereiten. Das folgende Schema (in Anlehnung an Hoffmann und Hochapfel, 1991; S.82) soll die Auffassung verdeutlichen, daß zwischen zugrundliegender (prämorbider) Persönlichkeitsstruktur und der sich im Laufe des Lebens bzw. im Alter entwickelnden psychischen Krankheit ein Kontinuum besteht.

Persönlichkeit / Charakter	Reaktion	Neurose	Psychose	Hirnorganisches Psychosyndrom (HOPS)
Paranoider Charakter	Paranoide Reaktion	Sensitive Entwicklung	Paranoia	Paranoide Psychose bei HOPS
Schizoider Charakter / Narzißtischer Charakter	Narzißtische Krise Depersonalisation Hypochondrische Reaktion	Narzißtische Neurose Hypochondrie	Hypochondrischer Wahn	Hypochondrische Färbung HOPS
Depressiver Charakter	Depressive Reaktion	Neurotische Depression	Depressive Psychose, endogene Depression	Depressive Färbung HOPS
Zwangscharakter	(zwanghafte Reaktion)	Zwangsneurose	Zwangserscheinungen	
(angstvoller Charakter)	Angstanfall	Angstneurose / Phobie	Angstzustände	
Hysterischer Charakter	(hysterische Reaktion)	Hysterische Neurose	hysterische Färbung	

Die Begriffe Charakter und Persönlichkeit werden weitgehend austauschbar benutzt. Die aus diesen Begriffen abgeleiteten Störungen wurden in der Psychiatrie früher als Psychopathien (K.Schneider) bezeichnet; dieser Begriff gilt heute als überholt und wird durch den deskriptiven Begriff der **Persönlichkeitsstörungen** ersetzt. Es wird von Persönlichkeits- oder Charakterstörungen gesprochen, wenn

- .die Störungen zu einem subjektiven Leidensgefühl führen, auch wenn keine eigentlich neurotische Symptomatik vorliegt. Das **Leidensgefühl** ist dabei nicht um ein Symptom zentriert, sondern **diffus**.
- Außerdem treten eine Reihe von ausgeprägten Störungen ohne charakteristisches Leidensgefühl auf, die aus psychodynamischem Verständnis den „frühen Störungen" zugerechnet werden, die als schwer bzw. schlecht therapierbar gelten: z.B. Sucht, Delinquenz, Perversion.

Die beschreibende Syndromatik der Persönlichkeitsstörungen stützt sich im wesentlichen auf eine psychoanalytische, psychodynamische Interpretation. Dabei wird ein besonderes Gewicht auf die Übereinstimmung der psychischen Abwehrstruktur der Grundpersönlichkeit und der sich darauf aufbauenden krankhaften Störung gelegt. Wir haben deshalb bei den verschiedenen psychiatrischen Krankheitsbildern die ihnen zugrundeliegende Persönlichkeit beschrei-

Definition

Symptomatik

bend und psychodynamisch zugeordnet. Psychopathologische Phänomene bei den verschiedenen hirnorganischen Störungen fußen ebenso auf der zugrundeliegenden Persönlichkeitsstruktur und werden in ihrem Erscheinungsbild durch diese geprägt.

Als das Typische an den Charakterneurosen wird beschrieben, daß sie „symptomlos" sind, der Betroffene also nicht an einem mehr oder weniger umschriebenen Symptom leidet, sondern die Störung insgesamt mehr in die Persönlichkeit „zu passen" scheint (= ich-synton ist). Das allgemeine und meist diffuse Gefühl der Unzufriedenheit, der Unfähigkeit, etwas als befriedigend zu erleben oder auch das Gefühl „allein und immer wieder vom Unglück getroffen zu sein", kennzeichnet das Erleben. Probleme im Umgang mit diesen Menschen ergeben sich daraus, daß Konflikte weniger leidend empfunden, sondern „agiert" werden, also im Verhalten zutage treten, und damit zum Teil zu einem Leiden der Umwelt, insbesondere der Betreuer führen.

Angaben zur Häufigkeit von Persönlichkeitsstörungen zu finden, ist schwierig, weil verschiedene klassifikatorische Schemata verwandt werden. Radebold berichtet (1991), daß die Zahlen für Persönlichkeitsstörungen zwischen 3 und 13% variieren.

Da der Anteil von Persönlichkeitsstörungen in verschiedenen gerontopsychiatrischen Berichten relativ hoch ist und außerdem die Unspezifität gerontopsychiatrischer Syndrome zu der diagnostischen Unsicherheit beiträgt, möchten wir hier näher auf die Persönlichkeitsstörungen eingehen, obgleich dazu bisher kaum Literatur vorliegt.

Psychodynamik

Mehr zur Illustration als zur diagnostischen Einteilung könne wir z.B. folgende Persönlichkeitsstörungen aufzählen:

Die zyklothyme Persönlichkeit

Eine meist depressiv-gedrückte und seltener gehobene Stimmungslage beherrscht das Gefühlsleben dieser Menschen. Phasen von getriebener Aktivität wechseln sich ab mit stark erniedrigtem Energieniveau, beherrscht von Gefühlen der Besorgnis und Nutzlosigkeit.

Die querulatorische Persönlichkeit

Querulatorische Persönlichkeiten gelten als halsstarrig, fanatisch, unbeirrbar, unbelehrbar und rechthaberisch; gleichzeitig haben sie aber eine sehr verwundbare und auf das kleinste Unrecht sehr empfindlich reagierende Natur. Am Beginn einer solchen Entwicklung stehen häufig ein tatsächliches Unrecht, Zurücksetzung oder Übervorteilung, die dann in einen übertrieben geführten Kampf ausarten können. Aus der querulatorischen Fehlhaltung kann sich ein querulatorischer Wahn entwickeln.

Bei älteren Menschen findet sich häufig die Rente als Gegenstand eines solchen Streits. Hirnorganisch eingeschränkte alte Menschen im Heim sind solche, die immer wieder eine Sache richtigstellen wollen und die Betreuer als Anwälte ihrer Rechtssprechung benutzen wollen. Gehen diese auf dieses Anliegen nicht ein, geraten sie in Gefahr, in das Unrechtsgebäude mit einbezogen zu werden („Bist Du nicht mein Freund, so bist Du mein Feind, den ich bekämpfen muß").

Hysterische Charaktere möchten mehr scheinen, als sie sind, „mehr erleben, als sie erlebnisfähig sind" (Jaspers), möglichst ohne Einsatz und Anstrengung. Das Gefühlsleben dieser Menschen erscheint oberflächlich und labil. Sie sind sehr stark von Anerkennung abhängig. Sie stellen sich z.B. durch exaltiertes Auftreten, demonstratives Leiden dar oder verfolgen verschiedenste andere Wege, um Aufmerksamkeit, Mitleid oder Bewunderung auf sich zu ziehen.

Die hysterische Persönlichkeit

Frau P. ist eine intellektuell betonte, dominierende und energische Frau, die die Mitbewohner und Betreuer „nervt", indem sie sich sehr fordernd verhält und jeden, der nur die kleinste Hilfe anbietet, sofort mit Beschlag belegt. Sie leidet unter der Angst, querschnittsgelähmt zu werden und besonders vor der drohenden Umstufung in die kostenintensivere Pflegestufe. Ihr Verhalten mutet sehr demonstrativ an: „Schauen Sie Schwester, wie weit es schon mit mir gekommen ist", „Daß Sie überhaupt an mich gedacht haben". Sie verführt durch ihr Auftreten, dieses als hysterisch, also psychogen zu verstehen. Damit verhindert sie, zu verstehen, daß diese extreme psychische Reaktion als ihre individuelle Reaktion auf ihre schweren körperlichen Belastungen zu verstehen ist: Sie hat eine schwerste Osteoporose mit vielfachen Wirbelbrüchen und Deckplatteneinbrüchen. Ihr Mann ist früh mit einem hirnorganischen Psychosyndrom verstorben. Ihr Sohn lebt in einem anderen Erdteil; sie hat keine weiteren Angehörigen. Sie fordert dazu heraus, daß man ihr ihre Klage nicht abnimmt und sich von ihr abwenden möchte.

Gerade bei alten Menschen mit dieser Persönlichkeitsstruktur ist es besonders wichtig, eine exakte und umfassende körperliche Diagnostik zu betreiben, da sie dazu verführen, ihre Symptomatik psychisch und nicht körperlich zu verstehen.

Sie zeichnet sich nach außen durch besondere Genauigkeit und Ordnungssinn sowie ein besonderes Bedürfnis zu planen und einzuteilen aus. Ihr Gefühlsleben ist durch Neigung zum Zweifel und Gefühle der Unvollkommenheit charakterisiert. Sie neigt zu übertriebener Gewissenhaftigkeit, Vorsicht und Eigensinn. Perfektionismus und genaue Sorgfalt lassen das

Die zwanghafte Persönlichkeit

Bedürfnis nach ständiger Kontrolle verständlicher werden. Freud beschrieb den „analen Charakter", von dem zur Zwangsneurose ein fließender Übergang angenommen wird.

Eine Schwester im Altenheim ist verzweifelt, weil sie im Zimmer von Frau Q. nichts verrücken darf. Frau Q. legt gesteigerten Wert darauf, daß all ihre persönlichen Kleinigkeiten, mit denen sie ihr Zimmer zu einer wahren Puppenstube geschmückt hat, immer in exakt der gleichen Weise angeordnet sind. Man kann ihr nur gerecht werden, wenn man diese verstärkte zwanghafte Abwehr als Versuch versteht, das aufgrund einer zunehmend verschlechterten intellektuellen Leistungsfähigkeit innerlich drohende Chaos durch äußerlich aktives Eingreifen und Ordnen in Schach halten zu wollen. Ihre extremen Reaktionen auf Störungen sind zu verstehen, wenn man sich vergegenwärtigt, daß Frau Q. diese erlebt, als ob jemand direkt in ihrem inneren psychischen Haushalt ein völliges Durcheinander anstiften würde, das ihr jegliche Möglichkeit zur Orientierung raubt.

Die schizoide Persönlichkeit

Schizoide Menschen neigen dazu, sich aus emotionalen und sozialen Kontakten zurückzuziehen; ihre Vorliebe ist der Rückzug auf die Phantasie und das Leben in ihrer inneren seelischen Welt. Kühle und Zurückhaltung verdecken u.U. die Unfähigkeit, Gefühle auszudrücken.

In der Gegenübertragung verbietet sich, spontan einen engeren körperlichen Kontakt herzustellen (Sie scheinen auszustrahlen: Bleibe bitte auf Distanz). Bei sehr isoliertem Leben ohne Sozialkontakte und/oder beginnender hirnorganischer intellektueller Einbuße kann es im Alter zur Ausbildung von paranoiden Entwicklungen kommen.

Therapie und therapeutischer Umgang

Die **Therapie** bei Persönlichkeitsstörungen wird deshalb als besonders schwierig angesehen, weil kein klares „Problem" einzugrenzen ist, das etwa einer verhaltenstherapeutischen Behandlung zugänglich gemacht werden könnte. Mit gesprächspsychotherapeutischer und analytischer Behandlung sind nur solche Patienten behandelbar, die eine Motivation zur Veränderung mitbringen (Hoffmann und Hochapfel, 1987).

Besonders im institutionellen Rahmen stellt sich das Problem des Umgangs mit derartigen Störungen. Ein psychoanalytisch fundierter Verständniszugang für den Umgang mit derartigen Problemen wird in Kap. 6 beschrieben.

3.3.7 Neurosen, psychogene Reaktionen, reaktive Entwicklungen und Borderlinestörungen

Definition

Neurosen sind psychogene Störungen ohne nachweisbare organische Grundlage. Dabei besteht eine Störung der Erlebnisverarbeitung aufgrund unzureichender (symbolischer) Verarbeitungsversuche unbewußter frühkindlicher Konflikte und Traumen, die sich im Erleben und Befinden äußern und auch Auswirkungen auf das Verhalten zeigen kann. Der

Unterschied zum alltäglichen „normalen" psychischen Erleben liegt im Ausmaß der Störung und darin begründet, daß der Neurosekranke seine Konflikte selbst nicht zufriedenstellend lösen können.

In der Gerontopsychiatrie spricht man von akuten **abnormen Reaktionen**, wenn bestimmte Reaktionen bei klarem Bewußtsein in ihrer Intensität nicht mehr einfühlbar sind (z.B. nicht nachlassende Trauer nach einem Todesfall).

Mit **reaktiven Entwicklungen** sind krankhafte Störungen gemeint, an deren Beginn ein kritisches, nicht bewältigbares Lebensereignis auffindbar ist, das eine längere psychische Krankheitsentwicklung angestoßen zu haben scheint.

Die wesentlichen Symptome der Neurosen sind ausgeprägte Angst, hysterische Symptome, Phobien, Zwangssymptome und Depressionen. Die meisten Autoren sind sich darin einig, daß man im Alter nicht von echten Erstmanifestationen von Neurosen sprechen kann. Dedieu-Anglade (1961) zeigt an 19 Fällen, daß entsprechende Störungen jeweils desto weiter in die Vergangenheit zurückreichen, je sorgfältiger man die Anamnese studierte. Gegenüber Neurosen in jüngeren Jahren scheint es, als gäbe es bei entsprechenden Störungen im Alter weniger scharfe Konturen. Neurotische Depressionen und hypochondrisch-ängstliche-neurasthenische Mischbilder stehen im Vordergrund. So spricht Kehrer (1959) im Alter von Psychoneurotik statt von Psychoneurosen und Clow und Allen (1951) von „diffusen neurotischen Reaktionen". Derartige flach-depressive Syndrome zeigen meist mannigfache, nicht objektivierbare körperliche Störungen, Schlaflosigkeit, Reizbarkeit, Schwäche und Ermüdbarkeit. Schon Nouaille (1899) unterstreicht die Seltenheit „seniler Hysterien". Ernst (1962) fand in seiner Katamnese ehemaliger Hysteriker, daß in der zweiten Lebenshälfte die hysterischen Symptome verschwunden sind. An ihre Stelle treten meist organneurotische und psychosomatische Störungen. Bei der Hysterie zeigt sich am deutlichsten das Nachlassen scharf akzentuierter und auffälliger neurotischer Symptome im Alter. Es entstehen flache, verschleierte und diffuse Bilder. Der Autor faßt zusammen: Das Leiden zieht sich gleichsam von der leicht verständlichen Ausdruckssprache in die schwerer entzifferbare Organsprache zurück.

Im Alter erscheinen psychische Krisen meist als abrupte Dekompensationen eines vorher mehr oder weniger gut ausbalancierten Zustandes. Bei genauerem Hinsehen entstehen sie jedoch auf dem Boden eines prämorbid labilen Gleichgewichtes. Typisch sind Angst- und Erregungszustände, hypochondrische und depressive Reaktionen sowie überraschend

Symptomatik

3. Medizinische Aspekte des Alterns

einsetzende Verwirrtheitszustände. Als typisch für Trauerreaktionen bei alten Menschen beschreibt Stern (1961) die Ausdrucksarmut als Abwehr, wie auch das Sichzurückziehen von der Umgebung, u.U. das Fehlen von Schuldgefühlen, die Idealisierung des Verstorbenen und aggressive Projektionen auf die Umgebung, die mit einer Tendenz zur Verschiebung auf körperliche Krankheiten einhergeht.

Epidemiologie

Sowohl die Tradition einer „organischen" Auffassung von Alterserscheinungen wie die fehlende Klassifikation psychogener Störungen im Alter sind für das Fehlen von entsprechenden epidemiologischen Befunden verantwortlich zu machen.

Radebold (1991) weist darauf hin, daß neurotische und psychoreaktive Erkrankungen zusammen mit den Charakterneurosen u.U. sogar die größte Teilgruppe gerontopsychiatrischer Morbidität darstellen.

In epidemiologischen Untersuchungen (Dilling und Weyerer, 1984) lag die Rate von neurotischen und psychosomatischen Erkrankungen in der Gruppe der 54- bis 60jährigen mit 17% doppelt so hoch wie in der Gruppe der 60- bis 64jährigen (8,9%) und über 65jährigen (8,8%). Nach dem 65. Lebensjahr bleiben die Erkrankungsraten nach Cooper und Sosna konstant.

Die Prävalenz von Neurosen wird im Mittelwert auf 5% geschätzt. Während depressive Störungen mit dem Alter zunehmen, kommen Phobien und Ängste mit steigendem Lebensalter seltener vor (Katschnig, 1980). Generell ist eine wachsende Tendenz zur Somatisierung neurotischer Symptome zu beobachten (McDonald, 1966).

Abb 3.12. Häufigkeit der Neurosen. (Radebold, 1991;S. 47)

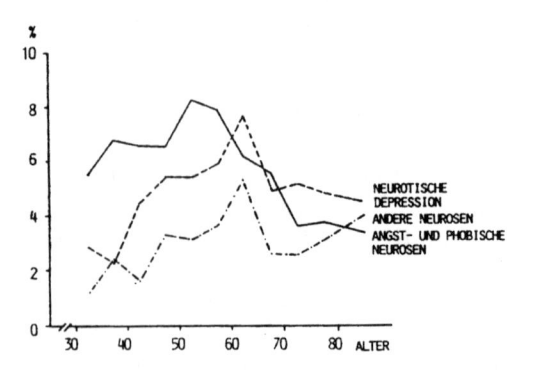

Ätiologie

In der **Psychiatrie** ist der Begriff „Neurose", „psychogene Reaktionen" etc. für alte Menschen lange Zeit nicht verwendet worden. So sagt Roth noch 1976, daß der Begriff „neurotisch" in bezug auf das Alter bisher ungewöhnlich war. Müller (1971) spricht dagegen von einer „regelmäßigen Neurotisierung des Alters". Er meint damit, daß neurotische Abwehrmechanismen, verglichen mit früheren Lebzeiten, vermehrt in Aktion treten, so daß man auch von neu auftauchenden Symptomen im Alter sprechen könnte (1989). Er verweist darauf, daß hierzu jedoch bislang keine Untersuchungen vorliegen. Er faßt Ergebnisse von langjährig nachuntersuchten Neurotikern dahingehend zusammen, daß sich das Alter auf die neurotischen Symptome meist günstig auswirke, z.B. seien Phobien verschwunden und Zwangserscheinungen haben sich gebessert (Müller, 1989).

Das **psychoanalytische** Verständnis sieht in den Neurosen unzureichende symbolische Verarbeitungsversuche unbewußter, in ihrer Genese infantiler Konflikte oder Traumen. Der Neurotiker leidet in der Regel unter Symptomen, die er zwar bewußt benennen kann, die er aber als „ich-fremd" erlebt. Der psychoanalytische Symptombegriff beinhaltet diese Ich-Fremdheit sowie das subjektive Leiden; im psychiatrischen Symptombegriff wird dagegen jede Verhaltensabweichung als Symptom eingestuft.

Die **Lerntheorie** betont die genetische Bedeutung von Konditionierungen in der Folge verfehlter, zu starker oder zu schwacher Lernvorgänge.

Der Neurosenauffassung durch Psychoanalyse und Lerntheorie **gemeinsam** ist, daß „beide Konzeptionen Neurosen als im Laufe des Lebens erworben ansehen, wobei die Psychoanalyse den Akzent auf die frühe Entwicklung legt" (Hoffmann und Hochapfel, 1991; S.5). Während der angenommene zugrundeliegende Konflikt sich bei der Neurose im Erleben und Verhalten auswirkt, drückt er sich bei der psychosomatischen Störung in einem körperbezogenen Leiden aus. Die Rolle der Angst wird bei der Neurose in beiden Theorien gleichermaßen betont.

- **Angstneurose**: Die Patienten leiden unter diffusen Angstzuständen. Diese können sehr wechselhaft auftreten und sich zu Panikattacken oder Angstanfällen steigern. Die Heftigkeit von Angstattacken nimmt generell mit dem Alter ab, kann aber unter dem Einfluß dementieller Prozesse wieder zunehmen. Im allgemeinen steigt jedoch die Neigung zur diffusen Ängstlichkeit. Menschen, die zu dieser neurotischen Verarbeitung neigen, zeichnen sich meist durch eine Schwäche ihrer Abwehrleistung und des Ichs aus.
- **Phobie**: Im Gegensatz zur Angstneurose ist hier die Angst an Gegenstände oder Situationen gebunden. Die Angst in

Psychodynamik

bezug auf diese realen Gegebenheiten ist jedoch unverhältnismäßig, ist der willentlichen Steuerung entzogen und kann nicht rational bearbeitet werden. Die Folge ist einen Einschränkung des Lebensvollzuges.

Psychodynamisch betrachtet, versuchen die Phobiker im Außen eine Gefahr zu bekämpfen, die eigentlich eine Gefahr von innen ist; sie neigen außerdem dazu, die Bestimmung über sich anderen zu übertragen und so für die von innen empfundenen Gefahren einen „Aufpasser" zu suchen.

Die Angst, das Haus zu verlassen und auf die Straße oder freie Plätzen zu gehen, kann u.U. bei Älteren durch eine verstärkte Gangunsicherheit mitverursacht bzw. verstärkt werden. Hier ist immer diagnostisch ein hirnorganischer Prozeß in Erwägung zu ziehen.

- **Hypochondrien** sind neurotische Störungen mit ausgeprägter Selbstbeobachtung des eigenen Körpers und starker Krankheitsfurcht (Hoffmann und Hochapfel, 1991). Das Angstobjekt ist der eigene Körper bzw. seine Beschädigung und Funktionsuntüchtigkeit. Die Intensität hypochondrischer Vorstellungen kann sich bis zum Wahn steigern.
- Im Alter kommt es verstärkt zu Störungen der Körpertüchtigkeit. Insofern können tatsächliche Veränderungen eine bis dahin noch kompensierte Labilität der Persönlichkeitsstruktur zum Dekompensieren bringen. Man muß sich vorstellen, daß die Entwicklung des Bildes vom eigenen Körper parallel mit der Ich-Entwicklung voranschreitet. Anstelle einer reifen Ausbildung von emotionalen und sozialen Fähigkeiten zur Kontaktaufnahme tritt die Wahrnehmung des Körpers und verhindert so gewissermaßen eine natürliche Kontaktaufnahme zur Umwelt. Bei Menschen, die im Alter an einer ausgeprägten Hypchondrie leiden, lassen sich fast immer in der Vorgeschichte Hinweise auf eine mehr oder minder ausgeprägte Kontaktstörung finden.
- Eine **Neurotische Depression** ist ein Krankheitsbild mit einer chronischen depressiven Verstimmung. Typisch sind depressive Gefühle (mit negativem Vorzeichen wie Freud-, Schlaf-, Interesselosigkeit etc. sowie des Mangels und Verlustes, des Nichtgenügens, des Nichtgemochtwerdens etc.).
- **Psychischer Masochismus** tritt im Alter selten als eigenständiges neurotisches Krankheitsbild auf. Gemeint ist damit, daß Leiden und Strafe geradezu gesucht, zumindest nicht gemieden werden. Meist trägt der Lebensbericht den

Stempel von Unglück und scheinbar immer wieder passiv zu erduldenden Schicksalsschlägen. Häufig berichten Frauen von einer unglücklichen Ehebeziehung, in der sie tatsächlich häufig viel von ihrem Ehemann erduldet haben. Der spontane Impuls im Helfer, „da muß man doch etwas unternehmen und die beiden sofort trennen", schlägt fast immer fehl. Verschiedenste Versuche der Linderung und Besserung von Seiten der Therapeuten finden in der Regel keinen kooperativen Partner und machen die Helfer ärgerlich und schließlich uninteressiert an der Behandlung von Menschen mit dieser Struktur.
- Bei der **Zwangsneurose** ist das zentrale Symptom das Gefühl eines subjektiven Zwanges, bestimmte Vorstellungen oder Gedanken zu haben oder bestimmte Handlungen ausführen zu müssen. Diese Impulse sind willentlich nicht beeinflußbar und beherrschbar.
- Das **Borderline-Syndrom** versucht diejenigen Krankheiten zu umreißen, die auf der Grenze zwischen Neurose und Psychose angesiedelt sind. Die Symptomatik ist schwer zu beschreiben. Das Eindrucksvollste an diesen ich-schwachen Kranken ist, daß sie einen chaotischen Eindruck erwecken und im Helfer die Sorge auslösen, dieser Mensch könne jeden Moment völlig dekompensieren. Deshalb spricht Schmiedeberg (1947) von einer Stabilität in der Instabilität.
- Im Alter wirken die Lebensläufe oder berichteten Lebensumstände einschließlich des Gesundheits- und Hilfesuchverhaltens ebenfalls chaotisch: Dem Internisten werden z.B. psychische Beschwerden geklagt, dem Psychiater körperliche Störungen. Besondere Schwierigkeiten bereitet dem Helfer die ausgeprägte Neigung zur Identitätsdiffusion: Die Kranken haben kein festgelegtes Selbstbild, wirken suggestibel, richten sich nach den jeweiligen vermeintlichen Erwartungen des Gegenübers oder auch gerade nach dem vermuteten Gegenteil, sie haben kein Identitätsgefühl.

Entgegen früherer Überzeugung lassen sich viele Patienten mit neurotischen Störungen im Alter, die einen ausgeprägten subjektiven Leidensdruck aufweisen und ein echtes Bemühen um Veränderung mitbringen, in der psychotherapeutischen Praxis behandeln (Radebold, 1991). Anders ist es dagegen bei solchen Patienten, die im Klagen und Leiden eine Art positives Erleben sehen und nicht echt an einer Änderung interessiert sind. An ihnen „beißen" sich viele Therapeuten „die Zähne aus" und finden schließlich vorgeschobene Gründe, um endlich die Behandlung beenden zu

Therapie und Umgang

können. Häufig ist in diesen Fällen eine Beratung der Angehörigen indiziert. In jedem Fall ist anamnestisch und biographisch zu untersuchen, unter welchen subjektiven und objektiven Lebensbedingungen dieser Mensch in seinem Leben gelebt hat und auf welche Weise die darin enthaltenen erlebnismäßigen Grundbedingungen in ähnlicher oder nur leicht veränderter Form wieder herzustellen sind.

3.4 Chronisch psychisch Kranke im Alter

3.4.1 Die Schizophrenie im Alter

Definition

Als **schizophrene Psychose** bezeichnet man eine psychische Krankheit der gesamten Persönlichkeit, die durch Störung des Denkens und u.U. der Sprache bei erhaltenen intellektuellen Funktionen mit schubweisem, meist fortschreitendem Verlauf gekennzeichnet ist.

Schizophrene Psychosen als Erstmanifestation **im Alter** sind außerordentlich selten. Nach meiner Überzeugung gibt es keine im Alter erstmals auftretende schizophrene Psychose; meist handelt es sich dann um eine umschriebene paranoide Erkrankung, bei der die typischen schizophrenen Denk-und Affektstörungen fehlen.

Symptomatik

Die **Symptomatik** teilt sich in
 a. Grundsymptome: **Denkstörungen**: Das Denken ist zerfahren und unlogisch, ohne Herabsetzung des intellektuellen Potentials. Es kann zu Begriffsverschiebungen und -zerfall, Sprach- und Bedeutungsverdichtungen und Symboldenken kommen. Die Als-ob-Qualität des Denkens ist im konkretistischen Sinn verändert. **Affektstörungen**: Typisch sind ausgeprägte Angst, Ambivalenz, Autismus und inadäquate Affekte; depressive wie manische Gestimmtheiten können auftreten. **Antriebsstörungen**: Rastlose Getriebenheit (häufig fälschlicherweise als „manisch" bezeichnet) oder Stumpfheit und Apathie können das Bild beherrschen.
 b. Akzessorische Symptome, die zusätzlich auftreten können: Wahnbildung, Halluzinationen und katatone Störungen (= Störungen der Motorik und des Antriebs).

Auf vorbestehende schizophrene Psychosen hat der Alternsprozeß meist einen nivellierenden Effekt, so daß die in früheren Jahren abgrenzbaren Unterformen kaum noch voneinander zu unterscheiden sind. Es entwickeln sich unspezifische Residualzustände, bei denen eine unproduktive, häufig apathisch–depressive Symptomatik im Vordergrund steht. Müller und Ciompi fanden, daß etwa zwei Drittel der bei der Ersthospitalisation bestehenden Symptome im Alter (über 65 Jahre) verschwunden waren; neue Symptome traten im Alter fast nicht auf. Wenn, dann handelte es sich um Gleichgültigkeit, fehlenden Antrieb, Denkstörungen, motorische Stereotypien und Manierismen, depressive oder hypochondrische Färbungen. Bestehen bleibt eine – mehr oder minder ausgeprägte – schizophrene Grundstimmung.

Meist kommt es zu einer Abschwächung des Wahnerlebens, u.U. einer mit fortschreitenden Lebensalter zunehmenden depressiven Färbung der Stimmung sowie gelegentlich einer Zunahme an Ängstlichkeit, Unruhe und Erregungzuständen.

Der schizophrene Residualzustand kann hochgradige Verschrobenheiten im Verhalten beinhalten; es kommt u.U. zu einem fast völligen Verlust aller Umweltkontakte, der Betroffene lebt isoliert und eingesponnen in seine eigene Gedankenwelt, die sich den allgemein vertrauten Denkgesetzen entzieht. Langjährige Hospitalisierungen hinterlassen ebenso ihre Spuren wie eine langjährige medikamentöse Behandlung; letztere entweder in Form von Dyskinesien, parkinsonähnlicher Symptomatik oder hirnorganischer intellektueller Veränderung.

Man kann grob unterscheiden, daß sich etwa ein Drittel der Erkrankten nach einer Erstmanifestation wieder stabilisiert, daß ein weiters Drittel zwar weiterhin an der Symptomatik leidet, aber mehr oder weniger in das soziale Leben integrierbar ist und ein letztes Drittel in eine chronische, u.U. dementielle Entwicklung mündet. Alt gewordene Schizophrene werden häufig institutionell betreuungsbedürftig. Bei wiederholt hospitalisierten Kranken fallen die längsten Klinikaufenthalte in die Zeit des Alters. Für den Umgang mit ihnen muß man wissen, daß diese Menschen sich psychisch und sozial von anderen Altenheimbewohnern unterscheiden. Diese Bewohner sind durch eine schwere, der Veränderung nicht zugängliche Kontaktstörung gekennzeichnet und in der Regel kaum aktivierbar. Sie sind sehr abhängig von einer gleichförmigen und durch Rituale geprägten Umgebung, innerhalb derer sie dann aber auch bereit sein können, gleichbleibende einfache Aufgaben zu übernehmen. Ihre Eß- und Rauchgewohnheiten sind häufig schwer für andere Altenheimbewohner zu verkraften. Sie zeigen einerseits wenig Fähigkeit, soziale Gefühle wie Takt an den Tag zu legen, sind aber andererseits äußerst sensibel für gefühlshafte Veränderungen im Befinden der Betreuer (Kap. 8).

Verlauf

Alt gewordene Schizophrene werden entweder in einer gerontopsychiatrischen Einrichtung (z.B. Tagesklinik) behandelt oder in Heimen oder therapeutischen Wohngemeinschaften betreut. Nur über eine sorgfältige Anamnese kann man sich einen Zugang zu den individuellen Bedingungen verschaffen, unter denen der betreffende Kranke in sei-

Therapie und Umgang

3.4.2 Manisch-depressive Erkrankungen

nem Leben am besten, d.h. „gesündesten" gelebt hat. Diese Bedingungen stehen häufig in Widerspruch zu den Zielen des therapeutischen Teams.

Definition

Als Zyklothymie oder manisch-depressive Psychose bezeichnet man abnorme Verstimmungen, die sich in entgegengesetzten Richtungen äußern (Melancholie und Manie). In der Regel bleiben im Unterschied zur schizophrenen Psychose nach den Phasen keine Persönlichkeitsveränderungen zurück.

Symptomatik

Während die Phase der **Melancholie** einer schweren depressiven Phase gleicht und häufig mit Wahnbildungen einhergeht, ist die **Manie** durch die entgegengesetzte gehobene Stimmung, einen gesteigerten Antrieb und Ideenflucht gekennzeichnet. Die Patienten können sowohl eine heitere, beschwingte Stimmung ausstrahlen wie auch vornehmlich gereizt, streitsüchtig und anspruchsvoll wirken.

Meist beginnt die Erkrankung im 3. oder 4. Lebensjahrzehnt. Mit zunehmendem Lebensalter werden die melancholischen Phasen länger (als 6–9 Monate), während die manischen Phasen an Intensität verlieren – darin stimmen verschiedene Autoren überein (Gruhle, 1938; Bleuler, 1941; Arieti, 1959; Müller, 1989). Häufig kommt es nur noch zu leichten manischen Nachschwankungen nach einer depressiven Phase, oder es entwickelt sich ein dysphorisch verstimmter, gereizter Zustand. Manische Nachschwankungen treten häufig nach einer antidepressiven Behandlung der vorausgehenden Depression auf.

Verschiedene Autoren berichten bei **vorbestehenden Depressionen alter Menschen** uneinheitliche Ergebnisse: Einige beobachten eine Verlängerung der Krankheitsdauer, insbesondere zwischen dem 40. und 59. Jahr (Matussek et al. (1965) oder zwischen dem 60. und 69. Lebensjahr (Angst, 1966). Andere beobachten ein Absinken der Häufigkeit von depressiven Phasen nach dem 60. Lebensjahr. Wieder andere beobachten eine Verschiebung der Symptomatik auf die somatische Ebene (Matussek, zit. nach Müller). Müller (1989) nimmt an, daß sich psychoorganische Syndrome bei alt gewordenen depressiv Kranken häufiger entwickeln als dies dem Vorkommen in der Durchschnittsbevölkerung entsprechen würde.

Therapie und Umgang

Befindensverschlechterungen sollten möglichst frühzeitig beachtet werden. Es ist wichtig, dabei das Wissen der Kranken über sich selbst und ihre typischen Krankheitsverläufe zu nutzen. Häufig geben sie ihrer Umgebung schon vor der sichtbaren Manifestation einer erneuten Krankheitsentwicklung zu verstehen, daß „etwas droht", was sie jedoch verbal nicht immer ausdrücken können. Auch die Kenntnis des Teams über einen Bewohner mit dieser Erkrankung sollte berücksichtigt werden: Sie wissen meist, wie er/sie vorher war, wie er/sie sich verändert, wie sich eine Krankheitsphase ankündigt. Derartig Kranke sind häufig medikamentös sehr schwierig einzustellen; Veränderungen an der Medikation sollten deshalb nur sehr vorsichtig vorgenommen werden.

3.5 Neurologie

3.5.1 Das Parkinson-Syndrom

Definition

Die **Parkinson'sche Erkrankung** (Schüttellähmung) ist nach James Parkinson (1817) benannt. Sie ist gekennzeichnet durch Bewegungsstörungen. **Parkinsonismus** ist eine zusammenfassende Bezeichnung für krankhafte Erscheinungen, die der Symptomatik der Parkinson´schen Erkrankung entsprechen, ohne deren Ursachen zu haben. Er kann z.B. bei Arteriosklerose und nach Neuroleptikatherapie auftreten.

Symptomatik

Der **Rigor** (Muskelsteife bzw.-tonusveränderung, die bei passiven Bewegungen einen rhythmischen Widerstand entgegensetzt, Zahnradphänomen genannt) ist willentlich nicht beeinflußbar. Die Steife ist besser zu spüren als zu sehen. Es ergibt sich ein kleinschrittiger, schlurfender Gang ohne Mitbewegung der Arme. Anlaufschwierigkeiten ergeben sich ebenso wie das plötzliche Einfrieren von Bewegungsabläufen. Der Kranke kann nicht locker lassen. Die **Akinese** (Bewegungsarmut bzw. -hemmung, Starre der Mimik und Gestik) täuscht Teilnahmslosigkeit und Demenz vor. Der Kranke hat eine nach vornüber gebeugte Haltung und ist aufgrund der Bewegungsstörungen immer in Gefahr, zu stürzen. Jede Bewegung wird zur Schwerstarbeit. Es kommt außerdem zu einer monotonen und schlecht artikulierten **Sprache**.

Tremor der Hände („Pillendrehen") sowie des Kopfes (Ruhetremor). Er ist willentlich ebenfalls nicht beeinflußbar und verstärkt sich bei jeder Aufregung auotmatisch. Er wird häufig als Begleitsymptom bei Alkoholabusus verkannt.

Vegetative Symptome: unkontrollierbarer Speichelfluß und Tränenabsonderungen. Maskengesicht, Salbengesicht (ölig-glänzende Haut).

Psychische Symptome: Häufig treten Störungen des Antriebs sowie depressive Reaktionen auf sowie im Endstadium dementielle Veränderungen. Die Kranken wirken apathisch, es kommt zu einer verdrießlichen Grundstimmung mit Hang zum Weinen. Man spricht von einer „Bradyphrenie" als einer allgemeinen Verlangsamung kognitiver Prozesse; erschwerte Umstellungsfähigkeit sowie mangelnder

Eigenantrieb verstärken das Bild. Die wesentlichen Intelligenzfunktionen bleiben meist lange erhalten.

Das **Gefühlsleben** ist im Sinne der Labilität oder Starre verändert. Die Störung des Antriebs zeigt sich in der Minderung der Spontaneität, Erschwerung der Entschlußkraft, Verlangsamung des Denkens und der Assoziationsfähigkeit.

Verlauf

Die Krankheit entwickelt sich zu **Beginn** meist unbemerkt und schleichend; sie macht sich häufig durch zunächst harmlos eingestufte Muskelschmerzen in den Extremitäten bemerkbar, die oft als rheumatisch verkannt werden. Für die Krankheit charakteristische Verstimmungszustände zeigen sich oft bereits im Anfangsstadium. Die fortschreitende Krankheitsentwicklung ist durch Verarmung der Ausdrucks- und Mitbewegungen, erschwerte Intentionsbewegungen und vegetative Begleitsymptomatik gekennzeichnet. Die Fähigkeit zur Selbstversorgung wird in fortgeschrittenen Krankheitsstadien immer mehr eingeschränkt.

Der **Krankheitsverlauf** ist progredient; den Beginn der Krankheit sieht man dem Betroffenen noch nicht an. Zeiten raschen Fortschreitens wechseln sich mit Perioden scheinbaren Stillstandes ab. Ebenso schubweise kann es dabei zum Auftreten von Depressionen kommen.

Unbehandelte Krankheiten führen etwa innerhalb von 10 Jahren zur völligen Invalidität oder zum Tod.

Differentialdiagnostik: Die Parkinsonsche Krankheit ist differentialdiagnostisch vom **Parkinsonismus** abzugrenzen. Das akinetische Parkinsonsyndrom kann durch Medikamente (z.B. Neuroleptika oder Medikamente gegen Schwindel) hervorgerufen werden (extrapyramidales Syndrom). Die häufigsten Fehldiagnosen sind: Rheuma, Bandscheibenerkrankung, Durchblutungsstörungen, Schlaganfall oder Depression.

Der **arteriosklerotische Parkinsonismus** äußert sich häufig durch mimische Starre und gebundene Motorik und ist auf Durchblutungsstörungen zurückzuführen.

Epidemiologie

Die Parkinsonkrankheit ist die dritthäufigste Erkrankung des Nervensystems. Das Erkrankungsalter liegt meist zwischen dem 40. und 60. Lebensjahr; Männer sind häufiger betroffen. Die Zahl der Parkinson–Kranken wird in der ehemaligen BRD auf 250000 geschätzt.

Ätiologie

Die Ursache der Parkinsonschen Erkrankung gründet sich auf degenerative Prozesse der Stammganglien, insbesondere der Substantia nigra. Es gehen Nervenzellen im Gehirn zugrunde, durch die es zu Mangelerscheinungen der Transmittersubstanz Dopamin kommt, einem Hormon, das für die Überleitung nervöser Erregungen zuständig ist. Das Parkinson-Syndrom kann verschiedene Ursachen haben: z.B. kann es das führende Symptom einer Virusenzephalitis sein. Außerdem kann es nach Behandlung mit Psychopharmaka zu dieser Symptomatik kommen.

Ein Parkinson-Syndrom kann auch nach akuter Mangeldurchblutung des Gehirns auftreten. Erbliche Faktoren werden ebenfalls angenommen. Eine psychogene Streßhypothese wird diskutiert. Die eigentliche Krankheitsursache ist unbekannt (Poeck, 1990).

Eine Heilung dieser Krankheit gibt es nicht. Eine meist angezeigte Pharmakotherapie (z.B. mit Dopamin) hat Vorteile (Besserung der Muskelstarre) und Nachteile (u.U. Entwicklung eines hyperkinetischen Syndroms). Durch Dopaminzufuhr wird die Geschmeidigkeit der Bewegung verbessert. Andererseits können Spätfolgen in Form von Hyperkinesien nach langjähriger Dopamineinnahme auftreten. Die medikamentöse Behandlung sollte durch Krankengymnastik ergänzt werden (Übungen, um die Akinese z.T. durch intendierte Bewegungen überwinden zu können). Der Kranke bedarf einer guten psychischen Führung im Sinne einer engen Zusammenarbeit zwischen Arzt und Patient.

Psychologisch ist zunächst allgemein eine Hilfestellung bei der Bewältigung und im Umgang mit dieser chronischen Krankheit zu leisten. Im sozialen Leben entstehen dem Kranken Schwierigkeiten, weil viele Patienten durch die erstarrte Motorik in einen äußerlich verwahrlosten Zustand geraten. Der Verlust der Mimik erweckt den Eindruck von Teilnahmslosigkeit, so daß oft fälschlicherweise eine völlige Reduktion der geistigen Kräfte angenommen wird. Diese falsche Einschätzung der Kranken bewirkt oft Kränkungen und verstärkt einen depressiven Rückzug. Die Patienten erleben aber ihr Schicksal fast immer in voller Einsicht. Da die Augen nicht von der Lähmung befallen sind, können diese jedoch noch die erlebnismäßige Beweglichkeit nach außen hin vermitteln.

Geistige Anregung und geistiges Training können intellektueller Verarmung vorbeugen. Aufklärung der Umgebung über die Symptomatik bewirkt häufig eine psychische Entlastung. Da Parkinsonkranke wegen ihrer Verlangsamung häufig die Geduld der Zuhörer strapazieren, leiden die mitmenschlichen Kontakte, da die Kranken sich als minderwertig und als Versager fühlen, so daß depressive Symptome das Bild überlagern und verschlimmern können. Der Kontaktförderung kommt deshalb eine wichtige präventive Bedeu-

Therapie und hilfreicher Umgang mit dem Parkinsonkranken

tung zu. Schließlich sollte die Wohnungseinrichtung im Sinne einer prothetischen Umgebung verändert werden.

3.5.2 Die Multiple Sklerose

Die Multiple Sklerose (MS) wird hier mit aufgeführt, weil sie in letzter Zeit zu einem Pflegeproblem in den Altenpflegeheimen geworden ist. Die Schaffung von MS-Pflegeplätzen wird gegenwärtig finanziell gefördert.

Definition

Die Multiple Sklerose ist eine Entmarkungskrankheit, d.h. es kommt zu einer herdförmigen Auflösung der Markscheiden, ohne die keine Nervenleitung mehr möglich ist. Aufgrund größerer Herde kommt es auf diesem Wege zu bestimmten Ausfällen wie z.B. Sprach-, Bewegungs-und Sensibilitätsstörungen.

Symptomatik

Die Beschreibung der Symptomatik läßt sich in keinen regelhaften Rahmen bringen. Augenmuskellähmungen mit Doppelbildern und Kopfschmerz treten auf, zentral bedingte Paresen (teilweise Lähmungen) manifestieren sich häufiger distal (an den entfernten Gliedern) als proximal, es kommt zu Sensibilitätsstörungen und Mißempfindungen wie Taubheit, Pelzigkeit oder Kribbeln in Händen oder Füßen. Blasenstörungen äußern sich häufiger in Zurückhaltungen des Harns als in Inkontinenz. Die Kranken zeichnen sich psychisch durch eine euphorische Stimmungslage aus; es fehlt die Betroffenheit durch die Krankheit, so daß eine optimistische Haltung trotz negativer Prognose überrascht. Im späteren Verlauf entwickelt sich eine Demenz. Die **Krankheit** entwickelt sich schubweise mit wechselnder Symptomatik oder chronisch progredient. Bei den Schüben bleiben die Symptome einige Wochen unverändert; die dazwischenliegenden Intervalle können 1-2 bis 10 Jahre betragen. Prognosen sind schwierig, da die Verläufe individuell äußerst verschieden sind.

Epidemiologie

Sie ist eine der häufigsten Nervenkrankheiten und tritt vorzugsweise zwischen dem 20. und 40. Lebensjahr auf (obere Grenze Ende 50. Lj.). Das Verhältnis der Frauen zu den Männern beträgt 3:2.

Ätiologie

Die Ursache der MS ist nicht bekannt (Poeck, 1990).

Therapie und Umgang mit dem MS-Kranken

Für die MS steht uns aufgrund mangelnder ätiologischer Erkenntnisse keine kausale Behandlung zur Verfügung. Nebennierenrindenpräparate werden unter der Annahme einer Autoimmunkrankheit verordnet.

3.5.3 Das Korsakow-Syndrom

Definition

Diese nach dem russischen Psychiater Korsakow (1854-1900) genannte Krankheitsbild ist durch ein amnestisches Syndrom sowie eine Polyneuritis gekennzeichnet, die durch einen langjährigen chronischen Alkoholabusus verursacht werden.

Symptomatik

Die **intellektuelle** Symptomatik beinhaltet Desorientiertheit in Raum und Zeit bei gut erhaltener Orientierung zur Person. Es bestehen schwere Störungen des Kurzzeitgedächtnisses: Neu zu Merkendes ist nicht in ein Zeitgitter und übergreifende Zusammenhänge einzuordnen. Das Altgedächtnis ist meist gut erhalten und Erinnerungen sind gut reproduzierbar. Die Fähigkeit zur aktiven Umstellung der Denkrichtung wie auch die Auffassungsfähigkeit sind schwer gestört. Weitschweifige Konfabulationen ersetzen das, was auf eine Frage hin nicht produziert werden kann.

Polyneuropathische Störungen führen zu motorischen und sensiblen Störungen (schlaffe Lähmungen, Sensibilitätsstörungen, Mißempfindungen an Beinen und Füßen, zu vegetativen Störungen etc.).

Die **psychische** Symptomatik umfaßt meist eine euphorisch gefärbte Stimmung und eine verminderte Kritikfähigkeit. Die Passivität der Gesamtpersönlichkeit ist das hervorragendste Merkmal. Dieses ursprünglich nach Alkoholmißbrauch auftretende Syndrom muß differentialdiagnostisch von Hirnverletzungen, deren Folge-Infektionen und in leicht abgewandelter Form von senilen Demenzen abgegrenzt werden.

Zur Epidemiologie liegen mir keine Angaben vor.

Ätiologie

Das Korsakow-Syndrom ist durch eine Schädigung des peripheren Nervensystems bedingt. Die Krankheit hat keine einheitliche Ätiologie.

3.5.4 Das apoplektische Syndrom: Der Schlaganfall

Definition und Symptomatik

Der Gehirnschlag meint das oft mit einer Bewußtseinsstörung einhergehende Auftreten von zerebralen Ausfallserscheinungen. Es handelt sich entweder um eine Massenblutung (primär blutiger Insult, ca. 15% der Fälle) oder um einen Hirninfarkt (primär unblutiger Insult, ca. 85% der Fälle).

Epidemiologie

Ab etwa 60 Jahren nimmt die Wahrscheinlichkeit, einen apoplektischen Insult zu erleiden, zu: In einer Untersuchung der Region Kassel (Karl, 1986) fand sich eine Zunahme von 308 Fällen in der Gruppe der 60–64jährigen auf 1305 bei den über 75jährigen.

Ätiologie

Hypertonus, koronare Herzinsuffizienz, Herzinfarkt, Herzrhythmusstörungen und Diabetes mellitus sind die wesentlichen Risikofaktoren, die im Vorfeld gefunden werden konnten.

Verlauf

Die Sterblichkeit ist in den beiden ersten Wochen nach dem Schlaganfall am größten. Der Betroffene, sein behandelnder Arzt und die weitere Umwelt sehen auch heute noch die Folgen des eingetretenen Krankheitsereignisses meist als nicht abänderliches Schicksal an.

Behandlung und therapeutischer Umgang

Versorgung und Rehabilitation von Patienten mit einem apoplektischen Insult erfordern in besonderem Maße Übereinstimmung im Behandlungsteam: Die Zielsetzung der Rehabilitation ist neu zu definieren: Es bedarf vor allem der Sicherung der Motivation des betroffenen Menschen zur aktiven Mitarbeit, denn ohne dessen Lebenswillen und Bereitschaft ist keine therapeutische und rehabilitative Arbeit möglich.

Meier-Baumgartner (1986) weist auf die Wichtigkeit der Orientierung des gesamten Behandlerteams nach einem Konzept am Beispiel der krankengymnastischen Bobath-Methode hin. So ist die Vorstellung, eine Seite ist gelähmt (Hemiplegie) falsch; vielmehr ist der gesamte Mensch verunsichert, erhält plötzlich verschiedene Informationen aus seinen Körperhälften. Krankengymnastik im engeren Sinne heißt nach diesem Konzept nicht Durchführung von Übungen, sondern die Arbeit mit dem gesamten Patienten.

Ergo- und Balneotherapie sind wichtige Ergänzungen der Gesamtheit therapeutischer Maßnahmen.

„Die Krankheit wird als direkter Angriff auf das eigene Selbst erlebt" (Radebold, Bechtler und Pina, 1984). Es drohen eine zunehmende Abhängigkeit und die Aufgabe der Selbständigkeit. Die Gegenwart verspricht u.U. nur noch Erniedrigung. Die Beziehung zur Umwelt und den nächsten Angehörigen verändert sich abrupt auf entscheidende Weise. Therapeutische Gruppenarbeit bietet einen geschützten Rahmen zur Bearbeitung der krankheitsbedingten Probleme und Erfahrungen. Von einer Fokussierung auf Konflikte, die sich durch die Erkrankung ergeben, wird günstig berichtet (Sprung-Ostermann, 1986)

Frau R., 68 Jahre, lebte nach dem Tod ihres Ehemannes und später nach dem Tod ihres Lebenspartners allein. Sie verwandte sehr viel ihrer Energie sowohl auf die Ausstattung ihrer Wohnung zu einer „Puppenstube" wie auf ihr gepflegtes, elegant auffälliges Äußeres.

Nach zwei Schlaganfällen mit Halbseitenlähmung links konte sie nur begrenzt rehabilitiert werden. Sie mußte deshalb nach einem kurzen Aufenthalt in ihrer Wohnung in ein kleines Pflegeheim umziehen, wohin sie einige ihrer liebgewonnenen Gegenstände mitnehmen konnte und wo sie ihre Betreuer sehr gut untergebracht wußten. Die Notwendigkeit der Umsiedlung sah sie zunächst ein.

Langsam entwickelte sie dann eine zunehmende Angst, „verrückt" zu werden wie eine andere Mitbewohnerin, die immer schreit. Sie ist außerdem äußerst unzufrieden, kritisiert ständig ihre Mitbewohner und Betreuer. Sie nervt die Betreuer, wenn sie ihr die Haare nicht eindrehen und sie sich „ungepflegt" fühlt.

Inzwischen schuldigt sie den Therapeuten an, sie zu schlagen. Es ist nicht zu klären, was wirklich geschehen ist.

Frau S., 80 Jahre alt hatte bisher allein gewohnt, als sie einen Schlaganfall erlitt. Aufgrund der bleibenden Einschränkungen und ihrer Hilfsbedürftigkeit muß sie jetzt betreut werden. Ihre Tochter hat sich entschlossen, sie zu sich zu nehmen und sie zu pflegen. Zwischen beiden besteht ein gutes Verhältnis, und auch die objektiv beurteilbaren Umstände sind günstig für diese Lösung; alle Betreuer beurteilen diese Gegebenheit als ungewöhnlich positiv.

Trotzdem kann sich Frau S. nicht mit der neuen Situation abfinden; insbesondere kann sie nicht ertragen, Hilfe annehmen zu müssen und hat extreme Angst davor, anderen zur Last zu fallen. Intellektuell versteht sie die Situation, aber sie sitzt weiterhin da wie ein Häufchen Elend und weint still vor sich hin.

3.5.5. Epilepsien

Definition und Symptomatik

Die Epilepsie ist gekennzeichnet durch wiederholte zerebrale **Anfälle**, pathologische Abläufe im EEG sowie meist chronisch werdende **psychische Veränderungen** (Verlangsamung, Umständlichkeit im Denken und Handeln, Weitschweifigkeit sowie Verstimmungszustände).

Epidemiologie

Epilepsien sind häufig: 0,5% aller Menschen leiden an wiederholten Anfällen (Poeck, 1990). Nur die Hälfte von ihnen wird einem Facharzt vorgestellt. Ein wiederum geringerer Anteil wird in einem Heim betreuungsbedürftig.

Ätiologie

Es gibt Epilepsien mit bekannter (symptomatischer) und unbekannter (genuiner) Ursache. In beiden Gruppen ist eine erbliche Belastung nachgewiesen. Häufig spielen auch perinatale (kurz vor, während und kurz nach der Geburt) Schäden eine Rolle. Selten kommt es zu Epilepsien nach einem Schlaganfall.

Therapie und therapeutischer Umgang

Die Betreuung epilepsiekranker alter Menschen wird meist nur dann zu einem psychologischen Problem, wenn die neurologische Erkrankung durch eine psychische Störung oder aber die Grunderkrankung durch eine dementielle Entwicklung überlagert wird. Verstimmungszustände können durch Überdosierung von Antiepileptika verstärkt werden. Der psychische Zustand ist jedoch sehr milieuabhängig. Die Verlangsamung der meisten chronischen Epileptiker verführt die Betreuer leicht dazu, darin einen Widerstand zu sehen

„Der will einfach nicht". Ihre Betreuung verlangt viel Geduld. Gleichzeitg führt ein geregeltes Leben in klaren Bahnen bei konstanter mitmenschlicher Betreuung in der Regel zu einem ausgeglicheneren Gemütszustand.

Herr T., 58 Jahre, kam in ein Heim mit aktivierender und gruppenbezogener Milieutherapie, nachdem seine 80jährige Mutter mit seiner Betreuung aus gesundheitlichen Gründen überfordert war. Seine Schwester erhielt die Pflegschaft. In den vier Jahren seines Aufenthaltes hat er sich gut eingelebt, d.h. er konnte sich entsprechend seinen Fähigkeiten gut in den therapeutischen Alltag integrieren. Nun gibt es Probleme, weil nicht nur die Wünsche nach Besuchen bei seiner alten Mutter immer häufiger werden, sondern er auch ohne vorherige Absprache mehrere Tage dort bleibt. Folgende Überlegungen ergeben sich im Team: 1. Was hat sich im Heim verändert? Die wichtige Bezugstherapeutin, die mit ihm auskam, ist in eine andere Wohngruppe versetzt worden. Möglicherweise hat er mehr als es den Mitarbeitern deutlich wurde unter dieser Trennung gelitten. Seine Eigenart verhindert, daß man auf die Idee kommt, mit ihm direkt über seinen möglichen Kummer zu sprechen. 2. Veränderungen in der Beziehung zur Mutter? Wenn sich nach einer so langen Zeit relativ stabilen Zusammenlebens eine so einschneidende Veränderung ergibt, ist nach weiteren „psychologischen" Zusammenhängen zu suchen. Die Mutter war immer schon sehr herrschsüchtig, ließ keine andere Meinung gelten und lebte abgeschlossen in ihrer Welt. Dies wurde durch ihre Schwerhörigkeit noch verstärkt. Sie blieb z.B. im Schwesternzimmer des Heimes stehen und ließ sich durch kein Wort bewegen, das Zimmer zu verlassen, so daß von ihr nahegelegt wurde, sie tätlich anzugehen oder völlig aus dem Feld zu gehen. Sie war zeitweilig erfolgreich vom sozialpsychiatrischen Dienst mit einer geringen Dosierung von Neuroleptika behandelt worden und viel zugänglicher geworden. Jetzt läßt sie niemanden mehr in die Wohnung. Auch zu ihrer Tochter hat sie allen Kontakt abgebrochen, was zu erheblichen Problemen führt, wenn diese ihre Aufgabe der Pflegschaft über den Bruder erfüllen möchte, um ihn z.B. wieder ins Heim zu bringen.

Hier führt eine bestimmte Familiendynamik zum Problem, in der die frühere epileptische Erkrankung möglicherweise nur eine bahnende Rolle gespielt hat: Die Schwester war das älteste Kind, gefolgt von dem kranken Bruder, dem dann die ganze Aufmerksamkeit und Zuneigung der Mutter galt, als Kranker und als Sohn bzw. Mann. Der Vater, Akademiker, hatte sich immer wegen Kopfschmerzen aus dem familiären Geschehen zurückgezogen. Halb in Identifikation mit der Mutter, halb aus dem Bedürfnis, die Macht über den früher so beneideten Bruder haben zu können, hatte die Schwester die Pflegschaft übernommen. Die Mutter, deren ganzer Lebensinhalt die Betreuung des kranken Sohnes nach dem Tod des Ehemannes war, sieht sich jetzt in ihrem Lebenswerk völlig in Frage gestellt, wenn ihr Sohn sagt, er fühle sich im Heim wohl. Die gemeinsame unbewußte Phantasie, die diesen Familienkonflikt jetzt so schürt, scheint jedoch durch das drohende Älterwerden, d.h. Sterben der Mutter sowie die im Heim durch Bezugspersonenwechsel aktualisierte Trennungsproblematik so zugespitzt zu sein. Es gelang nach dieser Fallbesprechung, mit dem Betroffenen, der immer wieder in Gefahr geriet, als selbständige Person vergessen zu werden, über seine Trauer über die erfolgte Trennung, aber auch insbesondere über die Ängste in bezug auf seine Mutter ins Gespräch zu kommen. Auf dem Hintergrund der entspannteren Familiendynamik konnten, entsprechend seiner Angst um die Mutter, Absprachen über häufigere Besuche bei ihr erreicht werden. Infolgedessen kreuzt die Mutter seltener im Heim auf, und die gesamte Wohngruppe ist entspannter, weil nicht mehr so durch die vorgelebten Familienkonflikte irritiert.

Durch die Akzeptanz des tatsächlichen Kummers, der sich aber durch die epileptische Wesensveränderung zunächst nicht so mitteilen konnte, waren schließlich im gemeinsamen Einverständnis Regelungen gefunden worden, die eine Maßnahmenebene (tätlich werden, Polizeieinsatz etc.) verhindert haben, welche die bestehende Familiendynamik fortgeführt, und dadurch verschlimmert hätten.

Kapitel 4
Diagnostik

4.	Diagnostik
4.1	Medizinische Diagnostik
4.2	Psychodiagnostik
4.2.1	Das diagnostische Gespräch
4.2.2	Leistungsdiagnostik
4.2.3	Persönlichkeitsdiagnostik
4.2.4	Verhaltens- und Verlaufsbeobachtung
4.3	Klassifikation und Dokumentation

Als **Diagnose** (diagnosis = unterscheiden) wird die Beschreibung, Erkennung und Feststellung des körperlichen oder seelischen Zustandes mit Hilfe bestimmter Methoden bezeichnet. Mit dem Begriff **Diagnostik** wird der gesamte Prozeß der Erarbeitung einer Diagnose umschrieben. Vor jeder Therapie ist zu diagnostizieren, was, warum und mit welchem Ziel zu behandeln ist.

Die Besonderheit der Diagnostik bei älteren Menschen besteht darin, daß ein multifaktoriell bedingtes Störungsgefüge einen mehrdimensionalen und multiprofessionellen diagnostischen Prozeß erforderlich macht. **Ziel** der Diagnostik ist es, die verschiedenen Störungen zu benennen, sie differenziert zu beschreiben, sie in psychopathologische Syndrome und zugrundeliegende Störungen einzuordnen sowie einen Behandlungsvorschlag zu erarbeiten und eine Prognose zu erstellen. Eine so umfassende Zielsetzung beinhaltet, daß der Arzt allein meist mit der Aufgabe eines ganzheitlich orientierten diagnostischen Prozesses für den alten Menschen überfordert ist.

Die spezielle Rolle des klinischen Psychologen wird sich je nach Fragestellung und Arbeitsfeld unterschiedlich gestalten: Leistungs- und Persönlichkeitsdiagnostik sowie die Erstellung eines Therapieplanes können schwerpunktmäßig zu seinen Aufgaben gehören. Damit ist auch die Aufgabe verbunden, prozeßorientierte Entscheidungshilfen für die fortlaufende Therapieplanung zu geben und Modifikationen der multidisziplinär erarbeiteten Diagnosen zu begleiten. Der Vorteil einer ganzheitlichen Erfassung des Menschen ist aber auch mit dem Probleme verbunden, daß vielfältige Kommunikation und Absprachen zwischen den am diagnostischen Prozeß beteiligten Personen bzw. Berufsgruppen zu leisten sind. Ich schlage vor, den klinischen Psychologen neben dem Arzt mit der Verantwortung für den diagnostischen Prozeß und die damit erforderlichen vielfältigen Kommunikations- und Abstimmungsaufgaben zwischen den verschiedenen Berufsgruppen zu betrauen; ihn als Sammler und Bewahrer dieser Informationen zu sehen sowie ihm die Aufgabe zu übertragen, jeweils an der Diagnostik im Behandlungsprozeß weiterzuarbeiten und dementsprechend die Behandlungspläne und -ziele neu- und umzuformulieren.

Zum Diagnostizieren sind **Konzepte** bzw. **Modelle** von Störungen oder Krankheiten notwendig, die als Denk- oder Beschreibungsmodell dienen. Im Rahmen des medizinischen Krankheitsmodelles bilden vom Patienten mitgeteilte Befindensstörungen und vom Arzt beobachtete Auffälligkeiten (Befunde) die Basis zur Beschreibung von **Symptomen**. Die daraufhin zu diagnostizierende **Krankheit** setzt sich aus einem typischen, festgelegten Symptommuster zusammen. Bei der beschriebenen Unspezifität von Krankheitsbildern im Alter wird es heute – insbesondere bei der psychiatrischen Diagnostik – vorgezogen, von **Syndromen** zu sprechen. Als **Syndrom** (= Zustandsbild) bezeichne ich mit Österreich „mehrere, gemeinsam in Kombination oder einer bestimmten Konstellation vorhandene Einzelsymptome". Der deskriptive Begriff „Syndrom" ist in der Psychiatrie nicht an den Nachweis eines speziellen, das krankhafte Zustandsbild prägenden kausalen Prozeß gebunden, sondern als „unspezifische Antwort auf ein multikausales Geschehen zu verstehen" (Österreich, 1993).

In der klinischen Psychologie werden Denkmodelle, die der Diagnostik zugrundeliegen, häufig nicht benannt. Die Verhaltenstherapie und die Psychoanalyse dienen auch hier im wesentlichen der Konzeptualisierung von Störungen. Hinzu treten die mit Hilfe statistischer Methoden gewonnenen Konzepte (Konstrukte) im Bereich der psychometrischen Leistungs- und Persönlichkeitsdiagnostik.

Die psychoanalytische Diagnostik geht von der Zugrundelegung eines metapsychologischen Theoriemodells aus, mit dessen Hilfe Beobachtungen von Patienten eingeordnet werden können. Entscheidend ist dabei die diagnostische Zuhilfenahme der Gegenübertragung (Kap. 5.1.3) als wichtiges Kriterium der Einschätzung. Dabei wird das Interaktionsfeld zwischen Therapeut und Patienten als Information im diagnostischen Prozeß mitverwertet und nicht als Störfaktor aus der Situation zu eliminieren versucht.

Die psychometrische Diagnostik unterscheidet verschiedene Formen, wie sie zu der erforderlichen Aussagekraft ihrer Instrumente gelangt: die Kriteriumsvalidität, das Expertenrating, die Konstruktvalidität sowie die statistische Validität werden als Gültigkeitskriterien herangezogen.

4.1 Medizinische Diagnostik

Wir beginnen mit der somatischen Diagnostik, weil körperliche Ursachen für Probleme des Erlebens und Verhaltens weitgehendst ausgeschaltet werden müssen, bevor eine psychologische und psychotherapeutische Behandlung beginnen kann. Eine größtmögliche relative Gesundheit als grundlegende Voraussetzung für die psychiatrische und psychologische Behandlung und Betreuung alter Menschen ist in ihrer Bedeutung immer wieder herausgestellt worden. Im Vordergrund steht dabei die internistische Diagnostik. Jeder Nicht-Mediziner, der mit alten Menschen arbeitet, sollte über die grundlegenden Möglichkeiten der medizinischen Diagnostik informiert sein. Im folgenden wird deshalb ein kurzer Überblick über die medizinisch-diagnostischen Verfahren geben.

1. Die medizinische Anamnese besteht in der Erfassung der Krankheitsvorgeschichte des Patienten. Sie ist beim alten Menschen meist sehr umfangreich und mit Sorgfalt zu erheben, da sie wichtige Hinweise für die aktuelle Problemsituation enthält.

Verglichen mit jüngeren Patienten sind die Erhebungsbedingungen schwieriger: Langsamkeit, Gedächtnisprobleme, Schwerhörigkeit, Verwirrtheit, Kurzatmigkeit, Schwäche, Müdigkeit und Gebrechlichkeit können die Erhebung erschweren oder sogar verfälschen. Komplizierend wirken häufig mangelnde Konzentrations- und Mitteilungsfähigkeit, ausschweifendes Erzählen oder Verschlossenheit. Die Spontanaktivität (auch die spontan berichteten sprachlichen Mitteilungen) läßt häufig mit steigendem Alter und steigender Morbidität nach. Es kann hilfreich sein, die Anamnese in mehreren Schritten bzw. Sitzungen zu erheben, um verfälschende Ermüdungserscheinungen zu umgehen. Unerläßlich ist für den Diagnostiker ein verinnerlichtes Schema bzw. eine Struktur für diese Erhebung verfügbar zu wissen. In Abb. 4.1 ist ein Orientierungsschema wiedergegeben, das an dem medizinischen Anamnesebogen der Deutschen Klinik für Diagnostik, 1975, orientiert ist.

I. Familienvorgeschichte
- Gibt es auffällige oder schwere Krankheiten in Ihrer Familie? (z.B. CA, Zucker, Alkoholismus, Geisteskrankheiten etc.)

II. Frühere Erkrankungen
- z.B. Gallensteine, Nierenleiden, Venenentzündungen, Knochenbrüche, Bluthochdruck, Diabetes?
- Sind sie schon einmal operiert worden? Strahlenbehandlung?
- Allergische Reaktionen?

III. Medikamentenvorgeschichte
- Nehmen oder nahmen Sie regelmäßig Medikamente ein?

IV. Jetzige Beschwerden
- Haben Sie häufige Gesundheitsprobleme?
- Augen?
- Ohren?
- Nase, Mund, Rachen, Hals?
- Arm-, Beinbeschwerden?
- Wirbelsäule?
- Ohnmachten, Schwindelzustände, Anfälle mit Bewußtseinsstörungen?
- Magen- und Darmbeschwerden?
- Beschwerden der Harn- und Geschlechtsorgane?
- Für Frauen: Menarche? Seit wann, regelmäßig? Klimakterische Beschwerden? Hormonsubstitution?
- Dicke Beine, Herzbeschwerden?
- Innere Unruhe, Angst, Nervosität
- Schlafprobleme?
- Probleme mit dem Gedächtnis? Häufige Mißgeschicke?
- Traurige Gedanken

V. Gewohnheiten
- Rauch-, Trink- und Eßgewohnheiten,
- Gewohnheiten der Lebensführung: Besonderheiten des Arbeitsplatzes?

VI. Aktuelles Befinden:
- Fühlen Sie sich krank – gesund?

Abb. 4.1. Orientierungsbogen zur medizinischen Anamnese.

Die **Krankheitsanamnese** ist durch die **Medikamentenanamnese** (Kap. 5.4) evtl. auch in Form einer Fremdanamnese zu ergänzen. Das Wissen über verabreichte Medikamente vermittelt oft wichtige ergänzende Informationen zur Diagnosefindung (wenn z.B. ein Patient mit einer Diagnose „Depression" berichtet, über längere Zeit neuroleptisch behandelt worden zu sein, kann das bedeuten, daß seine depressiven Symptome psychosenah wirkten, was u.U. die Diagnose modifiziert).

Die Erfassung der Art der täglichen **Lebensführung** sollte die Frage nach dem individuellen **Gesundheitsverhalten** mit einschließen: Die Erhebung eines typischen Tagesverlaufes kann auch in Richtung auf die Ernährungsgewohnheiten erweitert werden. Außerdem gehören Fragen nach eigener Initiative zur Linderung der beklagten Beschwerden, nach verschiedenen Arzt- und Heilpraktikerbesuchen sowie nach weiteren Besonderheiten des Gesundheitsverhaltens dazu. Derartige Informationen tragen auch dazu bei, Hinweise auf das bei einigen Patienten vorliegende individuelle Laienmodell zu erhalten. Damit sind persönliche Erklärungsansätze über die Störung gemeint, die z.B. die Krankheit als verdiente Strafe interpretieren. Aus ihnen können sich für den

Patienten Konsequenzen für das Erleben und Handeln ergeben, die der therapeutischen Kooperation hinderlich sein können.

2. Die **körperliche** Untersuchung kann ebenfalls durch die o.g. typischen Einflußfaktoren bei alten Patienten erschwert sein. Die Art der Kooperationsbereitschaft und -fähigkeit während der körperlichen Untersuchung enthält möglicherweise Hinweise auf die zu erwartende Compliance (Kap.8.1.2).

Die Besonderheiten der individuellen Schamgrenzen wie auch eine möglicherweise erhöhte Äußerungsbereitschaft für persönliche Mitteilungen in einer so intimen Situation wie der körperlichen Untersuchung sind zu berücksichtigen.

3. **Klinisch-chemische Laboruntersuchungen** sind ein diagnostischer Schritt, dessen Indikation sich aus dem ärztlichen Gespräch, den beklagten Beschwerden sowie der medizinischen Anamnese ergibt. Zu beachten ist dabei, daß verbindliche Normwerte für alte Menschen nicht existieren.

4. Die **Röntgendiagnostik** betrifft beim alten Menschen die Thoraxuntersuchung und vorwiegend den Bewegungsapparat. Weitere Untersuchungen sind die Endoskopie (z.B. Magenspiegelung), die Sonografie (Ultraschallverfahren) und das Computertomogramm (Röntgenschichtdiagnostik). Der medizinisch-diagnostische Prozeß stellt für den alten Menschen eine weitaus größere Belastung dar als für Jüngere. Die Angst vor der Untersuchung selbst sowie vor den daraus folgenden Ergebnissen ist durch eine behutsame Vorbereitung und ausgiebige Information im Gespräch einschließlich der Erklärung der medizinischen Begriffe zu reduzieren. Wissen über das Ziel, die Hintergründe und das Vorgehen bei medizinischen Untersuchungen trägt zur Angstreduktion und damit zur Erfassung verläßlicher Werte bei.

4.2 Psychodiagnostik

Als **Psychodiagnostik** wird die Gesamtheit der Verfahren zur Erfassung der Persönlichkeit und ihrer Fehlentwicklungen bezeichnet. Sie umfaßt das klinisch-diagnostische Gespräch, die Auswahl und Durchführung von Testverfahren, das Sammeln von Informationen zur differenzierten Beschreibung der Erlebens- und Verhaltensauffälligkeiten sowie die Erstellung eines Gutachtens und/oder eines Therapieplanes.

Häufig wird die **intuitive Menschenkenntnis** als der beste Weg angesehen, sich ein Bild von einem Menschen zu machen und sein typisches Erleben und Verhalten vorherzusagen. Persönliche Einstellungen, Vorurteile, Sympathie und Antipathie sowie Übertragungsphänomene von der jüngeren (Helfer-) Generation auf die ältere (Eltern-) Generation können aber den ersten Eindruck verfälschen. Psychologische **Testverfahren** haben aufgrund ihrer methodischen Fundierung den Anspruch, derartige Fehlerquellen möglichst klein zu halten. Ihr Vorteil liegt in der objektiven und verläßlichen Erhebung von Daten bezüglich eines bestimmten Geltungsbereiches. Ihr Nachteil liegt einmal in den weiter unten aufgeführten Einschränkungen der Anwendbarkeit von Testverfahren bei älteren Menschen; zum anderen der Trend, mit ihrer Anwendbarkeit meist auf eine ganzheitliche, biographisch orientierte Diagnostik zu verzichten.

Zwischen dem streng psychometrischen und dem intuitiven Vorgehen steht der **klinische Experte**. Sein (intuitives) Vorgehen ist durch Sachinformation, Professionalisierung und die Akkumulation von Erfahrungs- und Verlaufswissen geschult worden. Je erfahrener ein klinischer Psychologe im Umgang mit den Problemen alter Menschen ist und je mehr Möglichkeiten zur Verlaufsbeobachtung im Alltag (wie z.B. Klinik, Heim) ihm zur Verfügung stehen, desto eher wird er die Anwendung von Testverfahren auf Einzelfälle beschränken können, d.h. sie nur zur Beantwortung sehr umgrenzter Fragestellungen einsetzen. Im Bereich der Forschung dagegen sind Testverfahren unerläßlich, etwa zur Evaluation von Behandlungsverläufen (Prozeßforschung) sowie bei katamnestischen Untersuchung und zur Erforschung von Alternsprozessen generell.

Die hauptsächlichen Einsatzbereiche von Testdiagnostik bei alten Menschen betreffen:

- Die Differentialdiagnose: Depression-Demenz
- Die Untersuchung der intellektuellen Leistungsfähig keit:
  a. Diagnostik von Demenz
  b. Aufdeckung von Hilfsbedürftigkeiten.

Die Diagnostik mit den alten Menschen ist als ein prozessuales Geschehen aufzufassen: Die Vielzahl der möglichen störungsverursachenden Faktoren erfordert ein mehrdimensionales und multiprofessionelles Vorgehen. Aber es müssen nicht nur die verschiedenen Störungsbereiche in eine umfassende Diagnose vereint werden, um einen Therapieplan aufstellen zu können; vielmehr ist die Diagnostik während des Behandlungsprozesses immer wieder zu ergänzen und zu revidieren.

Die folgende Abb. 4.2 gibt einen Überblick über einen diagnostischen Prozeß, wie er im Rahmen einer stationären gerontopsychiatrischen Diagnostik aussehen könnte:

Diagnostik als Prozeß

Abb. 4.2. Der diagnostische Prozeß:

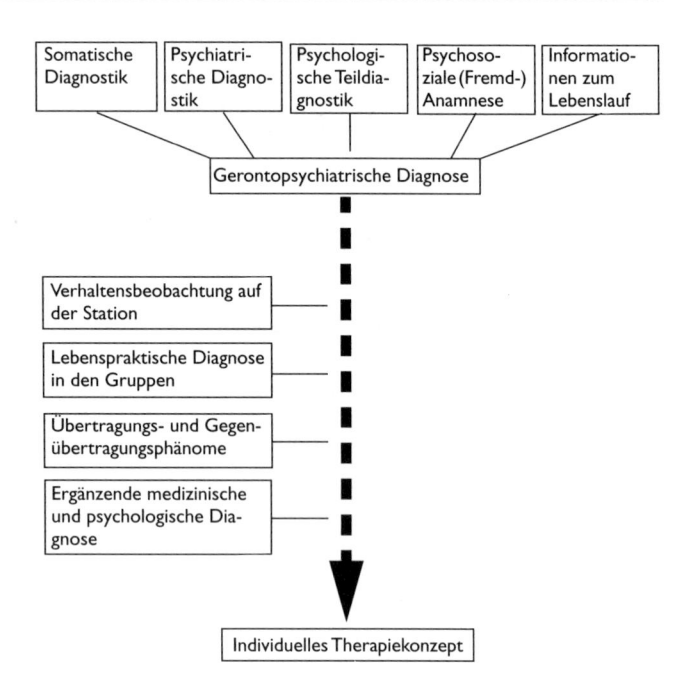

```
┌───────────┬───────────┬───────────┬───────────┬───────────┐
│Somatische │Psychiatri-│Psychologi-│Psychoso-  │Informatio-│
│Diagnostik │sche Diagno│sche Teildia│ziale(Fremd-)│nen zum   │
│           │stik       │gnostik    │Anamnese   │Lebenslauf │
└─────┬─────┴─────┬─────┴─────┬─────┴─────┬─────┴─────┬─────┘
      └───────────┴─────┬─────┴───────────┴───────────┘
                 Gerontopsychiatrische Diagnose
                              │
┌──────────────────────┐      │
│Verhaltensbeobachtung │      │
│auf der Station       │──────┤
└──────────────────────┘      │
┌──────────────────────┐      │
│Lebenspraktische      │──────┤
│Diagnose in den Gruppen│     │
└──────────────────────┘      │
┌──────────────────────┐      │
│Übertragungs- und     │──────┤
│Gegenübertragungsphänome│    │
└──────────────────────┘      │
┌──────────────────────┐      │
│Ergänzende medizinische│─────┤
│und psychologische Dia-│     │
│gnose                 │      ▼
└──────────────────────┘  ┌──────────────────────┐
                          │Individuelles Therapiekonzept│
                          └──────────────────────┘
```

Die **Besonderheit der Psychodiagnostik alter Menschen** ist, daß hier von allen Altersgruppen die höchste Variabilität an Inter- wie Intraindividualität zu berücksichtigen und zu erfassen ist.

Eine vorrangige Bedeutung differentieller gerontologischer Diagnostik besteht darin, zu klären, in welchem Ausmaß und in welchen Funktions- und Lebensbereichen alte Menschen in der Lage sind oder sich in der Lage fühlen, selbständig und unabhängig zu leben. Darüber hinaus sollten zukünftig mehr Fragen im Hinblick auf die Wirkung und den Erfolg verschiedener therapeutischer Maßnahmen untersucht werden.

Das weitgesteckte Spektrum zwischen einem „gesunden Menschen" im höheren Lebensalter und einem bezüglich geistiger und körperlicher Leistungsfähigkeit eingeschränkten Älteren beschneidet die Auswahl möglicher Verfahren:

Je gesünder ein älterer Mensch, desto eher ist er durch lange Testbatterien wie auch direkte Befragungen belastbar, z.B. hinsichtlich seiner Meinung, Selbsteinschätzung etc. **Je kränker** (körperlich, seelisch, geistig) ein Mensch, desto mehr ist man auf die Erhebung objektiver Daten, wie Beobachtungs- und Verhaltenseinschätzungsdaten angewiesen. Schließlich wirkt sich die relativ geringe Kenntnis über die vielfältige Variabilität der Zusammenhänge erschwerend bei einer auf Gesetzmäßigkeiten rekurrierenden Diagnostik aus. Obgleich dies für alle Altersgruppen gilt, stellt sich das Problem im Alter am augenfälligsten.

Die folgenden **Probleme** sind in der Psychodiagnostik **mit älteren Menschen** zu berücksichtigen:

- Vor Beginn einer Testuntersuchung hat man sich zu vergewissern, ob der alte Mensch die zur Testausübung notwendigen Fähigkeiten und Fertigkeiten besitzt: z.B. ob er eine Brille dabei hat, ob er in der Lage ist, die Testanweisungen akustisch und intellektuell zu verstehen etc.
- Mit zunehmendem Lebensalter verändern sich die Merkmalsbereiche, die ein Test erfassen will: Ein bestimmtes Konstrukt ist im Alter mit anderen Fragen zu erfassen als in jüngeren Jahren (z.B. ist im FPI die Depression im Alter mit anderen Fragen zu erfassen als im jüngeren Lebensalter).Die Belastbarkeit älterer Menschen ist in Testsituationen häufig geringer als bei jüngeren Probanden. Für Jüngere gilt dies nur dann, wenn sie durch bestimmte Krankheiten wie z.B. ein Schädelhirntrauma beeinträchtigt sind. Im speziellen ist zu berücksichtigen, inwieweit Krankheitsprozesse die Belastbarkeit über das altersentsprechende Maß hinaus reduzieren (z.B. bei dementiellen Prozessen).
- Ältere Probanden unterliegen stärkeren Antworttendenzen als Jüngere: die Neigung, Fragen nicht zu beantworten, sie einfach auszulassen, nimmt mit steigendem Alter zu (Oswald und Gunzelmann, 1991). Ebenfalls steigt die Wahrscheinlichkeit, Fragen unkritisch zuzustimmen bzw. sie rein zufällig zu beantworten. Diese macht sich besonders auch bei Mehrfachwahlantworten bemerkbar, wie etwa bei einer fünfstufigen Antwortmöglichkeit, die z.B. die verfügbaren Fähigkeiten, gleichzeitig mehrere Wahlmöglichkeiten zu berücksichtigen, überfordert. Derartige Tendenzen führen zu einer Einbuße an Aussagekraft des Verfahrens.
- Testbatterien und vorgegebene Listen müssen kurz sein, um nicht durch Ermüdungseffekte das Ergebnis zu verfälschen, und sollten in möglichst großer Schrift dargeboten werden.
- Nach der Durchführung einer Testuntersuchung sind Ältere häufig sehr verzweifelt, weil sie ihr Versagen deutlicher als sonst erlebt haben. Ein klärendes, informierendes und stützendes Gespräch muß folgen, um die durch die Untersuchung aktivierten Versagensgefühle und eine dadurch verursachte depressive Stimmung aufzufangen.

4.2.1 Die informelle Diagnostik: Das Erstinterview

Das Erstinterview dient der ersten Kontaktaufnahme mit dem Patienten. In freier, nicht durch Vorannahmen strukturierter Form macht sich der Psychologe ein erstes Bild vom Patienten und seinen Problemen. Er muß sich dabei von den Bedingungen und Kompetenzen, die der Patient mitbringt, leiten lassen. Entweder berichtet der Patient spontan und frei, oder er erwartet, gefragt zu werden. Vom ersten Moment an formuliert der Psychologe aufgrund seiner Eindrücke Hypothesen, die er noch während dieses diagnostischen Gespräches durch hinzugewonnene Informationen erhärten oder auch verwerfen kann.

Die Praxis vieler klinischer Psychologen sieht vor, dem Patienten zu Beginn des Erstinterviews weitgehend freien Raum zu gewähren, so daß er seine Probleme in seiner individuellen Form entfalten kann; in einem weiteren Teil des Gespräches versucht er dann mit gezielten, weiterleitenden und strukturierenden Fragen die Bereiche zu erfassen, die bis dahin unzureichend dargestellt wurden.

Im **psychoanalytischen Erstinterview** gilt das hauptsächliche Interesse der Frage, **wie** der Patient das Interview strukturiert und welche Hinweise damit für die Psychodynamik dieses Patienten, einschließlich seiner Art, wie er Beziehungen aufnimmt und gestaltet, gewonnen werden können. Erste Übertragungs- und Gegenübertragungsphänomene (Kap. 5) können hier bereits diagnostisch bewertet werden. Hier hat das, was er nicht sagt und auslassen möchte, ebenso informatorische Bedeutung wie das, was er spontan berichtet.

Im gerontologischen und **gerontopsychiatrischen** Erstinterview wird die Frage, **wie** der Patient das Erstinterview strukturiert, außerdem wichtige Aufschlüsse über seine kognitiven Fähigkeiten liefern: Kann er sein Problem im Überblick darstellen oder wirkt er ratlos, unsicher und unfähig auszudrücken, was ihn bedrückt.

Die **Daten**, die im Erstgespräch erhoben werden, sollten helfen, folgende Fragen zu beantworten:
- Abgrenzung des Problems: Wer kommt mit welchem Anliegen wohin? Woran leidet der Patient? Gibt es ein oder mehrere Probleme und wie gewichtet sie der Patient? (Ältere haben häufig Schwierigkeiten, „das" Problem zu benennen; Sie klagen z.B. diffus „Mir geht es schlecht", „Ich fühle mich so komisch". Der Psychologe hat Strukturierungs- bzw. Übersetzungshilfe zu leisten.
- Der erste Eindruck: Wie alt schätze ich ihn? Gesichtsausdruck? Welche Phantasien erweckt er in mir?
- Subjektives Krankheitsmodell: Gibt der Patient selbst Erklärungen für seine Probleme? Welches Hilfesuchverhalten zeigt er?

- Übertragungs- und Gegenübertragungsphänomene: Wie verhält er sich gegenüber dem Psychologen? Welche Gefühle löst er dadurch in ihm aus?
- Welche Hypothesen gewinnt der Psychologe über das Problem des Patienten?
- Vorläufige Therapieplanung: Mit Hilfe welcher Berufszweige, mit welchen Behandlungsmethoden in welchem zeitlichen Ablauf will er ihnen weiter nachgehen?
Aus verhaltenstherapeutischem Blickwinkel:
- Welches ist das Problemverhalten?
- Durch welche Bedingungen wird das Problemverhalten aufrechterhalten?

Das Erstinterview wird in den meisten Fällen in eine biographische Anamnese münden, die zur Erhellung der objektiven Lebensdaten dient.

Ausgeprägter als in jüngeren Lebensjahren enthält die Biographie eines älteren Menschen wichtige Informationen über seine Persönlichkeit und sein soziales Leben, über Werte, Normvorstellungen, einschneidende Krisen und Momente von Glück und Zufriedenheit. Die Biographie als Lebens- und Erlebensgeschichte leistet also einen wichtigen Beitrag zum Verständnis seiner seelischen und körperlichen Probleme sowie seiner sozialen Situation und schließlich zur Erhellung der subjektiven Bewertung dieser Lebensbereiche.

Die **äußeren Bedingungen**: Zur Erhebung einer biographischen Anamnese benötigt man Zeit (ca. 30–60 Min., je nach Belastungsgrad des Patienten), einen störungsfreien Raum sowie eine entspannte Gesprächsatmosphäre.

Die **Gliederung** bereitet bei der Fülle des zu erhaltenden Materials Schwierigkeiten; darüberhinaus hängt sie auch davon ab, welche Informationen ich für besonders wichtig erachte. Die entscheidende Frage ist, welche Strukturierungsgesichtspunkte gewählt werden. Es sind zu unterscheiden:

- Objektive Lebensdaten: wie z.B. Hochzeit, Schulabschluß, Krankheit etc.
- Subjektive Daten: Hier ist ausschließlich bedeutsam, welche Bedeutung der Patient ihnen verleiht. Subjektive Daten sind nicht nachprüfbar. Das Kriterium für ihre Verläßlichkeit ist allein die situative Evidenz.
- Umgang mit Entwicklungsaufgaben: Dies sind Aufgaben, die jeder Mensch zu bewältigen hat; darin, wie er mit ihnen umgeht, drückt sich seine Individualität aus.
- Krisen und Zuwachserlebnisse: Dies sind höchst individuelle Erlebnisse von negativer oder positiver Gefühlsquali-

4.2.2 Die biographische Anamnese

tät (z.B. Krankheit des Ehemannes, Geburt eines Enkelkindes).

Die Frage nach den sozialen Rollen, die ein Mensch im Laufe seines Lebens durchlaufen hat (z.B. Thomae), halte ich für die klinische Praxis für wenig bedeutsam. Vorrangiger erscheint, wie es möglich wird, eine Beziehung zwischen objektiven und subjektiven Lebensdaten herzustellen, wie z.B. die objektiven Daten subjektiv bewertet werden.

Die **Erhebung**: Am Beginn bevorzuge ich – ähnlich wie beim Erstinterview – offene Fragen: „Mögen Sie mir etwas über Ihr Leben erzählen?" „Vielleicht beginnen Sie mit dem, was Ihnen wichtig erscheint?" Die subjektive Gewichtung und Auswahl der Daten ist diagnostisch bedeutsam: Nicht die Tatsache, daß ein Patient sein Hochzeitsdatum falsch benennt, indem er es 1 Jahr später datiert, ist wichtig, sondern etwa der darin ausgedrückte Wunsch, es solle nicht deutlich werden, daß der Sohn vorehelich gezeugt ist. Freud wies schon früh darauf hin, daß objektiv unrichtige Angaben eines Patienten oder auch ihrer Angehörigen gerade in ihrer subjektiven Sicht für das Verständnis dieses Menschen von besonderem Wert sein können (GW XI, 1917).

Hat ein Patient Probleme, seine gesamte Lebensspanne zu überschauen, erweist es sich als hilfreich, ihm einen zeitlichen Rahmen abzustecken: z.B. Kindheit, Schulzeit, frühes und späteres Erwachsenenalter etc. Innerhalb der jeweiligen Bezüge ist zu fragen, was dem Patienten in dieser Zeit besonders wichtig war. Großen Wert lege ich bei der Erhebung einer biographischen Anamnese auf das Kontaktverhalten: Wie hat ein Mensch in seinem Leben die **Beziehungen zu anderen Menschen** gestaltet: zu Vater, Mutter, Familie, Geschwistern, Großeltern, Schulkameraden, Berufskollegen, Freundinnen, Nachbarn etc. Gibt es Veränderungen im Laufe des Lebens oder werden ähnliche Beziehungsmuster immer wieder beschrieben (z.B. der Leidende, der Zu-kurz-Gekommene, wer nicht mein Freund ist, ist mein Feind, etc.). Gibt es Enttäuschungen oder Verluste? Hat dieser Mensch seine sozialen Beziehungen auf Distanz oder in der Erwartung großer Nähe aufgebaut?

Diese Überlegungen sind in Beziehung zu setzen zum aktuellen Interaktionsfeld Psychologe/Therapeut-Patient: Tauchen ähnliche Muster der Beziehungsaufnahme in der aktuellen Gesprächssituation wieder auf?

In folgender Abb. 4.3 gebe ich einige Anhaltspunkte zur Erhebung einer Biographie wieder:

1. **Kindheit**: (1.-6-Lj.) (19..- 19..)
Geboren?, Ort, Land, Wohnmilieu? In welche Situation geboren? (Geschwisterkonstellation, Großeltern, soziale und mitmenschliche Situation) Wie waren Sie als Kind/ Wie haben Sie sich selbst gesehen (Selbstkonzept)? Wie war ihre Mutter? Hatte Sie viele Freunde/ Bekannte? Womit konnten Sie sie/Eltern am meisten ärgern? Was hat Ihnen von Mutter am meisten weh getan? (Wie strafte sie?) Gab es einschneidende eigene Krankheiten oder solche in der Familie?

2. **Schulzeit**: (6.-..Lj.) (19..-19..)
Erinnerung an die Einschulung? Wie lange zur Schule gegangen? Schulform? Wie schätzen Sie sich selbst als Schüler ein? War die Schulzeit schön? Mochten Sie gern lernen? Waren Sie ein schlechter Schüler/in – warum? Hatten Sie Kontakte? Waren Sie Außenseiter? Hatten Sie eine Freundin? Wie tragfähig waren die Kontakte? Haben Sie Erinnerungen/ Empfindungen über die Beendigung der Schule? Was war Ihr Berufswunsch?

3. **Frühe Erwachsenenphase**: (.. – .. Lj.) (19.. – 19..)
Erster Freund/Freundin, Ausgehen? Verlobung? Heirat? Kinder? Beruf des Mannes? Aufgabe des eigenen Berufes? Abhängige oder unabhängige Wohnform? Verhältnis zu den Schwiegereltern? Wie haben Sie die Geburt verkraftet? Haben Sie Kinder verloren? / Fehlgeburten? Gab es einschneidende Krankheiten in der Familie zu dieser Zeit?

4. **Spätere Erwachsenenphase**: (.. ... Lj.) (19.. – 19..)
Erwachsenwerden der Kinder? Umorientierung in der Ehe? Beginnendes Klimakterium? Fortbestehen des Kontaktes zu den Kindern? Ist etwas anderes aus ihnen geworden als geplant? Berufsaufgabe des Mannes? / Eigene Berufsaufgabe? Einschneidende eigene Krankheiten oder solche in der Familie?

5. **Ruhestand**: (.. –) (ab 19..
Reaktion auf Lebensveränderungen? Seelische / körperliche Krankheiten in dieser Phase? Bewußte/ unbewußte Erwartungen an die Kinder? Erlebnisse mit Tod, Phantasien darüber? Schicksal der eigenen Eltern? Wie und an was sind sie gestorben?

6. **Besonderheiten** / Hobbies, etc:
Hobbies, Vorlieben, Antipathien? Bevorzugter Tagesrhythmus? Zugehörigkeit zu Vereinen und Verbänden? Merkmale der Persönlichkeit aus der eigenen Sicht?

Abb. 4.3. Anhaltspunkte zur Erhebung einer Biographie

Biographisches Wissen stellt einen unverzichtbaren Verständniszugang zum alten Menschen dar. In der psychiatrischen Klink, besonders aber im Altenheim fehlt diese Information dem Pflegepersonal häufig. Das oben angeführte Schema könnte etwa in der Akte bereitliegen, so daß jeder der Betreuer, der etwas über den Patienten erfährt, es dort eintragen kann. Erfahrungsgemäß muß jedoch ein Verantwortlicher für das Sammeln dieser biographischen Informationen benannt werden (z.B. der Bezugstherapeut).

Je weniger der Patient über sich selbst Auskunft geben kann, desto wichtiger ist es für die Informationsgewinnung, Perso-

4.2.3 Die Fremdanamnese

nen zu befragen, die den Patienten kennen und etwas über ihn wissen (z.B. bei dementiell Erkrankten). Zunächst sind es die professionellen Betreuer, die mit den Problemen des Patienten vertraut sind und bereits Erfahrungen in der Zusammenarbeit mit ihm gesammelt haben. Auch wenn andere Menschen unmittelbar in die aktuelle Problematik mit einbezogen sind (z.B. Familienangehörige, die mit im Haushalt leben) ist es besonders wichtig, sie nicht nur als Informanten anzusehen, sondern sie auch nach der eigenen Befindlichkeit zu befragen, um u.U. behandlungsbedürftige Probleme zu identifizieren (wie z.B. bei pflegenden Angehörigen, Kap. 9.1.3). Vertraulichkeit und Loyalität müssen dabei dem Patienten gegenüber unbedingt gewährleistet bleiben.

Wie auch Daten aus dem Interview können fremdanamnestische Daten nur dann als objektiv angesehen werden, wenn es um sog. harte Daten geht (Geburtstag, Datum der Hochzeit, Todestag der Mutter etc.).

Bei der Fremdanamnese interessiert speziell die „subjektiv" abweichende Sichtweise: Die Tochter von Frau A. wird anders über sie sprechen als die Nachbarin, und diese wieder anders als die Schwester von Fau A.. Dort, wo es Überscheidungen gibt und alle drei Personen gleiche Einschätzungen haben, wird man eher von einer „objektiven Informationen" sprechen können.

Die bei hirnorganisch bedingten Veränderungen besonders interessierende Frage nach der Kontinuität bzw. relativ abrupten Veränderungen in der Persönlichkeit des Patienten kann nur die Fremdanamnese beantworten: War Frau B. schon immer so? Hat sich ihr Charakter nur verschärft (aus der Sparsamen ist die Geizige geworden, aus der Mißtrauischen der Feindselige) oder wirkt Frau B. jetzt wie „total verändert"? Bei dementiellen Prozessen verändert sich der Kranke meist psycho-logisch, d.h. entsprechend seiner prämorbiden, schon vor der Erkrankung bestehenden Charakterstruktur. Bei hirnorganisch bedingten Krankheiten kommt es relativ selten zu einer völligen Veränderung der Persönlichkeitsstruktur.

4.3 Psychometrische Diagnostik

Psychologische Tests sind standardisierte psychodiagnostische Verfahren, die darauf abzielen, Eigenschaften, die eine Person in ihrem Erleben und Verhalten zu charakterisieren, möglichst unverfälscht zu messen, d.h. sie quantitativ oder qualitativ zu bestimmen. Ihre Bedeutung liegt darin, daß ihre Konstruktion darauf abzielt, ein möglichst objektives Bild von Patienten zu liefern, das unabhängig von der subjektiven Einschätzung des Psychologen ist.

Historisch betrachtet war die **gerontologische Psychodiagnostik** zunächst auf die Erforschung von Veränderungen der Intelligenz- und Leistungsfähigkeit in Abhängigkeit vom Alter eingegrenzt. Birren (1961) konnte aufzeigen, daß sich hier ein historischer Trend der Entwicklung psychologischer Forschung allgemein auf dem Gebiet der Gerontologie wiederholte.

Lange Zeit wurden verfügbare Testinstrumente für Ältere angewandt, ohne daß in den meisten Fällen spezielle Altersnormen für diese Altersgruppen zur Verfügung standen. In den sich anschließenden Weiterentwicklungen wurden spezielle Normen für Alterspopulationen zunächst nur für den Leistungsbereich erarbeitet; für den Bereich der Persönlichkeitstests fehlen sie noch heute weitgehend (Debus, 1983).

In der gegenwärtigen Praxis der klinischen Gerontopsychiatrie steht bei Testuntersuchungen vorrangig die Frage nach Einschränkungen geistiger Leistungsfähigkeit („hirnorganisch bedingter Abbau") sowie die Erstellung eines Profils verbliebener Fähigkeiten/Ressourcen zur Debatte. Die Frage der Differentialdiagnose zwischen Leistungseinschränkungen aufgrund psychischer Krankheit (insbesondere von Depressionen) und organischem Prozeß steht unverändert im Mittelpunkt praktisch klinischer Fragestellungen sowie der wissenschaftlichen Forschung.

Neuere Ergebnisse von Untersuchungen zur Leistungsfähigkeit im Alter zeigen, daß mit zunehmendem Alter eine **Dedifferenzierung** (Oswald und Gunzelmann, 1991) psychischer Leistungsfunktionen eintritt. Gemeint ist, daß im früheren Erwachsenenalter unabhängig voneinander variierende Einzelfunktionen wie z.B. verbale oder numerische Funktionen sich im höheren Alter nur noch auf zwei voneinander unabhängige Funktionen zurückführen lassen: Es geht um die kristallisierten und die flüssigen kognitiven Funktionen. Mit **kristallisierten** Leistungen werden milieu- und bildungsunabhängige Leistungen umschrieben: Sie erlauben eine gute Einschätzung des jetzigen intellektuellen Leistungspotentials. Sie erscheinen auch durch Training beeinflußbar.

Die **flüssigen Leistungen** gelten als inhaltsübergreifende kognitive Funktionen; sie sind stark tempoabhängig und repräsentieren eine allgemeine kognitive Leistungsgeschwindigkeit. Diese Leistungen unterliegen einem altersabhängigen Abbau.

Die Problematik der Durchführung der üblichen Verfahren liegt in der klinischen **Anwendung**spraxis darin, daß bei Patienten mit beginnenden zerebralen Einbußen, aber erhaltener Erlebnisfähigkeit sowie gewissen selbstkritischen Einschätzungsmöglichkeiten das erlebte Versagen so belastend ist, daß eine lange therapeutische Aufarbeitung dieser Versagenssituation notwendig wird. Die ausführliche Testuntersuchung im Rahmen des stationären Alltags sprengt zeitlich den möglichen Rahmen, weil die Durchführung von Tests mit alten Menschen noch weitaus zeitaufwendiger ist als mit Jüngeren. Die Durchführung der Testverfahren von Psychologen ohne gerontologische Erfahrung ergibt zudem nur ungenaue Ergebnisse, weil das Raster der Beobachtung nicht durch entsprechende Wahrnehmungsschulung differenziert worden ist.

Bei der Testdurchführung sind Lichtverhältnisse, die Seh- und Hörfähigkeit, Farbsehtüchtigkeit, zeitliche Belastbarkeit, Motivation, genügende Wiederholungen der Testinstruktion zu berücksichtigen. Es wird empfohlen, die Testsituation in ein Gespräch einzubinden.

Außerdem schränkt der Schweregrad der Erkrankung die Wahl der Verfahren ein: Für kognitive und nicht kognitive Bereiche stehen jeweils direkte Prüfverfahren sowie Selbst- und Fremdeinstufungsinstrumente zur Verfügung. Letztere werden vorwiegend dann gewählt, wenn der Proband wenig kooperationsfähig ist, erstere kommen nur bei gesicherter Kooperationsfähigkeit zur Anwendung.

Im folgenden weise ich auf einige Testverfahren hin, die sich zur Anwendung speziell für diese Fragestellungen bei älteren Menschen eignen.

4.3.1 Leistungsdiagnostik

I. Screening-Tests

Screening-Tests sind beliebt, weil sie kurz und außerdem leicht durchführbar sind. Sie dienen der generellen Verdachtsabklärung dementieller Symptome. Sie erlauben keine Einstufung hinsichtlich des Schweregrades.

1. Syndrom-Kurz-Test (SKT) (Erzigkeit, 1986)

Diese Testbatterie besteht aus 9 Subtests zu den Bereichen Aufmerksamkeit und Gedächtnisleistung. Die Aufgabe soll, orientiert an einer Standardanweisung, „in der Sprache des Patienten" gestellt werden. Er ist auch für bettlägerige und stärker abgebaute Patienten einsetzbar. Zur mehrmaligen Testwiederholung (Verlaufsmessung) stehen 5 Paralleltestformen zur Verfügung. Für 4 Altersgruppen sowie 3 Intelligenzklassen sind Normen erarbeitet worden. Sie sind jedoch nach dem 65. Lebensjahr nicht weiter ausdifferenziert. Die Durchführung nimmt etwa 1/4 Stunde in Anspruch.

Mit Hilfe des SKT können verschiedene Schweregrade des hirnorganischen Psychosyndroms in den Klassen: leicht – mittelschwer – schwer erfaßt werden.

Die klinische Erfahrung zeigt, daß Probanden diesen Test gern bearbeiten und er für sie kaum eine psychische Belastung beinhaltet.

2. Mini-Mental-State (Folstein et al, 1975)

Es handelt sich bei diesem Screening-Test um ein Interview mit Handlungsaufgaben, durch das kognitive, nicht aber emotionale Aspekte erfaßt werden. Für dieses Instrument für geriatrisch auffällige Personen liegen in der ursprünglichen englischen Fassung keine Normwerte vor. Kessler et al. (1990) haben für die deutsche Übersetzung eine Normierungsstudie vorgelegt. Eine grobe Einschätzung hinsichtlich der Normdaten verschiedener klinischer Gruppen erscheint möglich: Ein Punktwert von 0–17 gilt als auffällig, ab 24 Punkten gilt ein Proband als unauffällig, d.h. es liegt keine Beeinträchtigung vor. Die prämorbide Intelligenz sowie die Schulbildung gehen ein. Dieser Test vermittelt nur eine erste Orientierung und kann keine neuropsychologische Testung ersetzen.

Die Bearbeitungsdauer beträgt 5–10 Minuten. Die Skala liegt auch in einer computergestützten Fassung vor.

II. Interviewverfahren

Hierbei handelt es sich um semistrukturierte Verfahren, die auch als Screening-Tests eingesetzt werden können, jedoch etwas differenziertere Einstufungen als reine Screening-Verfahren ermöglichen.

1. SIDAM (Strukturiertes Interview für die Diagnose der Demenz vom Alzheimer Typ, der MDI und Demenzen anderer Ätiologie von Zaudig, Mittelhammer und Hiller, 1990)

Dieses Verfahren besteht aus einem strukturierten klinischen Interview zur Diagnostik der Demenz vom Alzheimer Typ, der Multiinfarktdemenz und von Demenzen anderer Ätiologie. Mit 55 Fragen werden Kurz- und Langzeitgedächtnis, abstraktes Denken und Urteilsvermögen sowie weitere höhere kortikale Funktionen überprüft. Der Mini-Mental-State ist darin integriert. Die Ergebnisse im Leistungsteil können zu einem Score SISCO addiert werden, der maximal 55 Punkte erreichen kann. Niedrige Werte weisen auf eine schwere Beeinträchtigung hin. Anhand von Fragen zu Aktivitäten des täglichen Lebens läßt sich die psychosoziale Beeinträchtigung, die für die Zuordnung zum dementiellen Syndrom ausschlaggebend sein kann, abschätzen.

Die Einstufung des Schweregrades einer dementiellen Störung erfolgt in Orientierung am DSM III R und ICD 10.

2. CAMDEX (Cambridge Mental disorders of the Elderly Examination (Roth et al., 1986)

Auf der Basis von Patienteninterviews, kognitiver Prüfung, Beobachtungen, körperlicher Untersuchung und Gesprächen mit Angehörigen erfolgt eine diagnostische komplexe Befunderhebung und Einschätzung hinsichtlich der

Differentialdiagnose von Demenzzuständen, insbesondere ihrer leichten Ausprägungsformen.

Dieses Verfahren umfaßt ein strukturiertes psychiatrisches Patienten-Interview, zwei Fragebogen zur Prüfung kognitiver Fähigkeiten und zur Erhebung des aktuellen psychischen Befindens sowie etwaiger Verhaltensauffälligkeiten und ein strukturiertes Fremdinterview zur Verfizierung der Patienten-Angaben. Zusätzlich enthält das Instrument Fragen zur Angrenzung des Demenzsyndroms von anderen psychopathologisch ähnlichen, organisch und nicht organisch bedingten psychischen Störungen (z.B. Delir, Depression). Es werden Kriterien (minimal, leicht, mittel, schwer) zur Schweregradabstufung mitgeteilt, die auch die Einstufung nach ICD 10 und DSM IIIR ermöglichen.

III. Differentielle Tests

Kognitive psychometrische Verfahren sind Leistungsprüfungen, die die Erfassung spezifischer kognitiver und neuropsychologischer Leistungseinbußen ermöglichen. Erfaßt werden dabei: Grundfunktionen der Intelligenz (z.B. fluide und kristalline I.), höhere kortikale Funktionen (z.B. abstraktes Denken), spezielle neuropsychologische Aspekte (z.B. sensomotorische Koordination, sprachliche und optisch-räumliche Leistungen).

1. **AAT** (Aachener Aphasie-Test, Huber et al., 1983)

Dieser Test wurde speziell zur Diagnostik von Aphasien infolge erworbener Hirnschädigungen entwickelt. Auf 6 neurolinguistisch definierten Ebenen wird eine Beurteilung der verschiedenen sprachlichen Leistungen vorgenommen. Der TOKEN-Test ist ein Bestandteil des AAT und liefert Informationen zur Abgrenzung gegenüber nicht-aphasischen Störungen und zur Bewertung des Schweregrades der Aphasie.

Die Normierung des AAT wurde allerding ausschließlich an aphasischen Patienten mit vaskulärer Ätiologie vorgenommen

Die Zeit für die Durchführung beträgt 60 bis 90 Minuten. Ein computergestütztes Auswertungsprogramm liegt vor.

2. **DCS** (Diagnosticum für Cerebralschädigungen nach Hillers, von Weidlich und Lamberti)

Das DCS ist ein Lern- und Gedächtnistest für figurales Material zur Erfassung von mnestischen Hirnfunktionsstörungen in Folge von Hirnschädigungen unterschiedlicher Ätiologie. Die Aufgabe ist, symmetrisch-geometrische Zeichen mit Holzstäbchen nachzulegen; dabei sind 6 Lerndurchgänge vorgesehen.

Es erlaubt Aussagen über Wahrscheinlichkeit und Ausmaß einer mnestischen Hirnfunktionsstörung und eignet sich damit auch zur Demenzdiagnostik.

Es liegen Normen für 20–60 und 55–77 Jahre vor. Die Bearbeitung dauert 20–60 Minuten.

3. **NAI** Nürnberger Alters Inventar (Oswald und Fleischmann, 1982)

Die im Nürnberger Altersinventar zusammengefaßten Testverfahren haben das Ziel, wesentliche Bereiche der kognitiven Leistungsfähigkeit, des Verhaltens, der Befindlichkeit und des Selbstbildes von Testpersonen hohen Lebensalters gemäß psychometrischen Standards zu erfassen. Die 1993 erschienene 3. Auflage bietet eine erweiterte Normbasis sowie detaillierte Angaben zur Abgrenzung von normalen und pathologischen Alternsverläufen. Die 4. Auflage befindet sich in Vorbereitung. Ergänzungen zur vorherigen Auflage sind gesondert anforderbar.

Das NAI setzt sich aus 11 Leistungsprüfungen und 7 Fragebogen zusammen. Die Bearbeitungsdauer wird mit 45 Minuten angegeben. Die Patienten müssen in der Lage sein zu lesen, da das Vorlesen die Ergebnisse verfälschen kann. Es wird empfohlen, den Test bei Ermüdungsanzeichen in 2-4 Sitzungen (an verschiedenen Tagen) fraktioniert durchzuführen. Fleischmann hat eine Kurzversion erarbeitet, die einen ersten Einblick in das Funktionsniveau des Probanden ermöglicht.

Das Inventar setzt sich zusammen aus (Oswald, 1979):
- einem Testinventar
- . einem „kognitiven Leistungs"-Test (Zahlen-Verbindungs-Test, ZVT-G),
- einer an einem Eigenschaftskonstrukt orientierten Rating-Skala für das Verhalten während der Testsituation (Nürnberger Alters-Rating, NAR),
- einem Fremdbeobachtungsbogen für ADL-Daten (Nürnberger Alters Beobachtungs Skala, NAB),
- einem Fragebogen zur Einstellungsmessung (Nürnberger Alterns Fragebogen, NAF) sowie
- einem Patientenrating einiger subjektiver Einstellungen zu sich selber im Vergleich zum vergangenen Jahr (Nürnberger Alters Selbstbeurteilungs Skala, NAS).

Zur Bearbeitung dieses Tests sind eine intakte psychomotorische Koordinationsfähigkeit und die Fähigkeit, alltagsbezogene Bereiche reflektieren zu können, erforderlich. Der Test liefert nur bei der Anwendung durch geschultes Personal aussagekräftige Befunde. Einzelne Fremdbeurteilungsverfahren wurden für Pflegepersonal und Angehörige entwickelt.

Neben Normwerten aus repräsentativen quotierten Altersgruppen (55–69, 70–79 und 80–95 Jahren) werden separate Normen für privatwohnende Senioren, Altenheimbewohner und Patienten mit hirnorganischen Veränderungen angeboten. Zur Erfassung wesentlicher Merkmalsbereiche ist eine Testzeit von 45 Minuten erforderlich.

IV. Spezielle Demenztests
Die speziellen Demenztests sind stärker am klinischen Konzept der Demenz ausgerichtet. Sie messen kognitive und nicht-kognitive Funktionen und differenzieren zwischen Demenzen und nicht pathologischen Bereichen.

1. **Demenz-Test** (Markowitsch et al., 1988)
Dieser Test untersucht Gedächtnis-, Sprach-, Orientierungsleistungen und Handlungsabfolgen. Zusätzlich wird ein Ischämiescore zur Differenzierung von vasculärer und degenerativer Demenz erhoben.

2. **HDS** Hierarchische Demenz-Skala (Coole und Dastore, 1987)
Analog dem Konzept kognitiver Entwicklungen von Piaget ist hier der Grundgedanke, daß ein kognitiver Abbau umgekehrt zur hierarchischen kognitiven Entwicklung des Kindes verläuft.

An Hand von 20 neuropsychologischen Funktionsprüfungen werden Bereiche wie Orientierung, Motorik, Reflexe etc. untersucht, um ein Abbauprofil erstellen zu können.

V. Selbst- und Fremdbeurteilungsskalen (Beobachtungsskalen)
Sie dienen der Erfassung von Aspekten des Erlebens, des Verhaltens, der sozialen Anpassung, der Befindlichkeit, der kognitiven Leistung und der Alltagskompetenz. Fremdbeurteilungsskalen finden vorwiegend bei stärker ausgeprägten kognitiven Störungen Anwendung, auch zur Einschätzung der Pflegebedürftigkeit; sie können von Psychologen, Ärzten, Pflegepersonal und Angehörigen durchgeführt werden. Ihr Vorteil besteht in der Akzeptanz: sie sind einfach auszufüllen; in der Ökonomie: sie vermitteln schnell Informationen und sie sind einfach in der Durchführung. Selbstbeurteilungsskalen sind in der Anwendung höchstens noch bei leichteren kognitiven Einbußen als valide anzusehen.

1. Die Reisbergskalen (**GDS, BCRS, FAST**)
Die GDS (Globale Detoriation Scale von Reisberg), eine Fremdbeurteilungskala und die BCRS (Brief Cognitive Rating Scale) geben eine Einschätzung bezüglich Konzentration, Kurzzeitgedächtnis, Langzeitgedächtnis, Orientierung, Alltagskompetenz und selbständiger Versorgung der Person, Sprache, Psychomotorik, Stimmung und Verhalten, kon-

struktiver Zeichenfähigkeit sowie Rechenfähigkeit. Sie dienen damit der Schweregradeinstufung der Demenz bei älteren Menschen. Unterteilt wird von Stadium 1 (Nichtvorhandensein von Demenz) bis Stadium 7 (schwerster Ausprägungsgrad von Demenz).

Das FAST (Functional Assessment Staging) ermöglicht für die Stadien 6 und 7 der dementiellen Syndrome in kurzer Form eine Beurteilung von Alltagskompetenz und selbständiger Versorgung der Person. Die Skalen eignen sich besonders zur Verlaufsuntersuchung bei pharmako- und soziotherapeutischen Maßnahmen.

Die Bearbeitungsdauer wird mit 10–15 Minuten angegeben.

2. Die **NSL** (Nürnberger Symptomliste) aus dem NAI

Sie ist hier als Selbsteinschätzungsinstrument zu nennen. Ihre leitende Idee ist, daß Ältere ihre kognitiven Einbußen am ehesten selbst bemerken. Dementsprechend wurden Fragen zur Erfassung kognitiver Störungen formuliert. Die Auswertung erlaubt folgende Einstufung, aufgeschlüsselt nach dem Alter: hirnorganisch auffällig, unauffällig und im Grenzbereich.

3. Speziell zur Erfassung depressiver Symptome ist die allgemeine Depressionsskala (ADS) konstruiert worden (Hautzinger und Bailer). Es handelt sich um eine Selbstbeurteilungskala, die das Vorhandensein und die Dauer der Beeinträchtigung durch depressive Affekte, körperliche Beschwerden, motorische Hemmung und negative Denkmuster erfragt. Die Bearbeitungsdauer beträgt etwa 5 Minuten.

Für die gebräuchlichsten in der Psychiatrie und Gerontopsychiatrie verwendeten Fremdeinschätzungsskalen verweisen wir hier auf das Buch Internationale Skalen für Psychiatrie. (CIPS, Hrsg., Collegium Internationale Psychiatriae Scalarum. Beltz Verlag, Weinheim 1986.)

VI. Intelligenztests

Die hier genannten Tests wurden als Intelligenztests für Erwachsene konstruiert. In der Anwendung bei älteren Probanden dienen sie jedoch auch im Sinne der Leistungsprüfungen der Differentialdiagnostik hirnorganischer Störungen.

1. Der Hamburg Wechsler Intelligenztest für Erwachsene (**HAWIE-R** Revision 1991) in seiner revidierten Form dient in der klinischen Praxis mit altenMenschen als Verfahren zur Abschätzung des allgemeinen Intelligenzniveaus sowie der Erfassung neuropsychologischer Störungen. Die revidierte Form legt weniger Gewicht auf das verbale Erinnern. Neue Untertests dienen der Erfassung des visuellen Gedächt-

nisses. Die Durchführungszeit für den Gesamttest wird auf 60 Minuten geschätzt.

Auch der **WIP** (Reduzierter Wechsler Intelligenz Test von Dahl,Wip 86) wird bei älteren Menschen angewandt. Von klinisch erfahrenen Psychologen wird insbesondere der Mosaiktest im Bereich neuropsychologischer Störungen für differentialdiagnostisch bedeutsam gehalten.

2. Der Progressive Matrices Test von Raven (**CPM SPM APM**) ist ein sprachfreies Verfahren zur Erfassung der Fähigkeit zu logischem Denken hat sich zur Abschätzung der „globalen Intelligenz" als weniger praktikabel erwiesen.

3. Das Leistungsprüfsystem für 50-90jährige (**LPS 50+**)

Das LPS 50+ stellt eine Neubearbeitung des bekannten LPS von Horn dar, und zwar speziell für die Altersgruppe von 50–90 Jahren. Die Testvorlage wurde auf doppelte Größe gebracht und nach Schwierigkeitsgrad gruppiert. So soll gewährleistet sein, daß auch leistungsschwache Probanden die ersten Aufgaben jeder Serie bewältigen können. Die Bearbeitung dauert in der Kurzform etwa 35 Minuten; der gesamte Test nimmt etwa 80 Minuten in Anspruch. Ein computergestütztes Auswertungsprogramm liegt vor.

Weitere Verfahren, deren Anwendbarkeit im Einzelfall geprüft werden muß und die im Ansatz den erforderlichen Gütekriterien entsprechen, sind im Katalog 1994/95 der Testzentrale Verlag Hogrefe; Göttingen, Bern) nachzulesen.

4.3.2 Persönlichkeitsdiagnostik

Qualitative Persönlichkeitsdiagnostik

Für die ersten Versuche, Veränderungen der Persönlichkeit in Abhängigkeit vom Alternsprozeß zu erfassen, griff man zunächst auf vorhandene Testmethoden, wie z.B. den **Rorschach**test zurück. Erlemeier (1969) findet, daß die mit diesem projektiven Verfahren (das auf der psychoanalytischen Persönlichkeitstheorie fußt) untersuchten Probanden sich kaum altersspezifisch von Normwerten jüngerer Probanden unterscheiden; die Persönlichkeitsstruktur, wie sie mit dem Test erfaßt wird, scheint einen stärker differenzierenden Einfluß auf das Ergebnis als das chronologische Lebensalter zu haben.

Auch der **TAT** (Thematischer Apperzeptions Test) gehört zu den projektiven Verfahren, die auf der psychoanalytischen Persönlichkeitstheorie basieren. In der klinischen Praxis werden beide Tests wegen der geringen Reliabilität und Validität ihrer Konstrukte kaum noch verwendet.

In dem Maße, wie sich die Psychodiagnostik von einer möglichst genauen Erfassung der „Gesamtpersönlichkeit" entfernt und eine mehr ziel- bzw. handlungsorientierte Diagnostik angestrebt wird, verändert sich das Ziel: Es sollen ausgewählte, spezifische Aspekte der Persönlichkeit des alten Menschen untersucht werden. Es geht einerseits um die Erfassung eines Persönlichkeitsprofils, das besonders für Veränderungsmessungen sensibel ist: zum anderen um Bereiche der Persönlichkeit, die für handlungspraktische Fragen interessant sind.

Die meisten heute gebräuchlichen Persönlichkeitstests sind multifaktoriell aufgebaute Fragebogen.

Psychometrische Persönlichkeitstests

Der **MMPI** Saarbrücken (Hathaway und Mckinley, 1963) mißt mit 566 Fragen psychopathologische, psychosomatische und sozialpsychologische Bereiche, die zu 13 Standardskalen zusammengefaßt werden. Besonders für psychiatrische Fragestellungen wird er viel verwandt. Die Bearbeitungsdauer beträgt 60–90 Minuten. Ältere sind aufgrund seines Umfanges durch ihn meist überfordert.

Der **FPI** umfaßt 138 Fragen; die Kurzform A wurde in eigener Untersuchung einer Altersadaptierung unterzogen. Beobachtungen zur Testdurchführung bei psychiatrischen Patienten ergaben, daß diese generell ungern Fragebogen ausfüllen, da sie sich durch sie auf negative Weise an Behördenformulare erinnert fühlen. Auch die Aufmachung spielt für die Durchführung eine wichtige Rolle. Ich konnte zeigen, daß die Durchführung als Sortierungsaufgabe wesentlich angenehmer empfunden wird und die Verläßlichkeit nicht beeinträchtigt.

Ein speziell für klinische Fragen älterer Patienten erstellter Fragebogen für den deutschen Sprachraum ist der „Fragebogen zur Erfassung **psychischer** und **somatischer Beschwerden** bei älteren Menschen" (Hautzinger, 1984). Er mißt in 8 Faktoren folgende Bereiche: Depression, Angst, kognitive Beeinträchtigung, körperliche Beschwerden, soziale Probleme, Schlafprobleme, psychotische Erlebnisse und sexuelle Beeinträchtigungen. Können die Fragen nicht selbständig bearbeitet werden, so können sie auch als Interviewvorlage benutzt werden. Der Nutzen des bezugsgruppenspezifischen Diagnostikinstrumentes liegt neben anderen Forschungsanliegen vor allem in epidemiologischen Untersuchungen, um zuverlässigen Aufschluß über psychische und somatische Symptome zu erhalten. In einer eigenen katamnestischen Untersuchung gerontopsychiatrisch behandelter Patienten nach 5 Jahren ergab dieses Instrument folgende Ergebnisse: Diejenigen behandelten Patienten, die für eine katamnestische Untersuchung gewonnen werden konnten, zeichneten sich durch ein niedrigeres Ausmaß psychischer und somatischer Beschwerden aus als die Standardisierungsstichprobe. Ein Trend zeigt höhere Beschwerdewerte unter den ehemaligen Patienten aus unteren als aus mittleren und oberen Schichten.

Bei der Anwendung anderer allgemein gebräuchlicher Persönlichkeitstests ist im Einzelfall zu prüfen, ob entsprechende Normwerte für höhere Altersklassen vorliegen bzw. eine ausreichende differentielle Validität nachgewiesen ist.

4.4 Klassifikation und Dokumentation: AGP, ICD, DSM

Die Klassifikation psychischer Krankheitsbilder folgt einer langen psychiatrischen Tradition. Verschiedene psychiatrische Schulen legen den Einteilungen psychiatrischer Krankheiten verschiedene pathogenetische, psychodynamische oder sozialpsychiatrische Konzeptionen zugrunde. Die besondere Schwierigkeit dabei liegt darin, idealtypisch ursächliche, beschreibende, krankheitsverursachende und psychodynamische Kriterien in jeweils einem Begriff zu konzentrieren. Dennoch hat die Notwendigkeit, Vergleichsmöglichkeiten zu erreichen, zur Schaffung von Klassifikationsschemata geführt.

4.4.1 Gerontopsychiatrische Klassifikation: Das AGP

Die Arbeitsgemeinschaft für Gerontopsychiatrie hat seit Beginn der 70er Jahre verschiedene Arbeiten veröffentlicht, mit dem Ziel, eine differentielle Dokumentation der speziellen gerontopsychiatrischen Krankheitsbilder zu erreichen. Die oben dargelegten Probleme der psychiatrischen Klassifikation verschärfen sich noch weiter bei der Diagnostik und Klassifikation der psychischen Krankheiten älterer Menschen. Häufiger noch als in jüngeren Jahren bestehen gleichzeitig mehrere Krankheiten (Multimorbidität) und die Krankheitsbilder sind nicht auf eine einzige Ursache zurückzuführen (Multifaktorialität). Darüber hinaus ist die Problematik der fließenden Übergänge in der Alterspsychiatrie vom Normalen zum Pathologischen vielfältiger als für jüngere Altersgruppen. Insbesondere gilt dies für die organischen Psychosyndrome: Das allmähliche Abnehmen der Hirnleistung ist sehr schwer in ein klassifikatorisches Schema zu bringen; man muß zu stark simplifizierenden Konstruktionen greifen, obgleich eigentlich eine multidimensionale Betrachtungsweise erforderlich wäre.

Die Arbeitsgemeinschaft für Gerontopsychiatrie hat inzwischen ein Dokumentationssystem (AGP-System) zur standardisierten und merkmalsdifferenzierten Erfassung klinischer Befunde bei stationären, teilstationären und ambulanten älteren Patienten entwickelt. Dieses System setzt sich aus 6 Dokumentationsbelegen zusammen:

1. Anamnese
2. Krankheitsanamnese
3. psychischer Befund I: wichtigste psychopathologische Symptome und Symptomgruppierungen
4. psychischer Befund II: Werkzeugstörungen, Schlaf und

Vigilanzstörungen, Störungen des Sozialverhaltens, Befunde zur Hilfs- und Pflegebedürftigkeit (dieser Befund ist mehr auf die Feststellung psychoorganischer Syndrome ausgerichtet).
5. somatischer Befund
6. Diagnosenummer.

Das Manual enthält Hinweise auf die Benutzung und ebenfalls ein Glossar über die Diagnosenummern. Die Arbeitsgruppe um Kanowski an der FU Berlin arbeitet daran, faktorenanalytisch Syndromstrukturen identifizieren zu können.

Die Anwendung des AGP Systems ist gegenwärtig noch vornehmlich auf die Forschung beschränkt.

Das **ICD** (International Classification of Diseases; Internationale Klassifikation psychischer Störungen, Deckwitz et al., 1980) wurde in der deutschen Bearbeitung von Deckwitz (ICD 9) vorgelegt. Die völlige Neubearbeitung in Form des ICD 10 ist umfangreicher, mehr der Auffasung von Störungen wie im DSM IIIR angeglichen und wird als für den klinischen Gebrauch gut handhabbar angesehen. Die für die Gerontopsychiatrie wichtigen Erkrankungen sind inzwischen weiter ausdifferenziert worden. „Obwohl die Kompatibilität zwischen den Klassifikationsschemata DSM und ICD unverkennbar ist, scheint das ICD im Bereich der klinischen, ambulanten und Versorgungspraxis in seiner Benutzung griffiger zu sein als das DSM" (Österreich, 1993). In der psychiatrischen Praxis und Klinik scheint jedoch immer noch das ICD 9 verwendet zu werden.

4.4.2 Das ICD

Das **DSM IIIR** (Diagnostisches und Statistisches Manual Psychischer Störungen; Köhler und Sass, 1984) ist inzwischen zum weit verbreiteten Dokumentationssystem in der Psychiatrie geworden. Es beinhaltet eine Neurorientierung bei der Erfassung und Bestimmung krankhafter Zustände. Hier wird der Begriff „Psychische Störung" bevorzugt und der Begriff der pathophysiologisch definierten Krankheit verlassen; z.B. sind Begriffe wie Psychose und Neurose weitgehend gestrichen. Man spricht jetzt z.B. von „einer Person mit Schizophrenie". Es wird keine ätiologische Klassifikation vorgenommen, sondern ein deskriptiver Ansatz verfolgt.

4.4.3 Das DSM III

Die für die Gerontopsychiatrie wichtigen „organisch bedingten psychischen Störungen" und die Präzisierung von Beeinträchtigungen des Kurz- und Langzeitgedächtnisses in den Diagnosegruppen der Demenzen wurden überarbeitet.

Kapitel 5
Therapieformen

5.0	Einleitung
5.1	Psychotherapie im engeren Sinne: Ausgewählte therapeutische Konzeptionen und ihre Konsequenzen
5.1.1	Verhaltenstherapie
5.1.2	Humanistische Behandlungsansätze
5.1.3	Psychoanalyse
5.1.4	Psychotherapie in Gruppen
5.2	Psychotherapie im weiteren Sinne: Übende, erlebnisaktivierende und soziotherapeutische Verfahren
5.2.1	Interventionsgerontologie
5.2.2	Gruppentherapeutische Ansätze
5.3	Stationäre und Milieutherapie
5.3.1	Therapie im Heim und bei Demenz? Die therapeutische Gestaltung des Alltags
5.4	Prävention und Rehabilitation
5.4.1	Prävention
5.4.2	Geriatrische Rehabilitation
5.4.3	Gerontopsychiatrische Rehabilitation
5.4.4	Lebensqualität
5.5	Pharmakotherapie und spezielle Probleme der medikamentösen Behandlung
5.6	Differentielle Indikation und Therapieplanung

5.0 Einleitung

Therapie im umfassenden medizinischen Verständnis bedeutet Heilverfahren oder die Behandlung von Krankheiten. Medizinische und psychologische Therapie überschneiden sich: Während dem Mediziner im wesentlichen die pharmakologische, physiotherapeutische und operative Behandlung usw. obliegt, ist es Aufgabe des Psychologen, sich mit der psychologischen Psychotherapie und den psycho-logischen Bedingungen, die der medizinischen Behandlung förderlich oder hemmend sind (z.B. Motivation, Erleben von Gesundheit und Krankheit, Gesundheits- und Hilfesuchverhalten, Psychologie der Tabletteneinnahme etc.) zu befassen.

Psychotherapie ist ein Gebiet, das sowohl der Medizin wie der Psychologie, insbesondere der Klinischen Psychologie zugerechnet wird. Historisch haben sich sowohl Mediziner (z.B. Freud) wie auch Psychologen (z.B. Rogers, Kanfer) mit der Entwicklung von psychotherapeutischen Behandlungsmethoden beschäftigt (Kap.5.1.1, 5.1.2). Unter diesem Begriff werden heute eine ganze Reihe von therapeutischen Verfahren zusammengefaßt, deren Gemeinsamkeit in dem Bestreben liegt, „krankhafte" Störungen des Erlebens und Verhaltens mit psychologischen Mitteln verändern zu wollen.

Das allgemeine **Ziel** von Psychotherapie ist, seelisches Leiden zu lindern und Kompetenzen und Fähigkeiten (z.T. kompensatorisch) zu stützen, zu erhalten und zu fördern.

Je nach zugrundeliegender Theorie über psychisches Funktionieren ist die Zieldefinition dessen, was geändert werden soll, sowie die Annahme, welche Ursachen der jeweiligen Störung zugrundeliegen, unterschiedlich. Es besteht z.B. noch relative Einigkeit darüber, was unter depressiven Symptomen verstanden wird. Die Annahme darüber, wie sie zustandekommen und welcher Weg zur Behandlung einzuschlagen ist, ist jedoch in Abhängigkeit von der therapeutischen Überzeugung sehr verschieden. Dies gilt für Psychotherapie im allgemeinen. Speziell bei älteren und alten Patienten ist zu berücksichtigen, daß die Therapie keinen ausschließlich heilenden, sondern auch lindernden Anspruch hat. Es geht auch darum, Bewältigungs-prozesse zu begleiten, den Krankheitsverlauf aufzuhalten und damit die Lebensqualität zu erhalten oder sogar zu steigern.

Strotzka (1978) definiert Psychotherapie als

- einen bewußten und geplanten interaktionellen Prozeß zwischen zwei oder mehreren Personen
- zur Beeinflussung von Verhaltensstörungen und Leidenszuständen,
- die in einem Konsensus (möglichst zwischen Patient, Therapeut und Bezugsgruppe für behandlungsbedürftig gehalten werden,
- mit psychologischen Mitteln (durch Kommunikation) meist verbal, aber auch averbal,
- in Richtung auf ein definiertes Ziel (Symptomminimierung und/oder Strukturänderung der Persönlichkeit),
- mittels lehrbarer Techniken,
- auf der Basis einer Theorie des normalen und pathologischen Verhaltens durchgeführt werden.
- In der Regel ist dazu eine tragfähige emotionale Beziehung notwendig.

Als Psychotherapie im engeren Sinne bezeichne ich im folgenden solche Verfahren, bei denen das Gewicht auf der sprachlichen Interaktion liegt (z.B. Gesprächspsychotherapie, psychoanalytische Psychotherapie). Gestalttherapie und Verhaltenstherapie nehmen insofern eine Randstellung ein, als sie auch aktionale und übende Elemente mit einbeziehen. Die Voraussetzung dafür, daß das Wort eine klärende und verändernde Wirkung hat, ist eine „relative Gesundheit von Geist und Seele". Damit ist außerdem eine gewisse Stabilität der Ich-Struktur sowie die Abwesenheit von dementiellen Symptomen gemeint. Letztere sind jedoch zu Beginn einer Erkrankung häufig schwer zu erkennen.

Unter **Psychotherapie im weiteren Sinne** fasse ich hier aktionale, trainierende oder milieutherapeutische Ansätze zusammen; sie werden häufig auch als soziotherapeutische Ansätze bezeichnet. In der Arbeit mit älteren und alten Menschen nehmen sie einen wichtigen Stellenwert ein, da sie vorwiegend im institutionellen Kontext (Klinik, Altenheim) Anwendung finden, wo ältere Patienten auch am häufigsten behandelt werden. Bei der Anwendung dieser Verfahren wird meist nicht auf eine Persönlichkeitstheorie als leitendes Konzept zurückgegriffen.

Folgende Begriffe sind von Psychotherapie abzugrenzen:

Als **Behandlung** bezeichnet man ganz allgemein den Vorgang der Therapie. Unter **Betreuung** wird eine Begleitung verstanden, die vor allem erhaltende und lindernde sowie vorbeugende Maßnahmen umfaßt. **Pflege** im traditionellen Verständnis beinhaltet mehr den Aspekt der körperlichen Betreuung und Versorgung der körperlichen Grundbedürfnisse; in der Pflege alter Menschen wird er jedoch erweitert, z.B. auf aktivierende Pflege, therapeutische Pflege, biographisch orientierte Pflege etc. Er umfaßt die Unterstützung der eingeschränkten oder verlorengegangenen Fähigkeiten zur Selbstregulation.

Intervention ist ein sehr weit gefaßter Begriff: er steht für das hilfreiche, verändernde „Dazwischengehen" im medizinischen, psychologischen und sozialen Sinne. Er hat in der Klinischen Psychologie den Begriff der Therapie abgelöst. Während der Begriff „Therapie" eng mit dem Krankheitsbegriff bzw. dem Anliegen der Heilung von Krankheiten verbunden ist, orientiert sich der Begriff der Intervention stärker an dem Begriff der Störung, die es zu beheben gilt (Kap. 5.2.).

Die verschiedenen Psychotherapieformen können im Hinblick auf Ziel, Mittel, äußere Bedingungen und die der Behandlung zugrundeliegenden Theorien unterschieden werden:

1. Das **Ziel** einer Psychotherapie beim älteren und alten Menschen ist ein relatives; es ist abhängig von der Schwere und Progredienz der Störung, der Erfahrung des Behandlers, insbesondere der Erfahrung in der Arbeit mit älteren Menschen, den Rahmenbedingungen sowie der Persönlichkeitstheorie, in deren Sprache der Behandler seine Ziele formuliert. Es bedarf mehr oder weniger schulenübergreifend eines individuellen Zuschnittes in Form eines Therapieplanes, abgestimmt auf die persönlichen vorgegebenen Fähigkeiten und Defizite eines Patienten. In Abhängigkeit von Persönlichkeitstheorien oder der gegebenen spezifischen Problemsituation bestehen Unterschiede, ob z.B. eine umfassende Änderung der Persönlichkeitsstruktur angestrebt wird, aufgrund derer sich dann Selbstheilungskräfte mobilisieren lassen oder aber ein bestimmtes Symptom gelindert oder geheilt werden soll/kann.

Die Abstimmung des therapeutischen Ziels auf das im individuellen Fall optimal Erreichbare gehört zu den schwierigsten Aufgaben, da verschiedene Wertsysteme (soziale Anpassung, subjektives Wohlbefinden sowie eine handlungs- und erlebnisfähige Persönlichkeit) auf einen Nenner zu bringen sind. Realistische Ziele für Ältere zu setzen erfordert darüber hinaus eine längere klinische Erfahrung, d.h. vor allem die Beobachtung von Krankheits- bzw. Behandlungsverläufen, um noch Erreichbares von unrealistischen Ideal- und Gesundheitsvorstellungen unterscheiden zu können.

2. Das **Mittel**: Meist wird nach dem unausgesprochenen Prinzip gehandelt: je intakter die psychische Struktur und die geistige Flexibilität und je stärker die Motivation, desto eher werden psychotherapeutische Verfahren im engeren Sinne indiziert sein. Fühlen, Denken, Reflexion sowie die sprachliche Kommunikation stehen im Vordergrund; Einstellungen, Lebensziele, Werte und Lebensrückblick können dabei Themen sein.

Je fortgeschrittener die körperlich bedingten Einschränkungen und der geistige Abbau einschließlich des Nachlassens sprachlicher Spontanaktivität, desto mehr stehen averbale und körperbezogene Mittel sowie die prothetische Veränderung der Umgebung (einschließlich der Beratung der Umgebung) im Vordergrund.

Diese Mittel werden vor allem zum Erhalt und der Verbesserung der vorgefundenen Lebensqualität sowie zur allgemeinen Aktivierung eingesetzt. Ob eine verbale Psychotherapie, ein mehr übendes oder eine erlebnisaktivierendes Verfahren Anwendung findet, richtet sich nicht immer nach den Bedürfnissen des Patienten, sondern auch nach der Verfügbarkeit und Ausbildung des Therapeuten.

3. Die **äußeren Bedingungen**: Ob Psychotherapie in der Praxis des niedergelassenen Arztes oder Psychologen stattfindet, in einer Ambulanz, im stationären Setting oder im Kontext eines Altenheimes, macht einen Unterschied für die Zielsetzung. Der Patient, der von sich aus um Therapie nachsucht, bringt meist eine ausgeprägte Motivation, eine innere Zielvorstellung sowie einen Leidensdruck mit, der ihn in die Lage versetzt, auch äußere Hürden um des Zieles willen zu bewältigen.

Patienten, die geschickt werden oder denen Therapie von außen angetragen wird, bringen eine andere Motivation mit als solche, die aus eigenem Antrieb Hilfe suchen. Bei ihnen liegt der erste Schritt der Behandlung darin, zu überprüfen, ob eine eigene Motivation zu erarbeiten ist; erst dann können Mittel und Ziel festgelegt werden.

Unabhängig von Therapie im engeren oder weiteren Sinne heißt therapeutisches Handeln in der Gerontopsychiatrie oder in der Situation im Altenheim, daß man sich ein **Konzept** für den jeweiligen Patienten und seine Lebenssituation macht. Eine solche Leitlinie versetzt das Team in die Lage, sich auf eine gemeinsame innere Haltung und entsprechende Vorgehensweise dem Patienten gegenüber zu einigen. Erstinterview, Biographie, Fremdanamnese und Beobachtung unter Berücksichtigung von Übertragungs- und Gegenübertragungsreaktionen in der Institution bilden dafür die Basisinformationen. Zentral ist dabei die Frage: Unter welchen psychischen Bedingungen hat ein Mensch sein Leben lang gelebt und wie sind heute diese Bedingungen so weit wie möglich wieder herzustellen, bzw. wie ist durch äußere Maßnahmen eine ähnliche prothetische Situation vermittelbar.

Während man bei jüngeren Patienten bemüht ist, eine differentielle Indikation für eine besondere Therapieform wie etwa die Einzel- oder Gruppentherapie oder stationäre Behandlung zu stellen, interessiert diese Frage bei Älteren meist weniger. Wichtiger ist hier: wie weit reichen seine Möglichkeiten und Eigeninitiative, etwa im Sinne des Hilfesuchverhaltens und der Mobilität, welche Mittel stehen in seinem Umfeld zur Verfügung, die ihm selbst als hilfreich vorstellbar, aber auch erreichbar sind etc.

4. Jedem therapeutischen Handeln liegt eine **Theorie** zu Grunde. Entweder es handelt sich um ein wissenschaftlich begründetes ausgearbeitetes Theoriegebäude über das Funktionieren der menschlichen Persönlichkeit (Verhaltenstherapie, Psychoanalyse). Oder aber sie entspringt der fachlichen Erfahrung (z.B. Entspannung ist hilfreich). In den meisten Fällen jedoch wird sogenanntes therapeutisches Handeln

von der subjektiven Erfahrung und dem subjektiven Wertesystem des Behandlers (Laiensystem) geleitet („Das ist gut, weil der Patient das gerne macht, d.h. weil er dann lacht und ich das als Zufriedenheit interpretiere"). Die wissenschaftliche Sprache, in der sich der Therapeut über die verschiedenen Fragen der Therapie Rechenschaft ablegt, entscheidet wesentlich mit über den Weg und die Zieldefinition.

Kontroversen darüber, welche Behandlungsform bei welchen Störungen die richtige sei (**differentielle Indikation**) ergeben sich zwischen den verschiedenen Therapiemethoden hinsichtlich theoretischer Vorannahmen:
   a. im Sinne der Persönlichkeitstheorie,
   b. im Sinne der Entwicklungstheorie,
   c. im Hinblick auf Gegenwarts- bzw. Vergangenheitsorientierung,
   d. im Hinblick auf die Ausarbeitung technischer Regeln und Behandlungsgrundsätze,
   e. der Annahme über Plastizität oder Festgelegtheit von Alternsvorgängen (Baltes vs. Müller, 1981: „Der alte Mensch kann sich nicht mehr wandeln, hat die Kraft, schöpferisch zu einem neuen Gleichgewicht zu kommen, nicht mehr..."). Hier stellt sich die Frage, welche Bedeutung dies für die Psychotherapie von alten Patienten hat. Eine differentielle Therapieindikation kann aus der Sicht der einzelnen Schulen bisher nicht gestellt werden, da es vor allem an entsprechenden Forschungsergebnissen über den Alterspatienten fehlt.

Inzwischen gilt aufgrund epidemiologischer Untersuchungen als wissenschaftlich gesichert, daß ein erheblicher Bedarf an Psychotherapie (im engeren Sinne) für ältere Menschen besteht. Häfner (1986) nennt die Situation der Psychotherapie für alte Menschen einen „absolut unterentwickelten" Zustand. Radebold und Mitarbeiter (1987) sehen die Psychotherapie als unentbehrlichen Bestandteil des gesamten gerontopsychiatrischen Behandlungsspektrums. Epidemiologische Untersuchungen (z.B. Cooper und Sosna, 1982) zeigen, daß etwa bei 10–12% der über 65jährigen mit Neurosen und Persönlichkeitsstörungen gerechnet werden kann. Dilling et al. (1984) schätzen den psychotherapeutischen Behandlungsbedarf in der Gruppe der 50–65jährigen aufgrund epidemiologischer Untersuchungen auf 19%, den der über 65jährigen allerdings nur noch auf 7%. In der oberbayrischen Verlaufsuntersuchung (Fichter, 1990) wurde festgestellt, daß nur 0,6% der über 60jährigen mit tiefenpsychologisch orientierten, analytischen oder verhaltensthera-

5.1 Psychotherapie im engeren Sinne: Verschiedene therapeutische Konzeptionen

peutischen Verfahren im Sinne einer Krankenkassenleistung behandelt wurden. 19% der Patienten in Nervenarztpraxen sind 65 Jahre und älter: Sie wurden dort entweder mit autogenem Training oder tiefenpsychologisch fundierter Psychotherapie behandelt (meist verfügt der behandelnde Arzt über keine spezielle therapeutische Ausbildung).

Der große Bedarf an psychologischer Hilfe ist damit für einen Lebensabschnitt aufgezeigt und nachgewiesen, in dem sowohl tiefgreifende soziale Veränderungen, somatische Probleme und aus beidem resultierende psychische Probleme zu bewältigen sind. Eine 84 Jahre alte Dame sagte einmal: „Sind die Kinderkrankheiten des Alterns erst einmal überwunden, kann das Alter ein schöner Lebensabschnitt werden".

Noch heute ist in bezug auf die alten Menschen ein **psychotherapeutischer Pessimismus** bestimmend. Eine Umfrage unter Therapeuten der Deutschen Gesellschaft für Psychotherapie und Tiefenpsychologie im Jahr 1974 ergab, daß nur eine verschwindend geringe Zahl von Psychotherapeuten mit Älteren arbeitet (Malzahn, 1974). Die Situation hat sich in den seither vergangenen Jahren kaum verändert. Eine Umfrage unter 279 Psychotherapeuten (DGPT) ergibt, daß 80% der befragten Psychoanalytiker bei ihren Analysepatienten eine Altersgrenze zwischen 40 und 50 Jahren angeben. Über 60jährige werden sowohl in den psychoanalytischen Praxen wie auch in denen der Verhaltenstherapeuten nur in Ausnahmefällen nach einem Richtlinienverfahren behandelt. (DGPT Praxisstudie, 1989). Die Bereitschaft, psychotherapeutische Arbeit mit Älteren zu übernehmen, steigt jedoch mit dem Lebensalter des Therapeuten an.

Die psychologische Psychotherapieforschung der 60iger Jahre hat als erfolgversprechendsten Patienten den YAVIS-Klienten beschrieben: Jung (Y), attraktiv (A), verbal fähig (V), intelligent (I) und sozial (S) soll er sein (Kastenbaum, 1978). Das bedeutet, je älter ein Mensch ist, je mehr Kontaktprobleme er hat, je weniger intelligent und von weniger ansprechenden Äußeren, um so eher wird er mit einer ungünstigen Prognose für eine Psychotherapie zu rechnen haben. Der psychotherapeutische Pessimismus, der bereits von Freud in bezug auf die Therapie älterer Menschen vertreten wurde, hat sich bis heute trotz gegenteilig aufgezeigter Erfolgschancen hartnäckig gehalten.

Auch wenn der Bedarf für psychotherapeutische Behandlungen bei alten Menschen ausgibig nachgewiesen wurde, so steht nur eine geringe Zahl an ausgebildeten Therapeuten zur Verfügung, die überhaupt bereit ist, mit Älteren zu arbeiten. Meist wird der pharmakotherapeutischen Behandlung der Vorzug gegeben; die nicht erfolgte Überweisung zur Psychotherapie wird meist rationalisierend mit höherem Lebensalter und geringen Erfolgsaussichten begründet. Sie findet ihre Entsprechung in der geringen Überweisungsrate zum psychiatrischen Facharzt (Kap 8.3.1).

Bis in die 70er Jahre wurde zunächst versucht aufzuzeigen, daß Psychotherapie bei älteren und alten Patienten überhaupt möglich ist und erfolgversprechend verlaufen kann. Die wenigen Veröffentlichungen dazu weisen methodische Mängel auf: es wird kaum exakt beschrieben, welche Ausbildung die Psychotherapeuten mitbringen und welche Methode sie auf dem Hintergrund welcher Theorie anwenden. Modifikationen wurden z.T. vorschnell eingeführt, ohne Behandlungen zuvor mit den vorliegenden Standardverfahren zu beschreiben. Auch die Beschreibung der Problemkreise der alten Menschen, die zur Psychotherapieindikation führten, ließ meist zu wünschen übrig. Häufig werden auch Behandlungen beschrieben, die unter den Begriff Psychotherapie im weiteren Sinne oder Soziotherapie zu subsumieren wären.

Die größte Bedeutung unter den psychotherapeutischen Behandlungsverfahren haben die psychoanalytische Psychotherapie, die Verhaltenstherapie, die klientenzentrierte Gesprächspsychotherapie und die Gestalttherapie gewonnen. Diese Verfahren werden im folgenden kurz vorgestellt und auf weiterführende Literatur dazu verwiesen. Meine Präferenz liegt dabei auf dem psychoanalytischen Verständniszugang von psychischen Krankheiten.

Vorab werde ich kurz mögliche Zielsetzungen für Psychotherapie im Alter ansprechen. Als psychotherapeutische **Zielvorstellungen** werden von Radebold (1992a) für 50–80jährige Patienten die gleichen Ziele wie für jüngere Patienten angegebenen. Seiner Ansicht nach sollten erst nach dem 75./80. Lebensjahr unterschiedliche Einschränkungen der Therapieziele unter Berücksichtigung der individuellen Wünsche des Älteren formuliert werden.

Als sehr allgemeine Ziele benennt Hirsch (1993) Bewältigung des Alterns, des Lebensendes, der Sinnsuche etc.; er führt zusätzlich folgende Ziele auf:

- Förderung oder Wiedererlangung von Selbständigkeit und Eigenverantwortung
- Verbesserung und Vermehrung psychosozialer Fähigkeiten und Fertigkeiten
- Bewältigung von vergangenen, gegenwärtigen und drohenden Kränkungen, (symbolischen und realen) Trennungen und Verlusten

- Förderung des Gegenwartsbezuges, Aussöhnung mit der Endgültigkeit und Begrenztheit des Lebens und Förderung der Ich-Integrität
- Erarbeitung praktischer Handlungsstrategien.

Ein Teil dieser Zielsetzungen fällt nach der oben angeführten Einteilung in den Bereich der Psychotherapie im weiteren Sinne.

Meine wesentliche Zielsetzung besteht in der Hilfe für den alten Menschen, sich positiv mit seinem gelebten Leben arrangieren zu können. Dazu gehört nicht nur, die verpaßten Chancen zu bedauern, sondern auch die gelebten Gelegenheiten positiv einzuschätzen und zu erinnern und das, was bewältigt wurde, selbst als Leistung anerkennen zu können. Erst wenn ich weiß bzw. akzeptieren kann, was ich bekommen habe, kann ich eine Vorstellung über das entwickeln, was mich erwartet: meine individuelle Form der Vorbereitung auf die Endlichkeit des Lebens.

5.1.1 Verhaltenstherapie

Als **Verhaltenstherapie** werden umfassende und wissenschaftlich begründete Behandlungsmethoden verstanden, die sich dem experimentellen Anspruch auf Überprüfbarkeit und Wiederholbarkeit verpflichten, und als deren gemeinsame Grundlage die empirisch bestätigten Gesetze oder Theorien des Lernens angesehen werden (z.B. Erwin, 1978; Franks und Wilson, 1980). Die ihr zugrundeliegenden Lerntheorien gehen von der Annahme aus, daß Erfahrungsbildung der gemeinsame Nenner für die verschiedensten Lernprozesse ist. Die menschliche Persönlichkeit wird aufgrund von Lernprozessen als Trägerin eines Verhaltenspotentials verstanden. Lernprozesse werden sowohl für den Neuerwerb als auch für die Veränderungen psychischer Dispositionen und Möglichkeiten als verantwortlich angesehen. Die Anwendung der Lerngesetze ist primär nicht an die Dimension „gesund – krank" gebunden.

Von Verhaltensmodifikation spricht man, wenn Verhalten zwar unerwünscht ist, es aber nicht unbedingt den Bedingungen des Pathologischen entspricht. Der Begriff „Verhaltenstherapie", der im Folgenden übergreifend verwendet wird, wird benutzt, wenn es um traditionell als pathologisch beurteiltes Verhalten geht.

Die Geburtsstunde der Verhaltenstherapie ist etwa auf die Jahre 1958/59 zu datieren. Namen wie Eysenck und Lazarus sind mit dem Bemühen verbunden, lerntheoretische Erkenntnisse für die Erklärung von individuellen Zusammenhängen heranzuziehen. Da angenommen wird, daß die

Gesetzmäßigkeiten des Lernens unabhängig von der Richtung für den Erwerb, die Aufrechterhaltung sowie die Modifikation oder Eliminierung von Verhalten wirksam sind, wird lerntheoretisch nicht zwischen angepaßtem und unangepaßtem Verhalten unterschieden. Es geht vielmehr um ein sogenanntes definiertes **Problemverhalten**, das ebenso als „gelernt" verstanden wird, wie alles andere Verhalten auch.

Während zunächst eine relativ technologische Auffassung der Verhaltenstherapie vorherrscht, die auch der hauptsächliche Kritikpunkt anderer theoretischer Richtungen an ihr bleibt, kommt es später zu einer Erweiterung dieses Ansatzes. So wird Therapie als **Problemlösungsversuch** aufgefaßt (z.B. Grawe und Dziewas, 1977), die sogen. **Selbstkontrollverfahren** werden mehr in den Vordergrund gestellt. Auch mit der Entwicklung von **kognitiven Modellen** (z.B. Meichenbaum, 1974) rückt der Patient (Klient) mehr als „reflexives Subjekt" in das Blickfeld (Groeben und Scheele, 1977). In der **Handlungstheorie** schließlich wird das Subjekt nicht mehr wie bei Skinner als blindlings aktiv gesehen, sondern als ein von innen heraus **aktives Subjekt.**

Wie für andere Therapieformen gilt auch für die Verhaltenstherapie, daß die Probleme älterer Menschen lange kaum erkannt wurden, weder als Forschungs- noch als Praxisfeld. So sind beispielsweise wichtige Untersuchungen zur Verhaltensmodifikation bei alten psychisch kranken Menschen durchgeführt worden, ohne daß dabei das Alter besonders berücksichtigt wurde (Ayllon & Azrin, 1968). Mitte der 60er Jahre finden sich in den USA erste Anregungen, speziell gerontologische Probleme mit Hilfe des verhaltenstherapeutischen Instrumentariums anzugehen. Erst mit Beginn der 70iger Jahre kommt es in breiterem Ausmaß zur Anwendung und Erprobung verschiedener Techniken. Während zunächst insbesondere Situationen in Institutionen wie z.B. Interventionen in der psychiatrischen Klinik und im Pflegebereich untersucht wurden, sind es heute im Schwerpunkt mehr übergreifende theoretische Fragen in bezug auf den Alternsprozeß, die das Forschungsinteresse auf sich ziehen. Die praktischen Belange der klinischen Praxis kommen dabei meist zu kurz.

Grundlagen zum Verständnis der folgenden Abschnitte sind bereits in Kap. 2.2.7 behandelt worden.

Die „life-span-developmental psychology" (Psychologie der Entwicklungsspanne) wendet sich gegen eine restriktiv biologistische Entwicklungskonzeption. Sie sieht ihre primäre Aufgabe in der Entwicklung adäquater Forschungsstrategien und der Definition leitender theoretischer Konzeptio-

Theoretische Grundlagen verhaltenstherapeutischer Betrachtung von Alternsprozessen

nen. So haben etwa Baltes und Mitarbeiter (1978) ein Ordnungsschema für biographisches Material entwickelt, in dem die Schwerpunkte evolutionäre Einflüsse, ontogenetische Einflüsse und individuelle, nicht normative Einflüsse untersucht werden. Des weiteren haben Baltes und Baltes (1990) ein Modell erfolgreichen Alterns vorgelegt. Es baut auf dem Widerspruch zwischen positivem bzw. erfolgreichem Altern und einer gleichzeitig ansteigenden biologischen Verletzbarkeit auf. Sie nehmen an, daß der Anstieg an Verlusten mit zunehmendem Alter nicht notwendig zu einem Anstieg pathologischer Veränderungen führen muß. Es geht ihnen um die Frage, wie Verluste verarbeitet und ausgeglichen werden können. Bei dem Modell der „selektiven Optimierung mit Kompensation" sehen sie folgende Punkte als die wichtigsten, das Altern kennzeichnenden Rahmenbedingungen an:

- eine Spezialisierung als Ausdruck der beträchtlichen Individualität im Alter: Gutes Altern bedeutet eine kulturell und psychologisch angelegte Spezialisierung.
- Der Verlust an biologischen Entwicklungs- und Kapazitätsreserven setzt für gutes und erfolgreiches Altern eine Beschränkung: die Möglichkeiten des noch Realisierbaren werden geringer.
- Mit Entwicklungsmöglichkeiten einer Alter(n)skultur wird die Tatsache bezeichnet, daß es bestimmtes Wissen über Lebensnormen geben kann, die zu den Stärken des Alters gezählt werden können.

Als „environmental docility" (Lawton, 1982) wird die Annahme bezeichnet, daß mit ansteigender biologischer Verletzbarkeit und zunehmendem Kompetenzverlust im Alter die Auswirkungen von Umweltbedingungen größere Bedeutung gewinnen; gleichzeitig beinhaltet dies auch, daß Umweltbedingungen bei hoher Kompetenz und Vitalität geringere Einflußmöglichkeiten haben.

Die Veränderung intellektuellen Verhaltens

Eine Auswahl verhaltenstherapeutischer Arbeiten und Ergebnisse werden im folgenden nach Störungsbereichen gegliedert zusammengefaßt.

Verschiedene Autoren zeigen auf, daß Veränderungen intellektuellen Verhaltens möglich sind und eine **Abnahme** dieser Fähigkeiten nicht notwendigerweise als Begleiterscheinung des Alternsprozesses zu interpretieren ist. (z.B. Jarvik und Cohen, 1973; Hoyer, Labouvie und Baltes, 1973; Labouvie-Vief & Gonda, 1976). Verschlechterungen intellektuellen Verhaltens werden auf dem Hintergrund des operanten Modells als Ergebnis fehlender stützender Kontingenzen in der Umgebung verstanden.

So kann eine **Steigerung der Reaktionsschnelligkeit** sowohl durch gezielte Übung (Murell, 1970), wie auch durch kontinuierliche Münzverstärkung für jede rasche Reaktion erzielt werden. (Hoyer, Labouvie und Baltes, 1973). In einem weiterführenden Versuch kann Hoyer mit seinen Mitarbeitern aufzeigen, daß Veränderungen in der Reaktionsschnelligkeit in einem weiteren Schritt durch kognitive Rückmeldung (Information über die Anzahl der richtigen Lösungen) wie auch über konjugierte Verstärkung (Vergabe gleicher Anzahl von Münzen wie bearbeiteter Items) erreicht werden können. Dabei ergibt sich jedoch **kein Transfer** auf ähnliche Aufgaben.

Einige Veränderungen intellektueller Fähigkeiten werden weniger einer Abnahme der Fähigkeit selbst zugeschrieben, sondern eher als Ergebnis der Einwirkung von Situations- oder Einstellungsfaktoren aufgefaßt. Birkhill und Schaie (1975) untersuchen den Zusammenhang zwischen Vorsichtigkeit, Alter und verringerter Leistung, indem sie Verhalten mit verringerter Vorsicht (erhöhter Risikobereitschaft) differentiell verstärken. So können bei 4 von 5 Faktoren des „Primary Mental Ability Tests" Verbesserungen erreicht werden. Komplexere Zusammenhänge zwischen Leistung und selbstverstärkendem Verhalten (als Index des Selbstkonzeptes) sowie nicht kontingentem „feedback" stellen Belluci und Hoyer (1975) dar. Sie vermuten, daß die für eine erfolgreiche Leistung notwendige positive Selbsteinschätzung im Alter nachläßt, jedoch über entsprechende Veränderungen im Sinne einer verstärkenden Umgebung wieder zu restituieren sei. Die Bedeutung der Angemessenheit eines Verstärkers (Ankus und Quarrington, 1972) wie auch die besondere Wirkung sozialer Verstärker (Hutchinson, 1974) ist nicht nur im Rahmen der Veränderung intellektuellen Verhaltens hervorzuheben, sondern gilt insgesamt für den operanten Ansatz.

Das Pen State Adult Development and Enrichment Project (ADEPT) hat sich den empirischen Nachweis der Modifizierbarkeit und Plastizität kognitiver Leistungen bei gesunden alten Menschen zum Ziel gesetzt. Baltes und Mitarbeiter sehen in den Untersuchungen weitgehend ihre Annahme einer generellen Plastizität, d.h. Veränderbarkeit bestätigt. Mehrphasige kognitive Interventionen werden für die Erhaltung des kognitiven Leistungsniveaus im Alter als besonders wichtig angesehen. Anders bei Patienten mit hirnorganischen Krankheitssymptomen (z.B. Alzheimer): Kognitive Leistungseinbußen sind schon im ersten Krankheitsstadium sichtbar und betreffen selbst Fähigkeitsbereiche, für die normalerweise kein Altersabbau festzustellen ist. Erste Ergebnisse deuten darauf hin, daß bei Demenzverdächtigen Einbußen der Reservekapazität, insbesondere im Anschluß an ein mehrstündiges kognitives Training hervortreten. Ältere mit einer beginnenden Demenz profitieren deutlich weniger von einem kognitiven Training, das die Aktivierung von Leistungsreserven zum Ziel hat. (Hier wird von der Annahme ausgegangen, daß krankhafte und „normale" Gedächtnisveränderungen voneinander zu unterscheiden sind.)

Bei der Anwendung kognitiver Ansätze bei Älteren als verhaltenstherapeutische Intervention ist zwischen **kognitiven Fähigkeiten** im Sinne intellektuellen Funktionierens (z.B. Aufmerksamkeitsspanne, Kurz- und Langzeitgedächtnis etc.) und dem **kognitiven Inhalt** (z.B. selbstzerstörerische Gedanken, zwanghafte Vorstellungen) zu unterscheiden. Letztere Intervention wird als **kognitive Verhaltensmodifikation** bezeichnet (z.B. Meichenbaum, 1974).

Die Lerntheorie erklärt depressive Störungen als ein Ergebnis von Lernvorgängen, die zu einem depressiven Verhalten führen.

1. Das Lewinsohnsche Konzept: Das Verhaltensrepertoire des Depressiven ist mehr oder weniger stark reduziert; mit Hilfe eines entsprechenden Verstärkerprogrammes soll eine Erweiterung des Verhaltensrepertoires bewirkt werden. Im wesentlichen wird dabei auf eine Modifikation der Umweltbedingungen (Reaktionen von den Mitmenschen) Wert gelegt. Dies ist nur nach einer ausgiebigen vorausgehenden Verhaltensanalyse erfolgreich.

2. Kognitiv orientierte Behandlungsansätze:

2.1. Beck (1983) vertritt die Annahme, daß typische kognitive Grundmuster des Depressiven verändert werden müssen: Die negative Einstellung des Depressiven zu sich selbst, zu seiner Umwelt und seiner Zukunft ist Gegenstand der therapeutischen Arbeit.

2.2. Das Seligmannsche Konzept der „erlernten Hilflosigkeit" (1974, 1981) besagt, daß zunächst wiederholte Mißerfolgserlebnisse den Beginn einer depressiven Störung kennzeichnen. Daraufhin entwickelt sich bei dem Depressiven die Erwartung, daß zwischen eigenen Handlungen und Veränderungen in der Umwelt kein Zusammenhang besteht. Gestörte kognitive Bewertungsprozesse sollten außerdem ebenfalls der Veränderung zugänglich gemacht werden.

Cautela hält die Methode der **„Covert Sensitization"** in der Anwendung bei Älteren für vielversprechend, insbesondere weil er beobachtete, daß ältere Menschen gegenüber Reizworten wie „Übelkeit" und „Erbrechen" sehr viel empfindlicher reagieren als jüngere. Ähnlich der Methode der Desensibilisierung ist hier das Ziel, die negativen Gedanken durch Verstärkung angenehmer Vorstellungen zu eliminieren. Einige Ansätze zur Behandlung depressiven Verhaltens können ebenfalls als kognitive Therapie verstanden werden (z.B. Gauthier und Marshall, 1977).

Einen anderen Ansatz verfolgt Seligman (1975). Er arbeitet sein „Konzept der Nichtkontrolle" an Tierversuchen aus und findet, daß Tiere, die ihre Umwelt nicht kontrollieren, d.h. nicht verändern können, mit „gelernter Hilflosigkeit" reagieren. Durchläuft ein Mensch ein experimentelles „Hilflosigkeitstraining", zeigt der Autor an Hand seiner Ergebnisse auf, daß Depression und gelernte Hilflosigkeit vergleichbare Auswirkungen auf das Verhalten haben. Passivität, sich nicht wehren bzw. keine Fluchtreaktionen aus unangenehmen Situationen zeigen, geringe Aktivität, Langsamkeit, sowie die feste Überzeugung, daß ein Erfolg zufällig eintritt und nicht auf das eigene Verhalten ursächlich zurückzuführen ist, sind die Folgen, die er als Gemeinsamkeiten mit depressivem Verhalten interpretiert.

Die im folgenden aufgezeigten Entstehungsfaktoren von depressivem Verhalten werden gleichzeitig auch für die Aufrechterhaltung und Chronifizierung depressiver Symptomatik mitverantwortlich gemacht.

1. Besonders auffällig ist das Fehlen von wirksamen Vermeidungstechniken. Meyer und Chesser (1971) meinen damit, daß der aversive, also unangenehme Stimulus nicht durch aktives Handeln aus dem Weg geräumt, sondern daß ihm mit Klagen und Appellationsverhalten begegnet wird. Dies bewirkt eine Aktivierung der Umwelt, die jedoch wieder die verstärkende Selbstentwertung, „das zeigt wieder, ich kann ja nicht" aufrecht erhält. So erweist sich depressives Verhalten kurzfristig in problematischen Situationen als sinnvolle Strategie zur Steigerung der Aktivität von Interaktionspartnern. Aber mit der Zeit verliert depressives Verhalten seine aktivierende Wirkung und beeinflußt sogar die Interaktionspartner aversiv.

2. Verhaltensdefizite, d.h. ein fehlendes Verhaltensrepertoire für spezifische Situationen, verhindern das Erlangen bisher unbekannter Verstärker. So wird ein Mann, der sein ganzes Leben lang in der Fabrik an einem relativ isolierten Arbeitsplatz tätig war, nur flüchtig dort mit Arbeitskollegen Kontakt hatte und im privaten Bereich seine Freizeit ausschließlich in der Familie verbrachte, keine adäquaten Verhaltensmuster für seinen erstmaligen Besuch einer Altentagesstätte erlernt haben.

3. Schließlich hält die soziale Umwelt für depressive Ver-

haltensweisen eine ganze Reihe von Verstärkern wie Sympathie, Zuwendung, Mitleid usw. bereit. Nach einiger Zeit werden jedoch beim Fortbestehen des depressiven Verhaltens Personen aus der Umwelt nicht mehr mit Zuwendung reagieren, da die weiterbestehenden Beschwerden auf sie aversiv wirken und zu meiden sind, mit dem Erfolg, daß sich die Kontaktpersonen zurückziehen werden. Wenn es aber keine Interaktionspartner in der Umwelt des Älteren mehr gibt, wird auch jede Verstärkung nicht depressiven Verhaltens unmöglich, da Ansätze aktiven Verhaltens nicht mehr belohnt werden und damit eine Chronifizierung wahrscheinlich wird (Junkers, 1977).

Thompson et al. (1987) berichtet vom Vergleich einer rein verhaltenstherapeutischen Depressionsbehandlung, einer rein kognitiven und einer psychodynamisch orientierten Einzeltherapie mit einer Wartegruppe: Am Ende der Behandlung hatten sich alle drei Behandlungsgruppen signifikant verbessert, nicht jedoch die Wartegruppe.

Soziales Verhalten

Auf die Bedeutung der Veränderung des Kontaktverhaltens bei älteren Menschen wurde bereits mehrfach hingewiesen. Eine Reihe von Arbeiten untersuchen unterschiedliche Aspekte kommunikativen Verhaltens.

Durch den Einsatz eines Münzverstärkungssystems (Ayllon und Azrin, 1960) kann z.B. die Teilnahmefrequenz an Gymnastikübungen verbessert (Libb und Clement, 1969) wie auch eine vermehrte Teilnahme an Aktivitätsangeboten in einem Altenheim erreicht werden (Mcclannahan, 1973).

Für den Rückzug aus Situationen des zwischenmenschlichen Kontaktes werden soziale Ängste, Hemmungen und mangelnde soziale Fertigkeiten mitverantwortlich gemacht. Die Methode des Selbstsicherheitstrainings (Ullrich, deMuynck und Forster, 1974) kann als Weiterentwicklung und Modifikation der „Disinhibitionstherapie" oder „Therapie der bedingten Reflexe" betrachtet werden. In den aufgezeigten Krisensituationen älterer Menschen kann Selbstunsicherheit reaktiviert werden, speziell durch eine größere soziale oder finanzielle Abhängigkeit. Assertives (selbstsicheres) Verhalten hemmt oder vermindert das Auftreten von Angst. Riley et al. (1969) weisen darauf hin, daß Ältere, die unter Ängsten leiden, derartige Probleme bei genauerer Befragung bereits schon für frühere Zeiten im Leben angeben können, so daß ein Selbstsicherheitstraining bereits früher indiziert gewesen wäre. Gleser und Karoly (1977) zeigen auf, daß selbstunsicheres Verhalten bei älteren Menschen hoch situationsspezifisch und damit von geringerer Generalisierbarkeit über verschiedene Situationen hinweg ist. Ebenso weisen Baffa und Zarit (1977) darauf hin, daß selbstunsicheres Verhalten je nach Alter unterschiedlich wahrgenommen wird und Ergebnisse aus der Grundlagenforschung dazu noch ausstehen.

In der sogenannten „strukturierten Lerntherapie" werden soziale Interaktionsmuster in Abstimmung auf die individuellen Erfordernisse in Gruppen trainiert. Dieser mehrdimensionale Ansatz, in dem Rollenspiele, soziale Verstärkung und Verhaltensformung mit einbezogen werden, ist durch Ergänzung speziell vorbereitender Strukturierung und wiederholtem Überlernen zur Verbesserung sozialer Verhaltensmuster bei institutionalisierten älteren Probanden eingesetzt worden.

Nur wenige Autoren weisen auf die „therapeutische" Bedeutung hin, die die Berücksichtigung von bereits vorliegenden allgemeinpsychologischen Erkenntnissen hat, um die Lernleistungen zu erhöhen. Z.B. sollte das zu lernende Material sinnhaft und konkret gestaltet sein (Arenberg, 1965), es sollte dazu ermutigt werden, ein Risiko einzugehen (BIRK-Hill und Schaie, 1975), der erste Lernschritt sollte ausreichende Stabilität erlangt haben, bevor der nächste angegangen wird (Botwinick, 1978) usw.

Die Beeinflussung des **Hygieneverhaltens** bei institutionalisierten alten Menschen wird in verschiedenen Arbeiten als erfolgreich eingeschätzt (z.B. Sachs, 1975; Gottfried und Verdicchio, 1974).

Die Mowrersche 2-Faktoren-Theorie dient auch bei älteren Menschen als theoretische Grundlage für die Behandlung des Einnässens (Collins und Plaska, 1976), jedoch ohne ermutigende Erfolge.

Bei der Diskussion um das Problem des **Einnässens** wird unter den verschiedenen mitbedingenden Faktoren auch die Heimatmosphäre genannt (Pollock und Liebermann, 1974): Da Inkontinenz zu einem häufigen Kontakt mit den Betreuern führt, kann dieser als Verstärker für die Entstehung und Aufrechterhaltung des Fehlverhaltens entscheidend werden. Untersuchungen mit einem feiner ausgearbeiteten Ansatz zeigen befriedigendere Ergebnisse als die eben erwähnten (z.B. Atthowe, 1972; Collins & Plaska, 1975).

Auch **unselbständiges Verhalten** führt zu einer größeren Zuwendung durch das Personal und wirkt deshalb ebenfalls verstärkend (Barton, Baltes und Orzech, 1980). Die Autoren folgern, daß emotionale Probleme wie z.B. vermindertes Selbstwertgefühl als Folge davon auftreten und damit den Weg für neue auffällige Verhaltensweisen und Störungen bereiten können. (z.B.: Mcdonald und Butler, 1974; Seligman, 1975).

Die Veränderung von Körperhygiene, Selbstversorgung und motorischem Verhalten

Selbstschädigendes Verhalten ist bei institutionalisierten Patienten häufig zu beobachten. Mishara und Mitarbeiter entwickeln ein Programm zur Behandlung folgenden Verhaltens: nicht essen, sich nicht anziehen, sich nicht-eßbare Objekte einverleiben sowie medizinisch kontraindizierte Überaktivität zeigen (z.B. Mishara und Kastenbaum, 1973). Der Bericht bleibt unbefriedigend, da weder zum „assessment" (umfassende Diagnostik) noch zum „follow-up" (Nachuntersuchung) ausführliche Mitteilungen gemacht werden.

Die systematische Desensibilisierung

Als grundlegendes Lernprinzip wird bei der systematischen Desensibilisierung das der reziproken Hemmmung angesehen (d.h. ein angenehmer Zustand ist mit einem abstoßenden Reiz unvereinbar). Die Desensibilisierung kann in vivo (in der realen Situation) oder in der Vorstellung durchgeführt werden, wobei die volle Bereitschaft des Patienten zur Mitarbeit wie auch seine uneingeschränkte kognitive Fähigkeit (Konzentrations- und Imaginationsfähigkeit etc.) unabdingbare Voraussetzungen dazu sind. In der traditionellen Behandlung ist das Beherrschen einer Entspannungstechnik die Vorbedingung für die Nutzung der angsthemmenden Wirkung eines mit Angst unvereinbaren Zustandes. Über die erfolgreiche Anwendung der progressiven Relaxation nach Jacobson (1938) ist von verschiedenen Autoren berichtet worden (Kap. 5.2. Bircher-Beck, Scherler-Bagdassarian, 1972; Cautela und Mansfield, 1977).

In dem entspannten Zustand werden dann angstauslösende Situationen hierarchisch geordnet in der Vorstellung vorgegeben oder aber in der realen Situation übend durchlaufen. Die Angsthierarchie wird mit dem Patienten gemeinsam erarbeitet, indem er ängstigende Situationen benennt und sie so ausführt, daß sie für ihn gut vorstellbar sind. Schließlich ordnet er sie in eine Rangreihe: ausgehend von der Situation, die die geringste Angst auslöst bis zu der Situation, die als am stärksten angstauslösend empfunden wird.

In kleinen Schritten werden in der Entspannung die verschiedenen angstauslösenden Situationen visualisiert. Für die Behandlung älterer Menschen, darauf weisen Cautela und Mansfield hin, sind kürzere Szenen, häufigere Darbietungen sowie häufigere Wiederholungen bereits gelernter Desensibilisierungsschritte notwendig (Cautela, 1969).

In einigen ausgewählten Fällen wird von Desensibilisierungen bei älteren Patienten berichtet. Wanderer (1972) zeigt auf, wie durch eine Desensibilisierung von Ängsten dem Patienten neue positive Verstärker zugänglich gemacht werden können. Garfinkel (1979) berichtet unter Wahrung der von Cautela et al. (1977) vorgeschlagenen Modifikationen von günstigen Ergebnissen bei der Einzelbehandlung einer depressiven Störung.

Gangstörungen können bei älteren Menschen durch Ängste verstärkt werden. Eine kombinierte Behandlung mit Physiotherapie und systematischer Desensibilisierung führt bei dieser Behandlung (z.B. Feldmann und Discipio, 1972) zu einem Therapieerfolg.

Auf das bedeutende therapeutische Potential des Pflegepersonals ist vielfach hingewiesen worden (z.B. Marks et al., 1973). Es fällt auf, daß in einer ganzen Reihe von lerntheoretisch orientierten Arbeiten der Umgebung des zu behandelnden älteren Menschen besondere Aufmerksamkeit gewidmet wird (z.B. Carp, 1967; Beattie, 1970; Lester und Baltes, 1977). In den hier im Überblick aufgeführten Studien ist sowohl der Frage, wie das Personal unterstützt werden kann als auch der Überlegung, wie ein einmal erreichtes verändertes Verhalten des Pflegepersonals aufrechterhalten werden kann, überraschend wenig Interesse entgegengebracht worden. Macreynolds und Coleman (1972) untersuchen z.B. die Einstellung des Pflegepersonals und beobachten eine Zunahme der optimistischen Haltung, die sie auf die begleitend stattfindenden Seminare zurückführen. Vergegenwärtigt man sich allerdings die psychische Situation des Pflegepersonals auf chronischen Stationen, so ist eher anzunehmen, daß es sich hier um einen Hawthorne-Effekt handelt (Die Veränderung wird durch die Zuwendung, die durch den Versuch gegeben ist, bewirkt) und nicht um den Effekt einer kognitiven Verhaltenstherapie. Richards und Thorpe (1978) schlußfolgern bezugnehmend auf weitere Arbeiten dazu (Hickey, 1974; Heller und Walsh, 1976): Die erfolgreiche Anwendung verhaltenstherapeutischer Methoden bei geriatrischen Patienten kann eine Steigerung des Enthusiasmus auf Seiten des Pflegepersonals zur Folge haben, der möglicherweise wieder positiv auf die Patienten zurückwirkt.

Beeinflussung der Umgebung: Personaleinstellung und Personalverhalten

Aus den bisher vorliegenden klinischen Befunden geht hervor, daß lerntheoretisch fundierte Behandlungsmethoden auch bei älteren Patienten anwendbar sind, bzw. ihr Anwendungserfolg sich nicht generell von dem bei jüngeren Klienten unterscheidet. Im ambulanten Bereich werden Techniken der Depressionsbehandlung sowie der Veränderung sozialen Verhaltens im Vordergrund stehen. Es wurde weiterhin aufgezeigt, daß bei hirnorganisch gesunden alten Menschen eine Verbesserung der geistigen Leistungsfähigkeit durch entsprechendes Training möglich ist.

In jüngster Zeit ist die Beeinflussung des Gedächtnisses bei

Kritische Würdigung

dementiellen Prozessen in den Blickpunkt therapeutischen Interesses gerückt (Nehen, 1993).

Operante Verfahren einschließlich des Verhaltenstrainings bieten sich zur Anwendung bei gerontopsychiatrischen Patienten, insbesondere im institutionellen Kontext, an. Sie bieten den Vorteil, daß die aktive Mitarbeit des Patienten nicht eine notwendige Voraussetzung für ihre Wirksamkeit ist und die Methode sogar auch ohne Wissen des Patienten angewendet werden kann. Auf die damit verknüpfte Problematik kann hier nicht weiter eingegangen werden.

Die „systematischen Desensibilisierung" und das Prinzip der „Angsthierarchie" stellen wichtige Prinzipien für die generelle Therapieplangestaltung dar. Der überwiegende Anteil der vorliegenden Untersuchungen zur verhaltenstherapeutischen Behandlung bei Älteren wurde an hospitalisierten alten Menschen von relativ hohem Alter und vermutlich mit erheblichen hirnorganischen Einschränkungen bei Hilfs- und Pflegebedürftigkeit durchgeführt, also ohne deren Wissen um die „therapeutische Situation". Wir nehmen deshalb an, daß lerntheoretische, insbesondere operante Verfahren sich besonders bei solchen Patienten anbieten, bei denen auf intellektuelle, sprachliche und persönliche Mitarbeit beim therapeutischen Vorgehen verzichtet werden muß. D.h. irreversible Altersveränderungen, die die Bewußtseinsfähigkeit einschränken, beeinträchtigen die Beeinflußbarkeit durch operante Verfahren nicht.

Verhaltenstherapeutische Untersuchungen zum Modellernen (Bandura, 1962) fehlen, obgleich ich dieser Form des Lernens im Rahmen stationärer Psychotherapie eine bedeutsame Rolle einräume. Die Erprobung von kognitiven und subjektiven Behandlungsansätzen steht noch aus. Es ist jedoch festzuhalten, daß bestimmte Konzentrations-, Selbstbeobachtungs- und Selbstbeurteilungsfähigkeiten, ein gewisses Abstraktionsvermögen usw. Voraussetzungen sind, um in einem Interview eine Symptomanalyse durchführen zu können. Dies sind jedoch Bedingungen, die ältere Psychotherapiepatienten häufig nicht erfüllen.

Je größer also die hirnorganisch bedingten Einbußen, desto mehr bietet sich die Anwendung operanter Verfahren an, da hier auf die aktive Mitarbeit des Patienten verzichtet werden kann. Dies gilt auch für schwere depressive Bilder, bei denen im Akutstadium noch keine differentialdiagnostische Entscheidung getroffen werden kann.

In der Ausbildung des Pflegepersonals für die gerontopsychiatrische Klinik und das Altenheim sollten Informationen über Lernbedingungen und Grundprinzipien verhaltenstherapeutischer Einflußnahme keinesfalls fehlen: Mit diesem

Wissen kann die reflektierende Haltung intensiviert und auch dem Gefühl der Hilflosigkeit entgegengewirkt werden.

Der Begriff „Humanistische Therapie" bezeichnet einen lokkeren Verbund verschiedener Therapieansätze, die durch ein ähnliches Menschenbild und einige Übereinstimmungen in den Prinzipien ihrer therapeutischen Arbeit gekennzeichnet sind. Im folgenden gebe ich einige Grundgedanken der Humanistischen Psychologie wieder.

5.1.2 Humanistische Behandlungsansätze

Die **Förderung** auf dem Weg zur **Selbstwerdung** ist das wesentliche Anliegen der humanistischen Psychologie. Von zentraler Bedeutung ist der existentiell gelebte und erfahrene Augenblick. Der Mensch wird nicht als das gesehen, was er ist, sondern wozu er sich jeweils durch die Tat macht und was erst dadurch sein Wesen ausmacht. Die menschliche Begegnung im Sinne des Austausches und der Auseinandersetzung wird als Kernpunkt der Selbstwerdung verstanden.

Folgende Grundannahmen leiten die therapeutische Praxis:

a. Im Streben nach **Autonomie** entwickelt der Mensch aus seiner biologischen und emotionalen Abhängigkeit heraus ein aktives Selbst, mit dem er Verantwortung für das eigene Leben übernehmen kann.

b. Neben der Befriedigung primärer Bedürfnisse wird als wichtige Antriebskraft ein Wachstumsbedürfnis bzw. ein Bedürfnis zur **Selbstverwirklichung** angenommen.

c. **Handlungen** werden als grundsätzlich durch Sinn- und Zielorientierung geleitet verstanden und bilden für das Bewußtsein eine Brücke zwischen innerer und äußerer Realität.

d. Der menschliche Organismus wird als eine **ganzheitliche Gestalt** von Gefühl, Vernunft, Leib und Seele angesehen.

Wachstums- und Selbstverwirklichungsbedürfnisse können jedoch erst dann als Ziel angestrebt werden, wenn die folgenden Grundbedürfnisse (Maslow, 1973) befriedigt sind:
- Physiologische Bedürfnisse wie Hunger, Durst und Sexualität,
- Bedürfnis nach Sicherheit,
- Bedürfnis nach Sozialkontakt (Zugehörigkeit und Liebe) und schließlich
- Bedürfnis nach Bestätigung und Wertschätzung.
- Damit grenzt sich die Anwendung dieser Therapieformen bei älteren Menschen auf einen kleinen Indikationsbereich ein.

Die Grundannahmen der klientenzentrierten Gesprächspsychotherapie wurden von Rogers (1942) in Anlehnung an die Arbeit Ranks, der ein Schüler Freuds war, entwickelt.

Gesprächspsychotherapie

Rogers' **Persönlichkeitstheorie** (1973 in 19 Thesen zusammengefaßt) fußt auf der Annahme, daß sich das „**Selbst**" des Menschen im Verlauf der frühen Kindheit aus den Körperwahrnehmungen in der Interaktion mit der Umwelt herausdifferenziert. Das Selbst organisiert und strukturiert seine Erfahrungen im Selbstbild. Im persönlichen Handeln als lebenslanger Prozeß zeigt eine Person ihr „wahres" Selbst. Psychische Störungen werden als Spannungen zwischen dem „wahren" und dem „falschen" Selbst verstanden, so daß es zur Inkongruenz zwischen dem Erleben des Organismus und dem Selbst kommt. Die Folge ist, daß Erfahrungen nicht mehr verarbeitet werden können, so daß die Selbststruktur gestört ist und schließlich zerbrechen kann.

Weiterhin postuliert Rogers eine **Aktualisierungstendenz**, die „den Menschen in Richtung auf das bewegt, was als Wachsen, Reife, Lebensbereicherung" bezeichnet wird (Rogers, 1983, S.491). Das menschliche Individuum ist von Natur aus positiv zu sich selbst und in bezug auf andere Menschen sozial angelegt. Entwicklung und Werden heißt nach Rogers Bewußtwerden bzw. Bewußtheit erlangen. Älterwerden ist seinem Konzept zufolge mit Entwicklung und Werden synonym, sofern der ältere Mensch zu seinem Wachstumspotential einen ausreichenden Zugang besitzt.

Die **Anwendung** dieser theoretischen Überzeugungen geschieht in der klientenzentrierten Gesprächsführung und/oder in der klientenzentrierten Gesprächspsychotherapie. Das Ziel der **Gesprächspsychotherapie** besteht darin, einen Zugang zum Wachstumspotential und zur Selbstaktualisierungstendenz des Patienten zu bekommen. Der Therapeut schafft durch die Gestaltung der therapeutischen Beziehung entsprechend der klientenzentrierten therapeutischen Grundhaltung die erforderlichen Voraussetzungen für einen Veränderungsprozeß. Er konzeptualisiert drei therapeutische Grundvariablen (1957):

1. **Akzeptanz** und **Wertschätzung** des Klienten und seiner Äußerungen
2. **Echtheit** und reales Zugegensein (Ganzheit im Sinne der humanistischen Psychologie)
3. **Einfühlendes Verstehen** (Verständnis, gezeigt durch die Verbalisierung emotionaler Erlebnisinhalte (VEE).

Diese Variablen auf Seiten des Therapeuten helfen ihm, die emotionalen Erlebnisinhalte von Seiten des Klienten aufzugreifen und sie dem Patienten/Klienten zu formulieren (zu spiegeln). Auf diese Weise bewirkt der Therapeut verstärkte Selbstexploration auf Seiten des Klienten und ein verbessertes emotionales Wohlbefinden und auf dieser Grundlage auch psychische Veränderungen.

In der **Gesprächsführung** nach dem klientenzentrierten Konzept sollen die o.g. Grundvariablen auf Seiten des Therapeuten realisiert werden, um in den verschiedensten Bereichen (Beratung, Pflege) das subjektive, gefühlshafte Erleben aufzunehmen und dem Gegenüber das Gefühl zu geben, in seiner emotionalen Situation Verständnis zu bekommen.

Frau U. fragt: Was soll ich nur machen? Der Umzug ins Altenheim steht mir so bevor, die Kinder wollen das unbedingt, ich fürchte, daß ich ihr ganzes Geld verbrauche – was soll ich nur machen?
Richtig: „Sie haben so große Angst vor der Veränderung, die Ihnen bevor steht!"
Falsch: „Ach das brauchen sie doch nicht" (Ausreden). „Das wird schon alles gut gehen" (Beschwichtigung). „Sie und ihre Kinder haben doch genug Geld" (Rationalisierung).

Rogers selbst setzt keine Altersgrenzen für eine gesprächspsychotherapeutische Behandlung. Er betont, daß er selbst keine Erfahrung mit älteren Klienten habe (Rogers, 1970). Einschränkend wird für die therapeutische Anwendung ein ausreichend vorhandenes Wachstumspotential beim älteren Hilfesuchenden vorausgesetzt.

Es liegen nur wenige Arbeiten über die Anwendung der Gesprächs**psychotherapie** bei älteren Menschen vor. Aufgrund erster Erfahrungen auf dem Hintergrund der gerontopsychiatrischen Ambulanz der Universitätspoliklinik FU Berlin (Junkers, 1974) konnte ich belegen, daß „Gespräche nach dem klientenzentrierten Konzept von alterspsychiatrischen Patienten als hilfreich empfunden werden und positive Effekte zeigen". Die Gesprächs**führung** nach klientenzentriertem Konzept fand bisher eher Anwendung. Von Sozialarbeitern, Sozialpädagogen, von Seelsorgern und Telefonseelsorgern werden positive Erfolge berichtet (z.B. Rönnecke et al., 1976).

Die Gesprächspsychotherapie wurde unter fortwährender empirischer Kontrolle entwickelt. Ihr fehlt jedoch eine ausgearbeitete Theorie der Persönlichkeit und der Krankheitsentstehung. Ein klar formuliertes Wirkungsmodell der Gesprächspsychotherapie wurde zugunsten der empirischen Forschung vernachlässigt. In der therapeutischen Arbeit dominiert das „Hier und Jetzt". Die angestrebte korrigierende emotionale Erfahrung zielt auf eine Verbesserung der seelischen Funktionstüchtigkeit im emotionalen und sozialen Bereich, nicht primär auf die Behebung des Symptoms, wie z.B. die Verhaltenstherapie.

Die klientenzentrierte Gesprächspsychotherapie ist bei älteren Patienten erfolgreich angewendet worden. Um die erwünschte Klientenvariable „Selbstexploration" zu errei-

Kritische Würdigung

chen, bedarf es auf Seiten des Patienten einer guten intellektuellen Leistungsfähigkeit. Um zu erreichen, daß sich der Patient angenommen fühlt, ist ein einfühlendes Verstehen und die Verbalisierung emotionaler Erlebnisinhalte Voraussetzung.

Nicht nur ein therapeutisches, sondern auch ein Beratungsgespräch kann mit der klientenzentrierten Haltung durchgeführt werden. Die klientenzentrierte therapeutische Haltung ist aber für **jeden** Umgang, also auch in der Pflege und Betreuung sehr zu empfehlen. Vor allem in der Arbeit mit dementiell erkrankten Patienten ist das Training hilfreich, sich als Betreuer nicht auf Sachdiskussionen einzulassen, sondern sich nur auf die Gefühlsebene zu beschränken (Vgl. Validation, Kap. 5.3.2).

Frau V. lebt im Altenheim wegen Verwirrtheitszuständen. Sie ist überzeugt, daß ihre Tochter am Nachmittag zu Besuch kommt.
richtig: „Sie sehnen sich so nach Ihrer Tochter".
Falsch: „Ich habe Ihnen doch schon so oft gesagt, ihre Tochter kommt heute nicht".

Gestalttherapie

Die Gestalttherapie wurde von F. Perls (1893-1970) ausgearbeitet und gründet sich auf psychoanalytische Ansätze der 20er und 30er Jahre. Sie ist dem Gedankengut der Gestaltpsychologie und des Existentialismus verbunden.

In der Gestalttherapie wird der Mensch als ein Organismus angesehen, der als Ganzes in einem fortwährenden Prozeß funktioniert. Die Gestalttherapie überträgt den Satz aus der Gestaltpsychologie „Das Ganze ist mehr als die Summe seiner Teile" auf die Vorstellung vom Funktionieren der Persönlichkeit.

Perls (1975) versteht unter **Persönlichkeit** das System dessen, was der Mensch sich zu eigen gemacht hat und was er dadurch geworden ist. In neueren Ansätzen steht für den Begriff der Persönlichkeit jener der Identität. Die Gestalttherapie geht davon aus, daß der menschliche Organismus die Fähigkeit besitzt, sich in seinem Umfeld selbst zu regulieren, sofern das Umfeld nicht störend eingreift.

Aus gestaltpsychologischer Sicht gehört zur **psychischen Gesundheit** die Fähigkeit zu flexiblen und intakten Gestaltbildungsprozessen des Selbstes und des Ichs und damit die Fähigkeit zu lebenslangem Wachstum und Reifung; es besteht also ein regulatorischer Balanceakt des Organismus, um zwischen Innen und Außen zu vermitteln. Die Bewußtmachung unerwünschter Gefühle und die Fähigkeit, sie zu ertragen, ist das erklärte **Ziel** dieser Therapieform. Die Übereinstimmung zwischen den Gefühlen und den Gedanken der Person soll auf diese Weise wiederhergestellt werden. Es wird angenommen, daß durch die Überzeugung: „Ich bin, was ich jetzt tue" eine Entautomatisierung bewirkt werden kann.

Im Unterschied zur Psychoanalyse wird wie in der Gesprächspsychotherapie im **Hier und Jetzt**, aber ohne die Übertragung zu berücksichtigen, an der augenblicklichen Beziehung gearbeitet.

Kontakt wird als die Grundlage von Stimulierung und Erregung verstanden, als Kernstück des menschlichen Seins: Das Ich aktualisiert sich im wahrnehmenden und handelnden Kontakt mit den Dingen. Der **bewußten Wahrnehmung** wird für den Kontakt eine große Bedeutung beigemessen. **Verantwortung** wird als die **Fähigkeit zum Antworten**, d.h. auf eine Situation adäquat zu reagieren begriffen. Erst auf diesem Hintergrund kann sich Hilfe zur Selbsthilfe entwickeln.

Im Zentrum der gestalttherapeutischen Arbeit steht die Schaffung des Bewußtseins über aktuell ablaufende Prozesse. Am Anfang der Psychotherapie wird eine Bestandsaufnahme der aktuellen Situation einschließlich eines Überblickes über den Lebenszusammenhang erarbeitet. Der Therapeut gibt Anregungen, registriert und akzeptiert Widerstände und versucht ein Vertrauensverhältnis aufzubauen. Er bemüht sich dabei, dem Patienten über die Wahrnehmung zu helfen, seine Erlebnisse zu intensivieren, damit er das von ihm selbst nicht akzeptierbare Verhalten besser annehmen lernt. Die Bereiche körperliche Situation und Leistungsfähigkeit, intellektuelle Aktivität, emotionale Befindlichkeit, Situation im sozialen Feld sowie die Situation im Lebensumfeld sollten angesprochen werden. Er deutet und interpretiert das Verhalten des Patienten dabei jedoch nicht.

Ziel der Gestalttherapie bei **Älteren** wäre etwa, zu lernen, was für das Individuum förderlich und was schädlich ist, um ein Gespür zu gewinnen, wie der ältere und alte Mensch seine Selbstregulation blockiert. Ein gewisses „Disengagement" im Sinne einer Erfahrung nach innen wird zwar als der Integration von Erlebnissen und Erfahrungen des Lebens förderlich angesehen. Aber mit Hilfe multipler Stimulierung auf körperlicher, emotionaler und kognitiver Ebene sollte Involutionsprozessen entgegengewirkt werden (Petzold, 1979). Der selbstbewertende Rückblick auf das eigene Leben ist zu finden.

Die verschiedensten Aktivitäten des alten Menschen werden dann im Sinne eines Zeitplanes strukturiert. Hinsichtlich der eigentlichen therapeutischen Arbeit kann ein konfliktzentriertes, ein erlebniszentriertes und ein übungszentriertes Vorgehen den Mittelpunkt der Arbeit bilden. Weiterhin ist die körperliche Aktivierung fester Bestandteil des therapeutischen Programmes. Kontakttraining, intellektuelles Training und Planung von Freizeitaktivitäten runden die Behandlung ab.

Kritische Würdigung

Die Gestalttherapie kann auch für alte Menschen ein geeigneter Ansatz sein. Ihr fehlt jedoch ebenfalls eine ausgearbeitete Persönlichkeitstheorie einschließlich einer Entwicklungstheorie. Die Anwendung bei Älteren ist auf eine sehr enge, weil noch geistig und emotional relativ leistungsfähige, ambulant hilfesuchende Gruppe eingeschränkt; Elemente der gestalttherapeutischen Arbeit sind auch in der Gruppenarbeit verwendbar. Diese Therapieform wird in der Regel nicht von der Krankenkasse finanziert.

Dennoch wenden einige Psychologen mit einer speziellen Ausbildung in dieser Therapieform Elemente dieser Technik auch in der Behandlung älterer Menschen an. Leider liegen jedoch dazu kaum Berichte vor.

Systemische Therapie und Familientherapie

Die verschiedenen theoretischen Ansätze der systemischen Therapie zielen auf eine Hilfestellung für das Beziehungssystem der Familie als einer Einheit, zu der auch ältere Familienmitglieder gehören. Mit ihrer Begründung und Entwicklung sind Namen wie Minuchin, Palo Alto Gruppe (Bateson Haley, Fry und Weakland) sowie in Deutschland Stierlin verbunden. Die Familientherapie orientiert sich weniger an Phantasien, sondern mehr am Faktischen: Der Ansatz konzentriert sich ausschließlich auf die Situation im Hier und Jetzt sowie die direkte Beobachtung.

Trotz der theoretischen und technischen Unterschiede zwischen den einzelnen Familienforschern läßt sich doch ein gundlegender Minimalkonsens zusammenfassen. Ich gebe im folgenden die von Weakland und Herr (1988) aufgezählten Punkte wieder:

1. Kommunikation und Interaktion üben einen großen Einfluß auf die Gedanken, Gefühle und das Verhalten sowie die Handlungen der Beteiligten aus.

2. Wie ein Mensch im Hier und Jetzt interagiert, beeinflußt im positiven wie im negativen Sinne die Lebensbewältigung der Betreffenden.

3. In jeder länger dauernden Beziehung entwickeln sich bestimmte dauerhafte Interaktionsmuster. Die Annahme einer wechselseitigen Verstärkung begründet, das Augenmerk auf die zirkuläre Kausalität zu legen und nicht auf eine historische.

4. Auch wenn diese Interaktionen in jedem sozialen System auftauchen können, ergibt sich die besondere Bedeutung der Familie aus ihrer Allgegenwart sowie ihrer Langlebigkeit.

5. Als „Problem" wird ein bestimmtes dauerhaftes Ver-

halten bezeichnet, unter dem der Betroffene selbst oder seine Umwelt leidet; es wird angenommen, daß es ein System aufrechterhaltender Bedingungen gibt.

6. Zur Lösung muß entweder das Verhalten oder aber die Einstellung zum Problem verändert werden.

7. Es ist die Aufgabe des Beraters oder Therapeuten, zur Veränderung von Einstellung oder Verhalten zu verhelfen.

Stierlin (1978) beschrieb die Delegation von Generation zu Generation: eine Generation gibt der nächsten etwas weiter. Jüngere, die therapeutische Hilfe suchen, verweigern oftmals das, was sie von den Alten bekommen. Der „gestörte" Dialog wurzelt seiner Ansicht nach in einer magisch anmutenden Angst vor den Eltern, deren Macht als übertrieben wahrgenommen scheint: Das Auffällige dabei ist immer die Strenge der Überlieferung. Im Gegensatz zu den Erwartungen erweisen sich die ältere Generation sowie die Jüngeren in therapeutischen Gesprächen meist relativ flexibel, wogegen sich gerade die mittlere Generation durch eine große Festgelegtheit und Starre ausweisen.

Psychodynamisch fällt die relative Abwesenheit der Männer bei der Mehrgenerationenbetrachtung auf; die Mütter, gleich welchen Alters, haben meist einen erstaunlichen Sinn für das Reale, die Fakten. Sie geben auch die Werte weiter.

Johannsen (1994) zeigt am Beispiel Demenzkranker eindrücklich auf, wie das familientherapeutische Vorgehen nach den folgenden Punkten vor sich gehen kann:

1. Der Patient mit seinen Symptomen wird im **Kontext** seiner Beziehungen zu verstehen versucht.

2. Das nach innen und außen unterschiedliche Beziehungsgefüge wird definiert.

3. Mit Hilfe des zirkulären Fragens werden das Verhalten und die Mitteilungen der Beteiligten in ihrer wechselseitigen Bedingtheit gesehen.

4. Die subjektiven Sichtweisen werden ausdrücklich anerkannt, die objektiven eher vernachlässigt.

5. In einem kybernetischen Krankheitsmodell werden die Symptombildungen als kommunikativer Akt aufgefaßt.

6. Da alle Beteiligten als verantwortlich angesehen werden, werden sie als aktiv einflußnehmende Täter und Handelnde aufgefaßt.

7. Das therapeutische Vorgehen ist ressourcenorientiert und gibt Anstöße, eigene Problemlösungsformen zu erarbeiten.

Johannsen faßt zusammen, daß Veränderungen nur in dem Maße möglich sind, wie sie von den Beteiligten, vor allem von den Therapeuten selbst, überhaupt für möglich gehalten werden.

Kritische Würdigung

Die familientherapeutische Ausbildung ist gegenwärtig unter den Psychologen sehr beliebt und verbreitet. Insofern ist zu erwarten, daß in kurzer Zukunft mehr Erfahrungsberichte vorliegen werden, die eine Evaluation der Anwendbarkeit dieses Therapieansatzes bei älteren Menschen zulassen.

5.1.3 Psychoanalyse

Der Begründer der Psychoanalyse, Sigmund Freud (1856 – 1939) hat sich im Laufe seines Lebens über das Alter und den Alternsprozeß kaum explizit geäußert. Seine Überzeugung, daß die psychoanalytische Behandlungstechnik ab dem 45. bis 50. Lebensjahr nicht mehr erfolgreich anzuwenden sei, führte dazu, daß die psychoanalytische Theorie bisher selten als Verständnis- und Erklärungsmöglichkeit seelischen Alterns herangezogen worden ist. Es wird vermutet, daß Freuds Annahme über die Erstarrung seelischer Vorgänge eng mit seiner Biographie und der erlebten Unveränderbarkeit der Beziehung zu seinen alten Eltern verknüpft ist. So äußert er z.B.: „Das Alter der Kranken spielt bei der Auswahl zur psychoanalytischen Behandlung insofern eine Rolle, als bei Personen nahe an oder über fünfzig Jahre einerseits die Plastizität der seelischen Vorgänge zu fehlen pflegt, auf welche Therapie rechnet – alte Leute sind nicht mehr erziehbar – und andererseits das Material, welches durchzuarbeiten ist, die Behandlungsdauer ins Unübersehbare verlängert" (1905).

„Bei einer anderen Gruppe von Fällen wird man durch ein Verhalten überrascht, das man nur auf eine Erschöpfung der sonst zu erwartenden Plastizität, der Fähigkeit zur Abänderung und Weiterentwicklung beziehen kann. Auf ein gewisses Maß von psychischer Trägheit sind wir in der Analyse wohl vorbereitet; wenn die analytische Arbeit der Triebregung neue Wege eröffnet hat, so beobachten wir fast regelmäßig, daß sie nicht ohne deutliche Verzögerung begangen werden .... Aber bei den Fällen, die hier gemeint sind, erweisen sich alle Abläufe, Beziehungen und Kraftverteilungen als unabänderlich fixiert und erstarrt. Es ist so, wie man bei sehr alten Leuten findet, durch die sog. Macht der Gewohnheit, die Erschöpfung der Aufnahmefähigkeit, durch eine Art von psychischer Entropie erklärt" (1937). In einigen Briefen erwähnt er darüber hinaus weitere unbefriedigende Therapieversuche mit älteren Patienten.

Obgleich Abraham (1919), Ferenczi (1921) und Jelliffee (1925) über Behandlungserfolge mit Patienten der 2. Lebenshälfte (50 und 55 Jahre) berichten, wurde lange Zeit wegen der angeblichen Fixierung und Erstarrung seelischer Vorgänge im Alter, des mangelnden Interesses an psychischer Gesundheit im Alter und der großen Menge des durchzuarbeitenden Materials ein therapeutischer Pessimismus fortgeschrieben. Dieser beeinflußte auch die skeptische Erwartungshaltung anderer psychotherapeutischer Schulen gegenüber der Therapierbarkeit älterer Menschen.

Abraham ist der erste, der sich in bezug auf die Behandelbarkeit älterer Menschen positiv äußert: „Prognostisch günstig sind auch noch im fortgeschrittenen Alter diejenigen Fälle, in welchen die Neurose mit voller Schwere erst eingesetzt hat, nachdem der Kranke sich schon längere Zeit jenseits der Pubertät befunden und sich mindestens etliche Jahre hindurch einer annähernd normalen sexuellen Einstellung und sozialen Brauchbarkeit erfreut hat" (Abraham, 1919; S.265f). Ferenczi (1921), Schilder (1925) und Grotjahn (1940) interessierten sich besonders für die Psychodynamik senil dementer, hirnorganisch veränderter alter Menschen, ein Fragenkomplex, der bisher leider nie wieder aufgegriffen worden ist (Kap. 6.1).

Seit 1963 befassen sich Mitglieder der „Boston Society for Gerontological Psychiatry" mit entsprechenden Fragestellungen, von denen 1967 im Journal of Geriatric Psychiatry berichtet wird. In verschiedenen Arbeiten wird aufgezeigt, daß man durch einige Modifikationen der Therapie den Bedürfnissen der älteren Patienten gerechter zu werden versucht (Merloo, 1953; Goldfarb, 1956; Wolff, 1963). Erikson (1966) erweiterte die psychische Entwicklung des Menschen auf den gesamten Lebenslauf und leistete damit einen wissenschaftlichen Beitrag zur psychoanalytischen Lebenslaufforschung, ohne jedoch direkt von therapeutischer Arbeit zu berichten. Jaques (1965) nimmt an, daß die wesentliche Entwicklungsaufgabe jenseits der Lebensmitte in der Durcharbeitung der „depressiven Position" (Klein, 1948) liegt. Dementsprechend hebt er für die therapeutischen Bemühungen hervor, daß es im Wesentlichen um den Einfluß auf die gestörte oder nicht genügend entwickelte Fähigkeit zu gehen habe, Konflikte und Ambivalenz ertragen zu lernen. Die Anzahl wissenschaftlicher Arbeiten, die sich aus psychoanalytischem Blickwinkel mit der Erforschung des Alterns beschäftigen, bleibt jedoch bis heute erstaunlich gering.

In Deutschland beschäftigt sich vor allem Radebold mit den Möglichkeiten und Grenzen psychoanalytischer Therapie mit älteren Menschen. Aufgrund der Literaturdurchsicht wie auch aufgrund eigener Erfahrungen ist Radebold (1992) der Ansicht, daß psychoanalytische Therapie mindestens bis zum 75. bzw. 80. Lebensjahr möglich sei. Allerdings weist auch er darauf hin, daß man bei älteren Patienten einige Modifikationen der Technik vornehmen müsse. Er schränkt weiterhin ein, daß ebenfalls eine veränderte Zielsetzung für die Behandlung Älterer notwendig sei: Anstelle einer vorwiegend kausalen Behandlung von Neurosen und psychosomatischen Störungen durch einen langfristigen psychoanalytischen Prozeß mit entsprechenden Veränderungen der Gesamtpersönlichkeit müsse das Ziel der Therapie im höheren Lebensalter in der **Bearbeitung abgegrenzter Konflikte und Problembereiche** liegen. Nach seinen Erfahrungen lassen sich langfristig chronifizierte neurotische Erkrankungen mit ausgeprägtem sekundären Krankheitsgewinn ebensowenig behandeln wie psychosomatische Erkrankungen in dieser Altersphase. Im Gegensatz zu jüngeren Neurotikern bedürften die Älteren jedoch eines Anstoßes: „Sie fanden den Zugang zu dem bereitliegenden psychischen Material nicht selbständig. Sobald man ihnen aber kleine Anregungen gab, etwa in Gestalt eines Hinweises auf bereits Besprochenes, so produzierten sie gleich Einfälle".

Grundannahmen der Psychoanalyse

Der Begriff der Psychoanalyse als **Theorie des menschlichen Erlebens und Verhaltens** wird von Freud eingeführt und theoretisch sowie methodisch ausgearbeitet. Er bezeichnet die Psychoanalyse als die Wissenschaft von den unbewußten seelischen Vorgängen. Die Psychoanalyse als Methode zur Erforschung psychischer Vorgänge wie auch als Behandlungsmethode beinhaltet darüber hinaus auch eine:

- Entwicklungspsychologie
- Persönlichkeitspsychologie
- allgemeine und klinische Psychologie
- Kulturtheorie zu sein.

Einige wichtige Grundannahmen der Psychoanalyse wurden bereits in Kap. 2.1 zum Verständnis der frühkindlichen Entwicklung dargestellt; hier sei noch einmal stichwortartig daran erinnert:

- Die wesentlichen Teile des menschlichen Seelenlebens sind unbewußt. Das Unbewußte kennt z.B. keine Zeit und keinen Tod, insofern sind auch Altern und Sterben im Unbewußten nicht repräsentiert. Mit dieser Annahme unterscheidet sich die Psychoanalyse von allen anderen Persönlichkeitstheorien über das Funktionieren des menschlichen Seelenlebens.
- Jedes Erleben und Verhalten ist nur als Ergebnis von vorausgegangenen psychischen Ereignissen vorstellbar (Lehre vom psychischen **Determinismus**). Das psychische Geschehen des erwachsenen und alten Menschen ist nur als

Ergebnis des vorausgegangenen, subjektiv erlebten Lebenslaufes einschließlich seiner psychischen Bewältigungsgeschichte zu verstehen.
- Jeder psychische Vorgang ist als Versuch zu verstehen, ein **psychisches Gleichgewicht** aufrechtzuerhalten. Auch psychische Krankheit im Alter ist deshalb nicht als defizitärer Vorgang, sondern als Bewältigungsversuch anzusehen, um mit veränderten Bedingungen fertig zu werden.
- Die Psychoanalyse geht schließlich davon aus, daß grundlegende **Objektbeziehungsmuster** in der frühen Kindheit erworben werden. D.h. auch im Alter sind die verinnerlichten Beziehungen zu frühen Bezugspersonen wie Mutter, Eltern und Geschwistern von großer Bedeutung; immer noch lebendig werden sie in der sogen. Übertragungsreaktionen (s.u.) erinnert bzw. reaktualisiert. Die allgemeinpsychologische Forschung bestätigt uns darüberhinaus: je später im Leben ein mitmenschliches Ereignis stattfindet, desto eher wird es vergessen; Kindheitserfahrungen werden am besten erinnert.

Als **Metapsychologie** wird das Gesamt der theoretischen Annahmen der Psychoanalyse über das Funktionieren der menschlichen Seele bezeichnet. Folgende Gesichtspunkte werden dabei unterschieden:

Der **dynamische Gesichtspunkt** der Metapsychologie bezieht sich auf die Dynamik psychologischer Kräfte, die auf angenommene Triebenergien zurückgeführt werden. „Wir nehmen an, daß die Kräfte, welche den seelischen Apparat zur Tätigkeit antreiben, in den Organen des Körpers erzeugt werden als Ausdruck der großen Körperbedürfnisse ... Alle Energie im Es ... stammt von ihnen" (Freud, 1926). Diese Kräfte stellen sich in Trieben, Affekten, Ich-Interessen und auch Konflikten dar.

Obgleich die Triebtheorie zu den umstrittensten theoretischen Annahmen der Psychoanalyse gehört, möchte ich doch darauf hinweisen, daß einige Autoren eine alterstypische Veränderung der Triebtätigkeit annehmen: Schumacher (1973) spricht **quantitativ** von einer Abnahme der Triebstärke und **qualitativ** von einer regressiven Umwandlung der Triebtätigkeit: frühere Triebziele gewinnen wieder mehr an Bedeutung (z.B. gewinnt für einige alte Menschen das Essen und die Verdauung eine größere Bedeutung als die genitale Sexualität (Kap. 2.1.2). Von der Annahme einer allgemeinen Triebinvolution mit zunehmendem Alter (Berezin, 1963; Zinberg, 1963) wird inzwischen weitgehend Abstand genommen. Eigene Erfahrungen mit älteren Psychotherapiepatienten und betreuungsbedürftigen alten Menschen legen die

Annahme nahe, daß sich eher die Möglichkeiten zur Kontrolle und Steuerung der Triebe verändern als die Triebtätigkeit selbst.

Der **ökonomische Gesichtspunkt** der Metapsychologie bezieht sich auf die Aufrechterhaltung des seelischen Gleichgewichtes: Die seelische Tätigkeit hat die „ökonomische" Aufgabe, „die im seelischen Apparat wirkenden Erregungsgrößen (Reizungen) zu bewältigen und deren Unlust schaffende Stauung hintanzuhalten" (Freud, 1916/17). Durch die vielfältigen beschriebenen Veränderungen der körperlichen Funktionstüchtigkeit, der Veränderungen der sozialen Umwelt etc. kann es aufgrund der vermehrten psychischen Arbeitsanforderung zur Gefährdung des psychischen Gleichgewichtes kommen.

Der **strukturelle Gesichtspunkt** besagt, daß seelisches Geschehen in der psychoanalytischen Theorie als kompliziertes Wechselspiel innerhalb psychischer Strukturen verstanden wird. Freud spricht vom **psychischen Apparat** und meint damit, daß die Seele in drei Bereiche untergliedert vorstellbar ist, die er ICH, ES und ÜBER-ICH nennt.

Das **Ich** ist primär ein körperliches, sagte Freud. Es ist vorstellbar als das Endergebnis einer langen Entwicklung der Anpassungsmöglichkeiten eines Menschen aus seinen ursprünglich „körperlichen Wurzeln". Es hat die Aufgabe der Triebbewältigung, der Vermittlung zwischen libidinösen und aggressiven Triebimpulsen, zwischen Ansprüchen des Über-Ichs und des Ich-Ideals sowie den Anfordernissen zwischen Innen und Außen. Es dient damit der Anpassung an veränderten Bedingungen und steht deshalb im Dienste der Selbsterhaltung.

Freud betont die bedeutende Rolle der Sinnesleistung, also der Wahrnehmung für das Ich, die er mit der Bedeutung der Triebe für das Es vergleicht (1923). Außer der Wahrnehmung sind auch die Motorik, das Handeln sowie alle Abwehr- bzw. die Bewältigungsvorgänge dem Ich zuzurechnen.

Wird der Seele die somatische Basis ihres Funktionierens über Krankheit und Behinderung genommen, so kann es – über körperliche Vorgänge vermittelt – zu einer **Ich-Schwächung** kommen. So kann z.B. aus der Einschränkung von Motorik und Motilität eine Einschränkung der Abfuhrmöglichkeiten psychischer Energien entstehen, die für die Aufrechterhaltung des psychischen Gleichgewichtes notwendig wäre. Oder bei einer Seh- und Hörschwäche kann es aufgrund mangelnder Korrekturmöglichkeiten zum Überhandnehmen der inneren seelischen Welt kommen. Das Ich als anpassungsorientierte psychische Struktur hängt also von der somatischen Intaktheit eines Menschen ab. Durch eine

Schwächung des Ichs wird die Abwehr und damit auch die Fähigkeit zur Anpassungsleistung sowie zur Selbsterhaltung gefährdet. Je stabiler die Ichstruktur, desto weniger wirkt sich eine körperliche Veränderung im seelischen Bereich aus.

Zu den wichtigsten **Ich-Funktionen** zählen wir: Das Denken, das Gedächtnis, die Sprache, die Realitätsprüfung, die Steuerung der Triebenergie etc. Können diese nicht die notwendige Entwicklung bis zur Reife durchlaufen, so können einzelne Ich-Leistungen von früh an defizitär bleiben. Die Fähigkeit des Ichs, Einschränkungen und Bedrohungen des Alters ertragen zu können, hängt nicht nur von der Qualität der früheren Objektbeziehungen ab, sondern auch von der bisher erreichten Autonomie und den bisherigen Befriedigungsmöglichkeiten, die ein Mensch in seinem bisherigen Leben finden konnte; auch davon, ob er überhaupt das Gefühl von Zufriedenheit für sich erleben konnte (Kap. 6.).

Zur gesunden **Ich-Entwicklung** gehört auch die Ausbildung von Ritualen und **Gewohnheiten**, die im Alter als wichtige stabilisierende Hilfsmaßnahmen in Anspruch genommen werden können: Je mehr es gelingt, alte Gewohnheiten beizubehalten, desto wahrscheinlicher ist es, ein gewisses psychisches Gleichgewicht aufrechterhalten zu können.

Dem **Es** werden die psychischen Repräsentationen der Triebe, und damit auch der unbewußten Phantasien zugeordnet. Außerdem ist dem Es all das zuzurechnen, was verdrängt wurde. Das Es ist von allen Strukturen am umweltunabhängigsten. Im Es existiert keine durch Logik geprägte Gesetzmäßigkeit; es kennt keine Moral, keine Zeit, deswegen kein Alter und keinen Tod. So wird die Annahme verständlicher, daß die Welt der (unbewußten) Wünsche von der Kindheit bis ins hohe Alter konstant bleibe (Freud, 1933). Grotjahn (1955) betont: „Seit der Kindheit bestehende Wünsche verblassen nicht, sondern warten immer darauf, an die Oberfläche zu kommen". Diese unbewußten Wünsche tragen zur Entwicklung des Charakters, also dem Typischen und Einmaligen eines Menschen bei. Das Es wird durch das Phänomen des Alterns am wenigsten tangiert.

Das **Über-Ich** ordnet Freud dem normativen Bereich zu: Es enthält das Gewissen und die Ideale des Menschen, wie z.B. das persönliche Ich-Ideal in Form von Wert- und Zielvorstellungen, aber auch die Identifizierungen mit den Eltern. Es vertritt gegenüber dem Ich fordernde, lobende, kritisierende und strafende Anteile.

Von allen psychischen Strukturen wird das **Ich** durch den Alternsprozeß am meisten tangiert. Ich habe deshalb aus psychoanalytischem Blickwinkel das Ich als den Ort des Alternserlebens bezeichnet (Junkers, 1991). Je stärker die Ichstruktur in der frühen Entwicklung ausgebildet werden konnte, desto wahrscheinlicher ist, daß die Bedingungen des Alterns erfolgreich bewältigt werden können. Je schwächer das Ich, desto größer die Gefahr einer psychischen Dekompensation im Alter. Da das Ich primär ein körperliches ist, ist eine weitestmögliche (Wieder-) Herstellung körperlicher Integrität und Gesundheit auf psychischer Ebene als Ich-Stärkung zu verstehen (Restitution des Körper-Ichs).

Die vielzitierten vermehrten Belastungen des Alterns erfordern verstärkte Abwehrleistungen. Das Ich bedient sich zur Vermeidung von Unlust und psychischem Schmerz verschiedener **Abwehrmechanismen**. A. Freud beschrieb folgende Abwehrvorgänge: Projektion, Spaltung, Verleugnung, Verdrängung, Verschiebung, Wendung gegen das eigene Selbst, Reaktionsbildung, Intellektualisierung, Rationalisierung, Isolierung, Ungeschehenmachen, Identifizierung mit dem Aggressor, Introjektion und Regression.

Mit dem Älterwerden treten die Abwehrmechanismen deutlicher als in jüngeren Jahren hervor. Da sich der Charakter wesentlich aufgrund der individuellen Abwehrformen entwickelt, ist damit auch erklärbar, weshalb sich Charakterzüge mit zunehmendem Alter verschärfen. Gleichzeitig wird mit regressiven Prozessen auf früher benutzte Mechanismen (primitivere = genetisch frühere wie z.B. der Projektion und der Spaltung) zurückgegriffen. Viele Autoren sprechen von einer **Entdifferenzierung der Abwehrvorgänge** im Alter (Schumacher, 1973). So wäre etwa das Überhandnehmen von Projektionen bei paranoiden Entwicklungen (das Böse, Unangenehme wird nach außen projiziert und als Verfolgung, Vergiftung etc. empfunden, ein Vorgang, der durch zerebrale Störungen wie auch Ausfälle der Sinnesfunktionen, vor allem Seh- und Hörstörungen, begünstigt werden kann) zu verstehen. Auch körperliche Veränderungen und Ausfälle bieten sich an, um für Abwehrzwecke genutzt zu werden („wegen meiner Arthrose kann ich dies und das nicht mehr"). Das Alter macht u.U. auch hinsichtlich der Abwehrmöglichkeiten eine Umorientierung notwendig: Hat eine Frau ihren psychischen Spannungen häufig mit ihrer Umsetzung in aktive Hausarbeit begegnen können und ist dies z.B. aufgrund körperlicher Einschränkungen nicht mehr möglich, so müssen neue Abwehrformen gefunden werden. Schließlich dient auch rigides und konservatives Verhalten letztlich der Aufrechterhaltung eines seelischen Gleichgewichtes und damit Abwehrzwecken.

Der Begriff des **Konfliktes** bildet den Kern der psychoanalytischen Vorstellung von **Neurosen**. Ein Konflikt wird durch zwei einander widerstrebende Tendenzen gekennzeichnet und ist durch das Empfinden von Spannung begleitet. Spannungen zwischen den eigenen Wünschen und den Versagungen durch die Umwelt gehören zur frühkindlichen Entwicklung dazu. Krankmachend wirken solche Konflikte, deren bestmögliche Lösung die alters- und persönlichkeitsentsprechenden Möglichkeiten des Kindes übersteigen. Ein Konflikt im Erwachsenen- und Alterserleben belebt meist einen seiner Struktur nach ähnlichen Konflikt aus der Kindheit wieder: Ein Mensch, der z.B. das „Ich kann noch nicht" aufgrund einer für kindliches Erleben wenig einfühlsamen Mutter besonders schmerzlich erlebt hat, wird unter dem Erleben im Alter: „Ich kann nicht mehr" vergleichbar stärker als andere Menschen leiden.

Angst wird als Indikator einer bewußten oder unbewußten Bedrohung verstanden und verlangt nach Beseitigung. Realangst (die z.B. das Erkennen einer lebensbedrohlichen Situation begleitet) ist zum Überleben unerläßlich; **neurotische Angst** stammt dagegen aus verinnerlichten psychischen Konflikten. **Jede Neurose ist als ein fehlgeleiteter Versuch des Ich beschreibbar, Angst, Unlust und seelischen Schmerz zu vermeiden.**

Frühkindliche Ängste können in jedem Lebensabschnitt wiederbelebt werden. A. Freud unterscheidet:

- Trennungsangst
- Angst vor Liebesverlust
- Angst vor Strafe
- Kastrationsangst. Insofern entscheiden die individuell verschieden ausgeprägten Fähigkeiten der Angstbewältigung über das seelische Gleichgewicht. Das Ich beschreibt Freud als die Stätte der Angst (1923); es setzt Abwehroperationen nach dem Muster der Abwehr gegen einen äußeren Reiz im Innern in Gang. Das Ich benutzt auch die Angst zum Schutz seiner selbst.

Während Angst zu jedem normalen Leben gehört, wird eine **Phobie** als krankhafte Angst vor etwas Bestimmten bezeichnet. Phobien scheinen im Alter seltener aufzutreten, Ängstlichkeit dagegen tritt häufiger auf. Denkt man an eine Bedrohung des Lebensvollzuges durch eine unsicher gewordene somatische Basis, so ist die Zunahme von Angst im Alter verstehbar:

a. Angst eines Menschen vor Verlusten im Alter hat eine reale Basis: sie werden wahrscheinlicher.

b. Ängste vor Liebesverlust sind meist unbewußt. Das Nicht-mehr-Können wird häufig deshalb als so bedrohlich empfunden, weil die unbewußte Vorstellung besteht:

„Wenn ich nicht mehr kann, werde ich nicht mehr gemocht". In diesem Zusammenhang steht die Angst vor Leistungsversagen.

c. Viele Ältere erleben eine Behinderung oder Krankheit als Strafe, für die unbewußte Schuldgefühle die Basis bieten.

d. Ängste im Alter richten sich bevorzugt auf den durch Störung bedrohten Körper.

e. Gelegentlich geäußerte Lebensangst stellt meist eine Intellektualisierung anderer Insuffizienzgefühle dar („Ich glaube die Anforderungen, die das Leben an mich stellen wird, nicht bewältigen zu können, weil ich bestimmte Wiederholungen, die ich kenne, fürchte").

f. Die häufig im Zusammenhang mit dem Alter besprochene Todesangst ist m.E. selten direkt fühlbar; es wurde bereits erwähnt, daß das Unbewußte keine Zeit, und deshalb auch den Tod nicht kennt. Meist entpuppt sich die Todesangst als die individuell „schlimmste" vorstellbare Angst wie z.B. die Angst vor dem psychischen Tod durch die Auslöschung von Identität, die Angst vor der totalen Hilflosigkeit etc.

g. Das Vorbild für die Angst vor Hilflosigkeit ist der Säugling, der hinsichtlich der Befriedigung seiner Bedürfnisse völlig vom anderen abhängt und ohnmächtig ist, eine spezifische Aktion selbst herbeizuführen.

h. Tritt im Alter vermehrte Ängstlichkeit mit geringer Strukturiertheit, zunehmender Diffusität und Ziellosigkeit auf, ist dies nach meiner klinischen Erfahrung oft ein differentialdiagnostischer Hinweis auf organische (zerebrale) Veränderungen und kann so letztlich auch als Anpassungsvorgang verstanden werden.

Als **Wiederholungszwang** bezeichnet Freud (1920) die Tendenz eines Menschen, eine Situation oder eine Beziehung immer wieder in ähnlicher Weise zu gestalten, obwohl diese Lösung häufig eine „ungünstige" ist. Dies wird verstehbar, wenn man akzeptieren kann, daß das jeweilige Symptom bzw. die jeweilige konstellierte Lebenssituation die subjektiv optimale Lösungsform des individuellen Konfliktes darstellt, auch wenn sie noch so beklagt oder von außen als unverständlich und sogar schädlich empfunden wird. Auch jeder „normale" Mensch unterliegt der Tendenz, zu wiederholen. Deshalb enthält jeder Lebenslauf wesentliche Informationen über (psychisch inszenierte) Wiederholungen. Ein traumatisches Erlebnis wird nicht bewußt erinnert, sondern gelebt, reinszeniert, d.h. es ist nur über die Wiederholung wiedererlebbar und damit erinnerbar. In diesem Sinne trägt der Wiederholungszwang dazu bei, daß sich frühe psychische Konflikte im Laufe des Lebens immer wieder niederschlagen.

Wie ein alter Mensch im Laufe seines Lebens bestimmte Situationen verleugnet, umgangen oder gemeistert hat, kann uns Hinweise darauf geben, welche Abwehr- bzw. Bewältigungsformen er bevorzugt einsetzt. Über eine gezielte Exploration seiner Biographie können wir einen Einblick in sein typisches Verhalten in Krisensituationen gewinnen. Dieser eröffnet uns einen Zugang zu seiner Abwehrkonfiguration, die in jüngeren Jahren des Lebens nicht in dieser Ausprägung, d.h. in Form von gelebtem Leben zugänglich ist. Es wurde bereits darauf verwiesen, daß es die psychische Ökonomie entlastet, wenn die therapeutischen Ziele in Abstimmung auf diese vorhandenen Abwehrmöglichkeiten festgelegt werden.

Ich habe **Charakter** bereits als „die Gesamtheit der stabilen und konsistenten psychischen Eigenschaften eines Individuums" bezeichnet, mit denen es sich mit der Welt seiner Triebe und Emotionen einerseits und der seiner psychosozialen Gegebenheiten andererseits auseinandersetzt. Durch diese „charakteristischen Eigenheiten unterscheiden (oder gleichen) sich die einzelnen Menschen" (Hoffmann, 1979). Der Charakter beinhaltet so gesehen die Geschichte der individuellen Angst- und Konfliktbewältigung. Charakterbildung stellt deshalb einen progressiven Anpassungsversuch auf die Herausforderungen in der Entwicklung, d.h. der Auseinandersetzung zwischen dem Subjekt und seiner Umwelt dar.

Im Alter werden Teile von diesen Abwehrmöglichkeiten zunächst verstärkt eingesetzt (Überspitzung der Charakterzüge) und dann u.U. reduziert, so daß sich das Individuum nur noch auf gröbere Abwehrmuster stützen kann, die in besonderer Weise Sicherheit zu garantieren scheinen; es handelt sich dabei häufig um die entwicklungsgeschichtlich früheren Abwehrformen (z.B. Projektion). Es wurde bereits darauf hingewiesen, daß sich ein Mensch im Alter seinem Charakter entsprechend entwickelt. Deshalb ist der Charakter eines alten Menschen als bedeutsame Leitlinie therapeutischer Zielsetzung zu nutzen.

Das Bild, welches ein Mensch von seinem **Körper** hat, steht in enger Beziehung zu seinem Selbstwertgefühl. Greenacre (1958) sieht in dem Körperbild sogar den Grundstein für das Gefühl einer eigenen Identität. Durch Veränderungen des Körpers können alte konfliktbesetzte Vorstellungen über das Körperbild und die dazugehörigen Vorstellungen über die eigene Person wiederbelebt werden. So können sich die möglichen vielfältigen Veränderungen des Körpers in Abhängigkeit vom Alter schwächend auf das Ich auswirken (Kap 2.1.5).

In der Psychoanalyse wird das Subjekt mit dem Begriff des Selbstes und der **Identität** (Erikson, 1966) zu beschreiben versucht. Die Entwicklung der Identität kann man sich sehr vereinfacht so vorstellen: Die Aufgabe des heranwachsenden Kindes besteht darin, die Erfahrungen der eigenen Ohnmacht, Abhängigkeit und Wertlosigkeit auszugleichen und sich ein „gesundes Selbstbewußtsein" anzueignen und zu erhalten. Dafür ist die Erfahrung entscheidend, daß man selbst „wer" ist und „sich selbst genug" sein kann. Dies beinhaltet auch die Fähigkeit, allein sein zu können, so daß die äußere „Leere" nicht automatisch als innere Leere empfunden wird. Die frühen ersten Beziehungspersonen helfen bei dieser Entwicklung durch Aufmerksamkeit und Bewunderung, das Kind so zu fördern, daß es Selbstsicherheit gewinnen und eine Vorstellung von der eigenen Bedeutung, Wichtigkeit und Einzigartigkeit entwickeln kann.

Erikson betont, daß die Identitätsbildung im wesentlichen unbewußt abläuft. Er versteht unter Identität ein Gefühl von Ganzheit und Beständigkeit „im inneren Kern des Individuums", das inmitten aller äußeren Veränderungen erhalten bleibt. Das erworbene Identitätsgefühl wird vorbewußt als psychosoziales Wohlbefinden erlebt.

Objektbeziehungen bilden die Basis der Persönlichkeitsentwicklung. Die Art und Qualität, wie die verschiedenen Aspekte der Beziehung zu primären Bezugspersonen verinnerlicht werden, entscheiden über die Entwicklung des Ichs und damit auch über die Wurzeln psychischer Gesundheit und Krankheit. In der Psychoanalyse sind deshalb Persönlichkeitsentwicklung und Entwicklung des Kontaktverhaltens nicht voneinander zu trennen. Durch die früh im Leben erlebten Interaktionsprozesse entstehen im Inneren eines Menschen Bilder über die Menschen, über die Art, wie man mit ihnen in Kontakt tritt, was man erwarten kann und was nicht (Selbst- und Objektrepräsentanzen). Diese „inneren Objekte" oder „Teilobjekte" (Aspekte von Objektbeziehungen) können „gut" oder „böse" sein. Je nachdem, wie ein Kind die Interaktion erlebt hat, ob befriedigend oder frustrierend, danach entscheidet sich, ob es gute oder böse Objekte verinnerlichen konnte. Dies entspricht jedoch keineswegs den äußeren, objektiv zu beurteilenden Qualitäten einer Objektbeziehung, sondern ist nur subjektiv, d.h. danach, wie die Beziehung erlebt wurde, zu verstehen.

Die Internalisierung guter Objekte bildet die Basis für die Entwicklung eines integrativen Ichs, das einen flexiblen Austausch zwischen der inneren und der äußeren Welt ermöglicht. Je größer die Angstfreiheit eines Säuglings durch ihm angepaßte Dosierungen von Versagungen aus der frustrierenden Umwelt, um so differenziertere und flexiblere psychische Strukturen können sich entwickeln, die weitere Entwicklungsschritte, auch später im Leben, zulassen können.

Nach dem Verständnis der Psychoanalyse werden äußere Gefahren immer im Lichte innerer Gefahren erlebt. Deshalb verstärkt jede Gefahr, die von außen kommt, ihrerseits innere Gefahren. Die Angst vor Hilflosigkeit im Alter wird verständlicher, wenn wir sie im Zusammenhang mit Ängsten vor bestimmten Objektbeziehungen verstehen. Überwiegen böse innere Objekte, wird der Mensch fürchten, sich der Kontrolle böser kontrollierender Objekte ausgeliefert zu sehen. Hilfe annehmen zu können ist an die positive Bewältigung früher Ängste vor Abhängigkeit gebunden.

Läßt die Sicherheit der Verbindung zur äußeren Realität sowie die Möglichkeit der Kontrolle der Umwelt über die Sinnesorgane nach, so reduzieren sich die Möglichkeiten des Austausches zwischen Außen und Innen. Die psychische Innenwelt gewinnt so dominierenden Einfluß auf das Erleben: Je negativer und ängstigender die frühen internalisierten Objekte und Objektbeziehungen, desto bedrohlicher wird das Ausgeliefertsein an die innere Welt erlebt. Vereinsamung im Alter kann also in den meisten Fällen auch als Ausdruck einer langjährig bestehenden neurotischen Beziehungsstörung verstanden werden.

Ich gehe deshalb von der Annahme aus, daß die Bereitschaft, wie Kontakte erlebt und gestaltet werden, sehr früh im Leben angelegt wird. Insofern hätte eine Förderung des Kontaktverhaltens darauf zu basieren, die Möglichkeiten zur Kontaktaufnahme biographisch genau zu analysieren, um Angebote zur Kontaktaufnahme an die individuellen Kontaktgewohnheiten anzupassen. In einer Nachuntersuchung psychiatrisch behandelter Alterspatienten konnte ich aufzeigen, daß das aktuelle Kontaktverhalten, erfaßt nach einem bestimmten Kontaktindex, signifikant mit der subjektiv eingeschätzten Kontaktfreudigkeit der eigenen Mutter korreliert (Junkers, 1991).

Nach der psychoanalytischen Theorie durchläuft der Mensch von seiner Geburt an im Sinne einer **Progression** eine festgelegte Reihenfolge von Entwicklungsschritten: Diese Entwicklungsorientierung wird in der psychoanalytischen Theorie als der **genetische Gesichtspunkt** bezeichnet.

Verlust- und Versagenserlebnisse gelten als die großen Prüfsteine der frühen Kindheitsentwicklung; sie bleiben es auch für das Altern als einen Lebensabschnitt, der in besonderer Weise verlangt, mit verschiedensten Verlusterlebnissen fertig werden zu müssen. Unter dem Druck schwerwiegender aktueller psychischer Konflikte wird Angst aktiviert.

Als **Regression** bezeichnet man das Zurückgehen auf frühere Entwicklungsstufen, die weniger angstbesetzt sind. So können Konfliktmuster aus den früheren Entwicklungsphasen wieder aufleben. Unter dem Einfluß von Belastungen und Krankheit kann es auch im Alter zu regressiven Bewegungen kommen. Art und Ausgestaltung dieser Bewegungen hängen von frühen infantilen **Fixierungen** bzw. Konflikten ab. ferenczi (1921) stellt vergleichend fest, daß der Mensch beim Altwerden kaum weniger Klippen zu umschiffen hat, um nicht psychisch zu erkranken, als beim Übergang vom Kindesalter in das Erwachsenenalter. Regressive Bewegungen sind ebenfalls auch immer als Bewältigungsversuch aufzufassen. Es kommt zu adaptiven regressiven Prozessen „**Im Dienste des Ichs**", wenn lebenslang angewandte Mechanismen zur Erhaltung des psychischen Gleichgewichtes nicht mehr ausreichen: dies wird vom Betroffenen meist als Anpassung an das Älterwerden erlebt. Dieser Vorgang ist auch an der Überspitzung von Charakterzügen beteiligt. Kommt es zu einem völligen Zusammenbruch der Ich-Funktionen, so spricht man von einer „**pathologischen Regression**" (Radebold, 1973; 1979). Die Möglichkeiten der Abwehr sind stark geschwächt. Das Erleben ist durch eine massiv verringerte Verarbeitungsmöglichkeit gekennzeichnet. Der noch mögliche Bezug zur Realität geschieht beschränkt auf das „Hier und Jetzt". Hilfs-Ich-Funktionen müssen z.B. durch Betreuer übernommen werden.

Als „**final gerichtete Regression**" bezeichnet man eine Regression, die unter nicht mehr verkraftbaren Belastungen einen tödlichen Ausgang nimmt.

Sog. **Fixierungsstellen** (in Phasen gestörter Entwicklung) werden in der regressiven Bewegung bevorzugt angesteuert. Auf die einzelnen Entwicklungsphasen, die orale, die anale, die phallische und genitale haben ich bereits in Kap 2.1 hingewiesen; ausführlicher ist darüber z.B. bei Brenner (1976) nachzulesen.

Die psychoanalytische Behandlung älterer Menschen

Die Indikation

Der **Bedarf** an psychotherapeutischer Hilfe für ältere Menschen ist – wie dargestellt – vielfach nachgewiesen worden. Dem steht gegenüber, daß Ältere nur äußerst **selten** zur Psychotherapie **überwiesen** werden. Verschiedene mögliche Gründe dafür sind bereits angeführt worden. Darüberhinaus ist die Generation der jetzt älteren und alten Menschen nicht gewohnt, über (seelische) Probleme zu sprechen; ein Problem durchstehen und die „Zähne zusammenzubeißen" sind verbreitete Bewältigungsstrategien. Ältere kommen außerdem selten aus eigener Motivation; häufiger werden sie vom Arzt, „der nicht weiterkommt", **geschickt** oder durch

„psychotherapeutisch aufgeklärte" Kinder dazu angeregt.

Die klinische Erfahrung bestätigt, daß eine Neurose nicht erst im Alter ausbricht; eine neurotische Disposition kann bereits ein Leben lang bestehen, jedoch durch dazu geeignete Lebensumstände kompensiert werden. Erst wenn der Einsatz spezifischer Bewältigungsmöglichkeiten nicht mehr ausreicht, können sich behandlungsbedürftige Störungen entwickeln.

Als generellsten **Leidensdruck** möchte ich für den Alterspatienten formulieren: „Ich kann das, worin sich für mich das Alter so schmerzlich bemerkbar macht, nicht bewältigen". Meist erwachsen die nicht mehr aushaltbaren Belastungen aus einer Kumulation, d.h. aus dem gleichzeitigen Zusammentreffen von mehreren Problemen, Verlusten oder Einschränkungen. Menschen mit einer neurotisch bedingten Unfähigkeit zur Bewältigung von Umstellungen und Veränderungen behalten diese bis ins Alter: Hier stellen sich u.U. die Krisen und deshalb die zu bewältigenden Aufgaben mit mehr Dringlichkeit und Schärfe als in früheren Lebensjahren ein.

Ein höheres chronologisches Lebensalter galt lange Zeit als Kontraindikation für Psychotherapie (erst 50, dann 60 und 70 Jahre). Ich sehe dies heute als weniger wichtig an als die Beurteilung der aktuellen Problemsituation, der prämorbiden Persönlichkeit, des Leidensdrucks bzw. der Therapiemotivation sowie die Abwägung von Belastungen und Entlastungen durch die psychotherapeutische Arbeit. Zu fragen ist:

1. Wie sind und waren die Objektbeziehungen: Konnte der Patient Beziehungen eingehen und sie konstant und langfristig erhalten?

2. Wie sind die höheren Ich-Funktionen zu beurteilen: Wie ist die Realitätskontrolle, die Kritikfähigkeit, die Sprach- und Merkfähigkeit?

3. Wie ist die körperliche Gesundheit einzuschätzen? Je körperlich gesünder, desto eher ist eine aufdeckende Therapie möglich, je körperlich kränker, desto weniger Labilisierung ist verkraftbar und desto eher ist eine ichstützende therapeutische Technik notwendig. Vorab muß ausgeschlossen werden, daß die psychische Symptomatik durch eine behandelbare körperliche Störung hervorgerufen wurde.

4. Sind die äußeren Bedingungen einer Therapie realistisch zu organisieren? (z.B. Entfernung des Therapeuten, Fähigkeit zum Sitzen über 50 Min., etc.)

Die in der Literatur vorgeschlagenen Modifikationen beziehen sich auf die veränderten Bedingungen, die bei alten

Modifikationen

Menschen vorzufinden sind: die verkürzte Lebensdauer, eine geringere Motivation, einen eingeschränkten Leidensdruck, eine möglicherweise rigide Persönlichkeitsstruktur, eine beeinträchtigte Konfliktfähigkeit, eine reduzierte Introspektionsfähigkeit usw. Aufgrund dieser Erschwernisse wird zu einer veränderten Behandlungsintensität und -dauer, einer geringeren Bearbeitungstiefe, einem höheren Aktivitätsgrad des Therapeuten sowie allgemein veränderten Zielsetzungen geraten. Während diese Modifikationen zunächst schon für 50jährige angeraten wurden, hat sich inzwischen die Altersgrenze dafür immer weiter nach oben verschoben.

Ein Faktum bei den vorliegenden Mitteilungen von Behandlungen älterer Patienten ist, daß die Behandlungen kürzer sind und eine niedrigere Behandlungsfrequenz aufweisen. Radebold rät als potentielles Standardverfahren zur psychoanalytischen Psychotherapie mit 1–2 Wochenstunden über 1/2 bis 2 Jahre.

Viele Autoren handhaben die Verabredung zur Behandlung und Art ihrer Durchführung (Setting) flexibler als bei jüngeren Patienten. Ich halte dagegen gern an einem einmal festgelegten Setting fest, da Verläßlichkeit und Regelmäßigkeit des therapeutischen Angebotes zu den besonders geschätzen und Halt und Sicherheit vermittelnden Qualitäten gehören.

Alte Menschen leiden mit größerer Wahrscheinlichkeit an mehreren Problemen gleichzeitig. Deshalb sind nach meiner Erfahrung Absprachen über die Vereinbarkeit der Psychotherapie mit anderen Behandlungsformen besonders wichtig. Zur psychotherapeutischen Behandlung gehört es dann, deren innerpsychische Bedeutung zu ergründen.

Als **psychoanalytische Behandlungsformen** unterscheide ich die klassische Methode der

- hochfrequenten psychoanalytischen Psychotherapie (3–4 Wochenstunden im Liegen) von der
- niederfrequenten psychoanalytischen Psychotherapie (1-2 Wochenstunden im Sitzen) und der
- Kurzpsychotherapie sowie einer
- psychoanalytisch orientierten Beratung oder Krisenintervention.

Die klassische psychoanalytische Psychotherapie (**Psychoanalyse**) findet mit 3–5 Sitzungen von 45 bis 50 Minuten Dauer pro Woche statt. Der Patient liegt dabei auf einer Couch, der Therapeut sitzt hinter ihm. Dieses Arrangement fördert einen emotionalen Rückschritt des Patienten auf frühere Erlebnisformen und die damit verbundene Tendenz, die schwierigen frühkindlichen Situationen erneut zu konstellieren. Hier setzt die eigentliche psychoanalytische Arbeit an. Der Patient wird gebeten, unausgewählt mitzuteilen, was ihm durch den Kopf geht (freies Assoziieren). Erst wenn auf diese Weise „Material" geliefert wird, kann der Therapeut mit seiner Technik der Deutung intervenieren und dadurch Veränderungen anstreben. Hat die Psychoanalyse einmal begonnen, wird all das, was sich in der Beziehung zwischen Therapeut und Patient abspielt, einem psychoanalytischen Verständnis zugeführt. Im folgenden sollen noch einige wichtig psychoanalytische Fachbegriffe, die den therapeutischen Prozeß betreffen, benannt und kurz erläutert werden.

Als **Widerstand** bezeichnet man innerhalb einer psychoanalytischen Behandlung all das, was sich in Worten und Handlungen dem Zugang zum Unbewußten und damit der Erhellung der Symptome sowie dem Fortschreiten der Behandlung entgegenstellt. Obwohl die Behandlung das Ich stärken soll, wehrt es sich mit seinen unbewußten Anteilen verzweifelt gegen diese Hilfe, während gleichzeitig die bewußten Anteile des Ichs am Fortschritt der Therapie interessiert sind und sich mit dem Therapeuten verbünden. Bei alten Patienten ist zu berücksichtigen, daß das Festhalten am Vertrauten auch eine wesentliche Ich-stabilisierende Funktion hat; insofern ist jeweils im individuellen Fall zu entscheiden, ob die aufdeckende Arbeit am Widerstand in diesem Moment indiziert oder nicht indiziert ist.

Usprünglich bezeichnete Freud die **Übertragung** als den stärksten Widerstand gegen die psychoanalytische Behandlung: Freud fiel auf, daß seine Patienten ihm gegenüber (positive wie negative) Gefühle entwickeln, die offensichtlich von seiner Person und seinem Verhalten ganz unabhängig waren: Alte, frühkindliche Haltungen, Einstellungen und Objektbeziehungsmuster werden wiederholt und dem Therapeuten so quasi übergestülpt. Mittlerweile wurde die Bearbeitung von Übertragung und Gegenübertragung zum wesentlichen Inhalt der psychoanalytischen Behandlung: Auf diese Weise kann im „Hier und Jetzt" etwas längst Vergangenes wieder für beide Teile lebendig und damit der Veränderung zugänglich gemacht werden. Als **Übertragungsneurose** bezeichnet man die spezifische Wiederbelebung des individuellen frühkindlich-neurotischen Konfliktmusters in der Beziehung zum Therapeuten. Nur so, nimmt man an, können die Konflikte wiederbelebt werden, um sie einer neuen und besseren Lösung zuzuführen.

Wir sprechen von Übertragung, wenn unbewußte Wünsche oder Beziehungsmuster als Wiederholung früher Vorbilder, in der psychoanalytischen Behandlung an den Therapeuten gerichtet, (wieder) erlebt werden. Bei einem solchen Wiederaufleben der Vorgeschichte projiziert der Patient Teile seines Selbstes und Teile seiner früheren Objektbeziehungen auf den Therapeuten. Für diesen sind sein Gefühl und Empfinden das Werkzeug, um in der sog. **Gegenübertragung** zu erfahren und zu erleben, was der Patient überträgt. Ohne eine Berücksichtigung dieses Phänomens kann sich nach Auffassung der Psychoanalyse kein fruchtbarer Behandlungsprozeß entwickeln. **Übertragungsreaktionen** können wir auch im täglichen Leben beobachten (auch Sympathie- Antipathieempfindungen gehören dazu: ich erwarte u.U. etwas von einer Person, ohne etwas von ihr zu wissen). Art und Intensität einer Übertragungsreaktion sind nicht aus der augenblicklichen Situation allein verstehbar. Das Gemeinsame ist, daß es zu gefühlshaften Reaktionen gegenüber Personen kommt, die ihr nicht eigentlich gelten. Es geht um einen „Irrtum in der Zeit". Als **Umkehr der Übertragungssituation** ist folgendes spezielle Phänomen zu beschreiben: Das Typische ist hier, daß die Therapeuten der älteren Patienten immer jünger als sie selbst sind. Kompetenz und Status des Therapeuten können fördern, daß es zur Übertragung unbewußter Wünsche nach mächtigen, liebevollen, unterstützenden Eltern kommt. Da das Unbewußte keine Zeit, deshalb auch kein Altern kennt, kommt es zu **multigenerationalen** Übertragungen: Ältere Menschen empfinden gegenüber Jüngeren (Therapeuten, eigenen Kindern) als wären die Jüngeren die Älteren, z.B. Mutter oder Vater. So wird z.B. eine objektiv nicht gerechtfertigte Ablehnung eines jüngeren Helfers durch einen älteren Patienten erst dann verstehbar, wenn er in ihm die frühe Mutter sieht, die erlebt wurde, als habe sie nie das Richtige, d.h. Befriedigende für das kleine Kind/Patient getan.

Dieses Phänomen ist aber auch an körperlich mit induzierte regressive Prozesse geknüpft: ist etwa ein 40jähriger schwer krank und wird von einer jüngeren fürsorglichen Schwester betreut, so kann es auch hier bereits zu einer elterlichen Übertragung des Älteren auf den Jüngeren kommen.

Häufig ist zu beobachten, daß negative Aspekte der Übertragung nicht direkt geäußert werden, sondern eher an Jüngeren abgehandelt werden („*die* Jugend ist ..."). Umgekehrt ist es für die Jüngeren oft schwer, in den Älteren nicht mehr die Autoritätsperson (Eltern), sondern hilfsbedürftige alte Menschen zu sehen.

Hinze (1987) weist darauf hin, daß anscheinend mehr Probleme in der Gegenübertragung des jüngeren Therapeuten zu bewältigen sind, als für den älteren Patienten mit seinem jüngeren Therapeuten. Altersdifferenz und Geschlecht des Therapeuten sind als unübersehbare Übertragungsangebote zu verstehen, zu denen die besondere individuelle Übertragungskonstellation hinzukommt.

Klassisch analytische Behandlungen mit älteren Patienten werden nur selten durchgeführt. In der Literatur finden sich nur sehr wenige Berichte.

Als Vorbedingungen für die **Indikation** zur höherfrequenten psychoanalytischen Psychotherapie bei älteren Menschen sehe ich folgende Punkte:

- Neugier und/oder ein erheblicher Leidensdruck des Patienten,
- eine gewisse Ich-Stärke (keine ausgeprägte psychische Krankheit im Leben)
- Abwesenheit von schwerwiegender körperlicher Krankheit,
- Abwesenheit von Einschränkungen geistiger Leistungsfähigkeit.

Im folgenden möchte ich den Verlauf einer dreijährigen psychoanalytischen Behandlung wiedergeben.

Frau W. sucht auf Anraten eines Psychiaters eine psychotherapeutische Behandlung, weil sie unter Ein- und Durchschlafstörungen leidet und außerdem von körperlichen Spannungsgefühlen gequält wird, für die sich trotz langwieriger Untersuchungen keine organische Ursache finden läßt. Sie fühlt sich darüberhinaus den in der Familie an sie gestellten Aufgaben nicht mehr gewachsen. Die hirnorganisch bedingte Krankheit ihres 68jährigen Ehemannes mobilisiert in ihr unerträgliche Versagens- und Todesängste.

Zur Vorgeschichte erfahre ich, daß Frau W. 8 Jahre alt war, als der Krieg ausbrach. Ihre ersten erinnerbaren Schlafstörungen bringt sie mit dem Aufwachen durch Bombenalarm in Zusammenhang. Die Beziehung zu ihrer Mutter hat sie als unbefriedigend und immer gespannt erlebt: Die Brüder, so erinnert sie, konnten immer auf Mutters Schoß sitzen, während sie das Gefühl hatte, leer auszugehen. In der Pubertät waren ihre sportlichen Ambitionen so groß geworden, daß sie Meisterschaftssiege davontrug, ohne jedoch damit das Gefühl zu erreichen, daß ihre Eltern auf sie stolz seien. Ihr innigster Wunsch, Sängerin zu werden, traf auf Unverständnis und Ablehnung der Eltern, insbesondere des Vaters. Heimlich nahm sie Gesangsunterricht, verhinderte aber unbewußt, daß sie dabei eine erfolgreiche Karriere begann. Zum Abitur war sie krank und versteht dies rückblickend als Verweigerung: „Ich wollte nicht wahrhaben, daß nun Schluß sei", d.h. die Rolle der eigenverantwortlichen Erwachsenen zu übernehmen, bereitete ihr panische Angst.

Die **Mutter** erlebte sie als ständig überfordert: Sie hatte nichts von dem, was sie von einer guten Mutter erwartete. Die Brüder seien immer vorgezogen worden; Mutter habe ihnen immer unter die Arme gegriffen, wenn sie häufig im Leben Schiffbruch erlitten hätten. Sie starb etwa 7 Jahre bevor Frau N. die Therapie aufsucht: „Sie hat doch nichts Böses getan – wieso kriegt sie so eine böse Krankheit?" Der **Vater** bleibt in der

Schilderung sehr blaß; er scheint Alkoholiker gewesen und von ihr geliebt und bewundert worden, ohne jedoch auf ihre Gefühle eine Reaktion gezeigt zu haben.

Mit Anfang 20 lernte sie ihren sehr viel älteren Ehemann kennen, nachdem sie bis dahin keine intime Beziehung zu einem Mann eingehen konnte. Sie haben gemeinsam vier Kinder. Er starb plötzlich, unmittelbar nachdem sie wieder begonnen hatte, in ihrem alten Beruf zu arbeiten, an einem Herzinfarkt. Es gelang ihr, die Kinder allein großzuziehen und ihrer Berufstätigkeit weiter nachzugehen. 10 Jahre vor Beginn der Behandlung lernte sie ihren jetzigen Mann kennen, mit dem sie seit 8 Jahren zusammenwohnt.

Da die Patientin sehr differenziert und in ihrem Denken zunächst weit flexibler wirkt, als man es ihrem Alter nach erwarten könnte, entschied ich mich, ihr eine psychoanalytische Psychotherapie vier mal wöchentlich im Liegen vorzuschlagen.

Ihre Ängste vor dem Tod, insbesondere davor, plötzlich einen nahestehenden Menschen verlieren zu können, verloren sich im Schutz der Behandlung sehr rasch. Die Patientin erlebte die Therapeutin offenbar als Konstanz, Rückhalt und Geborgenheit vermittelnd, so daß die durch Tod der Mutter und Krankheit des Ehemannes aktualisierten frühen Ängste etwas in den Hintergrund treten konnten. Stattdessen traten immer mehr narzißtische Aspekte und Größenphantasien als Abwehr ihrer depressiven Ängste im analytischen Material auf. Unter ihren medizinisch bestätigten Rückenbeschwerden litt sie sehr; gleichzeitig fühlte sie sich durch sie erinnert, wie sie sowohl vor dem Sportexamen als auch vor dem Abitur krank geworden war. Ihr fiel dazu ein: „Immer wenn ich an meine Grenzen stoße, bekomme ich Schmerzen"; umgekehrt hat sie das Älterwerden mit dem häufigeren „an ihre Grenzen stoßen" auf unerträgliche Weise mit Gefühlen von Hilfosigkeit und Ausgeliefertsein konfrontiert. Ich war sehr von der Art beeindruckt, wie sie als Gegenbewegung in ihrem Inneren mit einer Phantasie von einer ausschließlich idealen Welt beschäftigt war, in der es weder Einschränkungen noch Schmerzen zu geben schien. Mit Hilfe eines Traumes entwarf sie die Phantasie von einer ausschließlichen Geborgenheit, wie der Mutterleib für das noch ungeborene Kind, bei der kein anderer Mensch als Gegenüber auftauchte. Gleichzeitig bemerkte ich in der Übertragung, wie sie jedem emotionalen Kontakt mit mir, d.h. auch anderen Menschen auszuweichen bemüht war, um nicht das Gefühl der Abhängigkeit aufkommen zu lassen. Hilfe gegen ihre depressive Verzweiflung geben ihr ihre manische Abwehr und ihre Größenphantasien. Sie träumte z.B. „Ich drohe im Schlamm unterzugehen und kann mich wie beim Stabhochsprung hochschwingen und so retten". Über ihre Träume begann sie nun mit Hilfe der Analyse, sich ihre Vergangenheit zurückzuerobern: sich nicht mehr nur als passiv dem wiederholenden Erleben ausgeliefert zu fühlen, sondern aktiv ihre Vergangenheit zu beschreiben, wiederzuerleben und strukturieren bzw. einordnen zu können: All das erlebte sie voller Dankbarkeit.

Für diese Patientin war ihre Therapeutin einerseits jemand, der ihr den lang ersehnten Schutzraum, Sicherheit und Geborgenheit gewährte, die sie vergeblich bei ihrer Mutter gesucht hatte. Aber sie erlebte sie auch als jemand, in den sie ihre Omnipotenzwünsche projizieren kann: sie war überzeugt, die Therapeutin wisse alles, wie es richtig sei, und vor allem alles über sie, die Patientin. Die ausschließliche Idealisierung einerseits bedingte andererseits, daß die Analytikerin auch zum erbitterten Feind wurde, wenn die Patientin durch Deutungen mit etwas konfrontiert wurde, was nicht in ihre eigene Erlebniswelt paßte. Dann attackierte sie die als bösartig und abweisend erlebte Therapeutin massiv. Sie hatte das Gefühl, als wolle die Therapeutin sie um Lebenswichtiges berauben, und sie erinnerte sich an einen real erlebten schmerzlichen Verlust in ihrer frühkindlichen Vergangenheit, den sie ohnmächtig hinnehmen mußte. Sie war dann überzeugt, die Analytikerin enthalte ihr aus sadistischen Regungen heraus etwas für sie Lebenswichtiges vor, und zwar ganz ähnlich, wie sie auch das Gefühl hatte, daß die mit dem Altern verbundenen Verluste an Kraft und Leistungsfähigkeit eigentlich das personifizierte böse Schicksal seien, das ihr die guten Dinge vorenthalte, die ihr eigentlich zuständen. Diese Projektion wurde insbesondere im Zusammenhang mit Analysepausen so intensiv, daß die Patientin die Analytikerin als bösartige Hexe erlebte, die es nur darauf abgesehen hätte, ihr zu schaden. Es ist sehr beeindruckend, in welcher Intensität sich eine derartig negative Mutterübertragung bei dieser Patientin entwickelt hat. Die Realitätsferne in solchen Momenten vermittelte mir große Angst, so daß ich durch das allmähliche Verständnis dieses Übertragungsangebotes erst erfassen konnte, welche frühkindliche Panik in ihr wachgeworden war. Im folgenden Behandlungsverlauf war es sehr schwierig, überhaupt noch die Übertragung zu deuten („Sie erleben mich wie ihre Mutter die ..."), weil die negativen Aspekte zu unerträglich wurden.

Die ehemals objektlosen Verschmelzungswünsche begannen sich nun auf die Therapeutin zu richten: Sie phantasierte sich selbst in einer Verbindung zur Analytikerin, als gäbe es niemanden anderes auf der Welt. Hier wird deutlich, wie sich das Leiden der Patientin im wesentlichen an der Unfähigkeit festmacht, sich von ihren primären Objekten als getrennt erleben zu können. Hier tauchen theortische Aspekte von Klein und Jaques auf, die die psychischen Probleme bzw. die Gefährdung, im Alter psychisch krank zu werden, an der mangelnden psychischen Entwicklung festmachen, ein Gefühl der inneren Getrenntheit erleben zu können; dies sei jedoch unabdingbar, um mit den Verlusten des Alternsprozesses fertig zu werden.

Ähnlich wie die Patientin für ihren kranken Mann dessen Kranksein verleugnete (sie unternimmt z.B. mit ihm eine Bergtour und verleugnet dabei völlig seinen teilweise orientierungs- und wahrnehmungslosen Zustand), mußte sie auch für sich selbst Alternsveränderungen verleugnen. Die Aufgabe der Analyse besteht bei dieser Patientin darin, sie auf verkraftbare Weise mit der für sie so unaushaltbaren Realität in Kontakt zu bringen. Diese konnte sie bisher nur als „ihr das Gute vorenthaltend" erleben und mit verstärkter Leistungsanforderung gegenüber sich selbst beantworten. Es waren die Einschränkungen des Alterns, die sie daran hinderten, weiterhin mit ihren Größenphantasien leben zu können; ein zufriedeneres Altern könnte jetzt möglich werden, wo sie sich innerlich mehr in der Lage fühlen kann, ihre depressiven Gefühle anzuerkennen und sich weniger gezwungen fühlt, ihre Umwelt total kontrollieren zu müssen.

Gegen Ende der Analyse ist diese Patientin in der Lage, ihre enorme Angst vor Trennung und dem Erleben von Getrenntheit am Beispiel des Erlebens von Getrenntheit von ihren Kindern, insbesondere ihren Töchtern zu bearbeiten. Vergleichbar der Beziehung zu ihrer Mutter hatte sie insbesondere zu ihren Töchtern eine außerordentlich enge Beziehung gelebt und sich ihnen als ständig präsente und hilfsbereite Mutter angeboten, sich aber gleichzeitig auch von ihnen überfordert und deshalb nicht anerkannt gefühlt. Nun beginnt sie, sich als nie versiegende omnipotente

Mutterbrust zu verweigern: Sie will nicht mehr immer nur geben, sondern das von ihr für die Ausbildung bereitgestellte Geld in Form eines Darlehens behandelt wissen. Sie hat jetzt das Gefühl, nicht mehr nur ausgebeutet zu werden, sondern ein Gefühl entwickelt zu haben für das, was sie selbst ausmacht. Allerdings konnte ich nicht verhindern, daß sie das Ende der Analyse auf sehr schmerzliche Weise wahrnahm: bis zum Schluß versuchte sie mich davon zu überzeugen, daß es kein Ende der Behandlung gäbe, so daß die Patientin uns in einer nie endenden Verbindung phantasieren konnte.

Bei dieser Patientin gab es eine vorbestehende neurotische Struktur, die ihr jedoch bisher im Leben geholfen hat, sehr erfolgreich die ihr gestellten Aufgaben zu meistern. Die Einschränkungen ihres Ehemannes miterleben zu müssen und gleichzeitig, weil unerträglich, für sich verleugnen zu müssen, daß es sowohl Einschränkungen ihrer Leistungsfähigkeit wie auch einmal ein Ende ihres Lebens geben wird, ließ ihre bisher funktionierende Abwehr zusammenbrechen. Mit Hilfe der Behandlung konnte sie erstmals in ihrem Leben ein Gefühl von sich selbst empfinden, das es ihr ermöglichte, sich gegenüber anderen Menschen selbständig behaupten zu können. Die Auflösung der Verflechtung mit ihren Töchtern erlebte sie, wie auch ihre Töchter, als sehr erleichternd.

Psychoanalytisch orientierte Psychotherapie

Als weitere Anwendungsformen der psychoanalytischen Theorie im therapeutischen Kontext ist die **psychoanalytisch orientierte Psychotherapie** zu nennen. Sie basiert ebenfalls im wesentlichen auf den dargestellten Grundprinzipien. Der Unterschied zur Psychoanalyse liegt in der geringeren Frequenz der Wochenstunden (1–2 mal pro Woche), der insgesamt geringeren Stundenzahl während einer Behandlungszeit von 1–2 Jahren sowie der Therapiesituation: Therapeut und Patient sitzen sich gegenüber. Im Unterschied zur Psychoanalyse ist man bemüht, die Regression geringer zu halten und mehr die erwachsenen Anteile der Person anzusprechen.

Im folgenden möchte ich ein Fallbeispiel für eine niederfrequente psychoanalytisch orientierte Psychotherapie geben:

Frau X. (62 Jahre) leidet unter Lebensangst, als sie um Psychotherapie nachsucht, und schämt sich der unmittelbar hervorbrechenden Tränen. „Arbeit war der größte Teil meines Lebens" berichtet sie. Seit sie nun vor 2 Jahren mit 60 in Rente gegangen sei, komme sie mit ihrem Leben immer weniger klar und sehe keine Perspektive. Sie fühlt sich außerdem den Ansprüchen der Mutter ausgeliefert, die zunehmend pflegebedürftig in 400 km Entfernung lebe. Von ihren Geschwistern fühlt sie sich unter Druck gesetzt, als älteste Tochter die Fürsorge für die Mutter übernehmen zu sollen.

Zur Vorgeschichte erfahre ich, daß die Pat. als 2. Kind und älteste Tochter von 5 Geschwistern aufwuchs. Als sie 11 Jahre alt war, passiert der „massivste Einbruch in mein Leben": ihr Vater verunglückte tödlich bei einem Verkehrsunfall. Die Mutter sorgte dann mit einem kleinen Geschäft für den Lebensunterhalt. Die Patientin hat ihre Mutter als eine herbe Frau in Erinnerung, die ganz und gar von ihrer Arbeit und dem Geschäft absorbiert gewesen sei. „Mutter hat alles nur über das Machen, über sachliche Fürsorge geregelt; auf den Schoß kamen immer nur die Jüngsten". An körperlichen Kontakt oder Liebkosungen erinnert sie sich nicht. Eigentlich habe sie die jüngeren Geschwister großgezogen.

Mit einer Lehre erfüllt sie zunächst den Wunsch der Mutter, entschließt sich aber dann zu einem akademischen Beruf und arbeitet sich zu einer leitenden Position im Staatsdienst hoch. Im Rahmen der Therapie wurde deutlich, daß neben der psychischen Störung auch eine Hirnleistungsschwäche auf dem Boden arteriosklerotischer Veränderungen sowie einer kardialen Insuffizienz besteht. Eine entsprechende medikamentöse Therapie verbessert das Wohlbefinden der Patientin wie auch ihre Konzentrationsfähigkeit.

Im Mittelpunkt der therapeutischen Arbeit steht die Beziehung zu ihrer 20 Jahre jüngeren Freundin, mit der sie seit einigen Jahren zusammenlebt. Es geht hier um eine Wiederholung der hoch ambivalenten Beziehung der Patientin zu ihrer Mutter: Die Übertragungsbeziehung spielt sich in der Beziehung der Patientin zu ihrer Freundin ab und wurde in dieser Nebenübertragungskonstellation bearbeitet werden. Nach anfänglich im Vordergrund stehenden Rückzugstendenzen bis hin zum phantasierten völligen Abbruch der Beziehung, kann sie sich später gegenüber den Ansprüchen nach Versorgung besser durchsetzen. Damit einhergehend findet sie auch einen besseren Zugang zu den Grenzen ihrer eigenen, zum großen Teil alters- und körperbedingten Grenzen der Leistungsfähigkeit. Sie versucht jetzt konstruktive Kompromißlösungen, da sie ihre ambivalente Haltung gegenüber dem Zusammenleben mit der Freundin bewußter sieht und auch erkennt, wie wichtig ihr das Zusammenleben mit ihr geworden ist.

Im Schutze der nur z.T. an der Abwehr arbeitenden, im wesentlichen Ich-stützenden Therapie kann die Patientin es wagen, sich dem Druck der Familie bzw. ihrer eigenen Schuldgefühle entgegenzustellen und die ihr von den Geschwistern angetragene permanente Betreuung der Mutter abzulehnen. Statt dessen kann sie aktiv und konstruktiv Vorschläge machen, welchen Beitrag sie dennoch leisten kann. Übersetzt in die innere Welt der Patientin bedeutet dies, daß sie sich innerlich von der fordernden Mutter besser abgrenzen und gleichzeitig positive Aspekte der Mutterbeziehung neu erleben kann.

Während dieser Arbeit erinnert sich die Patientin nicht, jemals einen Teddy besessen zu haben. Bei einem Besuch macht sie der alten Mutter daraufhin Vorhaltungen. Beim nächsten Besuch äußert die Mutter den Wunsch, der Patientin einen Teddy schenken zu wollen, „auch wenn Du vielleicht heute nicht mehr soviel damit anfangen kannst und ihn dann vielleicht einem Kind schenkst".

Mich rührt dieser Bericht so an, weil hier durch die Behandlung ein psychischer Nachreifungsprozeß bei Mutter **und** Tochter angeregt wird, der ihnen eine Veränderung in ihrem Kontakt zueinander ermöglicht: Das Übergangsobjekt „Teddy" ermöglichte beiden, sich besser von der Mutterfigur (im übertragenen Sinne) trennen zu können.

Es gelingt anschließend, sowohl die Trennungsproblematik, die in der Krankheit und dem möglichen Tod der Mutter enthalten ist, zu bearbeiten wie auch die Trennungsarbeit in der therapeutischen Situation durchzuarbeiten.

Auch diese Patientin hat über sehr lange Zeit ihres Lebens frühe Entbehrungen in der Mutter-Kind-Beziehung durch einen zielstrebigen Leistungseinsatz und entsprechende Tüchtigkeit wettzumachen versucht, um sich auf diesem Wege die für sie so wichtige Anerkennung zu sichern. Neuerungen im Arbeitsbereich gegen Ende ihres Berufslebens führten zu psychischen Belastungen, die eine tiefe Erschütterung und dementsprechende Labilisierung ihrer Abwehrmöglichkeiten nach sich zogen. Hilfe bot die Aussicht auf ein entlastetes Leben nach der Pensionierung. In der Beziehung zu ihrer jüngeren Freundin und Lebensgefährtin wiederholt sie die Abwehr feindlicher Impulse, die ursprünglich der Mutter galten, indem sie in der großen Nähe der Beziehung ihre tiefgreifende Selbstunsicherheit zu stabilisieren sucht. Dabei werden ähnliche Konflikte reaktiviert wie damals der Mutter gegenüber; andererseits findet sie dadurch aber auch eine Unterstützung gegen die Ansprüche der Mutter. Unausgesprochen hatte sie das Gefühl, alles zu machen, wie Mutter es will. „Ich tue alles, was man mir sagt".

Der Aufrechterhaltung dieser Objektbindung durch ein internalisiertes strenges Über-Ich, das Arbeit bis zur Erschöpfung verlangt, sind durch die altersbedingte Erschöpfbarkeit Grenzen gesetzt. Gleichzeitig wird auch an diesem Beispiel deutlich, daß eine mangelnde Ich-Stabilität in Zusammenhang mit einer nicht vollzogenen inneren Getrenntheit von wichtigen inneren Objekten steht. Auch ohne „reale" Mutter werden die Lebensaufgaben als ein forderndes Gegenüber begriffen, deren Erfüllung auch immer eine Beruhigung nach sich zu ziehen scheint. Werden jedoch der Leistungsfähigkeit und dem Schaffensdrang körperlich Grenzen gesetzt, so bricht dieses Sicherungsgefüge zusammen und es kommt zu einer psychischen (meist depressiven) Dekompensation.

In der **Kurzpsychotherapie** wird versucht, einen **Fokus** zu formulieren, d.h. es wird angestrebt, die Behandlung auf einen umrissenen Problembereich zu begrenzen. Sie kann etwa 5 bis 20 Sitzungen umfassen.

Frau Y., 59 Jahre, leidet an depressiven Verstimmungen, an Angstgefühlen, ihrer Arbeit als Bibliothekarin und Verwaltungsangestellte nicht mehr nachkommen zu können. Es wird deutlich, daß eine minimale hirnorganische Leistungsschwäche vorliegt, diese aber noch durch eine spezifische Persönlichkeitsstruktur verstärkt wird: Frau Y.s Leben wird durchzogen von Beziehungsabbrüchen, die offenbar auf unerfüllbare Wünsche nach Nähe zurückzuführen sind. Sie unterhält eine äußerst enge Beziehung zu ihrer Tochter, die, wie sich erst langsam herausgestellt hat, früher rauschgiftabhängig gewesen ist. Frau Y. kann sich bei ihrer berufsmäßigen Überforderung nicht zu einer Berentung mit 60 Jahren entschließen, weil sie dann nicht genügend Geld zur Verfügung hat, um ihre Tochter zu unterstützen. In der therapeutischen Arbeit konnte erreicht werden, daß sie ihre Bindung an die Tochter etwas lockert, sich damit in der Gestaltung ihrer Arbeit mehr Freiheit zugestehen und auf diesem Weg im Rahmen der Kurzpsychotherapie eine Entlastung von ihrer psychischen Anspannung erfahren konnte.

Für die **Beratung** mit Hilfe eines psychodynamisch orientierten Verständnisses der Symptomatik des Patienten auf dem Hintergrund seiner Lebensgeschichte können Bedingungen exploriert werden, unter denen dieser Mensch früher im Leben gut funktioniert hat. Solche Beratungsgespräche enthalten Leitlinien therapeutischen Handelns. Man hat abzusehen von dem, was man sich für diesen Patienten als Beratungserfolg wünscht, es geht vielmehr darum, vom „Früher" in das „Jetzt" zu übersetzen und zu überlegen, wie vergleichbare äußere und innere Lebensbedingungen des Patienten heute aussehen könnten.

Frau Z. gibt als Inhalt ihrer depressiven Sorgen die Streitigkeiten mit ihrem Ehemann an. Sie zeigt sich im ersten Gespräch als jemand, den man gleich gegen die bösen Angriffe des Ehemannes beschützen möchte. Nur mit Mühe gelingt es zu erfahren, daß diese Ehe bereits dreimal geschieden wurde, das Paar jedoch immer wieder zusammengefunden hat. Dies geschah immer nach dem gleichen Muster: Die Klagen führten dazu, daß die Partner sich von außen bestärkt fühlten, sich zu trennen, dann jedoch spürten, „ohne einander nicht zu können". Die psychoanalytisch orientierte Beratung hat zum Ziel, die Vergangenheit zu verstehen, um nicht in das wiederholende Agieren einzusteigen, und zu helfen, die gegebene – weil unbewußt gewünschte, weil immer wieder hergestellte Situation – besser aushalten zu können.

Ähnliches beschreiben Radebold, Bechtler und Pina (1981) in ihrem zweiseitigen Ansatz therapeutischer Sozialarbeit: Es geht dabei einmal um therapeutische Arbeit nach einem psychodynamischen Konzept an bewußten oder vorbewußten Konflikten unter Berücksichtigung der spezifischen umgekehrten Übertragungs- und Gegenübertragungskonstellationen, zum anderen um die praktische soziale Hilfestellung mit einem Ich-stützenden Ansatz.

5.1.4 Psychotherapie in Gruppen

Psychotherapeutische Gruppen

Die beschriebenen verschiedenen psychotherapeutischen Verfahren können auch in der Gruppe angewendet werden. Das bedeutet, daß mit einem Patienten innerhalb der Gruppe von etwa 8–12 Teilnehmern ein- bis zweimal wöchentlich über 90 Minuten gearbeitet wird. Dabei werden u. U. die Rückmeldungen von anderen Teilnehmern mit einbezogen; für diese findet gleichzeitig eine Anregung durch das Miterlebte bzw. ein Lernen am Modell statt. Nicht-analytische Gruppenbehandlungen älterer Menschen werden in der Literatur allerdings kaum beschrieben.

In der **analytischen Gruppentherapie** findet im Unterschied zu den nicht-analytischen Verfahren meist eine Therapie der Gruppe statt. Damit ist gemeint, daß der Interaktionsprozeß der einzelnen Teilnehmer innerhalb der Gruppe als Ganzes im Blickfeld steht und gedeutet wird. Die Deutungen beziehen sich also nicht auf individuell biographische Aspekte, einzelner Teilnehmer. Die einzelnen Gruppenteilnehmer verkörpern dann in der Gruppe verschiedene Aspekte vergleichbar den verschiedenen Teilen einer individuellen Persönlichkeit. In der klinischen Praxis wird jedoch selten rein so gearbeitet, wie eben beschrieben. Häufiger gehen Psychotherapeuten, die sich nach dem psychoanalytischen Konzept richten, nach dem Konzept der Psychotherapie (des Einzelnen) in der Gruppe vor. „Gruppenverfahren gelten im Altersbereich sowohl von der Anzahl publizierter Erfahrungsberichte als auch von der Anzahl behandelter Patienten oder Klienten her als die am häufigsten angewandte Therapieform" (Radebold, 1992). Damit sind jedoch meist solche Gruppen gemeint, die in den verschiedenen gerontopsychiatrischen Institutionen, häufig nach psychodynamischem Ansatz deklariert, als „Gesprächsgruppen" durchgeführt werden. Sie haben zum Ziel, alte Kranke mit verschiedenen psychischen Beschwerden in einen Interaktionsprozeß einzubinden und dadurch zu helfen, psychische Krankheit bei zusätzlich bestehenden körperlichen Erkrankungen sowie sozialen Schwierigkeiten und häufiger Einsamkeit besser zu bewältigen.

Aufgrund eigener Erfahrungen mit offenen psychotherapeutischen Gruppen auf einer gerontopsychiatrischen Station empfehle ich im stationären Setting zweimal wöchentlich eine Sitzung von 45 bis 60 Minuten. Ein aktives oder abwartendes Vorgehen richtete sich nach dem in der Gruppe vorherrschenden Krankheitsgrad bzw. der Aktivitätsbereitschaft. Zu meiner großen Überraschung konnte ich die Erfahrung machen, daß auch solche Patienten, die fast immer nur schweigend teilnahmen, bei ihrer Entlassung viele Hinweise darauf gaben, daß sie offenbar von dieser Gruppe profitiert hatten.

Als Vorteile der Gruppe für Ältere werden angesehen:

- Förderung neuer Kontakte
- das Gefühl der Verbindung zu anderen Menschen aufgrund des gleichen Leidens
- ökonomische Durchführung
- Begegnung der Regressionsneigung in der Zweiersituation
- Schutz gegen Angst und Auftauchen unerwünschter emotionaler Impulse.

Radebold berichtet von positiven Ergebnissen. Er bevorzugt eine psychotherapeutische Arbeit mit dem Einzelnen innerhalb der Gruppe. Er begründet dies damit, daß der ältere Patient eine persönliche Ansprache benötige.

Er empfiehlt ebenfalls eine größere Aktivität des Therapeuten, als es im Umgang mit Jüngeren üblich ist. Geschlossene Gruppen, die gemeinsam die Therapie beginnen und beenden, sind ebenso möglich wie die „slow open"-Gruppe, die das Hinzukommen neuer Teilnehmer nach dem Ausscheiden anderer vorsieht.

Aufgrund eigener Erfahrungen halte ich die offene

Gruppe für ältere Teilnehmer für günstiger: Die Umstellung auf etwas Neues und die Verabschiedung von etwas Vertrautem und Geschätztem begünstigen durch diese Art des „Settings" die Bearbeitung von Trennungsproblemen, die ja für die Alterspatienten von besonderer Bedeutung sind.

Kann man die Teilnehmer auswählen, so ist eine Mischung der verschiedensten Störungsformen am günstigsten: neurotische und reaktive Erkrankungen bei depressiven, angstneurotischen oder phobischen Symptomkonstellationen. Insbesondere langbestehende zwangsneurotische und hysterische Bilder erwiesen sich nach den Erfahrungen Radebolds für eine Therapie als wenig geeignet.

Das Überwiegen von Frauen legt nahe, gleichgeschlechtliche Gruppen zusammenzustellen; ein einzelner Mann unter ihnen hält meist den in ihm aktualisierten Ängsten nicht stand und bleibt der Gruppe fern.

Die Mischung verschiedener Altersgruppen führen nach eigenen Erfahrungen oft zu massiven Konflikten: Die 80jährigen sehen in den 50jährigen ihre Kinder, die 50jährigen in den 80jährigen ihre Eltern; die verschiedenen Altersgruppen haben ihre spezifischen Probleme, die von den „Älteren" bzw. „Jüngeren" nicht so gut verstanden werden wie von den etwa Gleichaltrigen. Mehr als 20 Jahre Altersdifferenz sollte in einer Gruppe vermieden werden.

Als Gruppenleiter werden in einem Therapieverfahren ausgebildete, erfahrene Therapeuten bzw. Analytiker empfohlen. Bei geringerer therapeutischer Erfahrung sollte ein Co-therapeut, wenn möglich anderen Geschlechts und Alters, dem Therapeuten zur Seite stehen, um die vielfältigen Übertragungs- und Gegenübertragungskonstellationen mit zu beobachten. Eigene Erfahrungen legen nahe, daß nur ein Therapeut Deutungen gibt, der andere als „stiller Zuhörer" im Hintergrund bleibt.

Über **Paartherapien** im Alter liegen kaum Berichte vor (z.B. Kaufmann, 1982; Bircher, 1982). Radebold (1992) nennt als Ziel „die Stabilisierung und Wiederherstellung der gewohnten Rollenverteilungen einschließlich der Verbesserung der bestehenden sexuellen Beziehungen". Eine genaue Analyse der Geschichte der partnerschaftlichen Beziehung hat vorauszugehen.

Bircher (1982) berichtet über Paarbehandlungen in der Geriatrie und Gerontopsychiatrie. Als hauptsächliche Ziele benennt sie, daß die Partner lernen sollen, mit den aktuellen Belastungen und Problemen besser umzugehen, um für sie richtige Lösungsmöglichkeiten zu finden. Im Behandlungsziel ist für sie das Rehabilitationsziel einer ganzheitlich aus-

Paargespräche und Paartherapie

gerichteten medizinischen Behandlung integriert. Meist bereiten jahrzehntelang chronifizierte Störungen den Boden für den Anlaß, der jetzt unter multifaktoriell bedingter Belastungssituation zur Behandlung führt. So wird z.B. eine plötzlich auftretende Krankheit eines Partners alten ehelichen Konflikten in der Beziehung neuen Zündstoff liefern: u.U. so weitgehend, daß Trennungs- oder Todeswünsche nun überraschend durch Krankheit oder Tod eine Legalisierung finden. So leiden u.U. Frauen, die bei ihren Partnern überraschend mit nicht erwarteten Rehabilitationsschancen konfrontiert werden, plötzlich verstärkt an körperbezogenen Symptomen, die als Somatisierung psychischer Konflikte verstanden werden. Rache nehmen und Schuld sühnen sind Themen, die in Paarbeziehungen anläßlich der Verarbeitung von außergewöhnlichen Belastungen im Alter zum Thema werden können.

Diese eben beschriebenen Paartherapien würde ich eher als **Paargespräche** bezeichnen. Sie spielen in der Behandlung von gerontopsychiatrischen Patienten wie auch in Beratungsstellen oft eine wichtige erhellende und therapeutische Rolle: Sie liefern nicht nur wichtige Beträge zur Krankheitsvorgeschichte, Biographie und momentanen Lebenssituation des Patienten; sie vermitteln uns meist auch, ergänzend zu dem, was der Patient aus seiner Sicht berichtet, ein Bild von der bestehenden Partnerschaftdynamik.

Als besonderes Problem bei Paargesprächen kann im Therapeuten über Übertragungs-Gegenübertragungsprozesse vermittelt der Wunsch auftauchen, die Ehepaare zu trennen, damit der eine oder andere von beiden es „nun doch noch einmal gut haben soll". Im Behandler entsteht eine spontane Parteinahme für den einen oder anderen einschließlich der Zuweisung der Krankheitsverursachung. Vielleicht ist es der „böse Ehemann", der sich ändern müßte oder den die Patientin „los sein müßte", damit „alles gut gehen" könnte. Hier handelt es sich meist um jahrelang agierte sadomasochistische Beziehungen, die den Trennungsdruck von außen benötigen, um wieder zueinander zu finden.

Derartige Konstellationen bewirken häufig, daß keine Gespräche geführt werden, aus Angst, daß es zu unbewältigbaren Konflikten im Gespräch kommen könnte.

Frau A. wird wegen ihrer Depressionen in einer gerontopsychiatrischen Tagesklinik behandelt. Sie klagt vor allem über ihre schlechte Ehe, so daß der Therapeut versucht ist, „das mal in einem Paargespräch zu klären". Er erfährt, daß beide Ehepartner bereits seit 40 Jahren davon sprechen, sich scheiden lassen zu wollen.

Hier ist es wichtig, zu erkennen, daß in der gegenseitigen Anfeindung der Partner (nach außen als Opfer und Täter erscheinend) offenbar für beide eine wichtige Stabilisierung ihres seelischen Gleichgewichtes zu liegen scheint. Erst die klinische Erfahrung lehrt, daß das Ansinnen, zwei Partner trennen zu wollen, oft zur Folge hat, daß sie sich, nachdem dies ausgesprochen wurde, gemeinsam gegen den Therapeuten verbünden (auch bei vergleichbaren Konstellationen zwischen Mutter und Tochter).

Als Leitlinie therapeutischen Handelns hilft hier die Frage nach der Vergangenheit: In welcher Konstellation hat ein Mensch/haben Menschen bislang gelebt? Wenn er diese Bedingungen beklagt, warum hat er daraus keine Konsequenzen gezogen (weil auf einer unbewußten Ebene die Situation konstelliert wurde, und zwar meist als Wiederholung einer frühkindlichen Situation). Hier bedeutet Ich-Stärkung meistens nicht die Unterstützung der Trennung, sondern liegt eher in der Ermunterung, zu sehen und anzuerkennen, was trotz der in der Beziehung enthaltenen Belastungen gemeinsam ausgehalten und bewältigt werden konnte. Damit möchte ich noch einmal das o.g. Ziel, nämlich die Wiederherstellung des **bisher gelebten subjektiven Gleichgewichtes** bekräftigen.

Ich unterscheide Familientherapie von Familiengesprächen, weil die letzteren einen wichtigen Platz sowohl in der ambulanten, in der halbstationären wie auch stationären Versorgung haben. Ein solches Gespräch dient der **Diagnostik** bei den Problemen der betreffenden älteren Person in Bezug auf die:

Familiengespräche

- Symptomatik, den Beginn, den Verlauf und die Vorgeschichte der Erkrankung
- Lebensgeschichte und
- aktuelle familiäre, soziale und finanzielle Situation.

Diese Informationen werden desto wichtiger, je mehr ein Patient in seiner Fähigkeit, über sich und seine Situation selbst Auskunft zu geben, eingeschränkt ist, sei es aufgrund psychischer Störungen oder solcher der intellektuellen Leistungsfähigkeit.

Die Familie ist außerdem zur Mitarbeit im therapeutischen Setting zu gewinnen. Dies ist nur dann möglich, wenn sie genügend informiert und dadurch für eine Zusammenarbeit motiviert ist. Schließlich ist auch für die prognostischen Erwägungen die familiäre Situation zu berücksichtigen.

Die meisten Familiensitzungen kommen aufgrund einer

Notsituation zustande: Krisen im Zusammenhang mit einer akut auftretenden Einweisung ins Krankenhaus, einer bevorstehenden Heimunterbringung, im Zusammenhang mit der Berentung, mit einer Krankheit oder dem Verlust eines Partners. Weitere typische Familienkonstellationen zeigen sich im Umgang mit Erbschaften.

Leider ist es auf Seiten der Betreuer und Therapeuten üblich, die Familie erst dann zusammenzurufen, wenn man nicht mehr recht weiter weiß. In den meisten Teams ist das Familiengespräch noch nicht fester Bestandteil, nicht zuletzt auch deshalb, weil es bei den Helfern Angst aufgrund der intensiven affektiven Dynamik hervorruft.

Frau B. (59 Jahre) kommt wegen ambulant nicht behandelbarer depressiver Verstimmungszustände auf die gerontopsychiatrische Rehabilitationsstation. Einzelne Angehörigengespräche gaben zu der verfahren wirkenden Situation keinen weiteren Aufschluß. Daraufhin wurde die gesamte Familie eingeladen: der Ehemann, die Tochter, deren Ehemann, die Enkel (8 und 2 Jahre) sowie die 85jährige Mutter der Patientin.

Einleitend wurde die Frage formuliert, was denn die Familie meine, wieso Frau B. krank geworden sei. Spontan antwortet der achtjährige Enkel: „Das war doch damals, als das Haus verklinkert werden sollte". Die Patientin bestätigt, daß ihr die ganze Sache „viel zu viel geworden sei". Der Ehemann ist überrascht und gekränkt: „Das habe ich doch nur gemacht, um Dir damit eine Freude zu bereiten; ich habe angenommen, Du seist dagegen, um mal wieder zu sparen". Frau G. kann dann darüber sprechen, daß sie sich in ihrer Ehebeziehung gestört fühlt, weil die Mutter immer auf der Besuchsritze des Ehepaares schlafe. Wiederum konnten sich die Motive dafür als Mißverständnis aufklären lassen, und die Abhängigkeitsthematik von Frau G. konnte in der ergänzenden stationären Einzelpsychotherapie durchgearbeitet werden.

5.2 Psychotherapie im weiteren Sinne: Übende, erlebnisaktivierende und soziotherapeutische Verfahren

5.2.1 Interventionsgerontologie

Der Begriff „Intervention" wurde bereits 1977 im Handbuch der Klinischen Psychologie (Pongratz und Wewetzer) verwendet; er taucht aber in einem der gängigen Lehrbücher zur klinischen Psychologie (Davison und Neale) erst 1988 auf. Seit Mitte der 70er Jahre befassen sich die verschiedensten gerontologischen Autoren mit den unterschiedlichen Aspekten der Intervention (Birren und Schaie, 1977; Estes und Freeman, 1976; Eisdorfer und Stotsky, 1977). In der Gerontologie wird inzwischen einerseits von einem „Kult des Interventionismus" und andererseits von einer „Inflation des Interventionsbegriffs" gesprochen (Lehr, 1979).

Einerseits wird eng begrenzt von „Krisen-Intervention" (Oberleder, 1970; Österreich, 1978) gesprochen, andererseits von „sozialer Intervention" (Lakoff, 1976), worunter letztlich die Gesamtheit der Altenarbeit und Altenpolitik zu verstehen wäre (Lehr, 1979). Baltes (1978) will Intervention neutral als „Beeinflussungsmöglichkeit von Verhalten überhaupt" verstanden wissen. In der neueren gerontologischen Literatur sieht Lehr (1979) den Begriff „Intervention" auf „Maßnahmen zur Herbeiführung eines größeren psychophysischen Wohlbefindens des alternden Menschen" eingegrenzt (Lakoff, 1976).

Eisdorfer und Stotsky (1977) gelingt es nicht, „Intervention", „Behandlung" und „Rehabilitation" voneinander abzugrenzen: „Rehabilitation overlaps with intervention and therapy in so many ways that any distinction between them must be artificial". lehr schlägt vor, den Begriff der **Intervention** als den übergreifenden anzusehen und damit **Behandlung und Rehabilitation** als spezifische Interventionsmaßnahmen zu verstehen. Sie will Intervention nicht auf Behandlung und Rehabilitation begrenzt wissen und unterstreicht die Zusammengehörigkeit von Geroprophylaxe und Rehabilitation. Aus dem Blickwinkel einer differentiellen Gerontologie, die die Mehrfachdeterminierung von Alterszuständen berücksichtigt, kommt sie zu der Schlußfolgerung, daß „Interventionsmaßnahmen von den verschiedensten Bereichen ausgehen müssen und bereits im Kindes- und Jugendalter anzusetzen haben" (1979). Lehr fordert deshalb, daß „alle Interventionsmaßnahmen mit einer detaillierten Analyse der jeweils spezifischen individuellen Situation und der kognitiven Repräsentanz dieser Situation zu beginnen" haben.

Bezugnehmend auf Hippokrates zieht sie die Parallele zur „dis-use-Hypothese" (Berkowitz und Green, 1965) sowie dem Begriff der „Inaktivitätsatrophie" (Jokl, 1954; Steinbach, 1971) und schlußfolgert: „Demnach wären lebenslange körperliche Bewegung, Training und Gymnastik, richtige Ernährung, Entwicklung und Training geistiger Fähigkeiten und Interessen wie auch Anregung und Stimulation als Interventionsmaßnahmen der Optimierung und Prävention herauszustellen", also Maßnahmen, die von der einzelnen Person auszugehen haben. Dies entspricht letztlich meiner bereits ausgeführten Überzeugung, daß die Bereitschaft zur Gesunderhaltung und Gesundheitsvorsorge eine relativ konstante und früh im Leben entwickelte Persönlichkeitsvariable ist; ich werde im Kap. 5.5 und Kap.8 noch einmal darauf zurückkommen.

Aufgrund einer mangelnden persönlichkeitstheoretischen Fundierung ergeben sich nach meiner Auffassung mit dem Konzept der Intervention Schwierigkeiten. Nahezu jeder Autor versteht unter dem Begriff „Intervention" und „Interventionsgerontologie" etwas anderes. Im Unterschied zu Radebold, der den Interventionsbegriff inzwischen auch auf die psychoanalytische Therapie ausgeweitet hat, möchte ich ihn für therapeutische Bausteine im übenden, erlebnisaktivierenden oder soziotherapeutischen Sinne reservieren.

Die Gefahr der sog. Interventionsgerontologie besteht darin, in einen unkontrollierten Polypragmatismus zu verfallen. Hier wird noch einmal deutlich, wie wichtig eine konzeptionelle Basis für therapeutisches Handeln ist, da ohne diese Richtschnur für Interventionen das therapeutische Handeln an den unbewußten Wünschen des Helfers orientiert ist und nicht auf die individuellen Bedürfnisse bzw. auf die Störung des Patienten abgestimmt wird.

Die **Interventionsgerontologie** stellt jedoch bisher die einzige Form dar, in der eine klinische Psychologie im Alter ihren Arbeitsansatz gefunden hat. Die nicht klar gezogene Unterscheidung zwischen Intervention zur Förderung von Gesundheit und psychophysischem Wohlbefinden im Alter sowie der Intervention bei Störungen und Krankheiten halte ich für problematisch. Außerdem werden -insbesondere bei der Darstellung von Lehr – lerntheoretische Ansätze mit einer subjektiv orientierten Sichtweise verbunden, ohne dabei die Diskrepanz dieser unterschiedlichen Theoriesysteme zu berücksichtigen oder integrative Aspekte explizit zu erläutern.

Während in den 60er und 70er Jahren das Hauptinteresse der Frage galt: was kann man alles machen? ist gegenwärtig eine Rückbesinnung zu beobachten. Es geht um die Erfahrung, daß alles Training nichts fruchtet, wenn das „Milieu" nicht stimmt. Am eindrücklichsten wird diese Veränderung von Rasehorn (1994) bezüglich ihres selbst entwickelten Ansatzes des Realitäts-Orientierungs-Trainings beschrieben. Im folgenden wird eine unsystematische Auswahl von therapeutischen Aktivitäten und Trainingsansätzen dargestellt. Im Kap. 5.3 werde ich auf den die Einzelaktivitäten integrierenden milieutherapeutischen und ganzheitlich orientierten Therapieansatz weiter eingehen.

Gruppentherapeutische Ansätze

Seit 30–40 Jahren finden sich Bemühungen, alten Menschen in Psychiatrischen Kliniken, vor allem aber in verschiedenen Alteninstitutionen, mehr als nur Pflege und Verwahrung zukommen zu lassen. Diese verschiedenen Formen der Gruppenarbeit und Gruppentherapie mit Älteren unterscheiden sich hinsichtlich ihres Strukturierungsgrades, der zur Anwendung gelangend Techniken, der Teilnehmerzahl und dem Grad der Festlegung des zeitlichen Ablaufes. Die Teilnahme an derartigen Gruppen geschieht meist relativ unabhängig vom Krankheitsbild und wird bei den meisten Störungen als generell erfolgversprechend eingeschätzt. Durch verschiedene Berufsgruppen initiiert, kommt es zur

Einrichtung verschiedener Gruppenaktivitäten: Es werden Gespräche geführt, Gesundheitsfragen erörtert sowie politische und allgemein interessierende Themen diskutiert. Auch Gesellschaftsspiele und Ballspiele werden in Gruppen durchgeführt. Aktivierung, Stimulation und Förderung der Kommunikation stehen als leitende Idee dahinter wie darüberhinaus die Reduzierung der Gefühle von Wertlosigkeit, Stärkung der Selbständigkeit und Hinwendung zur Realität. Während derartige Gruppen zunächst von der Initiative, Kreativität und dem Einfühlungsvermögen einzelner Therapeuten abhingen, wurden in den vergangenen Jahren spezielle Aktivitätsgruppen beschrieben und gezielte Trainings vorgestellt.

Klare differentielle Indikationen für gruppentherapeutische Aktivitäten wie auch die im folgenden dargestellten fehlen. Einige werten das Interesse der Patienten als Zuweisungskriterium; andere gestalten ihr Milieu bzw. Programm derart, daß jeder Patient an einer Aktivität teilzunehmen hat: Eine Zurückweisung des therapeutischen Angebotes ist erst möglich, wenn der Patient eine Aktivität einmal ausprobiert hat (Junkers, 1991).

Die Förderung der Orientierung sowie das Training der täglichen Aktivitäten sind bei Patienten notwendig, deren geistige und psychische Leistungsfähigkeit so eingeschränkt ist, daß sie sich in weiten Lebensbereichen nicht mehr selbst versorgen können und daher institutioneller Hilfe bedürfen.

Das methodisch gut abgesicherte Behandlungsprogramm zur Verbesserung der Orientierung (ROT) geht auf Folsom (1968) zurück und ist speziell für Patienten mit ausgeprägten Gedächtnis- und Orientierungsstörungen entwickelt worden. Realitätsorientierungsprogramme wurden auf lerntheoretischer Grundlage insbesondere zur Anwendung im Alten- und Pflegeheimbereich weiter ausgearbeitet (z.B. Rasehorn, 1991). Für diese institutionalisierten alten Menschen steht das Bemühen im Mittelpunkt, die soziale Struktur der institutionellen Umgebung so zu organisieren, daß die Bewohner ermuntert werden, sich in einer stärker orientierten Weise zu verhalten und ihren Verhaltensradius entsprechend zu erweitern. Man unterscheidet dabei eine:

1. Einstellungstherapie, die eine positive „förderliche" Veränderung der Einstellung des Pflegepersonals zum Ziel hat (z.B. wird bei jeder Interaktion eine orientierende Grundinformation vermittelt, wie etwa: „Guten Morgen, es ist Sonntag und 8 Uhr morgens").

2. In strukturierten Gruppensitzungen begrenzter Länge wird die Grundorientierung geübt. So sollen teilweise unter

Realitätsorientierungstraining (ROT) und ADL Training (activities of daily living)

Zuhilfenahme von audiovisuellen Hilfsmitteln „schulmäßig" Aufnahme, Behalten und Verarbeiten von solchen Informationen trainiert werden, die die Person, die Zeit und den Ort betreffen.

3. Im Rahmen eines 24-Stunden-Programmes hat eine realitätsorientierende Betreuung „rund um die Uhr" zu erfolgen. Das Pflegepersonal hält die Bewohner kontinuierlich dazu an, sich „orientiert" zu verhalten und den Aktionsradius zu erweitern.

ROT ist im Bereich des sozialen Verhaltens nachweisbar wirksamer als auf dem Sektor kognitiver Fähigkeiten. Der Behandlungserfolg nimmt mit der Schwere der hirnorganischen Störung ab. Das Ausmaß der erreichten Veränderungen, mehr aber noch deren Stabilität, ist von der **Dauer** des Trainingsprogrammes abhängig. Die wichtige Rolle des Therapeuten bei der Durchführung des Trainings wird immer wieder betont; allein die Schaffung einer stimulierenden Umgebung reicht nicht aus.

Rasehorn und Rasehorn (1994) haben inzwischen ihre Empfehlungen modifiziert: „Die ursprüngliche Vorstellung, durch ein intensives Training die Orientierungsleistungen ganz konkret zu verbessern, ließ sich nicht aufrechterhalten ... Für die Therapeuten wurde das oft etwas zwanghafte Training des Orientierungsvermögens immer fragwürdiger ... Müssen nicht emotionale Prozesse und Befindlichkeiten weitaus mehr beachtet werden ... das funktionale Verständnis orientiert sich vornehmlich an den unmittelbaren Defiziten... Die Zielsetzung muß vielmehr darin bestehen, die Betroffenen darin zu unterstützen ... ein neues psychisches Gleichgewicht zu finden". Dieses Resümee über das bisher angewandte Realitäts-Orientierungstraining (Es liegt ein Video vor, das über den Vincentz Verlag erhältlich ist) beinhaltet die Einsicht, daß Orientierung nicht allein durch Sinnes- oder Kognitionstraining erreicht werden kann, sondern nur mit dem Hintergrund einer zwischenmenschlichen Beziehung wirksam wird. Darin bestätigt sich meine bereits dargelegte Überzeugung: es ist nicht der Lernvorgang selbst, sondern dieser in Verbindung mit dem Kontakt des Dementen zu einem fühlenden und mitfühlenden Menschen, der erst die wichtige Orientierung ermöglicht.

Das Training der täglichen Aktivitäten (ADL) als therapeutischer Ansatz wurde im wesentlichen für Patienten mit sehr weitgehenden Einbußen beschrieben. Man konzentriert sich dabei auf die Einübung lebenspraktischer Fertigkeiten, die die Aktivierung der Körperpflege einschließlich des An- und Auskleidens betreffen. Auch dieses früher als ADL Training bezeichnete Vorgehen wird in dieser isolierten Form kaum mehr angewandt und fließt jetzt mehr oder weniger in einen ganzheitlichen Betreuungsansatz mit ein.

Gedächtnisdefizite können ganz unterschiedliche Erscheinungsbilder haben: Je nach benutztem Gedächtnisspeicher können wir das Kurzzeit, das Mittelzeit- und das Langzeitgedächtnis unterscheiden. Abgesehen von spezifischen psychologischen Gedächtnisprüfungen (Kap. 4) sind auch einfache Fragen zur Untersuchung, wie aber auch zum Training des Gedächtnisses einzusetzen. Die folgenden Fragen als Beispiel weisen fließende Übergänge zum ROT auf:

Welches Datum und welchen Wochentag haben wir heute?

Wissen Sie, was Sie gestern abend im Fernsehen gesehen haben?

Was haben Sie zum Frühstück – Mittagessen – Abendbrot gegessen?

Wer und wann war der letzte Besuch?

Welches Wetter haben wir, welche Jahreszeit?

Wissen Sie, ohne hinzusehen, die Farbe Ihres Rockes – Ihrer Bluse?

Können Sie sich an ein wichtiges politisches Ereignis der letzten Zeit erinnern?

Viele Patienten zeigen durch spielerische Gedächtnisübungen guten Erfolg: Immer noch wird das Memory-Spiel gern gewählt, das „Koffer packen", etc.

Fragen nach dem Lebenslauf, nach besonderen – positiven oder negativen – Lebensereignissen betreffen das Langzeitgedächtnis. Ich halte sie deshalb für besonders wichtig in der aktivierenden Betreuung, weil Gedächtnis nicht als etwas rein zu Übendes, sondern unter Einbeziehung von Gefühlen stattfindet: Es kann Interesse an der Individualität vermittelt werden, der Erinnerungskontext belebt sich neu, vielleicht folgen sogar spontan weitere Einfälle.

Wie auch beim ROT wendet sich der Trend gegenwärtig vom isolierten Trainin ab und einem milieu- und ganzheitlich orientierten Betreuungs- und Therapieansatz zu (Kap. 5.3).

Die Aktivierung und Wiederbelebung der Sinneswahrnehmung wird als Ergänzung zum ROT angesehen. So werden etwa Patienten verschiedene visuelle, akustische, taktile und olfaktorische Stimuli gegeben, um die differenzierte Wahrnehmung für die dingliche wie personelle Umwelt zu reaktivieren. Körperlich bedingten Störungen der Sinnesleistungen ist dabei Rechnung zu tragen. Es darf dabei nicht außer acht gelassen werden, daß eine Aktivierung der Sinnesleistungen nicht nur einen Effekt auf die Sinneswahrnehmung selbst

Gedächtnistraining

Resensibilisierung

hat, sondern auch über das aufsteigende retikuläre System eine Aktivierung des gesamten Organismus mitbewirkt. Die Gestaltung der Umgebung und des Lebensraumes mit Elementen, die eine Stimulierung der Sinne fördern, gehört auch dazu (z.B. ein Kanarienvogel auf der Station).

Musik als Therapie

Musik als Therapie gehört zu den nonverbalen Therapieformen, die einzeln oder in der Gruppe eingesetzt werden können. Rhythmus und Musik gehören entwicklungsgeschichtlich zu den ältesten Sinneseindrücken eines Menschen und sind fast immer mit Wohlbefinden, Versorgung und Kontakt assoziiert (intrauterin wahrgenommener Herzschlag, Kinderlieder). Musik ist gewissermaßen ein Instrument präverbaler Emotionalität. Mit ihr können sowohl konkrete Erinnerungen wie auch diffusere emotionale Erinnerungsqualitäten wachgerufen werden. Mit dieser Reaktivierung von Erlebnisqualitäten ist ein relativ direkter Zugang zu vergangener Erlebnisgeschichte möglich.

Shapiro (1969) hebt hervor, daß es durch Spaß und Vergnügen an der Musik zur gewohnten wöchentlichen Stunde zur Strukturierung der Zukunft komme, durch Taktschlagen und gemeinsame Bewegung eine vorsprachliche Kommunikation erreicht werde und so Verständigungsprobleme abgebaut werden könnten.

Aktivierend und therapeutisch kann Musik auf verschiedene Weise eingesetzt werden passiv im Sinne von Musik hören.

Frau C. fängt plötzlich bei einem Musikstück an zu weinen. Allmählich erfährt der Betreuer, daß Frau C. bei dieser Musik ihren verstorbenen Ehemann kennengelernt hat. Auf diese Weise wurde es erstmals möglich, ein Stück erlebtes Leben von ihr zu erfahren und damit einen Kontakt herzustellen.

Das **Singen** gehört zu den wichtigsten und beliebtesten Aktivitäten im Altenheim. Alte Melodien aktivieren Erinnerungen und schaffen für den Moment etwas Vertrautes. Alte Menschen überraschen oft durch die Vielzahl der Strophen, die sie trotz ihrer Gedächtnisstörungen noch erinnern. Auch darin ist eine Stärkung des Selbstwertgefühls enthalten.

Eine 68jährige Frau in einem Altenpflegeheim war nach dem plötzlichen Tod ihres Sohnes in den Zustand einer malignen Regression geraten, in dem sie sich auf dem Funktionsniveau eines Säuglings bis Kleinkindes befand: Sie sprach nicht mehr, mußte gefüttert werden, ließ unter sich. Eine Betreuerin, die den starken Wunsch hatte, mit dieser Frau auf irgendeine Weise in Kontakt zu kommen, hatte die kreative Intuition, ein Kinderlied während des Fütterns zu summen. Plötzlich zeigte Frau M. erstmals eine Reaktion: sie neigte den Kopf zur Seite und suchte Blickkontakt mit der Person, von der diese „Musik" kam. „Es war eine Sternstunde", berichtete die Betreuerin. Von nun an hatten die zwei eine Möglichkeit des Kontaktes, die es der als völlig dement diagnostizierten Kranken für Momente ermöglichte, aus ihrer totalen Einsamkeit herauszutreten.

Zum Singen gemeinsam einen **Rhythmus** zu erzeugen (z.B. mit einem Löffel an der Tasse oder auf dem Tisch, mit Orff'schen Instrumenten) gibt ein Strukturierungsgefühl und vermittelt ein Zusammengehörigkeitsgefühl mit denjenigen, die ebenfalls den Rhythmus schlagen.

In einem Heim in Holland konnte ich miterleben, wie sich alle Bewohner (ca. 100) eines Alten- und Pflegeheimes (mobile, gehbehinderte und bettlägerige in ihren Betten) in der Aula zu einem Musiknachmittag versammelten. Ein Musiker spielte alte vertraute Melodien. Mit ausgegebenen Orff-schen Instrumenten oder auch nur Löffeln konnte jeder dazu den Rhythmus schlagen. Die Bewohner liebten diese Veranstaltung.

Musik in der Einzelbehandlung kann u. a. sehr hilfreich in der Behandlung von im Umgang schwierigen Demenzkranken sein. Eine interessante Fallschilderung in der Arbeit „Musiktherapie bei Demenzkranken" von Müller-Schwartz ist bei Hirsch (1994) nachzulesen.

Körperliche Aktivierung, Verbesserung der Körperwahrnehmung, des Körpergefühls und der Beziehung zum eigenen Körper und Erhaltung der Beweglichkeit sind therapeutische Ziele, die sich aus der wichtigen Rolle der körperlichen Gesundheit für das psychische Wohlbefinden ergeben.

Gymnastik, Bewegungstherapie und Tanz

Gymnastik und Bewegungstherapie dienen der körperlichen Aktivierung und dem körperlichen Training; kommunikationsfördernde Elemente wie auch die Ermutigung, Neues, Ungewohntes zu tun, können damit verbunden werden.

Die Gestaltung der Übungen nach Musik wird bevorzugt. Bei der Bewegung mit dementiell veränderten Patienten ist zu berücksichtigen, inwieweit sie durch die Musik u.U. abgelenkt werden. Im stationären Bereich sollte Gymnastik und Bewegungstherapie einen festen Platz im aktivierenden Programm des Stationsalltags einnehmen. Für die Leitung ist nicht unbedingt eine Fachkraft notwendig; z.B. können sich auch Altenpflegerinnen und Altenpfleger ein kleines Repertoire im Eigenstudium aneignen.

Im ambulanten Bereich sollte sich das Spektrum der Bewegungstherapie auf Gesundheitsaufklärung und auf die Motivierung zur eigenen körperlichen Ertüchtigung, z.B. zu Spaziergängen, zum Radfahren und zum Schwimmen erstrecken. Altersturnen wird inzwischen in jedem Stadtteil angeboten.

Eigene Erfahrungen mit der Bewegungstherapie auf einer gerontopsychiatrischen Station ergaben, daß der Aufforderungscharakter zum Mitmachen durch Musik verstärkt wird. Ängstliche und gehemmte Patienten können immer zumindest zum Zuschauen motiviert werden. Sie beginnen häufig, ohne daß sie es selbst merken, den Rhythmus der Begleitungsmusik mit dem Fuß mitzuwippen oder in Form einer winzigen Bewegung des gesamten Körpers Reaktionen zu zeigen. Einmal gezeigtes Verhalten kann dann von einem Mitarbeiter im Sinne der Verhaltensformung, etwa durch Zuwendung, verstärkt werden. Alte Menschen lieben als Begleitung nicht nur Musik aus ihren „alten" Zeiten, sondern auch solche, die täglich im Radio zu hören ist. Ein klarer, gut eingängiger Rhythmus oder eine eingängige Melodie sind besonders günstig, um Bewegungen zu bahnen.

Gymnastik bietet darüberhinaus diagnostisch hervorragende Möglichkeiten zur Aufdeckung von Koordinationsstörungen und zur differentialdiagnostischen Unterscheidung zwischen hirnorganischer und depressiver Symptomatik. Insbesondere bei neu aufgenommenen Patienten ergeben sich hier aus der Beobachtung Informationen über Bewegungs- und Koordinationsfähigkeit sowie Auffassungsvermögen und visuomotorische Koordination. Es ist beeindruckend mitzuerleben, wie ein als klassisch involutiv-depressiv diagnostizierter Patient sich z.B. unfähig erweist, abwechselnd den einen und anderen Fuß nach vorgegebenem Rhythmus vor sich aufzutippen oder abwechselnd den rechten und linken Arm vor sich auszustrecken. Es war ein leichtes, sich vorzustellen, daß dieser Patient sich bei einem beabsichtigten Handlungsvollzug als versagend erleben muß; d.h. nur noch ganz und gar automatisiert ablaufende Bewegungs- bzw. Handlungsabläufe (Gewohnheiten) können verläßlich und erfolgreich durchgeführt werden. Diese Form der Verhaltensbeobachtung enthält möglicherweise Hinweise auf eine beginnende zerebrale Insuffizienz (über apraktische Störungen) und trägt damit wichtige Informationen zu differentialdiagnostischen Erwägungen bei.

Der **Seniorentanz** ist eine eigene Tanzdisziplin, die keine Führungsrolle kennt; alle Partner sind einander gleichgestellt. Es gibt Tänze ganz unterschiedlichen Schwierigkeitsgrades, die jeweils auf die Patientengruppe abgestimmt werden. Die Gestaltung der Tänze sieht vor, daß es immer wieder durch Partnerwechsel zu einer Paarbildung im Rahmen der Gruppe kommt. Es handelt sich um eine vorgegebene Ausdrucksform, die ein Sich-Einfügen in eine Ordnung erfordert. Ein Tanz hat immer einen Anfang und ein Ende und jeder weiß darum. Es kommt zu einem gewissen Gefühl des Mitgerissenwerdens, das mit dem Gefühl des Ausgeschlossenseins unvereinbar ist. Es geht dabei um eine neu zu lernende Bewegungsabfolge, die dann beherrscht wird, und die man immer wieder tun kann. Dieses Neulernen und Können wird zum Erfolgserlebnis.

Mehr als bei der Bewegungstherapie geht es hier um Schulung sozialer Basisfertigkeiten in spielerischer Form: Das Miteinander, das Sich-aufeinander-Einstellen, das Koordinieren, das Sich-Treffen, das Sich-Trennen, das Sich-wieder-Finden. Es beinhaltet ein Anknüpfen an früher Getanes. Die meisten Frauen tanzen gern, insbesondere wenn sie in ihrem Leben dazu wenig oder gar keine Gelegenheit gehabt haben.

Auch beim Seniorentanz werden wichtige diagnostische Informationen offensichtlich: So tanzt ein depressiver Patient mit todernstem Gesicht, aber ohne Fehler zu machen; ein hirnorganisch eingeschränkter Patient machte dagegen fröhlich mit, obgleich er ständig Fehler machte. Ein wichtiges Wir-Gefühl entsteht, weil die Defizite bei dieser Art von Tätigkeit nicht so augenscheinlich sind und von der Gesamtgruppe getragen werden.

Die Sorge für die eigene Nahrung ist eine grundlegende Tätigkeit: Sie ist eng verknüpft mit Befriedigungserlebnissen, mit Erinnerungen an „Mutter", mit der eigenen Tätigkeit als versorgende Mutter. Tätigkeiten, die zum Kochen gehören, sind meist „eingeschliffen", extrapyramidal, man vergißt sie nicht. Auch Demente können z.B. Kartoffeln schälen, ohne sich zu verletzen. Das Kochen dient auch der Aktivierung von Erinnerungen.

Die Kochgruppe

Die Kochgruppe ist ein besonders beliebtes aktivierendes Angebot, sowohl im Altenheim als auch z.B. auf einer geriatrischen oder gerontopsychiatrischen (Rehabilitations-)Station. Je nach verfügbarer geistiger Leistungsfähigkeit kann die Gruppe planende, erinnerungsstimulierende wie auch informierende (gesundheitsaufklärende) Elemente mit einbeziehen oder sich vornehmlich auf die Handlungen beschränken.

Für die Zusammensetzung der Patienten lassen sich keine allgemeinverbindlichen Regeln vermitteln. Sie kann sich nach dem verfügbaren Funktionsniveau der Teilnehmer richten: Meist kann nur **ein** neuer, kranker, passiver Patient von der Gruppe verkraftet werden, d.h. sie tolerieren, daß er nur wenige bzw. kleine Aufgaben übernimmt und erst einmal zuschaut, um sich zu orientieren. Die anderen Gruppenmitglieder stellen für ihn ein aktivierendes Modell dar.

Die Aktivitäten in dieser Gruppe lassen sich z.B. wie folgt aufgliedern:

1. Die Planungsphase: Das Rezept wird durchgesprochen, hinsichtlich der dazugehörigen Nahrungsmittel, hinsichtlich der Art der Zubereitung usw. (die unterschiedlichen Gewohnheiten der Zubereitung werden ausführlich diskutiert; immer wieder wird versucht, aktivierend zurückzufragen: wie haben Sie das früher gemacht? Was meinen Sie dazu? Schweigen Sie, weil Sie nicht einverstanden sind? usw. Es wird ein Einkaufsplan erstellt und eingeteilt, wer das Einkaufen übernimmt.

2. Die Durchführung: a. Das Einkaufen: Nach dem Erstellen eines gemeinsamen Einkaufszettels wird überlegt, **wer** diese Aufgabe übernimmt, wer evtl. begleitet usw. Schwierigkeiten bei der Vorstellung, den Weg zu bewältigen, werden besprochen.

b. Das Zubereiten: Es geht zunächst um die Einteilung: Wer macht was? Ist jemandem eine Aufgabe zugeteilt, ist er dafür verantwortlich und hat in dieser Angelegenheit das Sagen. Der Leiter greift nur ein, um völlige Mißerfolge zu vermeiden. Je gestörter die Patienten, desto einfacher das Rezept.

c. Das gemeinsame Essen: Es wird zu einer begutachtenden Bewertung angeregt und über das gemeinsam Erlebte gesprochen: Wie geht man mit Fehlern um? Gibt es ein richtig oder falsch? Was ist, wenn Mißgeschicke passieren? Fehler bzw. Mißgeschicke vom Gruppenleiter haben meist einen besonders entlastenden Effekt, der therapeutisch gut zu nutzen ist.

3. Die Auswertung: **Diagnostisch** gesehen gibt diese Gruppe besonderen Aufschluß über: das Planungsverhalten, den Handlungsentwurf, die visuomotorische Koordination, die Übersichts- und Koordinationsfähigkeit, die Fähigkeit zur Auseinandersetzung und Durchsetzung wie auch die, in der Gruppe miteinander zu kommunizieren; die Fähigkeit zur Selbsteinschätzung und zur realistischen Anspruchsetzung wie schließlich lebenspraktisches Können. Bereits minimale hirnorganische Einbußen lassen sich hier meist deutlich und früh erkennen und ziemlich exakt von einer depressiven Arbeitshemmung unterscheiden (Der Depressive ist gehemmt, kann aber dann richtig „loslegen"; der dementiell Erkrankte schaut ratlos, kann die Aufgabe nicht in ein Ganzes fügen, handelt, z.T. ohne zu wissen, mit welchem Ziel). Die Beobachtungsergebnisse können im Sinne der Arbeitsprobe direkte Rückschlüsse auf die Fähigkeit zur Selbstversorgung in der häuslichen Umgebung vermitteln. Die **therapeutisch**en Ziele können sein:

- Die o.g. Fähigkeiten und Fertigkeiten werden trainiert.
- Es werden Anregungen für die Versorgung in einem Ein-

personenhaushalt gegeben (Denkanstöße zur Selbstversorgung), insbesondere wenn bei den Alleinlebenden eine große Passivität und Nachlässigkeit herrscht: Wozu, für mich allein?
- Die Aktivierung der Bereitschaft, sich oral gut zu versorgen, dient der Reetablierung eines guten inneren Objektes.
- Die Stimulierung oraler Lust und Wunscherfüllung ist auch ein Medium, die eigene Person wichtiger zu nehmen.
- Auf das Gesundheitsverhalten wird durch Erörterung z.B. diätetischer Fragen Einfluß genommen.

Die Kochgruppe erweist sich aufgrund eigener Erfahrungen in der stationären und tagesklinischen Behandlung von gerontopsychiatrischen Patienten als einer der wichtigsten Bausteine des therapeutischen Konzeptes. Kaum ein Patient weigert sich, daran teilzunehmen; allen schien die Notwendigkeit, die Mahlzeit zuzubereiten, sie zu essen und sich zu versorgen, einsichtig. Orale Versorgung ist etwas Fundamentales. Allein das Zuschauen bewirkt z.B. bei sehr gehemmten Patienten, daß ein Handlungsablauf plötzlich Widerspruch, Mitmachen oder Helfen stimuliert. Rezepte und Zubereitungsarten rufen Erinnerungen sowohl aus der Kinderzeit wie aus der Zeit, in der die Versorgung der Familie im Vordergrund stand, hervor.

Auch Notzeiten des Krieges einschließlich der damals teilweise sehr ausgefallenen Ideen, trotz der allgemeinen Mangelsituation etwas auf den Tisch zu bringen, werden manchmal gemeinschaftlich erinnert und stärken das Wir-Gefühl.

Der wichtige therapeutische Wert liegt im übenden Handlungsvollzug mit einem unmittelbar als sinnvoll angesehenen Material. Darüber hinaus regt diese Gruppe stärker als alle anderen Aktivitäten zu – oft sogar heftigen – Auseinandersetzungen zwischen den Patienten an (jeder möchte z.B. an „seinem" Rezept festhalten). Diese zwischenmenschlichen Konflikte aus dem „Hier und Jetzt" des Stationsalltages können dann beispielhaft psychotherapeutisch im Gruppen- oder auch Einzelgespräch bearbeitet werden.

Die passende Anregung und Beschäftigung für einen alten Menschen ist nicht nur durch den Blick auf seine Kompetenzen zu finden, sondern vor allem unter Beachtung seiner Vorlieben sowie seiner über den Lebenslauf hinweg entstandenen Gewohnheiten. Es kann nicht um die Beschäftigung um jeden Preis gehen, sondern darum, der individuellen Persönlichkeit angemessene Anregung und Förderung anzubieten, ohne dabei zu überfordern oder mit allzu Fremdem zu konfrontieren. Es sind Beschäftigungen gemeint, die entweder in der

Spiele, Malen und Gestalten

Altentagesstätte, der Tagesklinik, einer gerontopsychiatrischen Station oder im Alten- und Pflegeheim, entweder im Rahmen des Stationsprogrammes oder in einer stationsübergreifenden Ergotherapie angeboten werden können. Mit diesen Aktivitäten können folgende Ziele verfolgt werden:

- Allgemeine Förderung der Aktivitätsbereitschaft und der Psychomotorik
- Stimulierung von sozialer Wahrnehmungsfähigkeit, Einfühlungsvermögen sowie Kontaktverhalten allgemein
- Training von Wahrnehmungsfähigkeit, Auffassungsvermögen, Gedächtnisleistungen, etc.
- Förderung der Realitätsorientierung und Kritikfähigkeit
- Förderung einer insgesamt lebenspraktischen Orientierung
- Förderung der Konzentrations- und Durchhaltefähigkeit
- Förderung von visuomotorischer Koordination und planendem Verhalten
- Erfolgserlebnisse vermitteln.

Die Beobachtung bei diesen Aktivitäten liefert gleichzeitig diagnostische Informationen über die genannten Bereiche.

Spiele aus der Vorschulerziehung können einen groben Eindruck über die hirnorganische **Leistungsfähigkeit** vermitteln (z.B. Schau genau).

Speziell zum **Gedächtnistraining** bieten sich Spiele wie: Memory, KIM-Spiele, Koffer packen, „Mein rechter Platz ist leer" etc. an.

Die **Wahrnehmungsfähigkeit** läßt sich z.B. mit dem Spiel „Ich sehe was, was Du nicht siehst" stimulieren.

Ein stärkeres Gewicht auf die Förderung des **Kontakt**verhaltens legen Spiele wie: „Spiegeln", „Stille Post" etc. oder das gemeinsame Bemalen einer großen Papierwand mit Fingerfarben oder großen Pinseln.

Zur Anregung der **Erinnerung** kann z.B. die Aufgabe gestellt werden „Mein schönstes Kindheitserlebnis" zu malen oder Kochrezepte aus Kriegszeiten auszutauschen.

Das (Vor-)Lesen der Tageszeitung und von Informationsbroschüren, das Ausfüllen von Bank- und Postformularen fördert die **Realitätsorientierung**. Außerdem finden sich vielerlei Anregungen in einschlägigen Veröffentlichungen wie z. B. Zeitschrift für Altenpflege, Spielekartei für alte Menschen und der Therapiekartei von Weitzel-Polzer (1987).

Entspannungstechniken

Entspannungstechniken gehören zu den übenden therapeutischen Verfahren; sie haben die aktive, selbstbestimmte Einübung von vegetativen Abläufen zum Ziel, um zu einem

Zustand von Ruhe und Entspannung zu gelangen. Entspannung wird dabei als eine symptomunspezifische Handlung zur Erlangung eines angenehm erlebten psycho-physiologischen Gesamtzustandes verstanden. Wirkung zeigt weniger die Tonusverminderung der Skelettmuskulatur als der damit einhergehende zerebrale Entspanntheitszustand im Sinne eines Gegenpoles z.B. zu Angstgefühlen und Empfindungen innerer Unruhe.

Als Indikation für Entspannungsverfahren werden in der Literatur genannt: Einschlafstörungen, leichte Konzentrations- und Gedächtnisstörungen, leichtere chronische Schmerzsyndrome, innere Unruhe.

Die folgenden 2 Techniken gehören zu den verbreitetsten Konzepten:

1. Das **Autogene Training** wurde von I.H. Schultz (1974) entwickelt. Heute wird es gern in den Praxen niedergelassener Psychiater und in psychiatrischen und psychosomatischen Kliniken als Gruppenverfahren praktiziert.

In einer bestimmten festgelegten Reihenfolge werden bei diesem autosuggestiven Verfahren Vorstellungen von Schwere und Wärme in verschiedenen Körperteilen über sprachliche Formeln induziert. Ein Vorteil dieser Technik ist die rasche Erlernbarkeit; ein Nachteil, daß einige Patienten durch die Autosuggestion angstvoll und deshalb entgegengesetzt reagieren.

2. Bei der **Progressiven Relaxation** nach Jacobson (1938) ist diese Reaktion seltener. Hier werden nicht Suggestionen von Wärme und Schwere vorgegeben. Vielmehr soll durch einer partielle Anspannung der einzelnen Körperteile das Gegenteil, nämlich Nicht-Spannung, besser erfahrbar werden.

Der Spannungsgrad der Skelettmuskulatur ist dabei ein subjektiver Indikator für das Erleben von Entspannungsgefühlen. Der Patient wird instruiert, nacheinander (in einer festgelegter Reihenfolge) bestimmte Muskeln und Muskelgruppen anzuspannen, um sie dann gezielt zu entspannen. Dabei soll besonders auf die Gefühle geachtet werden, die auf den unterschiedlichen Entspannungsgrad zurückzuführen sind.

Die Progressive Relaxation zeichnet sich aus durch:

- leichte und schnelle Erlernbarkeit
- Unabhängigkeit von Apparaten und situativen Gegebenheiten
- eine aktive Handlung (kein passives „schlapp sein")
- Training einer differenzierten Körperwahrnehmung

Wesentliches therapeutisches Ziel ist hierbei die Vermittlung einer aktiven Technik zur Erlangung eines Entspannungszustandes.

Die Wirkung des Entspannungstrainings mit der progressiven Relaxation ist nach eigenen klinischen Erfahrungen bei gerontopsychiatrischen Patienten sehr unterschiedlich. Nur einige Patienten profitieren in der Weise, daß sie diese Übungen in den alltäglichen Plan für zu Hause übernehmen können. Ein Teil empfindet die Entspannung als angenehm, fühlt sich aber für die Durchführung auf die aktivierende Wirkung der Gruppe angewiesen. Für psychotische Patienten und solche mit einem dementiellen Syndrom ist das Entspannungstraining kontraindiziert. Auch andere Patienten fühlen sich in dieser Situation mit geschlossenen Augen trotz des verbalen Rapportes unwohl, vor allem wohl wegen der Konfrontation mit depressiven Ängsten bzw. dem sich Ausgeliefertfühlen an eine bedrohliche oder leere innerseelische Welt.

5.3 Milieutherapie und therapeutische Haltung

5.3.1 Milieutherapie

Ziel dieses therapeutischen Konzeptes ist es, das gesamte Milieu einer Institution (z.B. Gerontopsychiatrische Station, Station im Altenheim) stimulierend und aktivierend zu gestalten, um damit auch Institutionalisierungseffekten entgegenzuwirken. Sowohl Patienten wie Mitarbeiter werden in diese Therapieform mit einbezogen. Mit „therapeutischem Milieu" ist zunächst die **räumliche Ausgestaltung** gemeint, die dem vertrauten häuslichen Rahmen möglichst ähnlich sein soll. Die räumlich-dingliche Umwelt des Patienten ist dabei so umzugestalten, daß sensorisch stimulierende und kontaktfördernde therapeutische Rahmenbedingungen geschaffen werden können. Die Schaffung von Sitzgruppen oder Wohnküchen gehört dazu. Gleichzeitig sollen damit auch die äußeren Bedingungen für soziale **Kontakte** verbessert werden. Unter therapeutischem Milieu wird weiterhin aber auch die Reduzierung der sozialen Distanz zwischen Patient und Helfendem verstanden. So wird z.B. Dienstkleidung nur dann getragen, wenn sie wirklich sachlich notwendig ist.

Im Gegensatz zur Arbeit mit Jüngeren halte ich ein Stationsprogramm bei der Herstellung eines therapeutischen Milieus für ältere Patienten für dringend notwendig (Konzept, Kap.7.2). Es stellt als ein klar abgegrenzter Rahmen eine Halt gebende **Struktur** dar. Diese soll – psychoanalytisch verstanden – als basales Zentrum zur Stärkung einer Ich-Identität zur Verfügung stehen. Vorrangige Aufgabe des Teams ist es, diese Stationsstruktur im Sinne eines psychotherapeutischen Settings, das dem Tragen und Halten dient, zu leben. In diesem therapeutischen Milieu wird eine Regression im Dienste des Ichs erleichtert, zugleich aber werden die Patienten auch vor pathologischen Regressionen und vor übermäßigem Agieren geschützt. Das gesamte Stationsmilieu wirkt so auch als mildes Hilfs-Über-Ich, bei dem die ermutigenden und lobenden Anteile die strengen, strafenden überwiegen.

Ziel eines milieutherapeutischen Rahmens ist es, das Interesse des Patienten für die Umwelt zu wecken und ihn zu ermuntern, Verantwortung für sich selbst zu übernehmen und ihn anzuregen, seine eingeschränkten und verlorengegangenen Fähigkeiten auf dem gegebenen Niveau zu stabilisieren oder sogar noch neu wiederzuentdecken. Dadurch soll sein Selbstwertgefühl gesteigert und eine realistischere Beziehung zu anderen Menschen erreicht werden.

Abgesehen von den äußeren Bedingungen, die relativ leicht herzustellen sind, stellt das therapeutische Milieu das am schwierigsten zu fassende Kernstück einer psychologisch-therapeutischen Arbeit mit alten Patienten dar. Gemeint sind damit insbesondere die Bindeglieder, die gewissermaßen den „Kitt zwischen den Fugen" der äußeren Gegebenheiten und des Stationsprogrammes darstellen und die die therapeutischen Einzelelemente zu einem lebendigen Ganzen zusammenwachsen lassen. Diese Arbeit ist Aufgabe des Teams, das im Sinne einer psychotherapeutischen Haltung gut ausgebildet werden muß. Dabei sollte man die **Berücksichtigung des subjektiven Erlebens** der Patienten in den Mittelpunkt der Arbeit stellen. Nach meiner Vorstellung ist die therapeutische Interaktion zwischen „Tür und Angel" in ihrer Bedeutung ebenso hoch zu bewerten, wie die Arbeit in den festgelegten Therapiegruppen.

Aus dem Dargelegten folgt, daß hier nicht die Quantität der angebotenen Interventionsmaßnahmen als wirksam angesehen wird, sondern die Einbettung in einen ganzheitlichen Lebensvollzug, der die zwischenmenschliche Beziehung sowie deren orientierende und Halt gebende Wirkung in den Mittelpunkt rückt.

Dieses Konzept kann sowohl im Rahmen einer psychiatrischen Station, im Alten-und Pflegeheim, aber auch in der Tagesklinik oder Tagesbetreuung in einem Heim mit entsprechenden Modifizierungen umgesetzt werden.

In der Konsequenz könnte dies bedeuten, daß die einzelnen oben aufgeführten Gruppenaktivitäten wie z.B. Gedächtnistraining, Realitätsorientierungstraining, Resensibilisierung, Kochen oder auch Gesundheitsaufklärung nicht mehr als einzelne Gruppen angeboten werden, sondern in einen natürlichen Ablauf des Stationsalltages integriert werden können. Das bedeutet außerdem, daß z.B. die Grundpflege zu einer wichtigen therapeutischen Aktivität wird, wenn sie nicht als notwendiges Übel, sondern als Möglichkeit der Kommunikation, der Zuwendung und Fürsorge aufgefaßt und gestaltet wird.

5.3.2 Validation

Naomi Feil, Sozialarbeiterin in den USA, beschreibt eine Methode bzw. eine Herangehensweise, um sich in sehr alte, desorientierte Menschen einfühlen zu können. Ähnlich, wie ich mein Verständnis für die seelische Innenwelt alter Menschen entwickelt habe (aufbauend auf der Psychoanalyse Freuds und insbesondere Melanie Kleins), beschreibt sie als ihre Erkenntnis, daß die Orientierung in der objektiven Realität für verwirrte alte Menschen nicht das adäquate Ziel sein kann. Sie möchte es als Weisheit verstehen, wenn alte Menschen durch die Rückkehr in die Vergangenheit zu überleben versuchen. Der Rückzug in die Vergangenheit verhindert ihrer Ansicht nach das Dahinvegetieren: er vermittelt einen Inhalt. Wie sie mit verwirrten alten Menschen umgeht, legt sie in ihrem Arbeitsansatz dar, den sie zunächst „Fantasy Therapy" nannte. Darin betont sie, daß es im Umgang mit Verwirrten notwendig ist, sich auf phantasievolle und nicht vom logischen Denken geleitete Gefühlsinhalte einzulassen. Fällt die Zeit als strukturierendes Muster fort, gelten die Gesetze der freien Assoziation.

Das Grundprinzip ist die Vernachlässigung logischen Denkens zugunsten von Gefühlen: Sich in seine Gefühle hineinzuversetzen schafft Vertrauen. Insbesondere geht es dabei auch um die Akzeptierung negativer Gefühle: Trauer, Verzweiflung, Ärger. Technisch hat dieser Ansatz viel Ähnlichkeit mit der Verbalisierung emotionaler Erlebnisinhalte, wie sie in der klientenzentrierten Gesprächspsychotherapie gefordert wird (Kap.5.1.2).

Frau D. ist sehr aufgeregt und ruft: „Ach nein, Schwester, das geht doch nicht, das kann ich dorch gar nicht bezahlen!"

(Dahinter liegen die Gefühle: Was fühlt Frau D., wenn sie sich so verhält - könnte sein: Besorgnis, nichts Schulden wollen, evtl. Peinlichkeit; also könnte man ihr sagen:)
Betreuerin: „Sie machen sich große Sorgen, Ihr Geld könnte nicht reichen?"
Frau D.: „Ich habe doch im Augenblick kein Geld dabei".
Betreuerin: „So ist es Ihnen peinlich, von mir etwas zu bekommen?"
Frau D.: „Ich habe doch immer was auf die Seite gelegt".
Die Betreuerin bleibt hier ganz im Bezugsrahmen der Patientin und nicht im Bezugsrahmen der Institution: dort würde es z.B. heißen: „Hier brauchen Sie doch nichts zu bezahlen".

Die Behandlung mit Medikamenten unterliegt der Verantwortung des Arztes. Häufig wird ihm vorgeworfen, daß er zu schnell und zu viel Tabletten verabreicht und – insbesondere bei psychischen Störungen – nicht genügend Zeit und Geduld für ein Gespräch mit dem alten Patienten aufbringt.

Immerhin werden die meisten Arzneimittel bei kranken älteren Menschen eingesetzt: Die über 65jährigen (= 15, 5% der Bevölkerung) erhielten in der BRD 40% der Schlaf- und Beruhigungsmittel, 37% der Tranquilizer, 31% der Neuroleptika, 33% der Antidepressiva und 24% der Schmerzmittel verordnet (Radebold, 1989). Ältere Menschen nehmen z.T. bis zu 7 verschiedene Medikamente gleichzeitig ein (Melchert, 1991).

Bei der medikamentösen Therapie ist zu beachten, daß Ältere anders auf Medikamente reagieren als Jüngere. In Kap. 3 wurde beschrieben, daß die für die Verstoffwechselung und den Abbau der Medikamente wichtigen Mechanismus einem Funktionsverlust unterliegen. Dadurch erhöht sich die Wahrscheinlichkeit, daß es bei gleichzeitiger Behandlung mit verschiedenen Medikamenten zu schwer abschätzbaren Wechselwirkungen kommen kann. Für 15% der Krankenhauseinweisungen alter Menschen sind medikamentöse Neben- und Wechselwirkungen der Grund.

Auf Seiten des **Arztes** verlangt die medikamentöse Therapie, daß:

- Er über die u.U. veränderte Wirkweise von Medikamenten bei älteren Menschen informiert sein muß.
- Er wissen muß, welche Medikamente jetzt und früher verabreicht worden sind (Medikamentenanamnese).
- Er über die Wechselwirkungen zwischen verschiedenen Medikamenten Bescheid wissen muß.
- Er sich über Lebensgewohnheiten (z.B. unregelmäßiges Essen, Alkoholkonsum) informieren muß.
- Der Patient über die Wirkweise sowie mögliche Nebenwirkungen informiert werden muß.

Probleme auf Seiten des **Patienten**:

- Unzuverlässige Einnahme: Je größer die Zahl der verordneten Medikamente, desto unzuverlässiger werden sie eingenommen. Die Abneigung kann sich auf ganz unterschiedliche Aspekte beziehen: Je intensiver die Aufklärung des Patienten in seiner Sprache, desto geringer die Wahrscheinlichkeit, daß er das Medikament für unwirksam oder schädlich hält und nicht einnimmt. Häufig sind es

5.4 Pharmakotherapie und spezielle Probleme der medikamentösen Behandlung

5.4.1 Das Für und Wider

diagnostisch schwer identifizierbare Gedächtnisstörungen, die die Medikamenteneinnahme unzuverlässig werden lassen.

Die Reaktion von Alterspatienten auf eine medikamentöse Behandlung ist sehr unterschiedlich: Sie sind außerdem durch emotionale Einflüsse störbar und abhängig von momentaner Beeinflußbarkeit („Ach, das wirkt ja doch nicht", „vielleicht nützt es mehr, wenn ich mehr Tabletten auf einmal einnehme").

Die meisten Patienten lassen sich einer von drei Gruppen möglicher Einstellungen gegenüber Medikamenten bzw. Tabletten zuordnen:

- Medikamente sind schlecht: Sie stehen für das von außen kommende Böse, gegen das es sich zu schützen gilt. Dabei werden keine Unterschiede zwischen verschiedenen Arten von Medikamenten gemacht. Insbesondere jüngere „aufgeklärte" Angehörige (Kinder) unterstützen diese Haltung und erschweren damit die Behandlung. Ein Spezialfall dieser Einstellung ist die Angst, von der Behandlung mit Psychopharmaka abhängig zu werden. Aber gerade die Patienten, die diese Angst entwickeln, werden in der Regel nicht abhängig. Häufig handelt es sich um eine Verschiebung der Angst, mit einem Verlust von etwas wichtigem (z.B. einem Objekt) nicht fertig werden zu können.
- Indifferente Einstellung: Sie geht meist mit einem gewissen Desinteresse an der Pharmakotherapie und deshalb mit einer gewissen Nachlässigkeit oder Unzuverlässigkeit bei der Einnahme von Medikamenten einher. Meist besteht dann diese Einstellung auch gegenüber jeglicher Form der Behandlung.
- Medikamentenhörigkeit: Patienten, die in besonderem Maße nach Tabletten verlangen, sind meist auch von der (sofortigen) Wirkung überzeugt. Erfüllt sich diese Erwartung nicht umgehend, verlangen sie mehr oder nach Neuem. Häufig tritt diese Haltung in Zusammenhang mit einem Mißtrauen gegenüber mitmenschlicher Zuwendung auf, welches auch ein Mißtrauen gegen Psychotherapie und die Wirkung von Aktivitäten und Gruppenarbeit einschließt (nicht Menschen helfen, sondern Sachen). Direkt suchtgefährdet sind meist nur Menschen, die nach Schmerzmitteln, Tranquilizern oder anxiolytischen Präparaten in immer höherer Dosierung verlangen.

Nach meiner Überzeugung stellt die pharmakotherapeutische Behandlung einen wesentlichen Eckpfeiler der gerontopsychiatrischen Behandlung dar. Es wurde ausführlich beschrieben, wie wichtig eine umfassende gesundheitliche

Basisversorgung ist, bevor eine psychiatrische bzw. psychotherapeutische Ebene beschritten werden kann. Die Art der Verordnung, Begründung und Erklärung von Pharmakotherapie ist abhängig von Faktoren wie:

- der Persönlichkeitsstruktur des Patienten
- der Einstellung (Ablehnung, Mißtrauen, Suchtstruktur) des Patienten und seiner Angehörigen
- der Information durch den verordnenden Arzt
- beobachteten Erfahrungen bei nahestehenden Personen
- dem Aussehen der Tabletten (Größe, Farbe, Preis)
- der verordneten Menge
- der Art und Weise, wie ein Mensch in seinem bisherigen Leben mit Medikamenten umgegangen ist
- der Einstellung der Behandler (die dem Patienten nicht mitgeteilten Erfolgs- und Mißerfolgserwartungen der Ärzte und Schwestern erwiesen sich im Zusammenhang mit der Verabreichung von Medikamenten als wesentliche Faktoren der psychologischen Wirkung (Orne, 1969).

Im Vordergrund der Indikation für die Verordnung von Psychopharmaka stehen psychomotorische Unruhezustände, psychotische und depressive Symptome. Bei Langzeitbehandlungen sind Absetzversuche sehr behutsam vorzunehmen; nach mindestens einem Jahr sollte ein Medikamentenwechsel vorgenommen werden.

5.4.2 Psychopharmaka

Neuroleptika wurden zum Einsatz bei schizophrenen Psychosen entwickelt; sie haben einen sedierenden und antipsychotischen Effekt. Biochemisch wirken sie auf die Überträgersubstanz Dopamin ein. Sie werden bei Wahnsyndromen empfohlen: Bei unruhigen erregten Patienten mit Schlafstörungen werden eher nieder bis mittelpotente Neuroleptika mit sedierender Wirkung eingesetzt. Stehen starke Affekte und Gespanntheit im Vordergrund, werden hochpotente Neuroleptika bevorzugt. Bei starken Verwirrtheitszuständen ist – insbesondere mit einer hochpotent neuroleptischen Behandlung – Vorsicht geboten. Neuroleptika können entweder sofort (Frühdyskinesien) oder erst später (Spätdyskinesien) starke extrapyramidale Nebenwirkungen verursachen (schlurfender Gang, Verlangsamung der Bewegung, Steifheit der Muskulatur, Speichelfluß etc.). Markennamen von hochpotenten Neuroleptika sind z.B.: Decentan®, Haldol®, Dapotum®, Fluanxol®, Imap®, von niederpotenten Neuroleptika: Atosil®, Dipiperon®, Eunerpan®, Melleril®, Truxal® etc.

Bevor eine antidepressive Behandlung eingeleitet wird, ist gründlich abzuklären, ob keine körperlich bedingten Störungen als Auslöser der depressiven Symptome wirken. Thymoleptika oder **Antidepressiva** haben den Nachteil, daß ihre Wirkung erst nach etwa 10 Tagen spürbar wird. Da häufig zunächst der Antrieb, jedoch noch nicht die Stimmung gebessert ist, muß man besonders bei suizidgefährdeten Patienten aufpassen und ihnen u.U. eine leichte sedierende neuroleptische Zusatzmedikation verabreichen. Diese Medikamentengruppe beeinflußt den Stoffwechsel der Katecholamine sowie des Serotonins: Der Noradrenalin-Stoffwechsel korrespondiert mit dem psychomotorischen Antrieb, der Serotonin-Stoffwechsel mit der depressiven Stimmung.

Harnverhaltung und Mundtrockenheit gehören zu den möglicherweise subjektiv als sehr unangenehm empfundenen Nebenwirkungen. Außerdem kann es zu allergischen Reaktionen kommen, zu Agranulozytose oder auch zu Krampfanfällen. Typische Markennamen sind: Anafranil®, Aponal®, Gamonil®, Ludiomil®, Noveril®, Saroten®, Tofranil®, Tolvin® etc.

Mit der Verordnung von **Tranquilizer**n im Alter ist behutsam zu verfahren, da sie sich z.T. sehr negativ auf die Herz-Kreislaufsituation auswirken können, damit u.U. Gedächtnisdefizite verstärken und über die orthostatische Dysregulation zu Stürzen und Frakturen führen können. Außerdem können sich als Nebenwirkungen Schwindel, Benommenheit sowie Koordinationsstörungen einstellen. Der therapeutische Effekt liegt in der beruhigenden, entspannenden und angstlösenden Wirkung; sie werden bei älteren Menschen häufig auch als Schlafmittel eingesetzt.

Markennamen sind z.B.: Adumbran®, Durazepam®, Frisium®, Halcion®, Tranquase®, Valium® etc.

Als **Nootropika** (oder auch Geriatrika oder Geroprophylaktika) wird ein Spektrum verschiedenartiger Wirksubstanzen bezeichnet, die für sich beanspruchen, Hirnleistungsdefizite verbessern zu können. Ihre Wirksamkeit ist umstritten. Nach eigenen Erfahrungen sind sie dort erfolgreich, wo nach außen kaum merkliche Leistungsstörungen vorwiegend subjektiv wahrgenommen werden und häufig in Form depressiver Symptome verarbeitet werden. Als Markennamen sind hier zu Nennen: Encephabol®, Hydergin®, Nootrop®, Normabrain®, Piracetam® etc. Zur weiterführenden Lektüre empfehle ich Finzen (1987).

5.4.3 Verbesserung der Compliance

Um die Mitarbeit des Patienten zu sichern, steht die Aufklärung über das Medikament und seine Einnahme und Wirkung an erster Stelle: Der Patient sollte ausgiebig erklärt bekommen, warum er welche Medikamente nimmt. Dabei sind Fachtermini zu übersetzen in eine Sprache, die vom

Patienten verstanden werden kann. Man kann z. B. folgendermaßen vorgehen:

a. Medikament ist nicht gleich Medikament, ihre Wirkung ist sehr unterschiedlich:
- sie haben verschiedene Angriffspunkte,
- verschiedene Nebenwirkungen,
- verschiedene Anlaufzeiten, bis sie wirken,
- verschiedene Zeiten, bis der Organismus fertig ist, sie zu „verdauen"
- unterschiedliche Anfälligkeiten für eine unregelmäßige Einnahme.

Die unterschiedlichen Wirkungen verschiedener Präparate werden unterschiedlich gut verstanden: z.B. wird die Wirkweise von Euglucon® leichter erfaßt als die von Lanitop®.

b. Das Verhältnis zwischen Größe / Menge und Wirkung:
Die meisten Patienten neigen dazu, die Wirkstoffmenge nach der Größe bzw. Zahl der Tabletten zu beurteilen. Dies erinnert an die Entwicklung der Mengenwahrnehmung bei Kindern, wie sie von Piaget und Inhelder beschrieben wird (1969). Da die Oberfläche der Menge in einem runden, breiten Gefäß weniger hoch ragt als in einem runden schmalen hohen Gefäß, wird angenommen, daß in letzterem mehr Inhalt ist. Große Tabletten werden als wichtig eingeschätzt, aber ungern genommen, weil sie schlecht zu schlucken sind.

Information und Training bedürfen nicht nur einer plastischen, einfachen Sprache, sondern zur besseren Verdeutlichung auch des Eingehens auf persönliche Beispiele aus der Alltagswelt der Patienten. So etwa mit der Frage, ob in einem Wasserglas mit Schnaps oder einem gleich großen Glas Bier mehr Alkohol sei, um die unterschiedliche Konzentration eines Wirkstoffes bei gleicher Tablettengröße zu verdeutlichen. Ähnlich ist auch die Konzentration eines Wirkstoffes zu erläutern (nach welcher Art des alkoholischen Getränkes braucht man die längste Zeit, um wieder nüchtern zu werden?)

c. Aufklärung über mögliche Nebenwirkungen und Interaktionen:
Viele Patienten glauben, über ihre „üblichen" Medikamente, die sie in die Klinik mitbringen, nichts sagen zu müssen. Es scheint sogar von gewissem Reiz, heimlich Medikamente von zu Hause zu nehmen. Hier ist Aufklärungsarbeit besonders schwierig, weil sie eine gewisse intellektuelle Kapazität voraussetzt.

d. Aufklärung über unregelmäßige Tabletteneinnahme:
Viele Patienten verstehen die notwendige erläuternde Information nicht. Das mögliche Sammeln bzw. „Verschwindenlassen" von Medikamenten ist anzusprechen.

e. Aktivierung der Selbstwahrnehmung von Wirkungen:
In der Praxis erweist es sich als wichtig, die Patienten zu ermuntern, alle Selbstwahrnehmungen zu äußern, und scheinen sie noch so abstrus zu sein.
Ich habe den Eindruck gewonnen, daß Wahrnehmungen, die von Seiten der Patienten mit bestimmten Medikamenten in Zusammenhang gebracht werden, nicht nur ernst genommen werden müssen, sondern häufig auch wichtige Hinweise auf die individuelle Wirkung enthalten.

f. Aufklärung der Angehörigen:
Die Angehörigen, insbesondere „kritische Kinder" torpedieren häufig die Pharmakotherapie. In einem ausführlichen Beratungsgespräch müssen vor allem sie von der spezifischen Wirkung unterrichtet und von der Notwendigkeit dieser Art der Behandlung überzeugt werden.

Training im Umgang mit Medikamenten

Je stärker die Wahrnehmungs- und Merkfähigkeit eines Patienten beeinträchtigt ist, desto wichtiger ist die Darreichungsform. Medizinische Firmen bieten Medikamentenkästchen an, die eine Einteilung der gesamten Tages- oder Wochenration über vier Zeitpunkte des Tages (morgens, mittags, abends, nachts) ermöglichen. Die Handhabung ist nicht ganz einfach und bedarf – je nach intellektueller Kapazität – einer speziellen Einweisung und eines Trainings. Ein solches Training ist nur in der Einzelsituation erfolgreich durchzuführen, wenn sich ein Mitarbeiter ganz auf die persönlichen Fragen eines Patienten konzentrieren kann oder ein Angehöriger in diese Unterweisung einbezogen werden kann.

Äußert ein Patient Angst, süchtig zu werden, genügt nicht die Information, daß dieses Medikament nicht abhängig mache. Gleichzeitig muß auch mit ihm seine individuelle Vorstellung von psychischer Abhängigkeit besprochen werden.

Bei der generellen Ablehnung von Medikamenten muß die gezielte Indikation und entsprechende Aufklärung ebenfalls verbunden werden mit dem Gespräch über die Angst, Böses und Schlechtes in sich aufzunehmen. Dies kann natürlich nur erfolgreich sein, wenn keine Wahnbildung vorliegt.

5.5 Prävention, Rehabilitation und Lebensqualität

5.5.1 Prävention und Geroprophylaxe

Unter Prävention versteht man im weitesten Sinne **Vorsorge** zur Verhinderung von psychischem, somatischem und sozialem Leid und entsprechender Störungen. Sie sollte so früh wie möglich ansetzen, um im besten Fall kurative Maßnahmen überflüssig zu machen (Stark, 1988). Caplan (1964) legt eine Dreiteilung psychiatrischer Prävention vor: Er versteht unter

- **primärer** Prävention: Aktionen zur Verminderung des Vorkommens aller Arten von Erkrankung in der Gemeinde,
- **sekundärer** Prävention: Aktionen, die die Dauer einer bestimmten Anzahl Erkrankungen, die auftreten, vermindern und
- **tertiärer** Prävention: Aktionen, die die Beeinträchtigungen aufgrund dieser Krankheiten zu verhindern beabsichtigen.

Idealerweise sollte die Prophylaxe gegenüber Störungen, Krankheiten und Behinderungen im Alter bereits in der Jugend einsetzen; sie kann zu jedem späteren Zeitpunkt im Leben beginnen. Die allgemeinste präventive Kompetenz ist die Fähigkeit, sich selbst aktiv um körperliche und seelische Gesundheit zu bemühen, Krisen- und Schicksalsschläge zu bewältigen und sich auf veränderte Lebensbedingungen umstellen zu können.

Die **primäre Prävention** deckt sich in der Gerontologie teilweise mit dem, was mit **Geroprophylaxe** bzw. präventiver Geriatrie gemeint ist. Hierzu zählen alle Bemühungen um eine Vorsorgeorientierung für das Alter wie z.B. Informationen über Gesundheitserhaltung, Risikofaktoren und -verhalten; Aufklärung und Beratung z.B. zu regelmäßigen *Check ups* beim Arzt, Gymnastik, körperliche Ertüchtigung, Pflegen sozialer Kontakte etc.

Als **sekundäre Prävention** ist jede Maßnahme zur Behandlung einer Krankheit oder Störung zu verstehen. Sowohl die Medien als auch soziale Kontakte können hier wichtige Aufgaben übernehmen. Häufig ist die Akutbehandlung bei Älteren eine erste Möglichkeit, präventive Arbeit zu leisten, da viele Menschen von der Notwendigkeit von Maßnahmen erst durch einen gewissen Leidensdruck überzeugt werden können: Deshalb sollte der Hausarzt jede Behandlung zur Information über Gesundheit, zur Aufklärung und Gesundheitserziehung nutzen sowie Beratungs- und Trainingsmöglichkeiten bei Riskofaktoren vermitteln.

Als **tertiäre Prävention** gelten diejenigen Maßnahmen, die die Wiederherstellung zum Ziel haben (Rehabilitation), zumindest aber auf eine Erhaltung des erreichten Zustandes

(Erhaltungstherapie) und das Vermeiden von Rückfällen hinarbeiten.

Die besondere Aufgabe des klinischen Psychologen ist die Diagnostik der individuellen Motivation und der dazugehörigen Persönlichkeitsstruktur, um die günstigsten Voraussetzungen für eine präventive Arbeit allgemein wie auch im individuellen Fall zu schaffen.

5.5.2 Rehabilitation

Im Gesundheitswesen bezeichnete „Rehabilitation" bisher das „Bemühen um die Wiederherstellung der geistigen wie körperlichen Fähigkeiten, um den Beschädigten beruflich wie als Glied seiner Familie und Gemeinschaft zu bestmöglichem Erfolg kommen zu lassen" (Dorsch, 1982). Inzwischen sind die Krankenkassen nach dem Rehabilitations-Angleichungs-Gesetz (1975) verpflichtet, auch Menschen im Rentenalter Rehabilitationsmaßnahmen zukommen zu lassen. Auch wenn nur Teilerfolge zu erwarten sind, besteht ein Leistungsauftrag an Krankenversicherung und Sozialhilfe zu „fortdauernden Bemühungen auf medizinischem, allgemeinsozialen und psychologischem Gebiet". Eine ganze Reihe von Spezialeinrichtungen für Ältere und alte Menschen sind geschaffen worden. Sie haben jedoch wesentlich die somatische (geriatrische) und neurologische Rehabilitation zum Gegenstand. Rehabilitative Maßnahmen setzen ein, sobald eine **Störung** vorhanden und akut behandelt worden ist. Da alte Menschen meist unter mehreren Krankheiten und Behinderungen leiden, muß Rehabilitation als ein **ganzheitliches Handeln** aufgefaßt werden, indem sowohl die individuell erlebnismäßige wie die soziale Dimension berücksichtigt werden. Ein „Rehabilitationsprozeß ist als ein integriertes Gesamtgeschehen zu verstehen ... das auf einer ganzen Anzahl von wechselseitig sich beeinflussenden und ergänzenden Einzelmaßnahmen beruht". (Böcher, Heemskerk und arks, 1973, S. 219).

Die WHO differenziert folgende Kategorien, die in der geriatrischen Rehabilitation zu berücksichtigen sind:

- nachweisbare körperliche und psychische Schäden (impairment), können zu
- Ausfällen bzw. Behinderung (disability) führen und
- Beeinträchtigungen, auch i.S. sozialer Benachteiligungen (handicap) nach sich ziehen.

So sollte sich z.B. die Rehabilitation nach einer Oberschenkelhalsfraktur nicht auf die Mobilisation beschränken, sondern auch psychologische Hilfe (Wie werden die Folgen der Krankheit erlebt und wie können sie verarbeitet werden?), soziale Unterstützung (Ergeben sich Veränderungen der Selbstversorgungsfähigkeit einschließlich der Erhaltung von bestehenden Sozialkontakten?) sowie ökologische Beratung (Bedarf es aufgrund von krankheitsbedingten bleibenden Einschränkungen stützender Veränderungen in der Wohnumgebung?) umfassen.

Rehabilitation ist also als jedes Bemühen zu verstehen, das sich gegen die akute Verschlechterung von Befinden und Befindlichkeit richtet. Als **Ziel** wird die **Wiederherstellung bis zur Grenze des Möglichen** angestrebt.

Die Wiederherstellung des „Status Quo Ante" bleibt für alte Patienten fast immer eine nicht mehr erreichbares Idealvorstellung. Es geht bei ihnen darum, ein Maximum an Stabilität in einem ohnehin labilen Gleichgewicht zu erreichen.

Rehabilitation im Alter orientiert sich nicht nur an Diagnosen, sondern wesentlich daran, wie der Patient eine größtmögliche Selbständigkeit, subjektives Wohlbefinden und eine Verbesserung der Hilfs- und Pflegesituation für sich innerhalb seines sozialen Umfeldes erreichen kann. Sie muß immer ganzheitlich den Patienten in seinen verschiedenen Lebensräumen erfassen. Dementielle Erkrankung und fehlende Motivation stellen sich einer Rehabilitation entgegen.

Stufen der Rehabilitation können z.B. sein:

- Beseitigung von Bettlägerigkeit
- Mobilisation und Förderung der Mobilität nach akuter Erkrankung
- Verringerung der Behandlungsbedürftigkeit
- Verringerung oder Aufhebung von Hilfs- oder Pflegebedürftigkeit
- Stärkung von vorhandenen oder Wiedererlangung verlorengegangener Fähigkeiten
- Lernen, chronische Erkrankungen und Behinderungen zu bewältigen.

Der Begriff „Rehabilitation" wird in der Gerontologie, Geriatrie und Altenpflege zur Zeit inflationär gebraucht, denn Rehabilitation im strengen Sinn stellt gezieltes und geplantes Bemühen dar, einen alten Menschen in seiner Erkrankung, Beeinträchtigung und Behinderung soweit als möglich fachlich fundiert zu behandeln, ihn möglichst weitgehend körperlich-geistig wiederherzustellen, um ihm ein optimales Leben unter veränderten Bedingungen wieder zu ermöglichen (nach Rönnecke, 1990). D.h. er sollte möglichst unabhängig von fremder Hilfe und seinen Bedürfnissen und Kompetenzen entsprechend aktiv und sinngebend leben können. In der Regel muß sich eine **Erhaltungstherapie** anschließen und es sollten einer Rehabilitation weiterführende präventive Maßnahmen folgen.

Das bedeutet, daß Bedingungen geschaffen werden müssen, die einen größtmöglichen Erhalt der rehabilitativ erreichten Fähigkeiten garantieren; außerdem bedarf es ebenfalls präventiver Bemühungen, um z.B. depressiver Resignation bei dem Verlust von Fähigkeiten entgegenzuwirken. Rehabilitation erfordert eine realistische Zielsetzung, d.h. eine der jeweiligen individuellen Belastbarkeit angemessene Indikationsstellung.

Geriatrische Rehabilitation

Geriatrische Rehabilitation findet derzeit – wenn überhaupt – in der Regel im Akutkrankenhaus (Kap 8.2.3) und in der ärztlichen Praxis (Kap 8.2.1) statt. Zunehmend kann an spezielle geriatrische Rehabilitationseinrichtungen oder auf eine geriatrische Tagesklinik zurückgegriffen werden. Je weniger spezialisiert die Behandlungsinstitution, desto notwendiger ist ein in Haupt- und Nebenziele definierter **Rehabilitationsplan**, und desto wichtiger, daß ein Behandler verschiedene Bereiche überblickt, um einen ganzheitlichen Rehabilitationsansatz verwirklichen zu können. Es sollte nicht mehr zwischen einer kurativen und rehabilitativen Phase unterschieden werden.

Krankenhäuser verstehen sich leider überwiegend nicht als Glieder in der Kette der zur Rehabilitation durch das Gesundheitsreformgesetz ab 1989 verpflichteten Einrichtungen: Nach der Entlassung aus dem Krankenhaus ist die direkte Übernahme in ein Pflegeheim deshalb meist die Folge, obgleich Experten schätzen, daß bei 40% der Patienten eine Rehabilitation erfolgreich sei.

Gegenstand geriatrischer Rehabilitation kann sein:

- Bewegungseinschränkungen nach Erkrankungen des Bewegungsapparates oser operativer Versorgung (z.B. von Oberschenkel- oder Schenkelhalsfraktur; Gelenkersatz im Knie etc.)
- Entzündliche oder degenerative Erkrankungen des Bewegungsapparates (Arthrose, chronische Polyarthritis, etc.)
- Halbseitenlähmung und andere Folgen von Hirninfarkt oder Hirnblutung
- Mehrfachbehinderungen (z.B. Schenkelhalsfraktur bei vorbestehender Behinderung nach Hirninfarkt).

Die Behandlung in der Institution soll so kurz wie möglich gehalten werden. Vom Patienten müssen sowohl die Grenzen für die eigene Situation wahrgenommen, aber auch Blick offen gehalten werden für die noch bestehenden Möglichkeiten, d. h. der zu Rehabilitierende muß über eine ganze Menge von psychischen und geistigen Fähigkeiten verfügen, um diese „psychische" Rehabilitationsarbeit leisten zu können.

Ängste, Gefühle der Hilflosigkeit und depressive Verstimmungen sind häufig als Antwort auf die krankheitsbedingten Lebenseinschränkungen zu beobachten. Prospektive Studien zeigen, daß das Auftreten von Depressionen die günstige Verbesserung der körperlichen Situation einschränkt bzw. den Krankheitsverlauf ungünstig beeinflußt (House, 1987; Ziegler, 1989). Angemessene Information über die Krankheit und entsprechende Beratung können den Behandlungserfolg verbessern.

Psychologisch gesehen kann man bei der körperbezogenen Rehabilitation meist auf eine relativ „intakte", d.h. noch nicht durch Alterns- oder Krankheitseffekte veränderte Persönlichkeit zurückgreifen. Für das notwendige kooperative Mitmachen steht ein „Partner" als Gegenüber zur Verfügung, mit dem man sprechen kann, dem man etwas erklären und den man auch fragen kann, d.h. in eine uneingeschränkte kommunikative Arbeit mit ihm eintreten kann. Hier ist zu untersuchen, welche Einstellung derjenige bisher zu seiner Gesundheit und seinem Hilfesuchverhalten gehabt hat, wie er mit Abhängigkeitsgefühlen umgegangen ist und wieviel er von seiner Persönlichkeit zeigt, damit der Therapeut einen Zugang zu seiner Motivation bzw. Motivierbarkeit bekommen kann.

Bei der rehabilitativen Arbeit sind allgemeinpsychologische Voraussetzungen im Sinne besonderer Lernbedingungen zu berücksichtigen (Kap. 2).

Rehabilitationserfolge können nur durch konsequente Weiterführung einer ambulanten Therapie i.s. einer Erhaltungstherapie gesichert werden. Angehörige sind dementsprechend zu beraten und in die Behandlung mit einzubeziehen.

Bei der psychischen Rehabilitation geht es um den „Erhalt der vorhandenen Fähigkeiten bzw. die Förderung der vorhandenen Fähigkeiten bis zu einem individuell je erreichbaren Ziel im Rahmen von entsprechenden Maßnahmen und Institutionen" (Schubert und Bungard, 1988, S.654).

Verstehen wir psychische Störung im Alter als Leistungsversagen, ist es Aufgabe der Rehabilitation, die auf die Dauer bestmögliche, individuell realisierbare Leistung unter Berücksichtigung möglicher weiter fortschreitender Leistungseinbußen als Basislinie anzusetzen. Rehabilitation in der Gerontopsychiatrie kann bedeuten, Störungen bzw.

Gerontopsychiatrische Rehabilitation

Fehlfunktionen auf körperlichem, geistigem und sozialen Gebiet weitmöglichst zu mindern. Die meisten Autoren sind sich darin einig, daß es darum geht, dem älteren Menschen zu helfen, wieder in sein früheres Leben zurückzufinden: Sowohl in die vertraute häusliche Umgebung wie auch in die damit verknüpften Kontakte und Aufgaben.

Kruse weist darauf hin, daß erst die Frage nach den vorhandenen Fähigkeiten sowie den Möglichkeiten der Linderung eingetretener Funktionseinbußen (und nicht die Frage nach den verlorengegagenen Möglichkeiten) die Grundlagen für eine fundierte Rehabilitation schafft (Kruse, 1989; S. 17).

Gössling et al. (1989) betont, daß Rehabilitationsmaßnahmen in der Gerontopsychiatrie wesentlich dazu beitragen könnten, die große Zahl der Langzeitkranken zu verringern. Kontroverse Meinungen entzünden sich weitaus mehr an dem „**wie**" als an dem „**daß**".

Oft wird versucht, mit eifrigem Polypragmatismus die Hilflosigkeit gegenüber dem, was man sich im Alter als Rehabilitation vorstellen soll, zu verdecken. Die unmittelbar Helfenden sind ihrer konzeptionellen Orientierungslosigkeit ausgeliefert. Diese Lücke wird fast immer durch die jeweils subjektive und meist unbewußte Idealnorm des Einzelnen gefüllt. Diese Problematik besteht um so stärker, je mehr psychische Veränderung und Behinderung im Spiel ist.

Bei den Rehabilitationsbemühungen sollte zwischen den objektiven und subjektiven Zielen differenziert werden. Drei Ebenen greifen dabei ineinander:

- Die objektive Ebene von Störung und umgebender Realität.
- Die soziale Umgebung im Sinne des sozialen Netzwerkes.
- Ich meine damit die Einbeziehung bzw. Berücksichtigung der Familie, Freunde, Nachbarn und Gesellschaft etc. in die rehabilitativen Bemühungen.
- Die subjektive Welt in ihren verschiedenen Dimensionen wie dem eigenen Blick auf den Lebenslauf, der inneren Welt der Objekte und der individuellen subjektiven Bedeutungszuweisungen von z.B. körperlichen Störungen.

Die Forderung der WHO, die Wiedergewinnung eines möglichst hohen Selbständigkeitsgrades anzustreben, halte ich ohne die Berücksichtigung der subjektiven Dimension für zu begrenzt. Ich sehe es als für die Rehabilitation unerläßlich an, die durch die Störungen veränderten Bilder, die ein Mensch von sich selbst hat, sowohl in die Fähigkeit zum Handlungsvollzug wie in die Vorstellungen von der eigenen

Person zu reintegrieren. Die wesentlichen erlebnismäßigen Repräsentanzen eines Patienten müssen im Handeln aller beteiligten Helfer berücksichtigt werden.

Rehabilitation in der Gerontopsychiatrie kann sich in den meisten Fällen nicht mehr an dem in unserer Gesellschaft hoch bewerteten Kriterium der beruflichen Wiedereingliederung orientieren. Dennoch meine ich, daß es in den meisten Fällen auch hier um die Wiedereingliederung in individuell-persönliche **Arbeit**szusammenhänge geht, etwa um die Wiederbefähigung, den Haushalt nach den individuell besten Möglichkeiten zu führen oder insgesamt den Alltag zu bewältigen. Ich halte es für hilfreich, sich drei der fünf von Marie Jahoda (1982) benannten Punkte für die Bedeutung von Arbeit für das Subjekt zu vergegenwärtigen:

- organisierte Arbeit vermittelt ein strukturiertes Zeiterleben
- Die Arbeit bestimmt wesentlich das Gefühl von Identität
- organisierte Arbeit erzwingt Aktivität.

Ich habe hier den gängigen Begriff der Arbeit eingetauscht gegen einen Arbeitsbegriff, der der Selbsterhaltung dient: Die Restrukturierung der Arbeitsleistung in Anpassung auf das persönliche Maß stärkt ein Gefühl der Identität, strukturiert das Zeiterleben und bewirkt Aktivität.

Unter **psychologischer Rehabilitation** im engeren Sinne verstehe ich das Bemühen darum, daß ein Individuum seinen Platz im Leben und seine Identität im Rahmen seines subjektiven Erlebens wieder finden kann. Es geht bei dieser Wiedereingliederung im Rahmen des subjektiven Erlebens gleichzeitig auch um die individuelle aktive Bewältigung der subjektiven Geschichte und des eigenen Lebensraumes und weniger um Versorgungsmaßnahmen. Während sich das Ziel einer aktivierenden Pflege üblicherweise auf die Ermunterung zum Selbermachen beschränkt, meine ich hier eine Aktivierung auch zur Bewältigung des Innerpsychischen. Dies sehe ich als wichtige Voraussetzung für eine stabile Veränderung des Verhaltens an.

Aber gerade dies ist häufig bei depressiven Versagenszuständen ein unrealistisches Ziel: hier besteht meist aufgrund der dazugehörigen Persönlichkeitsdisposition ein zu hohes Anspruchsniveau: Der Therapeut muß dem Patienten helfen, seine Ansprüche zu reduzieren und die schwere Arbeit zu bewältigen, die in der Anerkennung des „Wenigerwerdens von Leistungsfähigkeit" und des „es ist nicht mehr so wie früher" liegt.

Es besteht zwar Einigkeit über die Notwendigkeit von gerontopsychiatrischer Rehabilitation, aber die Einsicht in die Notwendigkeit, spezielle gerontopsychiatrische Rehabilitationseinrichtungen in den entsprechenden Kliniken zu schaffen, entwickelt sich erst sehr zögernd.

5.5.3 Lebensqualität

Seit einigen Jahren ist man bemüht, die verschiedenen Erfolge von therapeutischen Maßnahmen zu untersuchen. Die Lebensqualität ist zu einem Konstrukt geworden, das als Kriterium für den Behandlungserfolg herangezogen wird. Dieses Konstrukt beinhaltet das

- physische Befinden (Vitalität, Mobilität etc.), das
- psychische Befinden (Stimmungsdimensionen wie z.B. Niedergeschlagenheit) und das
- soziale Befinden (Gefühl des Eingebettetseins in den familiären und gesellschaftlichen Kontext) wie auch die
- Funktionstüchtigkeit (geistige und körperliche Leistungsfähigkeit).

Es handelt sich – ähnlich wie bei dem Konzept der Lebenszufriedenheit – um eine globale Einschätzung und Bewertung der Zufriedenheit in verschiedenen Lebensbereichen. Sie kann von verschiedenen Blickwinkeln und mit verschiedenen Methoden erfaßt werden (z.B. Skala zur Messung der Lebenszufriedenheit, Wiendieck, 1970). In der Medizin wird die Einschätzung des Patienten selbst, die der Angehörigen, des Arztes und des Pflegepersonals genutzt.

Ich habe ausführlich beschrieben, daß die Persönlichkeitsstruktur wie auch die Biographie wesentliche Leitlinien der Lebensführung eröffnen. Die Kontinuität der inneren Welt, d.h. persönliche Stile des Umgangs mit anderen Menschen (Objekten, Kontaktverhalten) sowie des Umgangs mit Wünschen und Versagungen bleiben in der Regel gleich. Die Identifikation dieser persönlichen Stile hilft, Kriterien für die jeweils individuelle Lebensqualität herauszufinden.

Kapitel 6
Der Zugang zu auffälligem Problemverhalten, insbesondere bei dementiell veränderten alten Menschen

6.1 Verwirrtheit
6.2 Angst
6.3 Passives und regressives Verhalten
6.4 Aggressives Verhalten
6.5 Wahn, Halluzinationen, Verkennungen und Verdächtigungen
6.6 Sammelsucht und Zwänge
6.7 Verweigerungsverhalten
6.8 Exzessives Rufen und Schreien
6.9 Weglaufen, Hinterherlaufen, Unruhe und „Wandern"
6.10 Inkontinenz
6.11 Hospitalismus

Der Helfer, Betreuer, Angehörige, Psychotherapeut oder Arzt des alten Menschen ist im Umgang mit ihm häufig vor spezielle Probleme gestellt. Diese Schwierigkeiten lassen sich nicht durch die Diagnostik eines Krankheitsbildes oder die Anwendung eines bestimmten Therapieverfahrens lösen. Gemeint sind hier Probleme, die sich im Umgang ergeben. Besonders schwerwiegend gestalten sie sich bei dementiell kranken alten Menschen, bei denen die Einschränkung oder der weitgehende Verlust des Gedächtnisses zu Desorientierung und Verwirrtheit führen; zusätzliche Sprachstörungen komplizieren die Kommunikation noch weiter. Ein Kontakt oder eine Einigung mit diesen alten Menschen ist dann kaum oder nicht mehr möglich. Sie lehnen z.B. bestimmte Hilfestellungen ab oder torpedieren sie sogar. Derartiges Problemverhalten ist mit den Regeln von Intellektualität, Logik und gewohntem zwischenmenschlichen Umgang nicht zu lösen. Gut gemeinte Ratschläge und rationale Argumente, was „vernünftig" sei, prallen ab. Diese mangelnde Einsicht oder Ablehnung läßt das Verhalten des alten Menschen für den Betreuer uneinfühlbar und unverständlich erscheinen. Es veranlaßt ihn zu Aktionen auf der Maßnahmenebene, bei denen er sich selbst als autoritär oder gar gewaltsam erlebt und die zu Schuldgefühlen führen können. Oder es entstehen in ihm Gefühle von Hilflosigkeit, Verzweiflung und Wut: „man fühlt sich schachmatt gesetzt".

In meinen Kursen mit Betreuern dementiell veränderter Menschen wurde immer wieder die Frage gestellt: „Was machen wir, wenn wir nicht mehr weiter wissen?". Diese Frage stammte aus Momenten, in denen es nicht mehr gelang, den alten Menschen entweder mit rationalen Argumenten oder überhaupt mit Worten zu erreichen. Auf der Handlungsebene ist dann Willen gegen Willen gestellt und eine Machtprobe erscheint unausweichlich. Dies stellt für die Mitarbeiter eine der hauptsächlichen emotionalen Arbeitsbelastungen dar. Die dadurch entstehende Hilflosigkeit der Betreuer führt u.U. zu verstärkten Bemühungen bis zur eigenen Überforderung und wird von heftigen eigenen Affekten sowie Schuldgefühlen begleitet. Heftige Affekte im Betreuer bewirken jedoch Barrieren für einen unvoreingenommenen und hilfreichen Umgang: Der alte Mensch wird schlechter versorgt, oder der Helfer überfordert sich selbst und ist schließlich „ausgebrannt" (Kap. 7.7).

Stimmungsschwankungen gehören zum normalen Leben; dementiell Erkrankte büßen meist die Fähigkeit zur Kontrolle ihrer Emotionen ein: Affekte können deshalb ungebremst und in undurchschaubaren Zusammenhängen auftreten; scheinbar nichtige Anlässe führen zu Angst, Panik und aggressivem Verhalten. Veränderungen in der Gestimmtheit von Tag zu Tag oder auch von Stunde zu Stunde sind möglich und meist auf somatische Vorgänge (z.B. Durchblutungsstörungen) zurückzuführen. Zu Unrecht wird häufig unterstellt: „Der will nur nicht", da er es doch gestern konnte. Zusätzlich ist aber auch Fachwissen über biologische und somatische Veränderungen sowie über lerntheoretische Grundlagen hilfreichen Umgangs notwendig. So tauchen die Fragen auf: Ist die Gefühlswelt eines mehr oder weniger verwirrten alten Menschen, der sich nicht verständlich machen kann, dennoch verstehbar? Wie kann man sich seine Gefühlswelt und sein Erleben überhaupt vorstellen?

Wie kann es gelingen, zu verstehen, **warum** sich ein alter Mensch eben gerade **so** (scheinbar unvernünftig) verhält? Gelingt es, ihn „psycho"-logisch innerhalb seines subjektiven, inneren Bezugssystems zu verstehen? Ist die psychische Belastung des Betreuers und gelegentlich auch das Verhalten des alten Menschen über einen solchen Verständniszugang zu vermindern? Das Verhalten, das im Umgang Schwierigkeiten bereitet, ist am ehesten über die Einfühlung in die zugrundeliegenden individuellen Motive und Gefühle verstehbar, also über die subjektive (unbewußte!) Bedeutung von Äußerungen und Handlungen. Das bedeutet z.B., sich bei heftigen verbalen Angriffen **nicht persönlich gemeint** zu fühlen, sondern zu verstehen, daß dieser Mensch gegen etwas kämpft, von dem er sich bedroht und ungerecht behandelt fühlt usw. Er kann sich z.B. falsch behandelt fühlen, weil er aufgrund seiner intellektuellen Einbußen den Betreuer mit dem Mitbewohner von eben oder aber der Schulkameradin von früher verwechselt.

Wie sich ein dementieller Prozeß im individuellen Fall im Erleben und Verhalten äußert, ist vor allem durch die individuelle Persönlichkeit bestimmt. In Kap. 2.1.2 habe ich einen Abriß zur frühen psychischen Entwicklung des Menschen gegeben. Hier sei noch einmal zusammengefaßt: Die Persönlichkeit ist im wesentlichen durch sehr früh im Leben erworbene, gelernte Interaktionsstile geprägt. Je mehr die intellektuellen Fähigkeiten im Rahmen eines dementiellen Prozesses verloren gehen, desto mehr gewinnen unbewußte Anteile der Persönlichkeit im Erleben und Verhalten an Bedeutung.

Der desorientierte, verwirrte alte Mensch kann sich nicht mehr selbst als Objekt sehen und **über** sich sprechen: er ist völlig im **Hier und Jetzt des Erlebens** gefangen. Aus der Art und Weise, **wie** er sich jetzt als Verwirrter verhält, über die Gefühle, die er z.B. im Betreuer hervorruft (Übertragung und Gegenübertragung: Kap. 5.1.3) ergeben sich Hinweise zur Rekonstruktion seiner frühen Umgebung: Nicht wie sie **objektiv** war, sondern wie er sie damals erlebt und entsprechend darauf reagiert hat, aufgrund seiner **subjektiv** erlebten „innerpsychischen Welt". Die Bedürfnislage – früher die des Säuglings – heute die des Verwirrten – entscheidet darüber, ob ein Gegenüber (Betreuer) als gut oder böse empfunden wird: Habe ich Hunger und bekomme etwas zu Essen, ist derjenige, der es mir gibt, gut, weil er mich in meiner Bedürfnislage versteht und dementsprechend handelt. Ähnlich wird auch die Beziehung zum Körper als eine Beziehung zu einem anderen Menschen erlebt: der Körper, der immer weh tut, wird als ein böser Feind erlebt und so wird begünstigt, daß jeder andere Mensch im Umfeld dieses Verwirrten ebenfalls als böse angesehen wird.

Ich möchte an dieser Stelle einen Exkurs über **Unzufriedenheit** einfügen. Das Gefühl des Zufriedenseins geht in der psychischen Entwicklung eines Menschen, wie in Kap. 2 beschrieben, auf das Gefühl der Sättigung nach vorausgehendem Hunger zurück, d.h. auf die Befriedigung primärer leiblicher Bedürfnisse. Es drückt aus, daß der Säugling bekommen hat, was er braucht und daß er dies selbst auch als befriedigend empfindet. Selbst für den erwachsenen Menschen ist es nicht immer einfach, bei diffusem Unbehagen deutlich benennen zu können, was eigentlich so unzufrieden macht: häufig werden diese Empfindungen lediglich mit schlechter Laune umschrieben. Das Erkennen der eigenen Bedürfnislage gehört zu den Errungenschaften einer reiferen psychischen Entwicklung. Es gibt nun Menschen, die nie in ihrem Leben mit etwas zufrieden sein konnten. Dies bedeutet bei diesen Menschen, daß es nie eine Anerkennung von Geben und Nehmen für sie gibt. Ich halte es für wichtig, auf diesen Punkt hier hinzuweisen, weil gerade die dementiell veränderten Menschen oft nicht in der Lage sind, ihre Bedürfnislage zu benennen. Die Helfer orientieren ihr Handeln – meist unbewußt – an dem eigenen Wunsch, den alten Menschen zufriedenzustellen. Damit ist häufig auch gemeint: Der Helfer wünscht sich ein Lächeln oder eine Geste, aus der er glaubt, Befriedigung lesen zu können. Bleibt dieser Eindruck aus, so lastet der Betreuer dies meist seinem eigenen therapeutischen und pflegerischen Unvermögen an. Dies führt zu verstärkten Selbstzweifeln, zu Rivalität mit Kollegen und fördert das Gefühl beruflicher Ineffektivität. Zu erkennen, daß eigene Unzufriedenheit des Betreuers aus der Unfähigkeit eines Menschen herrührt, zufrieden zu sein, ist eine bedeutsame diagnostische Aufgabe, die oft erst in der Supervisionsarbeit gelingt.

Die Probleme des Erlebens und Verhaltens, die hier angesprochen sind, sind vor allem im Alltag des Alten- und Pflegeheimes anzutreffen; sie führen aber auch in der ärztlichen Praxis oder der ambulanten psychosozialen Betreuung zu Ratlosigkeit der Betreuer.

Das Problem „Verwirrtheit" ist im folgenden an den Anfang gestellt, da sich die meisten der anschließend aufgeführten Probleme aus dem Zusammentreffen emotionaler Konflikte mit zusätzlichen Störungen des Gedächtnisses sowie der Sprache und des Handlungsentwurfes ergeben. Ein Psychologe sollte für die Fachberatung und Supervisionsarbeit mit diesen Problemen vertraut sein.

Den folgenden Überlegungen wird aufgrund eigener Erfahrungen vorrangig der psychoanalytisch-biographische Zugang sowie der der Validation zugrundegelegt. Der hier angestrebte Verständniszugang orientiert sich bei der Darstellung vorwiegend am erlebenden Individuum und versucht, über die **subjektive Sicht** einen Zugang zur inneren Erlebniswelt des alten Menschen zu bekommen. Ein lerntheoretischer Zugang eröffnet sich vorwiegend über das

Prinzip von Verstärkung und Löschung: Jedes – auch das unerwünschte – Verhalten wird durch Verstärkung, also z.B. durch Zuwendung, in seiner Auftretenswahrscheinlichkeit erhöht. Daraus ergibt sich, daß jedes erwünschte Verhalten zu verstärken und unerwünschtes Verhalten möglichst nicht zu beachten, d.h. zu löschen ist.

Verwirrtheit ist eine akute oder chronische Orientierungsstörung in der Zeit, zum Ort, zur Situation und zur Person; sie kann mit einer Bewußtseinstrübung einhergehen. Verwirrtheit ist ein Syndrom und keine Krankheit. Als Diagnose kann Verwirrtheit nur eine grobe Klassifikation darstellen; die dahinterliegenden Störungen müssen differenzierter beschrieben werden. Wir verwenden diesen Begriff hier pauschal, weil er in der Praxis die Lücke zwischen einer gerontopsychiatrischen Klassifikation und einer laienhaften Beschreibung überbrückt.

6.1 Verwirrtheit

Das **Leitsymptom** der Verwirrtheit ist die **Gedächtnisstörung**. Im ICD 10 wird Verwirrtheit unter Delir aufgeführt und als „ein ätiologisch unspezifisches Syndrom, das charakterisiert ist durch gleichzeitig bestehende Störungen des Bewußtseins und der Aufmerksamkeit, der Wahrnehmung, des Denkens, des Gedächtnisses, der Psychomotorik, der Emotionalität und des Schlaf-Wach-Rhythmus" bezeichnet.

Jeder Mensch kennt das Gefühl der Verwirrtheit aus eigener Erfahrung bei:

- gegensätzlichen, sich widersprechenden Informationen in einer Situation
- übermäßiger, nicht verarbeitbarer Gefühlsaufwallung
- Überraschung durch eine neue, unbekannte und nicht bewältigbare Aufgabe
- übermäßigem Alkoholgenuß,
- Schockeinwirkung
- Übergang vom Traum- ins Wachleben etc.

Für den „**normal**en" Menschen hat Verwirrung also vorwiegend mit Sinneseindrücken, mit durch sie ausgelösten Gefühlsregungen und mit der Unfähigkeit zu tun, den verwirrenden Ansturm der Eindrücke und Gefühlsregungen nicht mehr strukturieren und dann verarbeiten zu können. Bei **krankhaft**er Verwirrtheit ist dagegen die körperliche (morphologische oder biochemische) Vorbedingung geistiger Leistungsfähigkeit durch somatische, krankhafte Veränderungen gestört.

Das **Auftreten und die Ausgestaltung** des jeweiligen Verwirrtheitszustandes ist abhängig von:

- dem körperlichen Gesamtzustand
- dem individuellen Charakter eines Menschen und seiner Persönlichkeit
- der sozialen Situation, in der ein alter Mensch lebt.

Die **körperliche Gesundheit** bzw. Funktionstüchtigkeit ist primäre äußerst wichtige Voraussetzung für die Funktionstüchtigkeit des Gehirns (Kap. 3.4.4.). Insbesondere bei jeder akut auftretenden Verwirrtheit ist deshalb der allgemeine Gesundheitszustand zu prüfen und dann im Falle einer diagnostizierten Störung oder Krankheit sorgfältig zu behandeln.

Folgende Faktoren **begünstigen** die Entstehung von Verwirrtheit und müssen in jedem Fall untersucht werden:

- Störungen und Behinderungen der Sinnesorgane (z.B. Schwerhörigkeit und zunehmende Sehschwäche)
- langanhaltende Schlafstörungen bzw. Störungen des Schlaf-Wach-Rhythmus
- Hospitalismus bei Verlust von Außenreizen (sensorische Deprivation)
- chronische Schmerzen oder Schmerzanfälle bei einer Überempfindlichkeit gegenüber Außenreizen.

Schließlich müssen auch alle folgenden als mögliche Ursachen benannten Punkte berücksichtigt werden:

Die **Ursachen** von Verwirrtheitszuständen können sehr verschieden sein. Verwirrtheit ist keineswegs immer ein Hinweis auf das Vorliegen eines dementiellen Syndroms; sie kann im Rahmen folgender Störungen auftreten:

- bei kardiovaskulären Störungen, z.B. hoher oder niedriger Blutdruck, labiler Bluthochdruck, Herzrhythmusstörungen, Herzinfarkt, Thrombose, Embolie, Zustand nach Narkosezwischenfällen etc.
- bei Stoffwechselstörungen: z.B. Diabetes
- bei hormonellen Störungen: z.B. Störungen der Schilddrüsenfunktion
- bei Vergiftungen
- bei Alkoholunverträglichkeit und Alkoholismus
- bei Medikamentenunverträglichkeit oder Überdosierung
- bei Fieber
- bei Austrocknung
- im Rahmen eines dementiellen Syndroms
- bei Krankheiten, die den Hirnstoffwechsel beeinträchtigen
- bei Sauerstoffmangel des Gehirns

Wo treffen wir Verwirrtheitszustände bei alten Menschen an:

1. Im **Alten- und Pflegeheim** wird die Verwirrtheit dementiell veränderter Bewohner zu einem schwerwiegenden Problem der Betreuer und darüber hinaus zu einem Problem für eine Fortbildung und Supervision.

2. Im **allgemeinen und psychiatrischen Krankenhaus** wird Verwirrtheit oft nicht richtig erkannt, da die Betreuer mit dieser Störung wenig vertraut sind.

3. In der **ärztlichen Praxis** wird dem Arzt wegen der Kürze der Konsultationszeit das Erkennen der Verwirrtheitssymptome erschwert; über kurze Zeit können Verwirrte die „Fassade" noch relativ gut aufrecht erhalten.

4. In der vertrauten **häuslichen Umgebung** bemerken Angehörige Verwirrtheitssymptome oft erst bei sehr starker Ausprägung, da die Ausfälle oft lange z.B. durch die vertraute Umgebung und den Ehepartner ausgeglichen werden. Bekannte oder Nachbarn sind häufig bei Alleinlebenden diejenigen, die aufmerksam werden und für ambulante Hilfe sorgen (Sozialdienst, Gemeindeschwester etc.).

Als **Pflegediagnose** hebt „Verwirrtheit" die besonderen Betreuungsprobleme hervor: Sie wird als Symptom einer schweren chronischen und fortschreitenden Pflegebedürftigkeit verstanden. **Sozial** ist Verwirrtheit mit der Erwartung verknüpft, daß der Verwirrte schwierig im Umgang ist; Verwirrtheit wird unter Umständen zu einem diskriminierenden Etikett, das bei der Umgebung mit resignativer Einstellung verknüpft wird und wegen der sozialen Belastung häufig Anlaß zu einer Einweisung in ein Pflegeheim gibt. **Psychologisch** verstanden ist derjenige verwirrt, bei dem die Fähigkeit, Zusammenhänge zu erfassen, versagt: Das Strukturieren und Ordnen von Eindrücken sowie das „In- eine-Gestalt-bringen-Können" und die anschließende realitätsgerechte Interpretation können nicht gelingen. Die Frage: „Möchten Sie etwas trinken?" kann den Verwirrten u.U. schon überfordern. Um sie zu beantworten, muß der Patient folgendes können:

1. Er muß den Sinn der Worte verstehen können.

2. Er muß diesen Sinn auf sich selbst anwenden und sich fragen: Habe ich Durst?

3. Er muß sein Bedürfnis, zu trinken, wahrnehmen können.

4. Er muß sich verständlich – zustimmend oder ablehnend – äußern können.

5. Er darf sich während dieses Vorganges nicht durch Außenreize (z.B. Eintreten eines Bewohners) ablenken lassen.

Jemand der verwirrt ist, ist unfähig, zu organisieren und

zu strukturieren, was er mit seinen Sinnesorganen wahrnimmt, um es anschließend in seinen Erfahrungsschatz einzuordnen. Diese Unfähigkeit ist jedoch nicht an der Peripherie, d.h. an den Sinnesorganen selbst lokalisiert. Der Blinde ist nicht automatisch verwirrt, auch wenn bei ihm die Gefahr dazu größer ist als bei Menschen mit intakten Sinnesorganen. Das Nicht-orientiert-Sein, d.h. die **Desorientierung** ist eine Folge der Störung der höheren intellektuellen Fähigkeiten.

Im folgenden stehen hier die **chronischen Verwirrtheitszustände** im Mittelpunkt. Ihre hauptsächlichen Störungen bzw. **Symptome** betreffen:

- Das **Merken**, d.h. die Fähigkeit, Sinneseindrücke, Gedankengänge oder Erlebnisse ins Gedächtnis aufnehmen, sie behalten und sie auch wieder abrufen zu können (Gedächtnis). Das Kurzzeitgedächtnis bedeutet die Fähigkeit, sich kurzfristig etwas einprägen zu können, sich z.B. erinnern zu können, was bei der letzten Mahlzeit gegessen wurde. Das beste Beispiel für das Langzeitgedächtnis sind Erinnerungen an Erlebnisse und Begebenheiten aus der Kindheit, Schulzeit etc.
- Als Folge der gestörten Gedächtnisfunktionen kommt es zu **Orientierungsstörungen**, zur Desorientiertheit: zunächst treten meist zeitliche (z.B. kalendarische) oder räumliche, später situative und schließlich auch Störungen der Orientierung zur Person auf. Die Konzentrationsfähigkeit nimmt ab: Die Wachheit kann reduziert sein, der Verwirrte kann sich nicht mehr auf eine Sache oder einen Gedanken konzentrieren; es kommt in Zusammenhang mit diesen Störungen zu erhöhter Ablenkbarkeit und Impulshaftigkeit.
- Die **Aufmerksamkeit** und die **Auffassungsfähigkeit** als wichtige Voraussetzung für das Denken unterliegen ebenfalls Veränderungen: Die Fähigkeit zur selektiven Ausgliederung von Wahrnehmungs-, Gedanken- und Bewußtseinsinhalten, also die Voraussetzung für Lern- und Gedächtnisleistungen, ist desto eher gestört, je vielfältiger und komplexer die Reizeinwirkung ist; je vertrauter die Reize, desto eher die korrekte Verarbeitung.
- Das **Denken** ist verlangsamt, es läuft u.U. umständlich, zähflüssig, am Konkreten und Vordergründigen haftend, oder inhaltlich eingeengt ab. Die Verarbeitung und Verknüpfung von Wahrnehmung der Außen-, aber auch Innenwelt, wie z.B. das logisch-schlußfolgernde Denken, sind gestört.
- Infolge der Denkstörungen ist auch das **Urteils- und**

(Selbst-) **Kritikvermögen** vermindert bis stark eingeschränkt, wie auch unter Umständen die Kontrolle der Impulse von Wünschen und Gefühlen vermindert ist.
- Die genannten Funktionen sind Voraussetzungen für das **Verständnisvermögen**, dem eine äußerst komplexe Abfolge von Funktionen vorausgeht. Einen Spezialfall des gestörten Verständnisvermögens stellt die **Agnosie** dar. Gemeint ist die Unfähigkeit, das, was man sieht, in seiner Bedeutung erfassen zu können: Der agnostisch Gestörte kann nicht erkennen, was was ist. Es kommt zu Verkennungen und Umdeutungen, zu Zweckentfremdungen von Gegenständen usw.
- **Sprachstörungen** begleiten und erschweren Verwirrtheit: Kann sich ein alter Mensch zusätzlich zu den oben geschilderten Störungen nicht spontan sprachlich verständigen, so verstärkt dies die fehlende Orientierungsfähigkeit.
Sprachverständnisstörungen sind meist das Hauptproblem: so werden z.B. Präpositionen nicht erfaßt und es können sich vielerlei Mißverständnisse ergeben.
- Die **Handlungskette** bzw. -abfolge baut ebenfalls auf eine Vielzahl von Funktionen auf. Vergegenwärtigen wir uns dies an einer typisch weiblichen Aufgabe:
Wollen Sie Gulasch kochen, müssen Sie:
1. Die Idee haben, und eine Vorstellung davon, was Gulasch ist.
2. Sie müssen in Gedanken differenzieren können, was zur Zubereitung nötig ist.
3. Sie müssen die Zutaten herbeischaffen.
4. Sie müssen einen Plan im Kopf haben, in welche Handlungskette sich diese Aufgabe zergliedern läßt und Sie müssen fähig sein, diesen Plan in eine folgerichtige Handlung, d.h. einzelne Tätigkeiten umzusetzen.
5. Eine zeitliche Vorstellung von dem Zubereitungsprozeß muß abrufbar gespeichert sein.
6. Sie müssen schließlich die Wahrnehmung (Auge, Nase) verwenden, um festzustellen, wann das Fleisch gar ist, die Soße angerührt werden muß etc.
Dieses sind Aufgaben, die wir üblicherweise – wenn sie einmal gelernt sind – automatisch erledigen, ohne nachzudenken.
- Es kommt schließlich auch zu Störungen des **Antriebs**: Der Kranke wird entweder lahm, initiativlos, wirkt apathisch oder erscheint getrieben, ziellos und unruhig.

Abb. 6.1. Fähigkeiten, die zur Orientiertheit notwendig sind, zusammengefaßt.

1. Wahrnehmung (betreffend: Auge, Ohr, Geruch, Tastsinn, Gleichgewicht)
2. Bewußtsein
3. Merkfähigkeit und Gedächtnis (Kurzzeit- / Langzeitgedächtnis)
4. Urteilsvermögen
5. Funktionen, um Verbindungen stiften zu können
6. Aufmerksamkeits- und Konzentrationsfähigkeit
7. Auffassungsfähigkeit
8. Fähigkeit zur Informationsverarbeitung
9. Fähigkeit zur Abstraktion
10. Fähigkeit zum Entwurf und zur Koordination von Handlungsabläufen
11. Sprachfähigkeit
12. Antrieb, Wille/Motivation
13. Emotionales Kontrollvermögen
14. Sozialverhalten

Die geschilderten Ausfälle und Störungen haben erhebliche **subjektive Auswirkungen**. Infolge der beschriebenen Einschränkungen der Sinnesfunktionen und insbesondere der höheren intellektuellen Wahrnehmungs-, Verknüpfungs- und Verarbeitungsleistungen kommt es zu einer Schwächung oder gar zu einem **Abreißen der Verbindung zur Realität**. Diese fehlende Beziehung zur Umwelt, sowohl zur dinglichen wie zur situativen Umwelt und zu den Personen in der Umwelt bewirkt, daß der Verwirrte mehr oder weniger **in einer von der äußeren Realität entfremdeten Welt** lebt und dadurch sehr einsam ist.

Diese andere Welt ist vorstellbar als eine seelische Innenwelt, die bevölkert ist von „Erinnerungsinseln", also Abbildern verschiedener Menschen, Situationen oder Ereignisse, die im Leben eines Menschen einmal eine wichtige Rolle, entweder positiv oder negativ bewertet, gespielt haben. Sie werden in subjektiv-biographischen Begriffen des „früher einmal" erlebt: Z.B. „meine Einsamkeit und Verlassenheit jetzt erlebe ich so schlimm wie damals, als ich nach dem ersten Schultag von meiner Mutter nicht, wie versprochen, abgeholt wurde und ich nicht wußte, wie ich nach Hause finden sollte". Diese emotionale Gleichsetzung ist in der Regel nicht bewußt, denn es besteht kein Gefühl mehr von vorher/nachher in der Dimension der Zeit: Gestern – heute – morgen kann nicht mehr differenziert werden. Der Kranke ist mehr oder weniger des Begriffs von Zukunft beraubt und hat sein Gefühl für Vergangenheit verloren. Was im Augenblick ist, wird in den Dimensionen angenehm – unangenehm erlebt. Für sehr kurze Zeit kann etwas aufgenommen werden; dann geht die Verbindung verloren: Es gibt keine Zusammenhänge mehr.

Die Auswirkungen von Verwirrtheit sind je nach Stadium des dementiellen Prozesses (Kap. 3.3.4.) und auch individuell sehr verschieden. Einige Erkrankte leiden, insbesondere im Anfangsstadium, unter dem Gedächtnisverlust und reagieren z.T. depressiv oder ungehalten aggressiv, andere können ihre Verzweiflung und ihren Ärger über die Veränderungen auch mitteilen. Bei weiter fortgeschrittenen Stadien kann man oft nur aus dem aktuellen Verhalten auf die Abwehr des augenblicklich erlebten Zustandes Rückschlüsse ziehen.

Die **Innenwelt** wird jedoch weiterhin durch spontan auftretende Bedürfnisse, Wünsche und Ängste bestimmt, die nach Erfüllung bzw. Abfuhr drängen. Für den Bereich des **mitmenschlichen Kontaktes** bedeutet das, daß diesbezügliche Erlebnisse nicht mehr entsprechend in die Erfahrungsbildung eingebaut, sondern zum Teil unabhängig von ihrem aktuellen Wert in subjektiven Interpretationsmustern der Biographie untergebracht werden. Verstehen wir das gemeinsame, in gleicher Gefühlslage sich empathisch verstehende Erleben als **emotionalen Kontakt,** so lebt der Verwirrte (Demente) in seiner subjektiven Innenwelt, in der es kaum noch „verstehende" Kontakte zur Außenwelt gibt. Hinzu kommt, daß durch die Einbußen der Lern- und Merkfähigkeit die Kontinuität des Lebensflusses abhanden kommt, d.h. er erlebt sich in jedem Moment neu und abgeschnitten von dem „eben gerade". Mit dem folgenden Beispiel können wir uns diesen Seelenzustand verdeutlichen:

„Sie sitzen und lesen diese Zeilen, aber Sie verstehen den Inhalt nicht, Sie wissen nicht, wo Sie sind und wie lange Sie schon hier sind. Sie wissen auch nicht, daß Sie es nicht wissen. Es kommt jemand zur Tür herein, Sie wissen aber nicht, daß Sie diese Person nicht erkennen. Nur der rote Pullover erinnert Sie an etwas. Spontan rufen Sie „nein, nein, ich will nicht". Nur wenn wir wissen, daß Sie früher einmal eine Großmutter hatten, die bevorzugt rote Pullover trug, die sie haßten, weil sie Sie ohne Einfühlungsvermögen zu etwas zwang, können wir die heftige Reaktion verstehen."

Man muß aber auch annehmen, daß es kurze „lichte" Momente gibt, in denen der Kranke durchaus sein Versagen wahrnehmen kann. Ein plötzlicher, verzweifelter Tränenausbruch, der scheinbar ohne Zusammenhang mit dem vorherigen Verhalten steht, kann eine solche Wahrnehmung als Ursache haben.

Auf dem Hintergrund dieser Überlegungen wird der Betreuer von dem Verwirrten als ein guter oder böser Mensch erlebt: Als „guter Mensch" anwesend oder als „böser Mensch" abwesend:

anwesend (gut)	abwesend (böse)
wenn Sie verstehen	wenn Sie nicht verstehen
wenn die Umgebung nicht verwirrt	wenn die Umgebung verwirrt
wenn etwas als Erlebnismuster erkennbar ist	wenn nichts in alte Erfahrungen einbaubar ist
wenn Sie die Affekte verstehen	wenn Sie die Affekte nicht verstehen, z.B. objektiv falsche Vorannahmen ausreden wollen
wenn der Verwirrte durch die Art des Umgangs sich in seinen Schmerzen verstanden fühlen kann	wenn der Betreuer fragend insistiert, was los ist
Aufmerksamsein für die subjektive Erlebniswelt	Bestehen auf objektiven Tatsachen und Gesetzen der Logik

Das Anliegen, Verwirrte psycho-logisch verstehen zu wollen, gestaltet sich noch komplizierter: Zu jedem Zeitpunkt im Umgang mit einem verwirrten alten Menschen müssen wir die verschiedenen Erlebnismöglichkeiten aus seinen verschiedenen durchlaufenen Entwicklungsstadien innerhalb seines Lebens vor Augen haben: Wir können uns dies am besten am Baumstamm vor Augen führen. Er hat nach außen gerichtet einen bestimmten Umfang und ein bestimmtes Aussehen und damit ein bestimmtes erschließbares Alter erreicht. Aber er könnte sich nicht halten, wenn nicht viele Jahresringe, also seine individuelle Geschichte, ihn stützen würden. Bei einem verwirrten alten Menschen wissen wir nicht genau, ob gerade in diesem Moment eine Reaktionsform aus seinem Erwachsenenleben dominiert (z.B. höflicher Umgang evtl. als Fassade, d.h. eine aus der Erziehung übrig gebliebene angepaßte Verhaltensnorm, ohne Verbindung zur Emotionalität) oder ein (früh-)kindlicher Wunsch das Verhalten bestimmt (Beharren auf der Erfüllung eines bestimmten Wunsches, z.B. dies ist mein Stuhl).

Was in der Regel trotz Abbau als Grundpfeiler bei einem Verwirrten erhalten bleibt, ist seine persönliche Eigenart, sein Charakter oder seine **Persönlichkeit**. Diese individuelle Gestalt ist für den therapeutischen Umgang mit dem Verwirrten als Leitlinie zu nutzen. Um diesen Gedanken weiterzuverfolgen, ist es notwendig, sich ein Bild vom Seelenleben eines Menschen zu machen. Ich habe bereits in Kap 2.1.2 darauf hingewiesen, daß man sich die menschliche Psyche nicht vorstellen, sondern sich nur Bilder von ihr machen kann.

Wird ein Mensch geboren, kommt er aus einem „paradiesähnlichen" Zustand der völligen Versorgung, in dem er selbst aktiv werden mußte, in die rauhe Wirklichkeit. Zunächst wissen wir nur, was körperlich passiert: Die äußere neue, kalte Realität bewirkt einen überwältigenden Ansturm auf die Sinnesreize und alle „Körperrezeptoren". Es bedeutet eine immense Arbeit, alle diese Eindrücke zu strukturieren und zu verarbeiten. Dafür sind Einordnungschemata zu entwickeln, über die der Säugling nicht von Beginn an verfügen kann. Ich nehme an, daß die körperliche Trennung von der Mutter auch eine seelische Erfahrung bzw. Spuren hinterläßt – wenn nämlich der Säugling z.B. den Herzschlag der Mutter nicht mehr hört und auch keinen ständigen Hautkontakt mehr zu ihr hat. Der vorgegebene Lebensrhythmus im intrauterinen Stadium fällt weg; die fürsorgende Mutter versucht, ihn zu ersetzen. Alle Bedürfnisse, die während der Schwangerschaft im körperlichen Einklang zwischen Mutter und Kind (ohne daß das Kind aktiv werden mußte) befriedigt wurden, sind jetzt in eine **abhängige Beziehung** verlagert. Das Kind muß sich äußern und die Mutter muß es so gut wie möglich verstehen, und umgekehrt.

Bedürfnisbefriedigung ist in der Geschichte eines Menschen **immer an Interaktion**, also an den Kontakt zu einem anderen Menschen **geknüpft**. Die Entwicklung des Menschen ist primär eine körperliche; der Mensch wird jedoch nicht ohne eine Betreuungsperson (meist die Mutter) gedeihen, die die Entwicklung des Kindes körperlich und gleichzeitig seelisch begleitet. Sie hat die rauhen Anforderungen der Umwelt zu mildern, um sie so erträglicher zu machen. Sie hat aber auch gleichzeitig die Aufgabe, die rauhen „bösen" Reize von innen her aus dem Körper (z.B. Verdauung) mit ihrer Fürsorge zu erleichtern. Wir nehmen an, daß der Säugling unangenehme oder schmerzhafte Reize aus dem Inneren des Körpers erlebt, als kämen sie von außen: als sei z.B. die Mutter dafür verantwortlich, daß es zu unangenehmen Schmerzen kommt. Nur auf der Basis einer stützenden Interaktion zwischen Mutter und Kind kann es notwendige Lernerfahrungen (im Umgang mit der eigenen inneren wie auch der äußeren Welt) machen. Die wichtigsten davon sind z.B.: Bedürfnisaufschub, Verlängerung der Aufmerksamkeitsspanne, visomotorische Koordination und vieles mehr.

Diese so gemachten Erfahrungen liegen für das spätere Leben gewissermaßen als Interpretationsmuster parat. In Kap. 2.1 wurde bereits dargestellt, daß die wesentlichen Teile des menschlichen Lebens unbewußt ablaufen und der uns vertraute Zustand von Bewußtheit nur einen kleinen Teil des individuellen Lebens ausmacht. (Wir würden aufgrund der Reizflut verrückt werden, wenn wir immer alles zu jeder Zeit wüßten, also bewußt wahrnehmen würden).

Ich schlage hier den ausführlichen Bogen zur frühkindlichen Entwicklung, um die scheinbar unverständlichen Äußerungen eines verwirrten, u.U. halluzinierenden alten Menschen verständlicher werden zu lassen. So gesehen gibt es ein Seelenleben, das trotz eines intellektuellen „Schadens" oder entsprechender Einbußen „lebt" und das dem Betreuer auch einfühlbar und verständlich werden kann. Allerdings auf andere Weise als wir es in unserem täglichen Miteinander gewohnt sind: Es ist erforderlich, sich auf den jeweiligen Entwicklungsstand, auf dem gerade das seelische Funktionieren angesiedelt ist, einzulassen. So kann es sein, daß ich mit einer alten Bewohnerin im Heim in einem Moment sprechen kann, als sei sie die erwachsene alte Dame mit viel Lebenserfahrung. Im unmittelbar folgenden Moment kann es aber notwendig sein, sich auf sie als jemanden einzustellen, der einem 4jährigen Kind entsprechend fühlt, und mit einer Ansprache auf der Erwachsenenebene völlig überfordert wäre.

Die Betreuungsperson hat nun – psychologisch verstanden – auf der frühen Entwicklungsebene eine ähnliche Aufgabe wie die Mutter des Kleinkindes: Sie hat die nicht verkraftbaren Reize der Innen- und Außenwelt in für diesen individuellen Menschen verkraftbare Portionen aufzuteilen, in dem Bewußtsein, daß sonst die Anpassungsfähigkeit dieser verwirrten Menschen überfordert ist. Sie hat darüber hinausgehend die verschiedenen, im Umgang schwierigen Eigenheiten eines alten Menschen als hilfreiche und individuell sinnvolle Bewältigungsversuche zur Anpassung an Innen- und Außenwelt zu verstehen, die früh im Leben entwickelt worden sind.

„Der alte Mensch wird wieder zum Kind". Dieser Satz ist häufig sehr emotional und kontrovers diskutiert worden. Er kann seine Berechtigung haben, wenn es um dementiell veränderte alte Menschen geht: Wenn wir versuchen, das Kind in ihm zu sehen, daß sich mit großer Anstrengung zwischen den Wünschen und Versagungen bzw. seinen Unfähigkeiten einen Weg sucht, dann kann es uns leichter fallen, dieses Verhalten als nicht gegen die Betreuer gerichtet zu verstehen. Die Impulshaftigkeit eines kleinen Kindes ist uns vertraut: Es will etwas, fühlt einen inneren Drang, es muß sein, und zwar sofort. Wir kennen dies auch vom Dementen und Verwirrten. Der Unterschied ist nur, daß wir häufig den Beweggrund nicht wissen. Ein Beispiel soll dies verdeutlichen:

Eine alte Frau fällt im Heim auf, weil sie nachmittags immer versucht, wegzulaufen. Kein Mittel ist recht, sie davon abzuhalten. Wird sie zurückgehalten, erscheint sie verzweifelt und weint bitterlich. Es kam sogar zu Anschuldigungen, daß die Betreuer am Nachmittag nicht „gut" seien. Ausführlicheres Nachfragen in bezug auf ihren Lebenslauf und ihre Lebensgewohnheiten macht verständlicher, daß sie früher im Leben immer darauf bedacht war, um drei Uhr nachmittags zu Hause zu sein. Dann nämlich kam ihr Ehemann von der Arbeit. Er hatte ihr alle Freiheiten eingeräumt, aber eingeschränkt: „Nur wenn ich nach Hause komme, dann mußt Du für mich da sein". Objektiv heißt hier, das Problemverhalten ist das Weglaufen, subjektiv bedeutet dies: „Wenn ich nicht zu Hause bin, wendet sich mein Mann vielleicht von mir ab und das verkrafte ich nicht und will es unbedingt vermeiden".

Voraussetzung für diese Verkennung ist: Die Verwechslung in der Zeit = Verwechslung von früher und heute, sowie die Verwechslung der Beziehungsperson. In der Regel wird das erinnert, wiederholt oder auf die aktuelle Situation projiziert, was mit heftigen Affekten oder gar großer Angst besetzt war. In Abhängigkeit von dem Grad der Verwirrtheit genügt oft ein kurzer Reiz (z.B. blauer Pullover), um eine entsprechende Reaktion wachzurufen. („Oma trug doch auch immer einen blauen Pullover".) Möglicherweise sagt der Verwirrte dann: „Oma, bist Du es?". Im gleichen Moment, wo Sie ihm antworten oder nachfragen, kann sein kurzer Gedanke wieder abgerissen sein und er weiß nicht, worauf Sie Bezug nehmen wollen.

Eine besondere Schwierigkeit der Betreuung von Verwirrten besteht darin, daß der seelische Zustand, in dem sie sich befinden, so schwer vorstellbar, weil nicht einfühlbar ist. Die Einfühlung bildet jedoch einen wesentlichen Teil unserer mitmenschlichen Kommunikation, insbesondere derjenigen, die anderen Menschen helfen möchten. Jeder kennt die entlastende Funktion der Mitteilung: „Ach ja, daß habe ich auch schon erlebt, dann wissen Sie ja, wie das ist". Aber ältere Menschen zeigen meist eine Ausdrucksreduktion: mimisch, gestisch wie auch sprachlich. Das gestaltet den Prozeß des Einfühlens noch schwieriger bzw. vergößert die Gefahr, etwas in den anderen hineinzulegen, zu projizieren, was unsere eigene Annahme ist.

Wie wir in Kap. 3.3.4 zur Demenz ausgeführt haben, gibt es keine Heilung des dementiell verursachten chronischen Verwirrtheitszustandes. Es gibt jedoch psychosoziale Maßnahmen, die eine Erhaltung der vorhandenen Orientierungsfähigkeit begünstigen, Zuspitzungen verhindern helfen und zu einigen Erleichterungen im Umgang mit dem Verwirrten führen können.

Therapie und therapeutischer Umgang mit dem Verwirrten

1. Bemühen Sie sich um **Einfühlung**: Wie würde ich reagieren, wenn ich völlig orientierungslos wäre, wenn ich vergessen würde, was eben war, und von jedem neuen Moment überrascht wäre, vor allem dann, wenn er etwas ganz anderes bringt, als erwartet?

2. Bemühen Sie sich um eine **gute körperliche Grundversorgung**: Die Art des Umgangs des Betreuers mit dem Körper des Verwirrten gibt dem Betroffenen ein Gefühl davon,

wie er wertgeschätzt wird. Gerade die Körperpflege ist nicht etwas, was notgedrungen erledigt sein will, sondern was die besten psychologischen Voraussetzungen für einen persönlichen, intimen Kontakt oder sogar ein persönliches Gespräch bietet.

3. Organisieren Sie das Umfeld und den Tagesablauf **überschaubar** und **verläßlich**: d.h. das Ideal des Erwachsenen „öfter mal was Neues" ist hier völlig fehl am Platze: Gewohnheiten und verläßliche Strukturen in der Umgebung sind Prothesen für die fehlende innere Strukturierungsfähigkeit.

4. Versuchen Sie, die **Gewohnheiten** des Verwirrten zu ergründen und auch weitestmöglich beizubehalten bzw. zu fördern.

5. Vermitteln Sie Sicherheit durch eine **feste Führung**

6. Bemühen sie sich darum, die individuelle Bedürftigkeit anzuerkennen und den Menschen ernstzunehmen, wie er sich in **diesem** Moment gerade gibt.

7. Lassen Sie sich auf keine Argumentationen ein: Sprechen Sie die **Gefühle** an und greifen sie zufällige Erinnerungen im Augenblick als Erinnerungsinseln zur Förderung des Kontakts auf.

8. Versuchen Sie nicht, „falsche" Überzeugungen (wie z.B. wahnhafte) auszureden.

9. Versuchen Sie, einen **Zugang zur Biographie** zu erarbeiten. Objektiv: Sammeln von Informationen vor allem von den Angehörigen. Subjektiv: a. Sammeln und Verbinden von verstreuten Äußerungen des Betroffenen b. Aufmerksame Beobachtung: wie gibt sich der Betroffene auf der Station und wie kann ich daraus Rückschlüsse über seine Vergangenheit zielen.

10. Beziehen Sie die **Angehörigen** in die Arbeit mit ein: Aufklärung und Entlastung von Anschuldigungen und Schuldgefühlen.

Auf die Frage nach Beschäftigungsmöglichkeiten und Tagesstrukturierung werde ich im Kap. 9. näher eingehen.

6.2 Angst

Als Angst wird ganz allgemein ein Zustand negativ oder unlustvoll empfundener psychischer Erregung angesichts des Gefühls von Bedrohung bezeichnet. Diese Bedrohung kann eine reale, von außen kommende, oder eine innerpsychische sein. Angst ist für das Überleben unverzichtbar: Der Angstaffekt wird durch die Wahrnehmung einer gefährlichen Situation ausgelöst. Angst steuert auch das Verhalten in Alltagssituationen (z.B. Straßenverkehr). Angst kann sich psychisch (in einem angstvollen Gefühl) oder körperlich (in Form vegetativer Symptome wie Herzklopfen, nasse Hände etc.) ausdrücken. Angst hat immer eine Einschränkung – des Erlebens und/oder Verhaltens – zur Folge.

Angst kann als Symptom im Rahmen einer körperlichen und/oder psychischen Krankheit oder auch als eigenständiges Krankheitsbild auftreten. So kann z.B. eine Coxarthrose Angst vor zunehmender Immobilität bedingen. Es kann sich dabei um eine **Realangst** oder auch um eine **übersteigerte Angst** handeln. Im Rahmen einer Depression kann es zu einem Verarmungswahn kommen: Die Angst, den eigenen Lebensunterhalt nicht mehr bestreiten zu können, kann sich völlig losgelöst von der Realität zu einer wahnhaften Überzeugung steigern. Als eigenständiges Krankheitsbild spricht man von einer **Phobie**: Wenn die Furcht vor etwas (z.B. Hunden) die reale Bedrohung übersteigt und das realitätsgerechte Erleben und Verhalten einschränkt. Im Alter kann Angst in Form verstärkter **Ängstlichkeit** auftreten: So konnte bei der Anwendung eines Persönlichkeitstests (FPI, Kap. 4) aufgezeigt werden, daß ältere Menschen im Durchschnitt höhere Angstwerte erreichen als Jüngere.

Angst tritt unabhängig vom Grad intellektueller Funktionstüchtigkeit auf: Ein Mensch, der über eine intakte geistige Leistungsfähigkeit verfügt, kann meist (außer wenn er in einer **Panikattacke** von Angst überflutet wird) über diesen emotionalen Zustand sprechen; anders der dementiell Veränderte: bei ihm ist Angst häufig nur aus dem Verhalten erschließbar.

Kardiovaskulär
– Myokardinfarkt
– kardiale Arrhythmien
– orthostatische Hypotension
– Mitralklappen-Prolaps
– arterieller Hypertonus

Respiratorisch
– pulmonale Embolie
– Emphysem
– asthmatische Erkrankungen
– Hypoxie
– chronisch obstruktive Lunkenerkrankung

Medikamenteninduziert
– Koffein
– Sympathomimetika
– Medikamenten-/Drogenentzug (z. B. Benzodiazepine)
– Neuroleptika
– Antidepressiva

Neurologisch
– Epilepsie
– Störung des Gleichgewichtsorgans
– demyelinisierende Prozesse
– Subarachnoidalblutung
– Kopfverletzungen
– zerebrale Tumoren

Endokrinologisch
– Hyperthyreose
– Hyperglykämie
– Phäochromozytom
– Karzinoidsyndrom

Abb. 6.3. Somatische Ursachen von Angstzuständen. (Kurz, 1993).

Abb. 6.4. Angsterkrankungen nach DSM IIR und ICD -10. (Kurz, 1993).

Klassifikation nach DSM–III–R	Klassifikation nach ICD–10
Phobien	**Phobien**
– Agoraphobie oder Paniksyndrom in der Anamnese	– Agoraphobie
– soziale Phobie	– soziale Phobie
– einfache Phobie	– spezifische (isolierte) Phobie
	Andere Angsterkrankungen
Paniksyndrom	– Panikerkrankung
– Paniksyndrom mit Agoraphobie	– generalisierte Angst
Paniksyndrom ohne Agoraphobie	– ängstlich-depressive Erkrankung
Generalisiertes Angstsyndrom	**Zwangserkrankung**
Zwangssyndrom	**Streßreaktion**
	– posttraumatische
Posttraumatisches Streßsyndrom	– akute

Angststörungen im Alter wurden bisher nur wenig untersucht. Sie liegen bei Frauen um das Dreifache höher als bei Männern. Viele Frauen leiden durch die hormonelle Umstellung mit dem Eintritt in die Menopause an Angstgefühlen, die durch eine Hormonsubstitution wieder verschwinden können. Angststörungen nehmen im Alter andere Äußerungsformen an. Sie treten vermehrt in Form gesteigerter, diffuser Ängstlichkeit auf, die dann die Möglichkeit, Neues aufzunehmen, begrenzt, aber auch den Verhaltensradius insgesamt zunehmend einschränken kann. Die Angst vor Neuem, der Zukunft, kann auch verdeckt geäußert werden (z.B.: „Ich habe solche Angst, die Uhr bleibt stehen").

Eigene Untersuchungen zeigen, daß die mit Hilfe eines Persönlichkeitsinventars (FPI, Kap. 4) gemessene Ängstlichkeit einem höheren Angstniveau im Alter angepaßt werden muß (Junkers, 1977).

Angstgefühle bei älteren Menschen sind häufiger, als es von außen betrachtet vermutet wird, als eine real begründete Angst zu verstehen: Verlangsamung in der Reizverarbeitung und der motorischen Reaktion oder leichte Schwindelgefühle bei zerebralen Durchblutungsstörungen etwa bewirken eine reale Verunsicherung des Erlebens bei entsprechender Persönlichkeit. Dies ist für den jüngeren Helfer meist nicht einfühlbar.

Phobien kommen seltener vor; stattdessen werden der Körper und die Lebenssituation weitaus häufiger zum bewußten Anlaß für Angstgefühle (hypochondrische Befürchtungen, Verarmungsängste etc.) genommen.

Im Rahmen dementieller Entwicklungen tritt vermehrt **Ängstlichkeit** auf. Häufig wird geklagt: „Mir ist so komisch!" Angstzustände erscheinen im Alter häufig diffuser und zielloser; der Ältere erscheint von ihnen überflutet und ihnen ausgeliefert. Eine diffuse Ängstlichkeit, gepaart mit

Rat- und Hilflosigkeit, steht häufig am Anfang eines dementiellen Prozesses. Eine Prüfung der Orientierung kann die Ängstlichkeit einordnen helfen.

Als **Panikattacken** werden wiederkehrende schwere, anfallsartige Angstzustände bezeichnet, die sich nicht auf spezifische Umstände beziehen und deshalb auch in ihrem Auftreten nicht vorhersehbar sind. Der Betroffene fühlt sich von ihnen völlig überflutet, so daß kein Teil der Persönlichkeit mehr verfügbar ist, der realitätsangepaßt denken (und die Beschwerden beschreiben) kann. Kann überhaupt ein Inhalt benannt werden, so handelt es sich meist um lebensbedrohliche Ängste wie Angst zu sterben, Angst, verrückt zu werden oder Angst vor totalem Kontrollverlust. Meist treten außerdem körperliche Symptome wie Atemnot, Beklemmungsgefühle, Herzklopfen, Zittern, Hitzewallungen oder Kälteschauer etc. auf. Panikattacken können psychisch ausgelöst werden (z.B. eine Wahrnehmung stimuliert eine unbewußte Vorstellung oder Erinnerung) oder sie können auch somatisch ausgelöst werden (z.B. bei plötzlichem Bluthochdruck oder Herzrythmusstörungen).

Der dementiell Kranke kann sich auf sich selbst nicht mehr verlassen, und das bewirkt diffuse Angst. So können plötzlich einfachste Tätigkeiten, weil sie nicht mehr überschaubar und strukturierbar sind, unangemessen starke Ängste oder andere Affektzustände auslösen. Derartige Zustände werden auch als **Katastrophenreaktionen** beschrieben. Dabei werden Sicherungsmechanismen aktiviert, die verschiedene der später beschriebenen Verhaltensweisen, wie das Hinterherlaufen, Sichern des persönlichen Besitzes oder ähnliches motivieren können.

Die **wahnhafte Angst** ist den psychotischen Erkrankungsformen zuzuordnen. Das schwierige für den Umgang ist hier, daß diese Angstform weitaus weniger einfühlbar ist, als die bisher genannten. Es kommt z.B. zu abrupten, nicht vorhersehbaren Suizidhandlungen.

Die Zunahme von **körperlichen Störungen** führt dazu, daß diese verstärkt als Ausdrucksmöglichkeit seelischer Belastungen benutzt werden können: Herzklopfen (Herzangst), innere Unruhe, Aufschrecken aus dem Schlaf oder auch Angst vor dem Einschlafen, Hitzeempfindungen, Enge im Hals, Zittern, Mundtrockenheit (nicht zu verwechseln mit der medikamentösen Nebenwirkung).

Ängste in bezug auf die Bedrohung der körperlichen und geistigen Unversehrtheit stehen bei alten Menschen an erster Stelle (**hypochondrische Befürchtungen**).

Bei jeder Ablösung, Neuorientierung und erforderlichen Anpassung ist Angst ein allgemein menschliches Phänomen.

Wahrgenommen wird sie jedoch verstärkt erst dann, wenn erwartet wird, daß die erforderliche Anpassungsleistung nicht mehr gelingt. Angst vor der Zukunft, vor dem, „was kommen kann", und Angst vor allem Neuen kann als typisches Symptom im Rahmen einer Depression gewertet werden. Häufig steht die real begründete Unsicherheit dahinter: Werde ich mich noch auf alles Neue richtig und schnell genug einstellen können?

Nach meiner Erfahrung kommt die Angst vor dem realen Tod sehr selten vor. Die Angst vor Hilfs- und Pflegebedürftigkeit verbirgt häufig das, was wir als Angst vor dem Tod bei Älteren erwarten. Diese wird z.B. dann aktualisiert, wenn eine nahestehende Person, entweder ein Elternteil oder der Ehepartner pflegebedürftig wird oder nicht mehr als vollwertiger Partner erlebt werden kann (dementieller Prozeß).

Der **psychoanalytische Zugang** unterscheidet reale und neurotische Angst. Realangst tritt dann auf, wenn der Mensch bzw. der körperliche Organismus tatsächlich bedroht ist. Unter neurotischer Angst verstehen wir irrationale Ängste, zu denen z.B. auch Phobien zu rechnen sind.

Jede Angst hat aus dem psychoanalytischem Blickwinkel ihre Grundlage bzw. ihr Vorbild im frühkindlichen Erleben von Schwäche und Hilflosigkeit. Wir unterscheiden:
    a. Angst vor Abhängigkeit und Hilflosigkeit
    b. Angst vor Verfolgung und Desintegration
    c. Angst vor Beschädigung

Ängste aufgrund von inneren, psychischen Bedrohungen drücken sich häufig in Gefühlen aus, die nur subjektiv empfunden werden und deshalb rationalen Begründungen nicht zugänglich sind. Sie sind am ehesten über die Biographie bzw. meist über unbewußte frühkindliche Erfahrungen verstehbar, die als interpretatives Vorbild für die aktuelle Angstempfindung benutzt werden.

Der Erklärungsansatz der **Verhaltenstherapie** betont den Charakter des gelernten Fehlverhaltens. Das gilt insbesondere für das ängstliche Erleben somatischer Symptome wie auch für die Entwicklung von Erwartungsängsten als Kernpunkt phobischer Vermeidungshaltungen.

Aus **biologischem** Blickwinkel wird angenommen, daß bei Angstsyndromen eine Störung im Sinne einer Überaktivität des aszendierenden noradrenergen Systems besteht. Hierauf fußt auch die pharmakotherapeutische Behandlung von Angst.

Therapeutischer Umgang

1. Körperliche Ursachen sind so weit als möglich auszuschließen.

2. Das In-Beziehung-Treten steht an erster Stelle: Hilfreich wirkt meist das Aufgreifen des Angstgefühls sowie das Interesse und die Bereitschaft, mit dem Patienten über sein Erleben zu sprechen „Sie haben schreckliche Angst?" „Sie fühlen sich sehr bedrückt und eingeschränkt von ihrer Angst." „Mögen Sie mir beschreiben, wie sich das anfühlt?" „Kennen Sie so etwas aus Ihrem früheren Leben?" „Erinnert Sie dieses Gefühl an etwas?".

3. Akzeptieren der Angst: Der Patient sollte darauf hingewiesen werden, daß da durchaus eine Störung vorhanden sein kann, die aber mit den zur Verfügung stehenden medizinisch-diagnostischen Mitteln im Augenblick nicht zu erfassen ist.

4. Akzeptieren der Scham: Häufig wird die Angst vom Patienten selbst als ein Makel empfunden und verstärkt wiederum die Angst.

5. Gegenübertragungsgefühle beim angstvollen Alterspatienten können sehr verschieden sein:
- man fühlt mit ihm und ist selbst ängstlich
- man fühlt sich genervt
- er macht mich wütend mit seinen wiederholten Klagen.

Häufig übersieht man bei denjenigen Patienten, die im Behandler unangenehme Gefühle erwecken, tatsächliche vorhandene Krankheiten.

6. Gemeinsames Umhergehen hilft u.U. bei der körperlichen Abreaktion des Unruhezustandes.

6.3 Passives und regressives Verhalten

Sprechen wir von passivem Verhalten, so ist damit meist die Abwesenheit von Aktivität, Vitalität und Schwung gemeint. Man unterscheidet einen **körperlich** bedingten Verlust von Vitalität von einem **psychisch** bedingten. Beide äußern sich im passiven Verhalten, das u.U. auch zur Verwahrlosung führen kann.

Passives Verhalten aufgrund mangelnder stimulierender Umwelt oder äußerer Konsequenzen wird meist als **Hospitalismus** bezeichnet.

Psychisch ausgelöstes passives Verhalten kann von einer depressiv-resignativen Stimmung herrühren: „Es hat doch alles keinen Sinn mehr".

Die Differentialdiagnose zwischen einem behandelbaren depressiven Syndrom und einer körperlich bedingten Erschöpfung und Müdigkeit ist schwer zu stellen.

Im Rahmen eines dementiellen Prozesses ist passives Verhalten häufig ein Ausdruck von schwerer Gedächtnis- und Orientierungsstörung: Es gibt dann keine handlungsstimulierenden Vorstellungen, Wissensinhalte oder wunschartige Impulse. Der Rückzug ins eigene Zimmer kann sowohl aufgrund einer Kontaktstörung wie auch zu der Vermeidung von Orientierungslosigkeit in der unvertrauten Außenwelt geschehen.

Als **regressives Verhalten** wird das angesehen, was dem Alter und Entwicklungsstand eines Menschen eigentlich nicht entspricht, d.h. wenn er auf frühere Stufen des Erlebens- und Verhaltensrepertoires zurückfällt. Die verschiedenen Regressionsformen sind in Kap. 5.1.3 geschildert worden. Die pathologische und die final gerichtete Regression gewinnen vor allem im Rahmen dementieller Prozesse an Bedeutung.

Eine 68jährige Frau, Frau E., „verfällt" nach dem tödlichen Unfall ihres Sohnes. Sie wird in ein Altenheim eingewiesen, da sie sich nicht mehr versorgen kann. Binnen eines halben Jahres wird sie zu einem Pflegefall: Sie wird künstlich ernährt und spricht nicht mehr. Die einzige Form, sie zu einer sichtbaren Reaktion zu bringen ist, ihr ein bestimmtes Kinderlied vorzusingen. Eine sehr reizarme Umgebung fördert regressive Phänomene; institutionell bedingte Ruhe, mangelnde Ansprache (z.B. ohne Namensnennung) sowie aufgezwungene Unselbständigkeit fördern regressive Veränderungen (Hospitalismus).

Therapeutischer Umgang

Stimulation und Aktivierung sind wichtig, sollten sich jedoch – wenn möglich – an den biographischen Gegebenheiten orientieren.

Ein 78jähriger Bewohner zieht sich immer mehr zurück: Er legt sich draußen unter einen der Balkons im ersten Stockwerk auf die Erde oder aber verdunkelt sein Zimmer und liegt unbeweglich auf seinem Bett. Durch dieses Verhalten sind die Betreuer sehr beunruhigt. In der Supervision rätseln wir über mögliche Gründe für sein depressiv wirkendes Verhalten. Bis eine Mitarbeiterin schließlich darauf aufmerksam macht, daß dieser Mann sein Leben lang als Bergmann unter Tage gearbeitet hat. Diese Mitteilung wirkt auf alle sehr entlastend, da wir eine Entsprechung in seinem jetzigen Verhalten und seiner früheren Lebensgewohnheit gefunden haben.

Sträubt sich ein alter Mensch konsequent, so ist es auch angemessen, seinen Wunsch zu respektieren, wenn wir der Annahme folgen, daß ihm dieses Verhalten hilft, sein inneres Gleichgewicht aufrechtzuerhalten.

6.4 Aggressives Verhalten

Aggression kann direkt oder indirekt, tätlich oder verbal, mit oder auch ohne heftige Affekte (z.B. rücksichtslos) gezeigt werden. Im allgemeinen werden die folgenden Verhaltensweisen darunter subsumiert: Trotz, Wutanfälle, Schimpfen, Beleidigungen, um sich schlagen, andere angreifen, Erpressung, Zerstörung von Gegenständen oder z.B. Mobiliar, Kratzen, Beißen, Schreien, Kneifen, mit Gegenständen um sich werfen, etc. Die Erfahrung zeigt, daß dieses Verhalten im Alter fast nie gegenüber Kindern oder Tieren auftritt.

Wer sehr aggressiv reagiert, weist in der Vorgeschichte meist eine psychische Bereitschaft dazu auf. Aggressives Verhalten ist also mehr im Sinne des Ausdrucks der Persönlichkeit als altersbedingt zu verstehen. Häufig haben diese Menschen nicht gelernt, mit Konflikten umzugehen oder zu akzeptieren, daß etwas nicht so ist, wie sie es sich gerade vorstellen. Nur sehr selten wird ein immer schon ausgeglichener, konfliktfähiger Mensch im Alter plötzlich sehr aggressiv, „wie ausgewechselt". Häufig muß hier einer körperlichen Ursache nachgegangen werden.

Somatisch können u.U. hirnorganische Veränderungen für das Nachlassen der Kontrollfunktionen verantwortlich gemacht werden. Gelegentlich findet sich auch eine Alkoholabhängigkeit in der Vorgeschichte. Aufgrund der Vergeßlichkeit kann es zu massiv verstärktem Mißtrauen kommen, das wiederum zu aggressiven Reaktionen führt. Realisiert der dementiell Erkrankte sein Angewiesensein auf Hilfe bei alltäglichen Verrichtungen, kann dies heftige Gegenwehr aktivieren: Gefühle von Scham und persönlichem Stolz sind verletzt, und aggressive Äußerungen gegen den Helfenden können Ausdruck dieser inneren Verletzung sein.

Aus **psychoanalytischem Blickwinkel** wird angenommen, daß eine optimale Mischung von Lebens- und Todestrieb die reife, gesunde Persönlichkeitsentwicklung kennzeichnet. Bei bestimmten Persönlichkeitsstrukturen kann eine Neigung bestehen, unter psychischer Belastungen des Alt- und Krankwerdens zu regressiven Phänomenen zu neigen, die eine Triebentmischung begünstigen können. Dies hat zur Folge, daß unvermutet starke aggressive Äußerungen auftreten können. Die früher verfügbaren Kontrollfunktionen versagen ihren Dienst (so wird z.B. derjenige, der mit sich selbst immer sehr streng war, jetzt aufbrausend und ungeduldig mit den anderen, wenn ihm etwas gegen den Strich geht).

Eng verbunden damit ist eine verringerte Möglichkeit, Enttäuschungen zu ertragen. Damit ist gemeint, aushalten zu können, daß etwas anders läuft, als der Betroffene erwartet oder wünscht. Man könnte folgenden Vergleich heranziehen: Ebenso wie die abwesende Mutter für das sehr kleine Kind in dessen Vorstellung zu einer bösen Mutter wird, hat man sich dies auch für einen hirnorganisch veränderten alten Menschen vorzustellen: Der Betreuer, der die Wünsche, auch die unausgesprochenen, nicht erfüllt, wird u.U. zu einem bösen Betreuer, dem Feindseligkeit entgegengebracht wird.

Der **lerntheoretische Zugang** sieht in einer positiven Verstärkung des aggressiven Verhaltens (z.B. jegliche Aufmerksamkeit und Zuwendung) die Bedingung, die zu einem deutlichen Anstieg oder zumindest der Aufrechterhaltung aggressiven Verhaltens führt. Die Notwendigkeit einzugreifen, kann u.U. bereits eine positiv erlebte Zuwendung, also eine Verstärkung bedeuten.

Die Frustrations- Aggressions-Hypothese als Erklärungsansatz aggressiven Verhaltens besagt, daß aggressives Verhalten auf Frustrationen folgt. Manche alten Menschen werden sehr viel schneller ärgerlich, aggressiv oder sogar bösartig, wenn sich ihnen etwas in den Weg stellt. Das gilt sowohl für äußere Gegebenheiten: z.B. nimmt ein Autofahrer dem anderen Älteren den Parkplatz weg, der daraufhin unangemessen bösartig mit verbalen Anschuldigungen reagiert („Ich bringe Sie um, ich steche Ihnen die Reifen auf"). Oder es kommt zu verbalen Aggressionen, falls jemand eine andere Meinung vertritt als die eigene. Oder ein älterer Mann schreit eine Mit-Heimbewohnerin an und beschimpft sie, wenn sie sich auf den Stuhl setzt, auf dem er sonst häufig gesessen hat. Dieses Verhalten ist auch als „angemessen" zu verstehen, wenn man sich verdeutlicht, daß das Gefühl, „seinen" Stuhl sicher zu wissen, selbsterhaltend ist, da er aufgrund des fehlenden Überblicks nicht weiß, wo sein Platz ist (hat er ihn verloren, ist es, als ob er sich selbst verloren hat). Aber auch der Betreuer, der etwas anders macht, als gewohnt oder auch als erwartet, wird zu jemandem Bösen und damit zu einem Ziel von Aggressionen. Dies wird desto verständlicher, wenn die Merkfähigkeit fehlt, sich z.B. einen bestimmten Betreuer als zur Station gehörig zu merken: Der Bewohner wird wütend, weil er sich nicht von einem „Fremden" ausziehen lassen will.

Beiden Ansätzen ist gemeinsam, daß sie die Bedeutung von Vertrautem hervorheben, da die Fähigkeit zur Umstellung und auch psychischen Anpassung verringert ist.

Schließlich eröffnet sich auch ein **allgemeinpsychologischer Zugang** zum aggressiven Verhalten: Vergegenwärtigen wir uns die veränderte Situation eines Demenzkranken, so fehlt ihm aufgrund seiner Merkfähigkeitsstörungen und Mangel an Kontinuitätserleben der Überblick, so daß jede neu entstehende Situation, die überrascht, u.U. erschreckt, als bedrohlich erlebt wird und deshalb aggressive Reaktionen nach sich ziehen kann. Je unruhiger die Umgebung, desto eher kommt es zu aggressiven Reaktionen: In der Kurzzeitpflege werden z.B. Demente sehr viel häufiger aggressiv als in der Langzeitpflege, wo es einen ruhigen und vertrauten Tagesablauf gibt.

Therapeutischer Umgang

1. Den aggressiven alten Menschen **nicht gewähren** zu **lassen**, sondern ihm Einhalt zu gebieten, bedeutet, daß der Hel-

fer sich als böses, aber vorhandenes Elternobjekt einführt. Häufig sind sich die Betreuer unsicher, ob sie das dürfen gegenüber einem Menschen, der doch meist Vater oder Mutter sein könnte. Aber aggressive Verhaltensweisen lösen auch im Betreuer wütende oder aggressive Gefühle aus. Eine sich abverlangte, alles hinnehmende Freundlichkeit ist hier fehl am Platze. Ein starkes Gegenüber vermittelt auch Sicherheit. Eine offen ausgeprochene ärgerliche Reaktion kann das Klima bereinigen. Wichtig ist, es sprachlich zu benennen, **warum** und **womit** der aggressive alte Mensch dem Betreuer weh tut. Auch wenn der Eindruck entsteht, daß die Worte gar nicht zum Betroffenen durchdringen, vermittelt diese Haltung doch, daß sich der Betreuer nicht einschüchtern läßt und um eine klare Haltung und um Verständnis bemüht ist.

2. **Ablenkung** ist häufig eine Hilfe, um den Betroffenen aus der Verhaftung in seinem Affektzustand herauszulösen.

3. Wenn eine Ablenkung nicht gelingt, kann es hilfreich sein, eine Möglichkeit zur **körperliche Abreaktion** der Spannungen zu schaffen (Herumlaufen, einer Aktivität nachgehen).

4. Besondere Schwierigkeiten bereitet der sprachgestörte oder nicht sprechende, aggressive alte Mensch: Er provoziert den Betreuer häufig und legt ihm ohne Worte ein tätlich aggressives Verhalten nahe (Gegenübertragung). Es ist sehr wichtig, zu versuchen, eine den Affekt entlastende **sprachliche Kommunikation** herzustellen. Gelingt dies nicht, ist eine Hilfestellung zu leisten, sich von dem (beide störenden) Affekt zu trennen, indem man versucht, den alten Menschen mit etwas ihm Angenehmen oder Bekannten abzulenken.

5. Auf **uneinfühlbare Aggression** ist schwer zu reagieren: Aggressives Verhalten stellt den Betreuer vor besondere Schwierigkeiten, weil es meist in seiner Heftigkeit und Intensität nicht verstehbar ist. Aufgrund der in Kap. 2. dargelegten Vorstellung von der psychischen Entwicklung eines Menschen können wir folgenden Verständniszugang versuchen: Angegriffen wird immer ein Feind; nur ist häufig so schwer zu verstehen, warum der Betreuer, der es doch gut meint, für den alten Menschen zu einem Feind wird. Am einfachsten kann man sich vorstellen, daß man diesen Menschen körperlich (oder auch vergleichbar psychisch) an einer schmerzhaften Stelle berührt, ohne dies zu wissen. Auf der einfacheren Stufe der seelischen Verarbeitungsfähigkeit kann er nicht sagen: „Sie tun mir weh", sondern der den Schmerz Verursachende wird im gleichen Augenblick zum Feind. Oder aber, wenn er den Betreuer in der ersehnten, weil selbst so vermißten Behendigkeit herumlaufen sieht,

jung, hübsch und anscheinend ohne Schmerzen, so wird er für ihn zu einem Neidobjekt: in seinen Augen ist der Betreuer zu jemandem geworden, der idealisiert wird und deshalb vermeintlich mit all dem ausgestattet ist, was der kranke Alte sich ersehnt, und nichts von all dem hat, was den alten Menschen stört: Kein Alter, keine Schmerzen, keine Einsamkeit, keinen Verlust der vertrauten Umgebung: So muß der alte Mensch das störende Ideal angreifen, um sein psychisches Gleichgewicht wiederzugewinnen. Richtig und das seelische Gleichgewicht stärkend ist für ihn nur das, was in die subjektive Wunschwelt paßt.

6. **Medikamentöse Therapie:** Häufig helfen die hier aufgezeigten Möglichkeiten nicht weiter. Der Ausweg, eine medikamentöse Beruhigung herbeizuführen, schafft häufig Gewissenskonflikte im Team. Es gibt Grenzen der Belastbarkeit, sowohl im Team wie auch bei den Mitbewohnern. Hier hilft nur eine Aussprache darüber, was realistisch in diesem speziellen Team, zusammengesetzt aus einzelnen Persönlichkeiten mit begrenzter Frustrationstoleranz, noch aushaltbar erscheint.

Frau F., 92 Jahre, lebte mit ihrem kränkeren Mann im Pflegebereich. Sie versorgte ihn vorbildlich, eigentlich überversorgte sie ihn. Er starb vor einem Jahr in ihrem Beisein. Der Umzug in ein Einzelzimmer der gleichen Station geht im Zuge einer Umstrukturierung mit einem Personalwechsel einher. Erst ein halbes Jahr später wird sie schwierig: Tags wie nachts ist sie unruhig, sucht nach ihrem Mann. Sie teilt Schläge bis zu blutigen Wunden an die Mitbewohner mit ihrem Krückstock aus. Sie kann Situationen nicht mehr einschätzen; geht jemand freundlich auf sie zu, schimpft sie: „Was willst Du, Du dumme Pute". Ein Psychiater verordnet ein Beruhigungsmedikament (Dipiperon); sie wird verstärkt müde und aggressiv.
Nachdem eine schrittweise Eingliederung in die Tagesbetreuung gelungen ist, stellt sich ein leichte Besserung des geschilderten Problemverhaltens ein. Das Team resümiert: Sie sei wohl schon immer eine dominante, rechthaberische und zur Aggression neigende Frau gewesen: „Sie hat den Prügelknaben (ihren Mann) verloren".

6.5 Wahn, Halluzinationen, Verkennungen und Verdächtigungen

Als **Wahn** bezeichnet man eine krankhafte (objektiv falsche) Überzeugung, die nicht korrigierbar ist (Wahngewißheit). Psychoanalytisch verstanden steht der Wahn in einer engen Beziehung zur Psychodynamik der Wünsche, dem Charakter und der Biographie des Kranken. Immer ist bei diesen Störungen der Mechanismus der **Projektion** am Werke: Etwas dem Wunschdenken Entsprungenes färbt die Wahrnehmung oder bestimmt die Umdeutung.

Die Wahnvorstellungen können geäußert werden, häufig auch nur auf geschicktes Fragen hin; gelegentlich ist auch nur aus der Abwehrmaßnahme auf das Vorhandensein einer

Wahnidee zu schließen (z.B. bei uneinfühlbaren Handlungen suizidalen Charakters, bei Verbarrikadierungen).

Es wird zwischen einfachen Wahnideen oder -vorstellungen und komplexen Wahngebilden unterschieden. Bei Wahnkranken mittleren Alters kommt es zur Systematisierung und Ausgestaltung ganzer Wahngebäude („Ich werde von der Mafia verfolgt; die hat ihren Sitz in X; ich bin überzeugt, Y steckt hinter der ganzen Sache und leitet das Verfahren gegen mich"). Demgegenüber ist der Wahn bei dementiellen Prozessen meist sehr einfach strukturiert; häufig besteht er nur aus Bildern oder einfach gestalteten Vorstellungen. Der Inhalt des Wahns steht in engem Zusammenhang mit der Primärpersönlichkeit: Einen **Verfolgungswahn** bekommen eher Menschen, die immer schon mißtrauisch im Kontakt zu anderen Menschen waren. Einen **Verarmungswahn** bekommen eher Menschen, die immer schon sparsam waren. Es kann auch sein, daß dieser Wahn in ein generelles Selbstbestrafungsbedürfnis des Betroffenen paßt.

Der Wahn, **bestohlen zu werden**, bildet sich meist auf der Grundlage von Gedächtnisstörungen: ein Mensch vergißt, wo er etwas hingelegt oder womöglich versteckt hat. Wenn er es nicht wiederfinden kann, ist die plausibelste Erklärung, bestohlen worden zu sein. Die vermißten Gegenstände sind solche, die für denjenigen von besonderer Wichtigkeit (weil z.B. Ohnmacht entgegenwirkend) sind, wie z.B. Geld, persönliche Briefe, die Brille, Schmuck etc.

Als **depressiven Wahn** bezeichnet man eine unbeeinflußbare Überzeugung von einem nahe bevorstehenden oder schon eingetretenen Unglück. Dazu kann man auch den **hypochondrischen Wahn** zählen: Der Körper und seine Funktionen werden mit übermäßig großer Bedeutung belegt; er kann auch im Rahmen einer Depression als schuldhaft erlebter Suizidwunsch verstanden werden („Ich weiß, ich werde innerhalb des nächsten Jahres an Krebs sterben").

Aufgrund mangelnder Kontakte, möglicherweise außerdem durch Seh- und Hörstörungen verstärkt, kann es zur Ausbildung eines **Kontaktmangelparanoids** (Janzarik, 1973) kommen. Gemeint ist, daß hier die seelische Innenwelt übermäßig dominant wird, da eine Korrektur der Vorstellungen durch die Realität (sensorische Informationen, der andere Mensch und seine andere Meinung) wegfällt. Diese Formen des Paranoids sprechen sehr gut auf sozialtherapeutische Interventionen an.

Meist ensteht ein Wahn nicht abrupt, sondern langsam. Zunächst kommt es zu einer inneren Unsicherheit oder Ratlosigkeit. Dann zu **Verkennungen** oder **Umdeutungen**: Etwas real Vorhandenem wird eine überwertige Bedeutung zugeschrieben („Dieser Mann geht da, weil mir damit etwas besonderes gezeigt werden soll"). Eine **Wahnidee** ist die kleinste geistige Einheit des Wahns.

Von einer **Halluzination** spricht man erst dann, wenn etwas wahrgenommen wird (gesehen, gehört, gerochen etc.), was objektiv nicht vorhanden ist.

Verkennungen, Umdeutungen und Halluzination bekommen im Rahmen von dementiellen Prozessen einen anderen Stellenwert als bei schizophrenen Psychosen.

Verkennungen werden in der Regel durch eine Wahrnehmung angestoßen, die eine bestimmte Erinnerung aktiviert. Bezüglich dieser kommt es nun zu einem Irrtum in der Zeit: u.U. wird etwas für ein jetzt stattfindendes Erlebnis gehalten, was sich jedoch früher ereignet hat. Oder aber ein Erlebnis bildet nur den Aufhänger für eine Umdeutung gemäß der unbewußten Wunschwelt.

Die häufigste Halluzination ist die von **Stimmen**. **Visuelle Halluzinationen** sind seltener und kommen im Alter eher im Kontext von Delirien vor: Es werden z.B. krabbelnde Tiere auf der Bettdecke halluziniert. Halluzinationen von Menschen und ganzen Szenen sind äußerst selten und fast immer an eine Bewußtseinstrübung gebunden. **Taktile** und **Geruchshalluzinationen** kommen ebenfalls vor.

Bei dementiell Kranken kommen Wahnformen vor, die bei jüngeren Psychosekranken nicht beobachtet werden: So ist z.B. die Verkennung in der Zeit ein Phänomen, das häufiger bei alten Menschen mit einer zerebralen Gedächtnisstörung auftaucht: z.B. „Heute nachmittag ist meine Tochter hier gewesen" oder „Meine Mutter hat mich heute besucht". Während es die Tochter tatsächlich gibt, und die Patientin lediglich die Zeit des Besuches verwechselt hat, ist die Mutter der Patientin bereits lange gestorben; der Irrtum in der Zeit, hier im Sinne der Verwechslung von Gegenwart und Vergangenheit, ist gravierender.

Als **biographisch determinierte Halluzinationen** und **Wahnvorstellungen** bezeichne ich solche, bei denen durch die Verkennung der Zeit wichtige Personen oder Ereignisse gesehen, gehört oder erlebt werden, die tatsächlich einmal vorhanden waren. Oder es wird ein **Vertauschungswahn** beobachtet: „Die Gegenstände in meinem Schrank gehören mir nicht, die sind alle vertauscht worden!".

Therapeutischer Umgang

Die bereits in Kap. 3.4.3 aufgeführten therapeutischen Überlegungen sind hier noch einmal zusammengefaßt:

1. Man kann einen Wahn **nicht ausreden**: Für alle wahnhaften Phänomene, einschließlich der Verkennungen etc. gilt, daß diese innere, feste Überzeugung nicht durch die andersgear-

tete Realität verändert werden kann. Will man die krankhafte Überzeugung korrigieren, läuft man Gefahr, in das feindliche Gebäude mit eingebaut zu werden, man bringt den Kranken dadurch gegen sich auf, macht ihn mißtrauisch etc.

2. Wichtigstes Prinzip ist, zu versuchen, **im Kontakt** zu **bleiben**.

3. Da es sich meist um belastende Erlebnisse handelt (z.B. Gefühl der Beeinträchtigung) ist es hilfreich, die Kommunikation überhaupt durch **einfühlendes Verständnis** aufrechtzuerhalten, indem etwa Anteilnahme am Gefühl des Betroffenen vermittelt wird, ohne sich auf der Inhaltsebene in eine Kontroverse einlassen zu müssen, wie z.B.: „Sie müssen ganz erschöpft sein davon, immer an alle Vorsichtsmaßnahmen zu denken ...".

Wann welches Verhalten angezeigt ist, ist aus der jeweiligen Situation heraus zu entscheiden. Häufig ist eine Möglichkeit, deutlich zum Ausdruck zu bringen, daß ich als Betreuer etwas anders wahrnehme als der Patient.

4. **Muß man die Wahrheit sagen?** Immer wieder wird mir die Frage gestellt: Ich muß doch dem Wahnkranken sagen, was die Wahrheit ist? Um eine Antwort zu finden, muß man sich klar machen, daß die Ausbildung eines Wahnes eine psychische Hilfskonstruktion ist. Die harte Konfrontation mit der Wirklichkeit bewirkt, daß der Betreuer als der „Böse" angesehen wird und in der Gefahr steht, selbst mit in das Wahngebäude eingebaut zu werden. Es ist wichtig, herauszufinden, welchen Wahrheitsgehalt der Kranke gerade noch verkraften kann. Von seinem Erleben abweichende Überzeugungen in der Ich-Form: „Ich meine ..., aber Sie sehen das anders" können eher verkraftet werden. Damit kann man Respekt vor dem Denken und Fühlen des anderen vermitteln, ohne ihn zu kritisieren.

5. Bei dementiell eingeschränkten Bewohnern ist auch die **Ablenkung** gelegentlich eine Möglichkeit, die Belastung einer augenblicklich gegebenen Situation zu entschärfen.

Frau G. hat Angst, die schwarzen Männer bringen sie um und schlagen ihr den Kopf ab. Sie glaubt, man habe ihr im Krankenhaus das Rückgrat und die Gebärmutter gestohlen. Sie geht völlig in sich verdreht und hält dabei ein Kissen hinter den Nacken, so daß man als Zuschauer Angst hat, sie falle jeden Moment um. Sie ist meist schweißnaß, hochrot und zittert. Sie kann nicht still sitzen und bewegt sich nur mit trippelnden Schritten fort.
Sie wirkt von der Angst total erfaßt. Die Ängste werden auf kindlich anmutende Weise geschildert. Aufgrund der Angaben zur Vorgeschichte ist zu vermuten, daß das dementielle Bild mit wahnhaften Ängsten sein besonderes Gepräge durch einen leichten frühkindlichen Hirnschaden erhält.

6.6 Sammeln und Zwänge

Exzessives Sammeln wird auch als **Sammelsucht** bezeichnet: Gegenstände, Eßwaren, alte Zeitungen, sogar Zigarettenkippen werden gesammelt und gehortet.

Psychoanalytisch ist dies als Angst vor dem psychischen Zustand, alles verlieren zu müssen, psychisch nichts zu haben oder behalten zu können, zu verstehen. Trennungsängste sollen vermieden werden. Das Gesammelte wird zum Symbol für die Nicht-Trennung, letztlich also für das Nicht-Sterben.

Selbst wenn es sich um Personen handelt, die im Krieg Hunger leiden mußten und das Verhalten deshalb einfühlbar erscheint, ist es nicht ersichtlich, warum der eine dies als Problemverhalten entwickelt, der andere nicht.

Eine Sozialarbeiterin wird auf Herrn H., 60 Jahre alt, aufmerksam, weil er aufgrund eines vorzeitigen Altersabbaus in seiner Wohnung zu verwahrlosen droht: Er sammelt alle Holzzstückchen auf der Straße, verpackt sie in Plastiktüten und hortet sie gemeinsam mit Papieren, Zeitungen und vielen anderen Dingen in seiner Wohnung. Es stellt sich heraus, daß er mit etwa 50 Jahren vorzeitig aus seiner Arbeit entlassen wurde, da er die Arbeit „nicht mehr auf die Reihe gekriegt" habe.
Die Sozialarbeiterin entschließt sich, die Symptomatik als Wunsch nach Kontakt zu verstehen. Bei ihren Besuchen vertraut er ihr an, daß er sich sehr allein fühle.
Über mehrere Gespräche und das Erleben von verläßlichen Kontakten konnte eine Vertrauensebene hergestellt werden, so daß die Klagen des Hausverwalters mit ihm besprechbar, und die Wohnung Stück für Stück mit der Sozialarbeiterin aufgeräumt und entrümpelt werden konnte.
Sein Wunsch nach Kontakt konnte direkter befriedigt werden, die rigide Sparsamkeit konnte zugunsten einer guten Fürsorge für sich selbst aufgegeben werden.

Als **Zwang** wird der nicht unterdrückbare Drang bezeichnet, einen Impuls, eine Handlung oder einen Gedanken immer wieder zu wiederholen; er kann zum Leiden an andauernden Ritualen führen, die nicht aus freiem Willen abgebrochen werden können, wie z.B. dem Waschzwang, Zählzwang, Grübelzwang, Zwang zum Räumen. Zwänge kommen im Rahmen von Neurosen (Zwangsneurose, depresssive Neurose) vor, aber auch als von der Primärpersönlichkeit ableitbare Impulse und Handlungen im Sinne einer Eigenheit oder häufiger noch im Rahmen von hirnorganisch bedingten Veränderungen. Bei vielen Menschen sind Zwangshandlungen so gut in den Tagesablauf integriert, das sie kein krankhaftes Ausmaß erreichen.

Zwangssymptome kann man verstehen als Maßnahme gegen Unordnung und Chaos, die, wenn sie in der Außenwelt durchgeführt wird, stellvertretend vor einem inneren bedrohlichen Gefühl des Chaos schützt. Geschäftigkeit ist auch als Abwehr gegen Gefühle der inneren Leere vorstellbar.

Eine 68jährige Frau kann nach einen Schlaganfall ihrem Putzzwang nicht mehr nachgehen. Psychoanalytisch ist zu verstehen, daß die mit dem Zwang verbundene Geschäftigkeit Frau I.daran gehindert hat, mit Gefühlen innerer Leere und Nutzlosigkeit in Kontakt zu kommen.Nun drangsaliert sie ihre Umwelt, ihre zwanghaften Handlungen zu übernehmen; gelingt dies nicht, verfällt sie in resignativdepressive Verstimmungen.

Eine 79jährige Altenheimbewohnerin ist für die Betreuer sehr schwierig im Umgang, weil jede Kleinigkeit in ihrem Zimmer immer genau an dem gleichen Platz stehen bzw. liegen muß. Sie gerät außer sich, wenn dieser Wunsch nicht respektiert wird; es kommt dann zu aggressiven Angriffen oder zu depressivverzweifelten Ausbrüchen.
Seit geraumer Zeit machen sich leichte dementielle Symptome bemerkbar; seither ist dieses Verhalten besonders schlimm geworden.

Man kann verstehen, daß diese Frau schon immer eine gewisse Ordnung zur Aufrechterhaltung ihrer inneren Zufriedenheit benötigte. Je mehr sie sich nun in ihrem inneren Gefüge durch den Zerfall der Verbindungen (Nachlassen der Merkfähigkeit) bedroht fühlt, desto mehr bedarf es der Sicherung durch eine äußere Ordnung, damit die innere Ordnung nicht zerfällt.

1. Die Betroffenen können meist über die psychisch sehr beeinträchtigende Unfreiwilligkeit dieses Verhaltens sprechen. So bietet sich die Möglichkeit, den Belastungs- und Überforderungsaspekt **einfühlend aufzugreifen**.
2. Die **Reaktionsverhinderung** ist eine verhaltenstherapeutische Maßnahme, um die Ausführung des Zwangsverhaltens zu stoppen; wichtig ist dabei, ein anderes, weniger belastendes Verhalten als Ersatz zu initiieren.
3. Häufig bleibt jedoch die **medikamentöse Behandlung** im Sinne einer neuroleptischen Therapie die letzte Behandlungsmöglichkeit, um dem Kranken Erleichterung zu verschaffen.

Therapeutischer Umgang

6.7 Verweigerungsverhalten

Verweigerungsverhalten kommt in sehr verschiedenen Formen vor. Generell ist Verweigerung als „nein" zu verstehen, d.h. als Abgrenzung des eigenen Willens gegenüber dem anderen. Dies dient dem Gefühl von Autonomie. Es gibt bewußtere Formen, etwas nicht zu wollen (z.B. etwas von einem bestimmten Menschen nicht wollen) und unbewußtere (diffuses Gefühl, daß alles mich bedroht, mir feindlich ist).
Häufig mündet ein Gefühl von Überforderung in Verweigerung: Der Betroffene wird gewahr, eine Gesamthandlung nicht mehr eigenständig ausführen zu können, oder er hat Angst, etwas falsch zu machen. Verweigerung kann auch

Ausdruck des Wunsches, sterben zu wollen, also latente Suizidalität bedeuten.

Das **Essen** dient im Leben eines Menschen primär der Selbsterhaltung. Es hat außerdem eine wichtige Kommunikationsbedeutung. Die Verweigerung kann auf der psychischen Ebene bedeuten:

- Den nähernden, fütternden Kontakt ablehnen, weil er als negativ empfunden wird, z.B. aufgrund der resignativen Haltung, doch nicht das zu bekommen, was gewünscht wird oder weil das, was man bekommen könnte, als schlecht phantasiert wird.
- Es besteht Angst, die Nahrung könnte vergiftet sein; eine Wahnbildung könnte zugrundeliegen.
- Sich selbst aufgeben wollen, verhungern lassen wollen aus einer Depression (oder einer Selbstbestrafung) heraus: Ich will mich sterben lassen!

Auch die **Körperhygiene** ist etwas sehr früh im Leben Erlerntes und ist eng an die frühesten Kontaktsituationen gebunden. Verweigert ein Mensch die Körperhygiene, indem er sich selbst verwahrlosen läßt, kann dahinter ebenfalls eine resignative (depressive) Einstellung stehen.

Es kann aber auch den Versuch darstellen, sich von dem letzten Vertrauten der eigenen Identität, dem Körpergeruch und den eigenen Ausdünstungen nicht trennen zu wollen, also auf eine primitive Art zur Erhaltung des Gefühls von der eigenen Person, von sich selbst beitzuragen. Schließlich darf man nicht außer acht lassen, daß es sehr verschiedene Auffassungen von Sauberkeit geben kann. Steht hinter der Verweigerung die Unfähigkeit, die Gesamtsituation zu überschauen, so kann es hilfreich sein, die Gesamthandlung in Teilschritte zu untergliedern und die Teilziele jeweils sprachlich zu erklären und so zu begleiten.

Auch **Verbarrikadierungen** sind als Ausdruck von Verweigerung zu verstehen: Ein Mensch, der sich verbarrikadiert, fühlt sich immer bedroht; im übertragenen Sinne geht es um die Bedrohung seiner psychischen Identität oder Integrität: Zugrundeliegen kann eine Wahnbildung oder das Gefühl, sich in der Intimsphäre bedroht zu sehen (wie etwa durch eine „übergriffige" Mutter, die dem Kind den Raum zur Entwicklung eigener Identität nicht lassen kann).

Außer einer entweder antidepressiven oder lindernden neuroleptischen Therapie des zugrundeliegenden Wahnes kann es hilfreich sein, sich in den Kranken einzufühlen, und stellvertretend für ihn zu verbalisieren, was er möglicherweise fühlt und befürchtet.

„Wenn Sie nichts essen wollen, heißt das vielleicht, Sie möchten lieber sterben?"

Sehr verbreitet ist das Problem, keine Sozialhilfeleistungen oder ähnliche Unterstützungen in Anspruch zu nehmen, im Sinne der **Verweigerung von Serviceleistungen**. Den psychologischen Hintergrund bildet häufig die Überzeugung: „Ich brauche keine Hilfe" im Sinne der Verleugnung und damit der Abwehr eigener Hilfsbedürftigkeit. Scham, Angst vor Neuem oder aber auch mangelnde Information können hier eine wichtige Rolle spielen.

Hier lassen sich nur die verschiedenen Zugangsweisen aufzeigen:

1. Trotz Verweigerung die Kommunikation aufrechterhalten, indem auf sprachliche Weise Verständnis und mögliche Begründungen für die Verweigerung vermittelt werden.
2. Insbesondere die Angst vor Hilflosigkeit und Abhängigkeit thematisieren.
3. Verweigerung, wenn sie nicht bedrohlich ist, auch als etwas „Rettendes" akzeptieren.
4. Versuchen, zu ergründen, welche psychische Bedeutung das „nein" hat, das durch dieses Problemverhalten vermittelt wird.

Therapeutischer Umgang

6.8 Exzessives Rufen und Schreien

Kontinuierliches Rufen und Schreien ist eine der belastendsten auffälligen Verhaltensweisen für Umwelt und Helfer, da man dem Schreien nicht entgehen kann. Es kann sich dabei um sprachliche Äußerungen, stereotype Rufe oder unverständliche Laute handeln. Zunächst muß immer der Inhalt daraufhin analysiert werden, ob er einen Hinweis auf eine Bedürfnislage gibt, bevor dies als auschließlich inadääquates Verhalten interpretiert wird. Ursache kann das Bedürfnis sein, Aufmerksamkeit und Kontakt zu erhalten; stereotypes Rufen kann auch als selbststimulierendes Verhalten in einer anregungsarmen Umgebung (Hospitalisierungseffekt) auftreten, oder es ist als ein nicht steuerbares Verhalten aufgrund dementieller Veränderungen zu erklären. Schließlich ist auch denkbar, daß sich ein ursprünglich aus einer Bedürfnislage entwickeltes Verhalten verselbständigt bzw. als Problemverhalten verfestigt. Dies ist besonders dann gegeben, wenn das Rufen und nicht das Nicht-Rufen verstärkt wird.

Frau K. „nervt" alle Betreuer und Mitbewohner auf der Station, indem sie ständig und stereotyp: „Hallo, Hallo, Hallo" ruft. Das Verhalten setzte ein, als sie nach einer Schilddrüsenoperation massiv abnahm, jetzt nur noch 40 Kilogramm wiegt und in ihrem ganzen Erleben und Verhalten völlig verändert wirkt. Sie kann vor allem nicht mehr weinen.
Wir nahmen an, daß eine organisch bedingte Veränderung mit einer psy-

chischen Ursache zusammentraf: Auch wenn die Bewohnerin nicht antworten konnte, sprach die Betreuerin in einem vermuteten Dialog über die Traurigkeit der Patientin und ihre Angst, sich aufgrund ihrer Sprachlosigkeit so allein zu fühlen. Die Intensität des Rufens konnte dadurch etwas verringert werden.

Therapeutischer Umgang

Meist ist man diesem Verhalten aufgrund von dementieller Veränderung ratlos ausgeliefert; es kann jedoch versucht werden:
1. den Patienten von seinem Verhalten abzulenken,
2. den Gehörgang des Patienten zeitweilig mit Ohropax zu verschließen, um so eine Rückmeldung und damit Verstärkung des Schreiens zu verhindern (Lewinsohn und Teri, 1986),
3. den Patienten vorübergehend räumlich zu isolieren,
4. ihn medikamentös zu sedieren.

6.9 Weglaufen, Hinterherlaufen, Unruhe und „Wandern"

Häufig hat das **Weglaufen** keinen objektiv nachvollziehbaren Grund und auch kein Ziel. Die Absicht ist vielmehr, die Situation, wie sie ist, nicht haben zu wollen. Möglicherweise kann dahinter auch die Idee stehen: „Ich will nach Hause". Dies bedeutet dann psychisch im übertragenen Sinne: „Ich möchte, daß es so ist, wie ich es von früher kenne". Wenig einfühlsam ist es, den Kranken damit zu konfrontieren, daß seine Wohnung aufgelöst sei. Auch hier ist das Aufgreifen des Gefühlsinhaltes eine Möglichkeit, Verständnis zu signalisieren, wie z.B.: „Sie haben solche Sehnsucht danach, sich zu fühlen wie früher". Das Weglaufen kann also auch zu einem symbolischen Weglaufen vor der unerträglichen Gegenwart in die Vergangenheit werden.

Beim **Hinterherlaufen** versucht der Kranke, immer in der Nähe des Betreuers zu bleiben, ihm überall hin – sogar bis auf die Toilette-nachzulaufen. Nicht immer ist es richtig, dies als Bedürfnis nach Aufmerksamkeit oder aber Kontrolle des Betreuers zu interpretieren. Häufiger ist der Hintergrund dafür die Angst vor Orientierungslosigkeit und Unsicherheit durch die eingebüßten intellektuellen Leistungsfunktionen. Nähe kann Orientierung und damit Sicherheit vermitteln. Mit diesem Verständniszugang ist es eher möglich, das Verhalten des Kranken ohne übermäßigen Ärger zu tolerieren oder ihn sogar durch die Erklärung zu unterstützen, was Sie gerade tun, warum Sie es tun etc. Dies durchbricht das unbewußte und nicht verbalisierbare Gefühl der Einsamkeit und fördert für diesen Augenblick das Gefühl des Nicht-Ausgeschlossen-Seins.

Unruhiges Hin- und Herlaufen tags oder nachts, ohne eine Begründung dafür angeben zu können, stört, verwirrt oder ärgert häufig die Betreuer, z.T. auch die Mitbewohner.

Häufig tritt es nur vorübergehend auf. Genaue Beobachtung kann gezieltere Hinweise für die Hintergründe geben: z.B. kann der Betroffene durch das Herumlaufen eine Spannungsabfuhr und damit Erleichterung erfahren, es kann das verzweifelte Bemühen bedeuten, sich besser orientieren zu können, möglicherweise liegt eine Akathisie (medikamentenbedingte Ruhelosigkeit) zugrunde oder der Kranke sucht etwas, möglicherweise auch nur symbolhaft.

So sagte eine Bewohnerin zu einer anderen, die auf die beschriebene Weise hin- und herlief: „Was tun Sie denn da?" — „Ich suche" — „Ja und was suchen Sie?" — „Das suche ich ja gerade" — „Ach so, Sie sind auf der Suche!" war die entlastende Antwort.

1. Beim Weglaufen ist zu versuchen, ob mehr Interessantes „zu Hause" vermittelt werden kann. Oder zu ergründen, was „woanders" erhofft wird. Ein Gespräch über damit in Zusammenhang stehende Wünsche und Gefühle aus der Vergangenheit schwächt manchmal den Handlungsimpuls ab.

2. Bei diffusem Suchen kann es helfen, den unruhigen Menschen mit bekannten Gegenständen zu umgeben, oder ihn auch nach Erlebnissen seiner Vergangenheit zu befragen.

3. Tritt dieses Wandern nachts auf, verhindert eine Lichtquelle unnötige Stürze. Lob für das Zurückkommen oder die Bereitschaft, das Ziel zu wechseln, ist wirksamer als Schelte für das Verhalten, das die meisten Betroffenen selbst nicht recht verstehen.

Therapeutischer Umgang

6.10 Inkontinenz

Als **Inkontinenz** wird ein unfreiwilliges Urinieren bezeichnet. Sie steht in kausalem Zusammenhang mit dem Alter (40% der inkontinenten Menschen sind älter als 80 Jahre), der Multimorbidität, einer möglichen Immobilität (z.B. der alte Mensch kommt nicht schnell genug zur Toilette) oder einer Hirnleistungsstörung. Verschiedene Ursachen sind möglich: Man unterscheidet, eine muskuläre, eine neurogene, eine psychogene sowie eine Streß-Inkontinenz.

Die medizinische Diagnostik untersucht, ob es z.B. zu einer Inkontinenz aufgrund von Medikamentennebenwirkungen (z.B. bei Asthmamitteln) kommt oder als Spätfolge eines Diabetes.

Aufgrund der Inkontinenz kann es zu sozialen Problemen (z.B. Ablehnung infolge der Geruchsbelästigung), zu psychischen Problemen (z.B. Scham aufgrund des erlebten Kontrollverlustes) wie auch zu medizinischen Problemen (z.B. vermehrte Infektionsgefahr) kommen.

Am Anfang einer Beeinflussung mit psychologischen Mitteln steht eine genaue Verhaltensanalyse: Hat der Kranke

Sprachstörungen, die ihm eine passende Äußerung nicht möglich machen? Hat er Orientierungsstörungen, die ihn den richtigen Weg nicht finden lassen (richtiges Verhalten am falschen Ort)? Hat er agnostische Probleme, den richtigen Ort (die Toilette) nicht erkennen zu können? So kann z.B. das Urinieren in einen Papierkorb oder in eine Zimmerecke entweder auf die Unfähigkeit hindeuten, die Toilette zu finden, oder dieses Verhalten kann durch eine apraktische Störung verursacht werden.

Ein Toilettentraining zielt darauf ab, Gewohnheiten zu installieren: z.B. den Betroffenen alle 2 Stunden zur Toilette führen, unabhängig davon, ob er das Bedürfnis geäußert hat oder nicht. Dabei sollte auf bequeme Kleidung geachtet werden und u.U. der Weg markiert werden (Kap.5.1.1; weiterführende Literatur: Füsgen, 1992)).

Die Blasen- und Darmentleerung ist in der Kindheit eine wichtige soziale Lernaufgabe. Für viele sind Urin und Kot mit Schmutz, und Schlechtigkeit verbunden. Insofern sind auch die individuellen Gefühlsregungen bei diesem Fehlverhalten besonders zu beachten. Schuld, Scham und Angst vor Kontrollverlust, zur Last zu fallen, ausgeschimpft zu werden sowie vor Ablehnung und Ekel sind häufig damit verbunden.

So warf eine 83jährige Frau in einem Pflegeheim ihre naß gewordenen Unterhosen in die Toilette. Dies wurde erst bekannt, als das Toilettensystem des Hauses total verstopft war. Diese Frau hatte sich ihres „Fehlverhaltens" so geschämt, daß sie die Folgen beseitigen wollte, ohne daß jemand davon erfuhr.

Dieser Fall macht deutlich, wie sehr dieses Problem einerseits mit Scham, andererseits aber auch mit Opposition, oder aber mit Rat- und Verständnislosigkeit verbunden sein kann.

6.11 Hospitalismus

Als Hospitalismus oder Institutionalismus bezeichnet man ein Artefakt, der aufgrund von Fehlverhalten in der Umgebung ein Fehlverhalten des alten Menschen nach sich zieht. René Spitz (1945) beschrieb erstmals dieses fortschreitende Syndrom bei hospitalisierten Säuglingen und Kleinkindern, das er durch einen „partiellen Entzug affektiver Zufuhr" ausgelöst sah. Es beginnt damit, daß die Kinder weinerlich werden und sich anklammern; das Weinen kann in Schreien übergehen, Gewichtsverlust tritt hinzu. In einem nächsten Stadium verweigern die Kinder jeglichen Kontakt, ein starrer Gesichtsausdruck wird zur Dauererscheinung. Eine motorische Verlangsamung kann in Lethargie münden.

In ähnlicher Weise kann man bei alten Menschen in Institutionen vermehrte Unsicherheit, Untätigkeit, Antriebslosigkeit, Spontaneitätsverlust, Verlust der psychomotorischen

Äußerungsfähigkeit, eine Verarmung des Wortschatzes, sozialen Rückzug, Unterwürfigkeit oder Aggressivität sowie Bewegungsstereotypien beobachten.

Spitz fand, daß den an Hopitalismus leidenden Kindern gemeinsam war, daß sie aufgrund traumatischer Trennungserlebnisse einer „emotionellen Verhungerung" ausgesetzt waren, also sowohl auf affektive Zufuhr von einer primären Bezugsperson, als auch auf sensorische Stimulation verzichten mußten.

Die **Ursachen** des Hospitalismus bei alten Menschen sind denen bei kleinen Kindern ähnlich: Mangelnde intelektuelle, affektive und sensorische Stimulation bewirken ein Verlernen der früher üblichen intellektuellen und emotionalen Fähigkeiten. Einförmigkeit instutioneller Regeln und Abläufe begünstigen diesen Mangel.

Kapitel 7
Organisation von Therapie und Betreuung in Institutionen

7.1	Überlegungen zur Organisation helfender Arbeit für alte Menschen	
7.2	Konzepterstellung und Organisationsentwicklung	
7.3	Organisationsberatung	
7.4	Führungsprobleme	
7.5	Die Mitarbeiter	
7.6	Die Arbeit im multiprofessionellen Team	
7.7	Ausgebrannt: Das burn-out-Phänomen	
7.8	Supervision und Balintgruppenarbeit	

7.1 Überlegungen zur Organisation helfender Arbeit für alte Menschen

Im Spektrum der Versorgungseinrichtungen für alte Menschen spielen **Institutionen** und **Organisationen** eine wichtige Rolle: Bis auf die ärztliche Praxis und wenige Psychotherapiepraxen werden Versorgungsangebote für ältere Bürger von Organisationen und Institutionen sowie übergeordneten Trägerschaften angeboten. Dazu gehören außer den spezifischen Angeboten wie Altenheimen, Altenwohnungen, Beratungsstellen für Ältere, speziellen geriatrischen Kliniken etc. auch Angebote, die zu einem großen oder überwiegenden Teil von älteren Menschen genutzt werden, jedoch nicht spezifisch auf sie als Zielgruppe zugeschnitten sind, wie etwa das Allgemeinkrankenhaus, die Psychiatrische Klinik, Psychiatrische Tagesklinik etc.

Unter **Organisation** versteht man „die rationale Koordination der Aktivitäten einer Anzahl von Menschen, um einige gemeinsame, explizit definierte Ziele und Zwecke zu erreichen, und zwar durch Arbeits- und Funktionsteilung und eine Hierarchie der Autorität und Verantwortung" (Schein, 1965, 1969, zit. nach Dorsch). Alle wichtigen gesellschaftlichen Bereiche werden von Organisationen beherrscht. Aus betriebswirtschaftlichem Blickwinkel steht der Prozeß, die Tätigkeit des Organisierens im Vordergrund; aus sozialem

Blickwinkel mehr das soziale Gebilde der Menschen miteinander. Aus psychologischem Blickwinkel interessiert die Analyse des Verhaltens von Individuen und Gruppen.

Jede Organisation dient einem Zweck: Sie hat eine oder verschiedene Aufgaben, die sie erfüllen muß, um zu überleben: Sie hat einen „Eingang" (input), der bedarfsgeregelt ist, einen „Durchgang" (throughput), der Rückwirkungen auf den Eingang wie auf den Ausgang hat, und schließlich einen „Ausgang" (output), der wiederum eine Auswirkung auf den Bedarf haben wird.

Der Gegenstand der Arbeit in helfenden Institutionen ist also nicht, wie in der Industrie, eine Sache oder ein herzustellendes Produkt; Arbeitsgegenstand ist vielmehr der **Mensch**, hier der älter werdende **Mensch**, den es zu therapieren, rehabilitieren, beraten, betreuen und begleiten gilt.

Beziehungsarbeit bestimmt im wesentlichen den throughput. Durch diese Besonderheit sowie die Fürsorge für alte und sterbende Menschen ergeben sich Konflikte besonderer Art: Die Liebe zum Nächsten soll im Mittelpunkt stehen. Das bedeutet auch, ihn vor Leiden, Kummer und Schmerz bewahren zu wollen. So ist z.B. in einem großen Alten- und Pflegeheim die Überzeugung wirksam, daß man eigentlich angetreten ist, täglich aufs Neue zu verhindern, daß alte Menschen sterben. So wird ein besonderer Innenarchitekt eingestellt, der das Flair des heilen Zuhauses herstellen soll. Zwischen den Mitarbeitern kann sich gleichzeitig ein paranoid gefärbtes Kampfesklima entwickeln: So wird z.B. jede Unzufriedenheit auf Seiten der Bewohner als Beleg interpretiert, daß der Kollege seine Arbeit falsch gemacht hat. Es kommt zu Verschiebungen und Schuldzuweisungen, die für alle Beteiligten ein unaushaltbares Arbeitsklima schaffen.

Ordnung, Regelung und Kontrolle der Arbeit in einer sozialen Institution erfolgen meist nach dem Schema der klassischen Verwaltungsbürokratie. Diese ist durch eine starke Übereinanderordnung von Positionen und Ämtern gekennzeichnet. Die einzelnen Befugnisse sind jeweils abgestuft. Entscheidende Vorgänge wie Planung, Organisation und Kontrolle der Arbeit sind **oben** konzentriert; die Ausführung der Arbeit nach festgelegten Regeln und speziellen Unterweisungen erfolgen **unten**. Dieses klassische Verwaltungsprinzip bewährt sich bei Arbeiten, die zur Routine werden können: Vorplanbarkeit und schematisches Denken sind mit der „Ferne" der Entscheidungsträger vereinbar.

Besteht allerdings die Arbeitsaufgabe innerhalb einer Institution im Bereich der zwischenmenschlichen Beziehung und hängt sie entscheidend von der Kommunikation der Mitarbeiter untereinander über psychologische und soziale

Belange ab, so sind die Arbeitsabläufe nicht mehr immer vorhersehbar. Wenn Gefühle und zwischenmenschliche Konflikte das Arbeitsfeld bestimmen, sind Flexibilität und Kreativität bei der Arbeitsausübung besonders gefragt. Das oben beschriebene Organisationsmodell ist dann ineffzient und erweist sich als in hohem Maß konfliktträchtig: Erhöhter Krankenstand, erhöhte Fluktuation der Mitarbeiter sowie das Gefühl des Ausgebranntseins können die Folge sein.

Die organisierte Betreuung alter Menschen hat eine längere Tradition, als gemeinhin angenommen wird. Zwar oblag die Versorgung alter Menschen lange Zeit dem engsten Familienverband, aber bereits im 9. Jahrhundert wurden klösterliche Spitalorden gegründet, die Arme, Alte, Altersschwache, Kranke und Sieche aufnahmen. Im 12. Jahrhundert entstand das städtische Spitalwesen. 1520 wurde in Augsburg die erste Sozialwohnsiedlung für Ältere von den Fuggern gegründet. Im 19. Jahrundert begann die Tätigkeit der Wohlfahrtsverbände. Mit den Anfängen der Industrialisierung veränderten sich die familiären Strukturen und führen damit verstärkt zu einer Ausgliederung der alten Familienangehörigen. Auf dem Deutschen Fürsorgetag 1955 wurden erstmals auf offizieller Ebene Vorbereitungsmaßnahmen auf das spätere Alter diskutiert. Die Erarbeitung des Heimgesetzes fand zwischen 1973 und 1975 statt. Ein weiterer Meilenstein zum sozialen Netz ist die Pflegeversicherung, die zwar zum Zeitpunkt der Abfassung dieses Buches beschlossen, jedoch in ihrer praktischen Umsetzung in weiten Teilen noch nicht festgelegt ist.

Während medizinische Alteneinrichtungen wie z.B. geriatrische und gerontopsychiatrische Rehabilitationskliniken durch Heilungserwartungen geprägt sind, haftet den sozialen Institutionen wie z.B. den verschiedenen Altenheimen ein „Endgültigkeitscharakter" an. Die negative Bedeutung von alt und Alteneinrichtungen drückt sich z.B. darin aus, daß man nicht müde wird, immer wieder neue Begriffe zu erfinden, die die Illusion aufrechterhalten, daß man dem „Negativen" des Altwerdens entkommen könne (z.B. „Senior" an Stelle von „alter Mensch"). Aufgrund meiner Erfahrung in der Beratung von Alteninstitutionen bin ich zu der Überzeugung gekommen, daß die Arbeit in diesen Institutionen, aus psychoanalytischem Blickwinkel betrachtet, durch eine unbewußte, allen dort Tätigen gemeinsame Phantasie geleitet wird, die den inneren Zusammenhalt nicht nur verstärkt, sondern ihn sogar gewährleistet: nämlich die Überzeugung, Tod und Sterben verhindern zu können: „Wenn ich mir nur alle erdenkliche Mühe gebe, kann ich erreichen, daß der alte Mensch, den ich betreue, nicht sterben muß"; übertragen auf die psychiatrische Arbeit könnte eine vergleichbare Phantasie heißen: „Wenn ich mir alle Mühe gebe, könnte ich erreichen, daß mein Patient noch einmal glücklich und zufrieden wird". Bei Kindern gibt es eine ähnliche Phantasie: „Wenn ich ganz artig bin, könnte ich bewirken, daß sich die Eltern wieder vertragen". Den Hintergrund bilden Allmachtsphantasien, die auch die Verleugnung stützen, daß es Tod und Sterben wirklich gibt.

Ich möchte dies an einem Beispiel zur praktischen Organisationsentwicklung mit mehreren Gruppen von Heimleitern verdeutlichen. Um Bedingungen der subjektiven Arbeitszufriedenheit besser einschätzen und verdeutlichen zu können, wurde die Aufgabe gestellt, den idealen Arbeitsplatz in einem Altenheim, also ein „Traumaltenheim" zu beschreiben. Es wurde von verschiedenen Arbeitsgruppen übereinstimmend ein kleines Altenheim vom Charakter einer Großfamilie beschrieben, (gemeinsam kochen, essen, lesen, Tiere versorgen etc.). Als Bewohner wurden jüngere Ältere, keine Hochaltrigen und nach Möglichkeit nicht verwirrte und psychisch veränderte Bewohner gewünscht. Die Heimleiter, die zunächst hervorgehoben haben, wie sehr sie ihre Arbeit lieben und als nicht belastend empfinden und über meine oben dargestellte Hypothese entrüstet waren, waren über das Ergebnis dieser Übung sehr betroffen; erst nach dieser Klärung unbewußter Zusammenhänge wurde es möglich, über die weitgehend verdrängten Probleme im Umgang mit der Unausweichlichkeit von Sterben und Tod sowie über die immensen psychischen Belastungen, die der Umgang mit chronisch Kranken für die Betreuenden bedeutet, zu sprechen.

In die psychoanalytische Auffassung von Institutionen geht die Vorstellung vom Funktionieren der menschlichen Seele ein (Kap. 2.1). Wie ein Mensch hat auch eine Institution immer eine Vergangenheit und eine Zukunft. In ihr wirken unbewußte Phantasien und Abwehrmaßnahmen gegen kollektive Ängste und Bedrohungen; den intrapsychischen Konflikten vergleichbar wirken Konflikte innerhalb der Organisation.

Psychoanalytisches Denken auf Gruppen angewandt besagt, daß Individuen und Gruppen soziale Systeme schaffen, um sich gegenseitig gegen Unsicherheit und Angst verteidigen zu können (Jaques, 1953). So könnte man z.B. verstehen, daß Altersinstitutionen geschaffen werden, um sich gegen das Gefühl von Bedrohung durch Vergänglichkeit schützen zu können. Symptome, an denen sich wie bei psychischen Störungen auch, Krankheiten ablesen lassen, sind in der Institution z.B. ein erhöhter Krankenstand der Mitarbeiter, scheinbar unlösbare Konflikte zwischen Mitarbeitergruppen, Abkapselungen von der Außenwelt, ein erhöhtes oder auch zu niedriges Selbstbewußtsein der Mitarbeiter.

Wie auch beim Menschen können wir zwei entgegengesetzte Entwicklungsrichtungen unterscheiden: a. die Tendenz, jeglichen Austausch zwischen Außen und Innen zu verhindern und sich damit in Richtung Immobilität, Verschlossenheit und Tod zu bewegen, ist jedem Organismus zu eigen. b. die Tendenz, einen Austausch zwischen Innen und Außen anzustreben und zu fördern, sich weiterzuentwickeln und sich auch von Überholtem zu trennen, um Neues beginnen zu können, kann sich auch als Wunsch nach Differenzierung und Spezialisierung bemerkbar machen.

Damit sich eine Organisation nicht zu einem „geschlossenen System" entwickelt und als „offenes System" lebendig bleibt, ist eine Mischung aus beiden Tendenzen notwendig. Die Institution muß bewahren können und gleichzeitig flexibel und offen sein für Neues und Veränderungen. Träger dieses ständigen Austausches und Innovationsprozesses sind die Mitarbeiter. Was das System zu einem lebendigen macht, sind die Aktivitäten, durch die es zur Aufnahme, zu Veränderungen und schließlich zu einem Ergebnis (output) kommt. An diesem Punkt wird jedoch die besondere Problematik der Organisation „Altenheim" deutlich: Sie ist in besonderer Weise gefährdet, als System zu erstarren, da ihr Ergebnis notgedrungen immer der Tod ist. Enthalten ist darin die aus der Praxis erwachsene Überzeugung, daß die Art der auftauchenden Organisationsprobleme in Altersinstitutionen vor allem etwas mit dem Charakteristikum des Arbeitsgegenstandes (throughput) zu tun hat: Es macht einen Unterschied, ob ich es mit schönen Dingen, Kindern oder mit alten, hinfälligen und sterbenden Menschen zu tun habe.

Trotz der aufgezeigten Schwierigkeiten erwartet man – vergleichbar der psychischen Gesundheit eines Menschen – von einer gesunden Organisation, daß sie in der Lage ist, sich an ihre spezifische Umwelt und die daraus erwachsenden Erfordernisse anzupassen und auch etwas für sie zu leisten.

Ein **Identitätsbewußtsein** trägt sowohl für Menschen wie für Institutionen zur psychischen Gesundheit bei. Verschiedene Organisationen, auch wenn sie dem gleichen Ziel verpflichtet und gleich organisiert sind, sind von ihrem Ansatz her sehr unterschiedlich, denn jedes Unternehmen baut sich nach Maßgabe seiner emotionalen Bedürfnisse informelle Strukturen auf, in denen sich das eigentliche Leben der Institutionen abspielt. So entwickeln Gruppen, Organisationen und Institutionen ihre besondere Individualität, die sich nicht übertragen läßt.

Es ist aber erst das **bewußte** Wissen um das, was „meine Station", „meine Institution" ausmacht, das die Mitarbeiter in die Lage versetzt, zu wissen, **wer** sie sind, wenn sie in der Organisation „X" arbeiten. Hierfür hat sich im Unternehmensbereich die Bezeichnung „Corporate Identity" gebildet. Die Identifikationsmöglichkeit mit den Zielen und der Arbeitsweise einer Institution, verstärkt durch ein historisches Bewußtsein, warum es zu dieser und keiner anderen Entwicklung der Organisation gekommen ist, bildet damit eine wichtige, der Arbeit förderliche Orientierung für die Mitarbeiter.

Zur Bildung der **Corporate Identity** gehört jedoch auch das Wissen um das, **was** zu tun ist: das Arbeitsziel, die Arbeitsweise, die Arbeitsaufteilung bzw. Abgrenzungen der Aufgabenbereiche.

Die **Zieldefinition** in der Altenarbeit ist jedoch besonders problematisch und wird deshalb immer wieder neu diskutiert: Solange es um die **medizinische Versorgung** geht, sind die Ziele relativ einfach zu definieren, wie etwa die Wiederherstellung der Gesundheit, d.h. Behebung oder Linderung von definierten Krankheiten, Behinderungen und Einschränkungen; ebenso sind Sozialleistungen wie z.B. die Beschaffung von Wohngeld und anderen finanziellen Erleichterungen klar umrissene Arbeitsaufgaben. Nicht zuletzt gehören Körperhygiene und Sauberkeit (die so gern an die erste Stelle der Arbeitsaufgaben gerückt werden) der Einrichtung zu den auf jeden Fall „machbaren" Dingen.

Schwieriger wird es, wenn der Schwerpunkt des beruflichen Handelns auf der **Betreuung** und **Versorgung** alter Menschen liegt. Fälschlicherweise wird angenommen, daß hierzu vergleichsweise weniger berufliches Sachwissen und Fähigkeit zur Abgrenzung notwendig ist. So geht es in der geschlossenen Altenhilfe entweder um Begriffe wie „Erhaltung von Lebensqualität", „menschliches Wohnen im Alter", etc. (Kap. 9). Oder in Beratungsstellen (z.B. für ältere Bürger) soll den Ratsuchenden zu mehr „Zufriedenheit" verholfen werden. Hier geht es um christliche, moralische und humanitäre Zielbegriffe, für die das Vor- und Leitbild einer guten Mütterlichkeit herangezogen wird. Häufig greift man dazu, das Arbeitsziel mit Hilfe von der Mode unterliegenden Schlagworten zu umreißen: „Aktivierende Betreuung", „menschenwürdiges Leben und Sterben" u.v.m. Dies soll nicht als Kritik von sog. Worthülsen verstanden werden, sondern vielmehr als notwendiger Hinweis darauf gelten, **wie schwer das Arbeitsanliegen zu fassen ist.** Oder aber die Arbeit folgt den Grundprinzipien einer christlichen Arbeitsethik, die wesentlich auf der Liebe zum Nächsten basiert.

Jenseits dieser rational begründbaren Ziele gibt es auf Seiten der Mitarbeiter auch unbewußte, persönliche Ziele, die sich in Anlehnung an die oben dargestellte Gruppenphantasie folgendermaßen darstellen könnten: „Wenn ein Mensch altert und dann stirbt, habe ich das Gefühl, ich habe ihn sterben lassen, d.h. ihn umgebracht, also etwas ganz Schlimmes getan. Das muß um jeden Preis verhindert werden, koste es was es wolle – und wenn ich dabei drauf gehe." (Kap 7.3).

Zusammenfassend definiert sich eine Organisation durch folgende Punkte:

ihr **Ziel**, dem sie sich verpflichtet und dem sie dienen will; ihre **innere Struktur**, durch die sich Aufgabenverteilung, Rollendifferenzierung und Hierarchie ergeben; ihre formale Ordnung, wie **Geschäftsordnungen, Satzungen, Konzepte** etc. die als Plan objektiv erfaßbar ist; ihre **Führung**: Sie hat mit den ihr zugewiesenen Kompetenzen und Weisungsbefugnissen Führungsaufgaben zu übernehmen und außerdem zu kontrollieren, ob die übertragenen Aufgaben erfüllt werden; ihren **Organisationsplan**, der die Zusammenarbeit der Personen so zu ordnen hat, daß die Organisationsziele erreicht werden können und der den Ablauf der Interaktion soweit als möglich konfliktfrei verlaufen läßt; die **Kommunikationsabläufe**, einschließlich der Struktur der Weisungsbefugnisse: In der Intensität und der Güte der Kommunikation innerhalb einer Organisation liegt ein wesentliches Kriterium der Qualität ihres Funktionierens.

7.2 Konzepterstellung und Organisationsentwicklung

Die Arbeitsweise einer Organisation und Institution wird in einem **Konzept** niedergelegt. Unter Konzept verstehe ich eine Beschreibung der Ziele, Besonderheiten, Arbeitsweisen und Organisationsstrukturen einer Institution in einer schriftlichen Form. Es unterstützt die Bildung eines Gemeinschaftsgefühls im Sinne einer Corporate Identity der Organisation.

Wird eine Institution neu geschaffen, so gibt es – wenn überhaupt – ein sehr allgemein und theoretisch gefaßtes Konzept. Diejenigen, die zu Beginn planen, sind in der Regel nicht diejenigen, die später „an der Front" arbeiten. Entworfen wird die Organisationsplanung- und -struktur meist von denen, die die Autorität dazu in Anspruch nehmen. Die spätere Arbeitsrealität entspricht meist nicht den am Anfang entworfenen Vorstellungen.

Die meisten Einrichtungen für alte Menschen verfügen weder über ein schriftlich ausgearbeitetes Konzept noch über Tätigkeitsbeschreibungen und entsprechende Arbeitsplatzanforderungen und -beschreibungen. Ein statisch vorliegendes Konzept nützt dann nicht viel, wenn es von übergeordneten Funktionären entworfen wurde und von den

Mitarbeitern nur als „irgendwo in der Schublade liegend" gekannt wird. Um ein lebendiges Konzept zu schaffen, ist es notwendig, dieses mit den beteiligten Mitarbeitern gemeinsam zu erstellen und ihnen dabei zu ermöglichen, eigene Vorstellungen über ihre Arbeit mit einzubringen. Im Idealfall sollten zumindest einige Mitarbeiter vor der Arbeitsaufnahme einer Institution eingestellt und mit der Erarbeitung des Konzeptes für ihre Arbeit beauftragt werden. Häufig bilden gerade diese Mitarbeiter später die „Säulen", indem sie über lange Zeit kontinuierlich in der Einrichtung arbeiten. (Häufig sind dies besonders nicht-ärztliche Mitarbeiter aus dem therapeutisch arbeitenden Team). Sonst treffen wir in medizinischen Einrichtungen für ältere Menschen meist eine hohe Mitarbeiterfluktuation (besonders bei den jüngeren Ärzten und dem Pflegepersonal). Daraus ergibt sich die Notwendigkeit, das vorhandene Konzept immer wieder neu zu überdenken und zu überarbeiten. Dies kann etwa im Rahmen einer in bestimmten zeitlichen Abständen (z.B. jährlich) wiederkehrenden Evaluationsarbeit (z.B. Erstellung eines Jahresberichtes) geschehen. Diese Arbeit ist dem Bereich der „Organisationsentwicklung" zuzuordnen.

Immer wieder bin ich auf eine große Unlust über die Aufgabe einer Konzepterstellung gestoßen: „Wozu sich die viele Arbeit machen? Das landet doch in der Schublade! Wir wissen doch sowieso alle, was wir zu tun haben!" Unbewußt handelt es sich meist um die Abneigung, die zur Routine gewordene tägliche Arbeit betrachtend zu reflektieren. Dahinter stehen häufig unbewußte, meist unrealistische Insuffizienzgefühle in bezug auf die eigene helfende Arbeit, die verleugnet und nicht betrachtet werden sollen.

Andererseits ermöglicht die Erstellung eines Konzeptes allen Mitarbeitern, die eigene Tätigkeit zu reflektieren und sich bei klar definierter Arbeitsteilung von unausgesprochenen Forderungen an sich selbst zu entlasten. Das kann auch bedeuten, über erreichte und nicht erreichte Ziele sowie auch über Sinn und Unsinn von zur Routine gewordenen Handlungsabläufen nachzudenken. So ergeben sich beispielsweise durch neue Mitarbeiter neue Arbeitsaufteilungen aufgrund neu verteilter Kompetenzen.

Die **Festlegung** durch die in einem Konzept getroffenen Aussagen erleichtert die Kommunikation der Mitarbeiter untereinander. Es ermöglicht allen dort Tätigen eine Begründung ihrer Arbeitsweise sowie die Darstellung und Beschreibung der Arbeit nach außen. Sie wird transparenter und damit verringert sich der Spielraum für das Wirken unbewußter und damit unreflektierter Gefühle.

Es vermittelt deshalb Sicherheit für die Arbeit, das Haus,

die Mitarbeiter und indirekt auch für die Patienten oder Bewohner. So bietet sich die Chance, das Bedürfnis nach emotionaler Nähe durch die Gemeinsamkeit einer leitenden Idee herzustellen. Die Erarbeitung des Konzeptes im Team stärkt das Empfinden einer gemeinsamen Sache und die Möglichkeit der Identifikation mit der Organisation (corporate identity).

In dem Moment, wo **Ziele** und **Struktur** einer Organisation benennbar und beschreibbar sind, wird der Einstieg für neue Mitarbeiter erleichtert. Das führt dazu, daß diese sich weniger ausgeschlossen fühlen müssen. Statt der passiven Erwartung, „wie wir es machen sollen", besteht das Angebot zur aktiven Überlegung und Festlegung, „wie wir es machen **wollen**". Es fördert also selbstbestimmtes Arbeiten und motiviert zur Eigeninitiative.

Mit der Anregung, das eigene **Handeln zu reflektieren**, ist eine wichtige Lernaufgabe für therapeutisches Handeln verbunden. Der Umgang mit dem gebrechlichen alten Menschen zwingt häufig zu unmittelbarem, direktem Handeln. Die Helfer sind es gewohnt, und es ist in dieser Arbeit auch meist erforderlich, dem unmittelbaren Aufforderungscharakter einer Situation zu folgen. Dieser Aufforderungscharakter ist jedoch manchmal so stark, daß er leicht zu unüberlegtem „Mitagieren" mitreißt (als Wirkung von Übertragungsreaktionen). Auf der Ebene reflektierter Interaktion ist es jedoch notwendig, einen Moment zwischen der Äußerung des alten Menschen und der darauf folgenden Handlung durch den Helfer innezuhalten: Schlägt der Patient/Bewohner um sich und ich schelte ihn sofort dafür, kann ich nicht mehr darüber nachdenken, welche Bedeutung seine Schläge haben. Das Trainieren des reflektierenden Innehaltens ist deshalb für die Arbeit insgesamt förderlich.

Mit der Festlegung der Arbeitsziele und -weise einer Institution, Station oder Einrichtung in einem Konzept werden zusammenfassend verschiedene Ziele verfolgt:

- Die **Außendarstellung** (z.B. eingefordert von der Leitung als Grundlage zur finanziellen Unterstützung, wissenschaftliche Darstellung einer bestimmten Arbeitsweise und Behandlungsform, z.B. auf einem wissenschaftlichen Kongreß wie auch zur Information von zukünftigen Bewohnern und Mitarbeitern).
- **Innendarstellung**: Anregung zur Reflektion des eigenen Tuns, der Identifikation mit der Einrichtung, etc.
- **Kooperationsförderung**: Festlegung der Arbeitsweise, der Arbeitsaufteilung, der verbindenden Arbeitsziele.
- Abgrenzung der einzelnen **Arbeitsanforderungsprofile**
- **Reflektion** des eigenen **Handelns**.

Die Abb. 7.1 zeigt einige Gliederungspunkte, nach denen bei der Erstellung eines Konzeptes für ein Haus / eine Organisation vorgegangen werden kann.

1. Leitgedanke für die Gründung der Einrichtung
2. Zielgruppe
3. Der Rahmen und die räumliche Aufteilung
4. Die personelle Ausstattung
   Qualifikation (Altenpfleger, Krankenschwester, Krankenschwesternhelferinnen, Praktikanten usw.)
   Stellen- /Aufgaben- /Tätigkeitsbeschreibungen
   Krankenstand
   Fluktuation
5. Organisationsstruktur (evtl. auch Zeitplan)
5.1 Aufnahme bzw. Übersiedlung von Bewohnern
5.2 Konferenzen
5.2 Wochenstundenplan der Konferenzen / Besprechungen / Übergaben
   Inhalt und spezielles Ziel der jeweiligen Besprechung
5.3 Wochen- und Tagesstruktur der einzelnen Stationen
   a. für Mitarbeiter
   b. für Bewohner
5.4 Bewohnerzentrierte Aktivitäten außerhalb des Stationsalltages
6. Dokumentation
   Was soll wie und warum dokumentiert werden?
7. Jährliche Evaluation

Abb. 7.1. Konzept: Altenheim.

Im folgenden werden ergänzende Gesichtspunkte zur möglichen Strukturierung des Arbeitsfeldes mitgeteilt:

1. **Leitgedanke** für die Gründung der Institution, des Hauses, der Station: Wer hat welche Idee zur Gründung gehabt? In welchen institutionellen Rahmen fällt die Einrichtung? Wie unterscheidet sich die Einrichtung von anderen vorhandenen Einrichtungen, welchen ist sie ähnlich?

2. **Zielgruppe** bzw. Zusammensetzung der Bewohner und Patiententypen: Welche spezielle Gruppe soll von dieser Einrichtung profitieren?

3. Die **räumliche Aufteilung** (Lage im Stadtteil, Anbindung an öffentl. Verkehrsmittel, Beschreibung des Hauses, des Grundrisses: Warum wurde was wie räumlich eingerichtet, was ist gewünscht, was hat sich bewährt, was ist aus welchem Grund unpraktisch?

4. Die **personelle Ausstattung**: Anzahl, Qualifikation einschließlich der Zusatzqualifikationen, vorgesehene Arbeitszeit, spezifische Begabungen und Vorlieben von Mitarbeitern.

Stellenanforderungsprofil: Der Arbeitgeber stellt zusammen, welche Aufgaben und Arbeiten von dieser Person an dem zu beschreibenden Arbeitsplatz zu leisten sind (Qualifikation). Es ermöglicht neuen Mitarbeitern einen raschen Einblick in den zukünftigen Aufgabenbereich.

Tätigkeitsbeschreibungen: Der Betroffene stellt seine Arbeit in all ihren Teilaspekten zusammen, u.U. wieviel Zeit er für welche Aufgaben durchschnittlich pro Woche benötigt.

Probleme von Konstanz und **Fluktuation:** Welcher Mitarbeiter ist wie lange da? Gibt es Bereiche, in denen eine hohe Fluktuation herrscht? Gibt es Annahmen, warum? Wie läßt sich dem konzeptionell und vom Anforderungsprofil her begegnen?

5. Die **Organisationsstruktur:**

5.1 **Organisation für die Patienten/Bewohner:**

5.1.1 **Indikation und Kontraindikation** für die Behandlung / Betreuung in dieser Einrichtung

5.1.2 **Aufnahme-** und **Entlassungs**modus: Wer weist wie ein / entläßt? Was geschieht alles bei der Aufnahme / Entlassung? Situation danach dem Tod?

5.1.3 **Tagesplan:** Aktivitäten für Patienten / Bewohner: Tagesrhythmus, Schlafgewohnheiten, Essensgewohnheiten etc.

5.1.4 Beschreibung der verschiedenen patientenbezogenen **Aktivitäten** (z.B. Gruppengespräch: Wann? Wieviel Teilnehmer? offen – geschlossen? Konzept (Gesprächstherapie, psychoanalytisch orientiert etc.)? Wer leitet die Gruppe? Welche Themen werden behandelt? Welche Ziele werden verfolgt? Welche Erfahrungen liegen vor?

Gymnastik, BT, Kochgruppe, Angehörigengruppe, etc.

5.1.5 Ein typischer Behandlungs- / Betreuungs**verlauf** eines Patienten / Bewohners

5.1.6 Patienten**statistik** über 1 Jahr: Wieviel Patienten /Bewohner mit welcher Diagnose, welchen Alters / Geschlechts sind aufgenommen, behandelt, entlassen worden/ gestorben?

5.2 **Organisationsstruktur für die Mitarbeiter:**

5.2.1 **Zeiteinteilung:**

a. Mitarbeiter: Arbeits- und Schichtzeiten, An- und Abwesenheit; Pausen; Zeit für: Administration, Patienten, Institution?

b. Institutionsorientierter Plan (Konferenzen, institutionalisierte Termine, Küchenzeiten)

5.2.2 **Team- und Konferenzplan** Übergaben, Therapieplanbesprechungen, Konferenzen im /außerhalb des Hauses, Oberarzt, Kurven-Visiten, Leitungsbesprechungen etc.; Inhalt und Ziel der jeweiligen Besprechungen.

5.2.3 **Zusammenarbeit mit anderen Institutionen:** Organigramm, mit welchen anderen Institutionen die eigene Einrichtung im Austausch steht.

6. **Dokumentation:** Aufnahmebericht, Anamnese /Biographie, Diagnostik: medizinisch, psychologisch, sozial; Thera-

pieplanung und Verlaufsdokumentation, Abschlußberichte; Korrespondenz. Was soll wie und mit welchem Ziel dokumentiert werden?

7. Evtl.: Jahresberichte.

Nur diejenige Organisation wird lebendig und flexibel bleiben und in die Zukunft schauen, die bereit ist, sich als lernende Institution zu verstehen. Während es inzwischen schon verbreiteter ist, bei Arbeits- und Teamproblemen Hilfe in Form von Supervision zu suchen, ist dies für die Probleme der Organisation bislang weniger bekannt. Jede Supervisionsarbeit kann nur dann im vollen Umfang Wirkung zeigen, wenn sie in die Arbeit an der gesamten Organisation mündet: Aufgaben und Kompetenzverteilung wollen neu überdacht werden, Arbeitsformen revidiert, neue Mitarbeiter mit ihren Begabungsschwerpunkten integriert werden etc. Vor jeder Beratung muß das **konstitutiv Besondere** einer jeden Organisation gefunden werden. Über das, was Wahrheit ist, entscheidet nicht der betrachtende Berater einer Organisation, sondern als Wahrheit wird nur akzeptiert, worin sich die jeweilige Individualität der Organisation selbst wiederfinden kann.

Organisationsberatung heißt, sich gemeinsam im Führungsteam auf einen Selbsterfahrungsprozeß einzulassen. Die Ängste vor einem solchen Veränderungsprozeß sind groß, besonders in Institutionen zur Betreuung alter Menschen, da sich die Mitarbeiter z.T. mit dem Bedürfnis ihrer Schützlinge, Neues abzulehnen und am Vertrauten und Bewährten festzuhalten, identifizieren, um einen reibungslosen Arbeitsablauf garantiert zu sehen. Häufig wird diese Einstellung zu negativ beurteilt: Denn hätten sie dieses Bedürfnis nicht, so könnten sie den zu Betreuenden nicht den erforderlichen, Kontinuität garantierenden Schutzraum bieten.

Auch Widerstände des Betriebsrates gegen Supervision und Organisationsberatung sind verbreitet: Hier wird der Angst Ausdruck gegeben, daß durch eine derartige Beschäftigung mit den Mitarbeitern eine „Pseudo-Arbeitszufriedenheit" hergestellt wird, die gewerkschaftlich zu erkämpfende Arbeitsverbesserungen hintertreiben könnte. So geschah es mir einmal, daß der Betriebsrat an einer Probesupervisionssitzung teilnehmen wollte, um zu prüfen, ob dort nichts seinen Zielen Zuwiderlaufendes geschieht.

Als grobe Richtschnur für eine mögliche Organisationsberatung nenne ich die folgenden Punkte:

1. Historischer **Rückblick**: Ein erster Schritt ist das Überdenken, wie die Institution zu dem geworden ist, was sie heute ist: Vergleichbar der Biographie eines alten Menschen,

7.3 Organisationsberatung

die einen Zugang zum Verständnis seines aktuellen Erlebens und Verhaltens eröffnet, ist ein historischer Rückblick über den Werdegang einer Einrichtung unerläßlich, um ihr aktuelles Funktionieren besser verstehen zu können.

2. **Zieldefinition** aus der jetzigen Perspektive: Es müssen die Ziele umrissen werden, denen die Zusammenarbeit der verschiedenen Gruppen dienen soll.

3. **Problemanalyse** des Jetzt-Zustandes: Welche Probleme tauchen jetzt auf und wie lassen sie sich beschreiben? Wie verhalten sie sich zu den neu definierten Zielen?

4. Welche **Lösungsvorstellungen** bestehen auf den verschiedenen hierarchischen Arbeitsebenen?

5. Rollen- und **Arbeitsumverteilungen**: Gegenwärtige und zukünftige Arbeitsplatzanforderungen, Arbeitsteilungen und Kompetenzverteilungen müssen neu definiert werden.

6. **Kooperation**: Wie können für die angestrebten Arbeitsziele Informationsaustausch und Kooperationsformen zwischen kleineren und größeren, zwischen unteren und oberen Gruppierungen neu organisiert werden?

Jedes Organisationsproblem hat sachliche **und** emotionale Ursachen; häufig wird die sachliche Ebene benutzt, um emotionale Fakten zu verschleiern. Eine Entdeckungsfahrt in die informelle, emotionale und deshalb oft tabuisierte zweite Welt der Organisation ruft meist Angst und demzufolge Widerstände hervor.

Bedrohungsgefühle in Zeiten der Veränderung können in Form von „Sand im Getriebe", „es klappt eben alles nichtmehr so wie früher ..." wahrgenommen werden und schaffen erst dann den notwendigen Leidensdruck, um Beratung von außen entgegenzunehmen. Meist wird dagegengehalten, daß ein solcher „Berater" ja eigentlich nichts von der Sache verstehe, oder fälschlicherweise meine, vom „grünen Tisch aus" alles besser zu wissen. Häufig wird verkannt, daß ein unverbauter, oft naiver und fragender Standpunkt erhellen kann, was die Betriebsblindheit verdunkelt.

Neben einer Revision der rationalen Organisationsstruktur ist dem Organisationsklima Rechnung zu tragen: es beschreibt die **subjektive** Wahrnehmung der Arbeitsumgebung durch die Mitglieder der Organisation selbst.

Aufgrund meiner Praxiserfahrung weise ich auf folgende typische und sehr verbreitete Schwachpunkte von Altenorganisationen hin:

1. Vermeidung der Festlegung eines Arbeitszieles z.B. in Form eines Therapieplanes oder einer Pflegeplanung.

Das Mitarbeiterteam einer Ergotherapieabteilung in einem Haus für 160 Bewohner fühlt sich massiv überfordert: „Wir arbeiten nicht genug, die Bewohner kommen nicht zu ihrem Recht!" Es wurde an Hand der Bewohnerliste eine Übersicht erarbeitet, welche Bewohner potentiell in die Ergotherapie kommen könnten. Diese Bewohner wurden einzeln durchgesprochen hinsichtlich ihrer Störung, ihrer Kompetenzen, ihres Kontaktverhaltens und sozialen Umfeldes (z.B. noch Telefonkontakt, regelmäßig Besuch, oder ganz allein auf sich gestellt).

Die Einschätzung der einzelnen Persönlichkeiten hinsichtlich Distanz- oder Nähebedürfnis ergab, daß einige Bewohner mit großem Distanzbedürfnis besser in einer Gruppe aufgehoben sind, die gemeinsames Tun (z.B. Singen) ermöglicht, ohne direkt miteinander in Kontakt treten zu müssen; Bewohner mit hohem Kontaktbedürfnis sind dagegen eher in einer Gesprächs- oder Malgruppe gut aufgehoben, in der es Möglichkeiten zu direktem Austausch gibt. Ein für jeden Bewohner formuliertes Ziel ergab, daß es mit dieser Besetzung in der Ergotherapie durchaus möglich war, das gesamte Haus zu versorgen: Eine individuelle Therapie- bzw. Pflegeplanung ermöglicht ein gezielteres Ausschöpfen der vorhandenen Kapazitäten.

2. Vermeidung der Kompetenz- und Zuständigkeitsabgrenzung: Die mangelnde Bereitschaft, für etwas Verantwortung zu übernehmen, bedeutet die Unfähigkeit, Schuldgefühle für „falsche" Ergebnisse aushalten zu können. Die Organisation muß so gestaltet sein, daß ein Mitarbeiter mit dem Gefühl nach Hause gehen kann: Ich habe meine Arbeit bestmöglich getan.

3. Die Mitarbeiter wissen meist viel mehr über Bewohner oder Patienten, als sie glauben: Sie benötigen jedoch Konzepte und Zielvorstellungen, die sie leiten, wie das Wissen zusammenzutragen und so zu strukturieren ist, daß es in der Arbeit verwertet werden kann.

4. Die Passivität der Bewohner macht sich leicht unter den Mitarbeitern breit: Es erscheint manchmal nicht leistbar, sich aus einem Pausengespräch zu lösen und die Initiative zu ergreifen, um Bewohnerprobleme zu besprechen. Es hat sich bewährt, daß z.B. im wöchentlichen Turnus ein Mitarbeiter im Team benannt wird, der die Aufgabe hat, an das gemeinsame Vorhaben zu erinnern.

5. Therapie- bzw. Pflegeplanbesprechungen sind unerläßlich, um Arbeitszufriedenheit empfinden zu können. Auch hier besteht die wesentliche Arbeit darin, die „Fülle der Wahrnehmungen" zu strukturieren: z.B. sich zu trauen, schriftlich festzuhalten: Wir haben alle das Gefühl, es bewegt sich nichts bei Frau A., wir sind ratlos, wie es weitergehen kann". Erst die Erfahrung mit einem derartigen Vorgehen zeigt dann, daß die Tatsache, sich auf einen so

„unproduktiven" Gedanken einzulassen, erst dazu führen kann, daß neue Ideen auftauchen.

7.4 Führungsprobleme

In der **Psychologie** versteht man unter **Führung** eine unmittelbare, absichtliche und zielbezogene Einflußnahme von Personen auf andere. **Auswahl** und **Ausbildung** der führenden Mitarbeiter sind die entscheidenden Bereiche.

Als **Führungsstil** wird ein einheitliches, durch die spezifische Ausprägung einer Reihe von Einzelmerkmalen beschreibbares Führungsverhalten verstanden. Lewin, Lippitt und White (1939) unterschieden die heute noch zitierten autoritären, demokratischen und Laissez-Faire-Führungsstile. Bei einem demokratischen Führungsstil hat die Gruppe die Möglichkeit, das Was und Wie der Tätigkeit innerhalb eines bestimmten Rahmens selbst zu bestimmen. Bei autoritärem Führungsstil wird Ziel und Weg der Aufgabenerfüllung allein vom Führer festgelegt und die Ausführung fortwährend von ihm kontrolliert. Bei dem Laissez-Faire-Stil benennt der Führer lediglich die Aufgaben und läßt die Gruppe gewähren.

In sozialen Institutionen ist ein demokratischer Führungsstil gefragt, der den verschiedenen Mitarbeitern möglichst viel Kompetenz zuerkennt und ihnen einen weitgehenden Spielraum der Ausgestaltung ihrer Arbeitsaufgabe überläßt. Dies darf jedoch nicht mit einer Zurückweisung von Verantwortung verbunden sein („Das weiß ich doch nicht, das müssen Sie selbst wissen" vielmehr: „Was fällt Ihnen dazu ein? Wie würden Sie diese Frage beantworten?").

Erfahrungen aus der Organisationsentwicklung von Institutionen der Altenhilfe deuten darauf hin, daß Probleme innerhalb sozialer Institutionen häufig an der unzureichenden Ausfüllung bzw. Ausübung der Führungsrolle festzumachen sind.

Die meisten Stations- und Heimleitungen kommen selbst aufgrund der eigenen beruflichen Sozialisation aus der Pflege. Sie sind abhängiges Handeln gewohnt und geraten in emotionale Schwierigkeiten, wenn sie sich mit der Einsamkeit der Führungsrolle konfrontiert sehen: Trägerschaft nach oben und Mitarbeiterschaft nach unten werden potentiell zu Rivalen oder gar Feinden; Rückzug in einsame Entscheidungen oder beflissenes Miteinanderreden können die Folge sein, die zu Störungen im Gesamtablauf führen können.

Die Formulierung der Ziele einer Organisation sollte die Ziele der Führung ebenfalls offen dar- und festlegen. Einerseits wird Offenheit gegenüber den Problemen der Basis und gegenüber Neuerungen der Struktur erwartet, andererseits die Bereitschaft, das Bestehende auch gegen ungerechtfertigte Angriffe zu verteidigen. Jeder in einer Führungsrolle muß mit Angriffen rechnen, und zwar desto mehr, je mehr er in der Lage ist, seine Aufgaben autonom in beschriebener Weise auszufüllen. Das fordert von der Person, mit Anfeindungen umgehen zu können, ohne feindselig zu reagieren und ohne sich die eigene Kreativität für die Arbeit wegnehmen zu lassen. Die Inanspruchnahme von professioneller Beratung wird häufig als Beweis der Schwäche mißverstanden; vielmehr deutet dies darauf hin, die eigene Tätigkeit kritisch reflektieren zu wollen und damit die Fähigkeit zu besitzen, sich in Frage stellen zu lassen.

Auch nach oben ist eine ähnliche Autonomie erforderlich: Das Einfordern klarer Handlungsgrundsätze ist erlaubt, unklare und sich widersprechende Anweisungen durch die Trägerebene sind zu kritisieren.

Mit dem Aufsteigen im Grad der Professionalisierung wie in der Hierarchie der Organisation wird es notwendig, bestimmte Verhaltensweisen zu verändern. Frauen, die in Führungspositionen aufsteigen, haben häufig spezifische Probleme. Für viele von ihnen ist es schwierig, Weisungen zu erteilen oder zu delegieren, d.h. sich von dem unmittelbaren Aufforderungscharakter der Arbeitserledigung zu trennen und in übergeordneteren Strukturen zu denken. Häufig kollidiert das Bedürfnis nach emotionaler Nähe mit der Distanz durch die Rollenausfüllung.

Frauen in Führungspositionen sind eher bereit, sich Sachzwängen zu fügen und in der Arbeitserfüllung das hauptsächliche Ziel zu sehen, dagegen weniger bereit, sich um Veränderung der Bedingungen und um geringere Belastungen zu bemühen.

Der Transfer von abstrakten Vortrags-, Seminar- und Lernsituationen fällt vielen Mitarbeitern sehr schwer. So sind die Mitarbeiter einer Station z.B. von einem Seminar über Tagesstrukturierungsmaßnahmen sehr begeistert und mit den inhaltlichen Zielen voll einverstanden. Die Leitung ist jedoch enttäuscht, daß die Übertragung in die eigene Arbeitssituation nicht geleistet werden kann. Dies bewirkt Ärger, Enttäuschung und Frust und wird als „der/die will nicht!" interpretiert. Ein anderer Zugang eröffnet sich, wenn man überlegt, daß die Begabung eines Mitarbeiters in der Altenhilfe die unmittelbar situationsabhängige Reaktions- und Aktionsbereitschaft ist (z.B. sich direkt auf die Bedürfnisse des alten Menschen einzustellen, der gerade hingefallen ist). Diese Begabung ist jedoch schwer vereinbar mit der Fähigkeit, in abstrakten, übergreifenden und transformierbaren Denkzusammenhängen zu denken. Man kann es sich am Beispiel eines Kindes verdeutlichen, das ein Puzzle zusammenfügen möchte. Rückt man ihm hilfegebend ab und zu ein in Frage kommenden Teilstückchen etwas näher, ist vorstellbar, was eine fördernde Leitung bedeuten kann. Die hilfreiche Leitung könnte hier z.B. sagen: „Bitte überlegen Sie sich, wie Sie das Problem der Tagesstrukturierung in Ihrem Haus auf den verschiedenen Stationen, den Wohngruppen lösen möchten und entwerfen Sie verschiedene Vorschläge dazu". Diese sind dann in einem größeren Kreis von Kollegen zu diskutieren: Für die Zuhörer bedeutet dies eine Anregung, für die Betroffenen eine Korrektur.

7.5 Die Mitarbeiter

Die Arbeit mit alten Menschen ist schwierig und belastend. Der von Wille (1873) zitierte Satz, daß keine psychische Krankheit soviel Aufopferung und Geduld erfordere wie der „Altersblödsinn", hat noch heute die gleiche Gültigkeit. Die Frage nach der Motivation, den Möglichkeiten zur Motivierung und den Grenzen der Belastbarkeit in der Psychotherapie und bei der Betreuungsarbeit von älteren Menschen ist deshalb von zentraler Wichtigkeit. Fragen wir zunächst danach, welche Probleme diese speziellen Aufgaben mit sich bringen.

Besonderheiten der zu behandelnden und betreuenden alten Menschen im Umgang mit ihren Helfern

1. Alte Menschen sind als Hilfsbedürftige **nicht attraktiv**. Aus der Psychotherapieforschung wissen wir, daß Psychotherapeuten junge Patienten bevorzugen und ältere Menschen von sich aus seltener, trotz entsprechender Probleme, um therapeutische Hilfe nachsuchen. Ältere Menschen repräsentieren das Gegenteil desjenigen Typus, der nach den Ergebnissen der Psychotherapieforschung die besten Aussichten auf eine erfolgreiche Behandlung hat.

Das negative gesellschaftliche Stereotyp des alten Menschen färbt auf das Ansehen der mit ihnen Befaßten ab. So bestand sogar in psychiatrischen Krankenhäusern die Gepflogenheit, schwierige, unmotivierte, z.T. alkoholabhängige Mitarbeiter auf die „chronischen" Altersstationen zu verbannen. Ähnlich wie unter den Ärzten der Psychiater innerhalb des Kollegenkreises ein relativ geringes Ansehen hat, gilt dies für denjenigen, der mit alten Menschen arbeitet, und zwar desto mehr, je konkreter und praktischer seine Arbeit ist. Mit zunehmender Praxisferne, z.B. durch planerische Aufgaben, steigt das Ansehen wieder an.

2. Die Arbeit mit alten Menschen ist **belastend** und deprimierend. Dies wird jedoch meist verleugnet. Alte Menschen äußern sich häufig nicht nur resigniert und apathisch, sondern sie zeigen gehäuft depressive Symptome, aggressive Angriffe, ungerechtfertigte Beschimpfungen und vieles mehr (Kap. 6), die als Abwehr von Gefühlen der Hilflosigkeit und

Ohnmacht zu verstehen sind. Eine zeitlich begrenzte Zukunft und die damit verringerten Möglichkeiten zur Projektion von Wünschen bzw. Illusionen in die Zukunft verstärken diese Bedrohungen zusätzlich. Außerdem kann ein hirnorganisch bedingtes Nachlassen der Kontrollfunktionen den Ausbruch von Gefühlen begünstigen. In meiner Praxiserfahrung spielte die Angst vor dem realen Tod eine geringe Rolle; viel bedeutsamer traten immer wieder die subjektiven schlimmsten Vorstellungen und Ängste, die aus früher Kindheit herrühren können und jetzt reaktiviert werden, in den Vordergrund. Demzufolge bewirken alte Menschen beim Helfenden oft vergleichbare Gegenübertragungsgefühle wie etwa das der Sinnlosigkeit: Sie versuchen dabei, ihre eigene Resignation im Helfenden unterzubringen. Für die Betreuer ergibt sich daraus, daß sie in besonderer Weise depressiven Angriffen und dem Neid durch die alten Menschen ausgesetzt sind. Zur Ausübung dieses Berufes müßten sie in besonderer Weise in der Lage sein, mit ihrer eigenen depressiven Seite umzugehen, um nicht der Gefahr zu unterliegen, diese ihnen übergestülpten Gefühle der Ohnmacht als individuelles Problem zu betrachten.

Ich habe jedoch den Eindruck gewonnen, daß der Grund, warum viele Menschen sich diese Arbeit wählen, in einer eigenen Problematik, mit Gefühlen der **Ohnmacht** und **Hilflosigkeit** umzugehen, liegt. Mit den depressiven Gefühlen der alten Menschen korrespondiert im Helfenden die unbewußte Absicht, eigene depressive Gefühle abzuwehren. Dies birgt die Gefahr, Depression und Angst im Sinne einer passivierenden Betreuung oder aber einer Hyperaktivität zu verleugnen. Dies ist der Blickwinkel, aus dem ich eine Ideologie der generellen Veränderbarkeit von Altersphänomenen für gefährlich halte. Sie würden nur noch mehr zu einer subjektiven Überforderung der Helfenden oder aber zur Schaffung eines feindseligen Klimas im Team und schließlich zum burn-out beitragen.

3. Die Verringerung des Ausdrucksverhaltens trägt zur **Entindividualisierung** des Phänotypus alter Menschen bei. Das spontane mimische und gestische Ausdrucksverhalten nimmt mit zunehmendem Alter ab (verminderte Vitalität, geringerer Aktionsradius, verminderte sprachliche Spontanäußerungen, weniger Aktivität, weniger Bereitschaft, etwas zu ändern etc.). Indem die älteren Menschen aufgrund des reduzierten Ausdrucks zunehmend weniger Hinweisreize zeigen, bewirken sie, daß ihnen im betreuerischen Alltag weniger Aufmerksamkeit gewidmet wird. Dies wird dadurch verstärkt, daß alte Menschen mit grauen oder weißen Haaren, einem faltigen Gesicht und starrer, gebeugter Haltung

einander sehr viel ähnlicher sehen als jüngere Patienten. Diese Gleichförmigkeit verringert die Neugier für Besonderes und Individuelles, sie wirkt dem Interesse an der persönlichen Vorgeschichte und damit einem biographisch-historischen Verstehen entgegen. Die Gleichförmigkeit weckt keine Neugier, kein Interesse, sondern eher Gleichgültigkeit. Andererseits erschwert die geringe Unterscheidbarkeit der Individuen die Arbeit, weil die Reduktion auf Verhaltensbeobachtung, Mimik und Gestik bei verringerter sprachlicher Austauschmöglichkeit den Projektionen der Helfer den Weg bahnt. Dies ist nicht kritisierend gemeint, denn der Helfende ist geradezu auf die unbewußten Maßstäbe für hilfreiches Handeln **in sich selbst** angewiesen. Damit wird jedoch gleichzeitig ein rationales Erklären und Begründen des betreuenden Handelns gegenüber dem Kollegen erschwert und öffnet sich das Feld für unlösbare Konflikte: „Ich mache es richtig und Du machst es falsch", und andersherum ist eine häufige Anschuldigung. Jeder von ihnen erhebt sie zu Recht, denn beide handeln aufgrund ihrer inneren, aber verschiedenen, also nicht vergleichbaren Maßstäbe.

Die beschriebene Ausdrucksreduktion verstärkt beim Helfenden das Bedürfnis nach einer handelnden und auf schnelle Wirkung eingestellten Haltung anstelle von innehaltender Reflexion, Verstehen und sprachlicher Kommunikation.

4. Das Problem der **Einfühlung**. Für jede Psychotherapie ist das einfühlende Verstehen eine unabdingbare Voraussetzung. Nach meiner Überzeugung sind jedoch gerade Altersbeschwerden, insbesondere wie sie sich in ihrer kumulativen Wirkung im Erleben eines alten Menschen darstellen, für die überwiegend jüngeren Betreuer nicht einfühlbar. Dieses vielfältige Nicht-Funktionieren oder derart verschiedene Beschwerden (z.B. Veränderungen der Sinnesleistungen, vermehrte Schmerzen, Vitalitätsverlust) erscheinen desto weniger einfühlbar, je weniger der Behinderung nach außen hin sichtbar wird und je jünger und ohne entsprechende Erfahrungen die Betreuer sind. Die Uneinfühlbarkeit verhindert, sich mit dem zu Pflegenden identifizieren zu können und begründet das Ihn-nicht-verstehen-können. Ausdrucksreduktion **und** Uneinfühlbarkeit verstärken somit die Projektion eigener Gefühle in den zu Betreuenden; was u.U. zu der Fehleinschätzung führt: „der simuliert doch nur", oder „der will doch nur nicht".

5. Die Gefahr bei der Arbeit mit alten Menschen liegt in der Kollusion von geheimen Größenphantasien und dem daraus resultierenden **überhöhten Anspruch** an den Erfolg der eigenen Arbeit. Schmidtbauer (1977) beschreibt unter

dem Titel „Die hilflosen Helfer" spezifische eigene Probleme der zu helfenden Berufen Prädisponierten: Das sogen. „Helfer-Syndrom". Die von ihm zusammengefaßten Merkmale treffen unserer Ansicht nach für diejenigen, die mit alten Menschen arbeiten, in besonderer Weise zu. Unter dem **„Helfer-Syndrom"** wird eine Verbindung charakteristischer Persönlichkeitsmerkmale verstanden. Die häufigste seelische Problematik beim „Helfer-Syndrom" ist die eigene Depression, bzw. der Versuch, depressive Gefühle, z.B. mit übertrieben „gut gelauntem" Verhalten oder übermäßiger Geschäftigkeit abzuwehren. Genauer gesagt geht es um die Schwierigkeit, Hilflosigkeit zu empfinden und selbst Hilfe zu akzeptieren. Es gehört zur Abwehrstruktur des Helfers, anderen auf Kosten der eigenen Bedürfnisse, gewissermaßen stellvertretend für sich selbst, helfen zu wollen. Dies macht auch verständlicher, weshalb dem Kranken eigene Bedürfnisse unterstellt werden, bzw. sich Enttäuschung breitmacht, wenn der andere „nicht zu befriedigen" ist. Er ist von einem starren, hochgesteckten Ich-Ideal geleitet und wird von einem äußerst kritischen, bösartigen Über-Ich überwacht. Eigene Schwäche und Hilflosigkeit werden in dem zu Betreuenden untergebracht. Dies klingt z.T. sehr negativ. Wir müssen uns aber eingestehen, daß ohne einen **Teil dieser Größenphantasien** (Jungbrunnenphantasien) die Bereitschaft, alte Menschen zu betreuen, wahrscheinlich nicht vorhanden wäre. Besonders diejenigen, die durch die Projektionen der Patienten genährt werden („**Du**, junge Tochter, bist die einzige, die mich gesund machen kann"), müssen behutsam und ausschließlich fallbezogen aufgedeckt werden, um die Arbeitsfähigkeit zu erhalten. Andererseits liegt ein Teil der Arbeitsbelastung auch darin, gerade die erlebte Verschlechterung oder das Sterben eines betreuten alten Menschen unbewußt als eigenes Versagen, bzw. Anteilhaben am Sterben zu empfinden. „Wie komme ich mit meinem schlechten Gewissen klar?" lautet die meist gestellte Frage in Fortbildungsseminaren der Altenhilfe.

6. Die **Veränderung des Beziehungsgefüges**. Je kränker, geistig eingeschränkter und psychisch veränderter ein alter Mensch, desto schwieriger ist die adäquate Form zu finden, wie man ihn ansprechen kann. Generell ist üblich, dem alten Menschen mit Respekt, Wertschätzung und partnerschaftlicher Zugewandtheit gegenüberzutreten. Die häufig kritisierte Gefahr des Duzens ist desto größer, je geistig abgebauter, je psychisch kränker und je mehr sich Helfer und der zu Betreuende von früher kennen. Viele Patienten / Bewohner sind es gar nicht gewohnt, sich mit anderen Menschen zu siezen. In diesem Arbeitsfeld ist das übliche Autoritätsverhältnis auf

den Kopf gestellt: Die Jungen haben die Macht, die Alten sind die Ohnmächtigen und Hilflosen: Es kommt zu einer Umkehr des Autoritätsgefüges zwischen den Generationen. Die Alten können zu Kindern werden, die Kinder zu Elternfiguren. Beide Seiten haben mit großer Wahrscheinlichkeit Probleme, diese Veränderungen zu akzeptieren (Kap. 5.1).

7. **Wissen** und **Verstehen** sind unvereinbar mit Hilflosigkeit und erleichtern einen helfenden und therapeutischen Zugang. Information und Fachwissen sind Voraussetzungen, die die Hilflosigkeit im Umgang mit zu Betreuenden deutlich reduzieren. Psychiatrische und psychologische theoretische Systeme zur Vorstellung des Menschen, seiner Persönlichkeit und seinem seelischen Funktionieren stellen jedoch keinen hilfreichen Verständnisrahmen für die Beobachtungen bereit.

Der psychoanalytische Zugang kann scheinbar Unverständliches alter Menschen verständlicher werden lassen. Indem ich etwas besser verstehe, fühle ich mich weniger hilflos, kann aus dem Verstehen heraus Handlungsstrategien ableiten und schließlich Interesse für weitere Zusammenhänge in diesem individuellen Lebenslauf gewinnen.

Der Zugang zur Individualität, die – wie beschrieben – intrapsychisch nie so groß ist wie im Alter, erschließt sich erst aufgrund der subjektiven und historischen Dimension des Erlebens. Verstehen ist so gesehen wie ein Schlüssel zur Möglichkeit der Kontaktförderung, der Aktivierung, der Ich- und Identitätsstärkung. Die Vermittlung eines Zugangs zu dieser Dynamik bietet meiner Ansicht nach die einzige Form der Motivierung zur Arbeit mit Älteren, indem sie einen Kontrapunkt gegen die Hilflosigkeit des Helfers setzt.

Darüber hinaus halte ich die Vermittlung therapeutischer Grundprinzipien für sehr hilfreich und empfehle hier neben analytisch fundierten Prinzipien die Lerntheorien und ihre therapeutische Nutzbarmachung heranzuziehen.

7.6 Die Arbeit im multiprofessionellen Team

Als **Team** bezeichnen wir eine Gruppe von Helfern verschiedener Professionen und Rollen, die über längere Zeit in direkter Interaktion miteinander arbeiten und durch ein Wir-Gefühl im Hinblick auf das gemeinsame Ziel verbunden sind, Patienten in ihrem Kranksein und Leiden zu helfen. Die Leistungsbereitschaft steigt, wenn sich die Gruppe mit dem Arbeitsziel identifizieren kann.

Die Helfer alter Menschen gehören sehr verschiedenen Berufsgruppen an: Ärzte, Psychologen, Theologen, Sozialarbeiter, Sozialpädagogen, Ergotherapeuten, Krankengymnasten, Musik- und Kunsttherapeuten, Altenpfleger, examinierte Krankenschwestern / Pfleger, ungelernte Pflegekräfte, Zivildienstleistende, ehrenamtliche Helfer, externe Putzdienste etc.

Die Wahrscheinlichkeit, über das gesamte Berufsleben hinweg ausschließlich mit alten Menschen zu arbeiten, verteilt sich zwischen den Berufsgruppen nicht gleich: je direkter der Umgang mit dem alten Menschen und je spezialisierter die Berufsausbildung auf seine Problematik hin, desto größer die Wahrscheinlichkeit, in diesem Berufsfeld zu bleiben.

Gleichzeitig ist die Tendenz zu beobachten: Je körpernäher und zeitlich andauernder der Kontakt zu den alten Menschen, desto größer die Gefahr der Resignation und des burn-outs, wie etwa im Altenheim und Pflegebereich. Je mehr der Kontakt zwischen dem alten Menschen und seinem Helfer strukturiert ist (z.B. Arztpraxis, Beratungsstelle), und je weniger er der direkten Bedürfnisbefriedigung unterstellt ist, desto eher ist diese Arbeit über einen längeren Zeitraum hin zu leisten. Je psychisch und geistig intakter ein alter Mensch, desto weniger belastend wird die Arbeit mit ihm sein; je verwirrter und psychisch veränderter, was heißt, je uneinfühlbarer seine Äußerungen, Wünsche, Handlungen und Verweigerungen, desto belastender ist die Arbeit mit ihm.

Das besonders Hilfreiche der Teamarbeit, nämlich die Entsprechung von Multiprofessionalität und Multifaktorialität von Störungen bei den alten Menschen, bildet gleichzeitig die Crux in der Praxis: Es bedarf einer besonderen Kommunikationsfähigkeit von allen Beteiligten, um die gewünschte Effektivität der Arbeit zu erreichen. Um mich verständigen zu können, muß ich in meinem Berufsbild eine abgegrenzte, möglichst klare Identät entwickelt haben: Ich muß wissen, was meine Aufgaben sind und was nicht und mit Hilfe welcher Strategien und Handlungsabläufe ich sie durchführen kann. Aber ich muß auch ein prinzipielles Wissen über das Arbeitsfeld des anderen haben, um einschätzen zu können, welches seine besonderen beruflichen Kompetenzen sind und was ich deshalb realistisch von ihm in der Kooperation am Patienten / Bewohner erwarten kann.

Aufgrund der notwendigerweise intensivierten Kommunikation im Team ist Teamarbeit zeitraubend, und sie erfordert Geduld und Einfühlungsvermögen in die Kollegen. Eine wichtige Strukturierungshilfe bildet die gemeinsame Dokumentation der Betreuungsarbeit (z.B. Kardex, Pflege- und Therapieplanung).

7.6.1 Spezielle Probleme in dieser Art der Arbeit, sowie Strategien der Verarbeitung

Für die Arbeit mit alten Menschen ist ein Klima zu schaffen, in dem der Austausch untereinander bezüglich des mit den Patienten Erlebten als hilfreich und entlastend und nicht als fordernd erlebt werden kann. Die Interaktion im Team muß eine freie Kommunikation miteinander ermöglichen. Zugunsten einer kontrollierten Emotionalität muß auf Affektneutralität verzichtet werden. Ich gehe davon aus, daß eine Stimulierung des affektiven Ausdrucks untereinander den kreativen Umgang mit den Patienten fördert. Das unter den Mitarbeitern herrschende Klima dient nicht nur als Modell für die Patienten, sondern es wirkt sich auch günstig auf die psychische Entwicklung der Patienten aus.

Die geschilderten Probleme auf Seiten der Patienten und der Helfer tragen dazu bei, daß sich der Realisierung eines gemeinschaftlichen Teamgeistes eine Reihe von Problemen in den Weg stellen.

Oft treten Probleme der **Rivalität** auf wie z.B.: wer ist der bessere Helfer?

Häufig können diese konstruktiv durch Fragen nach der Ursache und Dynamik der entstandenen Muster gelöst werden. Fast immer ist die Rivalität durch die subjektive Überzeugung entstanden, das Richtige für einen Bewohner zu tun. Läßt sich im Rahmen einer Teamsitzung klären, warum was aufgrund der individuellen Kenntnis des Bewohners für ihn am besten ist, läßt sich die individuelle und häufig subjektiv gefärbte Überzeugung entschärfen.

Bis zu einem gewissen Grad ist ein **stereotypisierendes Denken** hilfreich; negativ wirkt sich jedoch aus, wenn vorschnell klar ist, was „Sache" ist: „Der ist so und so ...!" Mehrere Möglichkeiten, etwas vom Patienten/Bewohner zu verstehen, oder Gefühle von Unsicherheit dürfen nicht zugelassen werden, weil sie als zu bedrohlich empfunden werden. Möglichst genaue Beobachtung sowie der Austausch darüber können einer derartigen Voreingenommenheit entgegenwirken.

Eine Bewohnerin hat ihr Zimmer voller Bücher und liest, z.T. bis in die Nacht hinein oder sogar die Nacht durch. Als dies wieder einmal geschieht, ist sie am Morgen sehr müde und bittet darum, auf dem Zimmer frühstücken zu können. Sehr schnell heißt es dann: „Die will wieder nur eine Extra-Schiene". Für die Betreuer paßt dies in das Bild der früheren Studienrätin, die sich wohl „als was Besseres fühlt".

Auch die **Unterstellung von Negativem** ist sehr verbreitet: Der eben zitierte Fall kann auch hier als Beispiel herangezogen werden. Ebenso wird leicht bei unterschiedlichen Befindlichkeiten, die sich in einem unterschiedlichen Maß an Kooperationsbereitschaft ausdrücken, unterstellt: „Der will nur nicht" (z.B. bei durchblutungsbedingten Befindlichkeits- und damit Leistungsschwankungen). Das Nicht-Können wird als Nicht-Wollen interpretiert:

- Die Unterstellung von negativen Absichten im Kollegenkreis.
- „Die wird nur schwanger, um sich vor der Arbeit zu drücken!"
- Der Chef beklagt sich über seine Mitarbeiter: Die sitzen nur rum und trinken Kaffee.
- Eine Altenpflegeschülerin wird in normaler Kleidung angetroffen, obgleich sie weiß, daß sie in Berufskleidung auf der Station erscheinen soll. Als sie sagt, sie wisse nichts davon, bezichtigen sie die anderen der Lüge, anstatt zu verstehen, daß sie sich schämt, einzugestehen, daß sie kein Geld ausgeben mag, bevor ihr Asylantrag bewilligt ist.

In den meisten betreuenden Berufen besteht große **Angst vor dem Denken**, genauer gesagt dem reflektierenden Überdenken der eigenen Arbeit. Zu überdenken, warum ich was jetzt tue, wird als unangenehm empfunden. Konfliktsituationen, die der Helfer im Umgang mit dem alten Menschen erlebt, sind häufig von einem hohen Druck zum Handeln begleitet: Damit läuft man Gefahr, der Übertragung entsprechend unreflektiert zu handeln. Nur wenige können die Empfehlung nutzen, insbesondere in Momenten, wo die Gefühle hoch schlagen, innezuhalten und zu überlegen: Was will ich jetzt tun? Mit welchem Ziel? Kann der alte Mensch verstehen, warum ich etwas tun will?

Das **Sprechen** über einen Bewohner geschieht häufig nonverbal, insbesondere dann, wenn es um negative Anteile geht. Uns fehlen die Worte, das, was wir mit den Alten erleben, zu vermitteln: Er wird statt dessen nachgeahmt. Die Anleitung zur genauen Beobachtung sowie die Vermittlung von Fachlichkeit in der Beschreibung des Beobachteten kann stark zu einem wertschätzenderen Klima (Kap. 5.1.2) in der Kommunikation über Bewohner beitragen.

Je weniger eine Tätigkeit die eigene Persönlichkeit betrifft, desto eher wird sie als Leistung verstanden und desto weniger ängstigend empfunden: z.B. sich übertrieben um Sauberkeit kümmern. Andererseits geht der Konflikt im Team häufig um die „gute" und „schlechte" Arbeit: Sauberhalten = schlecht, Reden = gut. Es heißt: Bei der guten Arbeit muß man eigentlich nichts tun.

In einem Heim war im 1. Stock eine Station mit gerontopsychiatrischen Bewohnern belegt, im 2. Stock eine mit Pflegebedürftigen. Daraus ergab sich das Problem: die unten haben es gut, die reden nur. Der beschlossene

Personalaustausch bewirkte, daß die „Pflegenden" den Umgang mit gerontopsychiatrischen Bewohnern als viel anstrengender empfanden als ihre eigene pflegerische Tätigkeit.

7.6.2 Die Besonderheiten der Helfer in der Pflege und Betreuung

Spezifische Besonderheiten und Probleme in der Altenbetreuung sind:
- ein hohes Maß an **Fluktuation** und beruflicher Mobilität
- es sind vornehmlich **Frauen** in diesem Beruf tätig. Es ergibt sich eine besondere Nähe zur spezifisch weiblichen Tätigkeit: (Kranken-) Pflege, Hausarbeit, wobei allgemeinmenschliche Eigenschaften wie Gespür für den anderen, Anteilnahme, Fürsorglichkeit, Hintanstellung eigener Bedürfnisse, Mitleidensfähigkeit u. ä. erwartet werden. So ist im Bewußtsein vieler verankert, daß berufliche Pflege und familiäre Fürsorge fast identisch sind.
- **Sterbebegleitung:** Gleichgültig wie intensiv die Bemühungen sind: körperlicher Verfall und Tod sind mit Sicherheit das Ergebnis pflegerischen Handelns. Das logische, aber kritisierte Ergebnis ist die Flucht in die Sachtätigkeit; besonders von den Vorgesetzten derer, die unmittelbar mit alten Menschen arbeiten, wird eine solche Flucht in die menschliche und kommunikative Distanz scharf gerügt.

7.7 Ausgebrannt: Das burn-out-Phänomen

Der amerikanische Psychoanalytiker H. J. Freudenberger untersuchte, warum aus den vielen begeisterten Anfängern in den sozialen Berufen skeptische und resignierte Profis werden. Mit dem Begriff „burn-out" erklärte er das Phänomen, daß die Sympathie für die Klientel mit der Zeit schwindet und sich stattdessen eine mißtrauische Distanz ausbreitet. Die Betroffenen fühlen sich jetzt ausgebeutet, vermehrte körperliche Beschwerden treten auf, Müdigkeit und psychosomatische Symptome machen sich breit, das Privatleben wird in Mitleidenschaft gezogen. Als spezielle Belastungen werden genannt:
- Sie sind in der Kompetenz verunsichert, weil sie sich auf Erfolgserlebnisse angewiesen fühlen und Ursachen für Mißerfolge bei sich selbst suchen. Die Klienten belohnen den Einsatz der Helfenden meist nicht mit der (unbewußt von ihnen erwarteten) Freundlichkeit und Dankbarkeit.
- Im Helfersyndrom wird die berufliche Ausübung des Helfens als Abwehrbewegung interpretiert. Die Helfer brauchen die Rolle des Überlegenen, Unabhängigen, weil sie tiefe Ängste vor eigener Abhängigkeit haben. Sie bewältigen ihre Kindheit, indem sie ihre regressiven Seiten ablehnen oder sich unverstanden fühlen, indem sie selbst mit einem Ideal der Stärke, des Gebens und der Überlegenheit identifiziert sind. Die Helfer bleiben stärker an ihre Kind-

heit gebunden als der typische Erfolgsmensch. Dadurch, das sie die Gebenden sind, schützen sie sich vor gegenseitigen Beziehungen.
- Die Helfer versuchen nicht nur, Beschädigungen auszugleichen, die sie ihrer familären Sozialisation verdanken, sondern sie versuchen auch bestimmte gefühlsmäßige Ziele zu erreichen, die sie in besonderer Weise für Enttäuschungen prädestinieren.

Bei der berufsmäßigen Ausübung von Zuneigung kann man nicht über jedes Leid entsprechend trauern und das verstärkt unbewußte Schuldgefühle. Dies führt zum Bedürfnis auszusteigen und sich abgehobeneren, der direkten Berührung fernerer Berufsausübungen zuzuwenden.

Lange Erfahrung in der Pflege und Betreuung alter, vor allem auch gebrechlicher Menschen halte ich in der rehabilitativen Arbeit mit „jüngeren Alten" für eher ungünstig. Die Gefahr liegt in der eingefahrenen Haltung, **für** den anderen etwas tun zu müssen anstatt ihn zu fördern, selbst etwas zu tun.

Derjenige, der in sozialen Institutionen arbeitet, muß in besonderer Weise folgende menschliche Probleme für sich lösen können:
- Die Regulation von Distanz und Nähe
- Die Regulation zwischen Machtausübung und Abhängigkeitsbedürfnissen und Angst vor Ohnmacht
- . Die Regulation des Umgangs mit Rivalität
- Die Regulation zwischen Autonomie und Solidarität
- Die Regulation zwischen seelischer Innenwelt und Außenwelt: die Realitätswahrnehmung
- Die Regulation zwischen motivierender Unzufriedenheit und Arbeitszufriedenheit

Anforderungen an den in der Altenhilfe Tätigen und Strategien der Verarbeitung

Der in der Altenhilfe Tätige muß in der Lage sein, seine Arbeit als Sterbebegleitung im weitesten Sinne aufzufassen: gleichgültig wie intensiv seine Bemühungen auch sein werden, körperlicher Verfall und Tod sind schließlich irgendwann Konsequenz seines pflegerischen Handelns.

Insofern stellt sich die Frage nach **Strategien der Verarbeitung** von speziell beruflichen Konflikten, die sich aus dem Umgang mit Älteren ergeben. Als Möglichkeiten bieten sich:

- beruflicher **Um-** und **Ausstieg**
- **Professionalisierung**
- Die **Aufteilung** der Arbeit in ein Gebiet der Altenbetreuung und ein anderes Arbeitsfeld. So riet etwa Bergmann aufgrund seiner eigenen Erfahrungen 1973 (mündliche

Mitteilung): Am günstigsten sei es, alle 7 Jahre die direkte Arbeit mit alten Menschen zu wechseln oder aber gleichzeitig in Ergänzung zu dieser Tätigkeit etwas anderes zu tun, wie etwa mit einer Jugendgruppe zu arbeiten.
- beruflicher **Aufstieg**
- **Ritualisierung:** Festhalten am Vertrauten

Insbesondere bei langjähriger Tätigkeit auf diesem Gebiet unterliegt die Motivation der Gefahr zu erlahmen oder sich in ein rigides Handlungs- bzw. Umgangsschema mit den Älteren umzuwandeln.

Innere Einstellungen und Werte gegenüber der Arbeitsaufgabe, Zielsetzung und Verständnis für die Besonderheiten prägen außerdem die Durchhaltefähigkeit an derartigen Arbeitsplätzen.

Die besondere Arbeitsanforderung für den Betreuer in der hier geschilderten Arbeit besteht darin, den Impuls zur Hilfestellung zu unterdrücken und ihn reflektierend zurückzugeben, z. B. orientiert:

- an der Aktualität: Wie könnten **Sie** das jetzt tun?
- am Lebenslauf: Wie haben **Sie** das **früher** gemacht?
- am Primärobjekt: Was hätte **Mutter** dazu gesagt?
- an der Kontaktstimulation: Sie könnten Frau X. dazu **fragen**.

Natürlich bedeutet das nicht, daß Erfahrene nicht generell noch umlernen können. Es handelt sich jedoch um Einstellungen und Gewohnheiten, die oft im Charakter der Persönlichkeit verankert sind und dementsprechend Zeit brauchen, um einer Veränderung zugänglich zu werden. Am ehesten jedoch gelingt dies, wenn ein Helfer als Modell bereit steht, der die erwarteten Prinzipien des therapeutischen Verhaltens lebt.

Demzufolge hat nach unserer Erfahrung die Supervisionstätigkeit in einem gerontopsychiatrischen Team hauptsächliche Ansatzpunkte:

1. Die Reduzierung des Anspruchsniveaus und das entsprechende Aufzeigen eines veränderten Maßstabes von tatsächlich möglicher Hilfeleistung. (Dazu sind in erster Linie Über-Ich-entlastende Interventionen notwendig).

2. Die Entwicklung von Verständniszugängen für uneinfühlbares Verhalten.

3. Die Vermittlung von Basiskompetenzen **am Fall**.

Es muß verdeutlicht werden, **was** die eigentliche **Arbeit ausmacht**, was derart ermüdend und erschöpfend an dieser speziellen Tätigkeit ist:

- Es ist das **Nicht**-Eingreifen, das Widerstehen gegen die spontane Regung, hilfreich und aktiv zu sein.
- Es besteht im Aushalten der Emotionen und der Übertragungsangebote. Dies muß den Mitarbeitern als eine aktive therapeutische Haltung bewußt gemacht werden: „Das ist Ihre Form der Medikation, gewissermaßen die Pille, die nur Sie verabreichen können!"
- Ein wesentlicher Anteil an dem Gefühl von Erschöpfung und Resignation liegt in der falschen Zielsetzung, nämlich das Leben für den alten Menschen harmonisch zu gestalten und ihn zufrieden machen zu wollen und dadurch den eigenen projektiven Wünschen zu unterliegen.

Die Ermüdung macht sich sehr häufig nach übereinstimmender Einschätzung der Mitarbeiter in einem bleiernen Körpergefühl bemerkbar: „Den ganzen Tag habe ich gearbeitet und eigentlich nichts getan, und dennoch fühle ich mich körperlich, als hätte ich Schwerstarbeit geleistet!"

Mit der unbewußten Problematik der Helfer, „Gutes zu tun" ist auch eine unbewußte Zielsetzung und ein unbewußtes Idealbild für den zu betreuenden alten Menschen verbunden. Dadurch werden möglicherweise Handlungsziele verfolgt, die zu den Gewohnheiten, Werten etc. des jeweiligen älteren Menschen selbst diskrepant sind.

7.8 Supervision und Balintgruppenarbeit

Supervision ist eine Methode zur Verbesserung der Arbeitsmöglichkeiten von einzelnen oder Gruppen von Helfern mit ihren Klienten/ Patienten/ Bewohnern durch eine gezielte Reflektion des eigenen Handelns. Durch sie kann eine neue Basis für die verschiedenen therapeutischen Handlungsmöglichkeiten erarbeitet werden. Supervision ist immer als ein Prozeß zu betrachten und sollte über einen längeren Zeitraum angelegt sein. Schmidbauer sieht in der Supervision einen Versuch, die Fähigkeit zur Einfühlung unter schwierigen Bedingungen aufrecht zu erhalten. Supervision wird in der Regel von einem unabhängigen, nicht selbst in der Institution tätigen Supervisor durchgeführt.

Außer der sogen. Balintarbeit (s.unten) gibt es keine spezifische Supervisionsmethode. Die meisten Supervisoren greifen auf ein therapeutisches Persönlichkeitskonzept und therapeutische Erfahrung wie psychoanalytische, humanistische, systemische Ansätze etc. zurück, um den Supervisionsprozeß methodisch fundieren zu können; Rappe-Giesecke (1990) z.B. stellt einen Ansatz vor, der verschiedene dieser theoretischen Hintergründe integrieren möchte. Supervision findet am Schnittpunkt zwischen Persönlichkeit und Institution statt. Um weiterhin wirksam sein zu können, entwickelt sich Supervision häufig zur Institutionsanalyse und Organisationsentwicklung fort.

Die Organisation von Supervision

Wir unterscheiden Einzel- von Gruppensupervision, je nachdem, ob in der Gruppe oder mit einem ratsuchenden Therapeuten allein gearbeitet wird. Der Wunsch nach Supervision kann von verschiedenen Seiten angeregt werden. Sucht z.B. ein einzelner Helfer um Einzel- oder Gruppensupervision nach, werden sich im Fall der Gruppensupervision die Mitglieder der Gruppe meist aus Interessenten gleicher oder ähnlicher Berufsfelder zusammensetzen (z.B. eine Gruppe therapeutisch tätiger Psychologen). Des weiteren kann ein Fachteam um Supervision nachsuchen oder der Leiter einer Institution beauftragt einen Supervisor für ein Team. In jedem Fall ist es für den Supervisor unerläßlich, den **Auftraggeber** klar benennen zu können, d. h. beispielsweise zu wissen, von wem er bezahlt wird.

Eine **Supervisionsgruppe** hat in der Regel 6 – 12 Mitglieder. Diese entscheiden sich, ob sie als **offene** oder **geschlossene** Gruppe arbeiten wollen. Eine offene Gruppe besteht über einen unbegrenzten Zeitraum und nimmt neue Mitglieder auf. Eine geschlossene Gruppe setzt einen Arbeitszeitraum fest und arbeitet in dieser Zeit kontinuierlich mit den gleichen Teilnehmern.

Das **Erstgespräch** vor Beginn der eigentlichen Arbeit sollte zunächst mit dem Auftraggeber und/oder mit allen an der Gruppenarbeit Beteiligten stattfinden. Gegenstand dieser ersten Sitzung ist die Benennung des Anlasses, die Abklärung der Bedürfnisse sowie die Vorstellung des Supervisors und seiner Arbeitsweise. Er versucht in diesem Gespräch außerdem zu erfassen, welche ersten Konfliktbereiche sich darstellen. Er ist an die **Schweigepflicht** gebunden. Innerhalb eines **Vertrages** sind folgende Punkte zu klären: die **Zeit**, wann Supervision stattfindet, der **Ort**, wo die Arbeit stattfinden wird, die **Frequenz** (z.B. 14tägig, z.B. 90 Min.) und die **Länge** der gemeinsamen Arbeit sowie die **Bezahlung** des Supervisors.

Für Altenheime, die noch keine Supervisionserfahrung haben, hat sich die Verabredung einer begrenzten Sitzungszahl wie z.B. 12 als günstiger Einstieg erwiesen; für diejenigen, die bereits Erfahrung haben, ist z.B. ein Zeitraum von einem Jahr zu vereinbaren mit der Möglichkeit, daß beide Vertragspartner nach dieser Zeit sich noch einmal neu entscheiden können, ob sie die Arbeit weiterführen möchten oder nicht.

Ein Problem stellt die verordnete Supervision dar. Gelegentlich wird man als Supervisor von einem Institutionsleiter mit der Supervision eines Teams beauftragt. Meist ist er überzeugt, daß die Arbeit an diesem Ort nach seiner Einschätzung nicht richtig funktioniert: „Da hakt es immer", „da gibt's Probleme". Die ihn motivierende Vorstellung ist, daß die Supervision diese Probleme „aus dem Weg räumen kann". Meist sind jedoch die Teamteilnehmer selbst gegen eine solche „verordnete Supervision". Gelingt es nicht, vorab den Anlaß mit Leitung und Team gemeinsam zu klären und dadurch eine Motivation für die Supervisionsarbeit zu entwickeln, kommt es meist zu schleppenden und unproduktiven Supervisionsverläufen: Nach Möglichkeit sollte vorab geklärt werden, inwieweit das Anliegen des Leiters eigentlich ein Problem der Organisation, der Führung oder einer unproduktiven Arbeitsorganisation ist. Beispielsweise könnte man herausfinden, daß die Probleme im Team auf eine mangelhafte Information über Patienten/Bewohner zurückzuführen ist, da nur ungenügend Zeit für die Übergaben sowie Pflege- oder Therapieplanbesprechungen im Tagesablauf vorgesehen ist. In einem solchen Fall sollte dann die Supervisionsarbeit in Organisationsentwicklung übergehen.

Widerstände gegen die Hilfe durch Supervision können auch in der Angst bergründet sein, daß eigene empfundene Insuffizienzgefühle bei der Arbeit offensichtlich werden könnten und mit Überzeugungen wie „Wir sind schon immer gut klar gekommen, wir brauchen solche Rederei nicht" abgewehrt werden. Versucht der Supervisor dennoch, die Arbeit zu beginnen, fühlt er sich häufig nach dieser Arbeit ausgelaugt, ausgeschlossen, entwertet: In ihm sollen dann diejenigen Gefühle der Gruppenmitglieder untergebracht werden, die diese durch die Kritik an der Supervision vermeiden möchten und mit denen sie sich nicht in der Lage fühlen, umzugehen: Gefühle von Unfähigkeit, Ungenügen und Resignation. Derartige Gegenübertragungsgefühle als Information nutzen zu können erleichtert die Arbeit.

Ich unterscheide die **Fallsupervision** von der **Teamsupervision**. Gegenstand der Teamsupervision sind Arbeitsschwierigkeiten und Konflikte im Team. Nach meiner Erfahrung besteht bei supervisionsunerfahrenen Teams eine große Skepsis und Angst vor der Phantasie, sich in einer Art „Selbsterfahrungsprozeß völlig ausziehen zu müssen". Ich ziehe es vor, Konflikte im Team erst dann zum Gegenstand der Supervision zu machen, wenn das Team bereits über positive Erfahrungen in der fallorientierten Supervision verfügt und eine Vertrauensebene gewachsen ist. Ich sehe es als meine Aufgabe, das Team während seiner Arbeit mit dem Supervisor arbeitsfähig zu halten. Falsch verstandenes Hochschäumen von Affekten schadet der gemeinsamen Arbeitsaufgabe.

Die Supervisionsmethode

Zentriert sich die Supervision auf das Problem am Fall, so sprechen wir von Fallarbeit oder Fallsupervision. Als Balintgruppe bezeichnet man eine spezielle Form der Fallsupervision nach dem psychoanalytischen Konzept. Deren wesentliche Grundnanahmen seien noch einmal benannt:

- Die Annahme des Unbewußten: die wesentlichen Anteile menschlichen Lebens und Erlebens laufen unbewußt ab.
- Die Lehre vom psychischen Determinismus: Jedes Erleben und Verhalten ist nur als Ergebnis von vorausgegangenen Ereignissen vorstellbar.
- Grundlegende Objektbeziehungsmuster werden in der Kindheit erworben.

Der Wunsch nach fallbezogener Supervisionsarbeit kommt zunehmend häufiger in gerontopsychiatrischen Abteilungen, in Alten- und Pflegeheimen, seltener in speziellen Beratungsstellen für Ältere auf.

Die Methode wurde bei der Arbeit mit Älteren selten, in Teams von Alten- und Pflegeheimen, soweit mir bekannt – bisher kaum angewandt. Entsprechend der geringen Aufmerksamkeit, die die Psychoanalyse bisher dem Thema der Gerontologie gewidmet hat, gibt es auch nur sehr wenige Psychoanalytiker, die über Erfahrungen in der Balintgruppenarbeit mit alten Menschen und speziell solchen, die im Heim leben, verfügen und entsprechende Gruppen anbieten.

Die Arbeit mit psychisch veränderten alten Menschen ist so belastend und schwierig, daß ich eine derartige Entlastung für die Mitarbeiter dringend empfehle. Nach meiner Erfahrung wird es als hilfreiche Stütze erlebt, wenn über einen von vornherein begrenzten Zeitraum hinweg, wie etwa 1 Jahr, kontinuierlich – etwa 14tägig – gearbeitet wird.

Das Einhalten einer 90-minütigen Sitzung nehme ich nicht zu streng, denn die meisten Teilnehmer sind es nicht gewohnt, so lange still zu sitzen, sich zu konzentrieren, zuzuhören und mitzudenken.

Nach meiner Erfahrung finden sich die Gruppen häufig aus Stationsteams zum Zeitpunkt der Übergabe zusammen; manche Gruppen haben dann bis zu 20–24 Teilnehmer.

Da diese Helfer meist wenig gewohnt und geübt sind, in Gruppen „öffentlich" zu sprechen, sprechen häufig nur wenige. Meiner Erfahrung nach können die „Schweigenden" durchaus von der Arbeit profitieren, desto eher, wenn sie den Patienten/ Bewohner, der besprochen wird, selbst kennen. Ein typischer Ablauf könnte sein:

1. Was ist das Problem? Typischerweise beginne ich eine Balint-Gruppensitzung mit der Vorstellung eines Patienten/

Bewohners, der einem oder mehreren Teilnehmern besondere Schwierigkeiten bereitet. Das wesentliche Material für den Verständniszugang bildet die Falldarstellung in freier, relativ unvorbereiteter Form. Sie fördert den Ausdruck spontaner, persönlicher Eindrücke aufgrund von Übertragungs- und Gegenübertragungsreaktionen; Lücken sind informativ oder werden durch Kollegen ergänzt. Ich ziehe diese entspannte Darstellung einer schriftlich fixierten Form vor, da dann meist die affektiven Informationen verlorengehen. Die Darstellung kann durch andere Mitglieder bestätigend oder andere Aspekte einbringend ergänzt werden. Zentral ist die Erfassung des Gefühls, das durch die Darstellung des Klienten in der Gruppe in den Zuhörern erweckt wird.

2. Welche Gefühle/Grundstimmung löst die Schilderung aus?

Die Grundlage für diese Arbeitsweise bilden die o.g. Begriffe von Übertragung und Gegenübertragung. So mag sich etwa ein Betreuer fragen „Warum lehnt mich Frau S. so ab? Ich habe ihr doch nichts getan!" Frau S. lehnt nach diesem Verständnis nicht die Betreuerin ab, sondern jemanden, den sie in ihr sieht, der sie aber nicht ist.

Ein anderes Beispiel, das jedem Betreuer in der Altenarbeit vertraut ist: Er weiß meist sehr genau zu unterscheiden, welcher Bewohner Bedürfnisse nach körperlicher Nähe im Sinne einer Umarmung hat und welcher Bewohner nicht. Übertragen wird der Wunsch: „Du sollst mich lieb haben" oder „komme mir nicht zu nahe"!

3. Was fällt besonders auf? Fakten, Lücken, Unlogisches enthalten oft wichtige Informationen. Spricht z.B. ein Bewohner nie über das Alter eines Kindes, so kann dies bedeuten, daß nicht nachgezählt werden soll, denn dann könnte man herausfinden, daß dieses Kind unehelich gezeugt worden ist. Ein anderer Bewohner spricht über sein Berufsleben, als habe er es gestern noch ausgefüllt, dabei liegt es 30 Jahre zurück: hier wäre zu vermuten, daß er entweder so von seinem Berufsleben erfüllt ist, daß er den Wunsch hat, es möge noch heute existieren; oder es soll nicht gefragt werden, was in der Zwischenzeit geschehen ist.

4. Bewertung und Fokussierung des Problems, sowohl intrapsychisch wie interpersonal. Habe ich das Umfeld eines Problems umrissen, so ist zu fragen, welche Informationen, die im aktuellen Gefühlsleben der Supervisionsgruppe entstanden sind, lassen sich für die Gewichtung der Fakten verwenden? Was ergibt sich daraus an Erkenntnissen für die spezifisch therapeutische Gestaltung der Beziehung? Besteht das Problem zwischen einander entgegengesetzten Bewertungen durch Mitarbeiter (z.B. der Bewohner mag es gern, wenn

man ihn duscht – er haßt es, wenn man ihn duscht) oder sind sich alle Mitarbeiter einig?

5. Welche Phantasien werden durch den Fokus ausgelöst? Phantasien über einen Fall, nachdem seine wichtigsten Informationen zusammengetragen sind, können ebenfalls wichtige Einblicke in die Persönlichkeitseigenart vermitteln. Gerade bei denjenigen Alterspatienten, bei denen der sprachliche Ausdruck vermindert ist, müssen wir unsere nonverbalen Wahrnehmungsmöglichkeiten erst wieder trainieren. Einen Weg, das Material über einen Patienten zu vervollständigen, nenne ich die Methode der „Gruppenphantasie". Dabei werden die Teilnehmer einer Balintgruppe nach der einführenden Schilderung des Patienten / Bewohners nach ihren Phantasien gefragt, die sie haben, wenn sie an diesen alten Menschen als Kind denken: In welchem Alter phantasieren sie ihn, in welcher Umgebung, in welcher Beziehung zur Mutter/ Vater, wie hat er/sie Mutter geärgert, Beziehung zu Geschwistern und Gleichaltrigen. Wie sehen sie ihn am 1. Schultag, wie in der Pubertät, wie beim Spiel mit anderen Kameraden?

6. Der Charakter oder die Persönlichkeitsstruktur: Was für ein Mensch ist er/sie gewesen? Welche Konsequenzen ziehen wir daraus über die Bedingungen, wie er/sie leben möchte, weil gelebt hat? Welche äußere Situation müssen wir als hilfreich herstellen? Welche Art der Beziehungsaufnahme ist für ihn/sie die richtige?

7. Das Ergebnis der Supervisionsarbeit kann z.B. in einem **Fokus** festgehalten werden: Herr M. ruft immer jemanden, nicht um ein Anliegen loszuwerden, sondern um das Gefühl zu haben, den anderen zu etwas bewegen zu können, um sich selbst nicht so hilflos fühlen zu müssen. Die Annahme, die hier einfließt, ist: Jedes Problemverhalten hat den verborgenen Sinn, auf diese individuelle Art und Weise das psychische Gleichgewicht aufrechtzuerhalten.

Ich halte das Rollenspiel in der Supervisionsarbeit aufgrund eigener Erfahrungen nicht für empfehlenswert. Für den Betreuer ist es wichtig, sein Problem in Worte zu fassen und die Beobachtung sprachlich umzusetzen: In dem, wofür man einen Namen hat, wird man besser verstanden bzw. kann man sich besser verständlich machen. Das gilt sowohl für die Kommunikation mit dem Klienten wie auch innerhalb des Teams und der Arbeitsstruktur.

Ich möchte nun von einem Fall berichten, mit Hilfe dessen verdeutlicht werden soll, daß scheinbar unverständliche Äußerungen verstehbar werden können und damit die Isolation des Kranken vermindert und der Hilflosigkeit der Betreuer entgegengewirkt werden kann.

Die Teilnehmer einer Balintgruppe eines Alten- und Pflegeheimes (gemischt zusammengesetzt aus 3 Stationen eines Hauses) möchten über Frau L. sprechen, eine Frau Ende 70, die vor allem die Nachtwache völlig hilflos macht, indem sie nicht schläft, sich weigert, das Licht im Zimmer auszumachen und außerdem häufig darauf beharrt, das Fenster trotz eisiger Temperaturen offen zu behalten.

Die Betreuer, die bisher zu Wort kamen, vermittelten mir sehr deutlich ihre Ausweglosigkeit, oder genauer, ihren Konflikt: Sie wollten Sorge dafür tragen, daß Frau L. bei guter Zimmertemperatur schlafen könne, aber gleichzeitig machte ihnen die Patientin klar, daß sie damit in ihren Augen zu jemand Bösem werden.

Ich frage nun nach, ob und welche Erklärungen Frau L. selbst zu ihrem Verhalten gäbe. Daraufhin bemerkt eine Schwester: „Immer wenn sie bei mir so schwierig ist, und so empört und richtig aggressiv reagiert, wenn ich das Licht ausmachen will, dann murmelt sie etwas wie:"Der Kleine braucht aber Licht und frische Luft!" Da keine weiteren Ausführungen folgten, frage ich weiter, ob jemand eine Idee habe, was Frau L. damit meine. Daraufhin überlegt eine weitere Betreuerin:" Das müsse wohl mit der Geburt zu tun haben". Und ich erfahre erst jetzt, daß sich Frau L. außerdem häufig nachts im Bett wälzt und dabei schreit und sich verhält, als läge sie in Geburtswehen. Aber auch dieses Verhalten bewirkt, daß sich die Betreuer völlig hilflos fühlen, aber gleichzeitig innere Widerstände haben, diese Problematik mit Beruhigungsmitteln anzugehen.

Ich erkläre dem Team nun, daß in der Regel derart konkrete Vorstellungen, die nicht mit der Realität übereinstimmen, nicht aus der Luft gegriffen seien, sondern entweder in der realen Vorgeschichte schon einmal passiert seien oder aber in der Wunsch- oder Phantasiewelt früher einmal eine große Rolle gespielt hätten.

Daraufhin fällt einer Mitarbeiterin ein, daß Frau L. sich auch manchmal so verhalte, als käme ihr Sohn zu Besuch, obwohl dieser doch schon lange gestorben sei. Ich frage nach, ob wir noch über weitere Informationen zur Biographie dieser Frau verfügen. Das einzige, was noch bekannt war, ist, daß sie irgendwann einmal in ihrem Leben einem Mann den Haushalt geführt hat.

Ich bat daraufhin das Team, sich einmal ganz der Phantasie zu überlassen, und mit dieser Haltung der Frage nachzuspüren, was wohl ihrer Meinung nach die „Geburt des Kleinen" für Frau L. bedeutet haben könne. „Etwas Freudiges vielleicht" überlegte der einzige männliche Mitarbeiter in der Gruppe. Alle übrigen Mitarbeiterinnen waren sich jedoch einig, daß es etwas mit Angst und Problemen Behaftetes sein müsse und eine Schwester konkretisiert: „Vielleicht ist ihr Sohn unehelich geboren und sie schämt sich seiner, aber freut sich auch gleichzeitig über seine Geburt". Dieser Einfall erscheint allen Teilnehmern sofort plausibel, aber es folgt gleich darauf die bange Frage: „Aber das haben wir uns doch nur ausgedacht".

Ich erkläre das folgende merkwürdige Phänomen: Spreche man über die Gefühlswelt eines Patienten in einer solchen Gruppe, so kämen immer nur ganz bestimmte Ideen auf, andere nicht. Das habe mit Phänomenen zu tun, die man Übertragung und Gegenübertragung nenne. Ich empfehle, der so aufgekommenen Hypothese anamnestisch nachzugehen; gleichzeitig überlege ich mit dem Team: Träfe diese Annahme zu, wie würden Sie dann mit der Bewohnerin in der geschilderten Problemsituation umgehen? Es wurde gemeinsam erarbeitet, daß ein verstehendes Eingehen auf sie die zeitliche Verirrung (früher, heute oder Phantasie) nicht zu berücksichtigen habe, daß man sie ihren guten Absichten der Fürsorge für das Neugeborene stärken solle, ihre Ängste bezüglich der Nachbarn und deren Gerede über ein uneheliches Kind entlastend aufnehmen müßte.

Zu unser aller Überraschung wurde bei der nächsten Sitzung folgendes berichtet: Biographisch hatte sich bestätigt, daß Frau L. einem Herrn lange den Haushalt geführt hatte und mit ihm eine eheähnliche Beziehung unterhielt, die zur Geburt des Sohnes führte. Zu einer Heirat kam es erst, als der Sohn 4 Jahre alt war, und dann folgten noch weitere Geschwister. Dieser Sohn war mit 25 Jahren bei einem Unfall ums Leben gekommen. Die Schwestern hatten, wie gemeinsam überlegt, versucht, verstehend auf Frau L. einzugehen, ihr Schuldgefühle zu nehmen und zu helfen, mit der Situation fertig zu werden. Nachdem dies ein paar Mal geschehen war, trat das oben geschilderte Problemverhalten nicht wieder auf.

Der Abschied zum Ende der Arbeit sollte von Gruppe und Supervisor bewußt als Thema ins Auge gefaßt, durchgearbeitet und es sollte vorbereitet werden, wie die Gruppe Teile dieser gemeinsamen Arbeit allein weiterführen kann.

Kapitel 8
Gesundheitsversorgung im Alter

8.1 Gesundheitsverhalten im Alter
8.1.1 Hilfesuch- und Krankheitsverhalten
8.1.2 Compliance
8.2 Die geriatrische Versorgung
8.2.1 Der alte Mensch in der ärztlichen Praxis
8.2.2 Der alte Mensch in der Tagesklinik
8.2.3 Der alte Patient im Krankenhaus
8.3 Die Gerontopsychiatrische Versorgung
8.3.1 Der alte Mensch in der psychiatrischen Praxis
8.3.2 Der alte Mensch in der gerontopsychiatrischen Tagesklinik
8.3.3 Der alte Patient in der Psychiatrischen Klinik
8.4 Die Vernetzung

Der Begriff **Gesundheitsversorgung** zielt auf eine umfassendere Sicht als der der Krankenversorgung: nicht die Verminderung oder Behebung von Krankheit ist primär gemeint, sondern das Schwergewicht wird auf die Prävention sowie die Aufrechterhaltung einer maximal möglichen Gesundheit gelegt. Die WHO betreibt seit den 70iger Jahren ein interdisziplinär angelegtes, internationales Programm zur Gesundheitsförderung. Einige dieser Ziele seien hier wiedergegeben.

Ausgewählte Regionalziele (für 2000) der Strategie „Gesundheit für alle" (GFA, aus: Perrez & Baumann, II, S.39 WHO 1987, S. 90-93)
Bis zum Jahr 2000 sollten die derzeit bestehenden Unterschiede im Gesundheitszustand zwischen den Ländern sowie zwischen verschiedenen Gruppen innerhalb der Länder um mindestens 25% verringert werden, und zwar durch Verbesserung des Gesundheitsniveaus der benachteiligten Völker und Gruppen.
Bis zum Jahr 2000 sollte die durchschnittliche Zahl der Lebensjahre, die frei von schweren Krankheiten oder größeren Funktionseinbehinderungen verbracht werden, um mindestens 10% erhöht werden.
Bis zum Jahr 2000 sollte die mittlere Lebenserwartung bei der Geburt in der Region mindestens 75 Jahre betragen.
Bis zum Jahr 2000 sollte die Sterblichkeit infolge von Kreislaufkrankheiten bei Personen unter 65 Jahren in der gesamten Region um mindestens 15% verringert werden.

8. Gesundheitsversorgung im Alter

Bis zum Jahr 2000 sollte die Sterblichkeit infolge von Krebskrankheiten in der Region bei Personen unter 65 Jahren mindestens um 15% verringert werden.

Mit einer Realisierung dieser Ziele wäre indirekt auch eine Verbesserung der gesundheitlichen Situation älterer und alter Menschen verbunden.

Krämer (1992) prognostiziert jedoch, daß die aktuelle Kluft zwischen „Verheißung und Erfüllung" mit den weiter zunehmenden Möglichkeiten der modernen Medizin eher wachsen anstatt schwinden wird. Diese Kluft werde vor allem die älteren Mitbürger betreffen. Die alte Volksweisheit: „Alter und Krankheit gehen Hand in Hand" kann durch die folgende Tabelle belegt werden:

Abb. 8.1. Kranke und unfallverletzte Personen in der BRD je 10000 Personen gleichen Alters (modifiziert nach Kern, 1989). (Baltes und Mittelstrass).

	1966	1974	1982	1986
15 Jahre	604	937	829	697
15-39 Jahre	573	885	745	743
40-64 Jahre	1.380	1.838	1.750	1.483
65 Jahre	2.326	3.508	3.566	3.189

Mit dem gesteigerten Morbiditätsrisiko gehen auch gesteigerte **Krankheitskosten** einher: 70% aller Ausgaben der gesetzlichen Krankenversicherung dienen der Versorgung von Patienten im Rentenalter. Es ist sehr ungewiß, wie dieser Kostenberg von den nachwachsenden Generationen bewältigt werden kann. Eine Rationierung und Gewichtung der Hilfsmaßnahmen erscheint unausweichlich.

In der Versorgung insbesondere der alten Menschen muß die Medizin lernen, daß Behandlung einerseits präventiv orientiert sein muß, andererseits nicht mehr vorrangig Heilung, sondern Linderung und auch Trost, insbesondere bei Behinderungen und chronifizierten Krankheiten bedeuten muß (Caring statt curing). Aufgrund der weitaus individuelleren Ausgestaltung von Krankheitsverläufen im Alter muß der individuellen Betreuung ein noch größeres Gewicht als bei jüngeren Patienten beigemessen werden. Deshalb stellt die Behandlung alter Menschen besonders hohe Forderungen an die Persönlichkeit der Behandler sowie an ihre Fähigkeit zur Kontaktaufnahme und zum diagnostischen Gespräch.

Als mögliche Auswege aus der beschriebenen „Fortschrittsfalle" sieht Krämer (1992) folgende Punkte:

1. Eine ganzheitliche Orientierung berücksichtigt nicht nur das mögliche Ineinandergreifen von körperlichen, seelischen und sozialen Gesichtspunkten, sondern ist bemüht, Grunderkrankungen, daraus folgende Störungen, und die anzustrebende maximale Abwägung zwischen Kosten, Nutzen und dem subjektiven Empfinden von Erleichterung ausgiebig abzuwägen.

2. Daraus leitet sich die Forderung nach einer größeren Bereitschaft der Behandler ab, Verantwortung für die diagnostischen und therapeutischen Entscheidungen im Einzelfall zu übernehmen.

3. Die Überlegungen beinhalten außerdem eine humane Verteilung der möglichen und leistbaren medizinischen Hilfen: das bedeutet z.B. den Verzicht auf großartige Einzelleistungen (so z.B. die Einstellung des Programmes „Kunstherzproduktion" in den USA) zugunsten von Hilfsmaßnahmen, die einem größeren Personenkreis ein humaneres Leben ermöglichen.

Die im folgenden dargestellten psychologischen Barrieren, die sich einer vollen Ausschöpfung medizinischer Hilfsmöglichkeiten entgegenstellen, sollen auf die Bedeutung des Erlebens von Behinderung und Krankheit sowie deren Rückwirkungen auf die Interaktion mit dem Behandler aufmerksam machen. Anschließend zeigt ein Überblick die Möglichkeiten und auch die Grenzen der zur Verfügung stehenden Versorgungsstrukturen auf.

8.1 Gesundheitsverhalten im Alter

Als **Gesundheitsverhalten** wird das bewußte Handeln bezeichnet, das sowohl die Erhaltung wie die Verbesserung der eigenen Gesundheit zum Ziel hat. Es umfaßt den Umgang mit körperlichen Störungen wie auch die Einschätzung seelisch-geistiger Funktionstüchtigkeit einschließlich der dazugehörenden Krankheitssymptome. Optimales Gesundheitsverhalten stellt hohe Forderungen an die Fähigkeiten der Persönlichkeit: Es beinhaltet, sich selbst zu betrachten, sich dann entsprechend dem eigenen Gesundheitswissen einschätzen zu können sowie schließlich auch entsprechend zu handeln.

Das Gesundheitsverhalten ist als **persönliche Einstellung** eines Menschen anzusehen, die bereits früh im Leben entwickelt wurde; es ist in das durch die Persönlichkeit geprägte Gesamtverhalten des Menschen eingebettet. Nicht nur die allgemeine Gesundheitserziehung, sondern auch die Einstellung der Eltern (oder wichtigen Bezugspersonen) haben einen einschneidenden Einfluß auf die Entwicklung der Einstellung zur Gesundheit und Krankheit. So wird ein Mensch, dessen Mutter den Grundsatz vertrat: „Hast Du kein Fieber, bist Du auch nicht krank!" sich später in im Leben erst dann für arbeitsunfähig halten, wenn er Fieber hat. Diese Auffassung von Gesundheitsverhalten ist **altersstabil**: sie bleibt relativ konstant über das Leben hinweg in gleicher Weise bestehen. Als **altersabhängig** dagegen ist etwa das erforderliche Ausmaß an Aktivität für eine gesundheitserhaltende Maßnahme anzusehen. Einige Menschen werden aufgrund von

Angst besonders häufig den Arzt aufsuchen, andere brauchen lange, bis sie sich zu einem Arztbesuch aufraffen können. Diese Reaktivität (= die Zeit von der Wahrnehmung einer Störung bis zum Hilfesuchen) steigt bei vielen Menschen mit zunehmendem Lebensalter an. **Geschlechtsspezifische Unterschiede** bestehen darin, daß Frauen häufiger über verschiedene Beschwerden klagen und Männer tatsächlich vorhandene Gesundheitsprobleme eher verleugnen. Schließlich beeinflußt die **soziale Situation**, in der ein älterer Mensch lebt, die Möglichkeiten der Wahrnehmung von gesundheitserhaltenden Maßnahmen. Je niedriger Bildung und soziale Schicht, um so mehr besteht die Tendenz, Gesundheit und Krankheit als etwas Gegebenes anzusehen, das man entweder hat oder nicht hat und das sich der individuellen Einflußnahme wie auch der Einflußnahme durch die Medizin entzieht. Je höher die soziale Schicht, um so höher wird die Gesundheit bewertet, um so wahrscheinlicher ist ein der Gesundheit dienlicher Lebensstil, um so häufiger ist das prospektive, vorsorgeorientierte Denken, desto höher die Symptomaufmerksamkeit, desto häufiger wird der Arzt konsultiert, desto geringer ist der Krankenstand und desto höher ist die Lebenserwartung (Junkers, 1987). Je höher Gesundheit bewertet wird, desto höher ist die Symptomaufmerksamkeit und desto feiner das Raster, in dem Krankheit erfaßt bzw. subjektiv eingeordnet wird.

Die Vorstellungen, die ein Mensch über seinen Körper, die Zusammenhänge einzelner Funktionen, die Gesamtfunktionstüchtigkeit und die damit verbundenen Normen von „richtig oder nicht in Ordnung" hat, entsprechen keineswegs immer der medizinischen Realität. Vielmehr sind sie häufig von Erfahrungen, Legenden der Bezugsgruppen und von bestimmten gefühlsmäßigen Einstellungen und Mechanismen geprägt. Die wichtigsten Entscheidungen, die das Gesundheitsverhalten betreffen, werden im „**medizinischen Laiensystem**" gefällt und basieren auf dem **individuellen Gesundheitskonzept** eines Menschen. Dieses entscheidet maßgeblich über den Erfolg einer angesetzten Behandlungsmaßnahme (Kap. 3).

Ein wichtiger Faktor des Gesundheitskonzeptes ist die Frage nach **Kontrollierbarkeit** bzw. Beeinflußbarkeit der Gesundheit. Generell lassen sich wenig Veränderungen der Kontrollerwartungen mit steigendem Lebensalter nachweisen, zudem erwarten Ältere, daß sie auf ihre Gesundheit und geistige Leistungsfähigkeit weniger Einfluß nehmen können als jüngere Menschen. Je ausgeprägter das individuelle Gesundheitskonzept in früheren Lebensjahren war, desto eher besteht die Erwartung, auch im Alter auf die Gesundheit

Einfluß nehmen zu können. Häufig entsteht der Wunsch, „etwas für sich zu tun", erst dann, wenn spürbare Einschränkungen wie z.B. Schmerzen die Notwendigkeit dazu erstmals bewußt werden lassen. Vorsorgeorientiertes Denken erfordert Informiertheit, Überblick und weitere Fähigkeiten, die meist mit höherer Schulbildung, Intelligenz und der Fähigkeit, entsprechendes Wissen aus den Medien aufzunehmen, verbunden sind.

Die **sozialen Beziehungen** haben ebenfalls einen Einfluß auf die Gesundheit: Ledige, Verwitwete und Geschiedene scheinen z.B. geistig weniger gesund zu sein als Verheiratete. Antonucci und Jackson (1987) verstehen das soziale Beziehungssystem eines Menschen als eine lebenslang akkumulierte „support bank"; dies möchte ich aufgrund eigener klinischer Erfahrung modifizieren. Ich verstehe die tatsächlichen Kontakte als Ausdruck einer „inneren Überzeugung" Menschen überhaupt verfügbar zu wissen, d.h. innere Bilder von Menschen zu haben, mit denen es wünschenswert erscheint, im Kontakt zu sein. Insofern sehe ich diese „innerpsychische" Variable als Vorbedingung für das reale Kontaktverhalten an.

Sosna und Wahl (1983) wie auch eigene Befunde bestätigen diese Bedeutsamkeit des subjektiven Faktors: es besteht ein hochsignifikanter Zusammenhang zwischen psychiatrischer Erkrankung, körperlicher Beeinträchtigung sowie der subjektiven Isolation und nicht den objektiv feststellbaren Bedingungen.

Der Einfluß des sozialen Ansehens einer Störung bzw. Krankheit (z.B. Herzinfarkt, Syphilis) wurde nicht explizit beschrieben, ist aber in der Praxis häufig beobachtbar. Am deutlichsten kann dies in Erscheinung treten, wenn sich ein Patient gegen eine stationäre Behandlung einer psychischen Krankheit wehrt: „Ich bin doch nicht verrückt!". Ebenso werden verschiedene Störungen unterschiedlich scharf umrissen vorgestellt. So ist es für einen Arzt leichter, die Folge von zu starker Sekretion von Magensaft zu erklären, sehr viel schwerer dagegen Informationen zu vermitteln etwa über die Schwächung des Immunsystems, einen arteriosklerotischen Prozeß oder auch hirnorganische Durchblutungsstörungen. Je geringer die Bildung, desto eher wird die Information verworfen oder individualisiert „Ach so, das was mein Opa hatte".

Im Rahmen einer stationären Versorgung von psychiatrischen Alterspatienten konnte ich die Erfahrung machen, daß sich diese Situation besonders gut dazu eignet, die Patienten über wichtiges Gesundheitsverhalten sowie den Umgang mit ihrer individuellen Krankheit aufzuklären. Offenbar bereitet die Betroffenheit einer Behandlungsbedürftigkeit in der Klinik den Boden dafür, mehr Offenheit gegenüber Informationen zum Gesundheitsverhalten zu entwickeln. In ähnlicher Weise sind inzwischen viele Krankenkassen und Träger von Rehabilitationsmaßnahmen (z.B. BFA) dazu übergegangen, Informationen über Gesundheit und an Prävention orientiertem Verhalten in ihre Behandlung mit einzubauen.

Die **Gesundheitsaufklärung** sollte deshalb – individuell zugeschnitten – zu einem Bestandteil der Gesamtbehandlung werden und sollte möglichst im „Hier und Jetzt" stattfinden. Die Art und Weise der Aufklärung hat die allgemeinspsychologischen Befunde zur Veränderung von Wahrnehmung, Aufmerksamkeit sowie Lernen und Behalten neuer Inhalte im Alter zu berücksichtigen. Dabei spielt die Plausibilität bzw. Einsehbarkeit in das zu Erlernende eine besondere Rolle (Kap. 2). Auch die **Aufklärung** über die gesundheitlichen Hilfsangebote muß sich an den Gegebenheiten und Erfordernissen des individuellen Alterspatienten orientieren.

Andererseits ist aber auch zu berücksichtigen, daß einem alten Menschen ein Recht auf seine Lebensweise zuzugestehen ist..

8.1.1 Hilfesuch- und Krankheitsverhalten

Das Hilfesuch- und **Krankheitsverhalten** ist auf das engste mit dem Gesundheitsverhalten verknüpft. Wie beschrieben, ist die Wahrnehmung von Symptomen und Krankheiten individuell sehr unterschiedlich, hängt aber auch von den folgenden Faktoren ab.

Das Hilfesuch- und Krankheitsverhalten ist abhängig von der **sozialen Schicht**: Patienten der Unterschicht nehmen seltener oder verzögerter Kontakt zu therapeutischen Institutionen auf als Angehörige der mittleren und oberen Schichten. Psychische Beschwerden werden von Patienten wie Angehörigen in der Unterschicht **eher** als **Ausdruck organischer Krankheiten** angesehen. Ein sozialisationsabhängiges konkretes Denken fördert die Wahrnehmung konkreter Störungen und vernachlässigt psychische Empfindungen. Außerdem fehlen meist die notwendigen Informationen über Krankheiten und ihre Äußerungsformen. Die geringere Inanspruchnahme therapeutischer Institutionen wird mit einer negativen Einstellung gegenüber medizinischen Institutionen erklärt. Angehörige der Unterschicht haben daher auch eine ablehnendere Haltung gegenüber psychiatrischer Behandlung als Angehörige der oberen Mittelschicht.

Für die Heilungschancen ist die **Krankheitsdauer** vor Beginn der Behandlung von großer Bedeutung. So haben z. B. Patienten, die innerhalb eines Monats nach Auftreten erster psychischer Symptome in Behandlung kommen, eine Remissionsquote von 87% gegenüber 56%, wenn die Symptome bereits bis 10 Monate angedauert haben.

Entscheidend für die Inanspruchnahme von Hilfsdiensten ist die **funktionelle Kapazität** älterer Menschen. Darunter sind die Fähigkeiten zu verstehen, die jeweils individuell zur Bewältigung des Lebensalltages benötigt werden. Untersuchungen zeigen, daß 88% aller alten Menschen in bezug auf die Eigenpflege und 50% in bezug auf die Haushaltsversorgung „funktionstüchtig"sind. Verschiedenste Möglichkeiten zur Beanspruchung von Hilfsdiensten sind gegeben, jedoch spielen Barrieren, so z.B. persönlichkeitsbedingte oder soziale, hier eine wichtige Rolle. Beispielsweise zeigt sich in einer Berliner Untersuchung zur Gesundheitserhaltung älterer Menschen, daß bei einigen Probanden bis zu 9 Krankheiten diagnostiziert wurden, ohne daß derjenige ihretwegen um entsprechende Hilfe nachgesucht hätte (Blumenstock et al., 1981). 70% aller über 70jährigen gehen in jedem Quartal mindestens einmal zum Arzt. 60–77% aller über 60jährigen nehmen regelmäßig Arzneien ein. Von den über 80jährigen verzichten nur 10% der Männer und 3% der Frauen auf die Einnahme von Medikamenten. Die Verordnungen für alte Menschen stellen 1/3 aller ärztlichen Verordnungen dar. Das bedeutet finanzielle Aufwendungen in Höhe von 4, 8 Milliarden Mark.

Je schlechter der gesundheitliche Zustand, insbesondere die Mobilität, desto wichtiger ist die **Erreichbarkeit des Arztes**. Sie hängt nicht nur von der geographischen Lage und der Arztdichte ab, sondern auch von der subjektiven Erreichbarkeit des Arztes im Sinne der Abwesenheit sozialer Barrieren. Ebenso spielen noch immer Hemmungen davor eine Rolle, um einen Überweisungsschein für einen anderen Facharzt zu bitten, weil der Patient darin eine mögliche Kränkung seines Arztes und damit des Vertrauensverhältnisses zu ihm sieht. Je weiter entfernt ein Patient wohnt, je ängstlicher er wirkt und je weniger redegewandt er ist, desto ernster muß der Arzt seine Beschwerden nehmen und desto mehr muß er sich bemühen, seine Informationen immer wieder neu und auf verschiedene Weise zu übermitteln.

Ein Patient sucht nur dann einen Arzt auf, wenn er sich durch den Arzt eine Änderung seines Befindens vorstellen kann. Besonders kraß zeigt sich dies in der Gegenüberstellung von psychiatrischer Behandlungsbedürftigkeit, wie sie aus epidemiologischen Studien hervorgeht, und der tatsächlichen Inanspruchnahme ambulanter nervenfachärztlicher Versorgung: Ältere Menschen sind in Nervenfacharztpraxen deutlich unterrepräsentiert. Ebenso ist unter Älteren die

Scheu verbreitet, soziale ambulante Hilfsdienste in Anspruch zu nehmen; die Effektivität dieser Dienste hängt jedoch entscheidend davon ab, wie die Älteren sie sehen und welche subjektive Bedeutung sie ihnen zuschreiben und ob sie sich von dort eine wirkliche Hilfe vorstellen können.

Manche ältere Patienten erregen den Ärger ihres behandelnden Hausarztes dadurch, daß sie weit häufiger als es seiner Einschätzung nach angezeigt ist die Praxis aufsuchen. Dies im englischen Sprachraum als „doctor hopping" und „clinic shopping" bekannt gewordene Problem verdeutlicht einerseits, wie zentral die körperlichen Belange für den älteren Menschen geworden sind; andererseits weist es darauf hin, daß viele Ältere Krankheit nicht nur als eine Möglichkeit der Kontaktaufnahme, sondern möglicherweise auch als soziale Aufwertung verstehen.

Viele Beschwerden älterer Menschen werden vom Arzt oft als dem Alter zugehörend interpretiert. Chronische Erkrankungen werden auch von den Betroffenen selbst häufig nur als rascheres Altern aufgefaßt.

In Abhängigkeit vom Gesundheitssystem und dem Träger der Behandlungsfinanzierung definiert der Arzt, wann jemand gesund oder krank ist: Bei jüngeren Patienten schreibt er krank oder gesund. Beim älteren Patienten erhält die subjektive Einstellung des Arztes u.U. durch die unrichtig ausgelegte Gesetzgebung eine scheinbare Rechtfertigung. So werden fälschlich einige medizinische Rehabilitationsmaßnahmen nur bis zu einem bestimmten Alter als indiziert angesehen (z.B. wozu noch eine logopädische Behandlung für einen 79jährigen?) obwohl ihre Indikation prinzipiell nach dem Sozialgesetzbuch V bestätigt ist.

Der Ältere scheint häufiger als der Jüngere auf Belastungssituationen mit Introversion zu reagieren, was im psychischen Bereich Resignation, Depression und Angst, im seelisch-körperlichen Bereich Hypochondrie und psychosomatische Störungen bedeuten kann (Reizschutz). Ältere klagen weniger über vegetative Beschwerden als Jüngere (Pflanz, 1972), sie äußern weniger Beschwerden spontan, obwohl sie auf gezieltes Befragen zahlreiche Symptome bejahen (Kap. 1.6). Viele verneinen die Frage, ob sie sich behindert fühlen, obwohl sie z.T. in großem Umfang tatsächlich behindert sind (Shanas, 1971). 30% der Älteren können kein verläßliches Urteil über den eigenen körperlichen Gesundheitszustand abgeben. Sie suchen den Arzt seltener auf, als es aufgrund ihrer Morbiditätshäufigkeit zu erwarten wäre. Dieses Verhalten trägt dazu bei, dem Arzt eine exakte Diagnosestellung zu erschweren.

8.1.2 Compliance

Als **Compliance** wird in der Medizin „die Bereitschaft des Patienten und des Arztes, sich gegen die Erkrankung partnerschaftlich zusammenzuschließen", verstanden. Eine fehlende Compliance liegt vornehmlich in Störungen der Beziehung zwischen Arzt und Patient begründet. Studien dazu gibt es erst seit ca. 30 Jahren. Sie beziehen sich aber bis heute fast ausschließlich auf die Kooperation in Bezug auf medikamentöse Therapie (Schicke, 1976). Die Erfassung weiterer Einflußgrößen auf die Compliance im ambulanten wie im stationären Bereich stößt auf vielfältige Schwierigkeiten; nicht zuletzt scheitert dieses Forschungsanliegen auch am fehlenden Konzept der Persönlichkeit.

Die Compliance bei **Medikamenteneinnahme** unterscheidet sich nach **Krankheiten**: Patienten nach Myokardinfarkt, bei Herzkrankheiten, Malignomen oder Stoffwechselkrankheiten zeigten eine bessere Compliance als bei anderen Krankheiten. Hypertoniker zeigen eine sehr geringe Kooperations-bereitschaft (nur 19% erwiesen sich als zuverlässig), ebenso Suchtpatienten: Ihnen erscheint die Förderung und Erhaltung von Gesundheit kein erstrebenswertes Gut.

Das **Geschlecht** besitzt keinen differenzierenden Einfluß, anders der **Familienstand**: Ledige zeigen eine höhere Nichtbefolgungsrate als Verheiratete.

Zur **Berufstätigkeit** zeigen sich folgende Zusammenhänge: Hausfrauen sind weniger kooperativ (30%) als Berufstätige (41%); Rentner zeigten dagegen die geringste Compliance (28%): Das **Alter** zeigt also einen ganz erheblichen Einfluß auf die Compliance: Nur 23% einer Gruppe von chronisch kranken älteren Patienten nimmt ihre Medikamente regelmäßig ein. Persönlichkeitseigenarten haben auch im Alter einen modifizierenden Einfluß. Die **Vergeßlichkeit** zeigt insbesondere bei Merkfähigkeitsstörungen älterer Patienten einen bedeutsamen Einfluß auf die Verläßlichkeit der Medikamenteneinnahme. **Mangelndes Vertrauen** kann bei nicht sofort spürbarer Hilfe die Entscheidung beeinflussen, daß „diese Pillen" wohl doch nicht helfen: Ein Seufzen des Arztes am falschen Platz kann vom Patienten als Zeichen aufgefaßt werden, daß ihm doch nicht zu helfen sei.

Die Ursachen für **Non-Compliance** sind also äußerst komplex. Es wird deutlich, daß Compliance auf das Engste mit dem Gesundheits- und Krankheits- bzw. Hilfesuchverhalten verknüpft ist und als relativ altersstabile Persönlichkeitseinstellung angesehen werden kann.

Den für das Handeln eines Patienten bedeutsamsten Hintergrund bildet das **subjektive Krankheitsmodell** eines Menschen. Damit sind die Gedanken gemeint, die sich ein Patient über seine Krankheit, sowie deren Entstehung und Behandlung macht. Einige Patienten sehen ihren Zustand als verdiente Strafe an, andere führen die Lähmung des Beines auf Überanstrengung zurück und wehren sich deshalb z.B. gegen krankengymnastische Übungen. Ein anderer Patient resigniert, weil er die Krankheitssymptome im Sinne eines persönlichen Versagens und damit depressiv verarbeitet. Andererseits besteht auch die Gefahr, mangelnde Motivation zur Mitarbeit mit dem Vorliegen einer Depression zu verwechseln. Nur wenn es dem Behandler gelingt, diese subjektiven Hintergründe zu erkennen, können sie durch Aufklärung und entsprechende Einführung einer bestimmten Therapie den Behandlungserfolg verbessern.

Die Mitarbeit eines Kranken bei der Behandlung und sein subjektives Krankheitsmodell sind durch Wissen bzw. **Informiertheit** positiv zu beeinflussen. Auch simple Handlungsanweisungen für den täglichen Umgang mit der Arznei können hilfreich sein.

Die Einnahme verordneter Arzneimittel ist desto schlechter, je komplexer die Arzneitherapie ist, je mehr Medikamente gleichzeitig verordnet werden und je mehr über den Tag verteilte Dosen eingenommen werden müssen.

Ley (1980) zeigt auf, daß 37–60% der in der Sprechstunde dem Patienten vermittelten Informationen gleich wieder vergessen werden. Diagnostische Mitteilungen werden am besten behalten, Informationen über die Therapie werden am ehesten vergessen.

Andererseits zeigen Forschungsergebnisse, daß **subjektive Krankheitsmodelle** dabei eine erhebliche Rolle spielen. Böker (1980) fordert: „Die Information des Patienten muß so gestaltet sein, daß die Funktionalität seiner Krankheits- und Therapiemodelle erhöht wird". Krankheitskonzepte sind nach seiner Auffassung so zu modifizieren, daß daraus ein vernünftiges Patientenverhalten folgen kann. Meiner Meinung nach fehlt jedoch bei diesen Überlegungen die Vorstellung, daß auch unbewußte Widerstände gegen eine adäquate Behandlung am Werk sein können.

Der Patient hat immer Recht, wir müssen ihn nur richtig verstehen. Dies ist in bezug auf eine allgemeinmedizinische Versorgung nur dann zu realisieren, wenn man von einer psycho-physisch ganzheitlichen Betrachtung ausgeht.

8.2 Die geriatrische Versorgung

Die medizinische Versorgung alter Menschen wird im wesentlichen von den **Hausärzten,** meist Fachärzten für Allgemeinmedizin sowie den **Allgemeinkrankenhäusern** geleistet. Die Spezialisierung zum Facharzt für Geriatrie sowie die Einrichtung von Geriatrischen Fachabteilungen haben sich trotz intensiver Forderungen in Deutschland bisher nur wenig durchgesetzt. Eine spezielle geriatrische Versorgung ist deshalb keine Regelversorgung.

Die Forderungen nach verbesserter geriatrischer Versorgung gründen sich auf einen speziell für den alten Menschen **modifizierten Krankheitsbegriff**. Wie beschrieben charakterisieren Multimorbidität, chronisches Leiden sowie veränderte Bedingungen von Diagnostik und Therapie das Spektrum. Individuelle Unterschiede kommen deutlicher als in jüngeren Lebensjahren zum Tragen. Die Rekonvaleszenz ist verlängert, Auswirkungen von verhaltensabhängigen Rückbildungsvorgängen sind zu berücksichtigen. Daraus resultiert ein spezifischer Behandlungs- und Versorgungsbedarf, dem auf der Seite von Diagnostik und Therapie ein multiprofessionelles Fachteam entsprechen würde. Der Verschiebung des Behandlungsschwerpunktes von der Heilung auf die Linderung und Begleitung wird im Gesundheitsreformgesetz von 1989 Rechnung getragen: Mit den Leistungen der gesetzlichen Krankenversicherungen ist nun auch Rehabilitation zu erbringen. Die lang erhobene Forderung: **Rehabilitation vor Pflege** hat jetzt eine Gesetzesgrundlage bekommen.

In der ambulanten Versorgung stehen 90% der über 65jährigen in regelmäßigem Kontakt mit ihrem Hausarzt. Um jedoch der **Multimorbidität** alter Patienten gerecht werden zu können, wird ein Netzwerk von Fachärzten und vor allem an anderen therapeutischen Berufsgruppen benötigt, an die zu einer ganzheitlichen Prävention und Rehabilitation überwiesen werden kann. Die **Überweisungspraxis** bei älteren Patienten liegt im argen: Vielerlei psychologische Barrieren auf der Seite des behandelnden Arztes und auch auf der Seite des Patienten spielen eine Rolle. So kann der Arzt seinen Patienten oft nicht „loslassen", es werden rationalisierende Argumente angeführt, die bestehenden Probleme könnten vom Allgemeinarzt mitbehandelt werden. Auch auf der Seite des Patienten wird oft genannt, sich nicht auf einen neuen Arzt umstellen zu wollen, Angst vor Unbekanntem zu haben, oder sich nicht als psychiatrisch behandlungsbedürftig anzusehen. Diese Einstellungen stehen einer angemessenen Versorgung oft entgegen.

Das Funktionieren der Zusammenarbeit für den geriatrischen Patienten setzt gebietsübergreifende Kenntnisse, insbesondere der Inneren Medizin, der Psychiatrie, der Neurologie und der Psychologie voraus. Bei der erforderlichen interdisziplinären Zusammenarbeit kommt es heute noch häufig zu Interaktionen, die dem Wohle des Patienten nicht förderlich sind. In der Auflösung, Um- und Neubildung der entsprechenden Fachgesellschaften spiegelt sich das Kommunikationsproblem der helfenden Berufe wider.

Gegenwärtig wird die **klinische Versorgung** je nach Krankheitsbild von den verschiedenen, meist internistischen Fachabteilungen der Krankenhäuser geleistet. Die dort Tätigen sind jedoch meist nicht speziell für die Arbeit mit Älteren vorgebildet.

Die Wahrscheinlichkeit der **Fehlplazierung** von Alterspatienten ist in den bestehenden allgemeinen Versorgungseinrichtungen sehr groß. So werden z.B. psychische Erkrankungen auf internen Stationen häufig nicht erkannt und erkannte psychische Krankheiten unzureichend behandelt und vice versa.

Mit der Einrichtung von spezifischen **geriatrischen Kliniken** verbindet sich die Hoffnung, den beschriebenen Problemen älterer Patienten besser gerecht werden zu können. Gegenwärtig gibt es in der BRD insgesamt 110 klinisch-geriatrische Einrichtungen (Lang et al., 1993). Eine exakte Unterteilung in Abteilungen für akut und chronisch Kranke kann nicht geleistet werden. Zusammengenommen mit den gerontopsychiatrischen Einrichtungen verfügen sie über insgesamt 14 015 planmäßige Betten. Diese stellen einen Anteil von nur 2,0% am Gesamtbettenkontingent (Clemens, 1979; S. 311). Die Wartezeit auf ein Bett beträgt durchschnittlich 10 Tage, die Verweildauer mehr als zwei Monate; speziell in Abteilungen für chronisch Kranke über 450 Tage.

Die erwartete multiprofessionelle Zusammensetzung des Behandlungsteams ist jedoch auch bei den bestehenden Einrichtungen nicht so, wie es gefordert wird; meist werden Psychologen, Krankengymnasten, Ergotherapeuten etc. übergreifend für das gesamte Krankenhaus eingesetzt (Lang et al., 1993).

8.2.1 Der alte Mensch in der ärztlichen Praxis

Der niedergelassene Arzt für Allgemeinmedizin ist der eigentliche „Arzt für Geriatrie" (Störmer, 1983). Er stellt den hauptsächlichen Ansprechpartner dar für Beschwerden des alten Menschen. Auf ihn entfallen 57% aller Praxiskontakte der über 65jährigen Patienten (Fischer, 1987, S. 131). Er verwendet 44% seiner Arbeitszeit auf alte Patienten.

Der Allgemeinarzt sollte deshalb das Zentrum für die Organisation multiprofessioneller **Rehabilitation**smaßnahmen darstellen und mit regionalen, ambulant-pflegerischen und ambulant-therapeutischen Diensten eng zusammenarbeiten. Dies setzt eine intensive Kooperation und gegenseitige Informationsleistung voraus, die jedoch zur Zeit viel seltener als erforderlich realisiert wird. Die Erarbeitung und die Anwendung des entsprechenden Wissens ist zeitintensiv und müßte, ebenso wie die Behandlung älterer Menschen überhaupt, in der ärztlichen Gebührenordnung entsprechend berücksich-

8.2 Die geriatrische Versorgung

tigt werden. So wird z.B. dem Arzt in England für die Behandlung eines alten Patienten eine Zulage gezahlt.

Schon heute werden ältere Patienten in ärztlichen Praxen überwiegend wegen chronischer Erkrankungen und daraus resultierender körperlicher, psychischer und sozialer Folgen behandelt. In der früheren DDR gab es seit 1981 beratende Ärzte für Geriatrie ohne Leitungskompetenz i. S. einer ehrenamtlichen Zuordnung zu Kreis- und Bezirksärzten meist allein aufgrund ihrer Tätigkeit in Sozialeinrichtungen für ältere Menschen.

Begleitet der Hausarzt die Gesundheit des Betagten, ist die **Früherkennung** von Risikofaktoren und Behinderungen seine Hauptaufgabe. Dies bezieht die Diagnostik seelischer Störungen und die frühzeitige Erkennung von deren Behandlungsbedürftigkeit mit ein. Für diese Aufgabe ist er kaum vorbereitet und eine Kooperation mit entsprechenden Fachkräften, wie einem Alterspsychologen oder einer gerontopsychiatrischen Krankenschwester gibt es in der Regel noch nicht. Gegenüber der Überweisung zu einem psychiatrischen Facharzt bestehen häufig Vorbehalte: Der Patient hat Scheu vor dem Psychiater („Ich bin doch nicht verrückt!"); der Allgemeinmediziner ist häufig überzeugt, dieses Fach adäquat mit zu beherrschen.

Darüber hinaus sollte der Allgemeinarzt seine Patienten über altersgerechte Lebensweisen informieren sowie bei Nichteinhaltung auf drohende negative Folgen aufmerksam machen. Nur von einem ärztlichen Informationsgespräch, das in Abstimmung auf die individuelle Situation des Patienten stattfindet, ist hier Erfolg zu erwarten; eine entsprechende Broschüre kann nur ergänzend dazu mitgegeben werden; sie allein hat keinen Effekt.

Bisher liegen nur sehr wenige Ergebnisse wissenschaftlicher Untersuchungen zu geriatrischen Problemen der Allgemeinpraxis vor. Eine Befragung von 550 Ärzten der BRD (1989) ergab, daß der Anteil derer, die allgemeinärztlich behandelt werden, ab dem 50. Lebensjahr relativ zu den Altersgruppen der Bevölkerung ständig anwächst: Von den erfaßten Patienten in Allgemeinpraxen waren 32,3% über 60 Jahre alt.

Altersgruppen	Anteil am Total aller Sprechstundenpatienten
unter 20 Jahre	ca. 10%
von 20 – 60 Jahre	ca. 30%
über 60 Jahre	ca. 60%

Abb. 8.2. Verteilung der Altersgruppen in der ärztlichen Praxis. Aus: Irniger, W. (1986) Probleme im Umgang mit betagten Patienten in der täglichen Praxis. (Kiehlholz und Adams, S. 31).

Die Europäische Gemeinschaftsstudie zur **Überweisungspraxis** in der Primärversorgung ergab, daß die Patienten desto seltener überwiesen werden, je älter sie sind: Überraschend selten wurden sie an niedergelassene Psychiater überwiesen. Hausbesuche durch Gebietsärzte bilden eine absolute Ausnahme. Je älter die Patienten, desto häufiger die Hausbesuche. Ärzte, die länger als 10 Jahre niedergelassen sind, führen im Durchschnitt kaum Hausbesuche durch (nach Thies-Zajonc et al., 1993).

Um die Betreuung alter Menschen in der ärztlichen Praxis zu verbessern, wurde in Berlin mit einem Modellprojekt „**dezentrales Krankenhaus**" begonnen: 3 Internisten, 2 Allgemeinärzte und 2 Assistenten garantieren im Rahmen einer Gemeinschaftspraxis täglich 12 Stunden Dienstbereitschaft. Es besteht darüber hinaus eine enge Zusammenarbeit mit 2 festen Mitarbeiterinnen einer Hauspflege. Da die Patienten dem Arzt meist seit längerer Zeit bekannt sind, kann die Behandlung so effizienter, aber auch – gegenüber einem Krankenhausaufenthalt – kostengünstiger gestaltet werden.

Einen Spezialfall stellt die Versorgung von älteren Patienten in **Alten-** und **Pflegeheimen** dar: Nach dem Prinzip der freien Arztwahl kann sich in der Regel jeder Heimbewohner durch seinen ihm vertrauten Arzt weiterbehandeln lassen. Nur sind nicht alle Ärzte zu diesen „Hausbesuchen" bereit; darüber hinaus sind sie in ihrer Behandlungskompetenz im wesentlichen von der Information durch das Pflegepersonal abhängig. Die Momentaufnahme des Altenheimbewohners vermittelt meist ein unrealistisches Bild; Verlaufsbeobachtungen sind unverzichtbar, setzen aber eine exakte Beschreibung voraus.

8.2.2 Die geriatrische Tagesklinik

Geriatrische Tageskliniken werden der Multimorbidität der Alterspatienten eher gerecht, da hier ein multiprofesssionelles Fachteam bereitsteht. Die tagesklinische Behandlung ist preiswerter, weil die Hotelkosten im Krankenhaus entfallen; sie ist nicht preiswerter, rechnet man die Personalkosten allein.

Die Indikationen zur Behandlung in der Tagesklinik sind vielfältig: Körperliche Behinderungen nach Schlaganfall, traumatische oder degenerative Gelenkerkrankungen, spezielle Störungen von Herz und Kreislauf, neurologische Probleme etc. Der Zustand des alten Patienten sollte einen Ansatz für rehabilitative Maßnahmen bieten, es muß ihm häusliches Wohnen, wenn auch u.U. mit Fremdhilfe möglich sein, die Tagesklinik muß in erreichbarer Nähe bzw. in zumutbarer Entfernung vom Wohnort des Patienten liegen. Knapp die Hälfte der in geriatrischen Tageskliniken behandelten Älteren wird aus der eigenen Wohnung eingewiesen (Lang et al., 1993). Das durchschnittliche Alter liegt meist höher als bei den gerontopsychiatrischen Patienten (51 % sind über 75 Jahre alt).

Als Bedarf werden 2 Plätze für 1000 über 65jährige Einwohner geschätzt. Derzeit (1993) existieren in Deutschland 14 geriatrische Tageskliniken mit durchschnittlich je 22 (insgesamt 350) Behandlungsplätzen, die natürlich keine umfassende Versorgung leisten können; 6 weitere sind zu diesem Zeitpunkt in der Planung.

Das Gesundheitsreformgesetz fordert von den niedergelassenen Ärzten eine exakte Indikationsstellung für die Einweisung in die geriatrische Tagesklinik. Die Anwendung vielfältiger verschiedener Heilmittel einschließlich Krankengymnastik, Bewegungstherapie, Beschäftigungstherapie wie auch psychosoziale Hilfe nach „einem ärztlichen Behandlungsplan" ist bei der Tagesklinik als Rehabilitationseinrichtung eher möglich als in der Praxis des Niedergelassenen. Insbesondere die Diagnostik sowie Einleitung einer psychiatrischen und/oder psychologisch/psychotherapeutischen Behandlung wäre hier problemloser möglich als in der Praxis oder u.U. auch in der stationären Behandlung.

Der besondere Vorteil einer tagesklinischen Behandlung wird in dem Verbleiben in der häuslichen Umgebung und in der Aufrechterhaltung der sozialen Bezüge gesehen. Sie gibt gute Möglichkeiten, die Therapie den besonderen Erfordernissen anzupassen (z.B. 3 x 10 Minuten statt 1 x 30 Minuten krankengymnastische Behandlung). Da der Patient längere Zeit dort verbringt, kann er von entsprechend geschultem Personal diagnostisch beobachtet werden. Insbesondere hirnorganisch bedingte Störungen sowie psychische Beeinträchtigungen sollten hier weit besser zu diagnostizieren sein als in der Praxis.

8.2.3 Der alte Mensch im Krankenhaus

Ist eine stationäre Aufnahme indiziert, wird der alte Patient meist in internen Abteilungen von Allgemeinkrankenhäusern versorgt. Die überwiegende Bettenkapazität von Krankenhäusern wird zur Versorgung älterer Menschen genutzt. 40 % aller Pflegetage in Krankenhäusern entfallen auf die über 65jährigen. 1/5 von ihnen wird mindestens einmal im Jahr aufgenommen. Die häufigsten Einweisungen finden in den letzten 2 Lebensjahren statt.

Außerdem ist die Verweildauer hoch: Alte Menschen sind unter denjenigen, die sich länger als 25 Tage im Krankenhaus aufhalten, überproportional vertreten.

Auch hier gilt, daß die behandelnden Ärzte sowie das Pflegepersonal in der Regel nicht für eine spezielle geriatrische

Behandlung, aktivierende Pflege sowie spezielle geriatrische Rehabilitation ausgebildet sind. Eine Untersuchung der Bundesarbeitsgemeinschaft für Rehabilitation zeigt auf, daß sich die Krankenhäuser nicht als Glied in der Kette der zur Rehabilitation verpflichteten Einrichtungen verstehen. Das Akutkrankenhaus sollte sich aber stärker als bisher gerade bei Betagten bereits während der Akutbehandlung mit rehabilitativen Maßnahmen befassen.

Die Aufgabe des Klinikarztes ist die Vervollständigung der Diagnose sowie die Aufstellung eines Behandlungsplanes, der auch über die Entlassung hinaus fortzuschreiben ist. Viele Betagte in Akutkrankenhäusern könnten bei aktivierend rehabilitativer Behandlung schneller wieder entlassen werden. Experten schätzen, daß 40% der sogen. „Pflegefälle" durch rechtzeitige aktivierende Rehabilitation wieder zu einem selbständigen Leben in der Lage wären.

Über die Verteilung psychischer Krankheiten im **Allgemeinkrankenhaus** ist relativ wenig bekannt. Cooper ermittelte in 6 inneren Kliniken in einem Großstadtgebiet eine Prävalenz von 30,2%. Sie setzte sich aus 9,1% hirnorganischen Psychosyndromen und 21,1% funktionellen psychischen Störungen zusammen. Er stellte weiter fest, daß die Gesamthäufigkeit psychischer Erkankungen in der Inneren Klinik signifikant höher liegt als in einer altersgleichen Gemeindestichprobe. Dies kommt in besonderem Maße durch die funktionellen psychischen Störungen zustande. Die im Krankenhaus identifizierten Störungen wurden durchweg als schwerer beurteilt als die in der Gemeinde. In einer Nachuntersuchung nach einem Jahr zeigte sich, daß Patienten mit kognitiven Störungen ein höheres Sterberisiko aufwiesen und häufiger in Heime überwiesen werden mußten. Das Sterberisiko der affektiv Erkrankten war im ersten Jahr nach dem Klinikaufenthalt nicht erhöht; sie wurden aber häufiger in Heime eingewiesen als psychisch Gesunde.

Aus 14 geriatrischen Spezialkliniken wird berichtet, daß nach den Herzkreislaufkrankheiten die psychiatrischen und neurologischen Krankheiten die folgenden Plätze in der Häufigkeit einnehmen. 70% der in geriatrischen Kliniken Behandelten konnten wieder nach Hause entlassen werden. Die Liegezeit konnte in der Akutgeriatrie innerhalb von 10 Jahren um 50% gesenkt werden. Diejenigen, die eine Spezialisierung im Sinne eines Teilgebietes „Geriatrie" befürworten, fordern, daß geriatrische Betten nicht als „Anhängsel" größerer Fachabteilungen, z.B. in der inneren Medizin, wo alte Patienten „unspezifisch" versorgt werden, sondern als selbständige Einheiten geführt werden.

Experten empfehlen für die personelle Ausstattung einer

geriatrischen Abteilung ein Verhältnis 1:10 für Ärzte, für Psychologen und Sozialarbeiter 1:40.

Vorliegende Daten zeigen, daß trotz eindringlicher Forderungen die geriatrische Versorgung in Deutschland unzureichend ist. Eine eigene Untersuchung unter den geriatrischen und gerontopsychiatrischen Spezialkliniken ergab, daß zwar für 50% eine Versorgung durch einen Psychologen gewährleistet sei; bei genauerem Hinsehen zeigte sich jedoch, daß nur 5 Psychologen in den 150 befragten Kliniken überwiegend mit älteren Patienten arbeiteten. Der Bericht der Sachverständigenkommission zur Erstellung des 1. Altenberichtes der Bundesregierung endet mit den Ausführungen zur geriatrischen Versorgung: „Es bleibt zu hoffen, daß neben strukturellen Veränderungen im Krankenhaussektor auch zeitgemäße Personalschlüssel für die Geriatrie anerkannt werden, die es ermöglichen, alle heute an sich bewährten diagnostischen, therapeutischen und rehabilitativen Möglichkeiten im Rahmen einer umfassenden Behandlung im Einzelfall auch tatsächlich auszuschöpfen".(Bericht der Sachverständigenkommission zur Erstellung des ersten Altenberichtes der Bundesregierung, 1993; S. 151).

Aus dem Gesagten ergibt sich außerdem, daß ein Gerontopsychologe mit klinischer Erfahrung innerhalb eines Allgemeinkrankenhauses die wichtige Aufgabe übernehmen könnte, psychiatrische Fehlplazierungen zu minimieren wie auch eine entsprechende psychotherapeutische Hilfe einzuleiten, ohne daß die beschriebenen Hürden der Inanspruchnahme hier zum Tragen kämen. Ich empfehle deshalb, daß für die spezielle Betreuung wie auch für die Hilfe zur Differrentialdiagnose ein Psychologe am Allgemeinkrankenhaus, der für die Probleme älterer und alter Patienten spezialisiert ist arbeitet. Ein anderes Modell wäre ebenfalls denkbar, in dem ein gerontopsychiatrisches Spezialteam konsiliarisch eng mit einem Allgemeinkrankenhaus zusammenarbeitet: Von dieser Kooperation könnten beide Seiten zum Wohle des Patienten profitieren.

8.3 Die psychiatrische Versorgung alter Menschen

Die 1975 von der Sachverständigenkommission der Psychiatrie-Enquête aufgezeigten Mängel in der gerontopsychiatrischen Versorgung bestehen zu einem großen Teil weiter fort:

Der damals beklagte Platz- und Bettenmangel gilt als überholt: Einerseits hat sich der Behandlungsschwerpunkt zur ambulanten Behandlung hin verschoben, zum anderen sind ausreichend neue stationäre Behandlungsplätze geschaffen worden. Für die nähere Zukunft ist jetzt vielmehr eine qualitative Verbesserung der Versorgung anzupeilen: Es gibt zwar inzwischen vielfältigere Angebote; es mangelt jedoch weiterhin an speziell gerontologisch geschultem Personal der verschiedensten Disziplinen. Darüber hinaus ist weiterhin eine fehlende Durchlässigkeit der versorgenden Institutionen zu beklagen, nicht zuletzt, weil auch eine fachgerechte Koordination der verschiedenen Behandlungsmöglichkeiten sowie die Kompetenz zur Erstellung von differenzierten Behandlungsplänen fehlen.

Gegenwärtig faßt Bauer (1992, S. 479) zusammen: „Die in der gerontopsychiatrischen Versorgung zu beklagenden Mängel liegen weniger in der Organisationsstruktur psychiatrischer Kliniken als vielmehr in der oft mangelhaften Verknüpfung des stationären mit dem außerstationären Bereich sowie der wenig differenzierten nicht-stationären Infrastruktur".

Die aus der damaligen Bestandsaufnahme der Mängel in der gerontopsychiatrischen Versorgung abgeleiteten Forderungen bzw. Leitprinzipien für die Behandlung, Prävention und Rehabilitation psychisch kranker alter Menschen haben im Wesentlichen noch heute Gültigkeit: Früherkennung und Frühbehandlung haben Priorität. Mit der Forderung nach Assessment units waren Zentren gemeint, die eine umfassende Diagnostik leisten und medizinische, soziale und psychische Faktoren einbeziehen, um eine bedarfsgerechte Auswahl einer für den Patienten geeigneten Behandlung zu ermöglichen. Man ist von dieser Forderung abgekommen und sucht nach verschiedenen Möglichkeiten, die multiprofessionelle Kompetenz gerontologischer Teams für die individuell zugeschnittene Erstellung von Therapieplänen nutzbar zu machen. Aus eigener Erfahrung befürworte ich heute eher mobile Fachteams, die im Sinne von Konsiliartätigkeit herangezogen werden und im optimalen Fall über Weisungsrecht verfügen sollten.

Gemeindenahe Beratungs- und Behandlungsangebote sind vielerorts entstanden; Eine Entlastung der psychiatrischen Krankenhäuser hat stattgefunden. Regionale Verbundsysteme sind nur spärlich entstanden. Das Problem besteht weiterhin in der mangelnden Verzahnung und Kooperation der bestehenden Einrichtungen. Die Versorgung der chronisch Kranken und Behinderten ist weiterhin unbefriedigend gelöst. Die bestehenden und oft kritisierten Altenheimstrukturen sind derzeit aufgrund der umwälzenden Veränderungen im Rahmen der Pflegeversicherung im Umbruch begriffen.

8.3.1 Der alte Mensch in der Psychiatrischen Praxis

Nationale Daten über die **ambulante** psychiatrische Versorgung sind immer noch sehr dürftig. Dem Hausarzt obliegt im wesentlichen die Diagnostik und Behandlungsindikation;

er ist damit zu einem großen Teil für die Versorgung der psychischen Probleme alter Menschen verantwortlich. Die ambulante Versorgung durch niedergelassene psychiatrische Fachärzte wird vom Hausarzt selten als indiziert angesehen und dementsprechend von älteren Patienten seltener in Anspruch genommen, als es epidemiologischen Untersuchungen zufolge angemessen wäre.

Legt man epidemiologische Befunde zugrunde, sind ältere Patienten in psychiatrischen Facharztpraxen weitgehend unterrepräsentiert. Häfner und Reimann (1970) finden, daß über 50% der über 60jährigen Bewohner Mannheims, die wegen psychischer Probleme den Arzt aufsuchen, von vorn herein hospitalisiert werden; nur knapp 50% suchen bei niedergelassenen Fachärzten, Psychotherapeuten oder Fürsorgeeinrichtungen Hilfe. Sosna (1982) zeigt, daß sich die psychisch Kranken signifikant von den Gesunden hinsichtlich der Rate ihrer Arztkonsultation unterscheiden. Unter denjenigen älteren Menschen, die keinen Arzt konsultieren, finden sich weniger „Fälle" (= psychisch Behandlungsbedürftige) als bei denjenigen, die ihn häufig aufsuchen. Eigene Untersuchungen (Junkers, 1991) zeigen auf, daß gerade psychisch Ersterkrankte die besten Chancen für eine Heilung haben. Dementsprechend sollte für ihre Behandlung ganz besonders Sorge getragen werden.

In der Literatur wird kaum berücksichtigt, daß ein Großteil der Psychopharmaka von Allgemeinärzten und Internisten auch für ältere Menschen verschrieben wird.

Es macht einen wichtigen Unterschied, ob ein alter Mensch erstmals mit zunehmendem Alter psychisch behandlungbedürftig wird oder ob er schon früher im Leben psychisch krank war. Ist ihm der Gang zum Psychiater vertraut, ist die Hemmschwelle geringer; sucht er den Psychiater dennoch nicht auf, ist dies meist in der Art seiner Erkrankung und der damit verbundenen Uneinsichtigkeit in seine Behandlungsbedürftigkeit begründet.

Die Barrieren für eine fachgerechte Behandlung von Alterspatienten liegen also:
1. beim alten Patienten selbst
2. beim Allgemeinpraktiker
3. bei der Überweisung zum Psychiatrischen Facharzt

Auf die Problematik der psychotherapeutischen Versorgung älterer Menschen wurde bereits im Kap 5.1 eingegangen.

8.3.2 Sozialpsychiatrische Dienste und Institutsambulanzen

In vielen Orten arbeiten sozialpsychiatrische Dienste, die den örtlichen Gesundheitsämtern unterstellt sind. Obgleich sie nach der Konzeption prädestiniert wären, alte Menschen zu betreuen, sind die dort anzutreffenden Patienten meist alt gewordene psychisch Kranke.

Ebenso ist die Gruppe der mit dem Älterwerden erstmals psychisch krank Gewordenen an den Institutsambulanzen kaum zu finden.

In Psychiatrischen Polikliniken der Universitäten finden sich ebenfalls kaum ältere Patienten, außer diese sind – wie z.B. an der FU in Berlin (Kanowski) speziell auf deren Belange zugeschnitten.

8.3.3 Die gerontopsychiatrische Tagesklinik

Die ersten Tageskliniken sind vor 1946 in Moskau und in London eröffnet worden. Sie sind zu einem wesentlichen Baustein der Psychiatriereform geworden. 1991 bestehen in Deutschland 14 Tageskliniken mit insgesamt 247 Behandlungsplätzen. Überwiegend sind sie in öffentlich-rechtlicher Trägerschaft, meist einer Psychiatrischen Klinik verwaltungsmäßig beigeordnet; ob sie direkt räumlich im Klinikverbund untergebracht sind, oder aber stadtteilnah und losgelöst von der Hauptklinik arbeiten, ist unterschiedlich. Dies hat aber durchaus einen Einfluß auf die Arbeitsweise und auf die Entscheidung, welche Patienten aufgenommen werden. Die Psychiatrie-Enquête sieht 1 Tagesklinikplatz auf 3 psychiatrische Betten als empfehlenswert an.

Das Durchschnittsalter der dort Behandelten liegt bei 69 Jahren, mit einer Spanne etwa zwischen 50 und 85 Jahren. Die Frauen überwiegen. Vorwiegend werden dort depressive Patienten behandelt, aber auch solche mit leichten hirnorganischen Psychosyndromen oder paranoiden Wahnerkrankungen.

Je nach Behandlungsplätzen hat eine Tagesklinik 4 – 8 Mitarbeiter. Das Team sollte multiprofessionell zusammengesetzt sein. Die Leitung liegt meist bei einem Arzt, seltener bei einem Psychologen: 0,5 Sozialarbeiter, 0,3 Psychologen, 0,3 Ergotherapeuten werden von Wächtler als Durchschnitt genannt.

Überwiegend arbeiten die bestehenden Tageskliniken in nachbetreuender Funktion. Wünschenswert wäre allerdings ein direkter Zugang über eine Überweisung bzw. eine Einweisung.

Die Meinungen über die Indikation zur Behandlung differieren: Meist wird den affektiven Erkrankungen der Vorrang eingeräumt und nur leicht hirnorganisch Beeinträchtigte werden aufgenommen. Ausgeschlossen werden meist Patienten mit akuter Suizidalität, schwerer Suchterkrankung, schwerer körperlicher Beeinträchtigung sowie fortgeschrittener Demenz. Wächtler et al. (1993) plädieren für eine Integration von Dementen. Andere sprechen sich für eine spezielle Betreuung der Dementen in Tageskliniken oder **Tagesstätten** aus. Während die Tageklinik ärztlich geleitet ist und dem Gesundheitsressort unterstellt ist und ihre Aufgabe vorwiegend in einer umfassenden Diagnostik sowie Klärung des Versorgungsbedarfes liegt, ist die Tagesstätte eine soziale Einrichtung unterschiedlichster Träger ohne ärztliche Leitung, in der das Schwergewicht mehr auf die längerfristige Betreuung und besonderer Wert auf einen milieutherapeutischen Ansatz gelegt wird. Wächtler empfiehlt, in einer Tagesstätte evtl. auch alt gewordene Psychotiker mit zu betreuen.

Die Tagesklinik führt, insbesondere wenn sie regionalisiert und weitab vom Heimatklinikbetrieb liegt, leicht ein Außenseiterdasein. D.h. die Überweisung an sie ist nicht automatisch in der Vorstellung derer, die alte Menschen behandeln, präsent. Das Team muß sich selbst und sein Behandlungsangebot immer wieder ins Gedächtnis rufen, seine Grenzen und Möglichkeiten aufzeigen, seine Erfolge, seine Indikationen und Kontraindikationen mitteilen: Öffentlichkeitsarbeit sowie die wissenschaftliche Begleitung und Reflektion der eigenen Arbeit können dabei sehr hilfreich sein.

Die Neueinrichtung einer Tagesklinik ist deshalb schwierig, weil meist niemand im Team auf entsprechende Erfahrung zurückgreifen kann; es gibt kaum jemanden im Klinikkomplex, der durch Erfahrung geleitet in diesem Aufbauabschnitt beratend zur Seite steht. Das Team steht unter denselben Selbstzweifeln und dem selbstauferlegten Erfolgszwang, dem sich alle in der Altenarbeit Tätigen ausgesetzt fühlen. Je weniger strukturiert, reflektiert und abgegrenzt die Vorstellung von der eigenen Arbeit, den Arbeitszielen und den Grenzen der eigenen Tätigkeit ist, desto schwerer läßt sich das Bild dieser Einrichtung nach außen hin darstellen und „verkaufen". Eine mühselige und mit vielen Konflikten behaftete Aufgabe ist die Erarbeitung der Aufgabenbereiche, die Abgrenzung von Kompetenz und Verantwortung.

Spezialstationen für ältere gerontopsychiatrische Patienten, wie sie auch die Tagesklinik darstellt, sind häufig ein Sammelbecken für besonders schwierige Patienten, z.B. solche, die den Behandlern „auf den Geist gehen". Gemeint sind Patienten, die sich nicht in das Raster der üblichen Psychiatriediagnosen einordnen lassen, die im Umgang schwierig sind und mit denen kaum eine therapeutische Allianz zu erarbeiten ist. Häufig entdeckt man, daß es sich um alt gewordene Menschen mit einer Borderlinestruktur, oder auch um Frauen mit einer über den Lebensweg hin mehr oder weniger kompensierten Anorexie oder ähnliches handelt. Für derartige Problemfälle Behandlungsbereitschaft zu zeigen, erhöht meist die Kooperations- und Überweisungsbereitschaft innerhalb des Klinikverbundes.

Herr K. ist 57 Jahre, seit seinem 45.Lebensjahr berentet, verheiratet, keine Kinder und zum 10. Mal in der Psychiatrischen Klinik stationär behandelt worden. Die Diagnose „Schizophrenie" wurde immer nur vermutend gestellt, da Halluzinationen nur zu erahnen sind. So verbarrikadiert er sich, wenn es ihm schlechter geht, läßt die Läden runter, schließt Türen ab. Nachdem er berentet war, kam es 8 Jahre zu keiner Klinikeinweisung: Da ging es so recht und schlecht.

Beim Bericht vom Team über ihn ist zu spüren, was erst später von den Mitarbeitern in Worte gefaßt werden kann: Der Mann macht so müde! Seine 52jährige Ehefrau wirkt „gestylt" und auffordernd. Sie will sich scheiden lassen, denn sie möchte wieder einen „fitten" Mann; es kommt zu einem dauernden Kampf, in dem sich beide ständig provozieren. Die Empfehlung der überweisenden Station, doch Ehepaargespräche zu führen, erweist sich bald als überflüssig: Es wird deutlich, daß sich die Ehefrau seit fast 20 Jahren scheiden lassen will, seit sie mit dem Patienten verheiratet ist, d.h. es scheint etwas sehr Stabilisierndes in den ständigen Raufereien zu liegen, was man beiden nicht wegnehmen kann.

Das Typische bei diesem Patienten ist: es geht von ihm eine starke Aufforderung zum Eingreifen und Handeln aus, aber so, daß gleichzeitig verhindert wird, daß man etwas ausrichten kann.

Dieser Patient hatte eine sehr enge Mutterbindung, die noch dadurch verstärkt wurde, daß sein Vater starb, als er 18 Jahre alt war und den väterlichen Klempnereibetrieb übernahm, jedoch an dieser Aufgabe scheiterte. Er suchte sich eine Frau, die ihm ständig wie seine Mutter wegen seines Ungenügens Vorhaltungen machte, die er aber ebenfalls immer in gleicher Weise anklagte; gelegentlich jedoch war es dann im Sinne seiner Erkrankung nötig, sich zu verschließen, um sein inneres Gleichgewicht wiederzufinden.

Es scheint nötig, beide in ihrem schweren Schicksal zu stützen, eine Lebensform zu finden, in der sich die Auseinandersetzungen kanalisieren lassen und ein Raum gefunden werden kann, indem der Patient **seinen** eigenen, für andere nicht zugänglichen Raum hat.

8.3.4 Der alte Patient in der psychiatrischen Klinik

1973 waren in der BRD 20% aller psychiatrischen Betten mit über 65 Jahre alten Patienten belegt. Für ältere Demente wird eine durchschnittliche Verweildauer von 45 Tagen, für Depressive von 75 Tagen mitgeteilt (Österreich et al., 1984).

Bei der Einweisung in eine **allgemeinpsychiatrische Fachklinik** wird der alte Patient zunächst meist auf eine Aufnahme- oder Akutstation aufgenommen, um – wenn vorhanden – später auf eine geriatrische oder gerontopsychiatrische Station verlegt zu werden. Häufig wird nach dem Prinzip gehandelt: ist der Betroffene „relativ fit", erscheint seine Störung leicht behandelbar und ist er nicht älter als 70 Jahre, so bleibt er auf einer Akutstation. Ist er älter und zeigt er u.U. intellektuelle Einbußen, wird er eher auf eine Altersstation aufgenommen. Nur selten gibt es Spezialstationen für Patienten, deren psychische Krankheit im Zusammenhang mit dem Alternsprozeß aufgetreten ist und die sich zum Ziel gesetzt haben, die milieutherapeutisch orientierte Behandlung mit einem multiprofessionellen Team dazu zu benutzen, möglichst frühzeitig eine individuell optimale Weichenstellung anzupeilen (Junkers, 1991).

Bereits zum Zeitpunkt der Aufnahme in eine Psychiatrische Klinik findet eine wichtige Entscheidung statt, die in der Regel wenig oder kaum reflektiert wird, bzw. von unsachgemäßen Gründen beeinflußt wird: Wird der Patient einer psychiatrischen Aufnahmestation, einer regional arbeitenden Akutstation oder geriatrisch bzw. gerontopsychiatrischen Spezialstationen zugewiesen? Häufig entscheidet eher die Frage, wo ein Bett frei ist, oder wohin er „paßt" über seine Behandlung, als eine gründlich abgeklärte Indikation.

Problem der Zuweisung zu bestimmten Stationen

In den **Psychiatrischen Universitätskliniken** sind die gerontopsychiatrischen Patienten gegenüber der Verteilung in den Psychiatrischen Landeskrankenhäusern erheblich unterrepräsentiert (Stichtagerhebung durch die Sachverständigenkommission der Psychiatrie-Enquête). Dies wird als Hinweis gewertet, daß psychische Störungen des höheren Lebensalters in Forschung, Lehre und entsprechender Krankenversorgung keine angemessene Berücksichtigung finden.

Als wesentliches Problem der gerontopsychiatrischen Versorgung wird auf die **mangelnde Durchlässigkeit** von Institutionen sowie die **Fehlplazierung** von psychisch kranken alten Patienten hingewiesen. Unter **primärer** Fehlplazierung verstehen wir die medizinisch und sozial unzureichend begründete Aufnahme in eine Psychiatrische Einrichtung. Eine **sekundäre** Fehlbelegung liegt vor, wenn nach durchgeführter Behandlung der Patient in der Psychiatrie verbleibt, weil keine brauchbaren Unterbringungsalternativen zur Verfügung stehen. Auf eine mangelhafte geriatrische Versorgung in psychiatrischen Kliniken ist immer wieder hingewiesen worden; über die Fehlplazierung geriatrisch behandlungsbedürftiger Patienten in der Psychiatrie sind mir keine Angaben bekannt. Die ungenügende geriatrische Versorgung beruht neben mangelnder Fachkenntnis vor allem auf der hohen Bereitschaft, Symptome bei einem psychiatrischen Patienten zu „psychologisieren".

Die Relevanz der Fehlplazierung psychiatrischer Patienten verdeutlicht eine Studie von Häfner und Reimann (1972): Sie finden bei einer epidemiologischen Studie in Mannheim, daß über 65jährige, die erstmals wegen einer psychischen

Krankheit eine Behandlung suchen, zu 29% in Allgemeinkrankenhäusern, meist in internistischen Abteilungen aufgenommen werden, so daß eine fachpsychiatrische Behandlung fragwürdig ist.

Der Nordrhein-Westfalen-Studie (Bergener et al., 1974) sind Hinweise auf die Problematik der sekundären Fehlplazierung zu entnehmen: Von 443 erstmals nach dem 65. Lebensjahr in die Psychiatrie eingewiesenen Patienten werden 48% als nicht weiterhin psychiatrisch behandlungsbedürftig eingeschätzt.

Andererseits finden sich in Einrichtungen der geschlossenen Altenhilfe häufig alte Menschen, die einer psychiatrischen Behandlung bedürfen. So finden Bergener und Mitarbeiter in der genannten Studie, daß bei 29% der Bewohner von Alten-und Pflegeeinrichtungen der stationären Altenhilfe psychiatrische Behandlungsbedürftigkeit vorliegt. Diese Einrichtungen sind jedoch auf eine psychiatrische Versorgung nicht eingestellt.

Die **Entlassung** ist für einen psychiatrischen Alterspatienten besonders sorgfältig vorzubereiten, da eine unvorbereitete, abrupte Veränderung seinen gesamten Behandlungserfolg in Frage stellen kann. Ebenso sollte dieser Schritt beinhalten, daß weiterführende ambulante Behandlungsmaßnahmen so gut vorbereitet sind, daß die Wahrscheinlichkeit ihrer Inanspruchnahme möglichst hoch ist. Die Möglichkeit einer tageweise auslaufenden Vorbereitung der endgültigen Entlassung, wie sie von Junkers (1991) beschrieben wird, ist bisher nur im tagesklinischen Behandlungsrahmen administrativ gesichert. Es wäre wünschenswert, daß speziell bei gerontopsychiatrischen Stationen ein tagesklinischer Behandlungsstatus möglich wäre, um die genannten Probleme zu vermindern.

8.4 Die psychologische Versorgung alter Menschen

8.4.1. Bestandsaufnahme

Dem aufgezeigten Bedarf an psychologischer Hilfe für alte Menschen steht eine geringe Zahl an praktisch auf diesem Gebiet tätigen Psychologen gegenüber, die jedoch im Ansteigen begriffen ist: Sie wird gegenwärtig auf etwa 150 geschätzt (Meyer et al., 1991; eigene Schätzung). Der Arbeitskreis „Psychologen im Dienste alter Menschen" innerhalb der Sektion „Klinische Psychologie" im Berufsverband Deutscher Psychologen (BDP) zählt heute knapp 100 Mitglieder.

Bis zu Beginn der 80er Jahre waren Psychologen mit alten Menschen fast ausschließlich in Forschung und Lehre befaßt. Der Beginn gerontopsychologischer Praxis fällt etwa mit der Veröffentlichung der Psychiatrie-Enquête in den siebziger Jahren zusammen. Eine Erhebung des Deutschen

Zentrums für Altersfragen (Dza, Clemens, 1979) über geriatrische und gerontopsychiatrische Kliniken in der BRD führte zu dem Ergebnis, daß 50% der angestellten Psychologen in 148 geriatrischen und gerontopsychiatrischen Einrichtungen in der BRD sich den Belangen Älterer widmen. Eine genauere Nachuntersuchung dieser Mitteilung von Rönnecke und Junkers (1981) ergab, daß zu dieser Zeit lediglich 6 Psychologen in der BRD überwiegend für ältere Patienten tätig waren. Aktuellere Zahlen liegen dazu leider nicht vor. Gegenüber den Empfehlungen der Sachverständigenkommission der Psychiatrie Enquete zum Themenschwerpunkt Gerontopsychiatrie wird die Versorgung durch die in der klinischen Praxis arbeitenden Psychologen als „erschreckend dürftig" bezeichnet (Clemens, 1979).

Eine amerikanische Studie ergab, daß zwar ein großes Interesse, insbesondere von Krankenhäusern und Psychiatrischen Kliniken, an der Mitarbeit von Psychologen im gerontologischen Praxisfeld angemeldet wird, daß die praktische Umsetzung jedoch als Projekt ferner Zukunft angesehen wurde und zum damaligen Zeitpunkt keinerlei Chance auf Verwirklichung versprach (Chafetz et al., 1982).

Eigenen Schätzungen zur Folge findet die aktuelle psychologische Versorgung vornehmlich im stationären institutionellen Rahmen statt: In allgemeinen, geriatrischen und speziell rehabilitativ ausgerichteten Kliniken, in psychiatrischen und speziell gerontopsychiatrischen Abteilungen. Ein großer Teil der Älteren kommt in der Kurklinik mit einem Psychologen in Kontakt.

Teilstationäre Einrichtungen gibt es generell seltener; vornehmlich sind es gerontopsychiatrische oder geriatrisch-rehabilitative Einrichtungen, die über eine bzw. eine halbe Psychologenstelle verfügen. Ein großer Teil älterer Mitbürger sucht Ambulanzen und Beratungsstellen auf, die nicht ausschließlich für alte Menschen eingerichtet worden sind, z.B. sozialpsychiatrische Beratungsstellen, Ehe- und Familienbera-tungen etc. Die hier tätigen Psychologen werden auch mit älteren Ratsuchenden arbeiten, jedoch weit seltener als in den speziell für sie geschaffenen Insitutionen, und dementsprechend ohne spezielle gerontologische Kenntnisse.

Im den Psychotherapiepraxen klinischer Psychologen sind die älteren Menschen ebenfalls unterrepräsentiert: Dies liegt z.B. an der vorwiegend medizinisch orientierten Sichtweise der Probleme älterer Menschen, an den Überweisungsbarrieren vom Arzt zum Psychologen und der damit verbundenen unsicheren Finanzierungsübernahme durch die Krankenkassen, aber auch an den Psychologen selbst, die entweder die Arbeit mit Älteren nicht interessant finden oder aber sich für diese Arbeit schlecht vorbereitet sehen.

8.4.2 Mögliche Tätigkeitsfelder für Psychologen

- Das Aufgabenspektrum des gerontologisch arbeitenden Psychologen umfaßt jedoch weitaus mehr Aufgabengebiete als diejenigen, die sich aus den eben benannten Praxisfeldern ergeben. Folgende seien hier benannt:
- Psychologische Diagnostik
- Beratung
- Psychotherapie (Als Einzel- und Gruppentherapie)
- Erstellung von Therapieplänen
- Supervision
- Konsiliartätigkeit
- Gutachtertätigkeit
- Bildungsarbeit mit alten Menschen
- Aus- und Weiterbildung (für alle Ebenen und alle Berufsgruppen der mit altenMenschen Tätigen)
- Institutions- und Organisationsberatung
- Teamberatung
- Konzeptentwicklung
- Erstellungen von Tätigkeitsbeschreibungen sowie die Entwicklung neuer Stelleninhalte bzw. Tätigkeitsbereiche.

Um diese Aufgaben für ältere Menschen erfüllen zu können, bedarf es jedoch einer zusätzlichen gerontologischen und geriatrischen Qualifikation. Um Diagnostik und Therapie mit älteren Menschen durchführen zu können, muß der Psychologe z.B. über veränderte Erlebens- und Verhaltensweisen in Abhängigkeit vom Lebensalter informiert sein; Er muß darüberhinaus über medizinisches und gerontopsychiatrisches Spezialwissen verfügen, aber auch über die sozialen Lebensbedingungen im Alter Bescheid wissen. Wünschenswert wäre außerdem eine therapeutische Zusatzqualifikation sowie praxisorientiertes Wissen im Bereich der Arbeits- und Organisationspsychologie.

Diese notwendige Zusatzqualifikation wird jedoch nur an wenigen Stellen bzw. Universitäten (Erlangen, Heidelberg, Vechta) angeboten.

Am ehesten hat die Mitarbeit des Psychologen z.Zt. in gerontopsychiatrischen Abteilungen sowie in geriatrischen Kliniken und dementsprechenden Rehabilitationseinrichtungen Fuß gefaßt. Die Tätigkeit umfaßt dort meist Beratung und therapeutische Interventionen mit den betroffenen Kranken sowie mit den Angehörigen. Psychologische Diagnostik, insbesondere Leistungsdiagnostik wird in sehr unterschiedlichem Umfang durchgeführt. Außerdem erschließen sich dem Psychologen wichtige Aufgaben im Team: Sein spezieller Beitrag kann in der ganzheitlich orientierten, integrativen und gleichzeitig differentiellen Sicht auf den kranken alten Menschen bestehen. So ist ihm etwa die Sorge für das Zusammentragen und die Verwaltung der verschiedenen medizinischen, sozialen, psychologischen und pflegerischen Befunde zu übertragen. Damit ist er für eine prozeßorientierte Therapie und evtl. auch Pflegeplanung zuständig. Dieser Aufgabenschwerpunkt wurde im Rahmen von Workshops „Der Klinische Psychologe in der Arbeit mit älteren Menschen" im Rahmen des BDP erarbeitet. (Junkers, 1994)

Die Aus- und Weiterbildung im Bereich der Alterspsychologie für andere Berufsgruppen ist ein wichtiges Arbeitsfeld. Allerdings wollte das Land Nordrhein-Westfalen im Jahr 1994 die Psychologie aus dem Altenpflegeunterricht sowie die Mitarbeit von Psychologen in der Ausbildung streichen. Inzwischen konnte erreicht werden, daß die Ausbildungsverordnung dort explizit psychologische Lerninhalte, vermittelt durch Diplom-Psychologen vorsieht.

Folgende Insitutionen und Träger fungieren als potentielle Arbeitgeber für Psychologen im Dienste alter Menschen und werden im folgenden unsystematisch aufgeführt:

- Einrichtungen des öffentlichen Gesundheits- und Sozialwesens:
  Staatliche Einrichtungen
  Freie und halbstaatliche Träger
  Konfessionelle Alteneinrichtungen
- Spitzenverbände der freien Wohlfahrtspflege und ihre Untergruppen, z.B.:
  Arbeiterwohlfahrt
  Deutscher Caritasverband
  DPWV
  DRK
  Diakonisches Werk
- Private Träger und Initiativen
- Ambulante Versorgung:
  Beratungsstellen, z.B. für ältere Menschen, für Lebensfragen etc.
  Beratungsstellen und Gruppen für pflegende Angehörige
  Organisation und Anlaufstelle für Selbsthilfegruppen für ältere Menschen
  Seniorenbüros
  Gedächtnissprechstunde
- Halbstationäre medizinische Versorgung:
  Geriatrische und gerontopsychiatrische Tageskliniken
  Stationäre Versorgung:

Psychiatrische Klinik
Gerontopsychiatrische Abteilungen an Allgemeinkrankenhäusern und psychiatrischen Kliniken
Allgemeinmedizinische Klinik: gerontologischer Konsil-Psychologe
Geriatrische Kliniken
Rehabilitationskliniken oder Rehabilitationsabteilungen
- Teilstationär und stationär betreuende Versorgung:
Seniorenheime
Pflegeheime
Tagespflege
Kurzzeitpflege
- Unterrichts- und Fortbildungstätigkeit:
Forschungstätigkeit

8.4.3 Hindernisse in der Arbeit von Psychologen mit alten Menschen

Mögliche Gründe, die auf Seiten der alten Menschen sowie in der Art der Arbeit mit ihnen liegen: Die alten Menschen bilden keine einheitliche, sondern eine höchst heterogene Gruppe hinsichtlich Alter, Störung, geistiger und psychischer Verfassung, gewohntem Lebensraum, etc. Deshalb akzentuiert sich die Arbeit mit alten Menschen anders als mit Menschen anderer Altersgruppen. Ein entsprechend differenzierter Arbeitsansatz wird von Berufsanfängern häufig verkannt. Ein hoher Komplexitätsgrad der verschiedenen Störungen bedingt besondere Schwierigkeiten in der Analyse und Diagnostik sowie der Therapieplangestaltung. Ich habe bereits in Kap. 7 darauf hingewiesen, daß m.E. der hauptsächliche Grund der Abneigung gegenüber diesem gerontologischen Arbeitsgebiet in dem negativen Stereotyp älterer Menschen zu suchen ist: Die Konfrontation mit Sterben, Tod und Unausweichlichkeit, d.h. Ohnmacht soll vermieden werden.

Gründe auf Seiten der Psychologen selbst: Der ständig steigende Bedarf an psychologisch professioneller Hilfe für ältere Menschen läßt es schwer verständlich erscheinen, weshalb sich so wenige Psychologen direkt mit den Problemen Älterer beschäftigen. Ich habe bereits in Kap. 7 auf die verbreitete **unbewußte Abwehr** gegenüber der Arbeit mit Älteren hingewiesen, die nach meinem Eindruck um so intensiver ist, je weniger eigene positive Erfahrungen im Umgang mit älteren Menschen gemacht werden konnten. Darüber hinaus scheinen die Psychologen in besonderer Weise von dem Gefühl, etwas Wichtiges geleistet zu haben, abhängig zu sein (Schmidtbauer, 1977).

Diese psychologische Konstellation geht eng einher mit der **Unkenntnis** über die vielfältigen Möglichkeiten der Arbeit mit Älteren: Die Zielgruppe „alte Menschen" ist ihnen fremd.

Die Arbeit mit alten Menschen findet häufig in direktem (auch körperlichen) Kontakt statt. Viele Psychologen möchten eher den direkten – Kontakt mit Älteren meiden: Sie halten etwa das therapeutische Gespräch für wertvoller als Überlegungen, wie ein milieutherapeutisches Klima einer Einrichtung zu konzipieren und vor allem praktisch umzusetzen, d.h. auch „vorbildlich" zu leben ist.

Das mangelnde Interesse rührt einerseits aus Uninformiertheit: Eine Bestandsaufnahme der Lehrveranstaltungen zeigt, daß den Psychologen im Studium keine entsprechenden Inhalte vermittelt werden; andererseits setzt sich dieses mangelnde Wissen in die Reihen der Hochschullehrer fort, so daß keine entsprechenden speziellen **Aus- und Fortbildungsmöglichkeiten** etabliert werden.

Der Psychologe muß darüber hinaus für die Arbeit mit alten Menschen eine besondere Bereitschaft zur fachübergreifenden, z.T. zur Übernahme „fachfremder" Arbeit (laut Studium), zur **Teamarbeit** sowie die Bereitschaft zur Übernahme von Führungsaufgaben mitbringen.

In Kliniken und insbesondere auf dem Heimsektor besteht keine Vorstellung davon, was ein Psychologe leisten kann: Weder über die therapeutischen Hilfen für alte Menschen selbst, noch über die Qualifikation sowie die Möglichkeiten und Grenzen der Tätigkeiten von Psychologen. Er ist in der Gefahr, zunächst einmal seine Daseinsberechtigung dadurch beweisen zu wollen, daß er sich als „williger Allesarbeiter" erweist, und bereit ist, alle anfallende Arbeit mitzuerledigen (z.B. als „Ersatzarzt" auf einer gerontopsychiatrischen Station). Bald ergibt sich daraus jedoch eine Gewohnheit, die es ihm sehr schwer, wenn nicht gar unmöglich macht, seinen berufsspezifischen Beitrag klar abzugrenzen (vgl. Konzepterstellung).

Schließlich liegen ihm kaum Vorbilder zur Gestaltung seiner Arbeit bzw. seines Arbeitsplatzes vor; er muß kreative Fähigkeiten und Strukturierungsfähigkeiten mitbringen. Viele Psychologen bringen als Berufsanfänger ein geringes persönliches und dann auch berufliches Selbstwertgefühl mit. Insofern beschreiten nur sehr wenige Psychologen den Weg, sich eine Stelle selbst zu schaffen, was mehr als ein Drittel der auf diesem Gebiet tätigen Psychologen getan haben.

Verschiedene der möglichen Tätigkeitsfelder beinhalten Führungsaufgaben: Viele Psychologen bringen jedoch eine starke Abneigung gegenüber der Übernahme von Führungsaufgaben mit und ziehen die „Geborgenheit unter sog. Gleichen im Team" vor, obgleich ihnen im Bereich der Gerontopsychiatrie etwa durchaus die Leitung einer Station, Tagesklinik oder eines Heimes angetragen wird.

Gründe auf Seiten der Intitutionen: Im Psychologiestudium selbst wird die Arbeit mit alten Menschen als Feld der angewandten oder klinischen Psychologie kaum als potentielles Arbeitsfeld vermittelt. Nur selten entspricht es dem Interessengebiet eines Hochschullehrers, im Rahmen der Entwicklungspsychologie oder der Sozialpsychologie Veranstaltungen zur Problematik älterer Menschen anzubieten. Daraus folgt, daß es an den Psychologischen Instituten keine klare Vorstellung von dem gibt, was die Aufgaben und speziellen Beiträge von Seiten der Psychologie für alte Menschen sein können. Eine verbreitete Überzeugung ist, daß Sozialpädagogen gerontopsychologische Inhalte ebensogut bearbeiten können wie Psychologen.

Im Rahmen medizinischer Einrichtungen haben Ärzte häufig für die Betreuung von alten Menschen eine ablehnende Haltung gegenüber der Mitarbeit von Psychologen. So etwa äußert Nagel: „Für Krankenpfleger sowie für Ärzte haben wir Fortbildungsprogramme. Dazu brauchen wir Psychiater, aber keine Psychologen ... Ein Psychiater muß sich um die Kranken kümmern, ein Psychologe ist dazu nicht nötig, denn was Arzt und Pflegepersonal für ihre tägliche Arbeit benötigen, ist die Kenntnis der Basispsychologie, die zur Führung des Patienten ausreicht." (Nagel, 1986; S. 73). In dem 1990 erschienenen Buch von Kemper über „Alternde und ihre jüngeren Helfer" findet der Psychologe keine Erwähnung.

Häufig habe ich von Trägern einer Alteneinrichtung den Wunsch gehört, Psychologen einzustellen, jedoch mit „einer gewissen Praxiserfahrung sowie der Fähigkeit zu eigenständigem Arbeiten auf diesem Spezialgebiet.

Eine Analyse der Stellenanzeigen in der ZEIT von 1991 bis 1992 weist einen engen Zusammenhang zwischen der allgemeinen Arbeitsmarktlage und dem Stellenangebot für Diplom-Psychologen nach. Während insgesamt eine langsame, aber kontinuierliche Stellenangebotszunahme zu registrieren ist, nimmt sie im Bereich des öffentlichen Dienstes sowie der kirchlichen Träger ab; statt dessen zeigt sich ein Anstieg in der Nachfrage von privaten Trägern und Vereinen. Die klinische Psychologie bleibt nach wie vor der größte Arbeitsbereich von Psychologen (Krampen und Köther, 1995). Die Teilnehmerstruktur von Workshops „Der klinische Psychologe im Dienste alter Menschen" zeigt, daß die inzwischen etabliertesten Arbeitsgebiete die im Bereich der Gerontopsychiatrie sowie der Geriatrie und Rehabilitation (Junkers, 1994) sind. Es ist deshalb zu vermuten, daß sich der allgemeine Trend psychologischer Arbeitsfelder auch wieder mit einer gewissen Verzögerung für alte Menschen durchsetzt.

Die Annäherung an eine zufriedenstellende Erfüllung des Versorgungsauftrages für ältere Menschen hängt nicht von einer quantitativen Erhöhung entsprechender Einrichtungen und Personalschlüssel ab; vielmehr ist die zukunftsweisende Aufgabe in der Optimierung und weitgehenden Ausschöpfung vorhandener Ressourcen zu sehen. Das bedeutet, daß eine bessere Verknüpfung einzelner Hilfsangebote im Sinne einer therapeutischen Kette anzustreben ist.

Als eine Möglichkeit wird das **regionale Verbundsystem** diskutiert: Damit eröffnet sich die Möglichkeit einer verbesserten Koordination von Diensten und Einrichtungen ohne staatliche oder kommunale Reglementierung. Wenngleich Einigkeit über die Notwendigkeit derartiger Koordinierung besteht, sind die Vorstellungen über die Rolle des Koordinators dagegen sehr widersprüchlich. Im Idealfall müßte es möglich sein, nicht nur verschiedene Träger „an einen Tisch" zu bringen, sondern auch ambulante, teilstationäre und stationäre Einrichtungen sowie die verschiedenen Versorgungsmöglichkeiten der Altenhilfe zusammenzubringen.

Gerontopsychiatrische Arbeitskreise haben sich inzwischen in vielen Städten etabliert: Wenn auch auf dieses Fach beschränkt, so wird doch hier eine Form der Zusammenarbeit angestrebt, die der Multifaktorialität sowie den individuell äußerst verschiedenen Bedingungen alter Menschen gerecht zu werden bestrebt ist. Konzepte und Entwicklungen aus England und der Schweiz werden als vorbildlich herangezogen: Ein „Centre ambulatoire psychogeriatric" wird z.B. von Kaufmann (1981) vorgestellt.

Kompetenz in Form von Erfahrung ist hier als kritischer Punkt zu nennen: Die optimale Weichenstellung im Idealfall hängt von einer guten Diagnostik sowie Erfahrung in der Evaluation von Krankheitsverläufen ab. Nicht nur die Früherkennung mit dadurch möglicher Frühbehandlung, sondern auch die rechtzeitige Einschätzung von Grenzen der Behandlung kommt letztlich dem Kranken zu Gute: Ich denke hier an die vielen jahrelang als Depressionen behandelten beginnenden dementiellen Verläufe, bei denen den Patienten, den Angehörigen wie auch den Helfern bei realistischer Einschätzung der Situation letztlich viele Enttäuschungen erspart geblieben wären. Dem Psychologen könnten für die Vernetzung wichtige Integrations- und Koordinationsaufgaben übertragen werden.

8.5 Die Vernetzung

Schließlich entscheidet die **Struktur von Einrichtungen** wesentlich über die Effektivität von Kooperationsmöglichkeiten mit. Sowohl in kleineren sozialen Einrichtungen wie in den ihnen übergeordneten Trägerstellen besteht eine Abneigung gegenüber hierarchischer Strukturierung (vgl. Kap. 7). Durch Unklarheiten von Arbeitswegen sowie Arbeitsaufträgen werden Kooperationen emotionalisiert und verlieren an Effektivität.

Folgende Ziele erleichtern die Kooperation:

- Wissen über die Arbeitsweisen von anderen Einrichtungen
- Klare Konzepte der Einrichtungen
- Persönliches Kennen der Mitarbeiter anderer Abteilungen
- Loslassen können (Überweisungspraxis)
- Früherkennung und sachgerechte Einschätzung des Schweregrades einer Erkrankung.

Kapitel 9
Versorgung in offener, halbstationärer und stationärer Altenhilfe

9.1 Möglichkeiten und Grenzen der ambulanten Behandlung
9.1.1 Beratungsstellen für alte Menschen
9.1.2 Die Sozialstation
9.1.3 Die häusliche Pflegesituation: Probleme, Entlastung und Beratung von Angehörigen
9.2 Teilstationäre Angebote
9.2.1 Tagespflege
9.2.2 Betreutes Wohnen und Altenwohngemeinschaften
9.3 Stationäre Altenhilfe
9.3.1 Subjektive Belastungen der Heimübersiedlung
9.3.2 Gerontopsychiatrische Stationen im Pflegeheim

In Gesetzgebung, Finanzierung und Administration herrscht traditionell in Deutschland eine Teilung zwischen **Gesundheitswesen** (inklusive Krankenversicherung und den Instituten der Krankenversorgung sowie der Rehabilitation) einerseits und dem **Sozialwesen** (zu dem die Altenhilfe zu rechnen ist) andererseits. Die selbstverwaltete gesetzliche Krankenversicherung basiert auf Beitragszahlungen und dem Umlageverfahren und stützt sich auf Tradition und Wertorientierung der Heilkunde, die Sozialhilfeleistungen auf hoheitliche Verfügungen, bei denen die Rechte des Sozialhilfeempfängers durch die Ermessenszuweisungen der Behörden eingeschränkt sind.

Altenheime, Sozialstationen und soziale Hilfs- und Hauspflegedienste stellen die **zentralen Typen der Altenpflege** bzw. des Sozialwesens dar. In den letzten Jahren durchliefen sie eine Entwicklung, die sie mehr in die Nähe des Gesundheitswesens rückte, da sie zunehmend gesundheitsrelevante bzw. kassenfinanzierte Leistungen erbringen. So steht die Forderung nach einer ganzheitlichen Betreuung der organisatorischen Aufteilung der Hilfspersonen (medizinisch / sozial) gegenüber und wirkt sich häufig zum Nachteil der alten Menschen aus.

Das Rehabilitationsangleichungsgesetz von 1974 hat die starren Grenzen zwischen traditionellem Sozialwesen und traditionellem Gesundheitswesen aufgelockert. Darüber hinaus sieht das Gesundheitsreformgesetz von 1988 verbindlich Pflegehilfen für schwerpflegebedürftige Menschen vor und es nimmt Rehabilitationsmaßnahmen zur Vermeidung von Pflegebedürftigkeit in seine Finanzierungszuständigkeit auf.

Es gilt inzwischen als weitgehend anerkannt, daß ein staatlicher Ordnungsrahmen zum Schutze der besonders Hilfsbedürftigen notwendig ist. Die **Pflegeversicherung** ist zwar heute beschlossen, doch Konzepte zur Umsetzung wie auch ihre konkrete Realisierung sind noch in Entwicklung begriffen, so daß sie hier nicht weiter besprochen werden können.

9.1 Möglichkeiten und Grenzen der ambulanten Behandlung

Allgemein anerkannt ist das Ziel, dem alten Menschen so lange wie möglich ein Leben in der häuslichen Umgebung zu ermöglichen. Diese Forderung impliziert einen umfassenden Ausbau ambulanter Versorgung und mobiler Hilfsdienste, der zum Teil in den letzten Jahren realisiert werden konnte.

Die ambulante Versorgung hat mit Angeboten zur Vorbereitung auf das höhere Lebensalter zu beginnen. Nach der Bestimmung ihres Unabhängigkeitsgrades können etwa 90% älterer Menschen in ihrer Wohnung verbleiben; 4% bedürfen einer Wohnung mit sozialmedizinischer Betreuung, und 6% müssen in ein Heim aufgenommen werden (Österreich, 1981). Für die nicht im Heim lebenden alten Menschen ist ein gestaffeltes Leistungsangebot durch die offene Altenhilfe und private Anbieter erforderlich: Zu den in der eigenen Wohnung in Anspruch genommenen Angeboten gehören Hausbesuche und Besuchsdienste, Haushaltshilfe, Wäschedienste, Nachbarschaftshilfe, Mahlzeit auf Rädern, Kranken- und sonstige Körperpflege, Rundfunk- und Fernsehhilfen, Vorlesedienste, Hilfen beim Schriftverkehr, Telefonkette, Seelsorge u.a.m.

Heute umfaßt die häusliche Krankenpflege explizit Grund- und Behandlungspflege sowie hauswirtschaftliche Vesorgung. Es wird geschätzt, daß etwa 3–4% der über 65jährigen häusliche Krankenhilfe bzw. häusliche Pflegehilfen als Sachleistungen erhalten.

Kritisch steht es um die ambulante gerontopsychiatrische Betreuung. Es fehlt vor allem an entsprechend gerontopsychiatrisch ausgebildetem Personal.

Das Bundesministerium für Familie und Senioren vergab

den Auftrag, die Struktur des Pflegebedarfs zu untersuchen. Das Ergebnis ist, daß die Hilfsbedürftigkeit mit dem Alter steigt: sie besteht für 12,5% der über 65jährigen und 22,7% der über 80jährigen.

Immerhin leben 90% der pflegebedürftigen älteren Menschen zu Hause (Rückert, 1987). Bei den Frauen gibt es insgesamt einen höheren Anteil an Hilfs- und Pflegebedürftigkeit als bei den Männern.

Einen regelmäßigen **Hilfs- und Pflegebedarf** im Sinne von mindestens mehrfach wöchentlichem Bedarf an Hilfe bei körperbezogenen alltäglichen Verrichtungen haben 1,4% der Bevölkerung (der Anteil in alten und neuen Bundesländern ist in etwa gleich ausgeprägt):

- 0,2% ständigen Pflegebedarf (sie sind in bezug auf körperbezogene Verrichtungen weitgehend hilflos und auch immobil; 74% von ihnen benötigen ständige Aufsicht)
- 0,6% täglichen Pflegebedarf (betrifft insbesondere die Hygiene: 67% können sich nicht baden, 58% nicht duschen oder waschen, 30% können sich nicht an- oder ausziehen. 77% können keine Mahlzeiten zu bereiten, 86% ihre Wohnung nicht säubern, 49% können nicht telefonieren).
- 0, 6% mehrfach wöchentlichen Pflegebedarf (64% benötigen Hilfe beim Baden, 40% beim Duschen und Waschen; 75% könne nicht allein die Wohnung säubern, 20% können nicht telefonieren).
- 2, 7% in privaten Haushalten haben **hauswirtschaftlichen** Hilfsbedarf: sie weisen keine nennenswerten Einschränkungen bei körperbezogenen Aktivitäten auf. 36% von ihnen können nicht einkaufen, 33% nicht ihre Wohnung säubern und 9% nicht telefonieren.

77% der Pflegebedürftigen und 57% der Hilfsbedürftigen haben eine Hauptpflegeperson, die in der Regel weiblich ist, meist auch im gleichen Haushalt lebt und verheiratet ist. Die Versorgung dieser Personen mit Rehabilitations-, Übungs- und aktivierenden Maßnahmen ist dagegen relativ gering: Nur 18% der über 80jährigen wurden je in einer Kur- oder Spezialklinik behandelt. Auch die Inanspruchnahme von sozialen Diensten ist mit 31% der Pflegebedürftigen relativ gering, und niedriger als in den neuen Bundesländern (43%).

Eine besondere Risikogruppe bilden diejenigen alten Menschen, die Einschränkungen bei zahlreichen alltäglichen Verrichtungen aufweisen und einen umfassenden Hilfsbedarf haben: demnach nehmen 75% dieser Gruppe keine sozialen Dienste in Anspruch. 40% von ihnen haben im Notfall keine Person, an die sie sich wenden können. 50% von ihnen beklagen chronische Schmerzen; bei 75% von ihnen liegen psychische Symptome verschiedenster Ausprägung vor (1. Teilbericht der Sachverständigenkommission zur Erstellung des 1. Altenberichtes der Bundesregierung, 1991).

Chronische Schmerzen, starke sensorische und motorische Einschränkungen sowie hoch belastete Beziehungen zu Angehörigen, unzureichende Wohnbedingungen und fehlende Unterstützung durch soziale Dienste fördern das Auftreten psychischer bzw. psychiatrischer Krankheit. Mehrere Gründe sind verantwortlich, daß diese Störungen häufig unbehandelt bleiben. Die Betroffenen können sich meist nicht entsprechend äußern; sie erscheinen höchstens nörglerisch, mißmutig, depressiv. Die Angehörigen interpretieren dies im Sinne der Persönlichkeit (so war sie doch schon immer). Der Hausarzt behandelt nur das, was vom Betroffenen als Klage vorgebracht wird.

Je besser die Möglichkeit zur Kontaktaufnahme, desto eher wird ein alter hilfsbedürftiger Mensch durch die ambulanten Versorgungsmöglichkeiten erreicht; je mehr er psychisch verändert ist, desto schwieriger die Kontaktaufnahme und desto schlechter die Chance einer genügenden ambulanten Versorgungsmöglichkeit. Ein besonderes Problem stellt die Isolation zu zweit dar, wenn Scham und Resignation sowie Konflikte in der Beziehung dazu beitragen, Probleme „in den eigenen vier Wänden" lösen zu wollen.

Bei der Vielzahl von „schwierigen" alten Menschen in der häuslichen Betreuung sowie der schwerwiegenden Aufgabe, eine differentielle Indikation für ambulante, teilstationäre oder gar stationäre Hilfsmöglichkeiten zu stellen, ist einerseits eine verbesserte Ausbildung der Hilfskräfte zu fordern; andererseits sind Möglichkeiten zu Fallbesprechungen und Supervision wünschenswert, die jedoch – meist aus Kostengründen – nicht bewilligt werden, aber auch wegen mangelnder Fachkräfte nicht garantiert werden können.

9.1.1 Beratungsstelle für alte Menschen

Im Vorfeld der ambulanten Dienstleistung steht die Altenberatung. Österreich (1978) versteht sie als Möglichkeit einer primären Prävention im Rahmen einer rechtzeitig einsetzenden Regulierung der psychosozialen Situation älterer Menschen. Die Praxis zeigt jedoch, daß die meisten Ehe- und Familienberatungsstellen sowie auch sozialpsychiatrische Dienste theoretisch zwar die Aufgabe hätten, auch Ansprechpartner für alte Menschen zu sein, in der Praxis aber kaum ältere Menschen in ihrer Klientel aufweisen.

Speziell für alte Menschen eingerichtete Beratungsstellen gibt es bisher nur vereinzelt und dann auch nicht innerhalb der Regelversorgung, sondern im Rahmen eines Modellprojektes. Viele alte Menschen finden wegen persönlicher Probleme den Weg zur Altenberaterin besonders dann, wenn der Standort die Hemmschwelle niedrig hält, dort Hilfe zu suchen, wie z.B. in Altentagesstätten oder Altentreffpunkten. Neuerdings werden auch private Informations- und Hilfsdienste angeboten.

Durch die Neuorganisation der ambulanten Pflegedienste in den 70er Jahren kam es zur Gründung von Sozialstationen. Man versuchte damit dem Mangel an ambulanter Pflege und häuslicher Versorgung entgegenzutreten. Das Aufgabenfeld einer Sozialstation umfaßt Grund-, Behandlungs-, Haus-, Familien- und Altenpflege. Die Betreuung war vorwiegend auf somatische Krankheitsfolgen ausgerichtet; die Versorgung psychisch kranker alter Menschen wurde vernachlässigt. Es wurden Schulungen ehrenamtlicher Helfer durchgeführt, Kurse in häuslicher Krankenpflege sowie auch eine Beratung der Bevölkerung in Fragen der Gesundheitsvor-sorge und -nachsorge angeboten. Die Ausgestaltung der jeweiligen Angebote ist regional sehr verschieden. In Kiel wurde beispielsweise errechnet, daß bei achtmonatiger Tätigkeit mehr als 500 Pflegetage in einem Krankenhaus eingespart werden konnten (Zimmermann, 1977).

9.1.2 Die Sozialstation

Modellhafte Erfahrungen schreiben der Sozialstation eine wichtige Bedeutung in der gerontopsychiatrischen Versorgung zu. Hier könnte man mit dem gezielten Einsatz von entsprechender Fachkompetenz den individuellen und speziellen Bedürfnissen der psychisch veränderten alten Menschen gerecht werden. Arbeitsbelastung, Inkompetenz, mangelnde Ausbildung und berufliche Unterstützung sowie ein großer Versorgungsdruck sind gegenwärtig dafür verantwortlich zu machen, daß die psychischen Probleme und vor allem solche dementiell Veränderter bei dieser ambulanten Versorgungseinrichtung vernachlässigt werden.

Durch den Gesetzgeber hat die Hauspflege und häusliche Krankenpflege inzwischen den Rang einer Regel- bzw. Pflichtleistung erhalten und wird zunehmend für alte Menschen erbracht.

Mit zunehmender Gebrechlichkeit, Hilfsbedürftigkeit, mangelnder Fähigkeit zur Selbstversorgung oder Verwirrtheit kommt es zunächst zu einer verstärkten Bezogenheit auf die Familie: Hilfe wird am ehesten von den nächsten Angehörigen erwartet.

9.1.3 Die häusliche Pflegesituation: Probleme, Entlastung und Beratung von Angehörigen

90% der chronisch kranken und pflegebedürftigen alten Menschen werden von Familienangehörigen betreut. Überwiegend übernehmen ältere Frauen von durchschnittlich 60 Jahren (Töchter, Schwiegertöchter, Ehefrauen) diese Aufgabe. Sie nehmen damit zahlreiche Einschränkungen in der Lebensqualität und -zufriedenheit in Kauf.

Die **Belastungen** resultieren aus:

- der Notwendigkeit zur ständigen Anwesenheit
- der hohen körperlichen und psychischen Beanspruchung
- der fehlenden Hoffnung auf Verbesserung der Situation und Angst vor weiteren Verschlechterungen
- aus Verwirrtheitszuständen und dem z.T. unkontrollierten und durch heftige Affekte geprägten Verhalten der zu Pflegenden (meist gegen die Pflegenden gerichtet),
- Trauer, Depression und Klagen, die als Anklagen verstanden werden
- der veränderten Beziehung zu dem Angehörigen (die eigenen Eltern werden zu Kindern) sowie
- Einsamkeitsgefühlen der Pflegenden (der Verwirrte ist anwesend, aber nicht mehr als Person zu einer Kommunikation verfügbar)
- Abscheu und Ekel vor dem Einkoten und Einnässen
- der physischen und psychischen Überforderung
- Konflikten mit anderen Angehörigen, Angewiesenheit auf Unterstützung von Freunden und Nachbarn bei gleichzeitiger Scham über die Situation
- mangelnder Unterstützung durch ambulante Dienste.

Viele Angehörige zeigen einen **Mangel an Information** über die Krankheit des zu Betreuenden; oft wird die Informationsnotwendigkeit zwar rational eingesehen, aber deren Realisierung aus dem Wunsch heraus, die Krankheit zu verleugnen, lange vor sich hergeschoben.

Pflegende haben bestimmte Vorstellungen von dem, was „**gute Pflege**" ist. So leiden sie z.B. besonders unter der Verweigerung von Körperpflege durch den Pflegebedürftigen. Der Betreuende fühlt sich unter Beweiszwang, damit er (aber auch die anderen) sieht, daß er seine Arbeit getan hat. Außerdem gibt diese Aufgabe der Grundpflege Halt und strukturiert die Zeit (ähnlich wie das Essen); sie ist greifbarer als Zuwendung.

Die Pflegesituation kann **alte Konflikte** aktualisieren: Es kann sein, daß eine mit der Pflege verbundene Überlegenheit unbewußt genossen wird und sich auch die Möglichkeit bietet, zu zeigen, daß man viel tut. Sich mit dem Körper zu beschäftigen, legitimiert z.B. auch das eigene Bedürfnis nach körperlicher Nähe.

Aus dem Dargelegten wird deutlich, daß ein erheblicher Beratungs- und Unterstützungsbedarf besteht, und zwar durch kurzfristige Entlastung, Springerdienste, vorübergehende Nutzung teilstationärer Einrichtungen, aber insbesondere auch in der fachkompetenten Aufklärung und psychologischen Anleitung und Beratung.

Die Kranken selbst bedürfen der Unterstützung bei der Krankheitsbewältigung; diese wird entweder durch die Helfer oder durch die pflegenden Angehörigen zu leisten sein. Die hauptsächliche Aufgabe liegt in der Auseinandersetzung mit der Endgültigkeit des Schicksals: Mit zunehmender Krankheitsdauer kommt es bei den Betroffenen zu homogeneren Reaktionsformen. Das Erleben und Verhalten des Betreuenden hat einen wichtigen Einfluß auf Erleben und Verhalten des Patienten. Die Angehörigen sollten deshalb immer in die Behandlung des Patienten mit einbezogen werden. Die seelische Unterstützung durch den Angehörigen ist jedoch nur dann möglich, wenn dieser nicht überfordert ist. Immerhin weist 1/3 von ihnen selbst Anzeichen psychischer Störungen auf. Sie selbst sind also eine Risikogruppe für psychische Krankheit.

Selbst im mittleren bis höheren Lebensalter stehend, sind die Pflegenden durch die Situation des Patienten häufig erstmals mit Fragen der eigenen Endlichkeit konfrontiert und leiden unter einer „verschlossenen" Zukunftsperspektive. Die Gefahr der sozialen Isolation ist für beide groß, der Betreuer muß zusätzlich auf weiterführende berufliche Interessen sowie Freizeitaktivitäten außerhalb des häuslichen Rahmens verzichten.

Zur psychologischen Entlastung haben sich inzwischen vielerorts **Gruppen für pflegende Angehörige** gebildet, die z.T. von Psychologen geleitet werden. Die meisten wurden jedoch über ABM-Maßnahmen initiiert, und die Übernahme in reguläre Arbeitsformen ist gefährdet. Diese Arbeit ist eine schwierige therapeutische Aufgabe, zu der eine therapeutische Ausbildung sowie gerontologische Kompetenz erforderlich ist. Denn viele der Angehörigen leiden – wie beschrieben – selbst unter psychischen Problemen. Gesprächskreise, Beratung und gezielte Pflegeunterweisung werden mancherorts bereits von der Krankenkasse übernommen.

9.2 Teilstationäre Angebote

9.2.1 Tagespflege (Tagesstätte, Tagesheim etc.)

Mit Tagespflege ist eine Betreuung tagsüber gemeint. Die Bezeichnungen sind verschieden: Tagesheime oder Tagespflegeheime richten sich an den unterschiedlichen Grad von Pflegebedürftigkeit. Gössling (1989) prognostiziert, daß der Tagespflege für die gerontopsychiatrische Versorgung eine große Bedeutung zukommen wird. Bei vorhandener regelmäßiger Unterstützung besteht bei multimorbid schwer erkrankten über 60jährigen durch Tages(pflege)stätten und Kurzzeitpflegen die Möglichkeit, eine Hospitalisierung zu vermeide. Innerhalb eines Tagesprogrammes werden – meist im Sinne einer Erhaltungstherapie – parallel zur pflegenden Versorgung lebenspraktische soziale und kommunikative Fertigkeiten trainiert. Gerontopsychiatrische Tagesstätten haben vorwiegend tagesstrukturierende Funktion. Die (geriatrische und/oder gerontopsychiatrische) Kurzzeitpflege dient dagegen vorwiegend der Entlastung pflegender Angehöriger bei Krankheit oder Urlaub wie auch zur Überbrückung bei der Wartesituation auf einen Heimplatz.

Betreutes Wohnen und Altenwohngemeinschaften

Dieses Angebot hat zum Ziel, dem alten Menschen eine private Wohnumgebung zu garantieren, ihm aber zusätzlich Hilfsmöglichkeiten in Abstimmung auf den Grad seiner Hilfs- und Unterstützungsbedürftigkeit zu garantieren. Die Spannweite der Betreuungsleistungen reicht von einfachen hauswirtschaftlichen oder pflegerischen Hilfen bis zu einer Betreuung, die mit einer Pflege in einer stationären Einrichtung zu vergleichen ist. Der besondere Vorteil dieses Angebotes liegt darin, dem alten Menschen durch das Gefühl, im Bedarfsfall Hilfe bekommen zu können, Sicherheit zu vermitteln. Es wird erwartet, daß Zuspitzungen somatischer oder psychischer Störungen so rechtzeitig verhindert werden können.

Wohngemeinschaften sind unter jüngeren Menschen eine sehr beliebte Wohnform; bisher haben nur wenige Ältere diese Form des Zusammenlebens gewählt. Zu unterscheiden sind folgende Formen: In selbstorganisierten Wohngemeinschaften regeln die alten Menschen ihre Angelegenheiten überwiegend in eigener Verantwortung. Betreute oder geschützte Wohngemeinschaften werden meist von Trägern der Wohlfahrtspflege für solche Menschen eingerichtet, die in einigen Lebensbereichen Unterstützung von Dritten benötigen, z. B. alt gewordene psychisch Kranke. In Außenwohngruppen von Heimen können Bewohner schließlich mehr Selbständigkeit und Eigenverantwortung leben, als es im Heim möglich ist.

Ängste vor dieser Form des gemeinsamen Wohnens betreffen vor allem die Finanzen sowie die auftauchenden Konflikte. Probeurlaube, Probewohnen sowie die vorherige gemeinsame Erarbeitung eines Konzeptes sowie der Regeln des Zusammenlebens sind dem Gelingen förderlich.

9.3 Stationäre Altenhilfe

Zur **stationären Altenhilfe** gehören alle Einrichtungen, die in den Anwendungsbereich des Heimgesetzes (1974) fallen. Dies sind „Altenheime, Altenwohnheime, Pflegeheime und gleichartige Einrichtungen, die alte Menschen sowie pflegebedürftige oder behinderte Volljährige nicht nur vorübergehend aufnehmen und betreuen ..."(§ 1 Abs. 1 des Heimgesetzes).

Dazu zählen Einrichtungen außerhalb des Heimgesetzes, wie z. B. Altenwohnanlagen, Altenwohnungen mit abrufbaren Dienstleistungen unterschiedlicher Art, aber auch Wohngemeinschaften verschiedenster Art für alte Menschen.

Das **Heimgesetz** soll die Interessen und die Bedürfnisse der Bewohner in den Einrichtungen vor Beeinträchtigungen schützen. Es verlangt die Gewährleistung angemessener Betreuung pflegebedürftiger Bewohner.

Die stationäre Altenhilfe versorgte in der BRD 1985 ca. 452 000 Menschen, von denen der überwiegende Teil älter als 65 Jahre alt war. Die sich daraus ergebende **Unterbringungsrate** von ca. 5% trifft jedoch real nur für die 75 bis 80jährigen zu. Nach einer Heimstatistik des Bundesministeriums für Familie und Senioren (1992) existieren 8 181 Einrichtungen der Altenhilfe.

Eine **Heimaufnahme** wird um so wahrscheinlicher, je älter ein Mensch ist, je mehr Pflege er benötigt und je weniger er über ein soziales Hilfsnetz verfügt. Heimversorgung ist nur für diejenigen eine Lösung, die in ihrer eigenen Wohnung mit ambulanter Versorgung nicht mehr ihrem pflegerischen Bedarf angemessen untergebracht und fachlich betreut werden können.

Der **Bedarf** an Einrichtungen hat sich verändert: das herkömmliche Altenheim, in das man noch rüstig einzieht, wird es bald kaum noch geben. Enorm gewachsen ist der Bedarf an beschützten, heimverbundenen Wohnungen und an Pflegeplätzen. Bei den zur Aufnahme anstehenden Pflegebedürftigen handelt es sich meist um hochaltrige geschiedene, ledige oder verwitwete Frauen. Der Anteil schwer und schwerst Gebrechlicher steigt weiter an: unter ihnen ist vor allem für einen ständig wachsenden Anteil psychisch veränderter alter Menschen Vorsorge zu treffen. Erfahrene Heimleiter berichten, daß sich das Verhältnis von Gebrechlichkeit zu psychischer Krankheit nahezu umgekehrt habe: Während vor 20 Jahren etwa 80% Gebrechlichkeit und 20% psychischer Veränderung bestand, ist das Verhältnis heute umgekehrt einzuschätzen. Häfner (1986) schätzt die Zahl der psychisch veränderten Heimbewohner auf 42%. Es gibt Empfehlungen, nach denen der Anteil von psychisch Veränderten in integrierten Einrichtungen einen Prozentsatz von 30% nicht übersteigen sollte.

Das Alten-pflege/kranken)-heim ist nach „Bau, Ausstattung und Personalbesetzung darauf ausgerichtet, verbliebene Kräfte des alten Menschen mit ärztlicher Hilfe, insbesondere durch aktivierende Pflege zu üben und zu erhalten sowie eine Besserung des Allgemeinzustandes herbeizuführen" (Deutscher Verein, 1992).

Dem veränderten Bedarf ist durch veränderte Konzepte für die Arbeit zu entsprechen.

Eine sozialrechtlich festgelegte Nomenklatur zur Abgrenzung von verschiedenen Heimtypen existiert nicht. Die einzelnen Typen der stationären Langzeitversorgung – Altenwohnheim, Altenheim, Altenpflegekrankenheim unterscheiden sich nach dem Ausmaß der von ihnen vorgehaltenen Betreuungsintensität. Viele Heime bieten mehrstufig gleichzeitig verschiedene Versorgungsmöglichkeiten an: Der Vorteil für den Bewohner liegt darin, die Einrichtung nicht wechseln zu müssen, wenn er eine andere Form der Betreuung benötigt.

Wenn Untersuchungen darauf hinweisen, daß kleinere Wohnheime großen Einrichtungen vorzuziehen sind (Davies und Knapp, 1981; Wilkin et al., 1982) so meine ich, daß Einrichtungen unterschiedlicher Art, Größe und Organisation jeweils verschiedene Vor- und Nachteile bieten und damit auch ein breitgefächertes Angebot für die große Individualität von älteren Menschen zur Verfügung steht.

Die vom Kuratorium Deutscher Altershilfe (KDA) und vom Deutschen Zentrum für Altersfragen (DZA) 1991 herausgegebene Schrift: „Heimkonzepte der Zukunft" zeigt auf, daß der Heimbereich Not leidet: konzeptionell, personell und finanziell. Der Inhalt ist im folgenden in Form von Thesen wiedergegeben:

Abb. 9.1. Heimkonzepte der Zukunft.

1. **Hochaltrigkeit** ist der Normalzustand der Heimbewohner und erfordert spezifische Betreuungsarbeit.
2. Die Leistungen der Heime haben sich an der **Lebenswelt der alten Menschen**, innerhalb derer sie agieren, zu orientieren; Standardvorgaben haben an die Stelle von Mindestnormen zu treten.
3. **Subjektförderung** anstelle von Objektförderung.
4. Heime müssen spezifischere Dienstleistungen erbringen und eine größere **Heimvielfalt** erreichen sowie auf eingegrenzte Bedarfssituationen zugeschnitten geplant werden.
5. Verschiedene Heimtypen bedürfen der **Ausdifferenzierung** nach einem Baukastensystem: von selbstständigem Wohnen bis zur Betreuung chronisch kranker alter Menschen.
6. Der **Heimalltag** soll **normalisiert** werden: der Arbeitsplatz des Personals ist gleichzeitig Lebensplatz der Bewohner.
7. Rehabilitation vor Pflege: **Erhaltungstherapie** steht im Mittelpunkt.
8. **Qualifikation** des Heimpersonals bedeutet vor allem Qualifikation der Heimleitung.
9. Arztgarantie und -präsenz muß gewährleistet sein.
10. Heime sind Wirtschaftsbetriebe.
11. Heime sind einem **Wettbewerb** und damit einem Veränderungsdruck ausgesetzt. Die Anbieter müssen bewegungs- und anpassungsfähig sein.
12. Es sollen der Arbeit förderliche Rechtsformen gefunden werden (z.B. (gemeinnützige) GmbH).

Die verschiedenen Darstellungen und Analysen zeigen, daß sich neben der mit dem Strukturwandel einhergehenden Notwendigkeit der Reorganisation von Altenheimstrukturen erhebliche Probleme psychologischer Art ergeben, die einer optimalen Versorgung entgegenstehen. Diese sind:

- Probleme der **Leitung** und Führung: sowohl auf Heimleiterebene wie auch auf Stations- bzw. Bereichsleiterebene.
- Probleme der **Konzeptentwicklung**: Die Notwendigkeit, das Ziel der Arbeit, die Indikation und Kontraindikation zur Arbeit sowie die Darstellung der Arbeitsweise auszuarbeiten, wird meist nicht gesehen (Kap.7).
- Probleme der Umsetzung von **Therapie** und Rehabilitation: Es **mangelt** an **Konzepten** für das therapeutische und rehabilitative Tun. Die Zielvorstellungen orientieren sich weitgehend an dem Laienkonzept: was „schön" ist, was „zufrieden" macht und was von der Leitung „gern gesehen" wird.
- Probleme bei der **Findung** des passenden Heimtyps sowie bei der **Übersiedlung**: Hier sind bereits im Vorfeld erhebliche diagnostische Aufgaben zu lösen: ein praktisch erfahrener Betreuer, der u.U. einen Hausbesuch macht, hat andere Kriterien als ein Hausarzt oder eine zentralisierte Aufnahmeeinrichtung eines Trägers mit vielen Altenheimen. Wünschenswert wären Organisationsformen, die einen schrittweisen Übergang ins Heim ermöglichen: z.B. Besprechung der Übersiedlung bei mehreren Hausbesuchen und Angehörigengesprächen.
- Die Zusammenarbeit mit dem **Arzt** und vorbehandelnden Kliniken wird häufig als mangelhaft beklagt: Eine Möglichkeit der Verbesserung liegt in der speziellen Wahrnehmungs- und Beobachtungsschulung der betreuenden Mitarbeiter, die dem Arzt dann gezielte Information über den Bewohner zukommen lassen können. Ohne diese Information kann der Arzt nicht arbeiten, ebenso wenig wie ohne die Fähigkeit, gezielt notwendige Informationen vom Vorbehandler zu erfragen.
- Probleme in der Zusammenarbeit zwischen dem Pflegepersonal und den **Angehörigen** ergeben sich aus dem schlechten Gewissen der Angehörigen, aus Vorwürfen, Unverständnis und mangelnder Information über die Krankheit des alten Menschen. Eine verbesserte Qualifikation auf Seiten der Betreuer könnte zu einem verständnisvolleren und verbesserten Kontakt beitragen und sich förderlich auf den Heimbewohner auswirken.

9.3.1 Subjektive Belastungen der Heimübersiedlung

Wenn ein alter Mensch sich nicht mehr selbst versorgen kann, ist er vor eine schwere Entscheidung gestellt: Ist eine Pflege zu Hause möglich und zumutbar oder muß eine Übersiedlung ins Heim ins Auge gefaßt werden? Häufig besteht gar keine Wahl mehr; die Endgültigkeit und Ausweglosigkeit bewirkt bei vielen schwere depressive Verstimmungen.

Die Situation, die eine Entscheidung erfordert, kommt selten über Nacht. Sie kündigt sich meist durch die Vorsichtsmaßnahmen an, die um den betagten Alleinlebenden herum ergriffen werden müssen (Schlüssel bei der Nachbarin, regelmäßiger Telefonkontakt, Erschrecken, wenn bei einem Anruf nicht abgehoben wird). Aber es kann auch eine plötzliche Entscheidung gefordert sein: Nach einem Schlaganfall oder einem Zuckerschock ist eine Übersiedlung direkt aus dem Krankenhaus in ein Heim häufig unumgänglich. Die wenigsten haben sich vorher kundig gemacht und sind den Lösungen, die auf die Schnelle nur möglich sind, völlig ausgeliefert.

Der anstehende Verlust des „Zuhauses" ist mehr als ein Wohnungswechsel; es ist, wie wenn man jetzt „das Letzte" verliert und dabei häufig tolerieren muß, das sich andere, womöglich Fremde mit den eigenen, persönlichen Sachen beschäftigen. Dies kann erlebt werden, wie Jüngere einen Einbruch in ihre Wohnung erleben: als eine sehr schmerzhafte Verletzung der Imtimsphäre.

Die Administration erlaubt meist nicht eine allmähliche Umgewöhnung in die neue Situation: Probewohnen ist kaum möglich. Die Wohnungsauflösung ist ein weiterer Graus: Sie wird häufig wie eine endgültige Auslöschung der eigenen Identität erlebt. Häufig wird den Kindern Faulheit und Undank vorgeworfen, wenn sie die häusliche Pflege ablehnen, oder auch als Habgier angelastet. Auf diese Weise kann es zu schweren familiären Zerwürfnissen kommen.

9.3.2 Gerontopsychiatrische Stationen im Pflegeheim

Die ständig steigende Zahl psychisch veränderter alter Menschen macht es notwendig, nach speziellen Betreuungskonzepten Ausschau zu halten. Die häufig am Anfang stehende Frage ist: **Integration** versus **Separation**.

Insbesondere bei Verwirrten stellt sich diese Frage: **Separation** oder **Integration**. Sie läßt sich nicht grundsätzlich und eindeutig beantworten. Ich möchte eine grobe Orientierungshilfe geben, wie ich sie in mehreren Jahren der Konzeptarbeit mit Betreuern von Verwirrten und psychisch Veränderten entwickelt habe:

1. In kleinen Häusern, in denen ein familienähnliches Klima vorherrscht, scheint eine Integration zu funktionieren oder besser gesagt: sie ist nicht zu umgehen. Gleichzeitig ist zu beobachten, daß sich die Bewohner in diesen Häusern oft

sehr tolerant gegenüber den gerontopsychiatrischen Mitbewohnern verhalten.

2. Häuser mit 60–120 Betten sollten eine Station speziell für Verwirrte und/oder psychisch Veränderte einrichten. Je größer die Anzahl der Heimbewohner, desto wahrscheinlicher, daß tatsächlich ein oder zwei für die Mehrheit kaum „aushaltbare" Bewohner zu versorgen sind. Sie sind auf einer Spezialstation oft leichter zu führen und aufgrund einer veränderten Umgebung mit weniger Kritik und sozialer Ausgrenzung u.U. ruhiger.

3. Je weniger die geistige Leistungsfähigkeit beeinträchtigt ist, desto mehr fühlen sich Bewohner durch Verwirrte, insbesondere aber durch deren aggressives Verhalten, beunruhigt und bedroht. Dies betrifft nicht allein die Bedrohung an sich, sondern ebenfalls die Angst, auch einmal so werden zu können.

4. Schließlich ist bei der Frage, welche Betreuungsform gewählt werden soll, nach meiner Auffassung auch die Neigung der Mitarbeiter zu berücksichtigen. So habe ich z.B. die überraschende Erfahrung gemacht, daß bei der Neueinrichtung einer gerontopsychiatrischen Station im Heim zunächst große Abneigungen und Bedenken bestanden. Um sie dennoch zu motivieren, wurde den Mitarbeitern für ihre neue, schwierige Arbeit Supervision und fachliche Unterstützung zugesagt. Heute arbeitet diese Station problemlos; Schwierigkeiten gibt es vielmehr auf den anderen Stationen, die wie bisher ihre Arbeit weiterführen und nicht die Gelegenheit hatten, im Sinne eines Neuanfanges ihre Arbeitsweise zu überdenken. Ich führe dies einmal auf das Gefühl der Mitarbeiter, etwas Neues zu machen, und das damit verbundene Interesse an einer anderen Arbeitsform zurück. Zusätzlich messe ich der betreuenden **Supervisionsarbeit** eine große Bedeutung bei.

Zwei Betreuungsmodelle für psychisch veränderte alte Menschen, speziell Verwirrte, bieten sich an und seien im folgenden kurz dargestellt:

Die **integrative** Betreuungsform verfolgt das Ziel, die Lebensqualität **aller** Bewohner eines Heimes zu erhöhen. Sie stellt eine Alternative zu geschlossenen, beschützten Abteilungen oder Häusern dar. Vorteil dieses Modelles ist, daß es relativ einfach in die Tat umzusetzen ist, daß es bei einer gemischten Unterbringung von Dementen und Nicht-Dementen eine wichtige Entlastung für die „Gesünderen" wie für das Pflegepersonal bedeutet. Das Bedürfnis, daß orientierte Bewohner auch einmal unter sich sein wollen, wäre so respektiert.

Die Tagesbetreuung

Gruppengrößen zwischen einigen bis zu 40 Bewohnern erscheinen möglich. Der/die Raum/Räume, in denen die Tagespflege stattfindet, muß nicht abgeschlossen sein. Eine Küchenzeile mit Arbeitsplatte und Herd bildet den Mittelpunkt, darum gruppieren sich Tische und Stühle. Ein Haustier wie etwa eine Katze, stärkt das Gefühl von „zu Hause".

Morgens wird der Patient nach der Verrichtung der Grundpflege von der Station abgeholt und abends wieder zurückgebracht. Eckpfeiler der gemeinsam verbrachten Zeit bilden die Mahlzeiten. Bei den Vorbereitungen, wie z.B. dem Tischdecken, helfen die Bewohner aktiv mit. Keiner der dementen Bewohner ist gelangweilt, wenn er heute dasselbe tut wie gestern: Es ist sowieso gleich wieder vergessen.

Als oberstes Gebot gilt, daß Verrichtungen des täglichen Lebens selbständig und ohne fremde Hilfe zu erledigen sind, denn darin liegt der Sinn des Lebens. Dieses Konzept bietet den Vorteil von Gelegenheit zur ausreichenden Bewegung, die Verwirrte auf den gemischten Stationen nicht immer zugedacht wird, denn hier muß man aufpassen, ob sie nicht das Falsche tun. Bewegung ist sehr wichtig, weshalb Gruppengymnastik, Spaziergänge, Sitztänze etc. zu empfehlen sind.

Ob jemand **gruppengeeignet** ist oder nicht, das kann man nicht immer genau vorab beurteilen: Kenntnisse über Lebensdaten und Eigenheiten sind auch hier unerläßlich. Jemand, der sein Leben lang Einzelgänger war, wird auch jetzt versuchen, sich einem Gruppenprogramm zu entziehen. Aus der Biographie läßt sich vieles ableiten, was sich für die Betreuungsarbeit weiterverwerten läßt.

Vorlesen aus der Zeitung, Gespräche über Jahreszeiten dienen der Orientierung und der Kommunikation. Zur Beschäftigung bieten sich hausfrauliche Tätigkeiten an. Die Angst, Demente mit heißen Kochplatten oder Bügeleisen hantieren zu lassen, ist unbegründet. Es geht hierbei nicht um das Ergebnis, sondern die Tätigkeit an sich. Das Tun ist ebenso wichtig wie das Zuschauen: Man will doch etwas vom Leben mitbekommen. Und selbst dabei ist es z.T. überraschend, was dann doch noch behalten wird.

Möglichst viele Verrichtungen des täglichen Lebens sollen selbständig und ohne fremde Hilfe erledigt werden – gleichgültig, welcher Nutzen daraus entsteht. Versuche, moderne Beschäftigungstherapie einzuführen, sind meist gescheitert. So hört man z.B. „Für so etwas habe ich keine Zeit". Auch diese oft belächelte Aussage kann man mit dem „3. Ohr" für einen psychologischen Verständniszugang anders interpretieren: „Als ich noch im Vollbesitz meiner Kräfte war, sagte man, wenn man etwas nicht wollte: Ich habe keine Zeit. Heute bedeutet dies: Ich will nicht, weil ich mich nicht mit meiner Unfähigkeit, z.B. Neues zu lernen oder mit meiner eingeschränkten visuomotorischen Koordinationsfähigkeit schmerzhaft konfrontiert sehen will".

Besonders wichtig in der Betreuung sind Orientierungs-, Gedächtnis- und Toiletten- bzw. Körperpflegetraining. Die Beherrschung der Alltagsbelange hat einen wichtigen Einfluß auf das Selbstwertgefühl.

Zeiten der Aktivität müssen sich mit Zeiten der Ruhe abwechseln; Tätigkeiten von höchstens 30 bis 45 Minuten Dauer sollten durchgeführt werden.

Abschließend möchte ich einige Empfehlungen geben, die der Erfahrung der Umsetzung des Modells an verschiedenen Orten entspringen:

- Ziel ist, Geborgenheit erleben zu können, ohne sich unnötig eingeschränkt zu fühlen. Damit wird der Konflikt zwischen geistig klaren und an seniler Demenz leidenden Bewohnern entschärft.
- Eine Gruppengröße bis zu 15 Personen hat sich bewährt; größere Gruppen bis zu etwa 30 Teilnehmern scheinen aber auch möglich.
- Für eine Gruppe bis zu 15 Personen ist ein Flächenbedarf bis zu 250 qm erforderlich: 150 qm für das gemeinsame Wohnen und Leben während des Tages, 100 qm für Funktionsräume und Verkehrsflächen.
- Personalausstattung: Bei etwa 15 Bewohnern sind 2 Fachkräfte sowie 3 weitere Mitarbeiter (z.B. Zivildienstleistende etc.) notwendig, bei einem Betreuungsverhältnis von 1:3. Die Mitarbeiter, die sich für diese Form der Spezialbetreuung interessieren, sollten jedoch auf die psychische Mehrbelastung ihrer Arbeit vorbereitet sein.
- Die Aufteilung: Ein großer Gemeinschaftsraum mit einer u.U. integrierten Küchenzeile ist unerläßlich; ein Ruhebereich wird empfohlen. Ein abgegrenzter Garten kann Wunder wirken gegen Schlaflosigkeit und nächtliche Unruhe (z.B. dem Wandertrieb durch einen angelegten Rundweg nachgeben). Eine weiter entfernte Toilette kann auch ein erwünschtes Gehtraining bzw. Bewegung bedeuten.
- Feste Strukturen helfen den Bezug zur Realität zu verbessern. Toilettentrainig ist ein fester Bestandteil eines Tagesprogrammes.
- In der Regel ist eine solche Neueinrichtung durch den bestehenden Pflegesatz nicht mitzutragen. Wendet man Eigenmittel auf, kann man so eventuell den Abzug von Personal im Pflegebereich verhindern.

- Probleme bei der Neueinrichtung: Die individuellen Schwierigkeiten der Bewohner (z.B. Weglaufen) werden sich in der Anfangsphase verstärken, positive Veränderungen brauchen einige Zeit (ca. 3-6 Monate).

Gerontopsychiatrische Versorgung im stationären Pflegebereich: Die milieutherapeutische Station

Der milieutherapeutische Behandlungsansatz wurde in Kap. 5.3 dargestellt.

Vergleichbar der Tagesbetreuung werden hier Stationen im Sinne von Wohngruppen für gerontopsychiatrische Bewohner gebildet. Besonderheiten der Betreuung, Ausstattung etc. sind im wesentlichen dem geschilderten Tagesbetreuungsmodell vergleichbar. Der Vorteil liegt darin, daß die Bewohner ihr „zuhause" nicht verlassen müssen, d.h. die Anforderungen der schwierigen Umstellungsleistungen entfallen. Anders als die gegenwärtig üblichen Empfehlungen halte ich größere Gruppen mit mehr als 8–12 Bewohner speziell bei solchen gerontopsychiatrischen Bewohnern für empfehlenswert, bei denen aufgrund ihrer Grunderkrankung die Fähigkeit zur Kontaktaufnahme sehr gestört ist, so z.B. bei psychotischen Erkrankungen. Das enge Aufeinander-Angewiesensein konfrontiert diese Gruppe von Kranken eher mit ihren Defiziten als größere Gruppen, die es erlauben, sich mal diesem, mal jenem zuzuwenden. Die Betreuung Bewohner in kleineren Gruppen kann deshalb vermehrt zu Problemen führen.

Für besonders unruhige Bewohner ist es hilfreich, wenn z.B. ein beschützter Garten als erweitertes „zuhause" zur Verfügung steht. In dieser familiären Wohnform ist dann auch jeder Bewohner seinen Fähigkeiten entsprechend in Aufgaben der gemeinsamen Haushaltsführung mit einzubinden. Wo kein spontaner Kontakt mehr möglich ist, ist dies ein wichtiger Weg, Gemeinsamkeit vermitteln zu können.

9.4 Ausblick

Eine quantitative wie auch qualitative Weiterentwicklung wird für die **ambulanten** sozialpflegerischen wie auch hauswirtschaftlichen Hilfen angestrebt: Die Betreuung in der Woche soll intensiviert und auf das Wochenende ausgedehnt werden können. Die Eigenständigkeit sowie finanzielle Sicherung sollen sichergestellt werden. Sozial- und Gesundheitszentren sollen die Aufgaben als Anlauf- und Clearingstelle zur Vermittlung anderer Dienste im Stadtteil übernehmen.

Der Zwischenbericht der Enquête-Kommission „Demographischer Wandel" (1994) geht davon aus, daß sich die Inanspruchnahme von **Heim**en gegenüber dem Trend, wie er sich von 1974 bis 1992 zeigte, nicht grundlegend verändern wird. Das bedeutet, daß der Bedarf an Heimplätzen über das

Jahr 2000 hinaus einschließlich der jetzt in Planung begriffenen Projekte gedeckt ist. Dies eröffnet Spielräume für mögliche Spezialisierungen sowie qualitative Verbesserungen, die z.B. die psychisch kranken Heimbewohner betreffen, die Langzeitrehabilitation von chronisch Kranken, die qualifizierte Versorgung von Schwerstpflegebedürftigen sowie die verbesserte Gestaltung des Umganges mit Sterbenden.

Eine weitere geforderte Veränderung betrifft die Binnenstruktur der Heime: Wie im Heimkonzept der Zukunft aufgeführt, sind eine Normalisierung des Heimlebens, eine Individualisierung von Heimleistungen, Maßnahmen zur Erhaltung der Selbständigkeit sowie der Entscheidungsspielräume und die Verfolgung des Grundsatzes: Erhaltungstherapie vor Versorgungspflege anzustreben.

Vorrangig wird schließlich die Aufgabe der **Vernetzung** betont: Schließung von Versorgungslücken, Verbesserung der gegenseitigen Abstimmung für Versorgung, größere Durchlässigkeit sowie bedarfsgerechte Anpassung von Versorgungskapazitäten werden angestrebt.

Literaturverzeichnis

Literatur zum 1. Kapitel

Baltes PB, Baltes MM. Psychological Perspectives on successful Aging: The Model of selective optimization with compensation. In: Successful aging: Perspectives from the behavioral sciences. Baltes Pb, Baltes MM, eds. New York: Cambridge University Press, 1990: 1-33.

Baltes PB, Goulet LR. Life span developmental psychology: Research and Theory. New York: Academic Press, 1970.

Baumann U, Perrez M. Klinische Psychologie. Bd 1. Bern, Stuttgart, Toronto: Huber, 1990.

Bernhard Th. Der Untergeher. Frankfurt: Suhrkamp, 1983.

Bürger M. Altern und Krankheit. 3. Aufl. Stuttgart: Thieme, 1957.

Bundesministerium für Familie und Senioren. Bonn, 1991. 1. Teilbericht der Sachverständigenkommission zur Erstellung des 1. Altenberichtes der Bundesregierung.

Cain Ld. Life course and social structure. In: Handbook of modern sociology. Faris Rel. Chicago: Rand McNally, 1964: 272-309.

Eliot Ts. Der Privatsekretär. Frankfurt: Suhrkamp, 1966.

Erikson Eh. Identität und Lebenszyklus. Frankfurt: Suhrkamp, 1977.

Fillip S, Hrsg. Kritische Lebensereignisse. München, Wien, Baltimore: Urban & Schwarzenberg, 1981.

Fillip S, Klauer T. Ein dreidimensionales Modell zur Klassifikation von Formen der Krankheitsbewältigung. In: Bewältigung und Abwehr. Kächele H, Steffens W, Hrsg. Berlin, Heidelberg: 1988.

Flavell Jh. Cognitive changes in adulthood. In: Life span developemental psychology: Resarch and theory. Goulet LR, Baltes PB, eds New York: Akademic Press, 1970: 247-53.

Franke H. Auf den Spuren der Langlebigkeit. Stuttgart: Schattauer, 1985.

Freud A. Das Ich und die Abwehrmechanismen. München: Kindler, 1963.

Gronemeyer M. Auszug aus einem Beitrag in „Universitas". Süddeutsche Zeitung, 26./27.3.1988.

Haan de N. Coping and defending. New York: 1977.

Havighurst RJ, Albrecht, R. Older People. New York, London, Toronto: 1953.

Havighurst RJ. Successful aging. In: Process of aging. Bd 1. Williams Rh, Tibbits C, Donahue W, eds. New York: 1963: 229-320.

Heiss R. Person als Prozeß. Bericht 1. Kongr. Berufsverband deutscher Psychologen. Hamburg: 1949.

Hinschützer U, Momber H. Basisdaten über ältere Menschen in der Statistik der BRD. Berlin: Deutsches Zentrum für Altersfragen. 1984.

Imhof AE. Die gewonnenen Jahre. München: Beck, 1981.

Junkers G, Rönnecke B. Möglichkeiten und Grenzen der Arbeit von Psychologen in geriatrischen Einrichtungen. Unveröffentlichter Vortrag. Tagung der Deutschen Gesellschaft für Gerontologie. Berlin: 1981.

Jyrkilä F. Society and adjustment to old age. Kopenhagen: 1960.

Keupp H. Psychische Störungen als abweichendes Verhalten. München, Berlin, Wien: 1972.

Kohli m. Soziologie des Lebenslaufes. Darmstadt: Luchterhand, 1978.

Kruse A. Psychologie des Alterns. In: Alterspsychiatrie. Psychiatrie der Gegenwart. Bd 8. Kisker KP, Lauter H, Meyer JE, Müller C, Strögren E. Berlin, Heidelberg, New York: Springer, 1989.

Linden ME. Übertragung in gerontologischer Gruppentherapie: Untersuchung von menschlichen Beziehungen aus gerontologischer Sicht. In: Normal Psychology of the aging process. Zinberg NE, Kaufmann I, Hrsg. New York: International University Press, 1963.

Loewald HW. Das Zeiterleben. Psyche 1972; 28: 1053-62

Maher BA. Principles of Psychopathology: An experimental approach. New York: 1966.

Menninger K. The human mind. New York: 1946.

Munnichs Jma. Endlichkeit und Sterben. Zeitschrift für Gerontologie. 1973; 6: 351-8.

Olbrich E. Die Entwicklung der Persönlichkeit im menschlichen Lebenslauf. In: Entwicklungspsychologie. Oerter R, Montada L. München: 1982.

Parsons T. Definition von Gesundheit und Krankheit im Lichte der Wertbegriffe und der sozialen Struktur Amerikas. In: Der Kranke in der modernen Gesellschaft. Mitscherlich A, Brocher T, von Mering O, Horn KK, Hrsg. Köln: Kriepenheuer u. Witsch, 1967: 57-87.

Perrez M, Bauman, U. Klinische Psychologie. Bd. II. Bern, Stuttgart, Toronto: Huber, 1990.

Piaget J. Die Bildung des Zeitbegriffes beim Kinde. Zürich: 1955.

Pongratz L. Psychologie menschlicher Konflikte. Göttingen: Hogrete, 1961.

Prystav G. Psychologische Copingforschung: Konzeptbildungen, Operationalisierungen und Meßinstrumente. Diagnostica 1981; 27: 233-8.

Radebold H. Der psychoanalytische Zugang zu dem älteren und alten Menschen. In: Psychotherapie mit alten Menschen. Petzold H, Bubolz E. Paderborn: 1979.

Radebold H. Psychodynamik und Psychotherapie Älterer. Berlin, Heidelberg, New York: Springer, 1992.

Radebold H. Regressive Phänomene im Alter und ihre Bedeutung in der Genese depressiver Erscheinungen. Ztschr Gerontol 1973; 6: 409-19.

Riley MW, Johnson M, Foner A. Aging and society, vol 3: A sociology of age stratification. New York: Russel Sage, 1972.

Rosenmayr L. Die menschlichen Lebensalter. Kontinuität und Krisen. München, Zürich: Piper, 1978.

Rosenmayr L. Schwerpunkte der Soziologie des Alters. Gerosoziologie. In: Handbuch der empirischen Sozialforschung, Bd 7, 2. Aufl. König R, Hrsg. Stuttgart: Enke, 1976: 218-406.

Rückert W. Demographie der Supportsysteme in der Altenversorgung. In: Die Versorgung psychisch kranker alter Menschen. Tagungsbericht. Band 20. Kulenkampff C, Kanowski S., Hrsg. Köln: Rheinland Verlag, 1993.

Sasz TS. The myth of mental illness. American Psychologist 1960; 15: 113-8.

Schmidt-Scherzer R, Zimmermann EJ, Rudinger G. Krisen im Alter. Ztschr Gerontol 1983; 16: 115-20.

Schraml WJ. Klinische Psychologie. Bern, Wien: Verlag Huber, 1970.

Statistisches Bundesamt. Im Blickpunkt: Ältere Menschen. Stuttgart: Metzler-Poeschel, 1991.

Thomae H. Das Individuum und seine Welt – eine Persönlichkeitstheorie. Göttingen: Verlag für Psychologie, 1968.

Thomae H. Zum Problem des Entwicklungsbegriffes im mittleren und höheren Erwachsenenalter. In: Entwicklung als lebenslanger Prozeß. Oerter R, Hrsg. Hamburg: 1978.

Wasilewski R, Funk W. Kosten der Psychotherapie bei Klinischen Psychologen. Bonn/Nürnberg: Deutscher Psychologiebuchverlag, 1989.

Literatur zum 2. Kapitel

Abrahams JB et al. J Gerontol 1975. Zit. n. Fooken J. Women in old Age. Paper presented at the XIIth Intern Congr Gerontol. Hamburg: 1981.

Adams BN. Interaction Theory and the social Network. Sociometry 1967; 30: 64-78.

Arnold W, Eysenck HJ, Meili R. Lexikon der Psychologie. Freiburg: Herder, 1976.

Ball JF. Widows grief: The impact of age and mode of death. Omega 1976/77; 7: 307-33.

Baltes MM, Barton EM. New approaches toward aging: A case for the operant model. Educational Gerontology: An International Quarterly 1977; 2: 383.

Baltes MM, Lerner RM. Roles of the operant model and its methods in the life-span view of human development. Human Development 1980; 23:

Baltes PB, Cornelius SW, Nesselroade JR. Der Kohorteneffekt in der Entwicklungspsychologie. In: Methoden in der Entwicklungspsychologie. Rudinger G, Hrsg. Stuttgart: 1978.

Baltes PB, Reese HW, Lipsitt LP. Life span developmental psychology. Annual Review of Psychology 1980; 31: 65-110.

Baltes PB, Schaie KW, Hrsg. Life span developmental psychology: Personality and Socialization. New York, London: 1973.

Baltes PB. Entwicklungspsychologie unter dem Aspekt der Lebensspanne. In: Brennpunkte der Entwicklungspspychologie. Montada L, Hrsg. Stuttgart: 1979: 42-61.

Barnes JA. Networks and Political Process. In: Social Networks in Urban Situations. Mitchell JC, ed. Manchester: 1969.

Beauvoir de S. Das Alter. Hamburg: Rowohlt, 1977.

Benedek T. Climacterium: A Developmental Phase. The Psychoanalytic Quarterly 1950; 19: 1-28.

Bergman LF, Syme SL. Social Networks, Host and Resistance and Mortality. Am J Epidemiology 1979; 109: 186.

Bion WR Lernen durch Erfahrung. Frankfurt: Suhrkamp, 1990.

Birren JE, Butler RN, Greenhouse SW, Sokoloff L, Yarrow MR. Human aging: a biological and behavioral study. Nat Inst of mental health. Bethesda, Maryland: 1963.

Birren JE. The psychology of aging. New York: Englewood Clitts, 1964.

Blankenburg W. Der Leib als Partner. Psychother Med. Psychol 1983; 33: 206-12.

Blume O. Über die soziologische Situation der Mehrgenerationenfamilie. In: Veröffentlichungen der Deutschen Gesellschaft für Gerontologie. Band 4. Störmer A., Hrsg. 1970.

Botwinick J, Birren JE. A follow-up study of card sorting performance in elderly men. Journal of Gerontology 1963; 20: 208-10.

Botwinick J, Robbin JSS, Brinley JF. Age differences in card sorting performance in relation to task difficulty, task set and practice. Journal of experimental Psychology 1960; 59: 10-8.

Botwinick J. Aging and behavior. New York: 1973.

Bowlby J. Attachment and loss, Band 2. New York: 1975.

Bowlby J. Attachment and loss, Band 3. New York: 1980.

Bowlby J. Attachment and loss. New York: 1969.

Bracken v H. Wandlungen der menschlichen Persönlichkeit im mittleren und höheren Alter. Studium Generale 1952; 5: 306-15.

Braun AN, Geiselhart R. Age differences in the acquisition and extinction of the conditioned eyelid response. Journal of experimental Psychology 1959; 57: 386-8.

Bruder J et al. Zur Frage der Belastung von Mehrgenerationenhaushalten mit dementen alten Angehörigen. Janssen Symposion 8. Köln: 1979.

Bühler Ch. Der menschliche Lebenslauf als psychologisches Problem. 2. Auflage. Göttingen: Verlag für Psychologie, 1959.

Busse EW, Eisdorfer C. Two thousand Years of Married Life. In: Normal Aging. Palmore E, ed. Duke University Press, 1970.

Cautela JR. A classical conditioning approach to the development and modification of behavior in the aged. Gerontologist 1969; 9: 109.

Cobb S. Social Support and Health through the life course. In: Aging from birth to death. Riley MW. Washington: Westview Press, Boulder, Colorado, 1979.

Craik FJM. Age differences in short-term-memory. In: Psychological functioning in the normal aging and senile aged. Bd I. Chown S, Riegel K, eds. Basel, New York: Karger, 1968: 44-7.

Cumming E, Henry WE Growing old, the process of disengagement. Basic books. New York: 1961.

Damianopoulos E. A formal statement of disengagement theory. In: Growing old, the process of disengagement. Cumming E, Henry WE, eds. New York: Basic Books 1961: Zit. nach: Lehr U. Psychologie des Alterns. Heidelberg: Quelle & Meyer, 1972.

Dan J. Der Landarzt und die komplexe Situation der älteren Bürger. Zeitschrift für Altersforschung 1983; 38: 75-8.

Deutsch H. The Psychology of Women. New York: Huber, 1944/45.

Dohrenwend BS, Dohrenwend BP, eds. Stressful life events: Their nature and effects. New York: 1974.

Dornes M. Der kompetente Säugling. Frankfurt: Fischer, 1993.

Dorsch F. Psychologisches Wörterbuch. 10. Aufl. Bern: 1982.

Dreher G. Auseinandersetzungen mit dem bevorstehenden Austritt aus dem Berufsleben. In: Informationsschrift des Deutschen Bundestages, 7. Wahlperiode. Drucksache 7/4200. Störmer A. Kap. B.3. (7.2.5). Bonn: 1970.

Elder GH jr. Children of the great depression. Chicago: 1974.

Elder GH. Age differentiation and the life course. Ann Rev of Sociol 1975; 1: 165-90.

Erikson EH. Das Problem der Identität. Psyche 1956; 10: 114.

Erikson EH. Identität und Lebenszyklus. Frankfurt: Suhrkamp, 1966/71/77.

Erikson EH. Kindheit und Gesellschaft. Stuttgart: Klett, 1957.

Fenichel O. On psychoanalysis of boredom. In: Id. Collected Papers of O. Fenichel. New York: 1953.

Ferenczi S. A contribution to the understanding

of the psychoneurosis of the age of involution. New York: 1921: 205-11.

Fessler L. The Psychopathology of Climacteric Depression. The Psychoanalytic Quarterly 1950: 28-42

Fillipp S, Hrsg. Kritische Lebensereignisse. München, Wien, Baltimore: Urban & Schwarzenberg, 1981.

Fillipp S, Klauer T. Ein dreidimensionales Modell zur Klassifikation von Formen der Krankheitsbewältigung. In: Bewältigung und Abwehr. Kächele H. Steffens W, Hrsg.Berlin, Heidelberg: 1988.

Flammer A. Entwicklungstheorien. Bern: Huber, 1988.

Flavell JH. Cognitive Development. Englewood Cliffs: 1977.

Fleischmann UM. Gedächtnis. In: Gerontologie. 2. Aufl. Oswald WD, Herrmann WM, Kanowski S, Lehr U, Thomae H, Hrsg. Stuttgart: Kohlhammer, 1991.

Franke H. Auf den Spuren der Langlebigkeit. Stuttgart: Schattauer, 1985.

Freud A. Das Ich und die Abwehrmechanismen. München: Kindler, 1963.

Freud S. Das hypothetische Konzept des Widerholungszwanges (1920). GW XIII. Frankfurt/Main: Fischer-Verlag.

Freud S. Das Ich und das Es (1923). GW XIII. Frankfurt/Main: Fischer-Verlag.

Fried M. Grieving for a lost home. In: The urban condition. Duhl L., eds. New York: 1963: 151-71.

Gaddini R, Gaddini E. Transitional objects and the process of individuation. J Am Child Psychiat 1970; 9: 347-65.

Goldfarb AU. Psychodynamics and the three generation family. In: Social structure and the family. Shanas E., Streib GF, eds. New Jersey: 1965: 10-45.

Groffmann KJ. Die Entwicklung der Intelligenzmessung. In: Handbuch der Psychologie, Bd 9. Heiss R, Hrsg. Göttingen: Hogrete, 1964.

Guilford JP. Persönlichkeit. Weinheim, Berlin, Basel: Beltz, 1964.

Haan de N. Coping and defending. New York: 1977.

Hacker W, Volpert W, Cranach v. M. Kognitive und motivationale Aspekte der Handlung. Berlin: 1983.

Hacker W. Handlung. In: Handwörterbuch der Psychologie. Asanger R, Wenninger G. München: 1988.

Havighurst RJ, Albrecht R. Older People. New York, London, Toronto: 1953.

Havighurst RJ, Neugarten BL, Tobin S. Disengagement and patterns of aging. In: Middle age and aging. Neugarten BL, eds. Chicago, University of Chicago Press: 1968: 161-72.

Havighurst RJ, Neugarten BL, Tobin SS. Disengagement, personality and life satisfaction in the later years. In Age with the Future. Hansen PF, eds. Copenhagen: 1964.

Havighurst RJ. Developmental tasks and education. 3. Aufl. New York: 1961/72.

Havighurst RJ. Successful Aging. In: Process of aging. Bd I. Williams, RH, Tibbitts C, Donahue W, eds. New York: 1963: 229-320.

Heinz W. Sozialpsychologie. In: Handwörterbuch der Psychologie.Asanger R, Wenninger G. Weinheim, Basel: Beltz, 1982.

Henry WE. The Theory of intrinsic disengagement. In: Age with the future. Hansen PF, ed. Copenhagen: 1964.

Hetzer H, Todt E, Seiffge-Krenke I, Arbinger R. Angewandte Entwicklungspsychologie des Kindes- und Jugendalters. Heidelberg: Quelle & Meyer, 1979.

Hinschützer U, Momber H. Basisdaten über ältere Menschen in der Statistik der BRD Berlin: DZA, 1984.

Hirsch M, Hrsg. Der eigene Körper als Objekt. Berlin, Heidelberg, New York: Springer, 1989.

Hoffmann SO. Charakter und Neurose. Frankfurt: Suhrkamp, 1979.

Hofstätter PR. Tatsachen und Probleme einer Psychologie des Lebenslaufes. Zeitschrift für angewandte Psychologie und Charakterkunde 1938; 53: 274-333.

Horn JL, Cattell RB. Age differences in primary mental ability factors. Journal of Gerontology 1966; 21: 210-20.

Hulicka JM, Grosssmann JL. Age-group comparison for the use of mediators in paired-associate learning. Journal of Gerontology 1967; 22: 46-51.

Junkers G. Theorie und Praxis Klinisch-Psychologischer Rehabilitation in der Gerontopsychiatrie. Münster: Lit, 1991.

Kahn RL. Aging and Social Support; In: Aging from Birth to Death. Riley MW. Washington: 1979.

Kaufmann A. Motive und Formen der Wohnungsmobilität. Wien: Institut für Stadtforschung, 1976.

Kay DWK et.al. Old Age Mental Disorders in Newcastle upon Tyne, II. Brit J Psychiat; 1964.

Kay DWK, Beamish P, Roth M. Old Age Mental Disorders in Newcastle upon Tyne, I. Brit J Psychiat; 1964: 110.

Kennedy H, Moran GS. The developmental roots of self injury and response to pain in a 4 year old boy. Psychoanal Study Child 1984; 39: 195-212.

Kerckhoff AC. Nuclear and extended family relationsships: a normative and behavioral analysis. In: Social structure and the family: General relations. Shanas E, Streib GF, eds. New York: 1965.

Klonoff H, kennedy M. A comparative study of cognitive functioning in old age. Journal of Gerontology 1966; 21: 239-43.

Kohli M, Hrsg. Soziologie des Lebenslaufes. Darmstadt: Luchterhand, 1978.

Korchin SJ, Basowitz H. Age differences in verbal learning. Journal of abnormal and social Psychology 1957; 54: 49-64.

Krauss B. Somatische Beschwerden älterer Menschen. Internist 1974; 15: 254-7.

Kruse A. Psychologie des Alters. In: Alterspsychiatrie. Kisker KP et al. Berlin, Heidelberg, New York: Springer, 1989.

Kuhlen RG. Age and intelligence. Vita Humana 1963; 6: 113-24.

Kuhn TS. Die Struktur wissenschaftlicher Revolutionen. Frankfurt: Suhrkamp, 1972.

Kutner B. Five hundred over sixty. New York: 1956.

Lazarus RS, Cohen JB. Environmental stress. In: Human behavior and environment, Vol 1. Altmann J, Wohlwill JR, eds. New York: 1976.

Lazarus RS. Stress und Stressbewältigung. In: Kritische Lebensereignisse. Fillipp, S.H. München, Wien, Baltimore: Urban & Schwarzenberg, 1981.

Lehr U, Hrsg. Seniorinnen – Zur Situation älterer Frauen. Darmstadt: Steinkopff, 1978.

Lehr U, Rudinger G. Strukturen der sozialen Teilhabe im höheren Lebensalter. Kongreßbericht Dt Ges Gerontol. Nürnberg 1969. Darmstadt: 1970.

Lehr U, Thomae H. Die Stellung des älteren Menschen in der Familie. In: Die Familie als Sozialisationsfaktor. Wurzbacher, Hrsg. Stuttgart: Enke, 1968.

Lehr U. Älterwerden als Frau – Ein Beitrag zur differentiellen Gerontologie. In: Lehr U. Seniorinnen – zur Situation älterer Frauen. Darmstadt: Steinkopff, 1978.

Lehr U. Kontinuität und Diskontinuität im Lebenslauf. In: Die menschlichen Lebensalter: Kontinuität und Krisen. Rosenmayr L. Göttingen: Piper, 1978.

Lehr U. Psychologie des Alterns. Heidelberg: Quelle und Meyer, 1984/5.

Lehr U., Dreher G. Psychologische Probleme der Pensionierung. Kongreßbericht Dt Ges Gerontol Nürnberg 1967. Darmstadt: 1968.

Lerner RM. On the nature of human plasticity. New York: Cambridge University Press, 1984.

LeShan LL. Time orientation and social class, Journal of Abnormal and Social Psychology 1952; 47: 589-92.

Lichtenberg JD. Psychoanalyse und Säuglingsforschung. Heidelberg: Springer, 1991.

Lidz T. Das menschliche Leben, Bd I und II. Frankfurt: Suhrkamp, 1970.

Linden ME. Übertragung in gerontologischer Gruppenpsychotherapie: Untersuchung von menschlichen Beziehungen aus gerontologischer Sicht. In: Normal Psychology of the Ageing Process. Inc. Zinberg NE, Kaufmann I, eds. New York: Int. Univ. Press. Inc., 1963.

Lipman A. Loss of status in retirement. Gerontologist 1964; 6: 22.

Loch W. Psychoanalytische Bemerkungen zur Krise der mittleren Lebensphase. In: Jahrbuch der Psychoanalyse. Bd 14. Fromann Holzboog. 137-57.

Loewald HW. Das Zeiterleben. Psyche 1972; 28: 1053-62.

Lopata H. The social involvement of American widows. In: Aging in contemporary society. Shanas E, eds. Beverly Hills, London: 1970.

Löwe H. Einführung in die Lernpsychologie des Erwachsenenalters. Berlin: VEB, 1973.

Lowenthal MF, Thurner M, Chiriboga D. Four stages of life. San Francisco: 1975.

Maddox GL, Eisdorfer C. Zusammenhänge zwischen Aktivität und Stimmung bei älteren Menschen. In: Altern: Probleme und Tatsachen. Thomae H, Lehr U. Frankfurt: Akademische Verlagsanstalt, 1968.

Maddox GL. Fact and artefact: Evidence bearing on disengagement theory from the Duke Geriatrics Project. Human Development 1965; 8: 117-30.

Maddox GL. Persistence of life style among the elderly. In: Normal Aging. Reports from the Duke Longitudinal Study, 1955-1969. Palmore E, ed. Durham NC: Univ. Press., 1970.

Maslow AH. Psychologie des Seins. München: 1973.

McTavish DM. Perception of old people: a review of research, methodologies and findings. Gerontologist 1971; 11: 90-101.

Miller P, Ingham JG, Davidson S. Life events, symptoms and social support. Journal of Psychosomatic Research 1976; 20: 515-22.

Munnichs JMA. Endlichkeit und Sterben, ein Überblick. Zeitschrift für Gerontologie 1973; 6: 351-8.

Munnichs JMA. Loneliness, isolation and social relations in old age. Vita humana 1964; 7: 228-38.

Neugarten B, Havighurst RJ, Tobin SS. Measurement of life satisfaction. Journal of Gerontology 1961; 16: 134-43.

Neugarten B, Wood V. Women's attitude towards the menopause. Vita Humana 1963; 6: 141-51.

Nielsen J. Geronto-Psychiatric Period-Prevalence Investigation in Geographically Delimited Population. Acta Psychiatrica Scandinavia 1962: 38.

Oerter R, Hrsg. Entwicklung als lebenslanger Prozeß. Hamburg: Hoffmann und Campe, 1978.

Oerter R. Moderne Entwicklungspsychologie. 8. Aufl. Donauwörth: Auer, 1970.

Olbrich E. Die Entwicklung der Persönlichkeit im menschlichen Lebenslauf. In: Oerter R, Montada L. Entwicklungspsychologie. München: Urban und Schwarzenberg, 1982.

Olbrich E. Normative Übergänge im menschlichen Lebenslauf: Entwicklungskrisen oder Herausforderungen? In: Kritische Lebensereignisse. Fillipp SH, Hrsg. München Wien Baltimore: Urban & Schwarzenberg, 1981.

Parkes CM. Vereinsamung – die Lebenskrise bei Partnerverlust. Hamburg: Rowohlt, 1974.

Pawlik K. Dimensionen des Verhaltens. Bern: Huber, 1968.

Pawlow IP. Die höchste Nerventätigkeit von Tieren. München: Bergmann, 1926.

Pearlin LJ, Scholer C. The structure of coping. Journal of Health and social behavior 1978; 19: 2-21.

Peterson DA, Karnes EL Older people in adolescent literature. Gerontologist 1976; 16: 225-31.

Piaget J, Inhelder B. Die Entwicklung des physikalischen Mengenbegriffes beim Kinde. Stuttgart: Klett, 1969.

Piaget J. Die Bildung des Zeitbegriffs beim Kinde. Zürich: 1955.

Plude DJ, Hoyer WJ. Adult age differences in visual search as a function of stimulus mapping and information load. Syracuse University: Unpublished Manuscript, 1980.

Poeck K. Neurologie. 7. Aufl. Berlin, Heidelberg, New York: Springer, 1987.

Pongratz L. Psychologie menschlicher Konflikte. Göttingen: Hogrete, 1961.

Prill HJ. Über das Klimakterium. In: Seniorinnen – Zur Situation der älteren Frauen. Lehr U. Darmstadt: Steinkopff, 1978.

Pross H. Alter und Geschlechtsrolle. In: Seniorinnen – Zur Situation der älteren Frauen. Lehr,U. Darmstadt: Steinkopff, 1978.

Pross H. Die Wirklichkeit der Hausfrau. Hamburg: Rowohlt, 1976.

Prystav G. Psychologische Copingforschung: Konzeptbildungen, Operationalisierungen und Meßinstrumente. Diagnostica 1981; 27: 189-214.

Quetelet A. Sur l'homme et le developpement de ses facultès. Paris, 1835.

Rabbitt PM. An age-decrement in the ability to ignore irrelevant information. Journal of Gerontology 1965; 20: 233-8.

Rabkin GJ, Streuning L. Life events, stress and illness. Science 1976; 194: 1013-20.

Radebold H. Regressive Phänomene im Alter und ihre Bedeutung in der Genese depressiver Erscheinungen. Zeitschrift für Gerontologie 1973; 6: 409-19.

Radebold H. Der psychoanalytische Zugang zu dem älteren und alten Menschen. In: Psychotherapie mit alten Menschen. Petzold H, Bubolz E. Paderborn: Junfermann, 1979: 89-108.

Radebold H. Psychodynamik und Psychotherapie Älterer. Berlin, Heidelberg, New York: Springer, 1992.

Reichard S, Livison F, Peterson PG. Aging and Personality. New York, London: 1962.

Riegel K. Versuch einer psychologischen Theorie der Zeit. In: Die menschlichen Lebensalter. Rosenmayr L. München, Zürich: Piper, 1978: 269-92.

Riegel KF. On the History of psychological Gerontology. In: Psychology of adult development and aging. Eisdorfer C, Lawton MW, eds. Washington: 1967.

Riegel KF. Research designs in the study of aging and the prediction of retest-resistance and death. Proceedings of the 8th International Congress of Gerontology. Washington DC: 1969: 455-7.

Riley MW, Foner A, Hess B, Toby ML. Socialisation for the middle and later years. In: Handbook of socialization theory and research. Goslin DA, ed. Chicago: 1969.

Robertson-Schabo EA et al. A classical mnemonic for the older learners: A trip that works. Educational Gerontology 1976; 1: 215-26.

Rosenmayr L, Hrsg. Die menschlichen Lebensalter: Kontinuität und Krisen. München, Zürich: Piper, 1978.

Rosenmayr L & H. Der alte Mensch in der Gesellschaft. Reinbek: Rowohlt, 1978.

Rosenmayr L, Köckeis E. Umwelt und Familie alter Menschen. Neuwied, Berlin: Luchterhand, 1965.

Rosenmayr L. Die späte Freiheit. Darmstadt: Steinkopff, 1983.

Rosenmayr L. Menschliches Altern in der industriellen Gesellschaft. Göttingen: 1966.

Rosow I. Old age: one moral dilemma of an

affluent society (1962). Zit. nach Tews HP. Soziologie des Alterns. Heidelberg: Quelle & Meyer, 1979.

Ruch FL. The differentiative effect of age upon learning. Journal of Genetic Psychology 1934; 31: 261-86.

Salthouse T.A. Age and speed: A generalized slowing? Unpublished Manuscript. University of Missouri., 1980.

Sandler J, Sandler A. Vergangenheits-Unbewußtes, Gegenwarts-Unbewußtes und die Deutung der Übertragung. Psyche 1985; 39: 800-29.

Sasz TS. A contribution to the psychology of body feelings. Psychoan Quart 1957; 26: 25-49.

Schacht L. Die Entdeckung der Lebensgeschichte. Psyche 1978; 32: 97-110.

Schafer R Eine neue Sprache für die Psychoanalyse. Stuttgart: Klett-Cotta, 1982.

Schmidt-Scherzer R, Zimmermann EJ, Rudinger G. Krisen im Alter. Ein Versuch einer multivarianten Analyse von Bewältigungsstrategien in Krisen. Zeitschrift für Gerontologie 1983; 16: 115-20.

Schütz RM, Tews HP. Ältere Menschen in Schleswig-Holstein. Untersuchung nach Empfehlungen der Kommission Seniorenpolitik. Der Minister für Soziales, Gesundheit und Energie des Landes Schleswig-Holstein. Eutin: Struve Druck, 1991.

Selye H. Stress. Hamburg: Rowohlt, 1956 / 1977.

Shanas E et al. Old people in three industrial societies. New York: 1968.

Ship JA et al. Age, gender, medical treatment, and medication effects on smell identification. J Gerontol: Med Sciences 1993; 48: 26-32.

Skinner BF. The behavior of organisms: An experimental analysis. New York: 1938.

Sosna U. Soziale Isolation und psychische Erkrankung. Dissertation. Heidelberg: 1982.

Spieth W. Slowness of dark performance and cardiovascular diseases. In: Behavior, aging and the nervous system. Welford AT, Birren JE, eds. Springfield, Ill, 1965: 336-400.

Stauder kh. Über den Pensionierungsbankrott. Psyche 1955; 9: 481.

Stein C, Susser M. Rereavement as a precipitating Event in Mental Illness. In: Psychiatric Epidemiology. Hare EH, Wing JK, eds. London: 1970.

Stenhouwer J. Relations between generations and the three-generations household in Denmark. In: Old people in three industrial societies. Shanas E et al. London, New York: 1968.

Tartler R. Das Alter in der modernen Gesellschaft. Stuttgart: 1961.

Taub HA. A comparison of young and old groups on various digit span tasks. Developmental Psychology 1972; 6: 60-5.

Tews HP. Soziologie des Alterns. Heidelberg: Quelle und Meyer, 1971/79.

Thomae H. Die Bedeutung einer kognitiven Persönlichkeitstheorie für die Theorie des Alterns. Zeitschrift für Gerontologie 1971; 4: 8-18.

Thomae H. Entwicklungsbegriff und Entwicklungstheorie. In: Handbuch der Psychologie, Bd 3. Entwicklungspsychologie. Thomae H, Hrsg. Göttingen: Hogrete, 1959.

Thomae H. The developmental task approach to a theory of aging. Contributions from the Bolsa. Ztschr Gerontol 1975; 8: 125-37.

Thomae H. Theory of aging and the cognitive theory of personality. Proceedings of the 8th International Congress of Gerontology. Washington: 1969: 7-10.

Thomae H. Über Daseinstechniken sozial auffälliger Jugendlicher. Psychologische Forschung 1953; 24: 11-33.

Thomae H. Vergleichende Psychologie der Lebensalter. Zeitschrift für Gerontologie 1974; 7: 313-22.

Thorndike EL, Bregman EO, Tilton JW, Woodwatd E. Adult learning. New York: 1928.

Townsend P, Tunstall S. Isolation, Desolation and Loneliness. In: Old people in three industrial societies. Shanas E et al. London, New York: 1968: 258-87.

Tuckman J, Lorge I. Retirement in the industrial worker: Prospect and reality. New York: 1955.

Tunstall J. Old and alone; a sociological study of old people. London: 1966.

Velden M. Die Signalentdeckungstheorie in der Psychologie. Stuttgart, Berlin, Köln, Mainz: Kohlhammer, 1982.

Volpert W. Handlungsstrukturanalyse als Beitrag zur Qualifikationsforschung. Köln, 1974.

Warrington EH, Sanders HI. The fate of the old memories. Quarterly Journal of Experimental Psychology 1971; 23: 432-42.

Wechsler D. The measurement of adult intelligence. Baltimore: 1944.

Weiss RS. The Provisions of Social Relationships. In: Rubin Z, ed. Doing onto others. New York: 1973.

Welford AT. Psychomotor performance. In: Handbook of aging and the individual. Birren JE, Hrsg. Chicago, 1959: 562-613.

White RW. The studies of lives. New York, 1960.

Wiendieck G. Zur psychosozialen Bedingtheit des Alterssuizids. actuelle gerontologie 1973; 3: 271-4.

Winnicott, D.W. Vom Spiel zur Kreativität. Stuttgart: Klett, 1973.

Literatur zum 3. Kapitel

Adelstein AM, Downham DY, Stein Z, Susser MW. The epidemiology of mental illness in an English city. Social Psychiatry 1968; 3: 47-59.
ANTONUCCI TC, JACKSON J.S. Social Support: Theoretical advances, recent findings and pressing issues. In: Social support: Theory, research and applications. Sarason IG, Sarason BR, eds. Dordrecht: Martinus Nijhoff, 1987: 21-38.
Arnold K, Lang E. Altern und Leistung. Reihe sozialwissenschaftlicher Daten der Hamburg-Mannheimer-Stiftung für Informationsmedizin, Band 6. Hamburg: 1989.
Becker MH. Understanding patient compliance. In: Directions in patient compliance. Cohen,S.J. Ed. Lexington: 1979.
Bergener M, Behrends K, Zimmermann R. Psychogeriatrische Versorgung in Nordrhein-Westfalen. Ergebnisse eines interdisziplinären Forschungsprojektes. Psychiatrische Praxis 1974; 1: 18-34.
Bieback KJ. Zur Neubestimmung des Krankheitsbegriffes in der GKV. Sozialer Fortschritt 1978; 27: S. 265-72.
Blankenburg W. Der Leib als Partner. Psychother Med Psychol 1983; 33: 206-12.
Blazer D, Houpt J. Perception of poor health in the healthy older adult. Journal of the American Geriatrics Society 1979; 27: 330-4.
Blumenstock J, Garms-HOmolova V, Hütter U, Schaeffer D. Ökologische Bedingungen der Gesundheitserhaltung alternder Menschen in einer Großstadt. Materialien Band II. Arbeitsbericht über die 2. Untersuchungsphase 1980. Berlin: 1981.
Bohl J, Trabel,K. Altersveränderungen des menschlichen Gehirns. Z f Allg Med 1992; 68: 497-504.
Böker W. Der Arzt als Dolmetscher. Psyche 1980; 6: 381-82.
Böning J. Das neurobiologische Bedingungsgefüge des „Thymogenen organischen Psychosyndroms". In: Depression – Senile Dementia. 10. Janssen Symposion der Europäischen Arbeitsgemeinschaft für Gerontopsychiatrie. Munnichs JMA. Köln: 1982.
Braendle. mündliche Mitteilung, 1991.
Bruder J, Lucke C, Schramm A, Tews HP, Werner H.Was ist Geriatrie? Rügheim: 1991.
Bundesministerium für Familie und Senioren. 1.Teilbericht der Sachverständigenkommission zur Erstellung des 1. Altenberichtes der Bundesregierung. Bonn: 1991.
Busse EW. Psychoneurotic reactions and defense mechanisms in the aged. In: Psychopathology of aging. Hoch PH, Zubin J, eds. New York: 1961.
Christenson R, Blazer D. Epidemiology of persecutory ideation in an elderly population in the community. Am J Psychiat 1984; 141: 1088-91.
Clemens W. Analyse klinisch geriatrischer und gerontopsychiatrischer Einrichtungen in der Bundesrepublik Deutschland. Berlin: Deutsches Zentrum für Altersfragen, 1979.
Clow HE, Allen EB. Manifestations of psychoneurosis occuring in later life. Geriatrics 1951; 6: 31-39.
Cockerham WC, Sharp K, Wolcox J. Aging and perceived health. Journal of Gerontology 1983; 38: 349-55.
Cooper B, Sosna U Psychische Erkrankung in der Altenbevölkerung. Nervenarzt 1983; 54: 239-49.
Cooper B. Epidemiologie psychischer Erkrankung im Alter. In: Handbuch der Gerontologie, Band 5: Neurologie und Psychiatrie. Platt D, Hrsg. Stuttgart, New York: G. Fischer, 1989: 73-94.
Cooper B. Mental illness, disability and social conditions among old people in Mannheim. In: Mental health in the elderly. A review of the present state of research. Häfner H, Moschel G, Sartorius N, Hrsg. Berlin: Springer, 1986.
Cremerius J. Die Prognose funktioneller Syndrome. Stuttgart: Euke, 1968.
Cremerius J. Zur Theorie und Praxis der Psychosomatischen Medizin. Frankfurt: Suhrkamp, 1978.
Curtis HJ. Das Altern. Die biologischen Vorgänge. Stuttgart: Gustav-Fischer-Verlag, 1968.
Deckwitz R, Helmchen H, Kockott G, Mombour W. Diagnoseschlüssel und Glossar psychiatrischer Krankheiten. Berlin, Heidelberg, New York: Springer, 1979.
Dedieu-Anglade G. Contribution à l'étude de nevroses d'involution. Paris: Thèse, 1961.
Dilling H, Weyerer S. Epidemiologie psychischer Störungen und psychiatrischer Versorgung. München, Wien , Baltimore, 1978.
Dörner K, Plog U. Irren ist menschlich. Wunstorf: Psychiatrie- Verlag, 1978.
Eitner S. Gerohygiene. Berlin: 1978.
Engel GL, Schmale AH. Psychoanalytic theory of somatic disorders. Vita Humana 1967; 5: 161-6.

Ernst K. Die Prognose der Neurosen. Berlin, Stuttgart, Heidelberg: 1959/1962.

Fichter MM, Weyerer S. The upper bavarian field study follow up: Prevalence, utilisation of services and the course of mental illness in rural community sample of elderly people. Paper presented at the III. European symposion on Social Psychiatry. Helsinki: 1982.

Fischer B, Lehrl S, Hrsg. Patientencompliance. Studienreihe Boehringer. Mannheim: 1982.

Fischer B, Lehrl U, Hrsg. Differentialdiagnose: Depression. München: 1982.

Fischer B. Erste Klausenbacher Gesprächsrunde: Frühgeriatrie. München: Casella Riedel, 1979.

Gathmann P. Das Pathologische Psychosomatische Reaktionsmuster beim Alternden: Epidemiologische, diagnostische, präventive und therapeutische Bemerkungen. Ztschr f Gerontol 1987; 20: 210-8.

Gertz HJ. Zur Epidemiologie depressiver Erkrankungen im Alter. Unveröff. Manuskript. 1989.

Gleiss I, Seidel R, Abholz H. Soziale Psychiatrie. Frankfurt, 1973.

Groen J. Psychosomatic aspects of Aging. In: Groen J. Clinical Research in Psychosomatic Medicine. Assen: 1982.

Gross R. Gesundheit und Krankheit in ihren verschiedenen Aspekten. Deutsches Ärzteblatt 1980; 77: 1397-406.

Gruhle HW. Das seelische Altern. Zeitschr f Alternsforschung 1938; 1/2: 89-95.

Gunner-Svennson F, Jensen K. Frequency of mental disorders in old age. Acta Pschiatra Scandinavia 1976; 53: 283-97.

Hagnell O. Incidence and duration of episodes of mental illness in a total population. In: Psychiatric Epidemiology. Hare EH, Wing JK, eds. London: 1970: 212-24.

Hinschützer U, Momber H. Basisdaten über ältere Menschen in der Statistik der BRD. Berlin: 1984.

Hobom B. Altern – ein unausweichliches Programm der Natur? Physis 1992; 8: 46-52.

Hoffmann SO, Hochapfel G. Einführung in die Neurosenlehre. 4. Aufl. Stuttgart, New York: Schattauer, 1991.

Hoyer S. Physiologie und Pathophysiologie sowie therapeutische Beeinflussungsmöglichkeiten von Hirndurchblutung und Hirnstoffwechsel. In: Erste Klausenbacher Gesprächsrunde: Frühgeriatrie. Fischer B. München: Casella Riedel, 1979.

Hüttner H. Zur Soziologie des Gesundheitsverhaltens. Berlin-Ost: 1977.

Janzarik W. Über das Kontaktmangelparanoid des höheren Lebensalters und den Syndromcharakter schizophrenen Krankseins. Nervenarzt 1973; 44: 515-26.

Jovic N. Das paranoide Syndrom während des Alterns. In: Psychogeriatrie. Uchtenhagen A, Jovic N. Heidelberg: Asanger, 1988: 91-98.

Junkers G. Erleben von Gesundheit und Krankheit. In: Alter und Krankheit. Schütz R Hrsg. München, Wien, Baltimore: Urban und Schwarzenberg, 1987: 183-239.

Kanowski S. Means and methods of diagnosing and treating psychogeriatric patients living in the community. Intern J Mental Health 1980; 8: 50-75.

Katschnig H, Hrsg. Sozialer Stress und psychische Erkrankung. München: Urban und Schwarzenberg, 1980.

Kay D W, Beamish P, Roth M. Old Age Mental Disorders in Newcastle upon Tyne. A study of prevalence. British Journal of Psychiatry 1964; 110: 146.

Kehrer FA. Die Psychoneurotik der 2. Lebenshälfte. In: Handbuch der Neurosenlehre und Psychotherapie. Bd II. Frankl G, Gebsattel V, Schulz IH, Hrsg. Berlin: 1959.

Kielholz P, Adams C. Der alte Mensch als Patient. Köln-Lövenich: Deutscher Ärzteverlag, 1986.

Kiloh LG. Pseudodementia. Acta Psychiat Scand 1962; 37: 336-51.

Koehler K, H Sass, Hrsg. Diagnostisches und Statistisches Manual Psychischer Störungen DSM-III. Weinheim, Basel: Beltz, 1984.

Krauss B. Alter und Gesundheit – eine gerontopsychiatrische Feldstudie. Unveröffentlichtes Manuskript, 1977.

Krauss B. Somatische Beschwerden älterer Menschen. Internist 1974; 15: 254-7.

Kühn HA, Schirmeister J, Hrsg. Innere Medizin. Berlin, Heidelberg, New York: Springer, 1982.

Lachmann ME. Personal control in later life: Stability, change and cognitive correlates. In: The psychology of control and aging. Baltes MM, Baltes PB, eds. Hillsdale, NJ: Erlbaum, 1986: 207-36.

Ladurner G. Demenz. In: Handbuch der Gerontologie Bd 5. Platt D. Neurologie, Psychiatrie. Stuttgart, New York: Gustav Fischer Verlag, 1989: 211-50.

Lang E, Bahr G, Arnold K. Geriatrische und Gerontopsychiatrische Einrichtungen in der Bundesrepublik Deutschland. Expertisen zum ersten Altenbericht der Bundesregierung, Bd IV. Berlin, Kuratorium Deutsche Altershilfe. 1993.

Lang E. Alter – Medizinische Aspekte. In: Alter – Tatsachen und Perspektiven. Lehr,U. Hrsg. Bonn: 1983.

Lauter H, Kurz A. Demenzerkrankungen im mittleren und höheren Lebensalter. In: Alterspsychiatrie. Psychiatrie der Gegewart. Bd 8. Kisker KP, Lauter H et al. Berlin, Heidelberg, New York: Springer, 1989: 135-200.

Lauter H, Zimmer R. Erkennung endogener Depressionen im Alter. Münch med Wschr. 1984: 126.

Lauter H. Altersdepression – Ursachen, Epidemiologie, Nosologie. actuelle gerontologie 1973: 247-52.

Lauter H. Organisch bedingte Alterspsychosen. In: Psychiatrie der Gegenwart, Band II/2. Berlin, Heidelberg, New York: 1972: 1103.

Law DH, Steinberg H. Gastroenterology 1961; 41: 457.

Lehr U, Thomae H. Formen seelischen Alterns. Stuttgart: 1987.

Lehr U. Psychologie des Alterns. Heidelberg: Quelle & Meyer, 1984.

Levkoff SE, Cleary PD, Wetle T. Differences in the appraisal of health between aged and middle-aged adults. Journal of Gerontology 1987; 42: 114-20.

Linden M. Compliance und Compliance – Modifikation. In: Entwicklung der Verhaltenstherapie in der Praxis. Brengelmann JC, Hrsg. München: 1980.

Linden M. Compliance-adaptierte Information. In: Patienten Compliance. Fischer B, Lehrl S. Mannheim: Boehringer, 1982: 93-97.

Linn BS, Linn MW. Objective and self-assessed health in the old and very old. Social Science and Medicine 1980; 14: 311-5.

Lowenthal H. Altersdepression – Ursachen, Epidemiologie, Nosologie. actuelle gerontologie 1964: 247-52.

MacMahon B, Pugh TF. Epidemiology. Principles and methods. Boston: 1970.

Madden JJ, Luban JA, Kaplan LA, Manfredi HM. Non-dementing psychoses in older persons. J Amer Med Ass 1952; 150: 1567-72.

McDonald C. The pattern of neurotic illness in the elderly. Aust J Psychiat 1966; 1: 203-10.

Mechanic D, ed. Handbook of health, healthcare and the health professions. New York: The Free Press, 1983.

Miller C. Psychological correlates of coronary artery disease. Psychosom Med 1955; 17: 455.

Möhlmann H, Zöllmann P. Die gesundheitliche Situation in der Bundesrepublik Deutschland. Sonderforschungsbereich 3. Mikroanalytische Grundlagen der Gesellschaftspolitik. JW Goethe Universität Frankfurt und Universität Mannheim: 1989.

Müller C. Alterspsychiatrie. Stuttgart: Thieme, 1967.

Müller C. Klinische Aspekte der Terminologie und Klassifikation in der Gerontopsychiatrie. Gerontopsychiatrie Bd 1. Köln: Janssen Symposien, 1971: 1-19.

Murphy E. The prognosis of depression in old age. British Journal of Psychiatry 1983; 142: 111-9.

Nietsch P. Therapie psychischer Erkrankungen: Diagnostische Maßnahmen. Der Kassenarzt 1989: 11.

Nouaille J. L'hystérie sénile. Paris: Thèse, 1899

Oesterreich K. Vorzeitiges Altern und seine Ursachen. Psycho 1981: 252-54.

Österreich K. Psychiatrie des Alterns. Heidelberg: Quelle und Meier, 1975.

Österreich K. Stressoren in der Kausalität von gerontopsychiatrischen Erkrankungen. Z Gerontol 1984; 17: 181-5.

Peters UH. Wörterbuch der Psychiatrie und medizinischen Psychologie. München, Wien, Baltimore: Urban & Schwarzenberg, 1977.

Pflanz M. Gesundheitsverhalten. In: Der Kranke in der modernen Gesellschaft. Mitscherlich A et al. Köln: Kiepenhauer und Witsch, 1972.

Planz M. Sozialer Wandel und Krankheit. Stuttgart: 1962.

Platt D. Die Biologie des Alterns. Heidelberg: Quelle und Meyer, 1976.

Platt D. Altern und Immunsystem. Deutsches Ärzteblatt. 1992; 89: 786-9.

Popper KR, Eccles JC. The Self and its Brain. Berlin, Heidelberg, New York: Springer, 1977.

Presse- und Informationsdienst des Kuratorium Deutsche Altershilfe. Bonn: Folge 4/1993.

Radebold H Psychodynamik und Psychotherapie Älterer. Berlin Heidelberg New York: Springer, 1992.

Radebold H, Bechtler H, Pina I. Therapeutische Arbeit mit älteren Menschen. 2. Aufl. Freiburg: Lambertus Verlag, 1984.

Radebold H. Die psychosomatische Sicht alternder Patienten. In: Lehrbuch der psychosomatischen Medizin. Uexküll v T, Hrsg. München: 1986.

Reimann H, Reimann H, Hrsg. Das Alter. Einführung in die Gerontologie. Stuttgart: 1983.

Schütz R, Hrsg. Alter und Krankheit. München, Wien, Baltimore: Urban und Schwarzenberg, 1987.

Schütz RM, Meier-Baumgartner HP. Der Schlaganfallpatient. Bern, Göttingen, Toronto, Seattle: Huber, 1994.

Shanas E. Measuring the home health needs of the aged in five countries. J Geront 1971; 26: 37.

Soeder M. Erfahrungen mit älteren Abhängigkeitskranken In: Gerontopsychiatrie. Rade-

bold H, Hrsg. Düsseldorf: Janssen, 1984: 291-300.
Sökeland J. Diagnostik und Therapie der Prostatahyperplasie und des Prostatakarzinoms. Zeitschr f Geriatrie 1991; 4: 29-41.
Statistisches Bundesamt. Statistisches Jahrbuch. Stuttgart, Mainz: Kohlhammer, 1987.
Statistisches Bundesamt. Mikrozensus 1980. Wiesbaden: Statistisches Bundesamt, 1983.
Steinhagen-Thiessen E, Gerok W, Borchelt M. Innere Medizin und Geriatrie. In: Forschungsbericht 5: Zukunft des Alterns und gesellschaftliche Entwicklung. Baltes B, Mittelstrass M, Hrsg. Berlin, New York: 1992.
Steinmann B. Krankheiten im Alter. Diagnostik 1978; 14: 329-31.
Steinmann B. Physiologische Alternsveränderungen als Risikofaktoren. actuelle gerontologie 1980; 10: 149-54.
Stern E. Reactive depressions in later life. In: Depression. Hoch PH, Zubin J, eds. New York: 1961.
Stuhlmann W. Schlafstörungen im Alter. Münch Med Wschr 1987; 129: Nr.42.
Uexküll T v, Hrsg. Lehrbuch der psychosomatischen Medizin. 3. Aufl. München: Urban & Schwarzenberg, 1986.
Weyrer S, Dilling H. Prävalenz und Behandlung psychischer Erkrankungen in der Allgemeinbevölkerung. Nervenarzt 1984; 55: 30-42.

Literatur zum 4. Kapitel

Birren JE. A brief history of the Psychology of Aging. Gerontologist, 1961: I,67-77; II,127-34.
Ciompi L, Kanowski S. AGP – Dokumentationssystem der Arbeitsgemeinschaft für Gerontopsychiatrie. In: Internationale Skalen für Psychiatrie. CIPS Hrsg. Weinheim: Beltz, 1981.
Ciompi l, Lobrinus A, Müller C. Basisdokumentation in der Gerontopsychiatrie: Das „AGP-System". In: Gerontopsychiatrie 3. Janssen. Bergener M Hrsg. Düsseldorf: 1973; 130-45.
CIPS Hrsg. Collegium Internationale Psychiatriae Scalarum. Weinheim: Beltz, 1986.
Coole MG, Dastore DP. A new hierarchic approach to the measurement of dementia. Psychosomatics, 1987; 6: 298-304.
Dahl G. Handbuch zum reduzierten Wechsler Intelligenz Test. Königstein: Hain, 1986.
Debus G. Methoden in der Gerontopharmakologie. Weinheim: Beltz, 1983
Degkwitz R. et al. Hrsg Diagnoseschlüssel und Glossar psychiatrischer Krankheiten. Deutsche Ausgabe der internationalen Klassifikation der Krankheiten der WHO 9. Revision. 5. Aufl. Berlin: Springer, 1980.
Dilling H, Mombour W, Schmidt MH. Internationale Klassifikation psychischer Störungen ICD 10. Bern, Göttingen, Toronto, Seattle: Huber, 1993.
Erlemeier N. Rorschach-Befunde im höheren Lebensalter. Phil Diss. Bonn: 1969.
Erzigkeit H. Kurztest zur Erfassung von Gedächtnis- und Aufmerksamkeitsstörungen (SKT). 5. Aufl. Göttingen: Testzentrale, 1986.
Fahrenberg J, Hampel R, Selg H. Das Freiburger Persönlichkeitsinventar FPI. 5. Aufl. Testzentrale Göttingen, Bern, o.J.
Folstein MF, Folstein SE, Mchugh PR. Mini-Mental State. Journal of psychiatric research 1975; 12: 189-98.
Folstein MF, Folstein SE, McHugh, Mini-Mental-State-Test: A practical method for grading the cognitive state of patients for the clinician. J Psychiatr Res 12: 189-98.
Freud S. Vorlesungen zur Einführung in die Psychoanalyse. GW XI. Frankfurt/Main: Fischer, 1917.
Gutzmann H, Kanowski S, Krüger H, URBAN R, Ciompi L Das AGP System. Manual zur Dokumentation gerontopsychiatrischer Befunde. Berlin, Heidelberg, New York, Tokyo: Springer, 1989.
Hathaway SR, McKinley JC. Deutsche Bearbeitung von O. Spreen. MMPI Saarbrücken. Testzentrale Göttingen, Bern: 1963.
Hautzinger M, Bailer K. Allgemeine Depressionsskala ADS. Testzentrale Göttingen, Bern. o.J.
Hautzinger M. Ein Fragebogen zur Erfassung psychischer und somatischer Beschwerden bei älteren Menschen. Zeitschr f Gerontol 1984: 17.
Horn W. Das Leistungsprüfsystem LPS. Testzentrale, Göttingen, Bern, o. J.
Huber W, Poeck K, Weninger D, Willmes K. Aachener Aphasie Test. Göttingen: Hogrefe, 1983.
Junkers G. Ein Beitrag zur Anwendbarkeit des Freiburger Persönlichkeitsinventares FPI bei älteren Probanden. Janssen Symposion, Bd. 6, Düsseldorf: 1977.
Junkers G. Theorie und Praxis Klinisch-psychologischer Rehabilitation in der Gerontopsychiatrie. Münster: Lit, 1991.
Kanowski S, Krüger H, Kühl KP. The AGP System: Assessment of symptoms in psychogeriatric patients. In: Senile dementia of the Alzheimer type. Traber J, Gispen WH, eds. Berlin, Heidelberg, New York: Springer, 1985: 44-59.

Köhler K, Sass H. Deutsche Bearbeitung Diagnostisches und Statistisches Manual Psychischer Störungen DSM III. Weinheim, Basel: Beltz, 1984.
Markowitsch HJ, Kessler J, Denzler P. Demenztests. Göttingen: Hogrefe, 1988.
Österreich K. Gerontopsychiatrie. München: Quintessenz, 1993.
Oswald WD. Psychometrische Verfahren und Fragenbogen für gerontopsychiatrische Untersuchungen. Z Gerontol 1979; 12: 34-50.
Oswald WD, Fleischmann UM. Nürnberger Altersinventar. Universität Erlangen und Stuttgart: Testzentrale des BDP, 1982.
Oswald WD, Gunzelmann TH. Psychometrie und klinische Beurteilung. In: Gerontologie. 2. Aufl. Oswald WD, Herrmann WM, Kanowski S, Lehr U, Thomae H, Hrsg. Stuttgart: Kohlhammer, 1991.
Peters UH. Wörterbuch der Psychiatrie und medizinischen Psychologie. München, Wien, Baltimore: Urban & Schwarzenberg, 1977.
Piaget J, Inhelder B. Die Entwicklung des physikalischen Mengenbegriffes beim Kinde. Stuttgart: 1969.
Raven J. Die Progressiven Matrizen-Tests. Göttingen, Bern: Testzentrale, o.J.
Reisberg B et al. Deutsche Fassung: von IHL R, Fröhlich L. Die Reisberg-Skalen (GDS, BCRS, FAST). Testzentrale Göttingen/Bern. o.J.
Roth M, TYM E, Mountjoy CQ, Huppert FA, Hendrie H, Verma S, Goddard R. Camdex. A standardized instrument for the diagnosis of mental disorder in the elderly with special reference to the early detection of dementia. British J Psychiat 1986; 149: 698-709.
Schraml WJ. Klinische Psychologie. Stuttgart, Wien: Huber, 1970.
Testkatalog 1994/95. Testzentrale Göttingen/Bern: 1994.
Wechsler Hamburg Wechsler Intelligenztest für Erwachsene HAWIE-R. Revision 1991. Göttingen/Bern: Testzentrale, 1991.
Weidlich S, Lamberti G, nach Hillers F. DCS Diagnosticum für Cerebralschädigungen. 3. erw. Aufl. Göttingen, Bern: Testzentrale, o.J.
Zaudig M, Mittelhammer J, Hiller W. Sidam – Strukturiertes Interview für die Diagnose der Demenz vom Alzheimer Typ, der Multiinfarktdemenz und Demenzen anderer Ätiologie nach dem DSM II R und ICD 10. München: Logomed, 1990.

Literatur zum 5. Kapitel

Abraham G, Kocher P, GODA G. Psychoanalysis and aging. Int Rev Psycho-Anal 1980; 7: 147-55.
Abraham K. . Zur Prognose psychoanalytischer Behandlungen in fortgeschrittenem Lebensalter. Internat Z Psychoanal, 1919; 6: 113-7.
Abraham K. Die Fehlleistung eines 80jährigen (1922). ebd: 114.
Abraham K. Untersuchungen über die früheste prägenitale Entwicklungsstufe der Libido (1916). In: Psychoanalytische Studien, Band I. Abraham K. Frankfurt: Fischer, 1971: 52.
Abraham K. Zur Prognose psychoanalytischer Behandlung im fortgeschrittenen Lebensalter (1920). In: Psychoanalytische Studien, Band II. Frankfurt: Fischer, 1971: 262.
Ankus M, Quarrington B. Operant behavior in the memory disordered. J Gerontol 1972; 27: 500.
Arenberg D. Concept problem solving in young and old adults. J Gerontol 1965; 23: 279.
Asanger R, Weninger G. Handwörterbuch Psychologie. München, Weinheim: Beltz, 1988.
Atkin S. Discussion of old age and aging: The psychoanalytic point of view. Amer J Orthopsychiat 1940; 10: 79-84.
Atthowe JM. Controlling nocturnal enuresis in severely disabled chronic patients. Behavior Therapy 1972; 3: 232.
Ayllon T, Azrin N. The token economy: A motivational system for therapy and rehabilitation. New York: Prentice Hall, 1960.
Baffa GA, Zarit SH. Age differences in the perception of assertive behavior. Paper presented at the 30th annual meeting of th Gerontological Society. San Francisco: 1977.
Baltes EM, Baltes MM. Psychological Perspectives on successful aging: The model of selective optimization with compensation. In: Successful aging: Perspectives from Behavioral Sciences. Baltes EM, Baltes MM, eds. New York: Cambridge University Press, 1990.
Baltes MM, Barton EM. New approaches toward aging: A case for the operant model. Educational Gerontology: An International Quarterly 1978; 2: 383.
Baltes MM, Kühl KP, Sörensen S. Intervention in der Gerontopsychiatrie. In: Baltes MM; Gutzmann H. Brennpunkte der Gerontopsychiatrie. Hannover: Vincentz Verlag, 1990.
Baltes PB Intervention in life span development and aging: A preliminary catalogue of issues and concepts. Paper presented at the conference „Interventionsgerontologie", Heidelberg: 1978.

Bandura A. Social learning through imitation. In: Nebraska Symposium on Motivation. Jones MR, ed. Lincoln, Nebraska: Univ of Nebraska Press, 1962: 211-69.

Barnes JA. Effects of reality orientation classroom on memory loss, confusion, and disorientation in geriatric patients. Gerontologist 1974; 14: 138-42.

Barton EM, Baltes MM, ORZECH MJ. On the etiology of dependence in nursing home residents during morning care: The role of staff behavior. Journal of Personality and Social Psychology, im Druck.

Beattie WM. The design of supportive environments for the life-span. Gerontologist 1970; 10: 190.

Belluci G, Hoyer WJ. Feedback effects on the performance and self-reinforcing behavior of the elderly and young adult women. J Gerontol 1975; 4: 456.

Berezin MA. Some intrapsychic aspects of aging. In: Normals psychology of the aging process. Zinberg NE, Kaufmanni. New York: Intern. Univ. Press, 1963: 93-117.

Bergeest H, Rönnecke B. Gesprächspsychotherapie mit alten Menschen. In: Psychotherapie mit alten Menschen. Petzold H, Bubolz E. Paderborn: Junfermann, 1979: 295.

Berkowitz B, Green RE. Changes in intellect with age. Journal of Genetic Psychology 1965; 53: 179-92.

Beyschlag R. Altengymnastik und kleine Spiele. Stuttgart, New York: G. Fischer, 1992.

Bibring GL. Das hohe Alter; Aktiva und Passiva. Psyche 1969; XXIII: 262.

Binstock RH, Shanas ES. eds. Handbook of aging and the social science. New York: 1976.

Bircher M. Möglichkeiten und Erfahrungen in der Arbeit mit älteren Paaren und Familien in der Geriatrie und der Gerontopsychiatrie. In: Familien- und Paartherapeutische Hilfen bei älteren und alten Menschen. Radebold H, Schlesinger-Kipp G, Hrsg. Göttingen: Verlag für Medizinische Psychologie, Vandenhoeck & Ruprecht, 1982.

Bircher-Beck LM, Scherler-Bagdassarian A. Utilisation du training autogène modifié en géronto-psychiatrie. Archives Suisses de Neurologie, Neurochirurgie et de Psychiatrie 1972; 110: 275.

Birkhill WR, Schaie KW. The effect of differential reinforcement of cautiousness in intellectual performance among the elderly. J Gerontol 1975; 5: 578.

Birren JE, Schaie KW. Handbook of psychology of aging. New York: 1977.

Blanckenburg v A. Musiktherapie mit Senioren. Schulz Kirchner, 1990.

Böcher W, Heemskerk JJ, Marx MW. Rehabilitationsmöglichkeiten alternder Menschen. Schriftenreihe des Bundesministers für Jugend, Familie und Sport BMFJG. Königshofen: 1973.

Botwinick J. Aging and behavior. New York: Springer, 1978.

Brenner C. Grundzüge der Psychoanalyse. 5. Aufl. Frankfurt: Fischer, 1981.

Brook P, Degun G, Mather M. Reality orientation, a therapy for psychogeriatric patients: A controlled study. Brit J Psychiat 1975; 127: 42-5.

Caplan G. Principles of preventive psychiatry. New York: Basic Books, 1964.

Carp FM. The impact of environment on old people. Gerontologist 1967; 7: 106.

Cautela JR, Mansfield L. A behavioral approach to geriatrics. In: Geropsychology: A model of training and clinical service. Gentry WD. Cambridge, Mass, 1977.

Cautela JR. A classical conditioning approach to the development and modification of behavior in the aged. Gerontologist 1969; 9: 109.

Citrin RS, Dixon N. Reality orientation. A milieu therapy used in an institution for the aged. Gerontologist 1977; 17: 39-43.

Cohen NH. On loneliness and the aging process. Internat. Psychoanal.1963: 149-156.

Collins RW, Plaska T. Mowrer's conditioning treatment for enuresis applied to geriatric residents in a nursing home. Behavior Therapy 1976; 6: 632.

Cooper B, Sosna U. Psychische Erkrankung in der Altenbevölkerung. Nervenarzt 1983; 54: 239-49.

Davison GC, Neale JM. Klinische Psychologie. 4. Aufl. München, Wien, Baltimore: Urban & Schwarzenberg, 1988.

Davison GC, Neale JN. Klinische Psychologie. 4. Aufl. München, Wien, Baltimore: Urban & Schwarzenberg, 1988.

Dilling H, Weyerer S, Castell R. Psychische Erkrankung in der Bevölkerung. Stuttgart: Enke, 1984.

Dorsch F. Psychologisches Wörterbuch. 10. Aufl. Bern: Huber, 1982.

Ehrhardt HE. Rehabilitationsmöglichkeiten in der Psychiatrie in Gegenwart und Zukunft. In: Gesundheitswesen in Bewegung. 13. Kongress der Deutschen Zentrale für Volksgesundheit. Nesswetha W Hrsg. Frankfurt: 1973.

Eisdorfer C, Stotsky BA. Intervention, treatment and rehabilitation of psychiatric disorders. In: Handbook of psychology of aging. Birren JE, Schaie KW. New York: 1977.

Eissler K. Der sterbende Patient. Stuttgart: Frommann Holzboog, 1978.

Erikson EH. Identität und Lebenszyklus. Frankfurt: Suhrkamp, 1966.

Erwin E. Behavior Therapy; Scientific, philosophical and moral functions; New York: Cambridge University Press, 1978.

Estes CL, Freeman HE. Strategies of design and research for intervention. In: Handbook of aging and the social science. Binstock RH, Shanas ES, eds. New York: 1976.

Eysenck HJ, Rachmann S. The Causes and Cures of Neurosis, London: 1965.

Feder M, Goda G, Junod JP. Psychologische Aspekte der Rehabilitation. Ztschr f Gerontologie 1976; 9: 212-20.

Feil N. Validation. Wien: Wiener Verlag, 1992.

Feldmann MG, Discipio J. Integration of physical therapy with behavior therapy. Physical Therapy 1972; 52: 15.

Ferenczi S. A contribution to the understanding of the psycho neurosis of the age of involution. SNY: Basic Books, 1921: 205-11.

Fichter MM. Verlauf psychischer Erkrankungen in der Bevölkerung. Berlin: Springer, 1990.

Finzen A. Medikamentenbehandlung bei psychischen Störungen. 6. Aufl. Psychiatrie-Verlag, 1987.

Folsom JC. Reality orientation for the elderly in mental patients. J Geriat Psychiat 1968: 1291-307.

Freud S. Das Ich und das Es. GW XIII. Frankfurt: Imago, 1923.

Freud S. Die endliche und die unendliche Analyse (1937). Imago, GW XVI.

Freud S. Die Sexualität in der Ätiologie der Neurosen. GW I. Frankfurt: Imago,1889.

Freud S. Jenseits des Lustprinzps. GW VIII. Frankfurt: Imago, 1920.

Freud S. Neue Folge der Vorlesungen zur Einführung in die Psychoanalyse. GW XV. Frankfurt: Imago, 1933.

Freud S. Über Psychotherapie. GW V. Frankfurt: Imago, 1905.

Freud S. Vorlesungen zur Einführung in die Psychoanalyse. GW XI. Frankfurt: Imago, 1916/17.

Garfinkel R. Brief therapy with an elderly patient: A case study. J Geriatric Psychiatry 1979; 12: 101.

Gauthier J, Marshall WL. Grief: a cognitive behavioral analysis. Cognitive Therapy and Research 1977; 1: 39.

Gentry WD. Geropsychology: A model of training and clinical service. Cambridge Mass: Ballinger Publishing Company, 1977.

Goldfarb AI. Psychotherapy of the aged. Psychoanal Rev 1956; 43, 1: 68-81.

Gössling S, Österreich K, Cooper B. Versorgungsaufgaben bei alten Menschen und ihre Institutionen. In: Alterspsychiatrie. Kisker et al. Berlin, Heidelberg, New York: Springer, 1989.

Gottfried AW, Verdicchio FG. Modifications of hygienic behaviors using reinforcement therapy. American J Psychotherapy 1974; 28: 122.

Grawe K, Dziewas H. Das interaktionelle Problemlösungsvorgehen IPV in Gruppen. In: Fortschritte der Verhaltenstherapie. Kongreßbericht. DGVT Hrsg. Berlin, Tübingen: 1977.

Greenacre P. Early physical determinants in the development of the sense of identity. J Am Psychoanal Assn 1958; 6: 612-27.

Groeben N, Scheele B. Argumente für eine Psychologie des reflexiven Subjekts. Darmstadt: Steinkopff, 1977.

Grotjahn M. Psychoanalytic investigation of a 71 year old man with senile dementia. Psychoanalytic Quarterly 1940; 9, 2: 80.

Grotjahn, M. Psychotherapy of aged persons, IV: One aspect of the psychodynamics of the therapeutic situation with aged patients. Psychoanal Rev 1955; 42: 180-7.

Häfner H. Psychische Gesundheit im Alter. Stuttgart, New York: Gustav Fischer, 1986.

Harris CS, Ivory pb. An outcome of reality orientation therapy with geriatric patients in a state mental hospital. Gerontologist 1976; 16: 496-503.

Hartmann H. Ich-Psychologie. Stuttgart: Klett, 1964.

Hartmann-Kottek-Schroeder L. Gestalttherapie. In: Handbuch der Psychotherapie. Corsini,R.J. Weinheim, Basel: Beltz, 1983: 281.

Heller BR, Walsh FJ. Changing nursing student's attitudes toward the aged: An experimental study. J Nursing Education 1976; 15: 9.

Hickey T. In-service training in gerontology. Gerontologist 1974; 14: 57.

Hinze,E.1987 Übertragung und Gegenübertragung in der Psychoanalyse älterer Menschen. Psyche, 1972; 41: 238-53.

Hirsch RD. Psychotherapie im Alter. Psycho 1993; 11: 686-97.

Hoffmann SO, Hochapfel G. Einführung in die Neurosenlehre und Psychosomatische Medizin. 3. Aufl. Stuttgart: 1987.

Hoffmann SO. Charakter und Neurose. Frankfurt: 1979.

House A. Depression after Stroke. Brit Med J 1987; 294: 76-8.

Hoyer WJ, Labouvie GV, Baltes PB. Modification of response speed and intellectual performance in the elderly. Human development 1973; 16: 232.

Hutchinson SL. An investigation of learning under two types of social reinforcers in young and elderly adults. Int J Aging Human Dev 1974; 5:181.

Jacobson E. Progressive Relaxation. Chicago: Univ Press, 1938.

Jahoda M Wievicl Arbeit braucht der Mensch? Arbeit und Arbeitslosigkeit im 20. Jahrhundert. Weinheim: Beltz, 1982.

Jaques E. Death and the midlife crisis. Int J Psychoanal 1965; 46: 502-30.

Jarvik LF, Cohen DA. A biobehavioral approach to intellectual changes with aging. In: The psychology of adult development and aging. Eisdorfer M, Lawton MP Washington: APA, 1973.

Jellifee SE. The old age factor in psychoanalytic Therapy. Med J Rec 1925; 121: 7-12.

Johannsen J. Beobachtungen und Interventionen bei Dementen und ihrem Bezugssystem aus systemischer Sicht In: Psychotherapie bei Demenz. Hirsch RD. Darmstadt: Steinkopff, 1994: 103-22.

Jokl E. Alter und Leistung. Berlin: 1954.

Junkers G. Die Möglichkeit der Anwendung von klientenzentrierter Gesprächspsychotherapie bei gerontopsychiatrischen Patienten. Unveröffentlichtes Manuskript. Vortrag I. Europäischer Kongreß für Gesprächspsychotherapie. Würzburg: 1974.

Junkers G. Dimensionen psychischer Alterserkrankungen und ihre therapeutische Bedeutung: Die psychologische Dimension. Tropon Symposion. Köln: 1977.

Junkers G. Theorie und Praxis klinisch-psychologischer Rehabilitation in der Gerontopsychiatrie. Münster: Lit, 1991.

Kaufmann MR. Old age and aging: The psychoanalytic point of view. American J Orthopsychiat 1940: 10.

Kaufmann R. Erfahrungen in der Krisenintervention bei Älteren durch familientherapeutische Hilfestellung. In: Familien- und paartherapeutische Hilfen bei älteren und alten Menschen. Radebold H, Schlesinger-Kipp G. Göttingen: Verlag für Medizinische Psychologie, Vandenhoeck & Ruprecht, 1982: 87-92.

King P. Notes on the psychoanalysis of older patients. Re-appraisal of the potentialities for change during the second half of life. Journal analyt Psychol 1974; 19: 22-37.

Kisker KP, Lauter H et al. Alterspsychiatrie. Berlin, Heidelberg, New York: Springer, 1989.

Klein M. Die Trauer und ihre Beziehung zu manisch-depressiven Zuständen (1940). In: Das Seelenleben des Kleinkindes. Stuttgart: Klett-Colta, 1962.

Kruse A, Psychologie des Alterns. In: Alterspsychiatrie. Kisker et al. Berlin, Heidelberg, New York: Springer, 1989: 3-53.

Labouvie-Vief G, Gonda JN. Cognitive strategy training and intellectual performance in the elderly. J Gerontol 1976; 31: 327.

Lago D, Hoffmann S. Structured group interaction: An intervention for the continued development of elderly populations. Intern J Aging Human Development 1977-78; 8: 311-24.

Lakoff SA. The future of social intervention. In: Handbook of aging and the social science. Binstock RH, Shanas ES eds. New York: 1976.

Langen D. Autogenes Training und Hypnose in der Behandlung alter Menschen. In: Psychotherapie mit alten Menschen. Petzold H, Bubolz E, Hrsg. Paderborn: Junfermann, 1979: 427-35.

Lawton MP. Competence, environmental stress and the adaption of older people. In: Aging and the environment. Lawton MP, Windley PG, Byerts TO, eds. New York: 1982: 33-59.

Lazarus AA. Multimodal behavior Therapy. New York: Springer, 1978.

Lehr U. Interventionsgerontologie. Darmstadt: Steinkopff, 1979.

Lester PB, Baltes MM. The functional interdependence of social environment and the behavior of the elderly. Pennsylvania State University: Unveröff. Manuskript. 1977.

Levin S. Depression in the aged. In: Geriatric Psychiatry, Grief, loss and emotional disorders in the aging process, New York, 1965: 203-46.

Libb JW, Clements CB. Token reinforcement in an exercise program for hospitalized geriatric patients. Percept. Mot. Skills 1969; 24: 330.

Linden ME. Übertragung in gerontologischer Gruppenpsychotherapie: Untersuchung von menschlichen Beziehungen aus gerontologischer Sicht. In: Normal Psychology of the Aging Process. Zinberg NE, Kaufmann I, eds. New York: 1963.

Linster H. Gesprächspsychotherapie mit alten Menschen. In: Hirsch R, Hrsg. Psychotherapie im Alter. Bern, Stuttgart, Toronto: Huber, 1975: 90-102.

MacDonald ML, Butler AK. Reversal of helplessness: producing walking behavior in nursing home wheelchair residents using behavior modification procedures. J.Gerontol 1974; 29: 97.

MacReynolds WT, Coleman J. Token economy: Patient and staff changes. Behavior Research and Therapy 1972; 10: 29.

Malzahn B. Psychotherapie im Alter? Ein empirischer Beitrag zu medizin-soziologischen Aspekten der Gerontologie. Ulm: Phil Diss, 1974.

Marks JD, Peck DF, Kolvin J, Hall JN, Rosenthal G, Kiernan C, Conolly J. The psychiatric nurse as a therapist. Nursing Times, 1973.

Mayadas NS, Hink DL. Group work with the aging: An issue for social work education. Gerontologist 1974; 14: 440-5.

McClannahan LB. Therapeutic and prothetic living environments for nursing home residents. Gerontologist 1973; 13: 424.

Meichenbaum DH. Kognitive Verhaltensmodifikation. München: 1979.

Meichenbaum DH. Self instructional strategy training: A cognitive prothesis for the aged. Human Development 1974; 17: 273.

Meier-Baumgartner HP. Die präventive Rehabilitation im Alter. Ztschr f Gerontologie 1976; 9: 198-205.

Merloo JAM. Transference und resistance in geriatric psychotherapy. Psychoanalyt Rev 1953: 42.

Meyer JE. Tod und Neurose. Göttingen: Vandenhoeck, 1973.

Meyer V, Chesser ES. Verhaltenstherapie in der Klinischen Psychiatrie. Stuttgart: Thieme, 1971.

Miller E. The management of dementia: review of some possibilities. Brit J Soc Clin Psychol 1977; 16: 77-83.

Mishara BL, Kastenbaum R. Self-injurious behavior and environmental change in the institutionalized elderly. Int J Aging Hum Dev 1973; 4: 133.

Müller C, Hrsg. Bibliographia Gerontopsychiatrica. Bern, Stuttgart, Wien: 1973.

Müller C. Psychische Erkrankungen und ihr Verlauf sowie ihre Beeinflussung durch das Alter. Bern: Huber, 1981.

Murell FH. The effect of extensive practice on age differences in reaction time. J.Gerontol 1970; 25: 268.

Nehen HG. Therapie – Chancen bei Demenz besser als bekannt. Ärztliche Praxis Essen: 1993; 65: 9-10.

Neumann EV, Zank S, Tzschätsch K, Baltes MM. Selbstständigkeit im Alter – ein Trainingsprogramm für Pflegende. Bern: Huber, 1994.

Oberleder M. Crisis therapy in mental breakdown of the aging. Gerontologist 1970; 10: 111- 4.

Orne mt. Demand characteristics and the concept of quasicontrols. In: Artifact in behavioral research. Rosenthal R, Rosnow RL, eds. New York: 1969.

Österreich K Krisenintervention bei alten Menschen. Therapiewoche 1978; 28: 2908-10.

Perls FS. Gestalttherapie in Aktion. Stuttgart: Klett-Cotta, 1975.

Petzold H. Der Gestaltansatz in einer integrativen psychotherapeutischen, soziotherapeutischen und agogischen Arbeit mit alten Menschen. In: Psychotherapie mit alten Menschen. Petzold H, Bubolz E. Paderborn: Junfermann, 1979: 261-94.

Piaget J Inhelder B Die Entwicklung des physikalischen Mengenbegriffes beim Kind. Stuttgart: 1969.

Pollock DD, Liebermann RP. Behavior therapy of incontinence in demented patients. Gerontologist 1974; 14: 488.

Pongratz L, Wewetzer KH, Hrsg. Klinische Psychologie. Handbuch der Psychologie, Band 8. Göttingen: Hogrete, 1977.

Pöppel E, Bullinger M, Hrsg. Medizinische Psychologie. Weinheim: Edition Medizin, 1990.

Radebold H, Bechtler H, Pina I. Therapeutische Arbeit mit Älteren. Freiburg: Lambertus-Verlag, 1981.

Radebold H. Das bundesrepublikanische Desinteresse an Altersfragen – späte unbewußte Folge unserer politischen Vergangenheit? Fragmente 1987; 25: 112-6.

Radebold H. Der psychoanalytische Zugang zu dem älteren und altenMenschen. In: Psychotherapie mit alten Menschen.Petzold H, Bubolz E, Hrsg. Paderborn: Junfermann, 1979: 89-108.

Radebold H. Freuds Ansichten über die Behandelbarkeit Älterer. Ztschr f psychoanalyt Theorie und Praxis 1994; IX: 247-59.

Radebold H. Neurotische, reaktive und psychosomatische Erkrankungen. In: Handbuch der Gerontologie, Band 5. Neurologie, Psychiatrie. Platt D, Hrsg. Stuttgart, New York: G. Fischer, 1989: 418-43.

Radebold H. Psychodynamik und Psychotherapie Älterer. Berlin, Heidelberg, New York: Springer, 1992.

Radebold H. Psychotherapeutische Zielsetzungen für Ältere. Z Gerontol 1992a; 25: 349-55.

Radebold H. Psychotherapie. In: Psychiatrie der Gegenwart, 3. Aufl. Bd 8: Alterspsychiatrie. Kisker KP, Lauter H, Meyer JE, Müller C, Strömgren E, Hrsg.Berlin, Heidelberg, New York: Springer, 1989: 313-46.

Radebold H. Regressive Phänomene im Alter und ihre Bedeutung in der Genese depressiver

Erscheinungen. Ztschr f Gerontol 1973; 6: 409-19.

Rasehorn E, Rasehorn H. Reise in die Vergangenheit. Hannover: Vincentz-Verlag, 1991.

Rasehorn E. Übungs- und Trainingsprogramme mit Dementen unter Berücksichtigung ihrer Emotionalität. In: Psychotherapie bei Demenzen. Hirsch /Hrsg. Darmstadt: Steinkopf, 1994: 129-40.

Rasehorn H, Rasehorn E. Ich weiß nicht, was soll es bedeuten? Für ein besseres Verständnis der Verwirrtheit im Alter. Hannover: Vincentz, 1991.

Richards WS, Thorpe GL. Behavioral approaches to the problem of later life. In: Clinical Psychology of aging. Storandt M, Siegler IC, Elias MF, eds. New York, London: Plenum Press, 1978.

Riley MW, Foner A, Hess B, Toby ML. Socialisation for the middle and later years. In: Handbook of socialisation theory and research. Goslin DA, ed. Chicago: 1969.

Rogers C. Die klientenbezogene Gesprächspsychotherapie. Stuttgart: Klett, 1973.

Rogers C. Die klientenbezogene Psychotherapie. In: Handbuch der Psychotherapie. Corsini RJ. Weinheim, Basel: Beltz, 1983: 471-512.

Rogers C. Die nicht-direktive Beratung. München: Kindler, 1972.

Rogers C. Encounter Gruppen. Das Erleben der menschlichen Begegnung. München: Kindler, 1974.

Rogers C. The necessary and sufficient conditions of therapeutic personality change. Journal of consulting Psychology 1957; 21: 95-103.

Rönnecke B, Becker M, Bergeest,HG, Freytag C, Jürgens G, Steinbach I, Tausch A. Gespräche über Telefon zwischen alten Menschen und gesprächspsychotherapeutisch vorgebildeten Psychologen oder Laienhelfern. Z Gerontol 1976; 9: 455-62.

Rönnecke B. Psychologische Aspekte der Geriatrischen Rehabilitation – Implikationen für die Psychotherapie. In: Psychotherapie im Alter. Hirsch R, Hrsg. Bern, Stuttgart, Toronto: Huber, 1990.

Sachs DA. Behavioral techniques in a residential nursing home facility. J.Behav. Therapy Exp Psychiat 1975; 6: 123.

Schacht L. Die Entdeckung der Lebensgeschichte. Psyche 1978; 32: 97.

Scharl M. Bewegungstraining mit alten Menschen. Dortmund: Verlag modernes Lernen. 1989.

Schilder P. Entwurf zu einer Psychiatrie auf psychoanalytischer Grundlage. Wien: 1925.

Schubert A, Bungard W. Rehabilitation. In: Handwörterbuch der Psychologie. Asanger R, Wenninger G. München, Weinheim: Beltz, 1988.

Schultz JH. Das Autogene Training. 13. Auflage, Stuttgart: Thieme, 1970.

Schulz HU. Kinetik und Dynamik von Arzneimitteln bei geriatrischen Patienten In: Alter und Krankheit. Schütz RM, Hrsg. München, Wien, Baltimore: Urban & Schwarzenberg, 1987: 141-53.

Schumacher W. Psychische Veränderungen des höheren Lebensalters aus der Sicht der Psychonalyse. act geront 1973; 3: 275-80.

Schütz RM. Rehabilitation im Krankenhaus. In: System Krankenhaus.Badura B, Feuerstein G, Schott T, Hrsg. Weinheim, München: Juventa, 1993.

Segal H. Fear of death. Notes on the analysis of an old man. Int J Psycho-Anal 1958; 39: 178-81.

Seligman MEP. Helplessness. On depression, development and death. San Francisco: 1975.

Shapiro A. A pilot program in music therapy with residents in a home for the aged. Gerontologist 1969; 9: 128-33.

Skinner BF. The behavior of organisms: An experimental approach (1938). New York: 1949.

Stark W. Prävention. In: Handwörterbuch der Psychologie. Asanger R & Wenninger G. München, Weinheim: Beltz, 1988.

Stauder KH. Über den Pensionierungsbankrott. Psyche 1955; 9: 481.

Steer RA, Boger WP. Milieutherapy with psychiatric-medically infirm patients. Gerontologist 1975; 15: 138-41.

Steinbach M. Gesundheit, Leistung und Alter. In: Alter und Psychotherapie. Böhlau V Hrsg. Stuttgart: 1971.

Steinmann B, Die Rehabilitation im Alter. Ztschr f Gerontologie 1976; 9: 195-7.

Stette F, Stuhlmann W. Autogenes Training bei gerontopsychiatrischen Patienten. Zeitschr f Gerontol 1987; 20: 236-41.

Stierlin H, Simon FB Schmidt G, Hrsg. Familiäre Wirklichkeiten. Stuttgart: Klett-Cotta, 1984.

Stocksmeier U, Hermes G. Psychologie in der Rehabilitation. Rheinstetten: Schindele, 1981.

Stotzka H, Hrsg. Psychotherapie: Grundlagen, Verfahren, Indikationen. München: Urban & Schwarzenberg, 1978: 3-6.

Ullrich-DeMuynck R, Forster T. Selbstsicherheitstraining. In: Handbuch der Verhaltenstherapie. Kraiker C. Hrsg. München: Kindler, 1974.

Wanderer ZW. Existential depression by desensitization of phobias: Strategy and transcript. J Behav Ther Exper Psychiat 1972; 3: 111.

Weakland JH, Herr JJ. Beratung älterer Menschen und ihrer Familien. Bern, Stuttgart, Toronto: Huber, 1988.
Weismann A. Aging and Psychoanalytic Theories of Regression. J Geriat Psychiat 1970; 3: 147-52.
Weitzel-Polzer E Hrsg. Therapie-Kartei. Praktische Vorschläge zur psychosozialen Therapie mit verwirrten alten Menschen. Hannover: Vincentz-Verlag, 1987.
Wertheimer J, Bircher LM. Psychothérapie et groupes en gériatrie. act gerontol 1976: 519-29.
Wiendieck G. Entwicklung einer Skala zur Messung der Lebenszufriedenheit im höheren Lebensalter. Zeitschr Gerontol 1970; 3: 136-46.
Wiendieck G. Entwicklung einer Skala zur Messung der Lebenszufriedenheit im höheren Lebensalter. Zeitschr Gerontol 1970; 3: 136-46.
Wolff K. Individual Psychotherapy with geriatric patients. Dis Nerv Syst 1963; 24: 688-91.
Zetzel ER. Discussion: Modell, A. Aging and psychoanalytic Theories of Regression. J Geriat Psychiat 1970; 3: 152-219.
Zetzel ER. Dynamics of the metapsychology of the aging process. In: Grief, loss and emotional disorders in the aging process. Berezin MA, Cath SH. New York: Int. Univ. Press, 1965: 109-19.
Ziegler G, Jäger RS, Schüle I, Hrsg. Krankenhausverarbeitung bei Tumorpatienten. Stuttgart: Enke, 1989.
Zinberg, NE The relationship of regressive phenomena to the aging process. In: Normal Psychology of the aging process. Zinberg NE, Kaufmann L, eds. New York: International University Press, 1963: 143-59.

Literatur zum 6. Kapitel

Füsgen I, Hrsg. Der inkontinente Patient. Bern, Göttingen, Toronto: Huber, 1992.
Füsgen I. Leben mit der Hirnleistungsstörung. München: MMV 1993.
Grond E. Pflege verwirrter alter Menschen. Freiburg: Lambertus, 1989.
Janzarik W. Über das Kontaktmangelparanoid des höheren Lebensalters und den Syndromcharakter schizophrenen Krankseins. Nervenarzt 1973; 44:515-26.
Junkers G. Ein Beitrag zur Anwendbarkeit des Freiburger Persönlichkeitsinventars bei älteren Probanden. Düsseldorf: Janssen Symposion Bd 6, 1977.
Junkers G. Psychotherapie bei Demenz? In: Psychotherapie bei Demenz. Hirsch RD, Hrsg. Darmstadt: Steinkopff, 1994.
Kipp J, Jüngling G. Verstehender Umgang mit alten Menschen. Heidelberg: Springer, 1991.
Kurz A, Angst im Alter. Diagnostik, Verhaltenstherapie, Pharmakotherapie. Vieweg: MMV 1993.
Radebold H, Bechtler H, Pina I. Therapeutische Arbeit mit älteren Menschen. Freiburg: Lambertus Verlag, 1981.
Riemann F. Grundformen der Angst. München, Basel: Reinhard, 1967.
Terzi L, Lewinson PM. Geropsychological Assessment and Treatment. New York: Springer, 1986.

Literatur zum 7. Kapitel

Bergmann K. mündliche Mitteilung, Newcastle, England: 1973.
Fatzer G, Hrsg. Supervision und Beratung. Heinsberg: Edition humanistische Psychologie. 1991.
Jaques E. Death and midlife crisis Internat. J. Psychoanalysis 1953; 46: 502-30.
Kemper J. Alternde und ihre jüngeren Helfer. München, Basel: Reinhardt, 1990.
Lewin K, Lippitt R, White RK. Patterns of aggressive behavior in experimentally created social climates. Journ Soc Psychol 1939; 10: 271-99.
Miller EJ, Gwynne GV. A Life apart. London: Tavistock, 1972.
Pühl H, Schmidtbauer W, Hrsg. Supervision und Psychoanalyse. München: Kösel, 1986.
Rappe-Giesecke, K. Theorie und Praxis der Gruppen- und Teamsupervision. Berlin, Heidelberg, New York: Springer, 1990.
Schmidtbauer,W. Die hilflosen Helfer. Reinbek: Rowohlt, 1977.

Literatur zum 8. Kapitel

Antonucci TC, Jackson JS. Social support: Theoretical advances, recent findings and pressing issuses. In: Social support: Theory, research and applications. Sarason IG, Sarason BR, eds. Dordrecht: Martinus Nijhoff, 1987: 21-38.
Bauer M. Versorgungsprobleme aus der Sicht der psychiatrischen Fachabteilung. In: Psychische Krankheit im Alter. Möller HJ, Rohde A Hrsg. Berlin, Heidelberg: Springer, 1993: 471-79.

Bergener M, Behrends K, Zimmermann R. Psychiatrische Versorgung in Nordrhein-Westfalen. Ergebnisse eines interdisziplinären Forschungsprojektes. In: Gesundheit und Soziales des Landes NRW. Altenhilfe 3. Untersuchungsbericht. Ministerium für Arbeit, Düsseldorf, 1975: 5-52.

Blumenstock J, Garms-Homolova V, Hütter U, Schaeffer D. Ökologische Bedinungen der Gesundheitserhaltung alternder Menschen in einer Großstadt. Materialien Bd.II. Berlin: 1981.

Böker W. Der Arzt als Dolmetscher. Psyche 1980; 6: 381-2.

Bundesministerium für Familie und Senioren. Bericht der Sachverständigenkommission zur Erstellung des ersten Altenberichtes der Bundesregierung. Bonn: 1993.

Chafetz PK, Ochs CE, Tate LA, Niederehe G. American Psychologist 1982; 37: 1221-7.

Clemens W. Analyse klinisch geriatrischer und gerontopsychiatrischer Einrichtungen in der Bundesrepublik Deutschland. Berlin: Deutsches Zentrum für Altersfragen, 1979.

Cooper B. Mental illness, disability and social conditions among old people in Mannheim. In: Mental health in the elderly. Häfner H, Moschel G, Sartorius N, Hrsg. Berlin: Springer, 1986.

Dörner K, Plog,U. Irren ist menschlich. Wunstorf: Psychiatrie Verlag, 1972.

Eitner S. Gerohygiene. Berlin: 1966.

Empfehlungen einer vom KDA einberufenen Expertenkommission: Mögliche Aufgaben eines Psychologen in Alteneinrichtungen der BRD. Köln.

Fischer B, Lehrl S. Patientencompliance. Mannheim: Studienreihe Boehringer, 1982.

Fischer GCH. Betreuung älterer Patienten in der Allgemeinpraxis. Stuttgart: Enke, 1990.

Fischer GCH. Zur Betreuung älterer Menschen in der Allgemeinpraxis. Frankfurt: Habil med, 1987.

Häfner H, Reimann H. Spatial distribution of mental disorders in Mannheim. In: Psychiatric epidemiology. Hare EH, Wing JK, eds. London, 1970.

Hollingshead AB, Redlich FC. Social class and mental illness. New York, 1958.

Irninger W. Probleme im Umgang mit betagten Patientenin der täglichen Praxis. In: Der alte Mensch als Patient. Kielholz P, Adams C, Hrsg. Köln: Deutscher Ärzte Verlag, 1986.

Junkers G. Erleben von Gesundheit und Krankheit. In: Schütz RM. Alter und Krankheit. München, Wien, Baltimore: Urban und Schwarzenberg, 1987: 183-239.

Junkers G. Theorie und Praxis gerontopsychiatrischer Rehabilitation in der Gerontopsychiatrie. Münster, Hamburg: Lit, 1991.

Junkers G. Bericht über den 2. Workshop: Klinsche Psychologen im Dienste alter Menschen. BDP Info. 1994.

Kaufmann R. Betreuung von alterspsychiatrischen Patienten in einem multidisziplinären Zentrum. Z Gerontol 1981; 14: 40-47.

Kern KD. Gesundheitszustand der Bevölkerung. Wirtschaft und Statistik 1989; 2: 104-8.

Kielholz P, Adams C. Der alte Mensch als Patient. Köln-Lövenich: Deutscher Ärzteverlag, 1986.

Kielholz P, Adams C. Der alte Mensch als Patient. Köln: Deutscher Ärzteverlag , 1986.

Korte W, Radebold H, Karl F. Gerontopsychiatrische Versorgung – Problembezogene Angebote für über 60jährige psychisch Kranke. In: Handbuch der Gerontologie, Bd 5. Platt D, Hrsg. Stuttgart, New York: G. Fischer, 1989.

Krämer W. Altern und Gesundheitswesen: Probleme und Lösungen aus der Sicht der Gesundheitsökonomie. In: Zukunft des Alterns und gesellschaftliche Entwicklung. Baltes B, Mittelstrass J, Hrsg. Berlin, New York: de Gruyter 1992: 563-80.

Krampen G, Köther T. Veränderungen auf dem Arbeitsmarkt für Diplom-Psychologen/-innen im Spiegel von Stellenanzeigen. Report Psychologie. Berufsverband Deutscher Psychologen e. V., Hrsg. 1, 1995.

Lang E, Bahr G, Arnold K. Geriatrische und gerontopsychiatrische Einrichtungen in der BRD. Eine Bestandsaufnahme. In: Expertisen zum Altenbericht der Bundesregierung IV. Angebote und Bedarf im Kontext von Hilfe, Behandlung, beruflicher Qualifikation. Deutsches Zentrum für Altersfragen, Hrsg. Berlin: DZA, 1993.

Meyer AE, Richter R, Grawe K, Schulenburg v d JM, Schulte B. Forschungsgutachten zu Fragen eines Psychotherapeutengesetzes. Universitätskrankenhaus Eppendorf, 1991.

Österreich K, Wagner O, Regius A. Gerontopsychiatrie. Heidelberg: Dokumentation. Z Gerontol 1984; 17: 373-80.

Perrez M, Baumann U. Klinische Psychologie. Band II. Bern, Stuttgart, Toronto: Huber, 1987.

Pflanz M. Gesundheitsverhalten. In: Der Kranke in der modernen Gesellschaft. Mitscherlich A. et al. Köln: Kiepenheuer und Witsch, 1972.

Report Psychologie. Berufsverband Deutscher Psychologen e. V. Ausgabe 10, 1994 und 11/12, 1994.

Rönnecke B, Junkers G. Psychologen im Dienste

alter Menschen. In: Handbuch der angewandten Psychologie, Band 2.Hockel M, Feldhege FM, Hrsg. Landsberg am Lech: Verlag Moderne Industrie, 1981: 714-33.

Schicke, R.K. Sozialpharmakologie. Eine Einführung. Stuttgart, Berlin, Köln, Mainz: Kohlhammer, 1976.

Shanas E. Measuring the home health needs of the aged in five countries. J Gerontol 1971; 26: 37.

Sosna U. Soziale Interaktion und psychische Erkrankung im Alter. Heidelberg: Diss, 1982.

Störmer A. Geriatrie in der täglichen Praxis . In: Handbuch der Gerontologie Bd 1.Platt D, Hrsg. New York, Stuttgart: G. Fischer, 1983: 33-61.

Thies Zajonc, Sandholzer H, SzecsenyI J, Kochen MM. Primärärztliche Versorgung alter Patienten. Z allg Med 1993; 69: 187-91.

Wächtler C, Herber U. Gerontopsychiatrische Tageskliniken im Spannungsfeld von reversiblen psychischen Störungen und irreversiblen Demenzerkrankungen. In: Psychische Krankheit im Alter. Möller HJ, Rohde A, Hrsg. Berlin, Heidelberg: Springer, 1993: 484-94.

Weber E. Problematik der Befolgung therapeutischer Maßnahmen aus klinischer Sicht. In: Patienten-Compliance. Fischer B, Lehrl S. Mannheim: Studienreihe Boehringer, 1982.

Literatur zum 9. Kapitel

Bruder J. Filiale Reife – ein wichtiges Konzept für die familiäre Versorgung, insbesondere dementer alter Menschen. Zeitschr. Gerontopsychologie und -psychiatrie 1988; 1: 95-101.

Bruder J. Präventive Aspekte der Unterstützung von Familien mit dementen Alterskranken. In: Prävention in der Psychiatrie. Gae R, Tölle R Hrsg. Berlin: Springer, 1984.

Bundesministerium für Familie und Senioren. 1.Teilbericht der Sachverständigenkommission zur Erstellung des ersten Altenberichts der Bundesregierung. Bonn, 1991.

Davies B, Knapp M. Old peoples homes and the production of welfare. London: Routledge, 1981.

Deutscher Bundestag, Drucksache 12/7876.1981.Zwischenbericht der Enquete Kommission Deographischer Wandel – Herausforderungen unserer älter werdenden Gesellschaft an den einzelnen und die Politik. Bonn: 1994.

Deutscher Verein für öffentliche und private Fürsorge. Nomenklatur in der Altenhilfe. 2. Aufl. 1992.

Deutsches Zentrum für Altersfragen DZA und Kuratorium Deutscher Altershilfe KDA. Heimkonzepte der Zukunft. Berlin, Köln: 1991.

Gössling S, Oesterreich K, Cooper B. Versorgungsaufgaben bei alten Menschen und ihre Institutionen. In: Psychiatrie der Gegenwart 8. Kisker KP, Lauter H, Meyer JE, Müller C, Strömgren E. Berlin, Heidelberg, New York, London, Paris, Tokyo: Springer, 1989.

Häfner H. Mental health in the elderly. In: Mental health in the elderly. A review of the present stage of research. Häfner H, Moschel G, Sartorius N, Hrsg. Berlin: Springer, 1986.

Häfner H. Psychische Gesundheit im Alter. Stuttgart: Fischer, 1986.

Kruse A. Der Schlaganfallpatient und seine Familie. Zeitschrift für Gerontol 1984; 17: 359-66.

Österreich K. Depressionen im Alter. Z Gerontol 1977; 10: 365-72.

Österreich K. Entwicklungen in der offenen und geschlossenen Altenhilfe – der Beitrag des Gerontopsychiaters. In: Gerontopsychiatrie. Häfner et al. Stuttgart: 1981.

Rückert W. Demographische Grundlagen der Altenhilfeplanung In: Stationäre Altenhilfe. Brandt H, Dennebaum EM, Rückert W. Hrsg. Freiburg i Br: Lambertus, 1987.

Stiefel ML. Hilfsbedürftigkeit und Hilfsbedarf älterer Menschen im Privathaushalt. Berlin: DZA, 1983.

Wilkin D, Evans G, Hughes B, Jolley DJ. Better care for the elderly. Community Care 1982; 6: 22-4.

Stichwortverzeichnis

A

AAT 234
Abhängigkeit 135
Ablenkung 351
Abreaktion, körperliche 351
Abwehr 54, 112, 114, 125, 203, 274, 277, 388, 426
- -mechanismus 55

Abwehrprozeß 54
Adaptationsfähigkeit 129
Addisonsche Krankheit 138
ADL-Training 299
Affekt 56, 84, 187, 191, 206, 341, 345, 351
- affektive Störungen 185
- affektiver Prozeß 84

Aggression 85, 348
AGP-System 240
Akinese 209
Aktivität 7, 39, 62, 93, 265, 299, 302, 308, 347, 374, 445
Aktivitätstheorie 92
Akzeptanz 37, 262
Alkoholismus 194
Alleinleben 99
Allgemeinkrankenhaus 414
Altenwohngemeinschaften 438
Alter 38, 40, 56, 79, 88, 89, 95, 96, 117, 122, 155, 194, 206, 400
- generalisiertes Altersbild 107
- personalisiertes Altersbild 108
- Strukturwandel 96
- Wohnsituation im 102

Altern 3, 8, 47, 60, 106, 117, 252, 406
- erfolgreiches

Alternspsychologie 21
Altersparanoid 176
Alzheimer 118, 186, 233
Amnesie 184
anale Phase 35, 36
Anamnese 193, 207, 222, 240, 374
- biographische 227
- Fremd- 229
- Krankheits- 221
- Medikamenten- 221
- medizinische 220

anamnese 229
Anfälle, zerebrale 215
Angehörige, pflegende 437
Angst 25, 33, 64, 134, 150, 158, 276, 314, 342, 387
- Bewältigung 275
- neurotische 275
- reale 343
- wahnhafte 343

Angsthierarchie 260
Ängstlichkeit 344
Angstneurose 203
Anpassung 36, 47, 49, 55, 57, 121
- Anpassungsvorgang 53
- Anpassungsfähigkeit 51

Antidepressiva 316
Antrieb 158
Aphasie 80
Arbeitszufriedenheit 367
Ärger 84, 312, 337
Arteriosklerose 133
Arthrose 143
Arzneimittelabhängigkeit 195
ärztliche Praxis 333
asthenisches Syndrom 191
Atemwege 135
Aufbrauchtheorie 51
Aufgabenkomplexität 72
Aufklärung
    Gesundheits- 404
Aufmerksamkeit 11, 39, 71, 184, 232, 331, 334, 404
Aus- und Weiterbildung 424
Ausdruckskrankheiten 148
ausgebrannt 328, 388
Autogene Training 309

Borderlinestörungen 200, 205
Burn-out-Phänomen 328, 388

C

CAMDEX 233
Charakter 24, 176, 197, 274, 277, 338
    analer 200
    hysterischer 199
    -struktur, prämorbide 156
Charakterneurosen 196
Chronisch psychisch Kranke 206
Compliance 222, 316, 407
Coping 53, 58
Corporate Identity 369

B

Befindlichkeit 67
    Befindlichkeitsknick 121
Behandlung 17, 78, 116, 117, 125, 162, 163, 242, 244, 283, 297, 313, 357, 413
    Behandlungsdauer 121
Beobachtungsskalen 236
Beratung 206, 263, 282, 290, 375, 424
Berufsaufgabe 105
Betreutes Wohnen 438
Betreuung 125, 156, 182, 244, 330, 400, 437
Bewältigung 53, 275
Bewältigungsmöglichkeit 51
Bewegungsapparat 142
Bewegungstherapie 303
Bilanzdenken 52
Biographie 9, 40, 227, 342, 444
Blutdruck 134

D

Daseinstechniken 57
DCS 234
Dedifferenzierung 231
Defizit-Modell 88
Delir 177
Demenz 18, 56, 180, 186, 236, 341
    degenerative 186
    -test 236
    vaskuläre 186
Denken 66, 77
Depression 112, 142, 145, 156, 160, 343
    endogene 160
    hypochondrische 160
    larvierte 160
    neurotische 160
    organische 160
    prämonitorische 155
    reaktive 160
Depressiver Wahn 177
Desensibilisierung 258
Desorientiertheit 213

Diabetes mellitus 138
Diagnose 16, 193, 218
Diagnostik 17, 78, 116, 152, 163, 188, 218, 220
    als Prozeß 223
    Funktions- 18
    internistische 220
    Leistungs- 18, 232
    medizinische 220
    Persönlichkeits- 18
    psychiatrische 162
    psychoanalytische 219
    psychometrische 220, 230
    somatische 220
Diarrhöe 137
differentielle Indikation 247
Disengagement-Theorie 92
Dokumentation 218, 240, 374
Dunkeladaptation 68
Dyskinesien 207

E

Echtheit 262
Ehe 5, 95, 97, 423
Eifersucht 86
Einfühlbarkeit 172
Einfühlendes Verstehen 262
Einfühlung 18
Einnässens 257
Einsamkeit
    Einsamkeitserleben 99
    objektive 172
    subjektive 172
Ekel 84
Elektro-Krampf-Therapie 163
Emotionen 83
empty-nest-reaction 97
empty-self-reaction 97
Endlichkeit 64
Enkodierungsprozeß 74
Entindividualisierung 381
Entwicklungsanforderungen 54

Entwicklungsaufgaben 44
Epidemiologie
    gerontopsychiatrische 153
    psychiatrische 153
Epigenetische Entwicklungstheorie 41
Epilepsie 215, 343
Erfahrungen 67
erfolgreiches Altern 60, 92
Ergotherapie 165, 308, 377
Erhaltungstherapie 321
Erinnern 63, 74, 77
Erlebniswelt 330
Erstinterview
    gerontopsychiatrisches 226
    psychoanalytisches 226
Es 273
Essen 358
Explorationsschema 162
Exsikkose 136

F

Fallsucht 143
Familie 266
    Familienbeziehung 96
    Familiengespräche 295
    Familienkontakt 97
    Familienstand 99
    Familientherapie 266
Fehlbelegung
    primäre 421
    sekundäre 421
Fehlplazierung 410
Fixierungen 280
Flockenlesen 177
Fokus 290
FPI 239
Fragmentierungsprozeß 54
Frau 52, 99, 106-108, 112-114, 274
    Hausfrau 106
    Rolle der 108
Freude 84
Früherkennung 411

Fühlen 67
Führung
    Führungsprobleme 378
    Führungsstil 378
Funktionelle Syndrome 146
Funktionseinbußen 171
    hirnorganische 171

G

Gangstörungen 259
Gedächtnis 22, 26, 61, 73, 74, 75, 78,
    188, 236, 273, 301, 334, 445
    Kurzzeit- 75
    Langzeit- 75
    -spanne 74
Gedächtnistraining 301
Gefühle 33, 34, 35, 83, 84, 85, 86, 130,
    135, 162, 164, 173, 193, 323
Gefühlsstörungen 158
Gegenübertragung 165
Gegenübertragungsgefühl 33
Gehirn 182, 183, 191
Geriatrika 316
Gerontologie 106, 120, 231, 297, 319,
    394
Gerontopsychiatrie 16, 23, 151, 152,
    201, 240, 241, 323, 423, 426,
    442
Geroprophylaktika 316
Geroprophylaxe 297
Geschlechtsspezifische Unterschiede 106
Geschlechtsunterschied 94
Gesprächsführung 263
Gesprächsgruppen 292
Gesprächspsychotherapie 261
Gestalten 307
Gestalttherapie 264
Gestimmtheit 67
Gesundheit 12, 15-18, 29, 31, 32, 50, 89,
    96, 127-132, 155, 183, 242,
    269, 303, 319, 332, 368, 399,
    401-405, 431, 432

Definition von 128
Gesundheitsoptimisten 132
Gesundheitspessimisten 132
Gesundheitsversorgung 399
Gesundheitswesen 431
    objektive Beurteilung von 49, 129
    physische 128
    psychische 128, 264
    relative 129
    Risikofaktoren 131
    subjektive Beurteilung von 49, 129
Gesundheitsamt 417
Gesundheitsverhalten 221
Gesundheitszustand
    objektiver 49
    subjektiver 49
Gewohnheiten 342
Gicht 143
Glaukom 141
Gleichgewichtszustand 128
Größenphantasien 383
Gruppentherapie
    analytische 291
    nichtanalytische 291
Gymnastik 303

H

Halluzinationen 176, 354
Hamburg Wechsler Intelligenztest 237
Handeln 17, 26, 66, 67, 246, 290, 295,
    298
    ganzheitliches 320
Handlung 86
    Handlungstheorie 251
Harnwegsinfekte 136
Hausarzt 408
HDS, Hierarchische Demenz-Skala 236
Heimaufnahme 439
Heimgesetz 439
Heimübersiedlung 442
Helfer-Syndrom 383
Herzinsuffizienz 133, 136

Herzrhythmusstörung 133
Hilfesuchverhalten 18, 120, 205, 242, 246, 407
Hilflosigkeit 33
    erlernte 254
Hilfsbedarf 433
Hilfsbedürftigkeit 97, 127, 143, 359, 435
Hin- und Herlaufen 360
Hinterherlaufen 360
Hormontherapie 113
Hörverlust 69
Hörvermögen 140
Hospitalismus 362
Humanistische Therapie 261
Hygiene 358
    Hygieneverhalten 257
Hypertonie 90, 134, 135, 138
Hypochondrie 204
    Hypochondrische Befürchtungen 150, 345
    Hypochondrischer Wahn 178
Hypothyreose 138
Hysterischer Charakter 199

Individualität 14, 22, 24, 155, 227, 301, 368, 375, 384, 440
Infarkt 184
Informationsangebot 72
Inkontinenz 124, 136, 190, 212, 257, 361
innere Welt 32
Institutionalismus 362
Intelligenz 58, 63, 88, 89, 104, 109, 132, 184, 186, 231, 234, 237, 238
    alterslabile 88
    altersstabile 88
    globale 88
    -tests 237
    Umstrukturierung der 88
Intervention 244, 296
Interventionsgerontologie 296
Interviewverfahren 233
Intimität auf Distanz 96
Intoxikationen 177
Introjektion 34, 55
Involutionsdepression 158
Inzidenz 153, 155
Ischämie 184
Isolation 49, 55, 69, 91, 99-101, 124, 140, 159, 160, 171, 172, 181, 396, 403, 434, 437

I

ICD (International Classification of Diseases) 241
Ich 31, 36, 38, 50, 54, 55, 58, 70, 203, 244, 250, 272-275, 278, 280, 283, 291, 383, 390
    -Entwicklung 273
    -Funktionen 42, 273
    -Identität 43
    -Integrität 42
    -Schwächung 272
    -Stärkung 295
Identität 36, 39, 50, 60, 63, 85, 102, 116, 264, 276, 277, 278, 325, 358, 368, 384, 442
Identitätsdiffusion 205
Immunsystem 118, 119, 120, 403
Indikation, differentielle 247

K

Katarakt 141
Katastrophenreaktionen 345
Klagen 148
Klassifikation 240
Klimakterium 109, 110, 111, 112, 113, 139, 158, 195
    Klimakterische Beschwerden 138
Kochgruppe 305
Kompetenz 59
Konditionieren 82, 83
    klassisches 82
    operantes 82
Konflikte 16, 28, 148, 149, 171, 270,

274, 275, 276, 279, 280, 330
   frühkindliche 27
Konfliktkumulation 110
Konsiliartätigkeit 424
Kontakt 79, 91, 92, 93, 94, 95, 97, 99,
   100, 142, 156, 159, 172, 173,
   181, 195, 228, 248, 256, 265,
   266, 278, 279, 308, 337, 339,
   342, 353, 377
   -bedürfnis 91
   -fähigkeit 79
   -verhalten 79, 94
Kontaktmangelparanoid 353
Konversion 148
Konzept 246
   -erstellung 370
   Gesundheits- 402
Körper 38
   als Übergangsobjekt 39
Korsakow-Syndrom 195, 213
Krankenversicherung 127, 129, 320,
   400, 409, 431
   gesetzliche 126
Krankheit 152
   Krankheitsbegriff 126
   Krankheitsparadigma 15
   psychische 15
Krebs-Erkrankungen 140
Krisen-Intervention 296
Kritikvermögen 335
kritische Lebensereignisse 50
Kurzpsychotherapie 290
Kurzzeitgedächtnis 75

L

Längsschnittuntersuchungen 22
Lebensereignisse 97
Lebenserwartung 4, 6, 11, 40, 95, 99,
   399, 402
   von Frauen 3
   von Männern 3
Lebensgeschichte 40

Lebenskrise 43
Lebenslauf 18, 40
Lebensplan 45
Lebensqualität 45, 326
Lebensziel 45, 46
Leidensdruck 281
Leistungsdiagnostik 18, 232
Leistungsfähigkeit 66, 87
Leistungsprüfsystem (LPS) 238
Lernen 22, 26, 66, 67, 73, 75, 77, 81, 82,
   250, 251, 260
Lerntheorie 203
Liebeswahn 178
life-span-developmental psychology 251

M

Malen 307
Manie 208
manisch-depressive Psychose 208
Masochismus 204
Medikamente 313
medizinisches Laiensystem 402
Melancholie 208
Menopause 52, 109, 110, 111, 114, 138,
   139, 145, 344
Metapsychologie 271
midlife-crisis 52
Milieutherapie 310
Mini-Mental-State 233
Mißbrauch 194
Mitarbeiter 380
MMPI 239
Modelle, subjektive 408
Morbiditätsrisiko 153
Morbus Binswanger 191
Motivation 66, 76, 82, 83, 86, 94, 200,
   245, 246, 280, 321
Motorik 80
   Psychomotorik 73
   Sensomotorik 73
Multimorbidität 124
Multiple Sklerose 212

Münzverstärkung 253
Musik als Therapie 302
Mutter 31-35, 38, 39, 97, 98, 107, 108, 112, 113, 228, 339
    böse 31
    gute 33

N

NAI 235
Neid 85
Nesteln 177
Netzwerk, soziales 93
Neuroleptika 315
Neurose 112, 156, 159, 196, 198, 200, 201, 202, 203, 205, 241, 247, 269, 270, 274, 275, 283
Nootropika 316
Normen, psychometrische 231
Noxenunspezifität 183

O

Objekt
    Objektbeziehung 31
    Objektbeziehungsmuster 31
Obstipation 137
ödipale Phase 35
Ödipuskomplex 36, 38
Ohnmacht 381
Ohrgeräusche 141
Operante Verfahren 260
Operative Eingriffe 143
orale Phase 35
Organisation 364
Organisationsentwicklung 367
Organisationsplan 370
Organisationsstruktur 374
Osteoporose 139

P

Paargespräche 294
Paartherapie 293, 294
Panikattacke 343
Paradigma 23
    lerntheoretisches 28
    operantes 28
    psychoanalytisches 27
Paranoia 176
Parkinsonismus 209, 210
    arteriosklerotischer 210
Partnerbeziehung 95
Pensionierung 49, 95, 104, 105, 106, 114
    Pensionierungsbankrott 104
Persönlichkeit 24
    Diagnostik 238
    hysterische 199
    Laienmodell der 25
    Persönlichkeitsstärke 13
    Persönlichkeitsstörungen 196
    querulatorische 198
    schizoide 200
    zwanghafte 199
    zyklothyme 198
Pflege 6, 7, 18, 127, 244, 388, 389, 393, 436, 438, 442
Pflegebedarf 433
Pflegebedürftigkeit 98
phallische Phase 35
Pharmakotherapie 313
Phobie 203
Physiotherapie 165
Pick'sche Erkrankung 186, 192
Prävalenz 99, 154
Prävention 319, 399, 404, 409, 416, 434
Problemverhalten 327
Professionalisierung 379
Progression 279
Progressive Matrices Test 238
Progressive Relaxation 309
Projektion 34, 35, 55, 111, 177, 352, 382
Prostatahyperplasie 136
Pseudodemenz 192
Psychiater 417
Psychiatrie 151, 197, 202, 415, 418, 419, 421, 422

psychisches Gleichgewicht 30
Psychoanalyse 28, 30-32, 41, 54, 62,
    203, 268, 270, 271, 278, 279,
    282-284, 288, 312, 394
Psychodiagnostik 222
    gerontologische 231
Psychodynamik 161
psychogene Reaktionen 200
Psychogeriatrie 151
Psychologie
    Allgemeine 22
    Angewandte 26
    differentielle 22
    Entwicklungs- 22
    Persönlichkeits- 22
    Sozial- 22
Psychopharmaka 315
Psychotherapie 242-244, 248, 291

Q

Querschnittsuntersuchungen 22

R

Reaktion 33, 40, 47, 48, 55
Reaktionen, abnorme 201
Reaktionsbildung 55
Reaktionsgeschwindigkeit 72
reaktive Entwicklungen 200
Regression 55, 56, 58, 280
    als Adaption im Dienste des Ichs 55
    als pathologischer Prozeß 55, 280
    final gerichtete 56
Rehabilitation 297
    geriatrische 322
    gerontopsychiatrische 323
    psychologische 325
    Rehabilitationsplan 322

Reisbergskalen 236
REM-Phasen 145
Repräsentanzen
    Objekt- 31
    Selbst- 31
Resensibilisierung 301
Riechen 69
Rigor 209
Rollen 45
    -anforderungen 110
    -wandel 110
Rückblick 265
Rufen, exzessives 359

S

Sammeln 356
Scham 84, 85, 136, 347, 349, 359, 362
Schicht, soziale 100
schizophrene Psychose 206
Schizophrenie 176, 206
Schlafentzugstherapie 163
Schlafstörung 124, 144
Schlaganfall 55, 213, 214, 215
Schmecken 69
Schmerz 13, 34, 275
    -syndrom 145
    -wahrnehmung 123
Schreien 359
Schüttellähmung 209
Schweigepflicht 392
Schweißausbrüche 139
Screening-Tests 232
Sehen 68, 141
Selbst 31, 32, 236, 261, 262, 274
Selbstbeschädigungen 39
Selbstkontrollverfahren 251
Selbstschädigendes Verhalten 258
Selbstverwirklichung 261
Seniorentanz 304
Sexualität 96
SIDAM 233
Singen 302

somato-psychische Einflüsse 150
Sozialepidemiologie 103
sozialpsychiatrischer Dienst 417
Sozialstationen 435
Spiele 307
Sprachstörungen 188
stationäre Altenhilfe 438
Stellenanforderungsprofil 373
Sterben 64, 65, 173, 270, 367
Stimmungen 84
Stufenmodell 41
subjektive Sicht 330
Sublimierung 55
Sucht 170, 193, 195, 197
    Alkoholabhängigkeit 193
    Medikamentenabhängigkeit 193
Suizid 170, 171, 172, 173
    -handlung 168
    -methoden 168
    -motiv 173
    suizidales Syndrom 166
    -versuch 142
Suizidalität 159, 166, 167
Supervision 391
Symbolisierung 79
Symptom 219
Syndrom 152
    apoplektisches 213
    paranoides 175
Syndrom-Kurz-Test 232
systemische Therapie 266

T

Tagesbetreuung 443
Tagesheim 437
Tagesklinik 207, 412
Tagespflege 437
Tagesschwankungen 162
Tagesstätten 419
Tanz 303
TAT (Thematischer Apperzeptions Test) 238

Tätigkeitsbeschreibungen 374
Team 182
Teilobjekt 32
Testbatterie 225
Testdiagnostik 223
Testverfahren, psychologische 223, 237
Therapeutische Haltung 310
Therapie 16, 140, 162, 163, 173, 181, 193, 200, 205, 207, 208, 211, 212, 215, 242-244, 246, 247, 251, 261, 266, 268-270, 281, 283, 291, 293, 302, 313, 323, 341, 352, 357, 358, 364, 377, 407-409, 413, 424, 425, 441
    Humanistische 261
    Medikamentöse 313
Tod 64, 65, 90, 99, 173, 214, 270, 346, 367, 368, 381, 388, 389
Todesursache 133
Tranquilizer 316
Trauer 157, 312
    -reaktionen 202
Triangulierung 37

U

Über-Ich 31, 48, 50, 114, 273, 311
Übertragung 32, 33, 265, 283, 284, 329, 379, 387, 395, 398
    multigenerationale 284
    Reaktionen 284
    Übertragungsneurose 283
    Umkehr der Übertragungssituation 284
Überweisungspraxis 412
Umdeutungen 176
Ungeschehenmachen 55
Unspezifität 152
Untersuchung
    klinisch-chemisch 222
    körperliche 222
    Röntgen- 222
Unzufriedenheit 329

V

Validation 312
Verarbeitungsgeschwindigkeit 74
Verarmungswahn 178, 353
Verbarrikadierungen 358
Verbundsysteme, regionale 429
Verdrängung 55, 58, 274
Verfolgungswahn 177, 353
Vergessen 61, 77
Verhaltensmodifikation 250
    kognitive 254
Verhaltenstherapie 250
Verkehrung ins Gegenteil 55
Verkennungen 176
Verlust 12, 13, 37, 98, 99, 160, 173, 279
Verlusterlebnis 12, 97
Vernetzung 429
Versorgung, medizinische 369
Versorgungsangebot 153
Versorgungsbedarf 153
Verständnisvermögen 335
Verständniszugang 328
Verwandschaftsbeziehung 96
Verweigerung 357
Verwirrtheit
    akute 331
    chronische 334
Verwitwung 98
Vitalität 159
Vorzeitige Versagenszustände 190
Vulnerabilität 103

W

Wahn 142, 166, 172, 176-181, 199, 204, 345, 352, 354
    -bildung 177
    depressiver 142
    hypochondrischer 39
Wahrnehmung 22, 26, 31, 66, 67, 68, 69, 73, 354
    Wahrnehmungsabwehr 69
    Wahrnehmungsakzentuierung 69
Wechseljahre 109, 110
Weglaufen 360
Wendung gegen die eigene Person 55
Wertschätzung 262
Widerstand 283
Wiederholungszwang 276
WIP 238
Wunscherfüllungscharakter 180
Wut 165

Z

Zeit 7, 11, 60
    als synthetisierende Kraft 62
    objektive 63
    subjektive 63
Zeitgitterstörungen 187
Zufriedenheit 15, 42, 47, 48, 92, 95, 227, 369
Zukunftseinstellung 110
Zukunftsorientierung 46
Zwang 356
Zwangsneurose 205

PRAXIS DER ALTENPFLEGE

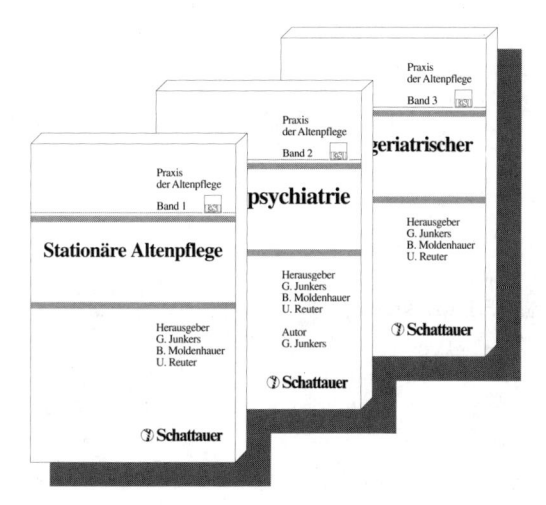

Konzept und Themenwahl der Reihe „Praxis der Altenpflege" sind aus den Erfahrungen in Fortbildungen und Beratungen entstanden.

Die Autoren möchten mit dieser Reihe näher am Arbeitsalltag liegende Orientierungen geben. Dies geschieht zum einen durch die Vermittlung von Grundlagenwissen, die Aufzeichnung von Fallbeispielen und die Einbeziehung der Arbeiten von Praktikern. Zum anderen werden fachliche Aufgaben beschrieben, organisatorische Umsetzungsmöglichkeiten dargestellt und auch Probleme der persönlichen Einstellung oder Haltung erörtert.

Thematisch konzentrieren sich die Bände auf neue fachliche Anforderungen in der Altenpflege und auf Aufgabenbereiche, zu denen bisher wenig Literatur vorliegt, die aber im Arbeitsalltag einen wichtigen Stellenwert einnehmen.

Junkers/Moldenhauer/Reuter (Hrsg.)
Praxis der Altenpflege

Band 1:

Stationäre Altenpflege
Situation und Perspektiven in den alten und neuen Bundesländern
1995. 174 Seiten, 7 Abbildungen, 16 Tabellen, kart.
DM 19,80/öS 147,–/sFr 19,80
ISBN 3-7945-1664-8

Im Mittelpunkt des ersten Bandes stehen sowohl die organisatorischen als auch die praktisch-pflegerischen Aspekte der modernen stationären Altenpflege, wie z. B.:
▶ Versorgungs- und Angebotsstruktur im vorstationären und stationären Bereich
▶ praktische Möglichkeiten rehabilitativer Pflege
▶ Umgang mit verwirrten alten Menschen
▶ Verbesserung der Organisationsstruktur im Mitarbeiterbereich der Heime, u.v.m.

In Vorbereitung:

Band 2:

Gerontopsychiatrie
1995. 170 Seiten, kart.
DM 19,80/öS 147,–/sFr 19,80
ISBN 3-7945-1667-2

Band 3:

Konzepte geriatrischer Pflege

Die Schriftenreihe erscheint in Zusammenarbeit mit dem Erwin-Stauss-Institut, Bremen

Irrtum und Preisänderungen vorbehalten.

PSYCHOSOMATIK UND PSYCHOTHERAPIE

Uexküll
Integrierte Psychosomatische Medizin
in Praxis und Klinik

3., durchgesehene und erweiterte Auflage 1994. 448 Seiten, 32 Abbildungen, 29 Tabellen, geb.
DM 98,–/öS 725,–/sFr 98,–
ISBN 3-7945-1582-X

Die einzelnen Beiträge des Buches bringen konkrete Vorgaben und Beispiele für die Realisierung, Organisation und Evaluation einer biopsychosozialen Me-dizin in Klinik und Praxis.

Egle/Hoffmann (Hrsg.)
Der Schmerzkranke
Grundlagen, Pathogenese, Klinik und Therapie chronischer Schmerzsyndrome aus biopsychosozialer Sicht

1993. 753 Seiten, 59 Abbildungen, 104 Tabellen, geb.
DM 98,–/öS 725,–/sFr 98,–
ISBN 3-7945-1522-6

Anliegen dieses interdisziplinären Buches ist es, die körperlich-seelisch-sozialen Aspekte von Schmerzerkrankungen integriert zu erfassen und ganzheitliche somatische wie psychotherapeutische Therapieansätze zu vermitteln.

Hoffmann/Hochapfel
Neurosenlehre, Psychotherapeutische und Psychosomatische Medizin
CompactLehrbuch

5., erweiterte Auflage 1995. 456 Seiten, 24 Abbildungen, 7 Tabellen, kart.
DM 34,–/öS 252,–/sFr 34,–
ISBN 3-7945-1680-X

Ein ideales Taschenbuch für Studierende der Medizin, Psychologie und Sozialpädagogik, für die Weiterbildung in Psychiatrie und psychosomatischer Grundversorgung, als Basislektüre für biopsychosozial aufgeschlossene Ärztinnen und Ärzte, als ständiger Begleiter in der (Kittel-)Tasche aller Angehörigen psychosozialer Berufe.

Bauer
Die Alzheimer-Krankheit
Neurobiologie, Psychosomatik, Diagnostik und Therapie

Geleitwort von Thure von Uexküll

1994. 132 Seiten, 15 Abbildungen, kart.
DM 59,–/öS 437,–/sFr 59,–
ISBN 3-7945-1634-6

Ein wichtiges, theoretisch hervorragend fundiertes und gleichzeitig praxisorientiertes Kompendium für Ärzte, Psychologen sowie Angehörige anderer therapeutischer Berufe.

Huber
Psychiatrie
Lehrbuch für Studierende und Ärzte

5., neubearbeitete und erweiterte Auflage 1994 mit Schlüssel zum Gegenstandskatalog und ICD-10-Verzeichnis. 796 Seiten, 2 Abbildungen, 30 Tabellen, kart.
DM 78,–/öS 577,–/sFr 78,–
ISBN 3-7945-1529-3

Gebündeltes, aktuelles psychiatrisches Wissen für Praxis und Examen zu einem für den Umfang des Lehrbuchs einmalig günstigen Preis.

Irrtum und Preisänderungen vorbehalten.